www.ingramcontent.com/pod-product-compliance
Lightning Source LLC
Chambersburg PA
CBHW081148090426
42736CB00017B/3234

סענדין (סענדערן),

צו דיר מײַן זיס לעבן ציט דאָך מײַן האַרץ.

– פֿאָלקסליד

For Sandy,

To you my sweet love my heart is drawn.

— Yiddish folksong

פֿון יענער זײַט שוועל...

געקליבענע אַרטיקלען פֿונעם זשורנאַל אויפֿן שוועל, 2020–2005

מיט אַנדערע אַרטיקלען

שבֿע איטע צוקער

ייִדיש־ליגע

ניו־יאָרק, 2020

FUN YENER ZAYT SHVEL…

Geklibene artiklen
Funem zhurnal *Afn Shvel*,
2005-2020

Mit andere artiklen

Sheva Tsuker

On the Other Side of the Threshold…

Selected Articles
From the Magazine *Afn Shvel*,
2005-2020

Plus Other Articles

Sheva Zucker

League for Yiddish

New York, 2020

ISBN: 978-1-878775-22-1

Graphic Design: Yankl Salant
Printing: Ingram's Lightning Source, USA

League for Yiddish, 64 Fulton St., Suite 1101, New York, NY 10038
www.leagueforyiddish.org

תּוכן

I. פּערזענלעכס

II. פֿון דעם רעדאַקטאָר

III. צום אַמאָל און הײַנט פֿון אונדזער אָרגאַניזאַציע

IV. פֿון מײַן קולטורוועלט

V. געשטאַלטן

VI. אינטערוויוען

אַ וואָרט פֿריִער

פֿון יענער זײַט ליד קענען ווונדער געשען...
רחל קאָרן

מיט יאָרן צוריק, ווען איך בין נאָך געווען אַ יוגנטרופֿיסט, האָט אויף אַ יוגנטרוף־צוזאַמענפֿאָר דער ייִדישער שרײַבער און ליטעראַטור־היסטאָריקער ד״ר אליהו שולמאַן זיך אַרויסגעזאָגט מיט טענות צו דעם ייִנגערן דור בכלל, און צו די וואָס האָבן געשריבן פֿאַר דעם זשורנאַל יוגנטרוף בפֿרט, הלמאַי מיר קומען נישט אויף די אונטערנעמונגען פֿונעם ייִדישן פּען־קלוב. איך דערמאָן זיך אַז איך האָב גענומען אַ וואָרט און געזאָגט אַז יאָ, איך האָב טאַקע געלייענט אין פֿאָרווערטס די מעלדונגען פֿון די פּען־קלוב־פּראָגראַמען אָבער איך האָב זיך משער געווען אַז די נאָכמיטאָגן זײַנען אין דער אמתן נאָר פֿאַר ייִדישע שרײַבערס, און כאָטש איך אַליין שרײַב אַפֿילו נישט זעלטן אויף ייִדיש, צי פֿאַר יוגנטרוף צי פֿאַר אַן אַנדער פּובליקאַציע, איז מיר קיין מאָל נישט אײַנגעפֿאַלן אַז די פֿאַרבעטונג איז געצילעוועט אויף מיר.

דאָס אָנרופֿן זיך „אַ ייִדישער שרײַבער“ האָט מיר אויסגעזען ווי אַ שטיקל חוצפּה. און יאָ, כאָטש איך האָב געהאַט דעם גרעסטן דרך־ארץ און אָפּשײַ פֿאַר ייִדישע שרײַבערס, מוז איך מודה זײַן, אַז אין מײַנע אויגן האָט אַ „ייִדישער שרײַבער“ געמוזט זײַן אַלט און אַ געבוירענער אין מיזרח־אייראָפּע.

אַ ביסל שפּעטער האָט אַ באַאַמטער אין פּען־קלוב מיך געמוטיקט צו ווערן אַ מיטגליד. אויף מײַן קשיא וואָס מע דאַרף טאָן כּדי צו זײַן ראָוי אָנגענומען צו ווערן אין דער פֿאַרהייליקטער פּלעיאַדע האָט ער געענטפֿערט אַז ס׳איז גאַנץ פּשוט, מע דאַרף נאָר האָבן אַרויסגעגעבן אַ ביכל. דעמאָלט האָט דאָס מיר אויסגעזען ווי עפּעס אַ דאָן־קיכאָטישע השגה – די וועלט איז דאָך פֿול גענוג מיט די נישט־געלייענטע ביכער פֿון גאָר גרויסע מחברים; צו וואָס צוגעבן מײַן שמאָלינק בענדל צום רומל?

הײַנט איז שוין נישטאָ קיין ייִדישער פּען־קלוב אָבער עס האָט זיך מיר פֿאָרט פֿאַרוואָלט אַרויסגעבן אַן אייגן ביכל. פֿאַר וואָס דווקא איצט? נאָך פֿופֿצן יאָר ווי דער רעדאַקטאָר פֿונעם זשורנאַל אויפֿן שוועל האָב איך באַשלאָסן אַרויסצוגיין אויף פּענסיע. איך האָב אײַנגעזען אַז דער באַשלוס איז אַן איבערגאַנג־פּונקט אין מײַן לעבן און אַז אין אַזעלכע מאָמענטן פֿילט מען אָפֿט דאָס באַדערפֿעניש אונטערצוציִען אַ סך־הכּל. איך האָב זיך אַרומגעקוקט און געזען אַז איך האָב במשך די פֿופֿצן יאָר נישט ווייניק טינט פֿאַרגאָסן אויף די שפּאַלטן פֿונעם זשורנאַל. דאָס האָט מיר געגעבן דעם קוראַזש אַריבערצוגיין אויף יענער זײַט שוועל און פּראָקלאַמירן, „יאָ, איך, אַ פֿרוי, אַ געבוירענע נאָכן חורבן אויף דער זײַט ים, אין קאַנאַדע, האָב אויך אָנגעשריבן און אַרויסגעגעבן אַ ביכל“. אָט דאָס ביכל, פֿון יענער זײַט שוועל, איז מײַן סך־הכּל.

צי בין איך טאַקע זוכה צו דעם נאָמען „שרײַבער“ אָדער בין איך נאָר עמעצער וואָס שרײַבט אויף ייִדיש, אָדער בין איך – ווי דער פּאָעט מאַני לייב וואָלט עס פֿאָרמולירט – אַ שרײַבער אַ רעדאַקטאָר אָדער אַ רעדאַקטאָר אַ שרײַבער, זאָל דער לייענער אַליין פּסקענען. מיר דאַכט זיך, אַז בײַ מיר זײַנען די צוויי געקניפּט און געבונדן, און אַז ביידע זײַנען חשובֿ. דאָס רעדאַקטירן יענעמס ווערטער האָט מיר געגעבן אַ שאַרפֿן חוש וואָס סע טויג און וואָס סע טויג נישט, ווי צו שרײַבן פּשוט, קלאָר און אויף אַן אופֿן וואָס ציט אַרײַן דעם לייענער, ווער ער אָדער זי זאָל נישט זײַן, און וואָס ענטפֿערט אויף זײַנע אָדער אירע פֿאָרויסגעזעענע קשיות.

דאָס רעדאַקטירן אַ הײַנטצײַטיקע צײַטשריפֿט האָט אויך גורם געווען אַ בײַט אין מײַן פּערספּעקטיוו לגבי דער וויכטיקייט פֿון שאַפֿן בײַם הײַנטיקן טאָג אויף ייִדיש. ווי אַ ליטעראַטור־קריטיקער און לערער פֿון דער ייִדישער ליטעראַטור (איידער איך

האָב אָנגענומען די אַרבעט בײַם זשורנאַל) האָב איך מערסטנס געהאַט צו טאָן מיט שרײַבערס וואָס געפֿינען זיך אויפֿן עולם־האמת און וואָס מע לייענט ווייניק, נישט געקוקט אויף זייער גרויסקייט. איך האָב אָפֿט געפֿילט אַז סע וואָלט געווען דײַנו, ד״ה, אַ היפּשער אויפֿטו, צו באַקענען מענטשן מיט כאָטש עפּעס פֿון זייערע ווערק. דאָס לייענען הײַנטצײַטיקע מחברים, האָט זיך מיר געדאַכט, איז נישט געווען די העכסטע פּריאָריטעט. אָבער אַז מע האָט צו טאָן טאָג־טעגלעך מיט מענטשן וואָס שרײַבן אויף ייִדיש, זעט מען אַז דער דראַנג צו שאַפֿערישקייט וועפּט זיך ניט אויס. עס זײַנען נאָך אַלץ דאָ, ווּונדער איבער ווּנדער, אמתע שרײַבערס פֿון נאָכמלחמהדיקן דור. די ייִדישע ליטעראַטור אַנטוויקלט זיך ווײַטער און אויפֿן שוועל איז אַ וויכטיקע טריבונע דערפֿאַר.

ווי דער רעדאַקטאָר פֿון אויפֿן שוועל, אַ זשורנאַל וואָס איז שוין כּמעט אַכציק יאָר אַלט און איז שטענדיק געווען אויף דעם העכסטן שפּראַכיקן און אינטעלעקטועלן ניוואָ, האָב איך געהאַט זעלטענע שאַפֿערישע און אינטעלעקטועלע מעגלעכקייטן.

איך האָב געהאַט די זכיה צו אַרבעטן מיט די לעצטע שרײַבערס פֿון עלטערן דור ווי, למשל, אַלכּסנדר שפּיגלבלאַט, יאָני פֿײַן, יחיאל שרײַבמאַן און ביילע שעכטער־גאָטעסמאַן. דערצו האָב איך געקענט אויסקלײַבן טעמעס פֿאַר יעדן נומער וואָס אינטערעסירן מיך און געקענט שרײַבן וועגן און וויפֿל איך האָב געוואָלט. דאָס ביכל קלײַבט צונויף מײַנע „שרײַבעכצער“ (ווי איך און דער גראַפֿיקער פֿונעם זשורנאַל, יאַנקל סאַלאַנט, פֿלעגן זיך וויצלען איידער איך האָב באַשטימט דעם טיטל), געדרוקטע אין אויפֿן שוועל במשך די פֿופֿצן יאָר, ווי אויך אַ פּאָר אין אַנדערע ערטער.

פֿון יענער זײַט שוועל ווערט אײַנגעטיילט אין זעקס טיילן: אין „פּערזענלעכס“ וועט זיך דער לייענער דערוויסן ווער איך בין, ווי אַזוי איך בין געקומען צו ייִדיש און ווי אַזוי איך פֿאַרשטיי מײַן אַרבעט אין דעם תּחום, דורך אַן אינטערוויו וואָס ניקאָלײַ (קאָליע) באָראָדולין, דער דירעקטאָר פֿון ייִדיש־פּראָגראַמען בײַם אַרבעטער־רינג, האָט געמאַכט מיט מיר, אַן ערך אין 2016, אין זײַן קלאַס „מיט ייִדיש איבער דער וועלט“, וואָס איז שפּעטער אָפּגעדרוקט געוואָרן אינעם אָנלײַן־נוסח פֿון בּיראָבידזשאַנער שטערן; דער פּערזענלעכער עלעמענט ווערט אויסגעברייטערט דורך אַן אַרטיקל לזכר מײַן טאַטן וואָס איך האָב אָנגעשריבן פֿאַרן אויפֿן שוועל אין 1997, דעמאָלט אונטער דער רעדאַקציע פֿון מײַן לערער ד״ר מרדכי שעכטער.

„פֿון דעם רעדאַקטאָר“ איז כּולל די קורצע עדיטאָריאַלן וואָס איך האָב פֿון צײַט צו צײַט אָנגעשריבן וועגן אַ ריי קולטורעלע אָדער ליטעראַרישע ענינים.

ווי דער רעדאַקטאָר פֿונעם זשורנאַל האָב איך גענומען זייער ערנסט דאָס היסטאָרישע שליחות פֿון אונדזער אָרגאַניזאַציע, די ייִדיש־ליגע, און איר פֿירגייער, די פֿרײַלאַנד־ליגע פֿון דער ייִדישער טעריטאָריאַליסטישער קאָלאָניזאַציע. דער זשורנאַל איז געשאַפֿן געוואָרן ווי דער אָרגאַן פֿון דער פֿרײַלאַנד־ליגע, אַ קליינע אָבער גוואַלדיק אינטערעסאַנטע אָרגאַניזאַציע, וואָס אירע אַקטיוויסטן האָבן געחלומט צו געפֿינען אַ „פֿרײַ לאַנד“ פֿאַר ייִדן, אַ טעריטאָריע ערגעץ ווּ אויף גאָטס וועלט ווּ ייִדן וועלן זיך קענען אויסלעבן אויף זייער לשון, אָן קיין אַנטיסעמיטיזם און כּלומרשט באַפֿעסטיקט קעגן דער סכּנה פֿון אַסימילאַציע.

דער זשורנאַל האָט במשך די יאָרן צוגעצויגן צו זיך ווי מיטאַרבעטערס אַ סך פֿון די גרעסטע קעפּ פֿון דער ייִדיש־וועלט, אַרײַנגערעכנט מלך ראַוויטש, אַהרן גלאַנץ־לעיעלעס, אַבֿרהם גאָלאָמב און, פֿאַרשטייט זיך, יצחק־נחמן שטיינבערג, דעם צווייטן רעדאַקטאָר פֿון אויפֿן שוועל. שפּעטער, ווען די פֿרײַלאַנד־ליגע איז מגולגל געוואָרן אין דער ייִדיש־ליגע, פֿאַרלייגט פֿונעם דריטן רעדאַקטאָר, מרדכי שעכטער, האָט מען געפּרוּווט פֿאַרשטאַרקן די פּאָזיציע פֿון ייִדיש אויף דער ייִדישער גאַס אָן קיין טעריטאָריע, דורך נאָרמירן, מאָדערניזירן און הייבן דעם פּרעסטיזש פֿונעם לשון. מיט שטאָלץ האָט שעכטער אָנגערופֿן דעם אויפֿן שוועל דעם אָרגאַן פֿון מיליטאַנטישן ייִדישיזם.

אינעם אָפּטייל „צום אַמאָל און הײַנט פֿון אונדזער אָרגאַניזאַציע“ האָב איך זיך אַרײַנגעטראַכט אין דער פּראָבלעמאַטיק פֿון דעם וואָס סע הייסט אויפֿהאַלטן

די ייִדישע שפּראַך און קולטור און זײַן אַ מאָדערנער ייִד אין אַ גיך זיך בײַטנדיקער וועלט: אַ וועלט וואָס ציט שטענדיק אָפּ פֿון טראַדיציע און קולטורעלער אייגנאַרטיקייט. דער אָפּטייל לאָזט זיך אויס מיט מײַן אַרטיקל וועגן דעם נײַעם אַרומנעמיק ענגליש־ייִדיש ווערטערבוך, צוגעגרייט פֿון דער ייִדיש־ליגע, וואָס איז אַרויס אין 2016. דער פּראָיעקט, וואָס מרדכי שעכטער האָט אָנגעהויבן און וואָס איז מקוים געוואָרן אונטער דער רעדאַקציע פֿון זײַן טאָכטער גיטל שעכטער־ווישוואַנאַט, איז געווען די רעאַליזירונג פֿון שעכטערס חלום צו אַנטוויקלען ייִדיש, סע זאָל זײַן אַ מאָדערנע שפּראַך אויף וועלכער מע זאָל זיך קענען אויסדריקן אויף אַלע הײַנטצײַטיקע טעמעס.

אינעם פֿערטן אָפּטייל, „פֿון מײַן קולטורוועלט“, וועט דער לייענער געפֿינען אַ געמיש פֿון ליטעראַטור־קריטיק, רײַזע־באַשרײַבונג און קולטורעלע קאָמענטאַרן, צום טייל געשעפּטע פֿון נומערן אויפֿן שוועל פֿון פֿאַר 2005. זומער 2007 האָב איך געהאַט די אויסערגעוויינטלעכע געלעגנהייט זיך צו באַטייליקן ווי אַ לערער אינעם ערשטן בירעבידזשאַנער ייִדיש־זומער־פּראָגראַם. איך האָף אַז מײַן אָפּמשלונג פֿון דער פֿאַרקערטער וועלט פֿון דער ייִדישער אויטאָנאָמער געגנט זאָגט עדות אויפֿן אמת פֿונעם פֿאָלקסווערטל „אַ גאַסט אויף אַ ווײַל זעט אויף אַ מײַל“. דער אַרטיקל „די ייִדיש־וועלטלעכע שולן: געשיכטע און ירושה“ באַהאַנדלט די געשיכטע פֿון יענע שולן דורך דער פּריזמע פֿון מײַן אייגענער געשיכטע ווי אַ תּלמידה און די טאָכטער פֿון איינער פֿון די ערשטע תּלמידות אין יענע שולן. ווי אַ קינד האָב איך אומבאַוווּסטזיניק זיך אָנגעשטויסן אויף אַ סך פֿון די ענינים מיט וועלכע עס האָבן זיך געראַנגלט, און עס ראַנגלען זיך נאָך אַלץ, מאָדערנע ייִדן בכלל און אונדזער אָרגאַניזאַציע בפֿרט און וואָס קומען צום אויסדרוק אין אויפֿן שוועל.

דער פֿיפֿטער אָפּטייל, „געשטאַלטן“, נעמט אַרײַן עסייען וועגן עטלעכע גדולים פֿון דער ייִדיש־קולטור ווי למשל די שרײַבערס און דענקערס איטשע גאָלדבערג און יצחק־נחמן שטיינבערג. מע קען אין די פּאָרטרעטן הערן אַן עכאָ פֿון אַ סך פֿון די ענינים וואָס ווערן באַהאַנדלט אין דעם דריטן אָפּטייל, „צום אַמאָל און הײַנט פֿון אונדזער אָרגאַניזאַציע“.

איך האָף אַז דער אינטימער סטיל אינעם לעצטן אָפּטייל „אינטערוויוען“, וואָס איז כּולל אַ צאָל אינטערוויוען אויף פֿאַרשיידענע ליטעראַרישע און קולטורעלע טעמעס, וועט באַרײַכערן און באַשײַנען דאָס וואָס מע קען זיך דערוויסן פֿון פֿאָרשן אין ביכער און נישטערן אין אַרכיוון. דער אינטערוויו, למשל, מיט ד״ר מרים בערקאָוויטש וועגן איר פֿאַרשטאָרבענעם מאַן ישׂראל בערקאָוויטש, דעם דראַמאַטורג און ליטעראַרישן רעזשיסאָר פֿונעם רומענישן ייִדישן טעאַטער פֿון 1955 ביז 1982, אַנטפּלעקט ווי ייִדן האָבן געמוזט לעבן טאָפּעלע לעבנס, ווי פּאַרטיי־מיטגלידער פֿון דרויסן און טראַדיציאָנעלע ייִדן אין דער היים.

דער באַנד שטעלט מיט זיך פֿאָר נישט אַלץ, נאָר אַ סך פֿון דעם וואָס איך האָב געלאָזט אָפּדרוקן אינעם זשורנאַל במשך דער צײַט ווען איך האָב געדינט ווי שעף־רעדאַקטאָר, ווי אויך עטלעכע אַרטיקלען וואָס איך האָב געשריבן פֿאַר אויפֿן שוועל נאָך איידער איך בין געוואָרן דער רעדאַקטאָר. דערצו האָב איך אַרײַנגענומען צוויי אַרטיקלען וואָס זײַנען אין דעם זשורנאַל בכלל ניט אָפּגעדרוקט געוואָרן.

איינער איז דער אינטערוויו דורכגעפֿירט פֿון ניקאָלײַ (קאָליע) באָראָדולינען; דער צווייטער איז די הקדמה וואָס איך האָב צוגעגרייט פֿאַר גיטל שעכטער־ווישוואַנאַטס ביכל, פּלוצעמדיקער רעגן: לידער, וואָס דער לייענער וועט געפֿינען אינעם אָפּטייל „פֿון מײַן קולטור־וועלט“. אַזוי ווי גיטל און איך האָבן די לעצטע פֿופֿצן יאָר אַזוי נאָענט צוזאַמענגעאַרבעט אויף דעם אויפֿן שוועל – זי ווי דער סטיל־רעדאַקטאָר און איך ווי דער שעף־רעדאַקטאָר – האָב איך געמיינט אַז מע מעג אַ ביסל אויסברייטערן די גרענעצן דאָס אַרײַנצונעמען. ווער ווייסט, סע קען גאָר זײַן אַז יענע צוזאַמענאַרבעט איז געווען אַ פֿאָרויסאָנונג אויף, און אפֿשר אַ גורם צו, דעם צוקונפֿטיקן שותּפֿות בײַם זשורנאַל.

אַ וואָרט וועגן דעם פֿאָרמאַט: אַזוי ווי דער אויפֿן שוועל איז די נשמה און דער גוף פֿון דעם באַנד טראָגט דאָס ביכל דעם אויסזען פֿון אַ (זייער דיקן) נומער פֿונעם זשורנאַל. די אַרטיקלען זײַנען ס'רובֿ איבערגעדרוקט געוואָרן פֿון די שייכדיקע נומערן אָן קיין בײַטן. בײַ אַ קליינער צאָל אַרטיקלען וועט דער

לייענער זיך אָנטרעפֿן אויף טשיקאַווע זאַכן ווי, למשל, באַגריסונגען, מודעות, בריוו אין רעדאַקציע, אָדער גאָר דעם אָנהייב פֿון אַן אַנדער אַרטיקל. מיר האָבן דאָס געלאָזט כּדי מע זאָל קענען זען דעם אַרטיקל אין זײַן אָריגינעלן אָרט און פֿאַרזוכן דעם טעם פֿונעם זשורנאַל גופֿא.

איך וויל דאָ באַדאַנקען אונדזער גראַפֿיקער יאַנקל סאַלאַנט, אי פֿאַר זײַן ווונדערלעכער גראַפֿישער אַרבעט במשך די לעצטע פֿופֿצן יאָר, וואָס האָט געמאַכט דעם אויפֿן שוועל אַ מאָדערנעם, פּרעכטיק שיינעם זשורנאַל, אי פֿאַר זײַן אַרבעט בײַם צוגרייטן דעם באַנד. מע קען בלי־גוזמא זאָגן אַז אָן אים וואָלט אָט דער באַנד נישט געזען די ליכטיקע שײַן.

איך וויל אויך האַרציק באַדאַנקען גיטל שעכטער־ווישוואַנאַט פֿאַר איר אַרבעט ווי סטיל־רעדאַקטאָר, בײַ וועלכער זי האָט מקפּיד געווען סײַ אויף דעם לשון פֿון די אַנדערע מיטאַרבעטערס בײַם זשורנאַל סײַ אויף מײַן לשון. זי האָט בײַ מיר און אַלע אונדזערע מיטאַרבעטערס תּמיד געמאָנט די העכסטע סטאַנדאַרדן. אונדזער כּסדרדיקע מיטאַרבעט וועט מיר אויספֿעלן.

פֿאַר וואָס דער טיטל פֿון יענער זײַט שוועל?
אין איר ליד „פֿון יענער זײַט ליד“ דמיונט רחל קאָרן אויס אַ וועלט אויף יענער זײַט ים און אויף יענער זײַט צײַט, די וועלט פֿון אירע קינדער־יאָרן, רײַך מיט דער שיינקייט פֿון דער נאַטור. דאָ לעבט נאָך די מאַמע אירע און דאָ קענען ווונדער נאָך געשען. כּדי אויסצודמיונען די ווונדער האָט דער פּאָעט געמוזט ווידער אויפֿלעבן אַ ייִדישע וועלט אין מיזרח־אייראָפּע ווו ס׳איז אַזוינס שוין מער נישט געווען פֿאַראַן.

פֿאַר מיר, און פֿאַר אונדזער דור – געבוירענע אויף דער זײַט ייִדישע צײַט, דאָס הייסט, נאָכן חורבן, און אין אַנדערע ערטער – איז טאַקע דאָ אונדזער „יענע זײַט ליד“, דאָ מוזן די ווונדער וואָס מיר חלומען אויס געשען. דאָ מוז ייִדיש בליִען. לעצטנס ווערן מיר, אין אונדזער ייִדיש־וועלטל, געמוטיקט פֿון אַ סך פּאָזיטיווע אַנטוויקלונגען, אַזעלכע וואָס איך האָב זיך נישט געקענט פֿאָרשטעלן ווען דער שרײַבער פֿון ייִדישן פּען־קלוב האָט מיר פֿאָרגעלייגט איך זאָל אַרויסגעבן אַ ביכל. דאָ מעגן מיר זײַן און מיר זײַנען טאַקע שאַפֿעריש, מיר מעגן אָנשרײַבן און אַרויסגעבן ביכער אויף ייִדיש! עס קען טאַקע יאָ געשען, אין מײַן פּערזענלעכן מעטאַפֿאָר, דאָ – פֿון יענער זײַט שוועל.

שבֿע צוקער

הקדמה

מיט גרויס פֿאַרגעניגן שטעל איך פֿאָרן לייענער פֿאָר די אַ זאַמלונג עסייען פֿון שבֿע צוקער, פֿון יענער זײַט שוועל, וואָס דעקט פֿיר יאָרצענדליק (פֿון די 1980ער ביז 2020) פֿון איר שרײַבן אין אויפֿן שוועל, דעם זשורנאַל פֿון דער ייִדיש־ליגע. דער רעטראָספּעקטיווער באַנד ווײַזט דעם גרייך און די טיף פֿון צוקערס אינטערעסן ווי אַ טוער און געלערנטער אין דער ייִדיש־וועלט. דער פֿריסטער פֿון די עסייען איז אַרויס אין די יאָרן ווען זי האָט געאַרבעט אויף איר דאָקטאָראַט אין פֿאַרגלײַכיקער און ייִדישער ליטעראַטור און זיי ציִען ביזן הײַנטיקן טאָג. במשך דער צײַט האָט זי אָנגעשריבן איר איצט קלאַסיש צווייבענדיק לערנבוך, ייִדיש: אַן אַרײַנפֿיר - לשון, ליטעראַטור און קולטור, און פּובליקירט אַ צאָל אַרטיקלען וועגן, און איבערזעצונגען פֿון, דער ייִדישער ליטעראַטור. דערצו האָט זי צוגעגרייט פּעדאַגאָגישע מאַטעריאַלן, איבער הויפּט אַ סטודענטישע אויסגאַבע פֿון שלום־עליכמס מאָטל פּייסע דעם חזנס; פּראָדוצירט די גאָלדענע פּאַווע: דאָס קול פֿון דעם ייִדישן שרײַבער, אַ יחיד־במינודיק קאָמפּאַקטל, מיט באַלייט־ביכלעך, פֿון רעקאָרדירונגען פֿון ייִדישע שרײַבערס וואָס לייענען פֿאָר פֿון זייערע ווערק; איניציִירט און פּראָדוצירט דורך דער ייִדיש־ליגע אַ סעריע דאָקומענטאַלע פֿילמען, אַ וועלט מיט וועלטעלעך: שמועסן מיט ייִדישע שרײַבערס; און איז אַרומגעפֿאָרן איבער דער וועלט צו לערנען און האַלטן לעקציעס אויף ייִדיש און אויסצושולן ייִדיש־לערערס, פֿון ביראָבידזשאַן, ביז ישׂראל, אויסטראַליע, און דרום־אַפֿריקע. צום וויכטיקסטן האָט זי פֿון 2005 ביז 2020 געדינט ווי דער שעף־רעדאַקטאָר פֿון אויפֿן שוועל.

די עסייען צונויפֿגעזאַמלט אין דעם באַנד זאָגן עדות אויף זייער מחברס אויסערגעוויינטלעכער ענערגיע און לײַדנשאַפֿטלעכער איבערגעגעבנקייט צום המשך פֿון דער ייִדישער שפּראַך און קולטור. אָנגעשריבן אין אַ שפּראַך וואָס איז קלאָר און פֿול מיט הומאָר, הייבן זיי אַרויס די וויכטיקייט פֿון איר לעבנסאַרבעט אינעם תּחום פֿון ייִדיש און זיי פֿולסירן מיט אַ הײַנטצײַטיק, לעבעדיק לשון.

ווי עס גיט איבער דער אינטערוויו געדרוקט אין 2018 אינעם ביראָבידזשאַנער שטערן האָט צוקערס פּאַסיע פֿאַרן ייִדישן לשון געהאַט איר בראשית אין איר ייִדיש־רעדנדיקער היים אין וויניפּעג, „ירושלים דקאַנאַדע“. זיידע־באָבע פֿון דער מאַמעס צד האָבן אין 1910 אימיגרירט קיין קאַנאַדע פֿון ווײַסרוסלאַנד און געשיקט זייער קאַנאַדער־געבוירענע טאָכטער מרים, צוקערס מאַמע, אין דער וויניפּעגער י.־ל. פּרץ־פֿאָלקשול, איינע פֿון די ערשטע ייִדישע טאָגשולן אויפֿן צפֿון־אַמעריקאַנער קאָנטינענט. דער טאַטע, אַ געבוירענער אין פּוילן, אינעם שטעטל איזשביצע, לעבן לובלין, איז געווען אַ ייִדיש־דרוקער און חבֿר פֿונעם ייִדישן אַרבעטער־בונד. אויף זיבן יאָר, במשך און באַלד נאָך דער צווייטער וועלט־מלחמה, האָט ער געפֿונען אַ מקום־מיקלט אין שאַנכײַ, און איז געקומען קיין וויניפּעג אין 1948, אַ דאַנק אַ מומע וואָס האָט דאָרטן געוווינט. צוקער און איר שוועסטער האָבן זיך געלערנט אין דער פּרץ־שול, די זעלבע ייִדישע טאָגשול ווי די מאַמע זייערע, וווּ מע האָט געלערנט אַלע ייִדישע לימודים אויף ייִדיש און עבֿרית. נאָך דער מיטלשול איז זי אַוועק פֿון וויניפּעג כּדי זיך צו לערנען אינעם ייִדישן לערער־סעמינאַר/הרצליה אין שטאָט ניו־יאָרק, וווּ מע האָט געלערנט אַלע לימודים אויף ייִדיש און עבֿרית. נאָך דער גראַדויִרונג איז זי אַ קורצע צײַט געווען אַ לערערין אין די ניו־יאָרקער אַרבעטער־רינג־שולן, און דערנאָך אין דער וויניפּעגער פּרץ־שול. זי האָט זיך ווײַטער געלערנט אין קאָלאָמביע־אוניווערסיטעט און דאָרטן געקראָגן איר מאַגיסטער אין דער ייִדישער שפּראַך, ליטעראַטור

און פֿאָלקלאָר, און שפּעטער אין גראַדויִר־צענטער פֿון ניו־יאָרקער שטאָטישן אוניווערסיטעט ווּ זי האָט געקראָגן איר דאָקטאָראַט. במשך מער ווי 20 זומערן ווען זי, איר מאַן און צוויי טעכטער האָבן געוווינט אין דורעם, צפֿון־קאַראָלײַנע, האָט צוקער געלערנט ייִדיש און ייִדישע ליטעראַטור אין זומער־פּראָגראַם אין דער ייִדישער שפּראַך, ליטעראַטור און קולטור א״נ אוריאל ווײַנרײַך בײַם ייִדישן וויסנשאַפֿטלעכן אינסטיטוט – ייִוואָ אין שטאָט ניו־יאָרק. אין דורעם האָט זי אַ סך יאָרן געלערנט די ייִדישע שפּראַך און די אַלגעמיינע ייִדישע ליטעראַטור אין דיוק־אוניווערסיטעט. ס׳האָט אָבער איר פֿאַרבינדונג מיט דער ייִדיש־ליגע געבראַכט אַן עיקרדיקן בײַט אין איר קאַריערע און דערפֿירט צו די עסייען אין דעם באַנד.

די ייִדיש־ליגע איז פֿאַרלייגט געוואָרן פֿון ד״ר מרדכי שעכטער, דעם חשובֿן ייִדיש־פּראָפֿעסאָר בײַם קאָלאָמביע־אוניווערסיטעט, אין 1979. ער אַליין האָט אָנגעפֿירט מיט דער ליגע, ווי אויך געווען דער רעדאַקטאָר פֿון איר אָרגאַן, דעם אויפֿן שוועל. ווען שעכטער איז קראַנק געוואָרן האָט מען צוקערן אָנגעשטעלט איבערצונעמען בײַ אים די אַרבעט, הן ווי דער אויספֿיר־סעקרעטאַר פֿון דער ייִדיש־ליגע, הן ווי דער שעף־רעדאַקטאָר פֿונעם זשורנאַל. ווי רעדאַקטאָר האָט זי געגעבן דעם זשורנאַל אַ נײַ פּנים. ס׳רובֿ נומערן האָט זי אויסגעפּלאַנירט מיט אַ טעמאַטישן פֿאָקוס, און האָט זיך קאָנצענטרירט אויף דער ייִדישער קולטור און געשיכטע צוזאַמען מיט הײַנטיקע אַנטוויקלונגען אין דער וועלט פֿון ייִדיש און דער ברייטערער ייִדישער קולטור – אַלץ אין אַ פּרעכטיקן, מאָדערנעם פֿאָרמאַט. ווי רעדאַקטאָר האָט זי געשריבן טעמאַטישע מיינונג־אַרטיקלען, ווי אויך לענגערע אַרטיקלען און פּאָרטרעטן פֿון וויכטיקע קולטור־געשטאַלטן.

די עסייען אין דעם ביכל ווערן אַראַנזשירט אין זעקס טיילן: I) פּערזענלעכס; II) פֿון דעם רעדאַקטאָר;
III) צום אַמאָל און הײַנט פֿון אונדזער אָרגאַניזאַציע;
IV) פֿון מײַן קולטורוועלט; V) געשטאַלטן;
VI) אינטערוויוען.

דאָ וועל איך בקיצור אַרומרעדן עטלעכע הויכפּונקטן פֿון יעדן פֿון די אָפּטיילן.

דער ערשטער, „פּערזענלעכס“, הייבט זיך אָן מיטן אינטערוויו מיט צוקערן אָפּגעדרוקט אינעם אָנלײַן־נוסח פֿון ביראָבידזשאַנער שטערן, אין וועלכן זי דערציילט וועגן איר לעבן אין דער ייִדיש־וועלט. נאָך דעם קומט אַן עסיי געשריבן אין 1997 אָפּצומערקן דעם צענטן יאָרצײַט פֿון איר טאַטן, מאיר צוקער. דאָ באַשרײַבט זי זײַן אויסערגעוויינטלעכן לעבנסוועג. אַ געבוירענער אין אַ חסידישער משפּחה אין פּוילן, איז ער געוואָרן אַ סאָציאַליסט אויפֿן גאַנצן לעבן, האָט איבערגעלעבט די מלחמה ווי אַ יונגער־מאַן אין שאַנכײַ, און שפּעטער אין קאַנאַדע, האָט ער באַשאָנקען די צוויי טעכטער זײַנע מיט די העכסטע עטישע און קולטורעלע סטאַנדאַרדן און אַן איבערגעגעבנקייט צו ייִדיש און ייִדישקייט. דער מחבר גיט איבער דעם טאַטנס קול אַזוי בילדעריש קלאָר אַז זײַן אָנדענק לעבט אויף פֿאַרן לייענער דורך איר אָפּמשלונג פֿון זײַן איראָנישן הומאָר, זײַן חכמה און זײַן ליבשאַפֿט צו זײַנע טעכטער.

אינעם צווייטן אָפּטייל, „פֿון דעם רעדאַקטאָר“, עדיטאָריאַלן וואָס גרייכן פֿון אָפּהאַנדלונגען וועגן פֿאַרשיידענע ליטעראַרישע און קולטורעלע פּערזענלעכקייטן ביז „ייִדישע שלמות“, מחשבֿות געשריבן צו דער בת־מיצווה פֿון צוקערס ייִנגערער טאָכטער אין 2007. דאָ טראַכט זי זיך אַרײַן אין דעם ווי דאָס געשטאַלט פֿון ייִדישקייט האָט זיך געביטן בײַ איר אין דער משפּחה במשך די דורות, פֿון דער פֿרומקייט פֿון איר עלטער־זיידן פֿון טאַטנס צד, ביזן טאַטנס עקשנותדיקער וועלטלעכקייט, איר אייגענעם צונויפֿפֿלעכטן פֿון טראַדיציע און וועלטלעכקייט, און איר טאָכטערס עגאַליטאַרישער ייִדישקייט.

דער צווייטער אָפּטייל נעמט אַרײַן צוקערס רירנדיקן כּבֿוד־אויסדרוק צו איר לערער און מדריך מרדכי שעכטער, צו זײַן פּטירה אין 2007. אין דעם עדיטאָריאַל וואָס איז אַרײַן אינעם נומער אויפֿן שוועל אים לזכר (האַרבסט 2007) רעכנט צוקער אויס אַ סך אַספּעקטן פֿון שעכטערס דערגרייכונגען לטובֿת דעם המשך פֿון דער ייִדישער שפּראַך און קולטור: ווי אַ לערער בחסד־עליון, אַ לינגוויסט, דער שאַפֿער פֿון אַ וויכטיק לערנבוך און דער פֿאַרלייגער פֿון דער ייִדיש־ליגע. זי אַנטוויקלט ווײַטער די געדאַנקען אין איר

הספד, „מרדכי שעכטער, דער כּלל־טוער, דער לערער, דער מענטש“, געדרוקט אינעם זעלבן נומער אויפֿן שוועל, וואָס געפֿינט זיך דאָ אינעם דריטן אָפּטייל. דאָ שטרײַכט זי אונטער זײַן אויסערגעוויינטלעכן אויפֿטו ווי אַ טאַטע וואָס האָט אין איינעם מיט זײַן עזר־כּנגדו טשאַרנע באַוויזן אײַנצופֿלאַנצן אין אַלע זײַנע פֿיר קינדער אַ ליבשאַפֿט און איבערגעגעבנקייט צו ייִדיש.

נאָך אַ מערקווערדיקער אַרטיקל אין דעם אָפּטייל, „מענטשן זײַנען ווי ציין: יאָני פֿײַן אוןביילע שעכטער־גאָטעסמאַן ז״ל“, האָט זי אָנגעשריבן נאָכן פֿעלן זיך פֿון צוויי אויסנעמיקע ייִדישע מחברים, וואָס זײַנען ביידע אַוועק צום סוף פֿונעם יאָר 2013. דאָ ברענגט זי אַן אָפּשאַצונג פֿון די לעבנס און ווערק פֿונעם מחבר און מאָלער יאָני פֿײַן, און דעם פּאָעט, שרײַבער פֿון זינגלידער און זינגער ביילע שעכטער־גאָטעסמאַן, וואָס האָבן זיך ביידע באַזעצט אין ניו־יאָרק נאָכן האָבן איבערגעלעבט דעם חורבן, און האָבן דורך זייער קינסטלערישער שאַפֿערישקייט געמאַכט אַן אוניקאַלן און וויכטיקן צושטײַער צו ייִדיש און ייִדישקייט. דאָ און אין אַנדערע רעדאַקציע־אַרטיקלען שרײַבט צוקער מיט אַ וואַרעמקייט וואָס קומט פֿון דעם וואָס זי האָט געקענט נישט נאָר זייערע ווערק, נאָר די סוזשעטן אַליין, סײַ ווי פֿרײַנד סײַ ווי מענטאָרס. דורך אירע פּערזענלעכע באַציִונגען מיט די שאַפֿערס פֿון דער ייִדישער קולטור און קונסט זעט זיך קלאָר אָן צוקערס אייגענע אַרײַנגעטאָנקייט אין ייִדיש הײַנט און איר אָפּגעגעבנקייט צו איר המשכדיקייט.

אינעם דריטן אָפּטייל פֿיגורירן אַרטיקלען וועגן דער געשיכטע פֿון דער פֿרײַלאַנד־ליגע, דער ייִדיש־ליגע, און דעם זשורנאַל אויפֿן שוועל. דער ערשטער עסיי, „בן־אַדיר: אַ פֿענצטער אין אונדזער געשיכטע אַרײַן“ (2005), מאָלט אויס אַ פּראָפֿיל פֿון אַבֿרהם ראָזין, דעם ערשטן רעדאַקטאָר פֿון אויפֿן שוועל, באַקאַנט אונטער זײַן פּסעוודאָנים „בן־אַדיר“. אין זײַנע שריפֿטן האָט ער אויסגעדריקט די אינטעלעקטועלע און פֿילאָסאָפֿישע אידעאָלאָגיע פֿון דער פֿרײַלאַנד־ליגע, די ייִדיש־טעריטאָריאַליסטישע אָרגאַניזאַציע וואָס איז שפּעטער, אונטער דער פֿירערשאַפֿט פֿון מרדכי שעכטערן, מגולגל געוואָרן אין דער ייִדיש־ליגע. צוקערס עסיי, אײַנגערעמט אין אַ צופֿעליק באַגעגעניש מיט בן־אַדירס אַן אייניקל אין קאַליפֿאָרניע, גיט בקיצור איבער זײַן ביאָגראַפֿיע, ווי אויך זײַנע געדאַנקען וועגן אַ ייִדיש־שפּראַכיק היימלאַנד, אַ מיקלט פֿון רדיפֿות און אַסימילאַציע פֿאַר ייִדן אין די תּפֿוצות, אַקעגן דער ציוניסטישער וויזיע פֿון אַן עבֿרית־שפּראַכיק היימלאַנד אין ארץ־ישׂראל.

כאָטש בן־אַדירס צום טייל לשון־מאָטיווירטן חלום איז צום סוף ניט מקוים געוואָרן, האָט מרדכי שעכטער ממשיך געווען זײַן אַרבעט לטובֿת ייִדיש ווען ער האָט איבערגעמאַכט די טעריטאָריאַליסטישע פֿרײַלאַנד־ליגע אין דער ייִדיש־ליגע, אַן אָרגאַניזאַציע וואָס איר הויפּטציל איז געווען דאָס מאָדערניזירן די ייִדישע שפּראַך און זיך אָננעמען און קעמפֿן פֿאַר איר. צוקער דערציילט וועגן דער אַנטוויקלונג אין דעם פֿריִער דערמאָנטן הספד. אינעם לענגערן עסיי, „אויפֿן שוועל: גילגול פֿון אַ ייִדיש־זשורנאַל“, געשריבן אין 2011 לכּבֿוד דעם זיבעציקסטן יובֿל פֿון אויפֿן שוועל, גיט צוקער איבער די אידעאָלאָגישע געשיכטע פֿון דעם זשורנאַל וואָס זי האָט רעדאַקטירט, באַלײַכטנדיק די שרײַבערס, רעדאַקטאָרן און דענקערס וואָס האָבן געדרוקט, און זיך געדרוקט אויף, זײַנע שפּאַלטן.

דער פֿערטער אָפּטייל, „פֿון מײַן קולטורוועלט“, איז כּולל ליטעראַרישע אָפּהאַנדלונגען פֿון ייִדישע שרײַבערס. אין דער ערשטער, „ביילע שעכטער־גאָטעסמאַנס שאַרײַ“ (1981), אַ רעצענזיע פֿון שעכטער־גאָטעסמאַנס פֿערטער זאַמלונג לידער, לייגט זי פֿיר אַז דער באַנד איז דעם פּאָעטס אינערלעכער דיאַלאָג צווישן נישט־דערפֿילטע חלומות און דער האָפֿענונג וואָס די ייִדישע פּאָעזיע גופֿא ברענגט. אין „יחיאל שרײַבמאַן – אַן אומפֿאַרגעסלעך באַגעגעניש“ (1998) אַנאַליזירט זי די אויטאָביאָגראַפֿישע פּראָזע פֿונעם סאָוועטישן און פּאָסטסאָוועטישן שרײַבער וואָס האָט געלעבט אין קעשענעוו, מאָלדאָווע, און האָט נאָך געקענט און פֿאַרגעטערט דעם לעגענדאַרן סאָוועטיש־ייִדישן פּאָעט פּרץ מאַרקיש. זי פֿלעכט צוזאַמען איר באַהאַנדלונג פֿון שרײַבמאַנס דערציילונגען מיט איר אייגענער געשיכטע פֿון איר נאָענטער פֿרײַנדשאַפֿט מיט אים און זײַן פֿרוי מאַרינע, וואָס האָט זיך אָנגעהויבן ווען זי האָט פֿאַרבראַכט עטלעכע וואָכן אין קעשענעוו ווי אַ ייִדיש־לערער אין 1996,

און האָט ממשיך געווען דורך זייער אָנגייענדיקער קאָרעספּאָנדענץ ביז שרײַבמאַן איז געשטאָרבן. אַ גאָט־געבענטשטער דערציילער, הייבט שרײַבמאַן אין זײַנע ווערק אַרויס די אָרעמקייט פֿון זײַנע יונגע יאָרן. „פֿון דער וואָכעדיקייט“, שרײַבט צוקער, „האָט ער געמאַכט קונסט“. די סאַמע באַשיידנסטע אָרעמע לעבנס האָט ער באַשאָנקען מיט עמאָציאָנעלער טיפֿקייט און ווערדע.

נאָך צוויי תּוכיקע אַרטיקלען אין דעם אָפּטייל פֿאַרנעמען זיך פֿון צוויי קוקווינקלען מיט דער טעמע ביראָבידזשאַן, די ייִדישע אויטאָנאָמע געגנט, פֿאַרלייגט געוואָרן ווי אַן „אָבלאַסט“ פֿון דער סאָוועטישער רעגירונג אין 1934. האַרט בײַ דעם גרענעץ פֿון כינע און רוסלאַנד איז ייִדיש דאָרטן באַשטימט געוואָרן און איז נאָך אַלץ אַן אָפֿיציעלע שפּראַך. איינער פֿון די אַרטיקלען, „צוויי מאָל פֿון פֿײַער אַרויס“, באַשרײַבט אַ ביבליאָטעק און אַ גניזה אין ביראָבידזשאַן; דער צווייטער, אַ רײַזע־באַשרײַבונג, „ביראָבידזשאַן: אַ פֿאַרקערטע וועלט“, גיט איבער צוקערס אײַנדרוקן פֿון איר נסיעה אַהין אין זומער 2007 ווען מע האָט זי פֿאַרבעטן צו זײַן דאָרט אַ לערער. אין דעם פֿאַרכאַפּנדיקן, פּרטימדיקן עסיי דערציילט זי וועגן דער געשיכטע און קולטור פֿונעם אויסערגעוויינטלעכן און סוררעאַליסטישן אָרט, און באַשרײַבט אירע איבערלעבונגען דאָרטן – די מענטשן וועמען זי האָט געטראָפֿן, די ייִדישע אינסטיטוציעס ווי, למשל, די אַלטע שול און די נײַע שול, וואַלדהיים, דעם ערשטן ייִדישן קאָלכאָז, דאָס היגע עסן, און שולן וווּ מע האָט דעמאָלט פּלאַנירט צו לערנען ייִדיש, „נישט ווי אַ ברירה נאָר ווי אַ מוז־לימוד“, אָבער ווי די צווייטע פֿרעמדע שפּראַך, נישט־געקוקט אויף איר סטאַטוס ווי אַן אָפֿיציעלע שפּראַך דאָרטן.

אינעם פֿיפֿטן אָפּטייל, „געשטאַלטן“ מאָלט צוקער אויס עטלעכע פֿון די וויכטיקע טוערס לטובֿת דער ייִדישער שפּראַך און קולטור ווי, אַ שטייגער, איטשע גאָלדבערג, דער ליטעראַטור־קריטיקער און פּעדאַגאָג פֿון די לינקע קרײַזן, און ד״ר יצחק־נחמן שטיינבערג, דער צווייטער רעדאַקטאָר פֿון אויפֿן שוועל.

דער זעקסטער אָפּטייל, „אינטערוויוען“, נעמט אַרײַן שמועסן צווישן צוקער און הײַנטצײַטיקע איבערזעצערס פֿון ייִדיש, ווי אויך אַנדערע קולטורעלע פֿיגורן. אין „דרײַ נײַע איבערזעצונגען פֿון טבֿיה דער מילכיקער“, געדרוקט אינעם ווינטער־פֿרילינג נומער 2011 לכּבֿוד דעם 150סטן יובֿל פֿון שלום־עליכמס געבוירן ווערן, אינטערוויויִרט זי דן מירון, עליזה שעוורין און יאַן שוואַרץ, איבערזעצערס פֿון דעם קלאַסישן ווערק אויף עבֿרית, ענגליש און דעניש, (אין דעם סדר). אין „דאָס איבערזעצן די אייגענע מאַמע“ דערלאַנגט צוקער אַ פּרעכטיקן און אַרײַנדרינגענדיקן אינטערוויו מיט גאָלדע מאָרגענטאַלערן, דער ענגלישער איבערזעצערין פֿון די ווערק פֿון דער מאַמען, דעם באַקאַנטן ראָמאַניסט חוה ראָזענפֿאַרב.

אינעם אַרטיקל וועגן איר נסיעה קיין ביראָבידזשאַן שרײַבט שבֿע צוקער, און עס לאָזט זיך געדענקען, „די געשיכטע פֿון ביראָבידזשאַן איז אַ געשיכטע פֿון פֿאַרגעסן, ווילנדיק צי נישט־ווילנדיק“, און איצט אין דעם באַנד פֿאַרזיכערן אירע כּתבֿים אַז דאָס פֿאַרגעסן איז נישט קיין ברירה.

קאַטרין העלערשטיין,
ייִדיש־פּראָפֿעסאָר און דירעקטאָר פֿון דער
פּראָגראַם אין ייִדישע לימודים,
פּענסילווייניער אוניווערסיטעט

I

פּערזענלעכס

דער אַרטיקל איז קיין מאָל נישט געדרוקט געוואָרן אין אויפֿן שוועל. ס׳איז אַן אינטערוויו וואָס ניקאָלײַ (קאָליע) באָראָדולין, דער דירעקטאָר פֿון ייִדיש־פּראָגראַמען בײַם אַרבעטער־רינג, האָט געמאַכט מיט מיר אין זײַן קלאַס „מיט ייִדיש איבער דער וועלט“ אין אַרום 2016. שפּעטער איז דאָס אַרויסגעגעבן געוואָרן אין אָנלײַן־נוסח פֿון בירָאבידזשאַנער שטערן. איך האָב דאָס אַרײַנגענומען אין דעם באַנד ווײַל איך האָב געפֿילט אַז דער אינטערוויו וועט געבן דעם לייענער צו פֿאַרשטיין ווער איך בין, ווי אַזוי איך בין געקומען צו ייִדיש און ווי אַזוי איך פֿאַרשטיי מײַן אַרבעט אין דעם תּחום.

כּדי דעם אַרטיקל אָפּצודרוקן אין דעם באַנד האָבן מיר געדאַרפֿט דאָס איבערפֿאָרמאַטירטן פֿונעם וועב אין בוכפֿאָרעם און האָבן אָפּגעהיטן ווי נאָר מעגלעך די בילדער און סטיל פֿונעם אָריגינעלן דיזײַן.

„אין אַלץ וואָס איך טו“

09.02.2018 Биробиджанер Штерн Идиш 22716 Елена Сарашевская

ד״ר שבֿע צוקער, פּראָפֿעסאָר פֿון ייִדיש, מחבר פֿון ייִדיש־לערן־מאַטעריאַלן און איבערזעצער, איז דער אויספֿיר־סעקרעטאַר פֿון דער ייִדיש־ליגע און דער שעף־רעדאַקטאָר פֿון איר אָרגאַן, אויפֿן שוועל. זי איז איינע פֿון די אָנגעזעענסטע און בכּבֿודיקסטע ייִדיש־לערערס אויף דער וועלט. הונדערטער אויב ניט טויזנטער מענטשן לערנען זיך ייִדיש מיט דער הילף פֿון איר צוויי־בענדיקן לערנבוך ייִדיש: אַן אַרײַנפֿיר: לשון, ליטעראַטור און קולטור.

צווישן די הונדערטער סטודענטן וואָס האָבן געהאַט דעם זכות זיך צו לערנען ייִדיש מיט שבֿען זײַנען צוויי מענטשן פֿון בירָאבידזשאַן – דער רעדאַקטאָר פֿון „בש“ יעלענאַ סאַראַשעווסקאַיאַ און ניקאָלײַ באָראָדולין, וועלכער וווינט מער פֿון צוואַנציק יאָר אין ניו־יאָרק און איז שוין אַליין אַ בכּבֿודיקער ייִדיש־לערער. שבֿע האָט מסכּים געווען צו ענטפֿערן אויף ניקאָלײַס פֿראַגעס אינעם אינטערוויו פֿאַר אונדזער צײַטונג.

נ. ב.: ווי אַזוי זײַט איר געקומען צו ייִדיש? דערציילט וועגן אײַער משפּחה.

ש. צ.: פֿאַר געוויסע מענטשן איז אַ מאָל אַ חידוש פֿון וואַנען ס׳איז צו זיי געקומען דער אינטערעס אין ייִדיש אָבער איך מיין אַז אין מײַן פֿאַל איז עס געקומען גאַנץ נאַטירלעך, כאָטש אַ סך מענטשן האָבן אַן ענלעכע ביאָגראַפֿיע און זיי האָבן זיך ניט גענומען צו ייִדיש. איך בין אויפֿגעוואַקסן אין א ייִדיש־רעדנדיקער היים אין וויניפּעג, קאַנאַדע. מײַן זיידע, דער מאַמעס טאַטע האָט געזאָלט אַגבֿ פֿאָרן קיין גאַלוועסטאָן, טעקסאַס, און ער האָט טאַקע געהאַט אַלע פּאַפּירן צו פֿאָרן אין די פֿאַראייניקטע שטאַטן אָבער אין לאָנדאָן האָט מען אים אָפּגעהאַלטן צוליב די אויגן און ער האָט פֿאַרשפּעטיקט זײַן שיף און באַשלאָסן צו פֿאָרן קיין וויניפּעג ווו ער האָט געהאַט אַ לאַנדסמאַן. און דערנאָך זײַנען אָנגעקומען 6 ברידער און שוועסטער. מיר זײַנען „פֿאַראַנטוואָרטלעך“ פֿאַר 200 מענטשן וואָס וווינען הײַנט צו טאָג אין וויניפּעג.

אין מײַנע צײַטן האָט מען גערופֿן וויניפּעג „ירושלים פֿון קאַנאַדע“. ס׳איז געווען זייער אַ ייִדישלעכע שטאָט מיט אַ באַפֿעלקערונג פֿון אַרום 20000 ייִדן. ווען איך בין געגאַנגען אין דער ייִדישער טאָגשול דאָרטן, די י.־ל. פּרץ־פֿאָלקשול, האָבן מיר געהאַט אַ 600 קינדער! הײַנט איז די ייִדישע באַפֿעלקערונג אין וויניפּעג געוואָרן קלענער – אפֿשר אַ 15000. ייִדן פֿאָרן אַוועק מערסטנס קיין טאָראָנטע אָדער וואַנקוווער, אָבער די ייִדישע קהילה פֿאַרבעט ייִדן פֿון אַנדערע לענדער און עס זײַנען אָנגעקומען אַ צאָל ייִדן פֿון אַרגענטינע און רוסלאַנד.

מײַן מאַמע איז אַ קאַנאַדער געבוירענע. זי איז ניט פֿון אייראָפּע, אָבער זי איז געווען דאָס ערשטע קינד פֿון אַן אימיגראַנטישער משפּחה, וואָס איז געקומען פֿון ווײַסרוסלאַנד קיין קאַנאַדע אין אַרום 1910. זי האָט זיך געלערנט אין אַ ייִדישער טאָגשול און די וויניפּעגער ייִדן גרייסן זיך אַז זיי האָבן געהאַט דעם ערשטן ייִדיש־רעדנדיקן קינדער־גאָרטן אויפֿן צפֿון־אַמעריקאַנער קאָנטינענט און מײַן מאַמע איז טאַקע געווען אינעם ערשטן קינדער־גאָרטן. זי

האָט זיך געלערנט אין טאָגשול און דערנאָך אין מיטלשול און אין העכערע קורסן. דער טאַטע איז געווען אַ פּליט, אַ מענטש וואָס האָט געדאַרפֿט אַנטלויפֿן פֿון זײַן לאַנד. ער איז געבוירן געוואָרן אין פּוילן, אין אַ שטעטל איזשביצע, אין לובלינער קאַנט. באַשעוויס שרײַבט אַ סך וועגן דער געגנט, אויך י.־ל. פּרץ און יעקבֿ גלאַטשטיין. אָט די גרויסע שרײַבערס קומען אַלע פֿון די מקומות. איז דער טאַטע אויפֿגעוואַקסן, פֿאַרשטייט זיך, אין אַ ייִדיש־רעדנדיקער היים. ער איז אַרײַן אין בונד ווען ער איז געווען אַ יונגער־מאַן. כאָטש דער זיידע איז געווען פֿרום איז ער געוואָרן אויס פֿרום ווען דער טאַטע איז געווען אַן ערך 10 יאָר אַלט. דער טאַטע האָט געהאַט אַן עלטערע שוועסטער און זי איז שוין געווען אין בונד. איז דער טאַטע אַרײַן צו ערשט אין דער בונדיסטישער יוגנט אָרגאַניזאַציע „מאָרגנשטערן“ ווען ער איז געווען אַ צענערלינג און ער איז געבליבן אַ ייִדישער סאָציאַליסט ביזן סוף פֿון זײַן לעבן. ער איז אַנטלאָפֿן פֿון פּוילן די ערשטע וואָך אין סעפּטעמבער 1939 און זיך געראַטעוועט קודם דורך יאַפּאַן מיט דער הילף פֿון יאַפּאַנישן קאָנסול סוגיהאַראַ, וואָס איז איינער פֿון די חסידי־אומות־העולם.

ער האָט צעטיילט טויזנטער וויזעס כּדי ייִדן זאָלן קענען אַרויספֿאָרן פֿון פּוילן און ליטע. דער טאַטע האָט אָפּגעלעבט כּמעט 7 יאָר אין שאַנכײַ. סוף־כּל־סוף איז ער געקומען קיין וויניפּעג, ווו ער האָט געהאַט אַ מומע. ער האָט זיך דאָרטן געטראָפֿן מיט דער מאַמען און האָט מיט איר חתונה געהאַט. איז אַזוי אַרום האָבן מיר געהאַט אַ ייִדיש־רעדנדיקע היים. כ׳וואָלט ניט געזאָגט אין גאַנצן אויף ייִדיש, ווײַל איך האָב מערסטנס געענטפֿערט אויף ענגליש אָבער די עלטערן האָבן גערעדט צו מיר און מײַן עלטערער שוועסטער אויף ייִדיש.

נ. ב.: צי געדענקט איר אײַער ערשטן ייִדיש לערער?

ש. צ.: מײַן ערשטע משפּיעדיקע לערערין אין 2טן, 3טן און 4טן קלאַס איז געווען די לערערין אסתּר קאָרמאַן, אַ דערציִערין פֿון דער אַלטער שול מיט שטרענגער דיסציפּלין און מיר האָבן זיך געלערנט אַ סך גראַמאַטיק מיט אַ סך רשימות, די אַלע זאַכן וואָס מען זאָגט איצט אַז קינדער קענען דאָס ניט באַנעמען. איך מיין אַז זי איז געווען אַ ווילנערין און אַז זי האָט פֿאַרלאָרן אַ קינד אין דער מלחמה. מיר האָבן עפּעס געהאַט אַ געפֿיל אַז מיר זײַנען אירע קינדער. שפּעטער איז מײַן וויכטיקסטער לערער געוואָרן ד״ר מרדכי שעכטער און איך האָב זיך געלערנט בײַ אים יאָרן און יאָרן. ער האָט געהאַט זייער אַ גרויסע השפּעה אויף מיר.

נ. ב.: פֿאַר וואָס האָט איר באַשלאָסן צו ווערן אַ ייִדיש־לערערין?

ש. צ.: איך בין געגאַנגען אין אַ ייִדישער טאָגשול. אין די פֿאַראייניקטע שטאַטן זײַנען ניט געווען קיין ייִדישע טאָגשולן, אָבער אין קאַנאַדע זײַנען יאָ געווען, אויך אין מעקסיקע און אַרגענטינע. איך בין געגאַנגען אין דער י.־ל. פּרץ פֿאָלקשול. אַ האַלבן טאָג האָבן מיר געלערנט אַלע לימודים אויף ייִדיש און אויך אויף עבֿרית ווײַל די שול איז געווען אַ ציוניסטישע. און אין דער צווייטער העלפֿט טאָג האָבן מיר זיך געלערנט די אַלגעמיינע לימודים: מאַטעמאַטיק, וויסנשאַפֿט, ענגליש, פֿראַנצייזיש, פֿיזקולטור און אַזוי ווײַטער. עס זײַנען הײַנט ניטאָ קיין סך מענטשן וואָס האָבן געהאַט אַזאַ ייִדישע דערציִונג. אָן דעם וואָלט איך זיכער ניט געוואָרן קיין לערערין פֿון ייִדיש. פֿאַר

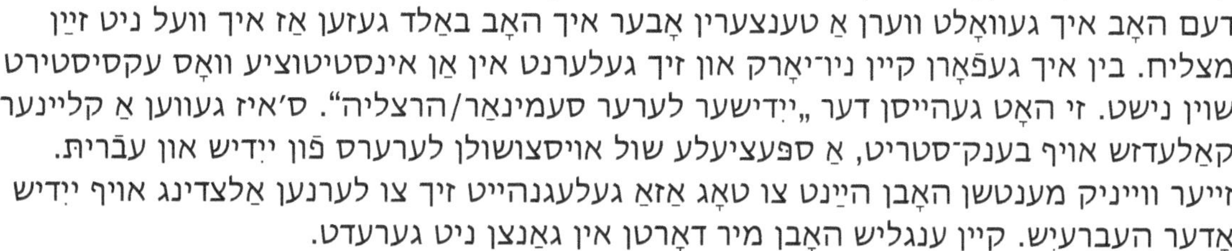

דעם האָב איך געוואָלט ווערן אַ טענצערין אָבער איך האָב באַלד געזען אַז איך וועל ניט זײַן מצליח. בין איך געפֿאָרן קיין ניו־יאָרק און זיך געלערנט אין אַן אינסטיטוציע וואָס עקסיסטירט שוין נישט. זי האָט געהייסן דער „ייִדישער לערער סעמינאַר/הרצליה“. ס׳איז געווען אַ קליינער קאַלעדזש אויף בענק־סטריט, אַ ספּעציעלע שול אויסצושולן לערערס פֿון ייִדיש און עבֿרית. זייער ווייניק מענטשן האָבן הײַנט צו טאָג אַזאַ געלעגנהייט זיך צו לערנען אַלצדינג אויף ייִדיש אָדער העברעיִש. קיין ענגליש האָבן מיר דאָרטן אין גאַנצן ניט גערעדט.

איך האָב אָנגעהויבן לערנען אין דער צײַט אין דער אַרבעטער־רינג קינדערשול און דערנאָך צוריקגעפֿאָרן קיין וויניפּעג און געלערנט דאָרטן אין דער ייִדישער טאָגשול. איך האָב באַלד פֿאַרשטאַנען אַז דאָס לערנען קינדער איז ניט פֿאַר מיר. זיי זײַנען געווען אַ סך קליגער פֿון מיר און איך האָב באמת ניט געקענט האַלטן קיין דיסציפּלין און די קינדער האָבן מיך משוגע געמאַכט. אפֿשר הײַנט וואָלט איך געווען שטרענגער און וואָלט אָנגעהאַלטן די דיסציפּלין.

אָבער דעמאָלט האָב איך באמת ניט געוווּסט ווי צו האַלטן אַ קלאַס עס זאָל ניט ווערן עפּעס קיין רעוואָלוציע דאָרטן. איך האָב פּאָרט געוואָלט עפּעס טאָן מיט ייִדיש און איך מיין אַז אַ דאַנק די קינדער האָב איך טאַקע געקראָגן אַ דאָקטאָראַט ווײַל איך האָב אײַנגעזען אַז אויב איך קען ניט אַרבעטן מיט קינדער דאַרף איך פּרובירן אַרבעטן מיט דערוואַקסענע. איך האָב באַקומען אַ מאַגיסטער פֿון קאָלאָמביע־אוניווערסיטעט און אַ דאָקטאָראַט אין דער פֿאַרגלײַכיקער ליטעראַטור מיטן טראָפּ אויף ייִדיש. איך לערן שוין מער ווי 20 יאָר נאָך אַנאַנד אין דער אוריאל ווײַנרײַך־זומער־פּראָגראַם בײַם ייִוואָ.

איך האָב אַ לאַנגע צײַט געוווינט אין ניו־יאָרק ביז איך האָב חתונה געהאַט און מײַן מאַן האָט מיך פֿאַרשלעפּט אין גלות אין צפֿון־קאַראָליינע אין שטאָט דורעם Durham. מיר האָבן צוויי טעכטער וואָס זײַנען שוין אויסגעוואַקסן, אָבער זיי זײַנען געווען די איינציקע ייִדיש־רעדנדיקע קינדער אין אונדזער שטאָט און אפֿשר אינעם גאַנצן שטאַט.

נ. ב.: וואָס איז די ייִדיש־ליגע און וואָס איז אײַער אַרבעט דאָרטן?

ש. צ.: די ייִדיש־ליגע איז אַן אָרגאַניזאַציע וואָס ד״ר מרדכי שעכטער האָט פֿאַרלייגט ד״ה עטאַבלירט אין 1979. פֿריִער איז עס געווען אַ מער פּאָליטישע אָרגאַניזאַציע, די פֿרײַלאַנד־ליגע פֿאַר דער ייִדישער טעריטאָריאַליסטישער קאָלאָניזאַציע, וואָס האָט זיך פֿאַרנומען מיט זוכן אַ טעריטאָריע פֿאַר ייִדן ערגעץ אויף דער וועלט ווו ייִדן זאָלן קענען לעבן בשלום און פֿירן זייער לעבן אויף ייִדיש. אין 1979 האָבן זיי פֿאַרשטאַנען אַז דער חלום איז שוין אויסגעשפּילט. האָט מען פֿאַרמאַכט די „פֿרײַלאַנד־ליגע“ און געשאַפֿן די ייִדיש־ליגע, אַן אָרגאַניזאַציע איבערגעגעבן ייִדיש, מיט דער האָפֿענונג אַז ייִדן און ניט־ייִדן איבער דער וועלט וואָס האָבן ליב די שפּראַך וועלן זיך פֿאַראייניקן אונטער דער פֿאָן. איינער פֿון אונדזערע נײַע פּראָיעקטן איז דאָס אַרויסגעבן אַ סעריע פֿילמען „אַ וועלט מיט וועלטעלעך: שמועסן מיט ייִדישע שרײַבערס“. מיר האָבן לעצטנס אַרויסגעגעבן אַ פֿילם וועגן חוה ראָזענפֿאַרב, זייער אַן אָנגעזעענע שרײַבערין, ספּעציעל באַקאַנט מיט אירע חורבן־ראָמאַנען. פֿאַר דער „ייִדיש־ליגע“ האָב איך צוזאַמען מיט חנה גאַוועגדאַ (פֿון שלום־עליכם־קאַלעדזש אין אויסטראַליע) רעדאַקטירט שלום־עליכמס מאָטל־פּייסע דעם חזנס פֿאַרקירצט און באַאַרבעט פֿאַר סטודענטן מיט געניטונגען, גלאָסאַרן און אַ קלאַנג־רעקאָרדירונג.

מאָטל פּייסע
דעם חזנס
שלום־עליכם

מיר האָבן אויך אַ וועכנטלעכע רובריק אויף אונדזער פֿייסבוק־זײַטל ווערטער פֿון דער וואָך. דאָרטן קענט איר געפֿינען יעדע וואָך אַ נײַע רשימה ווערטער אויף פֿאַרשידענע טעמעס.

נ. ב.: דערציילט אַ ביסל וועגן אײַער אַרבעט אין אויפֿן שוועל. וואָס איז אײַער באַליבסטער נומער?

ש. צ.: איך אַרבעט שוין 13 יאָר אינעם זשורנאַל אויפֿן שוועל וואָס ווערט אַרויסגעגעבן פֿון דער „ייִדיש־ליגע“ און מיר זוכן אַלע מאָל נײַע לייענערס וואָס איז זייער וויכטיק. דער זשורנאַל קומט אַרויס אין ייִדיש 2 מאָל אַ יאָר און דאָס איז דער איינציקער רעגולערער זשורנאַל אין דער ניט־חרדישער וועלט. דער פֿאָקוס פֿון אויפֿן שוועל איז קולטורעל און ליטעראַריש. אַלע נומערן זײַנען רײַך מיט כּל־המינים אינטעלעקטועלע מאַטעריאַלן און שיינע אילוסטראַציעס. גאַנץ אָפֿט האָט דער זשורנאַל אַ ספּעציעלע טעמע. למשל, געווידמעט דער מעדיצין אָדער איבערזעצונג, אָדער די ייִדיש־וועלטלעכע שולן און אַזוי ווײַטער. מיר האָבן אַרויסגעגעבן אַ נומער פֿון דער מאָדערנער ייִדישער ליטעראַטור וואָס מענטשן שאַפֿן הײַנט. אויפֿן שוועל האָט אַלע מאָל 2 אַרטיקלען וואָס האָבן אַ גלאָסאַר, ווײַל מיר ווייסן אַז ניט אַלע מענטשן וואָס ווילן לייענען אַ ייִדיש־זשורנאַל קענען 100% פֿליסיק ייִדיש, ווילן מיר העלפֿן אַ ביסל די לייענערס. מײַן

באַליבסטער נומער אויפֿן שוועל איז דער וואָס האָט געהייסן „חורבן און וואָגלעניש“.

דאָרטן האָבן מיר אָפּגעדרוקט זעלטענע זאַכן פֿון געוויסע לעבנס־געבליבענע פֿון חורבן און צווישן זיי די בריוו וואָס מײַן טאַטע האָט געשריבן פֿון שאַנכײַ צו זײַן מומע און שוועסטערקינד אין ווינעפּעג. דער נומער פֿאַרמאָגט אַ סך וויכטיקע היסטאָרישע דאָקומענטן ווי אויך זייער פּערזענלעכע מאַטעריאַלן פֿון מײַן טאַטן. ס׳איז טאַקע אַ זעלטענער און היסטאָריש וויכטיקער נומער. איז אויב מע וויל האָבן אַזאַ מין זשורנאַל איז זייער וויכטיק אים צו אַבאָנירן.

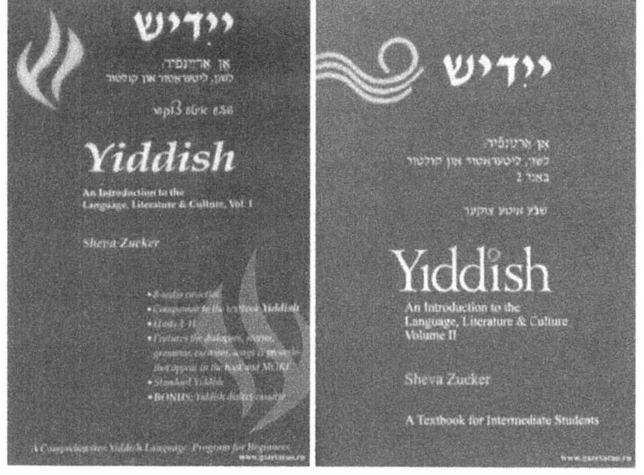

נ. ב.: ווי אַזוי איז צו אײַך געקומען דער געדאַנק אָנצושרײַבן לערנביכער פֿאַר די וואָס ווילן זיך לערנען ייִדיש?

ש. צ.: איך האָב אָנגעשריבן צוויי לערנביכער וואָס אַ סך מענטשן האָבן זיך שוין געלערנט און לערנען זיך ווײַטער פֿון זיי. איך געדענק ניט גענוי ווי עס איז געשען. איין טאָג האָט אַ גרופּע לערערס גערעדט אַז מע דאַרף האָבן עפּעס נײַס און מײַנער אַ חבֿר, משה ראָזענפֿעלד, האָט מיר געזאָגט: „שבֿע, דו דאַרפֿסט עס טאָן!“. האָב איך געטראַכט: „פֿאַר וואָס ניט?“ ניט ווײַל קאַלעדזש ייִדיש איז ניט געווען גוט אָבער ס׳איז מיר פּשוט שוין אַ ביסל נימאס געוואָרן פֿון לערנען אַזוי פֿיל יאָרן מיט קאַלעדזש ייִדיש, האָב איך געוואָלט שאַפֿן עפּעס נײַס און אָנגעשריבן אָט די צוויי ביכער. אין דער אמתן האָב איך געשאַפֿן נאָר איין לערנבוך, אָבער ווען דער אַרבעטער־רינג האָט אַ קוק געטאָן און געזען ווי גרויס עס איז האָבן זיי זיך דערשראָקן און געזאָגט: „אוי וויי! ווי קענען מיר דאָס אַלץ אַרויסגעבן אויף איין מאָל?“ איז סע קומט זיי אַ דאַנק ווײַל אָנשטאָט איין בוך האָט מען געמאַכט צוויי ביכער.

נ. ב.: איר האָט אַרויסגעגעבן אַ וויכטיק קאָמפּאַקטל די גאָלדענע פּאַווע: דאָס קול פֿון דעם ייִדישן שרײַבער. וואָס פֿאַר אַ קאָמפּאַקטל איז דאָס?

ש. צ.: איך האָב אָנגעזאַמלט די קולות פֿון 10 ייִדישע שרײַבער וואָס לייענען פֿון זייערע אייגענע ווערק, סײַ פּראָזע, סײַ פּאָעזיע. אַ סך פֿון די מאַטעריאַלן האָב איך געפֿונען אין ייִוואָ, אַנדערע אין דער מאָנטרעאָלער ייִדישער ביבליאָטעק און אַנדערע האָב איך געקראָגן פֿון די שרײַבערס גופֿא. פֿיר פֿון די שרײַבערס האָבן דעמאָלט נאָך געלעבט. מע קען הערן די שטימען פֿון שלום־עליכמען, יעקבֿ גלאַטשטיינען, ציליע דראָפּקינען און נאָך. דאָס קאָמפּאַקטל ווערט באַגלייט פֿון צוויי ביכלעך ווו איר קענט לייענען די טעקסטן, ס׳איז אויך דאָ אַ וואָקאַבולאַר אויף ענגליש, רוסיש און עבֿרית. איך מיין אַז איך בין אַלע מאָל אַ לערערין אין אַלץ וואָס איך טו.

פֿון צײַט צו צײַט פֿיר איך אָן מיט אינטענסיווע סוף־וואָכן אין דער היים אָדער בײַ חבֿרים, ווו מע רעדט נאָר אויף ייִדיש און ווו מע האָט ספּעציעלע פּראָגראַמען אויך אויף מאַמע־לשון.

נ. ב.: ווי געפֿעלט אײַך אײַער לעבן אין ניו־יאָרק איצט?

ש. צ.: עס געפֿעלט מיר זייער. מיר האָבן זיך געדאַרפֿט צוגעוווינען צו לעבן קליין, ד"ה אין אַ קלענערע דירה מיט ווייניקער ביכער, אָבער ס׳איז גוט ניט צו זײַן „אין גלות“, צו זײַן נאָענט צו אַלטע פֿרײַנד און נעענטער, פֿאַרשטייט זיך, צו דער ייִדיש־ייִדישער וועלט.

נ.ב.: איר זײַט געווען אין ביראָבידזשאַן און געזען די שטאָט מיט די אייגענע אויגן. וואָס וואָלט איר געוווּנטשן די ביראָבידזשאַנער תּושבֿים?

ש. צ.: נו, דאָס וואָס איך ווינטש די תּושבֿים פֿון אַלע ערטער: געזונט, גליק, פּרנסה, נחת פֿון קינדער... אָבער אַזוי ווי ביראָבידזשאַן האָט אַזאַ אוניקאַלע געשיכטע ווינטש איך אײַך אויך אַז איז זאָלט מער קיין מאָל ניט דאַרפֿן איבערלעבן אַזעלעכע שרעקלעכע צײַטן ווי פֿריִער און אַז די וואָס ווילן דאָס, און כּן ירבו, זאָלן געפֿינען אין דער אויטאָנאָמער געגנט אַן אָרט וווּ די ייִדישע שפּראַך און קולטור זאָלן זיך קענען אַנטוויקלען און בליִען.

נ. ב.: וואָס איז די צוקונפֿט פֿון ייִדיש?

ש. צ.: מע טאָר ניט פֿאַרגעסן אַז די צאָל ייִדיש־רעדערס אויף דער וועלט וואַקסט. דאָס איז אַ דאַנק די גאָר פֿרומע וואָס רעדן ייִדיש און האָבן, קיין עין־הרע, אַ סך קינדער. וואָס פֿאַר אַן עפֿעקט דאָס האָט אָדער וועט האָבן אויף מײַן לעבן און דאָס לעבן פֿון מײַנע קינדער איז איצט שווער צו זאָגן. דערווײַלע ניט קיין סך, אָבער די צוקונפֿט פֿון דער שפּראַך איז פֿאַרזיכערט דערמיט, צי זיי לייענען שלום־עליכמען אָדער אַנע מאַרגאָלינס פּאָעזיע צי ניט. מיט אָדער אָן די חסידים מיין איך אַז די צוקונפֿט פֿון ייִדיש זעט אויס בעסער ווי זי האָט מיט 20 יאָר צוריק. ייִדיש איז אַרײַן אין דער הויפּטשטראָם פֿון דעם אַמעריקאַנער ייִדישן לעבן (איך וועל נאָר רעדן וועגן אַמעריקע ווײַל דאָס איז מיר מער באַקאַנט). אַ מאָל זײַנען די פֿאַראינטערעסירטע אין ייִדיש בדרך־כּלל נאָר געווען פֿון די 2 עקסטרעמען, ד״ה אָדער זייער וועלטלעך, די „יסטן", קאָמוניסטן, סאָציאַליסטן, אַנאַרכיסטן אאַז״וו אָדער די גאָר פֿרומע. הײַנט קומען צו צו דער שפּראַך יונגע מענטשן פֿון אַלע טיילן פֿונעם ייִדישן לעבן (און אַ מאָל ניט־ייִדישן לעבן אויך). מע זעט אַ סך מער טעאַטער־ספּעקטאַקלען, אויסשטעלונגען, און אַפֿילו ביכער וואָס זײַנען ניט אויף ייִדיש גופֿא נאָר „אינפֿאָרמירט" פֿון ייִדיש. דאָס קענען ייִדיש האָט זיי דערמעגלעכט און באַרײַכערט. ס'איז דאָ אַ נײַער דרך־ארץ פֿאַר דער שפּראַך. דאָס קען זיכער ניט איבערוועגן דעם טרויעריקן פֿאַקט אַז דער עלטערער דור געבוירענע ייִדיש־רעדערס פֿון מיזרח־אייראָפּע שטאַרבט, צום באַדויערן, באַלד אָפּ און די צאָל פֿאַראינטערעסירטע אין דעם נײַעם דור קען זיך ניט פֿאַרגלײַכן צו דעם, אָבער פֿון דעסט וועגן זע איך אַ שאַפֿערישע צוקונפֿט.

די נײַע טעכנישע מיטלען קענען שאַפֿן אַ מין נאָענטקייט צווישן מענטשן. ס'איז איצט מעגלעך אַז מענטשן פֿון עטלעכע קאָנטינענטן זאָלן זיך לערנען אין איין קלאַס צוזאַמען. אויב מע זוכט אַ לערער אָדער עמעצן מיט וועמען צו שמועסן אָדער לייענען די ייִדישע ליטעראַטור קען מען גיין מחוץ די גרענעצן פֿון דער אייגענער שטאָט, און דאָס איז ספּעציעל גוט פֿאַר מענטשן וואָס וווינען ניט אין קיין אָרט מיט אַ סך ייִדיש־קענערס. מע דאַרף זיך מער ניט פֿילן איזאָלירט. עס זײַנען דאָ מענטשן מיט וועמען צו רעדן און זיי זײַנען צוטריטלעך. דאָס איז אַ וווּנדערלעכע זאַך!

נ. ב.: טײַערע שבֿע, מיר ווינטשן אײַך אַ סך הצלחות אין אײַער שווערער אָבער בכּבֿודיקער אַרבעט, אַ סך קלוגע און איבערגעגעבענע סטודענטן און סך נחת פֿון אײַער מי!

ד״ר שבֿע צוקער / ראָלי, צפֿון-קאַראָלײַנע

מײַן טאַטע, מאיר צוקער ע״ה

צו זײַן צענטן יאָרצײַט

ווען אַ מענטש שטאַרבט צו 77 יאָר, קען מען ניט האָבן קיין טענות צום רבונו-של-עולם אָדער צום וועלט-סדר, אַז מע האָט אים אָפּגעשניטן די יאָרן אין סאַמע בלי פֿון לעבן. אַפֿילו דער אַוועקגײענדיקער אַליין פֿאַרשטייט, אַז אַזוי איז דאָס לעבן, און בפֿרט נאָך ווען ער איז אַ געראַטעוועטער פֿון היטלערס אייראָפּע און אַלע נאָכמלחמהדיקע יאָרן זײַנען בײַ אים געשענקטע. יעדן פֿאַלס, אַזוי האָט דער טאַטע מײַנער פֿאַרשטאַנען. ווען מײַן טאַטע, מאיר צוקער, האָט געהערט די טרויעריקע בשורה, אַז ער איז טויט קראַנק, האָט ער עס אָנגענומען מיט דער זעלבער פֿילאָסאָפֿישער איראָניע וואָס איז אים געווען כאַראַקטעריסטיש אַ גאַנץ לעבן.

„איר ווייסט", האָט ער געזאָגט, נאָך דעם ווי מע האָט אים געזאָגט, אַז זײַנע טעג זײַנען געציילטע, „כ'האָב אַנומלטן געלייענט אין צײַטונג, אַז די וועלט איז געווען שאָקירט צו הערן וועגן דעם טויט פֿון מעקמילען, דער געוועזענער פּרעמיער-מיניסטער פֿון ענגלאַנד, צו 92 יאָר. קאָמיש, אַיאָ? וויפֿל איז דער שיִעור צו זײַן שאָקירט?"

דער משל אויף זײַן לעבן איז געווען קלאָר. ער האָט אָנגענומען זײַן באַלדיקן טויט ניט, ווי ער אַליין וואָלט געזאָגט, ווי אַ טראַגעדיע אין פֿיר אַקטן נאָר ווי אַ נאַטירלעכן פֿאַקט. דערנאָך איז ער געגאַנגען אויפֿן וועג צום טויט לויט די שטאַפּלען באַשריבן אין אַלע שטודיעס און ביכלעך אויף דער טעמע, כאָטש ער אַליין איז מיט זיי אין גאַנצן ניט געווען באַקאַנט. ער האָט אָנגעהויבן די אַרבעט פֿון „פֿאַרענדיקן". ער האָט אויפֿגעזוכט בריוו פֿון זײַן משפּחה פֿון די מלחמה-יאָרן און זיי אַוועקגעגעבן זײַן שוועסטער. ער האָט איבערגעלייענט די אייגענע בריוו געשריבן במשך די זיבן יאָר, וואָס ער איז געווען אין שאַנכײַ, וואָס זײַן שוועסטערקינד אין וויניפּעג, קאַנאַדע, צו וועמען ער האָט געשריבן האָט אויפֿגעהיט. דאָס אינטערעסאַנטסטע איז אָבער געווען, אַז ער איז געווען באַנומען פֿון אַ נויט און אַ התחײַבֿות צו שרײַבן.

מײַן טאַטע איז פֿון דער יוגנט אָן געווען אַ בונדיסט, און ווי אַ נאַטירלעכער אויסשפּראָץ דערפֿון, אַ ייִדישיסט. די אידעאָלאָגיעס האָבן באַשײנט און דערהויבן זײַן לעבן און אים ביזן טויט באַגלייט. פֿאַרשטייט זיך, אַז זײַן שרײַבן האָט געהאַט צו טאָן מיט זיי. אין די לעצטע חדשים זײַנע

האָט ער געשריבן אַן אַרטיקל וועגן קעגן שטראָם, אַ זשורנאַל וואָס ער, ווי אַ דרוקער און אַ שרײַבער, האָט געהאָלפֿן אַרויסגעבן אין פּוילן. אַזוי ווי דער זשורנאַל איז אין ערגעץ ניט געווען באַשריבן, האָט ער געפֿילט, אַז ער מוז אים אָפּמשלען פֿאַר דער אייביקייט. דערצו האָט ער אינעם בונדישן זשורנאַל אונדזער צײַט געדרוקט נעקראָלאָגן וועגן זײַן שוועסטער און שוואָגער וואָס האָבן נאָך קוים געלעבט. ער האָט געוווּסט, אַז טאָמער וועט ער שטאַרבן פֿריִער, וועט ניט זײַן ווער עס זאָל באַוואָרענען זיי זאָלן האָבן זייער אָרט אין דער בונדישער געשיכטע. אַפֿילו געטרײַע קינדער, האָט ער געהאַלטן, ווייסן ניט די אויפֿטוען פֿון זייערע עלטערן. כּדי צו פֿאַרזיכערן זײַן אייגן שטיקל אייביקייט אין דער געשיכטע פֿון דער פּאַרטיי, וואָס האָט פֿאַר אים, ווי פֿאַר אַ סך פֿון זײַנע מיטצײַטלערס, פֿאַרנומען דאָס אָרט פֿון אַ רעליגיע, האָט ער אויך, אַזוי מיין איך, געלאָזט נאָטיצן פֿאַר זײַן אייגענעם נעקראָלאָג אין אונדזער צײַט.

כאָטש ער האָט זיך גאַנץ גוט אײַנגעלעבט אין קאַנאַדע, האָב איך אָפּט געהאַט דאָס געפֿיל, אַז ער לעבט זיך אויס ניט דאָ אויפֿן צפֿון-אַמעריקאַנער באָדן, נאָר דאָרטן אין דעם פֿאַרמלחמהדיקן פּוילן, און אַז ער ציט זײַן גײַסטיקע יניקה נאָך אַלץ פֿון דאָרטן. אַפֿילו נאָך דער מלחמה, אונטער די טאָטאַל אַנדערע באַדינגונגען אין קאַנאַדע, איז ער נאָך אַלץ געבליבן אַ געטרײַער בונדיסט

און אַ ייִדישיסט. חוץ ייִדישע אַקטיוויטעטן האָט ער אַקטיוו אָנטייל גענומען אין דער נײַער דעמאָקראַטישער פּאַרטיי, די קאַנאַדער סאָציאַליסטישע פּאַרטיי, און ער האָט אַרײַנגעלייגט דאָס גאַנצע לײַב-און-לעבן אין דער וויניפּעגער ייִדישער פֿאָלקס-ביבליאָטעק, אין דער וואָכנט-לעכער ייִדישער ראַדיאָ-פּראָגראַם, און אין דער צײַטונג דאָס ייִדישע וואָרט. ניט נאָר האָט ער געשריבן פֿאַר דער צײַטונג, נאָר ווען זי האָט זיך געניייטיקט אין אַ רעדאַק-טאָר, האָט ער זי אומבאַצאָלט רעדאַקטירט, ווײַל ער האָט געהאַלטן, אַז פֿאַר קהלישער אַרבעט נעמט מען ניט קיין געלט. ער האָט אויך געגרינדעט און אָנגעפֿירט מיט אַ ייִדישן דראַמקרײַז אין דער י.ל. פּרץ-פֿאָלקשול, ווו מײַן שוועסטער און איך האָבן זיך געלערנט ווי קינדער. יאָרן פֿריִער איז ער געשטאַנען ווײַט פֿון דער ייִדישער שול, ווײַל ער האָט געהאַלטן, אַז ווען די שול האָט אָנגעהויבן צוגרייטן ייִנגלעך אויף בר-מיצווה, איז זי געוואָרן „פֿרום" און האָט פֿאַרלאָרן אירע פּרינציפּן. עס איז געגאַנגען אַזוי ווײַט, אַז ער האָט מײַן שוועסטער און מיך ניט געוואָלט שיקן אין דער שול. צום גליק האָט די מאַמע אים איבערגערעדט.

איך האָב אַלע מאָל געפֿילט, אַז זײַן עקשנות וואָס שייך אַזעלכע פּרינציפּיעלע ענינים איז געווען סײַ אַ מעלה, סײַ אַ חסרון. איך האָב געזען ווי זײַן אײַנגע-שפּאַרטקייט האָט געקענט אַ מאָל וויי טאָן באַקאַנטע און אַפֿילו נאָענטע. איכ'ל קיין מאָל ניט פֿאַרגעסן די קאָנפֿליקטן וואָס זײַנען פֿאָרגעקומען, ווײַל ער האָט זיך אָפּגעזאָגט פֿון גיין אויף בר-מיצוות, מחמת ער האָט ניט געוואָלט, אַז זײַן פֿוס זאָל איבערטרעטן דעם שוועל פֿון אַ שול. ער איז ניט געווען קעגן רעליגיע פֿאַר אַנדערע; פֿאַרקערט, פֿאַר באמת פֿרומע מענטשן האָט ער געהאַט גרויס דרך-ארץ. ער האָט נאָר געפֿילט, אַז פֿאַר אים, מחמת ער איז ניט קיין גלייביקער, איז גיין אין שול היפּאָקריטיש. ער האָט נאָר געבעטן בײַ אַנדערע זיי זאָלן האָבן פֿאַר אים און זײַנע פּרינציפּן דעם זעלבן רעספּעקט וואָס ער האָט פֿאַר זיי.

צום סוף האָט ער זיך געמוזט אונטערגעבן די בײַטנדיקע צײַטן. ניט געקוקט אויף זײַן שטאַרקן עקשנותדיקן כאַראַקטער, איז דער טאַטע מײַנער געווען אַ מענטש וואָס האָט פֿאַרשטאַנען, אַז דאָס וואָס ער קען ניט בײַטן, זאָל ער פּשוט איגנאָרירן אָדער אָננעמען פֿאַר ליב. שווימען קעגן שטראָם האָט נאָר אַ זין, ווען מע קען נאָך כאָטש אַ ביסעלע שווימען. איך מיין, אַז זײַן אײַנזעעניש אין דעם פּרט איז געווען אַ פֿאַקטאָר פֿון זײַן הומאָר און פֿון זײַן איראָנישן קוק אויפֿן לעבן. אַפֿילו די מלחמה-יאָרן ווי אַ פּליט אין שאַנכײַ האָט ער באַשריבן ניט ווי אַן אָפּקומעניש, נאָר ווי אַ גרויסע אוואַנטורע. נאָר פֿון אַנדערע האָב איך זיך דערוווּסט ווי שווער די צײַטן זײַנען געווען און מיט וואָס פֿאַר אַ זעלטענער גרייטקייט מײַן טאַטע האָט געהאָלפֿן אַנדערע.

מײַן טאַטע איז געשטאָרבן נײַנצן טעג נאָך דעם ווי מײַן טעכטערל בינה-איידלע איז געבוירן געוואָרן. ער האָט, מיין איך, מיטן כּוח פֿון זײַן אייגענעם ווילן דער-לעבט צו זען זײַן ערשט אייניקל. איך טראַכט אָפֿט וועגן וואָס פֿאַר אַ השפּעה דער זיידע וואָלט געקענט האָבן אויף איר און איר שוועסטערל מירע, און איך באַדויער זייער וואָס זיי וועלן שוין ניט האָבן די געלעגנהייט צו קענען דעם זיידן און די וועלט פֿון מיזרח-אייראָפּעיִשן ייִדנטום, וואָס ער האָט מיט זיך פֿאָרגעשטעלט. הײַנט זעט מען זעלטן אַזאַ איבערגעגעבנקייט אַן אידעע, אַזאַ הומאָר, אַזאַ אופֿן דערציילן אַ מעשׂה און פֿון דערקלערן, ניט מיט פֿאַקטן נאָר מיט אַנעקדאָטן און משלים. דער דירעקטאָר פֿון דער ייִדישער שול אין וויניפּעג האָט מיר אַ מאָל געזאָגט וועגן מײַן פֿאָטער, „אַזעלכע טאַטעס געפֿינט מען ניט הײַנט", און איך בין גליקלעך וואָס כאָטש איך האָב זוכה געווען דערצו. אין מײַנע הענט ליגט דאָס התחייבֿות מײַנע טעכטערלעך איבערצוגעבן אַזוי פֿיל פֿון דעם זיידנס ירושה ווי איך קען...

מיר געדענקען...

חיים גראַדעס

דרײַסיקסטן יאָרצײַט

משה-לייב האַלפּערנס

פֿינעף און זעכציקסטן יאָרצײַט

אוריאל ווײַנרײַכס

דרײַסיקסטן יאָרצײַט

מלכּה חפֿץ טוזמאַנס

צענטן יאָרצײַט

ה. לייוויקס

פֿינעף און דרײַסיקסטן יאָרצײַט

ר' מרדכילעס (=חיים טשעמערינסקי)

80סטן יאָרצײַט

יצחק-נחמן שטיינבערגס

40סטן יאָרצײַט

תּיקון־טעות

די ברכות צום 50-יאָריקן יובֿל פֿון **לאה און יוסף לאַקס** האָבן געדאַרפֿט זײַן געחתמעט: כאַסיע און עליע מאַרגאָליס.

II

פֿון דעם רעדאַקטאָר

איך וועל אָנהייבן מיט אַ חסידישער מעשׂה:

ווען דער בעל־שם־טובֿ האָט געהאַט פֿאַר זיך אַ שווערע עובֿדה פֿלעגט ער גיין צו אַ געוויסן אָרט אין וואַלד אויף התבודדות. דאָרטן פֿלעגט ער אָנצינדן אַ פֿײַער, זאָגן אַ געוויסע תּפֿילה, און ער האָט געקענט אויספֿירן די אַרבעט.

שפּעטער, ווען זײַן תּלמיד, דער מעזריטשער מגיד, האָט געדאַרפֿט אויספֿירן די זעלבע עובֿדה איז ער געגאַנגען צו דעם זעלבן אָרט אין וואַלד אָבער ער האָט שוין געהאַט פֿאַרגעסן פּונקט ווי אָנצוצינדן דאָס פֿײַער ווי דער בעש"ט האָט עס געטאָן, און ער האָט געזאָגט, „איך קען מער נישט אָנצינדן דאָס פֿײַער אָבער איך קען נאָך אַלץ זאָגן די תּפֿילה", און ער האָט אויסגעפֿירט די עובֿדה.

שפּעטער, ווען זײַן תּלמיד, ר' משה־לייב סאַסעווער האָט געדאַרפֿט אויספֿירן די זעלבע עובֿדה פֿלעגט ער גיין צו דעם זעלבן אָרט אין וואַלד אָבער נישט נאָר האָט ער פֿאַרגעסן ווי אָנצוצינדן דאָס פֿײַער, די תּפֿילה האָט ער אויך געהאַט פֿאַרגעסן און ער האָט געזאָגט, „איך קען מער נישט אָנצינדן דאָס פֿײַער און איך קען מער נישט די תּפֿילה אָבער איך קען יאָ דאָס אָרט און דאָס וועט מוזן סטײַען". און עס האָט טאַקע געסטײַעט.

אָבער ווען נאָך אַ דור איז פֿאַרבײַ און ר' ישׂראל פֿון ריזשין האָט געדאַרפֿט אויספֿירן די זעלבע עובֿדה האָט ער זיך אַוועקגעזעצט אויף זײַן גאָלדענער שטול אין זײַן פּאַלאַץ און געזאָגט „איך קען מער נישט אָנצינדן דאָס פֿײַער און איך קען מער נישט די תּפֿילה, און איך קען אַפֿילו נישט געפֿינען דאָס אָרט אין וואַלד אָבער איך קען נאָך אַלץ דערציילן די מעשׂה און דאָס וועט מוזן סטײַען". און עס האָט טאַקע געסטײַעט.

דאָס חסידישע מעשׂהלע האָט אַלע מאָל געהאַט פֿאַר מיר אַ גרויסן פּערזענלעכן באַטײַט. אונדזער דור איז טאַקע אַזוי פֿיל שוואַכער ווי די פֿריִערדיקע דורות. מיר קענען נישט אָנצינדן דאָס פֿײַער, ס'רובֿ פֿון אונדז קענען מער נישט די תּפֿילה, ד"ה דאָס ייִדישע לשון, און דאָס אָרט, מיזרח־אייראָפּע, וווּ עס האָבן געלעבט און געשאַפֿן מיליאָנען ייִדיש־רעדנדיקע ייִדן, עקסיסטירט שוין אויך נישט ווי אַ מאָל. די פֿון אונדז וועמען ייִדיש איז ליב און טײַער קענען, ווי דער ריזשינער, נאָך אַלץ דערציילן די מעשׂה פֿון ווי אַזוי עס איז געווען און דאָס וועט מוזן סטײַען. אָבער ס'איז ניט סתּם דערציילן אַ מעשׂה לשם מעשׂה ווײַל בײַם דערציילן וועלן מיר זיך אײַנלעבן אין דער מעשׂה און אויף דער מעשׂה שאַפֿן אונדזערע אייגענע מעשׂיות און אפֿשר אָנצינדן אַנדערע נײַע פֿײַערן...

ס'איז מיר אַ כּבֿוד און אַן אַחריות נאָכצוגיין אין די פֿוסטריט פֿון אונדזערע פֿריִערדיקע מנהיגים און רעדאַקטאָרן: בן־אַדיר, ד"ר יצחק־נחמן שטיינבערג, און אַחרון חבֿיבֿ, מײַן אייגענער לערער און „רבי", ד"ר מרדכי שעכטער.

ס'איז נישט קיין געמאַכטער עניוות צו זאָגן אַז ס'איז שווער צו גיין אין זייערע פֿוסטריט. איך בין דער ערשטער רעדאַקטאָר (און דערצו די ערשטע רעדאַקטאָרשע) פֿון דעם זשורנאַל וואָס איז נישט געבוירן געוואָרן דאָרטן, אין מיזרח־אייראָפּע, און איך ווייס ווי ווײַט איך און מײַן דור זײַנען פֿון דעם אָריגינעלן פֿײַער. פֿון דעסט וועגן זײַנען איצט דאָ אַ ריי פּאָזיטיווע דערשײַנונגען אין דער וועלט פֿון ייִדיש וואָס גיבן צו נײַע האָפֿענונגען. צווישן זיי: די קאָמוניקאַציע צווישן ייִדיש־רעדערס און ־ליבהאָבערס אומעטום וואָס איז ערשט דערמעגלעכט געוואָרן אַ דאַנק דער אינטערנעץ; דער וווּקס פֿון ייִדיש־רעדנדיקע קהילות בײַ די חסידים; און דער וווּקס פֿון דעם ייִדיש־לימוד אין אוניווערסיטעטן, קורסן פֿאַר דערוואַקסענע, און זומער־פּראָגראַמען אויף עטלעכע קאָנטינענטן. נאָך מער ווי פֿריִער האָב איך איצט אַ פֿרישן אָפּטימיזם וואָס שייך מײַן דור, און די וואָס קומען נאָך מיר, לגבי זייער פֿאַרשטענדעניש פֿון דער וויכטיקייט פֿון ייִדיש און זייער פּערזענלעך באַדערפֿעניש דאָס צו מאַכן אַ צענטראַלע טייל פֿון זייער לעבן. ס'איז אַוודאי אַנדערש ווי ס'איז אַ מאָל געווען. דאָס אָרט קענען מיר נישט געפֿינען אָבער מיר קענען אַנטדעקן און שאַפֿן אַנדערע ערטער, און מיר קענען און מוזן נאָך אַלץ דערציילן די מעשׂה, און דערבײַ שאַפֿן נײַע מעשׂיות און זיי אַרײַנרינגלען אין דער קייט פֿון מעשׂיות. . .

אַ בקשה צו די לייענערס:

אין דעם לעצטן נומער אויפֿן שוועל, נומ׳ 329-330, יאַנואַר־דעצעמבער 2003, האָט ד״ר מרדכי שעכטער געבעטן אַז לייענערס וואָס געדענקען זעלטענע ייִדישע נעמען זאָלן אונדז צושיקן די נעמען און אָנגעבן: ווו, אין וועלכער שטאָט, אין וועלכן שטעטל אָדער ייִשובֿ מע האָט עס געהערט און אין וועלכע יאָרן, אַן ערך. דער אָפּרוף איז געווען אַ ביז גאָר גרויסער; מיר דריקן דאָ אַלע בריוו און מוטיקן אײַך ווײַטער אַרײַנצושיקן נעמען וואָס איר געדענקט. אַזוי אַרום וועט וואַקסן בײַ אונדז אַ גאָר באַטײַטיקער אַרכיוו פֿון דער אינפֿאָרמאָציע אויף וועלכער מע וועט זיך קענען פֿאַררופֿן.

דאָס איז אַ טעמע וואָס איז מיר פּערזענלעך נאָענט צום האַרצן צוליב מײַן אייגענעם נאָמען און אַנדערע נעמען אין מײַן משפּחה. איך אַליין הייס שבֿע און מײַן שוועסטער הייסט רעכל, אַ פּויליש־ייִדישער וואַריאַנט פֿון רחל. ווי קינדער אין די קאַנאַדער ייִדישע שולן האָבן מיר ביידע „געליטן" פֿון אונדזערע נעמען, זי מסתּמא מער פֿון מיר, און ביידע דווקא פֿון מענטשן וואָס וואָלטן זיך געדאַרפֿט פֿאַרשטיין אויף ייִדישע נעמען — אונדזערע מיזרח־אייראָפּעיִש־געבוירענע ייִדיש־לערערס. לויט זיי האָב איך זיכער געדאַרפֿט אין דער אמתן הייסן „בת־שבֿע" אָדער לכל־הפּחות „אלישבֿע". זיי האָבן שלום געמאַכט מיט דעם געדאַנק (הגם אַ פֿאַלשער) אַז מײַן נאָמען מוז זײַן אַ קירצונג פֿון איינעם פֿון די נעמען און אַז איך האָב זיך פּשוט אײַנגעעקשנט אַז איך וויל דאָס קירצן, און וואָס טוט מען נישט הײַנט כּדי נאָכצוגעבן צעפּיעשטשעטע קינדער? פֿרעגט נישט וואָס איך האָב געדאַרפֿט אויסשטיין שפּעטער פֿון ישׂראלדיקע וואָס האָבן מיך אַלע מאָל גערייצט, „שבע, למה לא שמנה" („שבֿע, פֿאַר וואָס נישט אַכט?") ווײַל דער טײַטש פֿון שבע איז דאָך ׳זיבן׳. מײַן שוועסטער רעכל האָט אַפֿילו נאָך מער געליטן. איר נאָמען איז פֿאַר כּמעט אַלעמען געווען פּשוט ווילד פֿרעמד, אַ טעות, דאָס קינד ווייסט נעבעך נישט ווי זי הייסט און אַ סך פֿון די לערערס האָבן זי טאַקע „אויסגעבעסערט" און גערופֿן „רחל".

ווי אַזוי איז דאָס געשען וואָס מע האָט אַזוי גיך פֿאַרגעסן די גוטע, אַלטע ייִדישע נעמען? מע קען טענהן אַז דאָס איז צוליב דער העגעמאָניע פֿון עבֿרית און בכלל דעם פֿאַרלירן דעם קולטורעלן זכּרון אין דעם נאָכמלחמהדיקן ייִדישן לעבן; דאָס האָט זיכער עפּעס צו טאָן מיט דעם אָבער עס קען נישט זײַן דער גאַנצער ענטפֿער. ווי קומט עס אַז ייִדיש־לערערס, געבוירן און אויפֿגעוואַקסן אין מיזרח־אייראָפּע, הערנדיק די דיאַלעקטישע וואַריאַנטן פֿון זייערע קאַנטן אויף די „כּשרע" לשון־קודשדיקע נעמען זאָלן נישט אָנערקענען די וואַריאַנטן פֿון אַנדערע מקומות? אויף דעם האָב איך נישט קיין ענטפֿער אָבער עס קומט מיר אויפֿן זינען די זעקסטע טייל פֿון אַהרן צייטלינס ליד, „אַ חלום פֿון נאָך מײַדאַנעק", וואָס מע רופֿט אָפֿט פּשוט, „קינדער פֿון מײַדאַנעק". כּמעט דאָס גאַנצע ליד איז אַ רשימה נעמען אין פֿאַרצויגענער פֿאָרעם, פֿאָרמען וואָס דער ברייטערער עולם האָט שוין פֿון לאַנג פֿאַרגעסן.

בלימעשי. טויבעשי. ריוועלע.
לאהניו. פֿייגעניו. פּערעלע.
כאַצקעלע. מאָטעלע. קיוועלע.
הערשעלע. לייבעלע. בערעלע....

נאָענט צום סוף זאָגט ער:

אויס און נישטאָ מער די העשעלעך,
העשעלעך, פּעשעלעך, הינדעלעך.
קלאַנגען, בלויז קלאַנגען, בלויז לידקלאַנגען —
נעמען פֿון ייִדישע קינדערלעך.

איך פֿלעג אָפֿט לערנען דאָס ליד מיט מײַנע סטודענטן, ייִדישע קינדער פֿון אַסימילירטע היימען, אַשליס און דזשעניפֿערס, האַריסעס און סקאָטס, וואָס נישט נאָר זײַנען „שבֿע" און „רעכל" זיי געווען פֿרעמד, נאָר אויך „בת־שבֿע" און „רחל" און, צום באַדויערן, טייל מאָל אויך זייערע אייגענע ייִדישע (ד״ה ייִדישע אָדער העברעיִשע) נעמען. ס׳איז מיר אָפֿט אויסגעקומען צו טראַכטן אַז נישט נאָר זײַנען די מיזרח־אייראָפּעיִשע קינדער מער נישטאָ, ווי צייטלין שרײַבט, „רויק ביסטו יענטעלעס הענטעלע! אַש ביסטו קאָפּעלעס קעפּעלע", נאָר די נעמען זײַנען שוין אויך נישטאָ...

איז דאַנק איך אונדזערע לייענערס וואָס האָבן אַרײַנגעשיקט נעמען און צונעמען און וואָס העלפֿן דערמיט אין דעם גאָר וויכטיקן פּראָצעס פֿון נישט לאָזן פֿאַרגעסן און פֿון פֿאַראייביקן אַ קולטור. שיקט ווײַטער אַרײַן!

אויף דער טעמע האָט יצחק באַשעוויס געשריבן זייער אַן אינטערעסאַנטן אַרטיקל אין פֿאָרווערטס, דעם 4טן מאַרץ 1948, וואָס איז לעצטנס (דעם 23סטן אַפּריל 2004) איבערגעדרוקט געוואָרן. דאָרטן רעכנט ער אויס „אַ צעטל מיט ווײַבערשע נעמען וואָס מע טרעפֿט הײַנט זעלטן...."

בלוימע (אַנשטאָט בלימע); באַבע, גוטע (אַנ־
שטאָט גיטל); גרוינע, גנעסע, דאָברושע, דרעזל,
וויכנע, וויטע, וויטיע, טײַבעלין, טעלע, טעלצל,

לאָמיר אין אײנעם זיך צונויפֿקלײַבן די זעלטענע ייִדישע נעמען

כעוועד (פֿון יוכבֿד); ליפֿשע, לבֿיאה (אַ לייביכע), סתּירה, ספּירה, פּריווע, צערטל, צאַרטל, קאָנפֿראַדאַ, רעכליין, רייץ, שערל, שפּרינץ (אַנשטאָט שפּרינצע), תּקווה (האָפֿענונג) און נאָך אַ סך אַנדערע. שטעלט אײַך פֿאָר אַ טאַטע, וואָס זײַנע טעכטער האָבן געהייסן: טײַבעלין, לבֿיאה, צערטל, רעכליין, רייץ, שערל און שפּרינץ! צווישן די מאַנסבילשע נעמען האָבן מיר געפֿונען אַזעלכע מערקווערדיקע נעמען ווי: גומפּל (אַנשטאָט גימפּל), ווײַבל, טובֿ, ישמעאל, מאַן, לפּידות, מאָן, מערקע און ציון.

באַשעוויס שרײַבט אויך וועגן דעם פֿענאָמען פֿון האָבן צוויי נעמען בײַ ייִדן, ד"ה אַז „יעדער וואָכעדיקער נאָמען האָט אויך געהאַט זײַן הייליקן נאָמען". מיר ציטירן ווײַטער אַ פּאָר פּאַראַגראַפֿן פֿון דעם ביז גאָר אינטערעסאַנטן אַרטיקל:

אַ וואָכעדיקער נאָמען איז געווען אַ נאָמען וואָס האָט נישט געקלונגען העברעיִש, נאָר, לאָמיר זאָגן, דײַטשיש, פּויליש, רוסיש, אָדער אין וועלכער עס איז אַנדערער שפּראַך.

צום בײַשפּיל, אַ ייִד, וואָס האָט געהייסן איטשע, אָדער איציק, אָדער איזאַק, אָדער איזידאָר – איז זײַן 'הייליקער' נאָמען געווען יצחק. ווען מ'האָט אים אויפֿגערופֿן צו דער תּורה, האָט מען באַנוצט דעם שם־הקדוש, דעם הייליקן נאָמען. כמעט יעדער ייִד, וואָס איז געגאַנגען אין שיל אַז מ'האָט אים אַ מאָל אויפֿגערופֿן צום ספֿר, האָט געוווּסט זײַן העברעיִשן נאָמען. אָט דעם נאָמען, צוזאַמען מיט דעם 'וואָכעדיקן' נאָמען, האָט מען אַרײַנגעשריבן אין גט, אויב דער מאַן האָט זיך געגט, ווי אויך אין די תּנאָים, אין דער כּתובה און אין יעדן דאָקומענט, וואָס איז געווען פֿאַרבונדן מיטן ייִדישן רעליגיעזן לעבן.

דער שרײַבער פֿון די שורות איז נישט קיין ספּעציאַליסט אין נעמען. מיר נעמען דאָ אַרויס אייניקע באַמערקונגען וועגן דעם פֿון דעם ספֿר קריאה הקדושה, וואָס עס האָט פֿאַרפֿאַסט דער טאָראָנטער[1] רבֿ, ר' יהודא יודל ראָזענבערג. [...]

„אַ ייִד, וואָס הייסט אײַזיק, איז זײַן העברעיִשער נאָמען, געוויינלעך, יצחק, אָבער נישט אַלע מאָל. עס זײַנען פֿאַראַן פֿאַלן, ווען דער העברעיִשער נאָמען זײַנער איז שאלתּיאל, אָדער אַהרן; אַ ייִד, וואָס הייסט אַנשיל, אָדער אַנטשיל, הייסט אויף העברעיִש אָשר. ייִדן, וואָס גייען אין שיל, געדענקען, פֿילײַכט, אַז מען הערט אָפֿט, ווי דער גבאי רופֿט אויף: יעמוד ר' אָשר־אַנשיל. אַנשיל איז, אַלזאָ, אַ נאָמען, וואָס איז פֿאַרבונדן מיט אָשר.

דער נאָמען בער און בערל איז, געוויינלעך, פֿאַרבונדן מיט 'דובֿ'. דובֿ איז די העברעיִשע איבערזעצונג פֿון בער, אָבער נישט אַלע מאָל. אַ מאָל הייסט גאָר אַזאַ ייִד אויף העברעיִש נישט דובֿ, נאָר יצחק, אָדער יששׂכר; דער העברעיִשער נאָמען פֿון גאָדל איז אָדער גד, אָדער גדליה; ווען אַ ייִד הייסט אויפֿן נאָמען גאָטליב, איז זײַן העברעיִשער נאָמען, מערסטנס, ידידיה. גאָטליב איז די איבערזעצונג פֿון ידידיה, וואָס מיינט ווערטלעך: פֿרײַנד פֿון גאָט; אַ ייִד, וואָס הייסט גוטמאַן, אָדער גוטקינד, הייסט פּאַקטיש – טובֿיה.

איצט הערט און שטוינט! דער נאָמען גרונם גייט אַלע מאָל מיט שמואל. [...] עס זײַנען פֿאַראַן ייִדן, וואָס זייער ערשטער נאָמען איז גראָסמאַן. זײַן העברעיִשער נאָמען איז גדליה. גדליה מיינט: גרויס איז גאָט. פֿון גרויס איז גאָט איז געוואָרן גראָסמאַן. עס איז אַ קרום פּשטל. אָבער דער רבֿ זאָגט, אַזוי איז עס.

יעדער ייִד, וואָס הייסט געצל, הייסט אויך אליקום. אליקום־געצל איז אַ צווילינג־נאָמען; דער נאָמען גימפּל איז פֿאַרבונדן מיט אפֿרים אָדער מרדכי; דער נאָמען העשיל איז מערטסנס פֿאַרבונדן מיט יהושע; דער ערשטער נאָמען זאַלקינד איז מערסטנס פֿאַרבונדן מיט שלמה, אָבער עס טרעפֿט

[1]באַשעוויס שרײַבט „טאָראָנטער", אָבער ראָזענבערגס בוך איז אַרויס אין מאָנטרעאַל.

אויף, אַז עס איז פֿאַרבונדן מיט בצלאל; דער נאָמען זינדל אָדער זונדל איז פֿאַרבונדן מיט חנוך, יוסף אָדער יהודה. [...]"

כּדי צו העלפֿן דעם לייענער זיך ווײַטער פֿאַרטיפֿן אין דעם ענין דרוקן מיר דאָ זייער אַ קליינע ביבליאָגראַפֿיע מקורים וואָס מיר האָפֿן וועט אים צו נוץ קומען.

אויף ייִדיש:

האַרקאַווי, אַלכּסנדר. *ייִדיש־ענגליש־העברעיִשער ווערטערבוך.* ניו־יאָרק: היברו פּאָבלישינג קאָמפּאַני, 1928, זז' 525-530.

פריבלודע, אַבֿרהם. *צו דער געשיכטע פֿון ייִדישע פֿאַמיליע־נעמען.* מאָסקווע: סאָוועטסקי פּיסאַטעל, 1987.

ראָזענבערג, יהודה־יודל. *ספֿר קריאה הקדושה.* מאָנטרעאַל: תּרע"ט/1919 (אויף לשון־קודש און ייִדיש).

שיפּער, י. *קולטור־געשיכטע פֿון ייִדן אין פּוילן בעתן מיטלאַלטער.* וואַרשע, 1926.

שיפּער, י. „דער אָנהייב פֿון לשון אַשכּנז אין דער באַלײַכטונג פֿון אָנאָמאַסטישע קוואַלן", *ייִדישע פֿילאָלאָגיע,* 2-3, זז' 101-112; 4-6 זז' 272-287. וואַרשע, 1924.

אויף ענגליש:

Beider, Alexander. *A Dictionary of Ashkenazic Given Names.* Bergenfield, N.J.: Avoteynu, 2001.

Goldin, Hyman. *The Rabbi's Guide: A Manual of Jewish Religious Rituals, Ceremonials and Customs.* New York, 1939.

Stankiewicz, Edward. "The Derivational Patterns of Yiddish Personal (Given) Names," *Field of Yiddish*, 3rd collection. The Hague, London, Paris: Mouton & Co., 1969, 267-284.

Weinreich, Max. "Prehistory and Early History of Yiddish: Facts and Conceptual Framework," *The Field of Yiddish* 1. 73-101.

אויף דײַטש:

Timm, Erika. *Matronymika im aschkenasischen kulturbereich.* Tubingen: Max Niemeyer, 1999.

Zunz, Leopold. *Namen der Juden.* Second enlarged edition in *Gesammelte Schriften.* Berlin, 1876.

ס'איז כּדאַי צו דערמאָנען אַז פֿאַר די וואָס זײַנען אויך פֿאַראינטערעסירט אין דעם אָפּשטאַם פֿון משפּחה־נעמען האָט אַלכּסנד ביידער נאָך צוויי בענד אָפּגעגעבן דעם ענין, אַרויסגעגעבן פֿון פֿאַרלאַג „אַבותינו". אַ סך באַהילפֿיקע מאַטעריאַלן קען מען אויך זיכער געפֿינען בײַ מאַקס ווײַנרײַכן אין די פֿיר בענד פֿון זײַן *געשיכטע פֿון דער ייִדישער שפּראַך.* מיר בעטן אַז לייענערס וואָס ווייסן פּונקט ווו די מאַטעריאַלן געפֿינען זיך זאָלן אַרײַנשיקן די פּרטים און זיך טיילן מיט דער אינפֿאָרמאַציע.

פֿון דעם רעדאַקטאָר

מיר ציִען זיך איבער

ביכער, ביכער, ביכער. ביכער פֿון דער פּאָדלאָגע ביז צו דער סטעליע. ביכער אויף די טישן, ביכער אונטער די טישן. ביכער אין שאַפֿעס פֿאַרשטעקט הינטער טישן, שאַפֿעס וואָס מע האָט נישט געעפֿנט אין ווער ווייסט וויפֿל יאָרן. אַזוי האָט אויסגעזען אונדזער אַלטער ביוראָ אויף דער 72סטער גאַס אין מאַנהעטן וווּ די ייִדיש־ליגע/אויפֿן שוועל האָבן געהאַט זייער היים זינט 1960. דער ערשטער נומער אויפֿן שוועל וואָס איז אַרויס פֿון דעם אַדרעס איז געווען נומער 4 (142), דעצעמבער 1960-יאַנואַר 1961. גאַנצע 45 יאָר — נישט קיין קליינע צאָל יאָרן צו זײַן אויף איין אָרט. אין אַזאַ לאַנגער צײַט זאַמלען זיך אָן זאַכן און בײַ אונדז, דעם עם־הספֿר, זאַמלען זיך אָן ביכער און ביכער און נאָך ביכער. מרדכי שעכטער, אונדזער עמעריטירטער רעדאַקאָר און אויספֿיר־סעקרעטאַר, וואָס האָט דאָ אָנגעפֿירט מיט אויפֿן שוועל פֿאַר דער ייִדיש־ליגע און פֿריִער פֿאַר דער פֿרײַלאַנד־ליגע, איז געווען אַ מין צער־בעלי־ספֿרים; ד"ה, אַז ווען אַ ייִד, אַ כּלל־טוער, אַן אוהבֿ־ספֿר איז אַוועק פֿון דער וועלט פֿלעגט מען אָנקלינגען צו ד"ר שעכטערן און בעטן ער זאָל קומען און „ראַטעווען" די ביבליאָטעק און געפֿינען אַ היים פֿאַר די ביכער. וכּך־הווה. פֿלעגט מען טאַקע פֿון צײַט צו צײַט האָבן אַ ביכער־פֿאַרקויף, פֿאַרקויפֿן אַ צאָל ביכער און דערבײַ עפּעס לייזן פֿאַר דער אָרגאַניזאַציע. אָבער ווײַט נישט אַלץ פֿלעגט זיך פֿאַרקויפֿן און די ביכער זײַנען געבליבן אין ביוראָ און האָבן געלעבט דאָרטן אין עושר און אין כּבֿוד, ווי די בילדער זאָגן עדות, און זײַנען געוואָרן אַ דעקאָראַציע און אַ צירונג פֿאַר אונדזערע שאַפֿעס, ווענט, טישן און פּאָדלאָגע.

ביז, ביז איין טאָג, אין פֿרילינג 2005, האָבן מיר געקראָגן אַ מעלדונג פֿון דעם בעל־הבית אַז מע וואַרפֿט אַראָפּ דעם בנין און אַז מיר און אַלע שכנים מוזן אַרויס. אַחוץ די אַלע קלייניקייטן און קאָפּ־דרייעניש וואָס זײַנען פֿאַרבונדן מיטן איבערציִען זיך, למשל, געפֿינען אַ נײַעם לאָקאַל, בײַטן דעם אַדרעס בײַם פּאָסטאַמט, בײַטן דעם טעלעפֿאָן און די באַנקקאָנטע, קויפֿן נײַ מעבל און, נאַטירלעך, זיך אײַנפּאַקן, האָבן מיר אויך געהאַט די נישט קיין קליינע קלייניקייט פֿון באַשליסן וואָס צו טאָן מיט די ביכער. פֿאַרשטייט זיך, אַז טייל האָבן מיר געוואָלט מיטנעמען אין דעם נײַעם לאָקאַל, נאָר אַלץ איז פּשוט נישט געווען מעגלעך און אויך נישט נייטיק. אָבער וואָס טוט מען מיט אַזוי פֿיל ביכער? ווי געפֿינט מען אַ היים פֿאַר זיי?

צום גליק האָט זיך על־פּי צופֿאַל אונטערגערוקט אַן ארץ־ישׂראל־ייִד, ר׳ מנחם פֿעלדמאַן, דער דירעקטאָר פֿון דעם אינסטיטוט פֿון ייִדישע שטודיעס אין ירושלים, וואָס האָט טאַקע געזוכט ייִדישע ביכער און איז, ווּנדער איבער ווּנדער, געווען גרייט צו באַצאָלן. האָט זיך איצט אָנגעהויבן די קאָמעדיע „וואָס הייסט, מיר לאָזן אַרויס פֿון ביוראָ אַזאַ וויכטיק ווערק?" יעדער וואָס האָט געהאַט אַ שײַכות מיט דעם ביוראָ פֿון דער ייִדיש־ליגע/יוגנטרוף האָט אָנגעהויבן דורכקוקן די פֿאַרקויפֿטע, נאָך נישט אַוועקגעשיקטע סחורה און חרטה געהאַט אויף די ביכער. פֿאַרשטייט זיך, אַז 45 יאָר זײַנען די ביכער געלעגן דאָרטן און מע האָט זיך נישט אומגעקוקט אויף זיי אָבער אַז מע האָט זיך שוין יאָ אומגעקוקט אויף זיי האָט מען געמיינט אַז עס איז אַן עוולה זיי אַוועקצוגעבן, אַפֿילו פֿאַר געלט. איז געגאַנגען אַ סדרה לאַנגע דיסקוסיעס צי מיר האָבן אַ רעכט „צוריקצוקויפֿן" די ביכער, ד"ה, אויב מע וועט אַ מאָל שיקן דאָס געלט פֿון דעם הייליקן לאַנד צו באַצאָלן פֿאַר די ביכער. אָבער דאָס געלט איז טאַקע סוף־כּל־סוף אָנגעקומען אין אַ מזלדיקער שעה. נישט נאָר איז דאָס געלט אָנגעקומען, נאָר ר׳ מנחם אַליין איז געקומען אויף דער יוגנטרוף־ייִדיש־וואָך און זײַן בײַזײַן דאָרטן איז טאַקע געווען אַ באַווײַז אַז אַ מאָל קען ייִדיש יאָ זײַן אַ בריק צווישן ייִדישיסטן און דער גאָר פֿרומער וועלט (זעט ברוכה לאַנג קאַפּלאַנס אַרטיקל אין דעם פֿריִערדיקן נומער אויפֿן שוועל). פֿיר הונדערט אַכט און פֿופֿציק ביכער האָבן, מיט גאָטס הילף, עולה געווען קיין ארץ־ישׂראל, אָבער געבליבן זײַנען נאָך אַלץ טויזנטער. וואָס טוט מען מיט זיי?

האָבן מיר אָרגאַניזירט אַ ביכער־פֿאַרקויף און געקומען זײַנען אפֿשר אַ 50 מענטשן, פֿון אַלע סאָרטן — יונגע, עלטערע, פֿרומע, פֿרײַע, אַקאַדעמיקערס, סתּם ליבהאָבערס — און ס׳איז געווען ווּנדערלעך צו זען ווי מע האָט זיך צוגעלאָזט צו די פּאָליצעס מיט אַזאַ הייסן אימפּעט. ס׳איז געווען ווּנדערלעך צו זען ווי יונגע סטודענטן בלעטערן דורך די ביכער און בעטן אַן עצה מכּוח דעם וואָס זיי זאָלן און וואָלטן געקענט לייענען. פֿאַר אַ סך איז דאָס אפֿשר געווען דאָס ערשטע ייִדיש־בוך (וואָס איז נישט קיין לערנבוך) אין זייער ביבליאָטעק.

נאָך דעם אויספֿאַרקויף זײַנען, פֿאַרשטייט זיך, נאָך אַלץ געבליבן ביכער. און די, חוץ יענע וואָס מיר האָבן באַשלאָסן צו האַלטן בײַ אונדז אין ביוראָ, זײַנען אַוועק אין דער נאַציאָנאַלער ייִדישער ביכער־צענטראַלע אין מאַסאַטשוסעטס.

פֿאַרשטייט זיך, אַז שווערער אַפֿילו ווי צו געפֿינען קעסטלעך פֿאַר די ביכער איז געווען דאָס באַשליסן וועלכע עס זײַנען די ביכער וואָס מיר ווילן האַלטן. עס זײַנען צווישן דער עקזעקוטיווע געווען פֿאַרשיידענע מיינונגען וועגן דעם וואָס מע זאָל האַלטן און וואָס מע מעג אַוועקגעבן. אייניקע האָבן געהאַלטן אַז די ייִדיש־ליגע איז נישט קיין ביבליאָטעק צי פֿאָרש־אינסטיטוט און אַז מיר דאַרפֿן כּמעט אין גאַנצן נישט האָבן קיין ביכער, מע דאַרף נאָר האַלטן די וואָס האָבן עפּעס אַ ספּעציעלע ווערט; אַנדערע האָבן געהאַלטן אַז אַזוי לאַנג ווי עס

זײַנען דאָ וועגט און פּאָליצעס אין דער נײַער היים, זאָל מען מיטנעמען וויפֿל עס וועט זיך לאָזן. אָבער ווי באַשטימט מען וואָס עס האָט אַ ווערט? איז די ווערט באַשטימט דורך דעם פּרײַז וואָס פֿאַרקויפֿן אים וואָלט געבראַכט אָדער דורך דעם וואָס עמעצער וויל טאַקע לייענען דאָס בוך, אַפֿילו אויב ס'איז נישט קיין יקר־המציאות און מע קען לײַכט געפֿינען עקזעמפּלאַרן ערגעץ אַנדערש? און ווי קען מען וויסן וואָס מע וועט אַ מאָל וועלן אָדער דאַרפֿן לייענען? סוף־כּל־סוף זײַנען מיר געקומען צו עפּעס אַ פּשרה און אויב איר וועט אַ מאָל אַרײַן צו אונדז אין דעם נײַעם ביוראָ וועט איר נאָך געפֿינען, קיין עין־הרע, וואָס צו לייענען.

איך בין געווען צופֿרידן צו זען אַ טייל פֿון די אַלטע באַקאַנטע ביכער אויף די נײַע פּאָליצעס ווײַל איך, פּערזענלעך, וואָלט זיך נישט געפֿילט באַקוועם צו אַרבעטן פֿאַר אַ ייִדיש־אָרגאַניזאַציע וווּ סע געפֿינט זיך נישט דער לעקסיקאָן פֿון דער נײַער ייִדישער ליטעראַטור, שלום־עליכמס געקליבענע ווערק, מאַנגערס ליד און באַלאַדע, אָדער די פּאָעזיע פֿון גלאַטשטיין, סוצקעווער, אַננאַ מאַרגאָלין, רחל קאָרן, און ... צום טייל איז דאָס אַ פּראַקטישער ענין, טאָמער דאַרף מען אַ מאָל אַרײַנקוקן דאָרטן, אָבער דער סימבאָלישער באַטײַט איז אַ סך שטאַרקער פֿון דעם פּראַקטישן. צוליב די און אַ סך אַנדערע שרײַבערס האָב איך פּערזענלעך באַשלאָסן אָפּצוגעבן מײַן לעבן דער ייִדישער שפּראַך און קולטור; דאָס זײַנען די מענטשן וואָס מאָלן אויס מײַן נאָענטע און ווײַטע געשיכטע און וואָס דריקן אויס אַ סך פֿון מײַנע טיפֿסטע געפֿילן. איך וויל זיי האָבן אַרום זיך.

אין משך פֿון אײַנפּאַקן זיך האָבן מיר געפֿונען זעלטענע זאַכן וואָס מיר האָבן אַפֿילו נישט געוווּסט אַז מיר פֿאַרמאָגן זיי. אַז מע האָט געגעבן אַן עפֿן אויף אַ שאַפֿע וואָס מע האָט אפֿשר אַ טוץ יאָרן נישט געעפֿנט און אַפֿילו נישט געזען, איז געשטאַנען פֿאַר די אויגן צענדליקער עקזעמפּלאַרן פֿון די זשורנאַלן דער ייִדישער פֿאַרמער, קאָלאָניסט קאָאָפּעראַטאָר/*El Colonada Cooperator*, *Free Land* און אַנדערע פּובליקאַציעס אויף ייִדיש און ענגליש וואָס זאָגן עדות אויף אונדזער עבֿר ווי די פֿרײַלאַנד־ליגע פֿאַר דער ייִדישער קאָלאָניזאַציע. פֿון אַ הויכער פּאָליצע האָט געגעבן אַ קרישל אַראָפּ דער טשענסטעכאָווער וואָכנבלאַט פֿון 1906. (טשענסטעכאָוו, האָט ד"ר שעכטער אונדז געגעבן צו פֿאַרשטיין, איז געווען אַ פֿעסטונג פֿון דעם טעריטאָריאַליזם.) פֿאַרשטעקט אין אַ שופֿלאַד איז געווען אַ בילדער־אַלבאָם פֿון ד"ר שטיינבערגס נסיעה קיין אויסטראַליע וווּ ער האָט געפּרוּווט פֿאַרלייגן אַ טעריטאָריע פֿאַר ייִדן אין די 1940ער יאָרן. דאָס אַלץ איז מיטגעקומען מיט אונדז אין דער נײַער היים.

נעכע פֿאַרבער ע"ה און די סטודענטן־פּראַקטיקאַנטן פֿון דער נאַציאָנאַלער ייִדישער ביכער־צענטראַלע

פֿון דעם אַלעם האָט אויף מיר דער גרעסטער רושם געמאַכט דאָס באַגעגניש מיט די יונגע סטודענטן־פּראַקטיקאַנטן פֿון דער נאַציאָנאַלער ייִדישער ביכער־צענטראַלע אין אַמהערסט וואָס זײַנען געקומען אָפּנעמען די ביכער וואָס מיר האָבן ניט געקענט מיטנעמען. אַז איך בין אַרײַן אין ביוראָ האָב איך געזען ווי אַ גרופּע ענערגישע אידעאַליסטישע (יאָ, מע האָט געקענט אויף זייערע פּנימער זען דעם אידעאַליזם) יונגע־לײַט האָבן זיך צוגעהערט מיט נײַגער און דרך־ארץ ווי אונדזער סעקרעטאַרשע נעכע פֿאַרבער האָט דערציילט וועגן דער ייִדיש־ליגע און וועגן די נײַע פּערספּעקטיוון פֿאַר ייִדיש בײַם הײַנטיקן טאָג. צווישן די סטודענטן זײַנען געווען מײַנע געוועזענע סטודענטן, ראַבי אַדלער פּעקאַרער, דער דערציִונג־דירעקטאָר פֿון דער ביכער־צענטראַלע, און חנה פּאָלין, די ערשטע לערערין פֿון ייִדיש אין די לאָס־אַנדזשעלעסער ייִדישע טאָגשולן. ס'איז געווען אַ וווּנדערלעך געפֿיל צו זען ווי מײַנע סטודענטן זײַנען איצט אַליין געוואָרן לערערס וואָס האָבן סטודענטן. ווי קיין מאָל פֿריִער האָב איך געפֿילט דעם כּוח פֿון המשך. מיר ציִען זיך איבער און די קייט ציט זיך ווײַטער...

פֿון דעם רעדאַקטאָר

ווען עס שטאַרבט

איך ווייס אַז מע לעבט נישט אייביק און אַז ייִדישע שרײַבערס זײַנען נישט קיין אויסנאַם צו דעם כּלל, אָבער דאָך האָב איך געמיינט אַז יחיאל שרײַבמאַן, דער לעצטער ייִדישער שרײַבער אין מאָלדעווע, דאַרף און וועט לעבן אייביק. מיר האָבן זיך באַקענט מיט עלף יאָר צוריק אין קעשענעוו, ווען איך בין געקומען לערנען ייִדיש אין אַ זומער־סעמינאַר פֿאַר מיזרח־אייראָפּעיִשע סטודענטן, אָרגאַניזירט פֿון ד"ר גרשון ווײַנער ע"ה פֿון ישׂראל, און דערנאָך זיך ווידער געזען און פֿאַרברענגט צוזאַמען מיט אַ יאָר שפּעטער אויף אַ סעמינאַר אין קיִעוו. עס טרעפֿט זיך נישט אָפֿט אין לעבן, נאָר עס טרעפֿט זיך פֿון צײַט צו צײַט יאָ, אַז אין משך פֿון אַ קורצער צײַט קען מען אָנקניפּן אַ טיפֿע פֿאַרבינדונג, עלעהיי מע האָט אין עטלעכע טעג אַרײַנגעפּאַקט יאָרן באַקאַנטשאַפֿט; אָט די באַקאַנטשאַפֿט און פֿרײַנדשאַפֿט וועלן מיך באַגלייטן און באַלײַכטן אַ גאַנץ לעבן. צווישן אונדז איז געווען אַן אָנגייענדיקער, קיין מאָל נישט פֿאַרענדיקטער שמועס, וואָס האָט זיך געמוזט אויסדרוקן לרובֿ אין בריוו. אַ בריוו פֿון יחיאל שרײַבמאַנען איז געווען אַ יום־טובֿ, אַ ליטעראַרישער און פּערזענלעכער יום־טובֿ. ס'האָבן אונדז קיין מאָל נישט געפֿעלט קיין טעמעס און קיין ווערטער. מיר דאַכט זיך אַז אין דער עפּאָכע פֿון גיך עלעקטראָניש איבערשרײַבן זיך איז שרײַבמאַן געווען דער לעצטער מיט וועמען איך האָב געפֿירט אַן אמתע קאָרעספּאָנדענץ: לאַנגע, כאָטש נישט אָפֿטע בריוו (שולדיק אין דעם בין איך געווען). כּמעט יעדער בריוו מײַנער האָט זיך אָנגעהויבן מיט „איך וועל שרײַבן גאָר בקיצור", אָבער דער פֿאַרגעניגן פֿון „רעדן" מיט אים האָט אומבאַוווּסטזיניק אַרויסגערופֿן לאַנגע עפּיסטאָלן. זײַנע בריוו זײַנען געווען אָנגעפֿילט מיט אַזוי פֿיל האַרציקייט און ליבשאַפֿט און אַזוי פֿיל איבערגעגעבנקייט און זאָרג פֿאַר מיר און מײַן משפּחה און פֿאַר דעם גורל פֿון ייִדיש.

יחיאל שרײַבמאַן און שבֿע צוקער, קעשענעוו 1996. אויף דער וואַנט אַ בילד פֿון פּרץ מאַרקיש.

שבֿע צוקער

קיין צופֿרידענער ווי שרײַבמאַן איז נישט געווען ווען איך האָב באַקומען די אַרבעט ווי רעדאַקטאָר פֿון אויפֿן שוועל. קיין צופֿרידענער ווי איך איז ניט געווען ווען שרײַבמאַן האָט זיך אין האַרבסט 2005 אָפּגערופֿן אויף מײַן בקשה צו די מיטגלידער פֿון דער רעדקאָלעגיע אָנצושרײַבן עפּעס וועגן י.־ל. פּרצן פֿאַר דעם פּרץ־נומער. ער האָט מיר טעלעפֿאָנירט זיך צו דערוויסן צי ס'איז נאָך דאָ צײַט אַרײַנצושיקן אַן אַרטיקעלע. ער האָט אַרײַנגעשיקט אַ פּרעכטיקע מיניאַטור (זעט אויפֿן שוועל, נ' 333-334), אין די לעצטע יאָרן מסתּמא זײַן באַליבסטער זשאַנער, און מיר האָבן געהאַט די זכיה צו זײַן די לעצטע בײַ וועמען ער האָט זיך געדרוקט.

וואָס פֿאַר אַ שרײַבער ער איז געווען און וואָס ער האָט געשריבן – דאָס וועלן פֿרעגן לייענערס וואָס האָבן אים נאָך נישט געלייענט. אַזוי ווי ער האָט געהאַלטן אַז „בײַ אַ שרײַבער דאַרף יעדעס ווערק דערציילן וועגן זיך" און „אַז אַפֿילו ווען מע רעדט נישט וועגן 'ער' איז עס סײַ ווי סײַ 'ער', דער שרײַבער",[1] איז זײַן שרײַבן זייער אויטאָביאָגראַפֿיש. דערפֿאַר איז כּדאַי איבערצוגעבן אַ פּאָר קורצע ביאָגראַפֿישע פּרטים.

יחיאל שרײַבמאַן איז געבוירן געוואָרן אין 1913 אין דעם באַסאַראַבער שטעטל ראַשקעוו בײַ זייער נישט־פֿאַרמעגלעכע עלטערן. ער האָט געלערנט אין חדר און דערנאָך אין טשערנעוויצער העברעיִשן לערער־סעמינאַר, ווּ ער איז אַרעסטירט געוואָרן פֿאַר רעוואָלוציאָנערער טעטיקייט. וווינענדיק אין בוקאַרעשט האָט ער אין 1936 דעביוטירט מיט דערציילונגען אין דער וואַרשעווער נײַע פֿאָלקסצײַטונג און אין ניו־יאָרקער פּראָלעטפּען־זשורנאַל סיגנאַל. בשעת די מלחמה־יאָרן איז שרײַבמאַן אַוועק קיין קעשענעוו און איז דערנאָך עוואַקויִרט געוואָרן קיין אוזבעקיסטאַן. במשך די כּמעט זיבעציק יאָר פֿון זײַן ליטעראַרישער קאַריערע האָט ער אָנגעשריבן אַ סך ביכער און זײַנע ווערק זײַנען איבערגעזעצט געוואָרן אויף כּלערליי לשונות, צווישן זיי רוסיש, מאָלדאַוויש, עבֿרית, ענגליש, פֿראַנצייזיש, אוזבעקיש, אַזערבײַדזשאַניש, אַרמעניש און טשוגאַטשיש.

ער האָט באַשריבן זײַן לעבן – די ייִדישע אָרעמקייט, דאָס שטרעבן נאָך העכערן וויסן, דאָס פֿאַרכאַפּט ווערן פֿון פּאָליטישע אידעאַלן – דאַכט זיך נישט קיין נײַע טעמאַטיק אין דער ייִדישער

[1] יחיאל שרײַבמאַן, „עלעגיע", ווײַטער, ז' 395.

ליטעראַטור, די אייגענע מעשׂה וואָס בײַ אַ סך פֿון זײַנע בני־דור. וואָס האָט ער געהאַט צו דערציילן וואָס אַנדערע פֿאַר אים האָבן נאָך נישט געהאַט דערציילט? וועגן ראַשקעוועער בלאָטעס און ראַשקעוועער דלות, וועגן לעכער און לאַטעס? שרײַבמאַנס מעשׂיות דערמאָנען אינעם פֿאָלקסליד וועגן אַ

אַ ייִדישער שרײַבער...

מאַנטל פֿון פֿאַרצײַטיקן שטאָף. דאָרט זינגט זיך וועגן אַ צעריסענעם מאַנטל וואָס פֿון אים מאַכט מען אַ רעקל, דערנאָך אַ וועסטל, דערנאָך אַ קעשענע, דערנאָך אַ קנעפּל, דערנאָך אַ גאָרנישט, און סוף־כּל־סוף פֿון דעם גאָרנישט — אַ לידל. דאַכט זיך, וואָס איז דאָ צו דערציילן (ספּעציעל אויב מע האַלט זיך בלויז בײַם אמת) וועגן דעם לעבן פֿון אַ קליין־שטעטלדיקן ייִדישן בחור וואָס איז אויפֿגעוואָקסן אין גרויס אָרעמקייט, דורכגעלעבט „קאַלטס און וואַרעמס, און פֿאַרשטייט זיך אַ ביסל מער קאַלטס ווי וואַרעמס", אַרײַן אין דער באַוועגונג ווו ער האָט זיך שוין אָנגעשטעקט מיט די נײַע ווינטן, און געוואָלט, ווי כּמעט יעדערער פֿון זײַן צײַט, איבערמאַכן די וועלט? דאַכט זיך, וואָס איז דאָ צו דערציילן וועגן דעם וואָס מע האָט שוין נישט באַשריבן אפֿשר הונדערטער מאָל אין דער ייִדישער ליטעראַטור? אָבער דאָך, און דאָ ליגט שרײַבמאַנס גרויסקייט, פֿון דער אָ וואָכעדיקייט מאַכט ער שבת, מאַכט ער קונסט; פֿונעם צעריסענעם מאַנטל מאַכט ער אַ ליד. אָבער ער טוט דאָס אַלץ אָן נאָסטאַלגיע, אָן פֿאַלשן ראָמאַנטיזם, און עס מוז אַזוי זײַן, ווײַל שרײַבמאַן איז, ווי ער זאָגט — און מע מוז אים גלייבן, ווײַל זײַנע ווערק זאָגן עדות דערויף — געטרײַ דעם אמת און דער אמת פֿון זײַנע ביכער איז אַ שווערער, אַ מאָל אַפֿילו אַ ביטערער. אין זײַן שרײַבן אַנטפּלעקן זיך פֿאַר אונדז גוטסקייט און שלעכטסקייט, מאָראַלישע דערהויבנקייט און קליינלעכער עגאָיִזם, מסירת־נפֿש און ענגע קליין־שטעטלדיקייט. שרײַבמאַנס גרויסקייט באַשטייט אין קענען דערגיין מיט אַ סובטילן אָבער שטאַרקן מאַך פֿון זײַן פֿעדער גלײַך צום תּמצית פֿונעם מענטשן אָדער דעם אָרט, צום פֿינטעלע ייִדישקייט, צו דעם וואָס שיידט אונטער דעם מענטשן פֿון אומצאָליקע זײַנס גלײַכן. און דעמאָלט פֿילט מען אַז מע איז דערגאַנגען צו דער נשמה פֿונעם מענטשן. דער גרעסטער קבצן איז אַזוי גרויס ווי דער גרעסטער מלך, ווײַל זײַנע חלומות זײַנען נישט קלענער און די שטאַרקייט פֿון זײַנע געפֿילן איז נישט וויניקער...

ער איז אַ שרײַבער פֿון גשמיות אין בעסטן זין פֿון וואָרט. זײַנע באַשרײַבונגען האָבן פֿאַקטור און זײַנען דורכגעווייקט מיט די רײַכע זאַפֿטן פֿון דער באַ־סאַראַבער ערד און מיטן רוישיקן אימפּעט פֿון גרויסע פּולסירנדיקע שטעט.[2]

ס'איז שטענדיק געווען מײַן חלום, זינט מיר האָבן זיך באַקענט, צוריקצופֿאָרן קיין קעשענעוו צו זען שרײַבמאַנען און זײַן ליבער פֿרוי מאַרינע; שפּעטער האָט זיך פֿון דעם פֿאַרלאַנג אויסקריסטאַליזירט בײַ מיר אַ געדאַנק וועגן מאַכן אַ פֿילם מיט אים ווו מיר וואָלטן צוריקגעפֿאָרן אין זײַן שטעטל, קיין ראַשקעוו — אַ מין צונויפֿפֿלעכטן דאָס ראַשקעוו־של־מטה מיטן ראַשקעוו־של־מעלה פֿון זײַנע דערציילונגען. ווען איך האָב אים איין מאָל געפֿרעגט צי מיר וואָלטן געקענט אין איינעם פֿאָרן קיין ראַשקעוו אויב איך קום קיין קעשענעוו איז זײַן ענטפֿער געווען: „ראַשקעוו, נישטאָ, נישטאָ ראַשקעוו". צי ער האָט געמיינט אַז דער פֿיזישער אויסזען פֿון דעם ראַשקעוו וואָס ער האָט געקענט איז נישט אויפֿגעהיט געוואָרן צי ער האָט געמיינט אַז בײַ אים איז ראַשקעוו פּשוט נישטאָ ווײַל ס'איז מער נישטאָ דאָרטן דאָס ייִדישע לעבן פֿון אַמאָל, ווייס איך נאָך אַלץ נישט. אַזוי צי אַזוי איז ער נישט געווען גערעכט. ראַשקעוו איז יאָ דאָ און וועט שטענדיק זײַן ווײַל ער האָט עס פֿאַראייביקט אין זײַנע דערציילונגען, און גוטע ליטעראַטור שטאַרבט קיין מאָל נישט.

לזכר
יחיאל שרײַבמאַן
1913 - 2005

פֿאַרשטייט זיך אַז איך האָב קיין מאָל נישט באַוויזן נאָך אַ מאָל צו פֿאָרן קיין קעשענעוו, און אַוודאי נישט קיין ראַשקעוו, צוליב, צוליב — צוליב אַ סך סיבות, נישט וויכטיק איצט וואָס זיי זײַנען. מיר האָט זיך אַלע מאָל געדוכט אַז ס'איז דאָ צײַט, אַז יחיאל שרײַבמאַן מוז בלײַבן לעבן ביז איכ'ל קענען קומען. פֿאַר וואָס? אפֿשר איז ער, ווי איינער פֿון די לעצטע ייִדישע שרײַבערס וואָס איז געבוירן געוואָרן אין מיזרח־אייראָפּע פֿאַר

[2] די געדאַנקען זײַנען באַזירט אויף מײַן אַרטיקל „יחיאל שרײַבמאַן — אַן אומפֿאַרגעסלעך באַגעגעניש", אויפֿן שוועל, נ' 309, יאַנואַר־מאַרץ 1998, זז' 11-12.

דעם חורבן, געווען פֿאַר מיר אַ לעבעדיקע פֿאַרבינדונג מיט דער מיזרח־אייראָפּעיִשער ייִדישער ליטעראַטור, אַ ליטעראַ־טור וועמענס קיום גייט מיר אין לעבן. ווער וועט מיך הײַנט צוריקפֿירן אינעם שטעטל ווו ער אַליין האָט טאַקע געלעבט? און איך האָב מסתּמא סימבאָליזירט פֿאַר אים אַ נײַעם דור לייענערס און ליבהאָבערס פֿון דער ייִדישער ליטעראַטור, און די האָפֿענונג אַז מע וועט אים און די וואָס זײַנען געקומען פֿאַר אים נישט פֿאַרגעסן.

איך גלייב קוים אַז איך וועל געפֿינען עמעצן צו פֿאַרנעמען זײַן אָרט בײַ מיר אין האַרצן. ייִדישע שרײַבערס ווערן אַלץ זעלטענער און זעלטענער און אַפֿילו ווען נישט — נישט מיט יעדערן פֿילט מען אַזאַ נאָענטקייט (אַפֿילו אויב ער איז אַ ייִדישער שרײַבער). נישט פֿאַר יעדערן עפֿנט זיך דאָס האַרץ. ס'איז אַ מתּנה, אַ מתּנה וואָס איך וועל טראָגן מיט זיך אַ גאַנץ לעבן, און וואָס וועט מיך מוזן אינספּירירן אַ גאַנץ לעבן. אַ דאַנק, יחיאל שרײַבמאַן, פֿאַר דער מתּנה פֿון אײַער פֿרײַנדשאַפֿט...

פֿון דעם רעדאַקטאָר

ייִדישע שלמות:

דעם פֿעברואַר/שבֿט איז מײַן מי־זינקע מירעלע געוואָרן בת־מיצווה. צווישן די פֿיל מתּנות וואָס זי האָט באַקומען איז געווען אַ ביכל וואָס איך האָב צוגעגרייט פֿאַר איר לכּבֿוד דער בת־מיצווה — די זכרונות פֿון מאיר צוקער: איזשביצע, פּוילן – וויניפּעג, קאַנאַדע, 1910-1987. צווישן די פֿיל ווינטשעוואַניעס וואָס זי האָט באַקומען צו דער געלעגנהייט איז געווען אַ קאַרטל פֿון אַ ניו־יאָרקער חבֿרטע און קאָלעגין וואָס האָט זיך געענדיקט מיטן וווּנדערלעכן זאַץ „זאָלסט זוכה זײַן אויסצוּוואַקסן אַ געטרײַע טרעגערין פֿון ייִדישער שלמות".

דאָס איבערזעצן און רעדאַקטירן דעם טאַטנס בעל־פּה־זכרונות רעקאָר־דירט האַרט פֿאַר זײַן טויט און דאָס שענקען די מתּנה גופֿא האָבן מיר געגעבן די געלעגנהייט צו טראַכטן וועגן ייִדישער שלמות אין שײַכות מיט מירעלען און איר דור, און אין פֿאַרגלײַך מיט פֿריִערדיקע דורות. מיר זײַנען געוווינט זיך צו באַקלאָגן אַז די ייִדישע וועלט איז אײַנגעשרומפּן געוואָרן און אַז די ייִדישקייט פֿונעם ייִנגערן דור, ספּעציעל דאָ אין אַמעריקע, קען נישט זײַן אַזוי טיף ווי די ייִדישקייט פֿון די וואָס זײַנען אויפֿגעוואַקסן אין מיזרח־אייראָפּע. אָבער צי איז דאָס טאַקע אמת? איז דער מצבֿ אין מיזרח־אייראָפּע, און דערנאָך בײַ די אימי־גראַנטן דאָ אין צפֿון־אַמעריקע, טאַקע געווען אַזוי פֿויגלדיק און איז דער מצבֿ דאָ הײַנט אין אַמעריקע טאַקע אַזוי שלעכט ווי מיר זענען גענייגט אים אויסצומאָלן? וואָס שייך דער ייִדישער שפּראַך גופֿא איז עס, צום באַדויערן, יאָ אמת, אָבער אין אַלגעמיין, האַלט איך אַז נישט. מײַן טאַטע, אַן איבערגע־געבענער וועלטלעכער ייִד און ייִדי־שיסט, האָט געלעבט אַן אינטענסיוו ייִדיש לעבן און ס'האָט זיך אים אײַנגעגעבן אַ סך איבערצו־געבן זײַנע קינדער. פֿון ייִדישער שלמות, אָבער, איז ער, און ס'רובֿ פֿון זײַן דור, געווען גאַנץ ווײַט, און טאַקע בכּיוון. זיי האָבן נישט געוואָלט אָננעמען ייִדישקייט ווי אַ גאַנצקייט; זיי האָבן נאָר געוואָלט אַ טייל דערפֿון.

משפּחה צוקער, מאיר צוקער ערשטער פֿון לינקס, לובלין, פּוילן 1927

דער טאַטע איז געבוירן געוואָרן אין אַ חסידישער היים אָבער ווען ער איז געווען אַ יאָר צען־עלף איז די משפּחה געוואָרן אויס פֿרום.

אין יענער צײַט זײַנען די רעאַקציאָנערע האַלערטשיקעס (אַ טייל פֿון דער פּוי־לישער אַרמיי אונטער דעם גענעראַל האַלער) אַרומגעפֿאָרן איבערן לאַנד און אָפּגעשניטן בײַ ייִדן די בערד. אין איינעם אַ טאָג איז מײַן זיידע אַהיימ־געקומען אָן אַ באָרד. דער טאַטע דערציילט אַז דער זיידע האָט געזאָגט, „וואָס דאַרף איך וואַרטן אַז די האַלער־טשיקעס זאָלן מיר אָפּשערן? איך האָב מיר אַליין אָפּגעשוירן די באָרד..." „פֿון דעמאָלט אָן", פֿירט ווײַטער דער טאַטע, „איז די באָרד נישט געוואַקסן, ס'איז נישט געוואַקסן. פֿון דעמאָלט אָן איז געשען, אַזוי צו זאָגן, אַן איבערבראָך".

אָט דער איבערבראָך איז געווען אַ דראַמאַטישער אָבער זיכער נישט קיין זעלטענער אין יענע צײַטן. פֿון אַ חדר־ייִנגל איז מײַן טאַטע געוואָרן אַ תּלמיד אין אַ מער מאָדערנעם חדר־מתוקן און דערנאָך אין שפּערס גימנאַזיע, אַ מאָדערנע ייִדישע גימנאַזיע אין לובלין, און איז אַרײַן אין יוגנט־בונד/צוקונפֿט. ער איז נישט געווען קעגן רעליגיע פֿאַר אַנדערע וואָס גלייבן, נאָר פֿאַר זיך און פֿאַר אַזעלכע וואָס היטן אָפּ געוויסע אַספּעקטן פֿון דער רעליגיע כאָטש זיי האָבן מער נישט געגלייבט אין דעם אמת פֿון דעם וואָס זיי טוען, יאָ. הגם ער האָט געהאַט געוואַלדיקן דרך־ארץ פֿאַר פֿרומע לײַט וואָס האָבן באמת געהאַט אמונה און זיך געפֿירט לויט דער הלכה, האָבן זײַנע פּרינציפּן אים נישט געלאָזט מקיים זײַן מיצוות אין וועלכע ער האָט שוין נישט געגלייבט. ער איז פּרינציפּיעל נישט געגאַנגען אין שיל ווײַל ער האָט געהאַלטן פֿאַר היפּאָקרי־טסטווע דאָס דאַווענען צו אַ גאָט אין וועמען מע גלייבט נישט.

איך געדענק דראַמאַטישע סצענעס בײַ אונדז אין שטוב ווען די מאַמע האָט זיך געבעטן בײַ אים ער זאָל גיין אויף דער בר־מיצווה פֿון אַ נאָענטן קרובֿ אָדער פֿרײַנד. איך געדענק זײַן שאַרפֿע קריטיק קעגן דער פּרץ־שול, דער וועלטלעכער ייִדישער טאָגשול וווּ מײַן שוועסטער און איך האָבן זיך געלערנט, ווען די שול האָט אײַנגעפֿירט דאָס לייענען פֿון סידור ווי אַ לימוד, בר־מיצווה, אַ סוכּה אין הויף וכדומה. איך געדענק מײַן אייגענע פֿרוסטרירונג ווען דער טאַטע האָט מיך נישט געוואָלט פֿירן אין שיל אין אויטאָ אום יום־טובֿ. „אויב דו ווילסט גיין אין שיל", האָט ער מיך

מחשבֿות צו מײַן טאָכטערס בת־מיצווה

געמוסרט, „קענסטו גיין צו פֿוס, אַנישט מאַכסטו חוזק פֿונעם יום־טובֿ". איך געדענק אויך מײַנע אייגענע טרערן ווען ער האָט, מחמת די זעלבע טעמים, נישט געלאָזט מע זאָל בענטשן שבת־ליכט בײַ אונדז אין דער היים, כאָטש מיר האָבן אין פּרץ־שול געהאַט געלייענט דערציילונגען געשריבן פֿון וועלטלעכע מחברים ווו ייִדן האָבן אָפּגעהיט אַזוינע מינהגים. דאָס טראַדיציאָנעלע ייִדיש־קייט איז בײַ אים געווען אַ גאַנצקייט, אַ גאַנצקייט פֿון וועלכער ער האָט זיך באַוווסטזיניק אָפּגעזאָגט. ער האָט נישט געהאַלטן פֿון אויסקלײַבן און אַליין באַשטימען. ער האָט געהאַט די זכיה צו לעבן אין אַזאַ צײַט ווען מע האָט זיך געקענט אויסלעבן ווי אַ ייִד אָן צו גלייבן אין גאָט און אָן טראַדיציאָנעלער ייִדישקייט. אין פּוילן האָט ער געהאַט די וואַרעמע און אַרומנעמיקע סבֿיבֿה פֿון בונד און פֿון דעם ייִדיש־ליטעראַרישן לעבן, און אין כינע, ווו ער האָט זיך געראַטעוועט בעת דער מלחמה, האָט ער נאָך געלעבט מיט די רעשטלעך פֿון אָט דער וועלט און מיט דעם כּוח פֿון דער פּליטים־איבער־לעבונג. אין קאַנאַדע איז אים געווען גענוג די דערמאָנונג פֿון זײַן פֿריִערדיק לעבן און דעם דראַנג ממשיך צו זײַן.

שבֿע און מאיר צוקער אויף אַ בונדישן באַנקעט סוף 1970ער יאָרן

פֿאַר דיר, מײַן ליבע מירעלע, זײַנען די זאַכן נישט גענוג, און ווײַט פֿון דײַן אייגן לעבן. דו קענסט זיך נישט אויפֿבויען קיין ייִדיש לעבן אויפֿן יסוד פֿון דײַן זיידנס איבערלעבונגען. דאָס הייסט אָבער נישט אַז דו ביסט פֿאַרמישפּט אויף אַ ייִדיש לעבן וואָס איז אָרעמער פֿון זײַנעם. פֿאַרקערט, די ייִדישע וועלט איז אָפֿן פֿאַר דיר און דײַן דור ווי קיין מאָל נישט פֿריִער. דו האָסט מעגלעכקייטן וואָס דײַנע פֿרומע עלטער־באָבעס האָבן נישט געהאַט, און וואָס אַפֿילו איך האָב נישט געהאַט. איך, למשל, בין נישט געוואָרן בת־מיצווה און כאָטש איך בין אַ מיטגליד אין אַ קאָנסערוואַטיווער שיל בין איך דאָרט, צוליב מײַן דערציִונג, נישט אין גאַנצן באַקוועם. דו דאַרפֿסט נישט, ווי דײַן זיידע, אויסקלײַבן צווישן רעליגיע און דער דרויסנ־דיקער וועלט, צווישן העברעיִש און ייִדיש, צווישן שיל און שול, צווישן לערנען תּורה און לייענען די מאָדערנע ייִדישע ליטעראַטור. דו קענסט פּרוּוון בויען אַ שענערע, בעסערע וועלט, ווי דײַן זיידע האָט געפּרוּווט, נאָר בײַ דיר קען עס הייסן „תּיקון־עולם" אַנשטאָט „סאָציאַליזם". קענסט דאַווענען, קענסט לערנען תּורה, פֿילסט זיך באַקוועם אין אַ שיל און דו מוזסט נישט באַשטעטיקן צי דו גלייבסט אַז עמעצער הערט זיך צו צי נישט. דו קענסט דאָס טאָן אָן אַ געפֿיל פֿון צבֿיעות ווײַל הײַנט קענען מיר אָנווענדן אַ ברייטערן סימבאָלישן אויסטײַטש אויף טראַדיציאָנעלער ייִדישקייט אויב מיר נעמען אָן אַז אָרטאָדאָקסישע פֿרומקייט איז נישט דער איינציקער אופֿן אָפּצוהיטן ייִדישקייט (און אפֿשר ווײַל דו גלייבסט טאַקע אין דעם אמת פֿון דער רעליגיע).

דו קענסט אַרומלויפֿן אויף דער יוגנטרוף־ייִדיש־וואָך אין קורצע הויזן און מיט אַ פּאָר טעג שפּעטער זיצן בײַם שבת־טיש מיט אונדזערע חב"ד־לײַט זלמן און יהודית און זינגען זמירות. סע הייסט נישט אַז דו קענסט אָדער דו זאָלסט דילעטאַנטיש נאַשן פֿון אַלע ייִדישע קוואַלן פֿון דײַן אייגענעם פֿאַרגעניגן וועגן. דאָס וואָלט געווען אויבנאויפֿיק און די ערגסטע פֿאַר־קרימונג פֿון נוסח אַמעריקע. נאָר וואָס דען? דו קענסט שעפּן מיט ביידע הענט פֿון דעם טיפֿן ייִדישן קוואַל מיט אַ ווילן צום לערנען, צום פֿאַרשטיין און שאַפֿן ווײַטער אויפֿן סמך פֿון דעם עשירות פֿון טויזנטער יאָרן ייִדיש לעבן. די פֿרײַקייט פֿון אַמעריקע קען דיך פֿירן, ווי זי האָט געפֿירט אַנדערע, צו אַסימילאַציע און צום פֿאַרגעסן, אָבער לאָמיר האָפֿן אַז דיך וועט זי פֿירן צו אַן אָנערקענונג און אַ ליבשאַפֿט צו דײַן פֿאָלק און זײַן שטייגער לעבן. לאָמיר האָפֿן אַז דער טאַטע און איך האָבן זוכה געווען דיר דאָס איבער־צוגעבן און אַז דו זאָלסט אַליין זוכה זײַן נישט נאָר צו אַ טיף ייִדיש לעבן ווי אַ יחיד, נאָר זאָלסט משפּיע זײַן אויף אַנדערע, דײַנע קינדער אם־ירצה־השם און דײַנע בני־דור, און זאָלסט זײַן, ווי סע שטייט געשריבן אין קאַרטל, „אַ טרעגערין פֿון ייִדישער שלמות".

מירעלע און אירע ייִדיש־רעדנדיקע חבֿרטעס אויף דער בת־מיצווה. פֿון רעכטס: רבֿקה דוד, מירעלע קעסלער, מלכּה־לאה ווישוואַנאַט, ריינע שעכטער

מרדכי שעכטער ז״ל
מיר קענען נאָך אַלץ דערציילן די מעשׂה

דאָנערשטיק, דעם 15טן פֿעברואַר 2007, 27 טעג אין חודש שבֿט תּשס״ז, איז, נאָך אַ לענגערער קראַנקייט, אַוועק אין דער אייביקייט אונדזער טײַערער ד״ר מרדכי שעכטער, דער אומפֿאַרגעסלעכער לע־רער, שפּראַכקענער, און כּלל־טוער בחסד־עליון. ער איז אויך געווען דער מיסד פֿון דער ייִדיש־ליגע און האָט כּמעט אַ האַלבן יאָרהונדערט רעדאַקטירט איר אָרגאַן, דעם זשורנאַל אויפֿן שוועל. מיט ליבשאַפֿט, מיט כּבֿוד, און מיט אַ גאָר טיפֿן דאַנק גיבן מיר אים אָפּ דעם נומער.

מרדכי שעכטער, סוף 1980ער יאָרן

מרדכי שעכטער האָט גע־שפּילט אַ וויכטיקע ראָלע אין דעם לעבן פֿון אַ סך מענטשן: משפּחה, סטודענטן, פֿרײַנד, קאָלעגן, און מיטאַרבעטערס. מיר וועלן הערן דאָ פֿון אַלעמען, ווי אויך פֿון אים אַליין. מיר ברענגען דאָ אַ קאַפּיטל קיין מאָל ניט געדרוקטע זכרונות, ווי אויך אַ וואָגיקע וויסנשאַפֿטלעכע אַרבעט זײַנע וועגן ליטוויש ייִדיש.

מיר פּערזענלעך איז מרדכי שעכטער געווען אַ וויכטיקער לערער, דער לערער, און אויב מע וואָלט געקענט צוטיילן אַ פּרעמיע דעם וואָס האָט זיך געלערנט, ד״ה געזעסן אין קלאַס, צום מערסטן בײַ אים, מיין איך אַז איך וואָלט געווונען, אָבער אפֿשר זײַנען דאָ אויף דעם קאָנקורענטן.

די גאַנצע צײַט וואָס איך האָב געווינט אין ניו־יאָרק — אָנהייבנדיק מיט מײַנע יאָרן אין ייִדישן לערער־סעמינאַר/הרצליה, דערנאָך ווי אַ גראַדויִר־סטודענטקע סײַ אין קאָלאָמ־ביע סײַ אין ניו־יאָרקער שטאַטישן אוניווערסיטעט, און שוין ווי אַ לערערין — בין איך גע־קומען אויף זײַנע לעקציעס. דער קוואַל האָט זיך ניט אויסגעשעפּט.

ווען איך בין, מיט צוויי יאָר צוריק, געוואָרן נאָך ד״ר שעכטערן דער אויספֿיר־סעקרעטאַר פֿון דער ייִדיש־ליגע, און רעדאַקטאָר פֿון אויפֿן שוועל, האָב איך גע־פֿילט וואָס פֿאַר אַ כּבֿוד, ווי אויך אַחריות, עס איז מיר צוגעטיילט געוואָרן. דע־מאָלט האָב איך אָנגעהויבן מײַן ערשטן עדיטאָריאַל אין נומער 332/331 (2005) מיט אַ חסידיש מעשׂהלע. די פֿון אײַך וואָס געדענקען דעם אַרטיקל וועלן מיר מוחל זײַן דאָס וואָס איך חזר זיך איבער אָבער די מעשׂה האָט פֿאַר מיר איצט אַ נײַעם באַטײַט.

ווען דער בעל־שם־טובֿ האָט געהאַט פֿאַר זיך אַ שווערע עובֿדה פֿלעגט ער גיין צו אַ געוויסן אָרט אין וואַלד אויף התבודדות. דאָרטן פֿלעגט ער אָנצינדן אַ פֿײַער, זאָגן אַ געוויסע תּפֿילה, און ער האָט געקענט אויספֿירן די עובֿדה.

שפּעטער, ווען זײַן תּלמיד, דער מעזריטשער מגיד, האָט געדאַרפֿט אויספֿירן די זעלבע עובֿדה איז ער געגאַנגען צו דעם זעלבן אָרט אין וואַלד אָבער ער האָט שוין געהאַט פֿאַרגעסן פּונקט ווי אָנצוצינדן דאָס פֿײַער ווי דער בעש״ט האָט עס געטאָן, און ער האָט געזאָגט, „איך קען מער נישט אָנצינדן דאָס פֿײַער אָבער איך קען נאָך אַלץ זאָגן די תּפֿילה״, און ער האָט אויסגעפֿירט די עובֿדה.

שפּעטער, ווען זײַן תּלמיד, ר׳ משה־לייב סאַסעווער, האָט געדאַרפֿט אויספֿירן די זעלבע עובֿדה פֿלעגט ער גיין צו

דעם זעלבן אָרט אין וואַלד אָבער נישט נאָר האָט ער פֿאַרגעסן ווי אָנצוצינדן דאָס פֿײַער. די תּפֿילה האָט ער אויך געהאַט פֿאַרגעסן און ער האָט געזאָגט, „איך קען מער נישט אָנצינדן דאָס פֿײַער און איך קען מער נישט די תּפֿילה אָבער איך קען יאָ דאָס אָרט און דאָס וועט מוזן סטײַען". און עס האָט טאַקע געסטײַעט.

אָבער ווען נאָך אַ דור איז פֿאַרבײַ און ר' ישׂראל ריזשינער האָט געדאַרפֿט אויספֿירן די זעלבע עובֿדה האָט ער זיך אַוועקגעזעצט אויף זײַן גאָלדענער שטול אין זײַן פּאַלאַץ און געזאָגט, „איך קען מער נישט אָנצינדן דאָס פֿײַער און איך קען מער נישט די תּפֿילה, און איך קען אַפֿילו נישט געפֿינען דאָס אָרט אין וואַלד אָבער איך קען נאָך אַלץ דערציילן די מעשׂה און דאָס וועט מוזן סטײַען". און עס האָט טאַקע געסטײַעט.

אויבן: מרדכי שעכטער מיטן שרײַבער יצחק באַשעוויס
אונטן: מרדכי שעכטער מיטן רעציטאַטאָר הערץ גראָסבאַרד

דאָס חסידישע מעשׂהלע האָט אַלע מאָל געהאַט פֿאַר מיר אַ גרויסן פּערזענלעכן באַטײַט. אונדזער דור איז טאַקע אַזוי פֿיל שוואַכער ווי די פֿריִערדיקע דורות. מיר קענען נישט אָנצינדן דאָס פֿײַער, ס'רובֿ פֿון אונדז קענען מער נישט די תּפֿילה, ד"ה דאָס ייִדישע לשון, און דאָס אָרט, מיזרח־אייראָפּע — וווּ עס האָבן געלעבט און געשאַפֿן מיליאָנען ייִדיש־רעדנדיקע ייִדן — עקסיסטירט שוין אויך נישט ווי אַ מאָל. אָבער די פֿון אונדז וועמען ייִדיש איז ליב און טײַער קענען, ווי דער ריזשינער, נאָך אַלץ דערציילן די מעשׂה פֿון ווי אַזוי עס איז געווען און דאָס וועט מוזן סטײַען.

דאָס מעשׂהלע האָט פֿאַר מיר איצט ניט נאָר אַ נײַעם, נאָר אַפֿילו אַ גרעסערן, באַטײַט. דעמאָלט האָב איך געזאָגט אַז ס'איז מיר אַ כּבֿוד און אַן אַחריות נאָכצוגיין אין די פֿוסטריט פֿון פֿריִערדיקע מנהיגים ווי ד"ר יצחק־נחמן שטיינבערג און מײַן אייגענעם לערער ד"ר מרדכי שעכטער.

אָבער דעמאָלט איז ד"ר שעכטער נאָך געווען מיט אונדז און ס'איז געווען אַ לעבעדיקע פֿאַרבינדונג מיט דעם אָרט פֿון דער מעשׂה — אין מײַן פּערזענלעכן מעטאַפֿאָר, מיזרח־אייראָפּע. איצט, אויף וויפֿל איך ווייס, איז ניט געבליבן קיין איינער פֿון מײַנע מיזרח־אייראָפּעיִש געבוירענע לערערס, און איך בין זיכער אַז אַ סך פֿון אײַך וואָס איר לייענט דאָס לעבן איבער פּונקט דאָס אייגענע. איך האָב אַלע מאָל געוווּסט אַז סע וועט מוזן קומען אַזאַ מאָמענט, און ווי שווער דאָס וועט זײַן, און אָט איז ער דאָ.

דער אָ נומער גיט אונדז אַ געלעגנהייט זיך אַרײַנצוטראַכטן אין דעם לעבן פֿון אַ מענטש וואָס האָט אונדז אַלעמען געבראַכט אַ ביסל נעענטער צו דעם אָרט און צו דעם פֿײַער, און געטאָן האָט ער דאָס מיט זײַן וויסן, מיט זײַן הומאָר און איראָניע, און מיט זײַן פּאַסיע.

ער איז געווען דאָס קול לעבן אונדז און אין אונדז, דאָס געוויסן וואָס האָט שטילערהייט (און אַ מאָל ניט אַזוי שטילערהייט) געזאָגט צו אונדז און אין אונדז: „רעדט ייִדיש, לערנט זיך ווײַטער. אַז איר וועט עס נישט טאָן, קענט איר זיך נישט פֿאַרלאָזן אויף אַנדערע, זיי זאָלן עס טאָן". און כאָטש מיר האָבן זיך ניט אַלע מאָל צוגעהערט איז דאָס קול דאָרט געווען, ווי אַ סטאַנדאַרד, צו וועלכן מע דאַרף שטרעבן.

מרדכי שעכטער האָט געוויזן אַ וועג — ווי אַ לערער, אַ פֿאָרשער, אַ כּלל־טוער און אַ טאַטע.

ער האָט אונדז געלערנט אַז אויב מיר ווילן ווײַטער דערציילן די מעשׂה מוז זיך די מעשׂה אַנטוויקלען, און עס מוזן צוקומען נײַע מעשׂיות. אַניט, אין די ווערטער פֿון דעם ליד וואָס ער האָט ליב געהאַט צו זינגען, „נודיעט שוין די מעשׂה".

ער האָט אונדז געלערנט אַז די מעשׂה קען זיך אַנטוויקלען נאָר דורך מעשׂים.

ער האָט אונדז געלערנט אַז דער עתיד פֿון ייִדיש ליגט נאָר בײַ אונדז אין די הענט און דערמיט וועט ער אייביק לעבן...

פֿון דעם רעדאַקטאָר

געלע נעכט

געלע נעכט
פֿראָסטע חי־וקימס —
ווי זאָל זיך דאָ ירדן חלומען,
ירושלים?
ביימער־שיכּורים בלינדע,
שטרעקן שטעכיקע פֿינגער,
זוכן ווייכקייט בײַ די נעכט.
שמייכלען די נעכט,
ווערן נאָך ייִנגער.
טראַכט איך:
כ׳וועל דאָ בלײַבן.
ס׳האָבן דורות שיינע צעפּ
געפֿלאָכטן.
דאָ האָט מען נאָך ניט געשאָכטן!
דאָ וועל איך בלײַבן.
נאָר אַ מאָל, בײַם יאַנגסטע,
קומט כּנרת צו חלום,
און ס׳וויינט די אַלטע וואַנט פֿון
טרערן:
אַ שאַנכײַער ווילסטו ווערן?
און אויפֿן באַרג אַנטקעגן
וויינט מאַמע ירושלים.
און כ׳שפּײַ די נעכט אין פּנים
די פּראָסטע „חי־וקימס“.

ונקט ווי בײַ אַ מאַמען זײַנען אַלע קינדער גלײַך שיין און אַלע גלײַך באַליבט, דאַרף בײַ אַ רעדאַקטאָר אַלע נומערן זײַן שיין, אַלע גלײַך באַליבט; פֿון דעסט וועגן אָבער איז די טעמע פֿון אָט דעם נומער — חורבן און וואַגלעניש — מיר נעענטער צום האַרצן ווי אַלע פֿריִערדיקע. שוין פֿון לאַנג ליגט מיר אויפֿן געדאַנק אַז אָנהייב 2008 — פּונקט זעכציק יאָר נאָך דעם ווי דער טאַטע מײַנער, מאיר צוקער, אַ פּוילישער פּליט, איז, נאָך אַכט יאָר וואַגלעניש אין יאַפּאַן און כינע, אָנגעקומען אין זײַן נײַער היים אין קאַנאַדע — זאָלן מיר אָפּגעבן אַ נומער דעם חורבן און פּליטים. מיר ווידמען דעם נומער אים און אַלע אַנדערע לעבן־געבליבענע פֿון חורבן וואָס האָבן, מיט זייער עקשנות און ווילן ממשיך צו זײַן, זיך דערשלאָגן צו נײַע ברעגן אויסצובויען אַ פֿריש לעבן אויפֿן אַש פֿון דעם פֿריִערדיקן.

יאַפּאַנישער טעמפּל; פֿון מ. צוקערס פּאָסטקאַרטלעך

ווי אַ קליין מיידל, אויפֿוואַקסנדיק אין וויניפּעג, קאַנאַדע, האָב איך געהאַט אַרום זיך די באַווײַזן פֿון דעם טאַטנס אויסטערלישער געשיכטע: עטלעכע קימאָנעס, זייער אַ שיינער געשניצטער קאַסטן, אַ פּיזשאַמע וואָס ער האָט געבראַכט צו פֿירן פֿאַרן קינד וואָס ער וועט אַ מאָל האָבן, אַ בודאַלע, און עטלעכע קעסטלעך פּאָסטקאַרטלעך. דעמאָלט האָב איך געקוקט אויף דעם אַלעם ווי אויף אַ שטיק עקזאָטיק. כאָטש איך האָב געוווּסט אַז נישט אַלע ייִדיש־רעדנדיקע טאַטעס קומען פֿון כינע האָב איך אָבער, פֿאַרשטייט זיך, נישט געוווּסט פֿאַר וואָס מײַן טאַטן איז געווען באַשערט צו האָבן אַזאַ זעלטענע אַוואַנטורע. נאָר מיט דער צײַט האָב איך פֿאַרשטאַנען אַז דאָס איז נישט געווען קיין „לוסטרײַזע“, נישט קיין אויסגעקליבענע אַוואַנטורע, נאָר אַז די שאַנכײַער תּקופֿה האָט עפּעס צו טאָן מיט די זיידע־באָבע וואָס איך האָב קיין מאָל נישט געהאַט צוליב עפּעס וואָס האָט געהייסן „די מלחמה“, און מיט דעם לאַנגן פּליטים־וועג פֿון פּוילן, און סוף־כּל־סוף קיין צפֿון־אַמעריקע, וואָס דער טאַטע האָט דורכגעמאַכט מיט נאָך אַ פּאָר טויזנט פּוילישע ייִדן.

ווי אַ סך קינדער פֿון געראַטעוועטע פֿון חורבן האָב איך ביסלעכווײַז צונויפֿגענומען די צעשפּליטערטע שטיקלעך פֿון דער געשיכטע און אויסגעפֿורעמט אַ גאַנץ בילד. פֿאַרכאַפּט פֿון די בילדער אין די געשניצטע הילצערנע כינעזישע קעסטלעך, האָב איך נאָך נישט געוווּסט אַז צווישן די

זעלטענע חפֿצים וואָס האָבן עדות געזאָגט אויף יענער עקסאָטישער תּקופֿה אין מײַן טאַטנס לעבן איז פֿאַראַן אַ גאַנצע סעריע בריוו געשריבן אין שאַנכײַ צו קרובֿים אין קאַנאַדע, און אַז די קרובֿים האָבן זיי אויפֿגעהיט. ערשט לעצטנס, אַרבעטנדיק אויף דעם נומער, האָב איך געהאַט די זכיה צו באַקומען די אָריגינעלע בריוו. די האַלבע בויגנס דין, דורכזעיִק זײַדפּאַפּיר מיטן טאַטנס איידעלן, דריבנעם כּתבֿ האָבן אַרײַנגעבראַכט אין שטוב דעם זכר פֿון ווײַטן מיזרח. אַז מע לייענט די בריוו האָב מען דאָס געפֿיל אַז דער טאַטע שרײַבט נישט סתּם צו קרובֿים נאָר צו אַן אַבסטראַקטער לייענערשאַפֿט וואָס וועט אַ מאָל וועלן וויסן ווי אַזוי אַ מיזרח־אייראָפּעיִשער פּליט האָט באַנומען דאָס לעבן אין דעם ווײַטן פֿרעמדן שאַנכײַ. די פּיקטיווקייט פֿון דעם עולם איז דווקא אַ מעלה, ווײַל ווען דער עולם וואָלט נישט געווען קיין פּיקטיווער וואָלט דער טאַטע מסתּמא זיך נישט אַזוי אָפֿן געטיילט מיט זײַנע אײַנדרוקן וועגן כינעזער און זײַנע געפֿילן לגבי די דײַטשע ייִדן, געפֿילן וואָס איך האָב געלייענט און געהערט אויך פֿון אַנדערע פּוילישע פּליטים. נאָר אַזוי ווי דער עולם, אַחוץ די עטלעכע קרובֿים, איז יאָ געווען אַ פּיקטיווער האָט ער געשריבן דעם נישט־צענזורירטן אמת, ווי ער האָט אים געזען; דערפֿאַר זײַנען די בריוו אַ זעלטן ערלעכע באַשרײַבונג פֿון דעם דעמאָלטיקן לעבן.

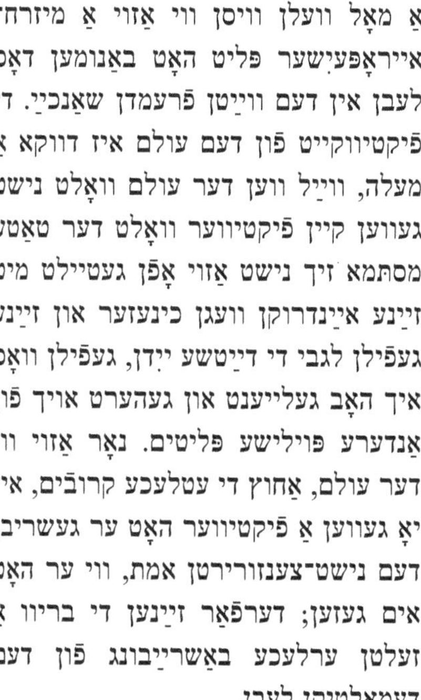

נישט־געקוקט אויף דעם וואָס דער טאַטע האָט, ווי אַלע שאַנכײַער פּליטים, געוואָלט פֿון דאָרטן אַרויס וואָס גיכער, האָט ער אויך קיין מאָל נישט באַשריבן די תּקופֿה פֿון זײַן לעבן ווי אַ שווערע. איך געדענק ווי ער פֿלעגט לאַכן ווען ער האָט געלייענט אין לעקסיקאָן אַז דער אָדער יענער שרײַבער איז „אינטערנירט געוואָרן אין שאַנכײַער געטאָ“, און זאָגן „אויף אַלע ייִדן געזאָגט געוואָרן אַזאַ אינטערנירונג“. איצט פֿאַרשטיי איך אַז זײַן באַציִונג צו יענע יאָרן איז געווען פֿילטרירט דורך דער פּריזמע פֿון עמעצן וואָס ווייסט אַז ווען ניט שאַנכײַ וואָלט זײַן גורל געווען מײַדאַנעק אָדער אַ מאַסנגרוב ערגעץ ווו.

שבֿע אין דער כינעזישער פּיזשאַמע וואָס דער טאַטע האָט געבראַכט פֿון שאַנכײַ

די בריוו דערציילן אָבער אַן אַנדער אמת. אַן אמת פֿון עלנטקייט, פֿון כּמעט פֿאַרלאָרענע האָפֿענונגען. אָט לייענען מיר אין דעם אויסצוג פֿון אַ בריוו געשריבן דעם 27סטן יוני 1947, „וואָס מער איך טראַכט, אַלץ מער נעמט מיך אַרום אַ שרעק. איך האָב דאָס געפֿיל, ווי איך וואָלט זיך געפֿונען אויף אַן אינדזל, וואָס איז פֿון אַלעמען פֿאַרגעסן געוואָרן און וועל שוין דאָ דאַרפֿן בלײַבן“.

צום גליק איז ער דאָרטן נישט פֿאַרבליבן און אין דעם נומער האָבן מיר דעם גבֿית־עדות פֿון אים און אַ צאָל אַנדערע וואָס האָבן איבערגעלעבט.

די לידער אין די באַמבורעמען זײַנען פֿון מרדכי ראָטענבערג. ראָטענבערג, אַ פּליט אין יאַפּאַן און שאַנכײַ, איז געווען אַ תּלמיד פֿון דער מירער ישיבֿה. די לידער געפֿינען זיך אין דעם אָפּטייל „יאַפּאַנישע מאָטיוון“ פֿון זײַן ביכל שבת און וואָך (לידער), נ״י, 1951.

כ׳האָב געזען

נעכטן, מאַמע,
בין איך בײַם ים געווען.
כ׳האָב געזען
ווי ס׳הייבט דעם קאָפּ אַ זעגל,
רעדט דעם ווינט אַנטקעגן
און גייט און גייט
אָ, וואָלט איך איצט
אַ זעגל געווען
אויפֿן שפּיץ פֿון אַ שיף –
וואָלט איך געשלאָפֿן.
דאָס האַרץ אָפֿן –
זאָלן דאָרט ווי ווײַסע טויבן
אָנלויפֿן די שטערן.
און כ׳וואָלט הערן
ווי ס׳רעדט אַ כוואַליע – אַ
דערשראָקן קינד
צו אַ חבֿרטע אַ צווייטער:
אָט גייט ער, אָט גייט ער
דער וואָס רעדט דעם ווינט
אַנטקעגן.
נאָר ניט קיין זעגל
בין איך, מאַמע!
און אײַנגעבויגן
מיט אַראָפּגעלאָזטע אויגן
שטיי איך פֿאַר דעם געטאָס שומר
און אין זיי אַ בעטלערישער פֿרעג:
דאָ ניט ווײַט,
אויף יענער זײַט,
נאָך אַ ביסל וואַסער? כ׳מעג?

פֿון דעם רעדאַקטאָר

אַ מעשׂה מיט אַ ביכל

ערשט נישט לאַנג צוריק, פֿאַר ראָש־השנה, בין איך געווען אין דער היגער ייִדישער טאָגשול כּדי אָפּצונעמען געפֿילטע פֿיש אויף יום־טובֿ בײַ אונדזער היגער חבד־רביצין. בעתן דערלאַנגען מיר דעם פֿיש האָט זי געזאָגט „כ'האָב עפּעס פֿאַר דיר, אַ ייִדיש בוך, ס'איז געווען אין דער שול־ביבליאָטעק, נאָר מע האָט געזאָגט אַז זיי דאַרפֿן עס מער נישט האָבן. אַזוי ווי איך בין די איינציקע וואָס קען דאָ ייִדיש האָט מען עס מיר אַוועקגעגעבן. מיר דאַכט זיך אַז עס האָט עפּעס אַ שײַכות מיט דיר“. אַזוי ווי איך בין דער „אוטשאָני ייִדישיסט“ בײַ אונדז אין שטאָט האָב איך זיך משער געווען אַז עס האָט אַ שײַכות מיט מיר פּשוט דערפֿאַר ווײַל ס'איז אויף ייִדיש. נאָר ניין, זי דערלאַנגט מיר דאָס ביכל, אַ ביכל וואָס איך דערקען גאַנץ גוט, אַ צווייִ־שפּראַכיקע אויסגאַבע פֿון שלום־עליכמס מאָטל פּייסע דעם חזנס. איך גיב אַ קוק אַרײַן אינעווייניק און איך זע אַז עס שטייט אַן אויפֿשריפֿט פֿון מיר צו די קינדער פֿון פֿערטן און פֿיפֿטן קלאַס. מיט עטלעכע יאָר צוריק, ווען מײַן ייִנגערע טאָכטער מירעלע האָט זיך געלערנט אין דער שול האָט מען מיך פֿאַרבעטן צו האַלטן אַ ציקל לעקציעס וועגן ייִדיש פֿאַר די קלאַסן און איך האָב זיי דעמאָלט פֿאַרגעלייענט פֿון מאָטל פּייסע. די קינדער האָבן אַזוי שטאַרק הנאה געהאָט אַז צום סוף האָב איך געקויפֿט דאָס ביכל — אַ מתּנה דער שול־ביבליאָטעק. ס'איז מיר דווקא, געדענק איך, געגאַנגען אין לעבן צו געפֿינען אַ צווייִשפּראַכיקע אויסגאַבע — זאָל מען כאָטש וויסן ווי ייִדיש זעט אויס, אַז עס שרײַבט זיך מיט די זעלבע אותיות ווי עבֿרית מיט וועלכע די קינדער זײַנען געווען גוט באַקאַנט.

הילע פֿון דער צווייִשפּראַכיקער אויסגאַבע פֿון מאָטל פּייסע דעם חזנס, אַרויסגעגעבן פֿון דער *Sholem Aleichem Network, Inc.*, וואָס די מחברטע האָט געשאָנקען דער ביבליאָטעק

איך האָב אַ קוק געטאָן אינעווייניק און געוואָרן זייער אויפֿגעבראַכט. „וואָס הייסט, זיי האָבן עס נישט געדאַרפֿט אין ביבליאָטעק? ווער האָט דיר דאָס געגעבן?“ זי האָט מיר געענטפֿערט אַז „ס“, איינע פֿון די עבֿרית־לערערינס. דאָס איז שוין געווען נאָך ערגער. וואָס הייסט אַז אַ לערערין פֿון ייִדישע לימודים אין דער שול, מסתּמא אַפֿילו אַ סאַבראַ וואָס דער נאָמען שלום־עליכם איז איר זיכער נישט פֿרעמד געווען, האָט געהאַלטן אַז ס'איז רעכט אַרויסצוּוואַרפֿן פֿון דער שול־ביבליאָטעק אַ ביכל וואָס איז נישט מער און נישט ווייניקער ווי דאָס גרעסטע ווערק פֿון דער ייִדישער (ייִדיש, ענגליש, העברעיִש, וואָס איר ווילט נאָר) קינדער־ליטעראַטור. אמת, די תּלמידים קענען נישט לייענען דאָס ייִדישע אָבער אַן איבערזעצונג אויף ענגליש איז דאָך דאָרטן דאָ. די ייִדישע אותיות שטערן זיי דען?

די מעשׂה האָט זיך אויסגעלאָזט צום גוטן. איך בין אַרײַן אין שול זיך צו באַקלאָגן. צום גליק האָב איך דאָרט געטראָפֿן די הויפּט־דירעקטאָרשע, אַ נישט־ייִדישע, און זי האָט מיר גלײַך צוגעזאָגט אַז דאָס ביכל וועט זיך באַלד ווידער געפֿינען אויף די פּאָליצעס. די קאָאָרדינאַטאָרין פֿון ייִדישע לימודים האָט זיך פֿאַרבונדן מיט מיר, זיך אַנטשולדיקט, געזאָגט אַז נישט „ס“ האָט עס אַראָפּגענומען פֿון די פּאָליצעס נאָר עמעצער וואָס ווייסט גאָרנישט וועגן די ביכער (דאָס נעם איך נישט אָן, עמעצער וואָס ווייסט גאָרנישט וואָלט זיך נישט אונטער־גענומען אַרויסצוּוואַרפֿן ייִדישע ביכער פֿון דער ביבליאָטעק פֿון אַ ייִדישער שול, נאָר דאָס איז שוין אַן אַנדער מעשׂה) און מיך פֿאַרבעטן צו קומען אין שול און פֿאָרלייענען פֿאַר די

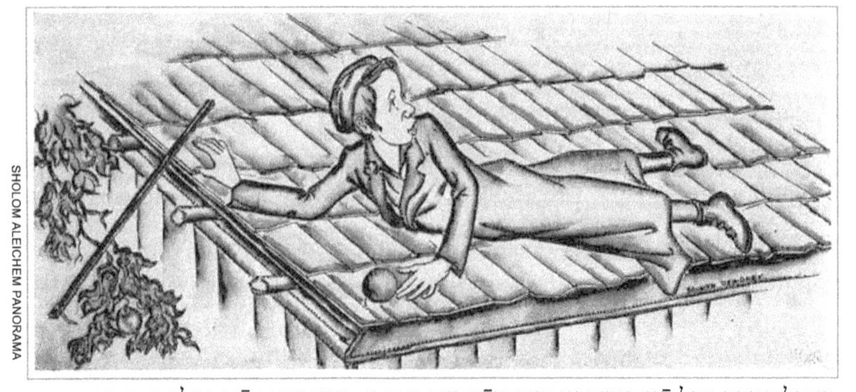

מאָטל רײַסט עפּל פֿון מנשהכע דער רופֿאטעס גאָרטן, צייכענונג פֿון סעלווין דודני

קינדער פֿון מאָטל פּייסע און זיי דערבײַ אַ ביסל לערנען וועגן שלום־עליכמען. פֿאַרשטייט זיך אַז איך האָב זיך נישט אָפּגעזאָגט.

מאָטל, פֿון דעם ציקל „דאָס שטעטל כּתרילעווקע”, געמעל פֿון זינאָוויע טאָלקאַטשאָוו

כאָטש דער סוף איז געווען אַ גוטער (מײַן חבֿרטע די רביצין האָט עס אויסגעטײַטשט ווי השגחה־פּרטית, וואָס איך בין גראָד געווען אין שול יענעם טאָג און זי האָט גראָד געהאַט דאָס ביכל אין אויטאָ) איז דער מוסר־השׂכּל נישט קיין פֿריילעכער. ס׳איז דערגאַנגען אַזוי ווײַט אַז לערערס אין ייִדישע שולן ווייסן נישט ווער עס איז שלום־עליכם אָדער קענען אים נישט גענוג גוט אים אָפּצושאַצן. שלום־עליכם, וואָס איז געווען אַ מאָל אַזוי באַליבט בײַם פֿאָלק אַז מע שאַצט אַז עטלעכע הונדערט טויזנט מענטשן זײַנען בײַגעווען אויף זײַן לוויה, און וועמענס סאַמע באַוווּסטע ווערק טבֿיה דער מילכיקער, מנחם־מענדל, מאָטל פּייסע דעם חזנס, פֿון כּתרילעווקע, מאָנאָלאָגן און אײַזנבאַן־געשיכטעס זײַנען נאָר עטלעכע פֿון די העכער פֿערציק ביכער וואָס ער האָט אָנגעשריבן.

מיר דאַרפֿן קוקן דעם אמת אין פּנים אַרײַן: מיר זײַנען דאָ אין אַמעריקע דערגאַנגען צו אַזאַ מצבֿ אַז ווען נישט דער מיוזיקל פֿידלער אויפֿן דאַך וואָל־טן ס׳רובֿ ייִדן קיין מאָל נישט געהאַט געהערט פֿון שלום־עליכמען. מיר קענען זיך נישט אַרײַנלאָזן אין די קאָמפּליצירטע סיבות פֿאַר וואָס, נאָר מיר קענען יאָ עפּעס טאָן וועגן דעם. זאָל יעדער וועמען שלום־עליכם איז אים/איר ליב און טײַער זען צו פֿאַרשפּרייטן זײַן נאָמען צווישן דעם ייִנגערן דור. לייענט אײַערע קינדער און אייניקלעך פּאָר פֿון זײַנע דערציילונגען. אויב איר האָט אַ געלעגנהייט, גייט אַרײַן אין די שולן ווו זיי לערנען זיך און לייענט זיי פּאָר פֿון מאָטל פּייסע דעם חזנס אָדער אַנדערע פֿון זײַנע קינדער־מעשׂיות. פֿרעגט בײַ אײַערע מיט־צײַטלערס ווער פֿון זיי עס האָט גע־לייענט טבֿיה, וועט איר זען אַז אַפֿילו אין איבערזעצונג איז די צאָל אַ נעבעכ־דיקע. ס׳איז אונדזער חובֿ דאָס איבער־צוגעבן ווײַטערדיקע דורות. מיר טאָרן דאָס נישט לאָזן אויף הפֿקר.

ס׳איז דערגאַנגען אַזוי ווײַט אַז לערערס אין ייִדישע שולן ווייסן ניט ווער עס איז שלום־עליכם אָדער קענען אים ניט גענוג גוט אים אָפּצושאַצן.

שלום־עליכמס לוויה: אויפֿן וועג צו הכנסת אורחים (הײַאַס) אויפֿן איסט־סײַד. פֿון זכּרון־אַלבום צום שלושים נאָך דער פּטירה פֿון שלום־עליכם פֿון ב. ליפּשיץ

פֿון דעם רעדאַקטאָר

מענטשן זײַנען ווי ציין:
יאָני פֿײַן און ביילע שעכטער־גאָטעסמאַן ז״ל

אין איר בוך *We Are Here: Memories of the Lithuanian Holocaust* (מיר זײַנען דאָ: זכרונות פֿון דעם ליטווישן חורבן) דערציילט עלען קאַסעדי וועגן איר שמועס מיט איינעם וואָס האָט געשפּילט אַ וויכטיקע ראָלע אינעם קולטורעלן לעבן פֿון דער נאָכמלחמהדיקער ווילנע. רעדנדיק וועגן דעם וואָס ער האָט אַ מאָל געשאַפֿן און וועגן די מעגלעכקייטן פֿון ווײַטער בויען הײַנט האָט ער אַ זאָג געטאָן, „יעדער מענטש האָט אַ גרויסן ווערט. ווען ער גייט אַוועק אָדער שטאַרבט איז עס ווי ציין: זיי וואַקסן נישט ווידער צוריק אויפֿן זעלבן אָרט“.

אין די לעצטע עטלעכע חדשים זײַנען מיר די ווערטער נישט איין מאָל געקומען אויפֿן זינען בשעת מיר אין דער ייִדיש־וועלט האָבן צוגעזען ווי עס גייען אַוועק אין דער אייביקייט אַ צאָל וויכטיקע שרײַבערס און קולטורמענטשן. יעדער איינער פֿון זיי – און עס רעדט זיך דאָ בפֿרט וועגן די מחברים אַלכּסנדר שפּיגלבלאַט, יאָני פֿײַן און ביילע שעכטער־גאָטעסמאַן, דער מוזיק־פֿאָרשערין חנה מלאָטעק, און דער געטרײַער קולטור־טוערין טשאַרנע שעכטער – איז אַ פּראָדוקט פֿון געוויסע פֿאַקטאָרן אין ייִדישן לעבן און שטעלט מיט זיך פֿאָר אַ שטיקל געשיכטע. עס קען זײַן, לאָמיר האָפֿן, אַז נישט ווײַט פֿון די „ציין“, וועלן צוריקוואַקסן אַנדערע, אָבער אַזעלכע ווי די ערשטע זײַנען געווען וועלן שוין קיין מאָל נישט זײַן. כאָטש סײַ אונדזער פֿריִערדיקער נומער סײַ דער איצטיקער מערקן גוט אָפּ די אַבֿדות וויל איך זיך טאַקע אָפּשטעלן אויף צוויי פֿון די וואָס זײַנען אַוועק מיט וועמען איך אַליין, ווי אויך די ייִדיש־ליגע, האָבן געהאַט אַ נעענטער שײַכות: יאָני פֿײַן און ביילע שעכטער־גאָטעסמאַן.

יאָני פֿײַן קוקט אָן זײַנס אַ בילד.

מיט דעם שרײַבער און מאָלער יאָני פֿײַן (קאַמעניץ־פּאָדאָלסק 1914 - ניו־יאָרק 2013) האָב איך זיך נאָך באַקענט ווי אַ צענערלינג ווײַל ער איז געווען מײַן טאַטנס אַ יונגט־חבֿר און האָט מיטגעמאַכט מיט אים דעם שווערן וואַנדערוועג פֿון פּוילן קיין יאַפּאַן און דערנאָך קיין כינע בעת דער צווייטער וועלט־מלחמה. ער איז געווען אַ מענטש מיט אַ גאונישן קאָפּ, מיט טאַלאַנט אין אַזוי פֿיל ספֿערעס, דערצו מיט הומאָר, מיט כאַריזמע. ער איז געווען אַ מענטש וועמענס לעבן האָט פֿאַרקערפּערט אַ גאַנצן יאָרהונדערט. ער האָט געלעבט אין צײַטן פֿון שרעק און פֿון ווונדער, און אין זײַנע ווערק – געשאַפֿן סײַ מיט דער פּען סײַ מיטן פּענדזל – האָט

ער אויסגעדרוקט סײַ דעם שוידער סײַ דעם אָפּטימיזם פֿון זײַן דור און פֿון זײַן יאָרהונדערט. ווי ער שרײַבט אין דעם ליד „מײַן דור“:

מײַן דור
האָט געירשנט אַ לעגענדע
און מיר האָבן מיט דער לעגענדע
גענומען לעבן
ווערטער האָבן פֿאַרכּישופֿט פֿאַקטן –
און מיר זײַנען זיכער געווען
אַז דער אמת האָט אַ גוט האַרץ
און אַז משיח טראָגט די רויטע פֿאָן,
אין פֿאַרליבטע הענט.
(דער פֿינפֿטער זמן, ז' 64)

ער האָט, ווי ער אַליין זאָגט עס, געלעבט מיט דער געשיכטע, מיט די גרויסע האָפֿענונגען און אַנטוישונגען פֿון דער געשיכטע און האָט אין זײַנע ווערק באַשריבן און אויסגעמאָלט די געשיכטע. קאָמעניץ, ווו ער איז

אַ גרופּע בונדישע פּליטים אויף אַן עקסקורסיע אין נאַראַ, יאַפּאַן, 1942. פֿון לינקס, שטייענדיק: מאיר צוקער, יאַני פֿײַן, רייזעלע טשערוואָנע-גוראַ, יצחק פֿינקלשטיין, יעזשיק גאָלדהאַמער; זיצנדיק: צלאָווע קרישטאַל, סראָליק ווינאַגראַד

ייִנגלווײַז אַרומגעלאָפֿן אין די גאַסן אין צײַט פֿון בירגערקריג; ווילנע מיט אירע קינסטלערס, פּאָעטן, דעמאָנסטראַציעס און בונדיסטן; שאַנכײַ און דער שווערער, אָבער זאַלבנדיקער, פּליטים־וועג; מעקסיקע, ווו ער האָט זיך געלערנט די קונסט פֿון מאָלן וואַנטגעמעלן בײַ די מעקסיקאַנישע מײַסטערס ווײַל אַ קליינע קאַנווע איז אים נישט געווען גענוג גרויס אויפֿצוכאַפּן דעם שווונג פֿון דער געשיכטע, און ווו ער איז געווען אַ לערער אין די אָרטיקע ייִדישע שולן און ווו די סטודענטן געדענקען אים נאָך; און, צום סוף, די „ניו־יאָרקער אַדרעסן“ (וואָס האָבן געפֿונען זייער קול אין דעם ביכל מיטן זעלבן נאָמען) ווו ער האָט אַזוי פֿיל צוגעטראָגן צום ייִדישן לעבן – דאָס זײַנען אַלע אַ טייל פֿון דער קאַנווע אויף וועלכער ער האָט געמאָלן און אויסגעמאָלן זײַנע בילדער, לידער און פּראָזע. צום גליק האָט די ייִדיש־ליגע באַוויזן צו פֿאַראייביקן כאָטש אַ טייל פֿון דעם פֿאַרכאַפּנדיקן לעבן און מענטשן אין אַ פֿילם „יאַני פֿײַן: מיט פּען און פּענדזל“ וואָס וועט אין גיכן אַרויס.

דערצו איז יאַני פֿײַן געווען אַ מענטש מיט גרויס ליבשאַפֿט צו ייִדיש, אַ ליבשאַפֿט וואָס האָט געצויגן איר יניקה פֿון זײַנע יאָרן אין בונד אין פּוילן, אָבער וואָס איז געוואָרן טיף פּערזענלעך. „ווײַל ליב איז מיר ביזקל אויסגיין“ שרײַבט ער אין דעם ליד „ייִדיש־שטחים“:

דאָס וואַנדערוווען
דורך שטחים פֿון ייִדיש [...]

אָן ייִדיש וואָלט דאָס ברויט
ניט געזעטיקט מײַן הונגער
און די וווּנדערס פֿון דער וועלט
וואָלטן ניט געהאַט גענוג ווערטער
באַוווּנדערט צו ווערן.
(דער פֿינפֿטער זמן, ז' 164)

ביילע שעכטער־גאָטעסמאַן (ווין 1920 - ניו־יאָרק 2013) האָט אויך אויף ייִדיש באַוווּנדערט די וווּנדערס פֿון דער וועלט. ווי בײַ פֿײַנען איז די איבערגעגעבנקייט דער ייִדישער שפּראַך געווען סײַ אַ פּערזענלעכער אויסדרוק סײַ אַן אידעאָלאָגיע.

ביילע שעכטער־גאָטעסמאַן

ווי באַקאַנט איז ביילע געווען אַ לײַדנשאַפֿטלעכע טעריטאָריאַליסטקע און האָט געהאָפֿט, אַז זי מיט איר משפּחה, ווי אויך די ייִדישע שפּראַך, וועלן געפֿינען אַ היים אין אַן אויטאָנאָמער ייִדיש־רעדנדיקער טעריטאָריע אין סורינאַם אונטער דער פֿירערשאַפֿט פֿון דעם בעל־חזיון ד"ר יצחק־נחמן שטיינבערג. כאָטש אַזאַ געגנט איז צום סוף נישט מקוים געוואָרן האָט ביילע אָפּגעגעבן איר לעבן די אידעאַלן פֿון בויען אַ קהילה אַרום ייִדיש. זי איז כּמעט פֿון סאַמע בראשית געווען אַקטיוו אַרום אויפֿן שוועל און זײַנע אַרויסגעבערס, קודם די פֿרײַלאַנד־ליגע און דערנאָך די ייִדיש־ליגע. איר היים, אפֿשר אַ בימקום פֿאַר דער נישט־רעאַליזירטער ייִדיש־רעדנדיקער טעריטאָריע, איז געוואָרן אַן אַדרעס פֿאַר זינגערס, קולטור־טוערס, ייִדיש־ליבהאָבערס פֿון כּל־המינים און כּל־העלטערס און ייִדיש־רעדנדיקע דורכפֿאָרערס – פּאָעטן, סטודענטן, אַקאַדעמיקערס, פּאַסטעכער, געסט פֿון אַלע עקן וועלט. איר גאַסט־פֿרײַנדלעכקייט איז לעגענדאַריש. אַן

אָונט אָדער אַ נאָכמיטאָג ביַי ביילען איז געַ־ווען אַ קולטורעלע איבערלעבונג, אָבער איינציַיטיק אינטים און היימיש. ביילע האָט געהאַט אַ חן, אַ שפּילעוודיקייט און אַ הומאָר וואָס האָט אַלעמען פֿאַרכּישופֿט, אינספּירירט, צוגעצויגן און וואַרעם אַרומגענומען און צוגעטוליעט צו זיך.

ביילעס לעבן איז נישט געווען קיין גרינגס. דעם טאַטן אַוועקגעשיקט אָן אַ פֿאַרוואָס קיין סיביר, מלחמה, די־פּי־לאַגערן, צוויי קינדער וואָס זײַנען געשטאָרבן פֿאַר דער צײַט. אָבער דאָך, און אפֿשר דווקא דערפֿאַר, איז עס געווען אַ לעבן פֿול מיט געזאַנג, אַ געזאַנג וואָס האָט געלאַכט, געוויינט, אָבער תּמיד צוגעגעבן האָפֿענונג און קוראַזש אָנצוגיין ווײַטער, אַ געזאַנג וואָס האָט אָנגעזאָגט: „טוט וואָס איר ווילט, אָבער איך בין דאָ“. ווי זי האָט געשריבן אין דעם ליד „לידער גייען מיר נאָך“ אין איר לעצט ביכל אַ ווינקל גאַנצקייט:

לידער גייען מיר נאָך
ווי נאָכפֿליִענדיקע נשמות –
זינגען זיך אין מיר מיט מיר, נאָך מיר
האַלטן מיך פֿאַרקלעמט אין זייערע
  הענט.
הילכן אין און אַרום מיר ווי לעבעדיקע
געשטאַלטן
לאָזן זיך נישט פֿאַרגעסן,
נייטן מיך זיי האַלטן
לידער – נו, נישט שלעכט
ביסט נישט אַליין איז רעכט
טרעטסטו ווי אין חלום
אויף כוואַליעס פֿון קלאַנגען;
אַז לעבן איז באַשערט,
זאָל זײַן מיט געזאַנגען. (ז' 69)

און געזונגען האָט זי לידער וועגן לידער, לידער וועגן זוניקע וועגן, וועגן האַרבסטיקע טעג, וועגן צעשטערטע שטעטלעך און אומגעקומענע חבֿרטעס, וועגן יונגע יאָרן שוין נישטאָ, און וועגן קינדער שוין נישטאָ. נישטאָ קיין טעמע וואָס זי האָט דערפֿון נישט געקענט מאַכן ליד.

פֿאַרענדיקן וויל איך מיטן ליד „ווײַל איך בין אַ צווײַג“ וואָס רעדט צו מיר טיף פּערזענלעך. דאָרטן שרײַבט ביילע: „ווײַל איך בין אַליין, אַן אַליינינקער

אַ לעבן פֿול מיט געזאַנג,
אַ געזאַנג וואָס האָט געלאַכט,
געוויינט, אָבער תּמיד
צוגעגעבן האָפֿענונג און קוראַזש
אָנצוגיין ווײַטער

צווײַג, דער בוים האָט פֿאַרלאָרן זײַן וואָרצל און שווײַגט“. ווער פֿון אונדז וואָס פֿאַרנעמט זיך הײַנט מיט ייִדיש האָט נישט אַ מאָל אַזאַ געפֿיל, פֿון זײַן אַ צווײַג אַראָפּגעריסן פֿון בוים? זי לאָזט אונדז אָבער נישט מיט דער אַליינקייט, מיט דעם פּעסימיזם און דעם טרויער. ניין, ביילע שעכטער־גאָטעסמאַן לאָזט אונדז מיט האָפֿענונג און אַ וויזיע פֿון פֿייגל וואָס קומען אָן מחנותווײַז בשעת די בלעטער פֿונעם בוים צעגרינען זיך און עס ווערט אַ שׂימחה, אַ פֿרייד.

די מחברטע מיט ביילען אויף דער עפֿענונג פֿון דעם פֿילם ביילע שעכטער־גאָטעסמאַן: האַרבסטליד, אַרויסגעגעבן פֿון דער ייִדיש־ליגע, ניו־יאָרק, 2007

ביילעס חלום איז טאַקע, צום טייל, געוואָרן וואָר. זי האָט איבערגעגעבן אַ טײַערע ירושה און אינספּירירט אַ גאַנצן דור יונגע ייִדיש־זינגערס און ליבהאָבערס פֿון ייִדישן ליד. וועלן זיי קענען אויפֿטאָן דאָס וואָס זי האָט באַוויזן? וועט זײַן אַן אַנדערער וואָס האָט אַזוי געלעבט מיט דער געשיכטע פֿון דעם צוואַנציקסטן יאָרהונדערט ווי יאָני פֿײַן? זיכער נישט, אָבער לאָמיר האָפֿן, אַז נישט ווײַט פֿון די ציין וועלן אויסוואַקסן אַנדערע. אַזעלעכע ווי די ערשטע וועלן שוין אָבער מער נישט זײַן...

ביילע שעכטער־גאָטעסמאַן
אַ ווינקל גאַנצקייט

פֿון דעם רעדאַקטאָר

אין די סוף 1960ער יאָרן, ווען איך האָב זיך נאָך געלערנט אין דער מיטלשול, איז די משפּחה געגאַנגען זען אַ פֿילם *Marry Me, Marry Me/Mazl-tov ou le mariage*. וועגן דעם פֿילם גופֿא געדענק איך זייער ווייניק, נאָר אַז ס'איז געווען עפּעס אַ לײַכטע פֿראַנצייזישע קאָמעדיע מיט אַ היפּש ביסל ייִדיש. געגאַנגען זײַנען מיר דווקא ווײַל מיר האָבן געהערט אַז אין דעם פֿילם וועט מען הערן ייִדיש, וואָס דאָס איז אין יענע טעג געווען אַ זעלטנקייט; מער ווי אַ זעלטנקייט, ווי איך האָב זיך איצט דערוווּסט בײַם צוגרייטן דעם נומער – אַן אוניקום. אין 1950 האָט די פּראָדוקציע פֿון ייִדישע פֿילמען אויף אַלע קאָנטינענטן זיך געהאַט אָפּגעשטעלט און סע וועט נאָך געדויערן מער ווי דרײַ יאָרצענדלינג ביז מע וועט הערן אַ ייִדיש וואָרט אין קאָמערציעלע פֿילמען פֿאַר אַ ברייטערן עולם. איך דערמאָן זיך אויך אַז די מענטשן אין פֿילם זײַנען געווען נישט קיין חסידים, נישט קיין פֿרומע־לײַט, נאָר מאָדערנע מענטשן וואָס האָבן געקענט אויסזען ווי טיפּישע אייראָפּעער אָדער צפֿון־אַמעריקאַנער, ווי איך. ייִדיש האָבן זיי גערעדט, ווי איך, צוליב זייער מיזרח־אייראָפּעיִשן אָפּשטאַם. דעמאָלט האָב איך נישט געהאַט קיין קאָנטעקסט אין וועלכן דאָס אַלץ אָפּצושאַצן אָבער איצט פֿאַרשטיי איך אַז דער פֿילם איז געווען אַ זעלטענער פֿאַל וואָס וועט נישט געפֿינען קיין אָפּקלאַנג ביז יאָרן שפּעטער; אפֿשר איז דאָס וואָס איז געקומען שפּעטער גאָר קיין אָפּקלאַנג נישט געווען, נאָר אין גאַנצן אַ נײַער פֿאַרזיכדיקער פֿענאָמען.

ווי איר וועט לייענען אין דעם נומער האָט מען אין די 1990ער יאָרן, נאָך כּמעט פֿיר יאָרצענדלינג שטיל, אָנגעהויבן זען פֿילמען מיט ייִדישן דיאַלאָג און טעקסט. די סיבות זײַנען פֿאַרשיידענע (זעט דעם אינטערוויו מיט עריק גאָלדמאַנען, ז' 6). טייל מאָל איז עס צוליב אויטענטישקייט. גאַנץ פּשוט: אַזוי וואָלטן יענע פּאַרשוינען גערעדט. אין אַנדערע פֿאַלן איז דער ציל געווען עפּעס אויפֿצוהיטן מיט אַ קוק אויפֿן עבֿר, ווי, למשל, חוה אַלבערשטיינס רירנדיקער פֿילם וועגן די ייִדישע פּאָעטן אין ישׂראל, צו פֿרי צו שטאַרבן, צו שפּעט צו זינגען (1995).

נישט צופֿעליק האָט די ייִדיש־ליגע אויך געהאַט אַ האַנט אין דער אונטערנעמונג פֿון אויפֿהיטן און פֿאַראייביקן דורך פֿילם. מיט כּמעט פֿופֿצן יאָר צוריק האָבן מיר אָנגעהויבן דעם פּראָיעקט אַ וועלט מיט וועלטעלעך: שמועסן מיט ייִדישע שרײַבערס צו פֿילמירן די צפֿון־אַמעריקאַנער ייִדישע שרײַבערס פֿון דעם עלטערן דור וואָס האָבן נאָך דעמאָלט געלעבט. אַן ענלעכן פּראָיעקט האָט דער שרײַבער באָריס סאַנדלער דורכגעפֿירט אין ישׂראל אין זײַן סעריע מאָנאָלאָגן פֿון ייִדישע שרײַבערס. דאַנקען גאָט וואָס מיר האָבן ביידע סעריעס (זעט זײַן אַרטיקל, ז' 33).

ווען מיר האָבן אָנגעהויבן האָבן מיר געהאַט אַ געפֿיל ממש פֿון דרינגענדיקייט, עס ברענט! איך דערמאָן זיך ווי איך האָב אָנגעקלונגען צו דעם שוין איבער 100־יאָריקן שרײַבער און פּעדאַגאָג איטשע גאָלדבערגן און אים פֿאַרבעטן צו זײַן דער ערשטער סוזשעט. זײַן ענטפֿער: „נאָך נישט, אפֿשר שפּעטער“. אין הינטערגרונט הער איך ווי זײַן סעקרעטאַרשע שושנה באַלאַבאַן־וואָלקאָוויטש מוסרט אים, „וואָס הייסט, נישט איצט, שפּעטער? אויף וואָס וואַרטסטו?!“

דאָס געפֿיל פֿון דרינגענדיקייט האָט טאַקע געפֿירט אונדזער אַרבעט. מע האָט נישט געטאָרט וואַרטן; ניט נאָר וועלן די מחברים מער ניט זײַן, נאָר זייער זאַפֿטיק לשון וועט אויך פֿאַרשווינדן.

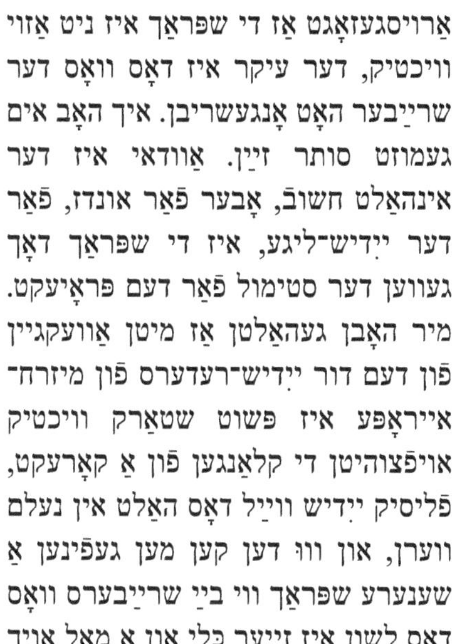

אויף אַ ווײַזונג פֿון איינעם פֿון די פֿילמען האָט דעם שרײַבערס אַ דערוואַקסן קינד זיך אַרויסגעזאָגט אַז די שפּראַך איז ניט אַזוי וויכטיק, דער עיקר איז דאָס וואָס דער שרײַבער האָט אָנגעשריבן. איך האָב אים געמוזט סותר זײַן. אַוודאי איז דער אינהאַלט חשובֿ, אָבער פֿאַר אונדז, פֿאַר דער ייִדיש־ליגע, איז די שפּראַך דאָך געווען דער סטימול פֿאַר דעם פּראָיעקט. מיר האָבן געהאַלטן אַז מיטן אַוועקגיין פֿון דעם דור ייִדיש־רעדערס פֿון מיזרח־אייראָפּע איז פּשוט שטאַרק וויכטיק אויפֿצוהיטן די קלאַנגען פֿון אַ קאָרעקט, פֿליסיק ייִדיש ווײַל דאָס האַלט אין נעלם ווערן, און ווּ דען קען מען געפֿינען אַ שענערע שפּראַך ווי בײַ שרײַבערס וואָס דאָס לשון איז זייער כּלי און אַ מאָל אויך זייער ציל?

ווען איך האָב אָנגעהויבן אַרבעטן אויפֿן פּראָיעקט מיט אונדזער וווּנדערלעכן רעזשיסאָר דזשאַש וואַלעצקי האָב איך געמיינט אַז די פֿילמען וועלן זײַן אַ געלעגנהייט אויסצוגעפֿינען פּרטים וועגן לידער אָדער דערציילונגען, וועגן געשעענישן אין דעם מחברס לעבן וואָס וועלן אפֿשר העלפֿן דערקלערן זײַנע ווערק – די אַלע עסאָטערישע פּיטשעווקעס וואָס אַ ליטעראַטור־קריטיקער וויל וויסן. דזשאַש האָט מיר אָבער געוויזן אַן אַנדער דרך. ער האָט געגעבן צו פֿאַרשטיין אַז דאָס וויכטיקסטע דאָ איז ניט אַזוי די פּרטים נאָר אַז דער צוקוקער זאָל האָבן דאָס געפֿיל פֿון פֿאַרברענגען מיטן מחבר, זײַן צו גאַסט בײַ אים אָדער איר, און זיך באַקענען מיט אים אָדער איר ווי אַ מענטש.

זיי האָבן אונדז אַלע טאַקע זייער פֿײַן מכניס־אורח געווען. מיר האָבן זוכה געווען אויפֿצוכאַפּן אויף פֿילם פֿיר שרײַבערס: איטשע גאָלדבערג, ביילע שעכטער־גאָטעסמאַן, חוה ראָזענפֿאַרב און יאָני פֿײַן. אַזוי אַרום האָבן מיר געהאַט די געלעגנהייט צו פֿאַרברענגען מיט פֿיר אוניקאַלע פּערזענלעכקייטן. קוקנדיק פֿון דרויסן קען מען אפֿשר זאָגן, אַז די וועלטן פֿון די פֿיר מחברים זײַנען בעצם זייער ענלעך: אַלע זײַנען זיי געבוירן געוואָרן אין מיזרח־אייראָפּע במשך צוויי יאָרצענדלינג און געשטאָרבן במשך די זעלבע זיבן יאָר; אַלע האָבן, ווער פֿריִער ווער שפּעטער, עמיגרירט קיין צפֿון־אַמעריקע; אַלע זײַנען געווען וועלטלעכע ייִדן און פּאָליטיש לינק געשטימט; אַלע האָבן געזען ייִדיש ווי אַ מיטל זיך אויסצודריקן ווי אַ וועלטלעכער ייִד. אָבער דאָך זײַנען זיי געוואַלדיק אַנדערש, ווער מער ליריש, ווער מער אַבסטראַקט אין זייער פּאָעזיע, ווער גענייגט צו שרײַבן אויף אַ ברייטער היסטאָרישער קאַנווע, ווער גענייגט צו סוררעאַליזם. יעדער שטעלט מיט זיך טאַקע פֿאָר אַ וועלטעלע בתּוך דער גרעסערער וועלט פֿון דער הײַנטצײַטיקער ייִדישער ליטעראַטור. עס קומען זיך דאָ צונויף שפּראַך, ליטעראַטור און געשיכטע.

דער איצטיקער נומער איז אויסן צו ברענגען אַ ברייט אַרומנעמיק בילד פֿון ייִדיש און פֿילמען. געוויסע אַרטיקלען ציִען צוריק אין דער געשיכטע אַרײַן און באַהאַנדלען מוסטערן פֿון די בראשית־יאָרן פֿון ייִדישע פֿילמען; אַנדערע באַהאַנדלען די פֿונקציע פֿון פֿילמען וואָס זײַנען אויסן, ווי אונדזערע פֿילמען, אויפֿצוהיטן און פֿאַראייביקן אַ וועלט וואָס האָט זיך אויסגעלעבט אויף ייִדיש; אַנדערע קוקן אויף דעם גאַנץ נײַעם פֿענאָמען פֿון חסידים אין ייִדישע פֿילמען; אַנדערע פֿאַרנעמען זיך מיט שרײַבערס און דער פֿונקציע פֿון לשון. אָבער אומעטום זעט מען ווי ייִדיש ווערט אין דעם קינאָ אַ נייטיקער מכשיר אויף אָפּצושפּיגלען דאָס אַמאָליקע, און אַ מאָל אויך דאָס הײַנטיקע, ייִדישע לעבן. כּן־ירבו. לייענט און האָט הנאה.

שבע צוקער

מע שרײַבט אונדז

שלום צו אײַך,

באַקומען אויפֿן שוועל, נומ' 383-382 – פֿול, אינטערעסאַנט, וואָס עלטערט זיך, נאָר ווערט ניט אַלט. בעסטע ווּנטשן אויף ווײַטער. איך לייג בײַ מײַנס אַ ליד [דאָ אונטן], וואָס געהערט אויך נאָכן חורבן אַזוי ווי איך.

זײַט געזונט, אַ דאַנק,
רבֿקה באַסמאַן בן־חיים
הרצליה, ישׂראל

רבֿקה באַסמאַן בן־חיים

וואָס טוט אַ מענטש מיט זײַנע נײַנציק יאָר?
ער הערט זיי אויף ציילן ווי אויף אַ פֿאָדעם קרעלן
און זיך אַליין דערציילן וואָס ניט צו גלייבן
די קרובֿישאַפֿט פֿון לעבן מיטן טויט –
טאָ וואָס דערציילט אַ מענטש מיט נײַנציק יאָר?
ווען יאָרן ווילן ניט ווי זאַמד פֿאַרמעקן טריט –
דעמאָלט ווערן ווערטער פֿונקען אין זכּרון
און אין האַרץ – אַ ליד.

מזל־טובֿ [צום] נײַעם נומער אויפֿן שוועל. זייער רײַך און פֿאַרשיידן־אַרטיק.

קאָליע באָראָדולין
סטאַטען־אײַלאַנד, נ"י

אויפֿן שוועל, נומ' 383-382

געזעגענונג־ווערטער

טײַערע לייענערס,

ווי אַ סך פֿון אײַך קערן שוין ווײסן איז דאָס דער לעצטער נומער אויפֿן שוועל וואָס איך רעדאַקטיר. ווען איך האָב אָנגענומען די אַרבעט מיט פֿופֿצן יאָר צוריק האָב איך אָנגעהויבן מײַנע אַרײַנפֿיר־ווערטער „פֿון דעם רעדאַקטאָר“ מיט אַ חסידישער מעשׂה. בקיצור, ווען דער בעל־שם־טובֿ האָט געהאַט פֿאַר זיך אַ שווערע עובֿדה פֿלעגט ער גיין צו אַ געוויסן אָרט אין וואַלד אויף התבודדות. דאָרטן פֿלעגט ער אָנצינדן אַ פֿײַער, זאָגן אַ געוויסע תּפֿילה, און האָט אויסגעפֿירט די אַרבעט. אין יעדן דור האָט אַן „אייניקל“, שוין אַליין אַ רבי, געפּרוּווט טאָן דאָס וואָס דער בעש״ט האָט געטאָן אָבער וואָס ווײַטער פֿונעם בעש״ט אַלץ ווייניקער האָט מען געוווּסט ווי אַזוי אויסצופֿירן. דורות שפּעטער, ווען ר׳ ישׂראל ריזשינער האָט געפּרוּווט אויספֿירן די זעלבע עובֿדה האָט ער אײַנגעזען אַז כאָטש ער איז מסוגל צו זייער ווייניק קען ער נאָך אַלץ דערציילן די געשיכטע און דאָס וועט מוזן סטײַען. און עס האָט טאַקע געסטײַעט.

אונדזער דור איז טאַקע אַזוי פֿיל שוואַכער ווי די פֿריִערדיקע דורות וואָס שייך ייִדיש. מיר קענען נישט אָנצינדן דאָס פֿײַער, ס׳רובֿ פֿון אונדז קענען מער נישט די תּפֿילה, ד״ה, דאָס ייִדישע לשון, און דאָס אָרט – מיזרח־אייראָפּע מיט איר רײַכער ייִדישער קולטור – עקסיסטירט שוין אויך נישט ווי אַ מאָל. די פֿון אונדז וועמען ייִדיש איז ליב און טײַער קענען, ווי דער ריזשינער, נאָך אַלץ נאָר דערציילן די מעשׂה ווי אַזוי עס איז געווען און דאָס וועט מוזן סטײַען. סע גייט נישט אָבער אין סתּם דערציילן די מעשׂה לשם מעשׂה ווײַל בײַם דערציילן וועלן מיר זיך אײַנלעבן אין דער מעשׂה און אויף דער מעשׂה שאַפֿן אייגענע מעשׂיות און אפֿשר אָנצינדן אַנדערע נײַע פֿײַערן...

וואָס זײַנען די מעשׂיות וואָס מיר האָבן געוואָלט אויסקלערן? און וואָס האָבן מיר צום סוף טאַקע געשאַפֿן? וואָסערע פֿײַערן האָבן מיר אָנגעצונדן? מיט די פֿראַגעס אין זינען, און אַ דאַנק אַ פֿירלייג פֿון מײַן לערער און

דער ערשטער נומער רעדאַקטירט פֿון
שבֿע צוקער, 2005

קאָלעגע, דוד־הירש ראָסקעס, האָב איך אויסגעקליבן ווי אַ טעמע פֿאַר דעם נומער „ייִדישע חלומות“. נאָך פֿופֿצן יאָר איז טאַקע פּאַסיק אַז מיר זאָלן זיך אָפּגעבן אַ דין־וחשבון און זען וואָס עס זײַנען דעמאָלט געווען אונדזערע האָפֿענונגען און חלומות לגבי דעם זשורנאַל, וואָס האָבן מיר דערגרייכט, און וווּהין מע גייט פֿון דאַנען.

גלײַך פֿון אָנהייב האָב איך געוואָלט אַז אויפֿן שוועל זאָל קענען קאָנקורירן סײַ אין איכות סײַ אין אויסזען מיט די בעסטע אַנגלאָ־ייִדישע און אַפֿילו נישט־ייִדישע זשורנאַלן. ס׳איז מיר געגאַנגען אין לעבן אַז דער עולם זאָל נישט אַבאָנירן דעם זשורנאַל אויס עפּעס אַ שולדגעפֿיל אַז מע דאַרף דאָס אַבאָנירן (און אפֿשר, הלוואַי, אויך אַ מאָל לייענען) פּשוט ווײַל ס׳איז אַ מיצווה אויפֿצוהאַלטן אַ זשורנאַל אויף מאַמע־לשון.

ס׳איז אויך געווען מײַן חלום אַרויסצוגעבן אַ זשורנאַל וואָס זאָל האָבן אַן אינטערעסאַנטן, טיפּזיניקן און טיף ייִדישן אינהאַלט אָבער וואָס זאָל אויך זײַן שיין. די שיינקייט איז נישט געווען קיין צופֿעליקער אָדער זײַטיקער ענין, נאָר דווקא הידור מיצווה (די באַפּוצונג פֿון דער מיצווה), וואָס איז אַליין פֿאַר זיך אַ שטיקל מיצווה. דער אויסזען און אינהאַלט דאַרפֿן זײַן געקניפּט און געבונדן, די אויסערלעכע שיינקייט דאַרף זײַן אַן אָפּשפּיגלונג פֿון דעם אינערלעכן תּוכן. ייִדיש (און אונדזער לייענערשאַפֿט) האָט דאָס כּשר פֿאַרדינט. אויב מיר האָבן מצליח געווען אין דעם פּרט האָבן מיר צו פֿאַרדאַנקען אונדזער וווּנדערלעכן קינסטלערישן רעדאַקטאָר יאַנקל סאַלאַנט.

אויב מיר האָבן מצליח געווען צו ברענגען דעם לייענער אַ ריינעם ייִדיש, אַ שפּראַך וואָס איז אי טיף אײַנגעוואָרצלט אינעם פֿאָלק־לשון, אי מסוגל אויסצומאָלן דאָס לעבן פֿון דעם 21סטן יאָרהונדערט מיט אַ הײַנטצײַטיקן וואָקאַבולאַר, איז עס צום גרויסן טייל צוליב אונדזער סטיל־רעדאַקטאָר, גיטל שעכטער־ווישוואַנאַט. פֿון טיפֿן האַרצן, אַ גרויסן דאַנק אײַך ביידן. ס׳איז מיר געווען אַ כּבֿוד מיטצואַרבעטן מיט אײַך.

עס פֿרייט מיך וואָס איר וועט ווײַטער פֿירן די אַרבעט פֿון אַרויסגעבן דעם זשורנאַל.

אין אַ צײַט ווען גרויסע צײַטונגען און זשורנאַלן אויף אַ סך לשונות גייען אַריבער אין עלעקטראָנישן פֿאָרמאַט אָדער גייען פּשוט אונטער האַלט איך אַז ס'איז אַפֿילו נאָך וויכטיקער ווי פֿריִער אַז אויפֿן שוועל זאָל בלײַבן אַ געדרוקטער זשורנאַל. קען זײַן אַז אָנלײַן האָט זיך זײַנע מעלות אָבער מע האָט נישט די פֿיזישע הנאה פֿון האַלטן שיינע גלאַנציקע בויגנס אין די הענט. מע קען דאָס געלייענטע נישט דורכבלעטערן, נישט אָפּשאַצן די גאַנצקייט, דאָס שלמות פֿון דעם ווערק. יעדעס מאָל וואָס עמעצער האָט מיר געזאָגט אַז ס'איז אַ מחיה צו האַלטן דעם זשורנאַל אין די הענט האָב איך געפֿילט ממש אַ נחת־רוח, אַ גײַסטיקן פֿאַרגעניגן: איך האָב געפֿילט אַז מיר האָבן זוכה געווען צו אַ דערגרייכן אַ פֿיזישן, גײַסטיקן און אינטעלעקטועלן האַרמאָנישן יש. כאָטש איך ווייס אַז נאָר אַנדערע נאָך מיר וועלן דאָס קענען באַשליסן, חלום איך ווײַטער אַז דער אויפֿן שוועל זאָל שטענדיק אַרויסגיין אין אַ געדרוקטן פֿאָרמאַט.

ס'איז אויך געווען מײַן חלום אַרויסצוגעבן אַ זשורנאַל וואָס זאָל זײַן טיף ייִדישלעך, ד"ה, אַ זשורנאַל וואָס מע וואָלט נישט געקענט געפֿינען אויף קיין שום אַנדער שפּראַך; איך האָב געהאַלטן, און האַלט נאָך אַלץ, אַז די אינטערעסן און זאָרגן פֿון דעם ייִדיש־לייענער זײַנען אַנדערש פֿון די פֿון אַנדערע לייענערס. אין דעם נומער וואָס האָט אָפּגעמערקט דעם 70סטן יובֿל פֿון אויפֿן שוועל (נ' 352-353/זומער 2011) האָב איך געשריבן, „הגם אַ ייִדיש־זשורנאַל דאַרף זײַן פּונקט אַזוי אינטערעסאַנט ווי דאָס וואָס לייענערס וואָלטן געלייענט אויף ענגליש אָדער אויף אַן אַנדער שפּראַך, דאָך מוז ער אויך זײַן עפּעס וואָס זיי וואָלטן מסתּמא נישט געפֿונען אויף יענער שפּראַך ווי אַ גאַנצקייט. ער מוז אים דערנעענטערן צו דעם וואָס דער פּאָעט יעקבֿ גלאַטשטיין האָט אָנגערופֿן 'די פֿרייד פֿון ייִדישן וואָרט'. ער מוז אים אַרײַנפֿירן אין דער טיף קאָמפּליצירטער וועלט פֿון דעם וואָס אונדזער געוועזענער מנהיג ד"ר יצחק־נחמן שטיינבערג (צווישן די יאָרן 1943-1957) וואָלט בשעתו גערופֿן 'מענטש און ייִד', וואָס דריקט זיך אויס אויף אַ ייִדישער שפּראַך און קען זיך נאָר אויס־דריקן אויף ייִדיש".

יאָ, בײַ מיר זײַנען ייִדיש און ייִדישקייט ענג פֿאַרבונדן. כאָטש איך ווייס אַז עס זײַנען דאָ ייִדיש־סטודענטן און ־רעדערס וואָס וואָלטן גיכער געוואָלט זען אין אַ ייִדיש־פּובליקאַציע אַ מער „נאָרמאַלן" תּוכן, ד"ה, אַרטיקלען וואָס האָבן צו טאָן נישט נאָר מיט ייִדן אָדער ייִדישקייט, נאָר אַרטיקלען וועגן פּאָליטיק, וויסנשאַפֿט, מאַטעמאַטיק, ספּאָרט, און וואָס עס זאָל נישט זײַן, דווקא אויף ייִדיש. איך האָב פֿאַר דער שיטה דרך־ארץ און באַגריס דאָס אַפֿילו ווי אַ סימן אַז ייִדיש ווערט טאַקע בײַ אַ נײַעם עולם נאָרמאַליזירט, ד"ה, אַז ייִדיש איז בײַ זיי נישט נאָר אַ שפּראַך וואָס איז פֿאַרבונדן מיטן אויסלעבן זיך ווי אַ ייִד נאָר אויך אַ שפּראַך אויף וועלכער מע קען זיך אין גאַנצן אויסלעבן. אין אַ צײַט ווען די רייען געבוירענע ייִדיש־רעדערס ווערן פֿון טאָג צו טאָג אײַנגעשרומפּן איז דאָס אַן אומגעריכטער סימן פֿון דעם אויפֿלעב־כּוח פֿון ייִדיש. ווער וואָלט זיך דען געריכט אַז אין יאָר 2020 וועלן יונגע מענטשן נישט וועלן לייענען נאָר די קלאַסישע ייִדישע ליטעראַטור אָדער אַנדערע היסטאָרישע מקורים, נאָר אַז זיי וועלן וועלן ניצן די שפּראַך אין זייער טאָג־טעגלעך לעבן און דווקא נישט נאָר ווי אַ מיטל צו פֿאַרשטאַרקן זייער ייִדישקייט. ווער וואָלט זיך געריכט אַז זיי וועלן וועלן סתּם רעדן און שרײַבן וועגן „נאָרמאַלע" זאַכן, וועגן וואָס עס זאָל נישט זײַן, אויף ייִדיש? זיכער וועט זיך דאָס אָפּשפּיגלען אויף די שפּאַלטן פֿון דעם זשורנאַל.

יעדער דור, יעדער רעדאַקטאָר, האָט זיך זײַנע אָדער אירע חלומות. אונדזערע ערשטע רעדאַקטאָרן בן־אַדיר און ד"ר שטיינבערג האָבן געחלומט פֿון אַ פֿרײַער, זיכערער, דעמאָקראַטישער טעריטאָריע ווו ייִדן וועלן זיך קענען אויסלעבן ווי ייִדן אויף ייִדיש, זייער אייגן לשון, און בויען דאָרטן אַ רײַכע קולטור. דער אויפֿן שוועל איז געווען דער אָרגאַן וואָס האָט געזאָלט העלפֿן מקיים זײַן דעם חלום. דער דריטער רעדאַקטאָר, מײַן לערער, ד"ר מרדכי שעכטער, אַ קעמפֿערישער ייִדישיסט, האָט געחלומט וועגן מאָדערניזירן, סטאַנדאַרדיזירן און ניצן די ייִדישע שפּראַך אין אַלע אַספּעקטן פֿון טאָג־טעגלעכן לעבן. אויפֿן שוועל איז אין זײַנע צײַטן געווען דער אָרגאַן פֿון מיליטאַנטישן ייִדישיזם.

די וואָס קומען נאָך מיר וועלן האָבן זייערע אייגענע חלומות. וויל איך אָנזאָגן מײַן נאָכגייער, ד"ר מרים טרין, דעם פֿיפֿטן רעדאַקטאָר פֿון אויפֿן שוועל, אַז זי האָט פֿאַר זיך אַ גוואַלדיקע מתּנה, אַ געלעגנהייט צו פֿורעמען דעם זשורנאַל לויט איר אייגענעם גײַסט און אים פֿירן אויף נײַע וועגן. אַ געלעגנהייט מקיים צו זײַן אירע אייגענע חלומות ווי אויך די חלומות פֿון אַ נײַעם דור לייענערס... איך בין זיכער אַז זי וועט דאָס טאָן מיט שׂכל און מיטן גאַנצן האַרצן.

טײַערע לייענערס, ס'איז געווען אַ כּבֿוד און פֿאַרגעניגן צו זײַן אײַער רעדאַקטאָר.

מיט דאַנק און דרך־ארץ,
שבֿע צוקער

III

צום אַמאָל און הײַנט
פֿון אונדזער אָרגאַניזאַציע

בן־אַדיר

סוף יאַנואַר, אַ פּאָר טעג איידער איך האָב אָנגעהויבן מײַן נײַע אַרבעט ווי די רעדאַקטאָרשע פֿון **אויפֿן שוועל**, בין איך געווען אויף אַן אונטערנעמונג אין פּאַלאָ־אַלטאָ, קאַליפֿאָרניע. דאָרטן האָב איך געטראָפֿן אַ פֿרוי, גלילה (זשיזעל) גרין, וואָס האָט מיר געזאָגט אַז זי לערנט זיך איצט ייִדיש, צום טייל מאָטיווירט פֿון דעם וואָס איר זיידע איז געווען דער ייִדישער שרײַבער בן־אַדיר (דער פּסעוודאָנים פֿון אַבֿרהם ראָזין). איך האָב שיִער נישט געקענט גלייבן. מיט אַ פּאָר חדשים צוריק האָב איך כּמעט ווי נישט געהאַט געהערט פֿון בן־אַדירן, כאָטש כ'האָב זיכער געהאַט געזען זײַן נאָמען אונטערן קעפּל אין אַלטע נומערן **אויפֿן שוועל**. געבליבן איז ער אָבער דאָרטן אַ נאָמען אונטערן קעפּל, און ערגעץ אין מײַן באַוווּסטזײַן, און נישט מער. אַז איך האָב באַקומען די אַרבעט בײַ דער ייִדיש־ליגע איז ער מיט אַ מאָל אַראָפּ פֿון קעפּל און מיר אַרײַן אין קאָפּ ווי מײַן פֿירגייער, ווי איינער פֿון די אינטעלעקטועלע און גײַסטיקע כּוחות אין דער ייִדישער טעריטאָריאַליסטישער באַוועגונג און, נאָך וויכטיקער, אויך ווי דער פֿאַרלייגער פֿון אונדזער זשורנאַל. איך בין בדרך־כּלל נישט פֿון די מענטשן וואָס גלייבן אַז זיי זעען דעם אצבע־אלקים אין דעם אייגענעם לעבן, אָבער פֿון דעסט וועגן האָב איך די טרעפֿונג יאָ אָנגענומען ווי אַ סימן. סאַראַ וווּנדערלעכער צופֿאַל, פּונקט איצט, זיך צו באַקענען מיט בן־אַדירס אייניקל און צו האָבן אַזאַ נאָענטן קאָנטאַקט מיט אים. ווי פּאַסיק אַז בײַם רעדאַקטירן דעם ערשטן נומער, אין וועלכן איך האָב פּלאַנירט זיך אָפּצוגעבן צום טייל מיט דער געשיכטע פֿון דער אָרגאַניזאַציע, זאָל איך זיך אָנטרעפֿן פּנים־אל־פּנים מיט אַ לעבעדיקן יורש פֿון אונדזער ערשטן רעדאַקטאָר, און אַזוי אַרום האָבן אַ פּערזענלעכן אַרײַנגאַנג אין אונדזער אָרגאַניזאַציאָנעלער געשיכטע.

גלילה גרין איז געווען פֿינף יאָר אַלט ווען איר זיידע, בן־אַדיר, איז געשטאָרבן.[1] זי געדענקט אים כּמעט נישט. געבליבן איז בײַ איר אין זכּרון אַן איין און איינציק נעפּלדיק בילד ווי ער שטייט מיט זײַן שטעקן אין האַנט און זאָגט אויף רוסיש, די שפּראַך וואָס די משפּחה האָט גערעדט אין איר צײַטווײַליקער היים אין פּאַריז, „יאַ ידו נאַ זאַסידאַניע“ („איך גיי אויף אַ זיצונג“). נאָר איין זכּרון־בילד און נאָר איין זאַץ, אָבער אַ זאַץ וואָס איז עמבלעמאַטיש פֿון דעם לעבן פֿון אַ מענטש, אַ פּאָליטישער אַקטיוויסט, אַ נאַציאָנאַלער דענקער, שרײַבער און כּלל־טוער, וואָס איז זיכער געגאַנגען אויף הונדערטער, אפֿשר טויזנטער „זאַסידאַניעס“.

געבליבן איז נאָר דאָס, ווי אויך אומבאַשטימטע זכרונות פֿון פֿרײַטיק צו נאַכטסן נאָך ליכט בענטשן ווען איר טאַטע, יעקבֿ ראָזין, דער איינציקער זון פֿון בן־אַדיר, פֿלעגט רעדן וועגן זײַן טאַטן, נישט ווי אַ נאַציאָנאַלע פֿיגור נאָר ווי אַ ליבן מענטש און טאַטן, און ווי איינעם פֿון די למד־וואָוו־צדיקים וואָס אויף זיי שטייט די וועלט, נישט צוליב זײַנע פּאָליטישע אויפֿטוען נאָר צוליב זײַן מענטשלעכקייט.

און געבליבן איז אויך אַ בוך, אַ קליין ביכל פֿון אַ הונדערט צוואַנציק זײַטלעך, פֿאַרן געשיכטלעכן יום־הדין: דאָס ייִדישע פֿאָלק צווישן תוכחה און גאולה (1940), זײַן לעצט בוך, מיט אַ האַנט־געשריבענער הקדשה פֿון אים צו איר, זײַן אייניקל, אויף פֿראַנצייזיש. ווען זי וואָלט געקענט לייענען ייִדיש וואָלט זי זיך מיט דער צײַט דערוווּסט אַז אין דעם ביכל האָט דער זיידע אירער גערופֿן דאָס ייִדישע פֿאָלק צו מאַכן אַ נאַציאָנאַלן חשבון־הנפֿש און צו קומען צו טעריטאָריאַליסטישע אויספֿירן, נאָר אַזוי ווי די מאַמע האָט נישט געקענט קיין ייִדיש האָט מען בײַ איר אין דער היים נישט גערעדט די שפּראַך און זי האָט דאָס ביכל נישט געקענט לייענען. זי האָט עס אָבער געהאַלטן און געהאַלטן טײַער, האָפֿנדיק אַז אַ מאָל וועט זי דאָס קענען לייענען און זיך דערוויסן מער וועגן איר זיידן. מיט אַ פּאָר יאָר צוריק, אין 2002, ווען זי איז אַרויס אויף פּענסיע פֿון איר אַרבעט ווי אַן עלעקטראָנישער ביאָלאָג האָט זי סוף־כּל־סוף געפֿונען די צײַט זיך צו לערנען ייִדיש און זיך צו פֿאַרטיפֿן אין דעם זיידנס ווערק. מיט דער הילף פֿון איר ייִדיש־לערערין, די באַקאַנטע אַקטריסע און זינגערין חיהלע אַש, האָט זי ביסלעכווײַז גענומען צוזאַמענשטי־

[1]די אַלע ידיעות און ציטאַטן פֿון גלילה גרין נעמען זיך פֿון קאָרעספּאָנדענץ און טעלעפֿאָנישע שמועסן מיט שבֿע צוקער, פֿעברואַר 2005.

קעוועץ דאָס רײַכע און קאָמפּליצירטע בילד פֿון דעם מענטש וואָס איז געווען איר זיידע. געוווּסט האָט זי אַז דער זיידע איז געווען אַ פּאָליטישער אַקטיוויסט און אַ שרײַבער – זי האָט דאָך געהאַט זײַנס אַ בוך – אָבער וועגן וואָס ער האָט געשריבן, וואָס זײַנע פּאָליטישע געדאַנקען זײַנען געווען, און דאָס אָרט וואָס ער האָט פֿאַרנומען אין ייִדישן לעבן, דאָס האָט זי נישט געוווּסט. ערשט

אַ פֿענצטער אין אונדזער געשיכטע אַרײַן

שבֿע צוקער/דורעם, צפֿון־קאַראָליַינע

שפּעטער האָט זי זיך דערוווּסט אַז איר זיידע איז געווען, ווי גענאַדי עסטרײַך האָט געשריבן אין אַן אַרטיקל אין פֿאָרווערטס, „אַן אויסערגעוויינטלעכער ייִדישער דענקער און טוער".[2]

זי האָט אויך נישט געוווּסט אַז דער זיידע איז געווען דער פֿאַרלייגער פֿון אַ טעריטאָריאַליסטישן זשורנאַל, אויפֿן שוועל, טאַקע דעם זעלבן אויפֿן שוועל וואָס איר האַלט איצט אין דער האַנט, וואָס הײַנט איז ער נישט טעריטאָריאַליסטיש אין אידעאָלאָגיע נאָר ריין ייִדישיסטיש.

אַזוי ווי אַ סך פֿון אונדזערע לייענערס ווייסן אויך נישט וועלן מיר בקיצור איבערגעבן דעם תּמצית פֿון זײַן לעבן און זײַן געדאַנקען־גאַנג. אַ געבוירענער אין 1878 אין קרוטשע, ווײַס־רוסלאַנד, האָט בן־אַדיר געשטאַמט פֿון רבנים; זײַן מאַמע איז געווען די טאָכטער פֿון דעם קרוטשער רב. קינדווײַז האָט בן־אַדיר געלערנט אין חדר מיטן זיידן און האָט זיך דערנאָך, צו פֿערצן יאָר, באַקענט מיט דער השׂכּלה־ליטעראַטור אויף העברעיִש. צו זעכצן יאָר איז ער געפֿאָרן קיין אָדעס צו האַלטן עקזאַמען ווי אַן עקסטערן און דאָרטן איז ער פֿאַרכאַפּט געוואָרן פֿון אַלגעמיינע און ייִדישע סאָציאַליסטישע אידייען. נאָכן ערשטן ציוניסטישן קאָנגרעס אין 1897 איז ער אַ צײַט געווען אַן אָנהענגער פֿון הערצלס פּאָליטישן ציוניזם און אַ קעגנער פֿון אַחד־העמס קולטורעלן ציוניזם. באַלד איז ער אָבער געקומען צום אויספֿיר אַז דער ציוניזם וועט נישט פֿאַרענטפֿערן אַלע ייִדישע פּראָבלעמען און ער האָט פֿאָרמולירט זײַן פּלאַן צו שאַפֿן אַ פּאַרטיי צו זוכן מיטלען כּדי צו לינדערן די ייִדישע פֿאָלקסנויט דורך טעריטאָריעלער קאָנצענטראַציע. מיט דרײַ יאָר שפּעטער איז זײַן פּראָגראַם געוואָרן דער יסוד פֿון דער סיימיסטישער (ייִדישע סאָציאַליסטישע אַרבעטער־) פּאַרטיי. אין משך פֿון די יאָרן האָט ער רעדאַקטירט און אָנטייל גענומען אין אַ סך פּובליקאַציעס אויף רוסיש און ייִדיש. געלעבט האָט ער אין מינסק, כאַרקעוו, פּאַריז, קיִעוו, קאָוונע, תּל־אָבֿיבֿ און בערלין ביז 1933. פֿון בערלין איז ער ווי איינער פֿון די רעדאַקטאָרן פֿון דער אַלגעמיינע ענציקלאָפּעדיע, צוזאַמען מיט דער רעדאַקציע, ווידער אַריבער קיין פּאַריז. דאָרטן האָט ער אונטערן שאָטן פֿון דעם וואַקסנדיקן היטלעריזם פֿאַרשטאַרקט זײַן טעריטאָריאַליסטישע אידעאָלאָגיע. אין 1935 האָט ער אין פּאַריז פֿאַרלייגט און אָנגעפֿירט מיט דער פֿרײַלאַנד־ליגע און אין 1940, נאָכן צוזאַמענבראָך פֿון פֿראַנקרײַך, איז ער געקומען קיין ניו־יאָרק וווּ ער האָט פֿאַרלייגט און רעדאַקטירט אויפֿן שוועל, דער ערשטער גילגול פֿון אונדזער זשורנאַל, אַרויסגעגעבן פֿון דער אַמעריקאַנער פֿרײַלאַנד־ליגע. אין 1942 איז ער געשטאָרבן.

פֿאַר מײַן דור, וואָס איז אויפֿגעוואַקסן מיט מדינת־ישׂראל ווי אַ פֿאַקט, איז אפֿשר שווער צו פֿאַרשטיין וואָס דער טעריטאָריאַליזם האָט דעמאָלט געמיינט און פֿאַר וואָס געוויסע סעקטאָרן האָבן זיך נישט געקענט באַנוגענען מיט ישׂראל ווי די ייִדישע טעריטאָריע. מע דאַרף אָבער געדענקען אַז אין די 1930ער און אָנהייב

[2] גענאַדי עסטרײַך, „אַ ביטערע צוואה", פֿאָרווערטס, דעם 21סטן מײַ 2004, 18.

40ער יאָרן, ווען בן־אַדיר האָט אַגיטירט פֿאַר אַ טעריטאָריע סײַ ווי איינער פֿון די פֿאַרלייגערס פֿון דער פֿרײַלאַנד־ליגע סײַ ווי דער רעדאַקטאָר פֿון אויפֿן שוועל, איז מדינת־ישׂראל נאָך נישט געווען אין עקסיסטענץ און איז אויך געווען פֿאַרבונדן מיט כּלערליי פּראָבלעמען. בן־אַדיר האָט זיך געזאָרגט נישט נאָר פֿאַר דעם ייִדישן גײַסט, נאָר אויך פֿאַר דעם ייִדישן גוף.

פֿון איין זײַט האָט געבושעוועט די אַסימילאַציע און פֿון דער אַנדערער, דער אַנטיסעמיטיזם. בן־אַדיר האָט אײַנגעזען אַז צוליב דעם טיף פֿאַרוואָרצלטן אַנטיסעמיטיזם בײַ געוויסע פֿעלקער קען די פּראָבלעם פֿון ווו ייִדן זאָלן קענען וווינען בשלום נישט געלייזט ווערן דורך גלײַכע רעכט פֿון אַ קאָנסטיטוציע. „די מגפֿה מוז פּשוט אויסגעראָט ווערן פֿון וואָרצל און דאָס קען מען נאָר מיט אַ טעריטאָריע. הײַנט צו טאָג ווען די מענטשהייט ווערט צעטיילט אויף נאַציאָנאַל אויטאָנאָמע פֿעלקער וואָס לעבן אויף זייער אייגענער ערד, איז דאָס ייִדישע פֿאָלק, צעזייט און צעשפּרייט צווישן פֿרעמדע פֿעלקער, אַפֿילו מער אומנאַטירלעך. מע מוז אויסוואָרצלען די באַזונדערקייט; ייִדן זאָלן מער נישט זײַן דער איינציקער אויסנאָם צווישן די פֿעלקער און קאָנקרעט מיינט דאָס אַז ייִדן מוזן האָבן אַן אייגן לאַנד און בויען אַ היים פֿאַר זיך".[3]

ער האָט קלאָר אײַנגעזען אַז צעזייטערהייט צווישן פֿרעמדע פֿעלקער און קולטורן קען נישט געדײַען קיין וועלטלעכע קולטור אויף ייִדיש. זי מוז פֿאַרשלונגען ווערן פֿון די פֿרעמדע הערשנדיקע קולטורן. זי קען נישט, און דער עיקר די שפּראַך, קען נישט בײַשטיין די אַסימילאַציע־סטיכיע פֿון דער דרויסנדיקער וועלט. ער האָט דעריבער געגלייבט אַז די איינציקע האָפֿענונג אַז ייִדן זאָלן אַנטוויקלען זייער אייגענע קולטור איז געווען אין אַן אייגענער טעריטאָריע ווו מע וועט זײַן וואָס ווײַטער פֿון דעם צעשטער־רערישן כּוח פֿון אַסימילאַציע.[4]

כאָטש ער האָט גוט פֿאַרשטאַנען אַז די אַמעריקאַנער ייִדן זוכן נישט קיין מקום־מיקלט האָט ער געגלייבט אַז דער מצבֿ פֿון די ייִדן אין מיזרח־אייראָפּע איז אין גאַנצן אַנדערש; נאָך דער צווייטער וועלט־מלחמה וועט די פּראָבלעם פֿון אימיגראַציע זײַן שטאַרקער ווי ווען עס איז פֿריִער. עס וועט נישט זײַן קיין אַנדער לייזונג ווי קאָלאָניזאַציע אין אַן אומבאַפֿעלקערט לאַנד.

פֿרעגט זיך, פֿאַרשטייט זיך, די פֿראַגע, פֿון וואַנען וועט מען נעמען אַזאַ טעריטאָריע? בן־אַדיר האָט גאַנץ גוט געוווּסט אַז די פֿעלקער פֿון דער וועלט וועלן גלאַט אַזוי נישט אַוועקגעבן קיין טעריטאָריע במתּנה אָבער ער האָט אויך געגלייבט אַז סע רעדט זיך נישט וועגן קיין מתּנות, נאָר פֿון אינטערעסן, פֿון אַנאַנדיקע אינטערעסן. די אינטערעסן פֿון די ייִדן זײַנען קלאָר, אָבער קלאָר זײַנען אויך די פֿון די לענדער וואָס וועלן צוטיילן טעריטאָריע.

בן־אַדיר האָט געטענהט אַז עס זײַנען דאָ לענדער מיט גרויסע ליידיקע שטרעקעס לאַנד וואָס זוכן טאַקע תּושבֿים זיי אָנצופֿילן ווײַל זיי ווייסן אַז צוליב עקאָנאָמישע און פּאָליטישע סיבות טאָרן די שטחים נישט בלײַבן ליידיק. ייִדן זײַנען אָפּטימאַלע אימיגראַנטן ווײַל קיינער קען זיי נישט באַשולדיקן אין אימפּעריאַליסטישע אַמביציעס; אָן קיין „מוטערלאַנד" קענען זיי זיכער נישט חלומען פֿון קיין קאָלאָניעס. דערצו האָט דער ייִדישער אימיגראַנט נישט קיין אַנדערע לאָיאַליטעטן; ער פֿלאַנצט איבער זײַנע וואָרצלען אין גאַנצן אין דעם נײַעם באָדן.

ייִדן וואָלטן אינוועסטירט זייער קאַפּיטאַל, זייערע פֿעיִקייטן און זייער דינאַמישע ענערגיע כּדי צו שאַפֿן אַ לאָיאַלע און איבערגעגעבענע קהילה אין דעם לאַנד. אמת, די קהילה וואָלט געווען אַן אויטאָנאָמע אָבער דאָס וואָלט נישט געשטערט אַז די טעריטאָריע זאָל זײַן אַן אינטעגראַלע טייל פֿון לאַנד, און די ייִדן — גרויסע פּאַטריאָטן.[5]

אָ ויב שוין יאָ אַן אייגענע טעריטאָריע, פֿרעגט זיך דער לייענער, פֿאַר וואָס נישט ארץ־ישׂראל? צי זײַנען די פֿרײַלאַנד־ליגע און אירע פֿירערס טאַקע געווען אַזוי אַנטי־ציוניסטיש און אַנטי־העברעיִסטיש ווי די ייִדישע מאה־דעה האָט זיי אויסגעמאָלן? דער אמת איז אַז דער טעריטאָריאַליזם איז געווען זייער פּראַקטיש און זײַנע אָנהענגערס האָבן געזוכט באַלדיקע ענטפֿערס אויף זייערע דרינגלעכע פּראָבלעמען. די ייִדישע מאה־דעה האָט זיך געהאַלטן פֿון דער ווײַטנס פֿון דער פֿרײַלאַנד־ליגע און אירע פֿירערס ווײַל מע האָט באַטראַכט דעם טעריטאָריאַליזם ווי אַנטי־ציוניסטיש און אַנטי־העברעיִסטיש. שרײַבנדיק אין די פֿריִיקע 40ער יאָרן האָט בן־אַדיר זיך געזאָרגט נישט נאָר וועגן גײַסטיקע אידעאַלן נאָר ממש וועגן דעם פֿיזישן קיום פֿון דעם ייִדישן פֿאָלק. ער האָט באַלד אײַנגעזען אַז עס זײַנען דאָ גרויסע פּאָליטישע מכשולים אין פּאַלעסטינע וואָס מע קען נישט גובֿר זײַן. מע דאַרף נעמען אין באַטראַכט נישט נאָר די אַראַבער דאָרטן וואָס זײַנען קעגן דער ייִדישער קאָלאָניזאַציע, נאָר אויך די מיליאָנען וואָס וווינען אין די אַלע אַראַבישע און

[3] די געדאַנקען געפֿינען זיך אין: Ben Adir. *People and Land: When the Hour of Fate Strikes* (New York: Freeland League, 1941), 6-7. [4] בן־אַדיר, „אַן אָפֿענער בריוו צו אונדזער ייִדישיסטישער אינטעליגענץ", אויפֿן שוועל, מײַ־יוני 1942, 3. [5] Ben Adir, *People and Land*, 9-11.

מוסלמענישע לענדער איבער דער וועלט. צום באַדויערן, זאָגט דער אַנגעוויטיקטער פּאָליטישער מצבֿ הײַנט צו טאָג נאָך אַלץ עדות אויף בן־אַדירס טיף פֿאַרשטענדעניש.

דערצו האָט בן־אַדיר געהאַלטן אַז ארץ־ישׂראל איז צו קליין און שוין טיילווײַז באַפֿעלקערט, און ס׳האָט נישט די נאַטירלעכע רעסורסן וואָס מע דאַרף האָבן כּדי צו אַנטוויקלען אינדוסטריע. ער האָט געמיינט אַז ס׳איז אין גאַנצן אויסגעשלאָסן אַפֿילו מיט דעם העכסטן אידעאַליזם און מסירת־נפֿש אַז אַזאַ לאַנד זאָל קענען אַבסאָרבירן מיליאָנען אימיגראַנטן.

כאָטש מע קען נישט זאָגן אַז ער איז געווען אַנטי־עבֿרית איז בן־אַדיר יאָ געווען זייער פּעסימיסטיש וועגן די מיגלעכקייטן פֿון אויפֿלעבן עבֿרית ווי די נאַציאָנאַלע שפּראַך פֿון דעם ייִדישן פֿאָלק. ער האָט געגלייבט אַז דער העברעיִש־עקספּערימענט איז אַ „דורכויס געקינצלטע זאַך, אַ דורך און דורך אומנאַטירלעכער אויפֿטו וואָס גייט להיפּוך צו די נאָרמאַלע פּראָצעסן און טענדענצן פֿון סאָציאַל־קולטורעלן לעבן". ער האָט געגלייבט אַז דאָס קולטורעלע לעבן בײַ ייִדן האָט פֿיל גרעסערע מיגלעכקייטן זיך צו אַנטוויקלען אויף ייִדיש, „די לעבעדיקע, נאַטירלעכע פֿאָלקסשפּראַך", ווי אויף עבֿרית. אָבער אַזאַ וועלטלעכע קולטור אויף ייִדיש קען, האָט ער געגלייבט, נאָר געדײַען אין אַן אייגענער טעריטאָריע. „די איינציקע רעטונג קען זײַן דאָס שאַפֿן אין אַוועלכן נישט איז פּונקט אַן אויטאָנאָמען ייִדישן צענטער מיט ייִדיש ווי די איינציקע שפּראַך פֿון גאַנצן פּריוואַטן, געזעלשאַפֿטלעכן, קולטורעלן און פּאָליטישן לעבן".[6]

פֿאַר זײַן אייניקל גלילה וואָס האָט ווייניק געוווּסט וועגן איר זיידנס געדאַנקען און וואָס האָט אַליין עולה געווען אין 1978 און געלעבט אין ישׂראל נײַן יאָר לאַנג, איז איר זיידנס צוגאַנג צו ישׂראל געווען אַן

בן־אַדיר מיט זײַן פֿרוי שׂרה און זון יעקבֿ ראָזין.

איבערראַשונג. נישט נאָר האָט זי עולה געווען, נאָר אירע טאַטע־מאַמע האָבן זיך אויך דאָרטן באַזעצט אין 1973 ווען דער טאַטע איז אַרויס אויף פּענסיע. דאָרטן האָבן זיי געפֿונען אַ סך אַנדערע קרובֿים מחמת עטלעכע פֿון בן־אַדירס ברידער און שוועסטער האָבן במשך די יאָרן עולה געווען קיין פּאַלעסטינע. שפּעטער זײַנען געקומען אַנדערע בני־משפּחה, גלילהס ברודער אַבֿרהם (אַ נאָמען נאָכן זיידן) האָט עולה און יורד געווען, און די קינדער פֿון איר עלטערער שוועסטער נעמי, ווי אויך אייניקלעך און אוראייניקלעך, וווינען נאָך דאָרטן עד־היום. הכּלל, אַ משפּחה מיט אַ גוטן ציוניסטישן ייִחוס.

טראַכטנדיק וועגן די טיפֿע פֿאַרבינדונגען פֿון איר משפּחה מיט ישׂראל האָט גלילה זיך געשטעלט די קשיא „וואָס וואָלט דער זיידע געטראַכט וועגן דעם? וואָלט ער דאָס געזען ווי אַ בגידה קעגן זײַנע געדאַנקען?" איך מיין אַז דער ענטפֿער אויף דעם איז ניין. בן־אַדיר איז געווען קעגן דעם ציוניזם ווײַל ער האָט געמיינט אַז עס איז נישט קיין גענוגיקער ענטפֿער אויף די שווערע פּראָבלעמען פֿון זײַן צײַט. כאָטש ער וואָלט זיכער געווען אומצופֿרידן מיט דעם הײַנטיקן פּאָליטישן מצבֿ אין ישׂראל וואָלט ער, מיט זײַן אייביקער פּראַקטישקייט, אויך אײַנגעזען אַז פֿון די אַלע טעריטאָריאַליסטישע לייזונגען איז ישׂראל דווקא די גרעסטע. ער וואָלט געוואָלט אַז דאָס ייִדישע לעבן זאָל בליִען, וווּ עס זאָל נישט זײַן, און אויב די אויסזיכטן צו לעבן אַ פֿול ייִדיש לעבן אין אַן אייגענער טעריטאָריע זײַנען דווקא צום גינציקסטן אין ישׂראל וואָלט ער דאָס אָנגענומען פֿאַר ליב און געטאָן אַלץ צו מאַכן שלום מיט די שכנים.[7]

גלילה האָט זיך מודה געווען אַז זי איז נישט דערצויגן געוואָרן אין גײַסט פֿון דעם זיידנס געדאַנקען און אַז זײַן אידעאָלאָגיע האָט געהאַט אַ מינימאַלן אָפּהילך אין איר אייגן לעבן. זי איז אויפֿגעוואָקסן אין זייער אַן אַנדער צײַט און אין גאָר אַנדערע אומשטענדן. „איך האָב אַן אַנדער קוק אויף די זאַכן; דער זיידע איז געווען אַ סאָציאַליסט. איך ווױן דאָך אין דער קאַפּיטאַליסטישער אַמעריקע און איך האָב אויך געוווינט אין ישׂראל". אָבער דאָך איז >>>45>>>

[6]די געדאַנקען וועגן שפּראַך געפֿינען זיך אין בן־אַדירס „אַן אָפֿענער בריוו צו אונדזער ייִדישיסטישער אינטעליגענץ", אויפֿן שוועל (מײַ־יוני 1942), 4.

[7]דאָס איז נאָר די השערה פֿון דער שרײַבערין פֿון די שורות, קען זײַן אַז אַנדערע וועלן מיינען אַנדערש.

‹‹‹9››› בן־אַדיר

זי שטאָלץ מיט אים און מיט דער וויכטיקער ראָלע וואָס ער האָט געשפילט אין דער ייִדישער געשיכטע. זי איז צופֿרידן וואָס זי קען איצט לייענען זײַנע ווערק אויף ייִדיש און זעט זײַן שרײַבן ווי „אַ פֿענצטער צום עבֿר און צו אַ מענטש וואָס איז טאַקע דאָרטן געווען". דורך לייענען און איבערזעצן פֿאַרברייטערט זי איר פֿאַרשטאַנד פֿון דעם זיידן און פֿון זײַן צײַט. זי וויל נישט אַז דער פֿאַרשטאַנד זאָל בלײַבן נאָר בײַ איר, זעצט זי איבער דאָס בוך פֿאַר זיך און פֿאַר דער משפחה. זאָלן אירע קינדער וויסן ווער זייער עלטער־זיידע איז געווען.

געוויסע פֿון אונדזערע לייענערס געדענקען זיכער בן־אַדירן, אָבער די וואָס געדענקען אים נישט קענען געפֿינען אַ קרובֿהשאַפֿט מיט גלילהן. בן־אַדירס געדאַנקען זײַנען פֿאַר אונדז אַ פֿענצטער אַרײַן אין אַן אַנדער צײַט, אַ צײַט וואָס האָט געברויזט מיט רעוואָלוציע, מלחמה, און ריזיקע איבער־קערענישן אין ייִדישן לעבן. איין ענין איז נאָך זייער אַקטועל און מיט אים ראַנגלען מיר זיך נאָך אַלץ בײַם הײַנטיקן טאָג: ווי אַזוי בויט מען אויף אַ ייִדיש לעבן וואָס זאָל שטיין אויף אַ פֿעסטן גײַסטיקן באָדן?

מיכאל אַסטור

עס איז צו אונדז לעצטנס דערגאַנגען די טרויעריקע ידיעה אַז מיכאל (טשערניכאָוו) אַסטור, דער מחבר פֿון די געשיכטע פֿון דער פֿרײַלאַנד־ליגע און פֿונעם טעריטאָריאַליסטישן געדאַנק (צוויי בענד, 1967) און באַקאַנטער פּראָפֿעסאָר פֿון סעמיטישע שטודיעס איז געשטאָרבן דעם 7טן אָקטאָבער 2004. אויף וויפֿל מיר ווייסן איז זײַן פּטירה אין ערגעץ ניט פֿאַרצייכנט געוואָרן אין דער ייִדישער פּרעסע. אויף דער קשיא ווי קען דאָס געמאָלט זײַן מע זאָל אים אין ערגעץ נישט דערמאָנען, קען מען זיך משער זײַן אַז מחמת זײַן ווײַב איז אים פֿריִער געהאַט געשטאָרבן און קיין קינדער האָבן זיי ניט געהאַט, און געוווינט האָט ער ניט אין קיין גרויסן ייִדישן צענטער, נאָר אין דעם קליינעם שטעטל קאַלינזוויל, אילינוי, איז ניט געווען ווער עס זאָל וועמען לאָזן וויסן.[1]

כאָטש ס'איז שוין מער ווי צוויי יאָר נאָך זײַן פֿעלן זיך האָבן מיר געפֿילט פֿאַר נייטיק צו דערציילן אונדזערע לייענערס וועגן דער זעלטענער פּערזענלעכקייט וואָס איז, צווישן אַנדערע אויפֿטוען זײַנע, געווען אַן אָפֿטער מיטאַרבעטער אין אויפֿן שוועל, באַקאַנט פֿאַר זײַנע אָפֿט שאַרפֿע פּאָלעמישע אַרטיקלען. זײַן אינטערעס אין דער פֿרײַלאַנד־ליגע און אין טעריטאָריאַליזם איז ניט געווען בלויז אַן אַקאַדעמישע, און אויך ניט קיין צופֿאַל. זײַן טאַטע, יוסף טשערניכאָוו,[2] איז אין 1904 געווען איינער פֿון די פּיאָנערן פֿון דער ס"ס־ישער (סאָציאַליסטיש־טעריטאָריאַליסטישער) באַוועגונג. אין 1925 איז ער געווען איינער פֿון די פֿאַרלייגערס פֿון דעם ווילנער ייִוואָ. אין 1933-1934 איז ער געווען אַ מיטגרינדער פֿון דער פֿרײַלאַנד־ליגע אין פּוילן, ווי אויך פֿאָרזיצער פֿון איר צענטראַל־קאָמיטעט. איז קיין חידוש נישט וואָס זײַן זון, מיכאל — אָדער ווי זײַנע ווילנער חבֿרים האָבן אים גערופֿן: „מיקע" — זאָל זײַן, פֿון דער גאָר פֿריִער יוגנט, פֿאַרקאָכט אין ייִדישער פּאָליטיק און בפֿרט אין טעריטאָריאַליזם — דאָס זוכן אַ היימלאַנד אָדער טעריטאָריע פֿאַר ייִדן, וואָס זאָל זיך ניט דווקא געפֿינען אין ארץ־ישׂראל.

מיכאל טשערניכאָוו איז געבוירן געוואָרן אין כאַרקעוו אין 1916. אין 1924 איז ער אַריבער קיין ווילנע מיט דער משפּחה און דאָרטן זיך געלערנט אין די וועלטלעכע ייִדישע שולן. ער איז אין 1930 געוואָרן אַ מיטגליד פֿון דער ווילנער סקויטן־אָרגאַניזאַציע „בין" און אין 1933 האָט ער, מיט עטלעכע חבֿרים, געשאַפֿן „שפּאַרבער", די טעריטאָריאַליסטישע ייִדישע סקויטן־אָרגאַניזאַציע פֿאַר יוגנט. אין מאַרץ

---

[1] די ידיעה איז צו אונדז אָנגעקומען דווקא פֿון אַן אומגעווײנטלעכן מקור — פֿון אַלעקסאַנדער העלדרינגען, אַ געוועזענער האָלענדישער דיפּלאָמאַט וואָס שרײַבט אַ בוך וועגן דער פֿרײַלאַנד־ליגעס פּראָיעקט צו באַזעצן ייִדן אין סורינאַם אין די סוף 1940ער יאָרן. צוליב אַ הערה וואָס ער האָט ערגעץ געפֿונען בשעתן פֿאָרשן, אַז די פֿרײַלאַנד־ליגע האָט זיך געשלאָסן און איז מגולגל געוואָרן אין דער ייִדיש־ליגע, האָט ער זיך געוואָנדן צו אונדז נאָך אינפֿאָרמאַציע. ווען מע האָט אים געעצהט אַז ער זאָל זיך פֿאַרבינדן מיט מיכאל אַסטורן, האָט ער געענטפֿערט אַז אַסטור איז שוין געשטאָרבן. [2] ידיעות וועגן יוסף טשערניכאָוו זײַנען גענומען פֿון לעקסיקאָן פֿון דער נײַער ייִדישער ליטעראַטור, אונטער „טשערניכאָוו, יוסף (דניאלי)". ידיעות וועגן מיכאל אַסטורן גענומען פֿון לעקסיקאָן פֿון דער נײַער ייִדישער ליטעראַטור, אונטער „טשערניכאָוו (אַסטור), מיכאל", ווי אויך פֿון: אויפֿן שוועל, יאַנ'־פֿעב' 1958, נ' 1 (128), ז' 14, און נאָוו'־דעצ' 1959, נ' 6 (138), זז' 1-3; און אַ נעקראָלאָג געשריבן פֿון דזשעק ששון, אויף https://listhost.uchicago.edu/pipermail/ane/2004-October/015204.html

היסטאָריקער פֿון ייִדישן טעריטאָריאַליזם

1933 האָט ער אָפּגעדרוקט אין ווילנער טאָג זײַן ערשטן אַרטיקל, „מאַרקס וועגן ייִדן און ייִדן וועגן מאַרקסן", אונטערן פּסעוודאָנים מיכאל אַסטור. מיר זײַנען ניט זיכער פֿאַר וואָס ער האָט זיך אויסגעקליבן דעם פּסעוודאָנים; זײַן יוגנט־חבֿר שלום לוריא שרײַבט אַז כאָטש ער איז אויך ניט זיכער, מיינט ער אַז עס איז דאָ אַ פֿאַרבינדונג צווישן דעם נאָמען פֿון דער באַוועגונג „שפּאַרבער", וואָס איז אַ מין פֿאַלק (אויף ענגליש: sparrow hawk) און „אַסטור", וואָס האָט „אויך אַ סמיכות צו דער וועלט פֿון פֿייגל"[3] און איז אויך אַ מין פֿאַלק. „דאָס וואָרט אַליין", שרײַבט לוריא, „האָט זיך זײַן שורש אין די הימלישע ספֿערעס, צווישן די ליכטיקע שטערנדלעך..."

אין 1934 איז אַסטור צו זעכצן יאָר שוין געווען אַ מיטאַרבעטער אין ווילנער טאָג. אַ לײַדנשאַפֿטלעכער ליבהאָבער פֿון פּאָעזיע אַ גאַנץ לעבן האָט ער שוין פֿאַר דער מלחמה אין ווילנע פּובליקירט פּאָעטישע איבערזעצונגען אין ייִדיש פֿון מאַיאַקאָווסקין, פּושקינען, און וואָלט וויטמאַנען. פֿון 1934-1937 האָט ער אָנגעהויבן זײַנע שטודיעס אין דער אַלט־סעמיטישער קולטור אין דעם פּאַריזער סאָרבאָן, ווו ער האָט פֿאַרענדיקט זײַן מאַגיסטער מיט אַן אַרבעט אויף אַ תּנכישער טעמע וואָס האָט קאָמבינירט פֿאַרגלײַכיקע מיטאָלאָגיע מיט אַרכעאָלאָגישע אַנטדעקונגען. דאָס איז געווען דער אָנהייב פֿון אַ לאַנגער קאַריערע ווי אַ וויסנשאַפֿטלער און לערער אויפֿן פֿעלד פֿון נאָענטן מיזרח, כאָטש ער איז קיין מאָל ניט אַוועק, סײַ פּערזענלעך און סײַ אַקאַדעמיש, פֿון זײַנע אינטערעסן אין מיזרח־אייראָפּעיִשן ייִדנטום. גלײַך נאָכן פֿאַרענדיקן אין סאָרבאָן איז ער אַרײַן אין דער לאַנדווירטשאַפֿטלעכער שול אין גריניאָן, לעבן פּאַריז, כּדי זיך צוצוגרייטן אויף אַ לעבן פֿאַרבונדן מיט באַאַרבעטן די ערד אין אַ ייִדישער טעריטאָריע.

צוזאַמען מיט דעם טאַטן איז אַסטור אַרעסטירט געוואָרן פֿון די נקוו"ד אין ווילנע, דעם ערשטן אָקטאָבער 1939, פֿאַרן זײַן „אַ סאָציאַל־געפֿערלעכער עלעמענט, אַ פֿירער פֿון אַ ייִדיש־נאַציאָנאַליסטישער, קאָנטררעוואָלוציאָנערער אָרגאַניזאַציע" („שפּאַרבער") און מע האָט אים פֿאַרמישפּט אויף פֿינף יאָר אַרבעט־לאַגער. די מאַמע, רחל האָפֿמאַן, אַ היסטאָריקערין, איז אומגעקומען אין פּאָנאַר, לעבן ווילנע, אין יוני 1941. מע האָט אים און דעם טאַטן אַרעסטירט און אַריבערגעפֿירט קיין רוסלאַנד, און דעם טאַטן האָבן די רוסן דערשאָסן מיט אַ חודש שפּעטער אויף דעם געצוווּנגענעם מאַרש אַהין. אין תּפֿיסה האָבן די אַנדערע געפֿאַנגענע אַרויסגעהאָלפֿן מיכאלן און אים דערהאַלטן בײַם לעבן צוליב זײַן רעציטירן פּאָעזיע אויף רוסיש, דײַטש און פֿראַנצייזיש. ער האָט ווי ניט איז געקראָגן ביכער פֿון ווײַטע ביבליאָטעקן און האָט שטענדיק געלייענט און געלערנט, פֿאַרטיפֿנדיק זיך אויף וויפֿל ס'איז געווען מעגלעך אין זײַנע פֿאַרגלײַכיקע שטודיעס. דרײַ און צוואַנציק חדשים איז ער אָפּגעזעסן אין תּפֿיסות און אין לאַגער אין קאָמירעפּובליק, ניט ווײַט פֿון דעם פּאָלאַרקרײַז; דאָרטן איז ער באַפֿרײַט געוואָרן אין סעפּטעמבער 1941 אַ דאַנק דער אַמנעסטיע פֿון געוועזענע פּוילישע בירגער. אָן געלט און אָן וואַרעמע קליידער איז ער איינער אַליין געגאַנגען צו פֿוס דעם סכּנותדיקן וועג איבער רוסלאַנד פֿון צפֿון קיין דרום־מיזרח ביז ער האָט זיך דערשלאָגן קיין טורקמעניע. צוויי מאָל האָט ער געפּרוּווט אַריבער דורכן מידבר קיין איראַן; דאָס צווייטע מאָל האָט ער באַקומען זיבן פֿרישע יאָר (1943 ביזן ערשטן סעפּטעמבער 1950), אָפּגעזעסן דער עיקר אין די שקלאַפֿן־לאַגערן פֿון טורקמעניע און קאַרלאַג, קאַזאַכסטאַן. נאָך זײַן באַפֿרײַונג האָט מען אים ניט דערלויבט זיך באַזעצן אין מאָסקווע

> ניט קיין חידוש וואָס [טשערניכאָווס] זון, מיכאל, זאָל זײַן פֿאַרקאָכט אין ייִדישער פּאָליטיק און בפֿרט אין טעריטאָריאַליזם

אָדער אַן אַנדער גרויסער שטאָט, האָט ער זיך באַזעצט אין קאַראַגאַנדאַ, קאַזאַכסטאַן. דאָרטן האָט ער זיך אַרויפֿגעאַרבעט צום פּאָסטן פֿון טעכנישן אינזשעניר אין דער קוילן־אינדוסטריע. דאָרטן האָט ער זיך אויך באַקענט מיט זײַן פֿרוי מרים, מיט וועמען ער האָט אָפּגעלעבט כּמעט אַ האַלבן יאָרהונדערט.

[3] פּערזענלעכע קאָרעספּאָנדענץ צווישן שבֿע צוקערן און שלום לוריאן, 22/IV/2006.

אין 1956 האָט ער זיך רעפּאַטרייִרט קיין פּוילן ווּ ער האָט געאַרבעט אין ייִדישן היסטאָרישן אינסטיטוט און אויך געפֿירט די לערערקורסן פֿון אַלט־ייִדישער געשיכטע. די קורסן זײַנען געוואָרן דער יסוד פֿון זײַן בוך, געשיכטע פֿון ייִדן אין אַלטערטום (פֿאַרלאַג ייִדיש־בוך: וואַרשע, 1958). אין 1959 נאָך אָנדערטהאַלבן יאָר אין פּאַריז האָט ער זיך באַזעצט אין ניו־יאָרק. זײַן קומען האָט אַרויסגערופֿן אַ סך פֿרייד אין דער ייִדישער סבֿיבֿה, און בפֿרט אין דער סבֿיבֿה פֿון אויפֿן שוועל. אין דעם נומער פֿון נאָוועמבער־דעצעמבער 1959 באַגריסן אים די נאַציאָנאַלע עקזעקוטיווע, די רעדאַקציעס אויפֿן שוועל און *Freeland*, און דער י. נ. שטיינבערג־דיסקוסיע־פֿאָרום אויף דער ערשטער זײַט, אין דעם אַרטיקל „ברוך־הבא, ח' אַסטור”:

מיט ח' אַסטורס קומען
ווערט דאָס ייִדישע געזעל־
שאַפֿטלעכע און קולטור־לעבן
אויף דער זײַט ים באַרײַכערט
מיט אַ נײַעם כּוח — „ס'קומט
צו אַ יונגער אידעאַליסט”—
מיט געזעלשאַפֿטלעכער וויזיע
און אַ שטאַרקן ווילן צו בויען
און איבערבויען דאָס ייִדישע
לעבן... און ס'קומט אַן
איבערגעגעבענער,
אויסגעהאַלטענער
טעריטאָריאַליסט.

פֿון טיפֿן האַרצן, ליבער
חבֿר אַסטור: ברוך־הבא!

אין 1958 איז אַסטור געוואָרן פּראָפֿעסאָר פֿון דער ייִדישער און רוסישער ליטעראַטור אין בראַנדײַס־אוניווערסיטעט (וואָלטאַם, מאַס') און דאָרטן האָט ער אין 1961 פֿאַרענדיקט זײַן דאָקטאָראַט אין מיטללענדישע שטודיעס אין 1961. האָבנדיק מורא אַז מע וועט אים ניט געבן חזקה צוליב זײַן שרײַבן די געשיכטע פֿון דער פֿרײַלאַנד־ליגע און צוליב זײַנע טעריטאָריאַליסטישע סימפּאַטיעס וואָס זײַנען געווען זייער ניט אין דער מאָדע אין יענער צײַט האָט ער גענומען אַ פּאָזיציע אין היסטאָרישע שטודיעס אין דרום־אילינויער אוניווערסיטעט אין קאַלינזוויל, איל', ווּ ער האָט געוווינט ביזן סוף פֿון זײַנע טעג.

> אין תּפֿיסה האָבן די אַנדערע געפֿאַנגענע אים דערהאַלטן בײַם לעבן צוליב זײַן רעציטירן פּאָעזיע אויף רוסיש, דײַטש און פֿראַנצייזיש.

אַסטורס צושטײַער צו דער אַקאַדעמישער וועלט איז געווען אַ גרויסער. ער האָט, נאָכן אָפּזײַן אין בראַנדײַס, געענדיקט און רעדאַקטירט ישׂראל צינבערגס לעצטן באַנד די געשיכטע פֿון דער ליטעראַטור בײַ ייִדן. אין דעם תּחום פֿון סעמיטישע שטודיעס האָט ער זיך ברייט פֿאַרנומען און געשריבן וועגן כּלערליי טעמעס: וועגן כראָנאָלאָגיע, מיטאָסן, עטנישער אידענטיטעט. זײַן קאַנווע האָט אַרײַנגענומען מעסאָפּאָטאַמיע, כּנען, האַטי, מצרים, גריכנלאַנד און ארץ־ישׂראל. האַרט פֿאַר זײַן פּטירה האָט ער געאַרבעט אויף עטלעכע פּראָיעקטן; איינער איז געווען דאָס זאַמלען און איבערזעצן אויף ענגליש זײַנע רוסישע,

„אונדזער קאָמונע”: שטייענדיק פֿון רעכטס: דניאל טשאַרני, ליזע בערלין, מאַקס שאַך־אַנין; זיצנדיק: יוסף טשערניכאָוו (אַסטורס טאַטע) און זאבֿ־וואָלף לאַצקי־בערטאָלדי, ווין 1911-1912

פֿון אַ בריוו פֿון מיכאל אַסטור צו זײַן יוגנט־חבֿר שלום לוריא, 1993.

פוילישע, יידישע און פֿראַנצייזישע שריפֿטן. לכּבֿוד זײַן 80סטן געבוירן־טאָג האָבן זײַנע קאָלעגן צוגעגרייט אַ פֿעסטשריפֿט *Crossing Boundaries and Linking Horizons: Studies in Honor of Michael C. Astour*.[4]

דער תּמצית פֿון זײַן כאַראַקטער ווערט אויסגעמאָלן אין די ווערטער פֿון דעם נעקראָלאָג וואָס זײַן פֿרײַנד און קאָלעגע, דזשעק ששׂון, אַ פֿאָרשער אין דעם קדמונישן נאָענטן מיזרח אין וואַנדערבילט־אוניווערסיטעט, האָט וועגן אים געשריבן:

> אויף די וואָס האָבן אים געטראָפֿן צום ערשטן מאָל האָט מיכאל אַסטור געקערט מאַכן דעם אײַנדרוק פֿון זײַן זייער אַ שטרענגער. ער האָט געקענט אויסזען עמאָציאָנעל דערווײַטערט און אַפֿילו צו ערנצט אין זײַן האַלטונג ווי אַ גע־לערנטער. דאָס איז אָבער געווען אויבנאויפֿיק, אַ פּועל־יוצא מסתּמא פֿון צענדליקער יאָרן זײַן פֿאַרשפּאַרט און פֿון זײַנע ביטערע איבערלעבונגען. ס'האָט אָבער ניט לאַנג געדויערט כּדי דורכצוברעכן דעם פֿאַסאַד, ווײַל ער איז געווען אַ וואַרעמער, ברייטהאַרציקער מענטש, וואָס איז אַלע מאָל געווען גרייט צו לאַכן און וואָס האָט געהאַט אַן אומגלייבלעכן אוצר מעשׂיות, אַנעקדאָטן, ווערטלעך, און מער ווי אַלץ, פּאָעזיע. ביז זײַנע לעצטע טעג איז ער געווען געבענטשט מיט אַ וווּנדערלעכן זכּרון, סײַ טיף און סײַ פּרטימדיק.

דעם אויגוסט בין איך געקומען צו אים צו גאַסט מיט צוויי פֿון מײַנע קאָלעגן, אַ יידישיסט און אַ מומחה אין דער סאָוועטישער ליטעראַטור, אים מבֿקר־חולה זײַן. צוויי טעג נאָך אַנאַנד, כּמעט אַן אויפֿהער, האָט דער שוואַכער אַסטור זיך דערמאָנט וואָרט פֿאַר וואָרט צוזונגען פֿון יידישע פּיעסעס וואָס מע האָט געשטעלט אין דער ווילנע פֿון זײַן יוגנט און האָט דערציילט וועגן אומבאַקאַנטע ליטעראַטן וואָס האָבן געטיילט זײַן קאַמער אין סאָוועטישע תּפֿיסות. ער האָט איבערגעגעבן כּמעט אָן ביטערקייט וועגן די ברוטאַלע באַדינגונגען וואָס זײַן משפּחה האָט דורכגעלעבט אָבער אויך וועגן דער גוואַלדיק מענטשלעכער באַהאַנדלונג וואָס ער האָט געטראָפֿן מצד פֿרעמדע. איך האָב בײַ אים געלאָזט אַ נײַ ביכל וועגן דער מאַרי־געשיכטע און קוים האָב איך באַוויזן אַהיימצוקומען האָט ער מיך שוין באַשאָטן מיט שאַרפֿע קשיות. סע קען זייער געמאָלט זײַן אַז ער גרייט איצט צו אַ קריטישע רעצענזיע דערויף. זאָל ער עס ענדיקן אין דעם שלום וואָס עס קומט אים.[5]

[4] „אַריבערטרעטנדיק גרענעצן און פֿאַרבינדנדיק האָריזאָנטן: שטודיעס לכּבֿוד מיכאל ט. אַסטורן". [5] דזשעק ששׂון.

מרדכי שעכטער:
דער כּלל־טוער, דער לערער, דער מענטש

שבֿע צוקער/דורעם, צ״ק

איך האָב געקענט מרדכי שעכטערן ווי אַ מענטש, ווי אַ לערער, ווי אַ כּלל־טוער און ווי דער פֿירער פֿון אַן אָרגאַניזאַציע, מיט וועלכער איך האָב איצט דעם כּבֿוד אָנצופֿירן. ס׳איז שווער פֿונאַנדערצושיידן אָט די דרײַ אַספּעקטן ווײַל זײַן אַהבֿת־ייִדיש האָט פֿאַראייניקט אַלע טיילן פֿון זײַן לעבן און ס׳איז שווער צו זאָגן ווו עס האָט זיך געענדיקט דער מענטש און ווו עס האָט זיך אָנגעהויבן דער לערער אָדער דער געזעלשאַפֿטלעכער מנהיג.

ער איז געווען אַ מענטש מיט פּרינציפּן און אידעאַלן, און געלעבט האָט ער לויט אָט די פּרינציפּן. בײַ דרויסנדיקע, מענטשן מחוץ דער ייִדיש־וועלט, האָט געקענט אויסזען אַז ער איז אַ פֿאַנאַטיקער. ער האָט דאָס אַליין געוווּסט. אָבער ער פֿלעגט זאָגן, אַז אויב מע פֿאָדערט וויניק קריגט מען וויניק; אַז מע פֿאָדערט נאָר 50 פּראָצענט וועט מען קריגן אפֿשר אַ העלפֿט דערפֿון; אויב מע וויל 100 פּראָצענט דאַרף מען פֿאָדערן כאָטש 200 פּראָצענט. אָט דער צוגאַנג האָט טאַקע געפּועלט. ער, און נישט קיין אַנדערער, האָט געלערנט דעם ייִנגערן דור, מײַן דור, אַז אויב מיר ווילן אַז ייִדיש זאָל זײַן אַ טייל פֿון אונדזער לעבן, קענען מיר זיך ניט פֿאַרלאָזן אויף קיין אַנדערע צו רעדן ייִדיש מיט אונדזערע קינדער, און אַפֿילו ניט צו שאַפֿן שולן אָדער אַ סבֿיבֿה — מיר מוזן עס אַליין טאָן.

זײַן אייגן לעבן איז געווען אַ משל דערפֿון און, נישט געקוקט אויף אַלע ביכער און לינגוויסטישע אַרטיקלען וואָס ער האָט געשריבן, זײַנען זײַנע אייגענע קינדער אפֿשר געווען זײַן גרעסטער אויפֿטו. ווען

איך האָב זיך באַקענט מיט דער משפּחה שעכטער און די קינדער זײַנען טאַקע נאָך געווען קינדער, בין איך זיכער געווען אַז כאָטש איינס פֿון זיי וועט זיך בונטעווען און אַוועק פֿון ייִדיש און אפֿשר טאַקע פֿײַנט קריגן ייִדיש, ווײַל וועלכעס קינד וויל גיין אַזוי קעגן שטראָם? דערצו איז דאָך רעבעלירן קעגן טאַטע־מאַמע דער גאַנג פֿון אַמעריקע. נאָר ניין, ניט נאָר זײַנען די קינדער ניט אַוועק פֿון ייִדיש, נאָר מרדכי און טשאַרנע שעכטער האָבן דערצויגן פֿיר יחידים וואָס האָבן ליב ייִדיש און אַרבעטן לטובֿת ייִדיש און ייִדישקייט, יעדערער אויף זײַן אופֿן: ווי שרײַבערס, מוזיקערס, רעדאַקטאָרן, פּאָעטן, קינסטלערס, און כּלל־טוערס. זײַן לערנבוך ייִדיש צוויי האָט מרדכי שעכטער געווידמעט זײַנע קינדער „וואָס זייער ׳עושׂה׳ דעקט זיך מיטן ׳אומר׳״. ס׳איז נישט קיין צופֿאַל וואָס בײַ אַלע פֿיר קינדער דעקן זיך זייערע מעשׂים מיט זייערע ווערטער — זיי האָבן דאָך געהאַט פֿאַר זיך דעם לעבעדיקן משל פֿון דעם טאַטן.

מרדכי שעכטער איז געווען אַ וואַרעמער מענטש מיט אַ געוואַלדיקן חוש פֿון הומאָר. ער האָט געקענט לאַכן פֿון זיך אויך. איך געדענק ווי איין מאָל זײַנען מיר געזעסן אין „פֿילאָסאָפֿי־האָל״ אין קאָלאָמביע־אוניווערסיטעט (ווו עס האָט זיך דעמאָלט געפֿונען די ייִדיש־קאַטעדרע) און ער האָט מיך געפֿרעגט: „איר ווייסט וואָס עס הייסט צו גיין עמעצן אויף די נערוון?״ איך האָב אים אָנגעקוקט און געזאָגט „יאָ״, האָבנדיק דערבײַ מורא אַז ער וועט מיר זאָגן אַז איך גיי אים אויף די נערוון, אָבער אַנשטאָט דעם האָט ער געזאָגט „ווײַל איך גיי זיך אַליין אַ מאָל אַזוי אויף די נערוון אַז איך קען ניט אויסהאַלטן״.

דווקא צוליב זײַן הומאָר און, פֿאַרשטייט זיך, זײַן וויסן, האָט ער אויך זייער אויסגענומען ווי אַ לערער. איך מוז זיך מודה זײַן אַז איידער איך האָב זיך בײַ אים געלערנט האָב איך געמיינט אַז דער שפּראַך־לימוד גופֿא איז טרוקן. געוווּסט האָב איך אַז איך וויל ווערן אַ ייִדיש־לערערין, נאָר געמיינט דערמיט האָב איך גיכער ליטעראַטור אָדער ייִדישע לימודים. דער, די, דאָס, דעם, גראַמאַטישער מין, בייגפֿאַלן — וועמען גייט עס טאַקע אָן? נאָר זײַענדיק בײַ ד״ר שעכטערן אין קלאַס איז שפּראַך געוואָרן אַ לעבעדיקער יש. אַז עמעצער האָט גאַנץ תּמימותדיק געפֿרעגט וועגן אַ

יאַנקל סאַלאַנט פּרעזענטירט מרדכי שעכטערן מיט אַן אָנערקען־צערטיפֿיקאַט צו 36 יאָר לערנען אין דער פּראָגראַם אין ייִדישער שפּראַך, ליטעראַטור און קולטור א״נ אוריאל ווײַנרײַך בײַם קאָלאָמביע־אוניווערסיטעט/ייִוואָ, 2003.

געוויס וואָרט, מיינענדיק אַז דער ענטפֿער וועט באַשטיין פֿון אַ וואָרט, העכסטנס אַ זאַץ אָדער צוויי, האָט ד"ר שעכטער זיך געקענט אַרײַנלאָזן אין אַ גאַנצער געשיכטע דערפֿון. ייִדישע ווערטער זײַנען בײַ אים געוואָרן לעבעדיקע נפֿשות, מיטן אייגענעם ייִחוס, מיט די אייגענע דרכים און נשמות. די לעבעדיקייט, די נשמות, האָבן מיך — און איך בין זיכער אַז אַ סך אַנדערע אויך — אינספּירירט.

מרדכי און טשאַרנע שעכטער מיט די קינדער (שׂרה־רחל און גיטל) גייען אָנקוקן רוזוועלט, נ"דזש, ווי אַ מעגלעך אָרט פֿאַר קליין־קאָלאָניזאַציע, סוף 1950ער יאָרן.

ער האָט אינספּירירט ווי אַ לערער, ער האָט אינספּירירט ווי אַ כּלל־טוער. אין 1979 האָט ער פֿאַרלייגט די ייִדיש־ליגע, אַן אומפּאַרטייִשע אָרגאַניזאַציע איבערגעגעבן דעם המשך פֿון ייִדיש, אַ ווײַטערדיקער גילגול פֿון דער פֿרײַלאַנד־ליגע פֿאַר דער ייִדישער טעריטאָריאַליסטישער קאָלאָניזאַציע — וואָס דאָס איז געווען זייער אַ פּאַרטייִשע אָרגאַניזאַציע. גלײַכצײַטיק איז ער אָפֿיציעל געוואָרן דער שעף־רעדאַקטאָר פֿון אויפֿן שוועל. איך זאָג „אָפֿיציעל" ווײַל ער האָט רעדאַקטירט דעם זשורנאַל מער ווי צוויי יאָרצענדליק פֿאַר דעם, נאָר מחמת זײַן גרויסן ייִראת־הכּבֿוד פֿאַר זײַן פֿירגייער, ד"ר יצחק־נחמן שטיינבערג, האָט ער זיך פּשוט ניט געקענט אָנרופֿן „רעדאַקטאָר".

אין יענער צײַט, ווען פּאָליטישע אידעאָלאָגיע האָט נאָך געשפּילט אַזאַ גרויסע ראָלע אין ייִדישן לעבן, האָט געפֿאָדערט וויזיע און מוט צו שאַפֿן אַן אומפּאַרטייִשע ייִדישיסטישע אָרגאַניזאַציע. ער האָט אָבער פֿאַרשטאַנען אַז מע נייטיקט זיך אין אַחדות אויף דער ייִדישער גאַס. וויל איך טאַקע פֿאַרענדיקן מיט זײַנע אייגענע ווערטער, וואָס ער האָט געשריבן אין אויפֿן שוועל ווען ער האָט פֿאַרלייגט די ייִדיש־ליגע:

> מיר ווילן אַרבעטן לטובֿת מאַמע־לשון דורך מאָנען חזיון, פֿאַרמעסט, קוואַליטעט, עטישקייט. יאָ, און אויך וואַרעמקייט, נאָענטשאַפֿט, משפּחהדיקייט. די ייִדיש־וועלט איז אײַנגעשרומפּן, קליין. לאָמיר מיט קוואַליטעט און חבֿרשאַפֿט פּרוּוון קאָמפּענסירן פֿאַרן שוידערלעכן אָפּקום אין קוואַנטיטעט. יאָ, ייִדיש גייט באַרג־אַראָפּ, אָבער מיר זענען נישט גרייט זיך אונטערצוגעבן.
>
> נאָך איין פּרט: די ייִדיש־ליגע וויל זײַן באמת איבערפּאַרטייִש, און באַווײַזן דאָס „אוממעגלעכע": איטלעכער, וואָס ייִדיש איז בײַ אים נישט קיין טפֿל, זאָל קענען זיך בײַ אונדז פֿילן אין דער היים: בונדיסטן און ציוניסטן, איקופֿיסטן און טעריטאָריאַליסטן, פּועלי־ציון, אַנאַרכיסטן און אַגודיסטן. אויב ניקסאָן האָט געקענט מאַכן שלום מיט מאַאָ צע־טונג, און סאַדאַט — מיט בעגין, איז נישט צו פֿאַרשטיין, למאַי בײַ אונדז אין דער ייִדיש־וועלט זאָל אַזוינס נישט געמאָלט זײַן.
>
> די ייִדיש־ליגע באַווײַזט זיך אַצינד אויף דער ייִדישער גאַס. לאָמיר האָפֿן, אַז מע וועט איר אַרבעט אָפּשאַצן.

און אויב עס איז נאָך הײַנט געבליבן אַ שטיקל ייִדיש־וועלט און אויב ייִדיש בליט דווקא דאָרט ווּ מע האָט זיך נישט פֿאָרגעשטעלט אַז סע וועט נאָך אַ מאָל בליִען איז עס צום גרויסן טייל אַ דאַנק אים, ד"ר מרדכי שעכטערן, מיט זײַן עקשנות, מיט זײַן וואַרעמקייט און מיט זײַן חזיון.

שבֿע צוקער איז זינט 2005 דער אויספֿיר־סעקרעטאַר פֿון דער ייִדיש־ליגע און דער רעדאַקטאָר פֿון **אויפֿן שוועל**. זי איז אַ לערערין אין דער פּראָגראַם אין ייִדישער שפּראַך, ליטעראַטור און קולטור א"נ אוריאל ווײַנרײַך. זי איז אַ 15-14 יאָר געווען ד"ר שעכטערס אַ תּלמידה און האָט זיך דערנאָך אַ לעבן לאַנג געלערנט בײַ אים.

שמואל ראָזענקראַנץ

דער לעצטער ייִד אין אויסטראַליע וואָס געדענקט נאָך ד״ר יצחק־נחמן שטיינבערגן

סאַטיריש פּאָסטקאַרטל וועגן ד״ר שטיינבערגן אין אויסטראַליע

בשעת מײַן זײַן דעם נאָוועמבער צוויי וואָכן אין מעלבורן, אויסטראַליע, איז מיר אויסגעקומען זיך צו טרעפֿן מיט שמואל ראָזענקראַנצן. ראָזענקראַנץ, אַ געוועזענער פּרע־זידענט פֿון ציוניסטישן ראָט אין מעלבורן און אַ געוועזענער פּרעזידענט פֿון חורבן־צענטער, איז לכל־הדעות דער לעצטער מענטש אין אויס־טראַליע וואָס האָט גוט געקענט ד״ר יצחק־נחמן שטיינבערגן. ווי אונדזערע לייענערס קערן געדענקען איז ד״ר שטיינבערג געווען דער צוויי־טער רעדאַקטאָר פֿון אויפֿן שוועל (1943-1957) ווען ס'איז נאָך געווען דער אָרגאַן פֿון דער פֿרײַלאַנד־ליגע פֿאַר דער ייִדישער טעריטאָריאַליסטישער קאָלאָניזאַציע ווי אויך דער גענעראַל־סעקרעטאַר פֿון דער ליגע. ראָזענקראַנץ האָט זיך באַקענט מיט אים ווען ער איז געקומען קיין מעלבורן אַגיטירן פֿאַר אַ ייִדישער טערי־טאָריע אין קימבערליי, מערבֿ־אויסטראַליע און געדענקען וועט ער אים ביזן סאַמע לעצטן טאָג פֿון זײַן לעבן, אַזאַ שטאַרקן רושם האָט ער אויף אים געמאַכט.

ווען ד״ר שטיינבערג איז געקומען קיין אויסטראַליע אין 1939 איז שמואל ראָזענקראַנץ געווען אַ יונגער 17־יאָריקער בחור, דער זון פֿון גאַליציאַנער. אין ווין האָט ער זיך געלערנט אין אַ העברעיִשער גימנאַזיע, געשריבן פּאָעזיע אויף דײַטש און האָט געקענט ווייניק ייִדיש. ער איז געווען ציוניסטיש געשטימט און האָט אין ווין אין 1938 מיט צוויי אַנדערע חבֿרים געשאַפֿן אַ הבונים־גרופּע.

אין מעלבורן איז אַפֿילו די ציוניסטישע סבֿיבֿה געווען גאַנץ אַסימילירט און דאָס איינציקע אָרט וווּ ער האָט זיך געקענט פֿילן אין דער היים איז געווען אין דער קדימה, אַ ייִדישע קולטור־אָרגאַניזאַציע וואָס איז נאָך הײַנט אַקטיוו. ער האָט אײַנגעזען אַז ייִדיש איז אַ טייל פֿון דעם דאָרטיקן ייִדישן לעבן און האָט אָנגעהויבן לייענען אַ ייִדיש וואָכנבלאַט און זיך לערנען ייִדיש פּריוואַט מיטן באַקאַנטן פּעדאַגאָג יוסף גיליגיטש.

איין מאָל אין אַן אָוונט איז ער געגאַנגען אין קדימה אין קאַרל־טאָן, דער דעמאָלטיקער ייִדישער געגנט, צו הערן יצחק־נחמן שטיינבערגן. כאָטש ער איז געווען ווײַט אידעאָלאָגיש פֿון טערי־טאָריאַליזם האָט ער געוואָלט הערן אַ ייִדיש וואָרט. אין זאַל זײַנען געווען מער ווי 300 צוהערערס. נאָך דער רעדע איז ער צוגעגאַנגען צו שטיינבערגן און אים געזאָגט אַז ער שרײַבט דײַטשע פּאָעזיע, האָט ד״ר שטיינבערג אים געהייסן קומען צו אים אין האָטעל ווינדזאָר (זייער אַ שיינער האָטעל וווּ שטיינבערג איז אײַנגעשטאַנען ביז דאָס געלט וואָס מע האָט אים געשיקט פֿון ענגלאַנד איז אויסגעגאַנגען און ער איז אַריבער אין דער פּריוואַטער היים פֿון דער משפּחה ראָטבערג אין קאַרלטאָן). ראָזענקראַנץ האָט געזאָגט דעם אַרבעטער בײַם אויפֿ־נעמטיש אַז ער וויל רעדן מיט ד״ר שטיינבערגן און מע האָט אַרויפֿ־געקלונגען צו אים. כאָטש דער אָנגעשטעלטער האָט געזאָגט אַז ער האָט געזען ווי ד״ר שטיינבערג קומט אַרײַן האָט קיינער נישט געענט־פֿערט. „מסתּמא דאַוונט ער", האָט ער געזאָגט. ראָזענקראַנץ איז געבליבן געפּלעפֿט. נישט אויף אַזוינס האָט ער זיך געריכט פֿון

דעם באַרימטן רעוואָלוציאָנער. ער איז אַרויף און געזען ווי יצחק־נחמן שטיינבערג דאַוונט אין טלית־און־תּפֿילין. ווען ער האָט אויסגעטאָן די תּפֿילין האָט ד"ר שטיינבערג געזאָגט צו ראָזענקראַנצן אויף ייִדיש:

„יונגער־מאַן, איר וווּנדערט זיך".

„יאָ, אַז לענינס יוסטיץ־מיניסטער זאָל דאַוונען".

„איך האָב גדינט אַ סך עבֿודה־זרות", האָט ער געענטפֿערט, „און בין צוריקגעקומען אַהיים".

זינט יענער טרעפֿונג איז שמואל ראָזענקראַנץ געוואָרן ד"ר שטיינבערגס אַ חסיד, אויף אַזוי ווײַט אַז מאָריס כּהן, אַן אַדוואָקאַט און דער ערן־סעקרעטאַר פֿון דער ציוניסטישער אָרגאַניזאַציע, האָט אים געזאָגט, „איך וויל דו זאָלסט זיך אָפּטשעפּען פֿון שטיינבערגן". דער יונגער ראָזענקראַנץ האָט אים געענטפֿערט, „מאָריס, איך בין נאָך אַלץ געטרײַ מײַן גלויבן אין ציוניזם און דעם ציל פֿון אַ ייִדישער מדינה אָבער אויב מיר קענען דערמיט ראַטעווען אַפּילו טויזנט ייִדן איז דער [קימבערליי־] פּראָיעקט כּדאַי".

ווען ד"ר שטיינבערג האָט ראָזענקראַנצן געפֿרעגט „אַלס אַ יונגער מענטש ביסטו גרייט צו פֿאָרן קיין קימבערליי?" האָט ער אים געענטפֿערט „אַז מײַן צוקונפֿטיקע פֿרוי וועט מסכּים זײַן וועל איך גיין". געגאַנגען איז ער נישט אָבער זײַן ווײַב האָט געזען ווי ער פֿאַרנעמט זיך מיט שטיינבערגן „אַזוי ווי קימבערליי וואָלט געווען ארץ־ישׂראל". אַ דאַנק ד"ר שטיינבערגן, זאָגט ער, האָט ער זיך אַזוי גוט אויסגעלערנט ייִדיש (און רעדן רעדט ער ווי אַ געבוירענער ייִדיש־רעדער).

אויף מײַן פֿראַגע וואָס אַזוינס בײַ שטיינבערגן האָט אים אַזוי פֿאַרכּישופֿט האָט ער זיך אָפּגעשטעלט אויף זײַן אינטעליגענץ און זײַן טיפֿן וויסן פֿון ייִדישע מקורים. דערצו איז ער געווען אַ גלענצנדיקער רעדנער (סײַ אויף ייִדיש סײַ אויף ענגליש) און זײַן שפּראַך איז געווען „אויסעראָרדנטלעך". אין אויסטראַליע האָט ער די נישט־ייִדן געוואָלט איבערצײַגן אַז ייִדישע קאָלאָניזאַציע איז נישט קיין סכּנה פֿאַר די אַרבעטערס אין לאַנד. צו ייִדן האָט ער גערעדט זייער פּשוט און דירעקט: „ראַטעוועט ייִדן". עס איז דאָרט געווען אַ גרופּע יונגע־לײַט ווי, למשל, דער קינסטלער יאָסל בערגנער און דער שרײַבער יאָסל בירשטיין, וואָס זײַנען נישט דווקא געווען קיין טעריטאָ־ריאַליסטן אָבער וואָס זײַנען געווען צוגעצויגן צו שטיינבערגן און זיך גע־האַלטן נאָענט צו אים. ווען דער קימבערליי־פּראָיעקט איז דורכגעפֿאַלן האָט ער זיך פֿאַרנומען מיט אָרטיקע ייִדישע ענינים און געפּרוּווט משפּיע זײַן אַז די קהילה, סײַ אין מעלבורן סײַ אין סידניי, זאָל שטיין אויף מער דעמאָקראַטישע יסודות און, צום בײַ־שפּיל, אײַנפֿירן וואַלן און זיך דער־ווײַטערן פֿון דער בריטישער סיסטעם.

[ראָזענקראַנצעס] ווײַב האָט געזען ווי ער פֿאַרנעמט זיך מיט שטיינבערגן „אַזוי ווי קימבערליי וואָלט געווען ארץ־ישׂראל".

שבֿע צוקער

שמואל ראָזענקראַנץ, מעלבורן, 2008

אויף מײַן פֿראַגע ווי באַקאַנט ד"ר שטיינבערג איז געווען אין אויסטראַליע האָט ראָזענקראַנץ געענטפֿערט אַז אויף דער נישט־ייִדישער גאַס איז ער נישט געווען אַזוי באַקאַנט. דער דורכשניט־לעכער מענטש האָט נישט געוווּסט וועגן אים, נאָר ער איז יאָ געווען באַקאַנט בײַ די אַרבעטער־פֿאַראייניגן, ווי אויך בײַ פֿעדעראַלע פּאָליטיקערס. אין די נישט־ייִדישע צײַטונגען האָט מען געשריבן נישט דווקא וועגן ד"ר שטיינ־בערגן נאָר וועגן דעם קימבערליי־פּראָיעקט. אויף דער ייִדישער גאַס איז אָבער געווען אַנדערש. „ער איז באַקאַנט בײַ מײַן דור און אַפּילו בײַ די ענגלישע ייִדן" (ד"ה, די וואָס האָבן נישט געקענט קיין ייִדיש). אַ סך זײַנען געווען קעגן אים אָבער אַפּילו ציוניסטן האָבן זיך אָנגעשלאָסן ווײַל אפֿשר וועט מען דורך קימבערליי דאָך קענען ראַטעווען ייִדן. ס'איז קלאָר אַז פֿאַר שמואל ראָזענ־קראַנצן איז די באַקאַנטשאַפֿט מיט ד"ר שטיינבערגן געבליבן איינער פֿון די הויכפּונקטן פֿון זײַן לעבן.

„איך בין געווען פֿאַרכּישופֿט פֿון שטיינבערגן", האָט ער געזאָגט מיט אַ שמייכל, „און איך בין ווײַטער פֿאַרכּישופֿט".

— שבֿע צוקער

פֿון דעם רעדאַקטאָר

ווי דער לייענער קער שוין זיכער וויסן פּראַווען די ייִדיש־ליגע/אויפֿן שוועל הײַיאָר — אין 2011-2010 — עטלעכע זייער וויכטיקע יובֿלען. אין מאַרץ 1941 האָט זיך באַוויזן דער ערשטער נומער אויפֿן שוועל, און ער קומט שוין אַרויס אָן אויפֿהער במשך די לעצטע זיבעציק יאָר — נישט קיין קלײנער אויפֿטו אין אַ וועלט ווו אַפֿילו צײַטונגען און צײַטשריפֿטן אויף ענגליש און אַנדערע גרעסערע שפּראַכן שליסן זיך יעדע וואָך. נישט נאָר פּראַווען מיר דעם 70סטן יובֿל פֿון אויפֿן שוועל, נאָר דערצו פּראַווען מיר אויך דעם 30סטן יובֿל פֿון דער ייִדיש־ליגע און דעם 75סטן יובֿל פֿון דער עטאַבלירונג פֿון אונדזער ערשטן אַרויסגעבער, די פֿרײַלאַנד־ליגע פֿאַר דער ייִדישער טעריטאָריאַליסטישער קאָלאָניזאַציע.

אין דעם נומער וועלן מיר צוריקשפּאַצירן דורך די יאָרן מיט אַן אָפּקלײַב פֿון אַרטיקלען פֿון די לעצטע 70 יאָר כּדי זיך צו באַקענען מיט דער געשיכטע פֿון דעם זשורנאַל (און די אָרגאַניזאַציעס וואָס האָבן אים אַרויסגעגעבן), ווי אויך צו זען ווי די צײַטן האָבן זיך אָפּגעשפּיגלט אין אים. דער חורבן, פּליטים, ישׂראל, דער אײַכמאַן־פּראָצעס, דאָס געראַנגל פֿאַר סאָוועטישע ייִדן און, פֿאַרשטייט זיך, די מערכה פֿון ייִדיש איבער דער גאָרער וועלט זײַנען צווישן די טעמעס וואָס דער לייענער וועט געפֿינען אין דעם היסטאָרישן נומער. ווי זינגט זיך עס אינעם ליד „ברוך־אַתּה": „אַלטע קלאַנגען לאַנג פֿאַרגאַנגען? ניין, ס'קלינגט נאָך אַצינד". געוויסע טעמעס באַלאַנגען איצט טאַקע נאָר צו דער געשיכטע, אָבער אַנדערע זײַנען נאָך אַלץ אַ טייל פֿון דער ייִדישער פּראָבלעמאַטיק בײַם הײַנטיקן טאָג און די געדאַנקען דאָ אויסגעדריקט קלינגען אַזוי פֿריש, אָריגינעל און רעלעוואַנט ווי מיט 15, 20, 30, 40 אָדער אַפֿילו 50 אָדער 70 יאָר צוריק. דער אַרײַנפֿיר צו דער געשיכטע פֿון אויפֿן שוועל ברענגט אַרויס די הויכפּונקטן פֿון דעם געדרוקטן במשך די פֿאַרגאַנגענע 70 יאָר און וועט אויך אָריענטירן דעם לייענער אין דער געשיכטע פֿון זשורנאַל, ווי אויך פֿון די אָרגאַניזאַציעס וואָס האָבן אים אַרויסגעגעבן.

אַזוי ווי מיר האָבן געוואָלט איבערגעבן דעם טעם פֿון די צײַטן האָבן מיר בײַם צוגרייטן די אַרטיקלען פֿון פֿרײַערדיקע נומערן צום דרוק ניט געביטן דעם טעקסט אָדער די שפּראַך, כאָטש דאָ און דאָרט האָבן מיר יאָ געקירצט. מיר האָבן זיך אויך בדרך־כּלל געהאַלטן בײַ דער אָרטאָגראַפֿיע פֿון יענע צײַטן סײַדן דער אויסלייג פֿון אַ געוויס וואָרט האָט אונדז אויסגעזען ווי אַ בפֿירושער טעות.

אויפֿן שוועל

גילגול פֿון אַ ייִדיש־זשורנאַל

דורכבלעטערנדיק אַלטע נומערן אויפֿן שוועל האָב איך אין דעם נומער לכּבֿוד דעם 20סטן יובֿל פֿון דעם זשורנאַל געפֿונען די אָ באַגריסונג פֿון מיכאל אַסטור, דעם מחבר פֿון דער וואָגיקער צווייבענדיקער די געשיכטע פֿון דער פֿרײַלאַנד־ליגע: „די מיטאַרבעטערס פֿון אויפֿן שוועל האָבן געווינטשן נאָך פֿונעם פּרעזידענט פֿון דער ערשטער טעריטאָריאַליסטישער אָרגאַניזאַציע, ישׂראל זאַנגוויל, דעם מוט צו זײַן 'קעמפֿערס פֿון אומפּאָפּולערע אידעען'" (יוני־יולי 1962, ז' 3). מיט אַ פּאָר נומערן שפּעטער געפֿינען מיר אַזאַ באַגריסונג פֿון דעם שרײַבער מלך ראַוויטש: „עס איז גוט צו וויסן וואָס דער ייִדישער געדאַנק האָט אָט די טריבונע, אָט אָ די נישט־קאָנפֿאָרמיסטישע פֿרײַלאַנד" (יוני־יולי 1962, ז' 6).

כּדי צו פֿאַרשטיין וואָס עס זײַנען געווען די אַלטע „אומפּאָפּולערע אידעען" און אין וואָס עס איז באַשטאַנען דער „ניט־קאָנפֿאָרמיזם" וואָס ראַוויטש הייבט אַרויס, לאָמיר

מיכאל אַסטור, מחבר פֿון די געשיכטע פֿון דער פֿרײַלאַנד־ליגע, 1975 משפּחה שעכטער

צוריקשפּאַצירן צוריק מיט 70 יאָר צו פֿאַרשטיין וועגן וואָס דער זשורנאַל האָט געשריבן דורך די יאָרן, ווי אַזוי ער האָט זיך אויפֿגעהאַלטן און אויף וויפֿל ער איז געבליבן אָדער אַוועק פֿון זײַן תּחילתדיק שליחות.

אויפֿן שוועל האָט אין אָנהייב, פֿון 1941 ביז די סוף 1970־ער יאָרן, ווי איר ווייסט שוין מסתּמא, געדינט ווי דער אָרגאַן פֿון אַ פּאָליטישער באַוועגונג וואָס האָט געהייסן „די פֿרײַלאַנד־ליגע פֿאַר דער ייִדישער טעריטאָריאַליסטישער קאָלאָניזאַציע". פֿרײַלאַנד, אַ יורש פֿון די סאָציאַליסטן־טעריטאָריאַליסטן און פֿון ישׂראל זאַנגווילס פֿריִערדיקער ייִדישער טעריטאָריאַליסטישער אָרגאַניזאַציע וואָס איז זיך געהאַט צעפֿאַלן אין 1925, איז אויפֿגעקומען ווי אַ רעזולטאַט פֿון דעם עקאָנאָמישן קריזיס אין די 1930ער יאָרן און פֿון היטלערס קומען צו דער מאַכט.

פֿון דעם עדיטאָריאַל וואָס געפֿינט זיך אויף דער סאַמע ערשטער זײַט פֿון דעם נײַעם זשורנאַל, געשריבן פֿון בן־אַדיר (פּסעוודאָנים פֿון אַבֿרהם ראָזין), דעם ערשטן רעדאַקטאָר פֿון אויפֿן שוועל, קען מען גלײַך זען אַז די פֿרײַלאַנד־ליגע און איר אָרגאַן אויפֿן שוועל זײַנען געווען אַן אָפּרוף אויף דעם וועלט־קריזיס. אַ טעריטאָריאַליסט צוליב אידעאָלאָגישע סיבות, האָט בן־אַדיר געגלייבט אַז מאָדערנע ייִדן און ייִדישקייט קענען זיך נישט אויפֿהאַלטן קעגן דער טאָפּעלער סכּנה פֿון אַנטיסעמיטיזם פֿון איין זײַט און אַסימילאַציע פֿון דער צווייטער. נאָר דורך וווינען אין זייער אייגענער טעריטאָריע, האָט ער געהאַלטן, האָבן ייִדן געקענט האָבן אַ געזונט, בלײַענדיק ייִדיש לעבן. די עקסט וואָגיקע געשעענישן פֿון די 1930ער יאָרן האָבן דערפֿירט דערצו אַז זײַן טעריטאָריאַליזם זאָל זײַן באַזירט אויך אויף פּראַקטישע יסודות.

ער הייבט אָן זײַן אַרטיקל מיט די ווערטער:

> ס'איז אויסגעבראָכן אַ וועלט־קאַטאַסטראָפֿע, און נאָך פֿרײַער פֿאַר איר און צוזאַמען מיט איר – די גרעסטע און שוידערלעכסטע קאַטאַסטראָפֿע פֿון ייִדישן פֿאָלק.... דאָס ייִדישע פֿאָלק מוז זיך פֿאַרשאַפֿן אַן אייגן לאַנד און בויען דאָרט אַ היים פֿאַר זיך – אַ היים, וואָס זאָל זײַן אַ זיכערער מקום־מיקלט פֿון די באַזונדערע, ספּעציפֿישע ייִדישע פּלאָגן; אַ היים פֿאַר אַ נאָרמאַלן, נאַטירלעכן, געזונטן און פֿולבלוטיקן נאַציאָנאַלן לעבן [...]

די ווערטער אויפֿן שוועל קומען ערשט נאָענט צום סוף:

> דאָס באַוווּסטזײַן, אַז מיר שטייען אויפֿן שוועל פֿון אַ נײַער וועלט, דרינגט דורך וואָס ווײַטער אַלץ טיפֿער די ברייטע שיכטן פֿון דער באַפֿעלקערונג. ווי אַזוי זאָל אָט די נײַע וועלט געשטאַלטעט ווערן און ווי אַזוי זאָל אין איר געשטאַלטעט ווערן דאָס לעבן פֿון ייִדישן פֿאָלק – דאָס זײַנען איצט אַקטועלע פּראָבלעמעס פֿון טאָג (ז' 4) [...]

פֿון בן־אַדירס שלוסווערטער, אַז אויפֿן שוועל וועט ניט זײַן „ענג פּאַרטייִש און דאָגמאַטיש", טאָר מען נישט דרינגען אַז דער זשורנאַל וועט זײַן אַ פּלאַטפֿאָרמע פֿאַר כּלערליי פּאָליטישע געדאַנקען, נאָר גיכער, ווי ער גיט ווײַטער צו פֿאַרשטיין, אַז דער זשורנאַל וועט „געבן פּלאַץ פֿאַר די פֿאַרשיידענע ריכטונגען און שאַטירונגען פֿון טעריטאָריאַליסטישן געדאַנק, אומאָפּהענגיק פֿון דעם צי די רעדאַקציע איז מיט זיי מסכּים צי ניט".

אָט די טעריטאָריאַליסטישע אָריענטירונג האָט טאַקע דעפֿינירט דעם תּוכן פֿונעם זשורנאַל אַ היפּש ביסל יאָרן. כּמעט אַלצדינג וואָס מע האָט געדרוקט אין אויפֿן שוועל במשך די ערשטע זעכצן יאָר פֿון זײַן עקסיסטענץ, ד"ה ביז דער פּטירה פֿון דעם צווייטן רעדאַקטאָר, ד"ר יצחק־נחמן שטיינבערג, איז ווי נישט איז פֿאַרבונדן מיט טעריטאָריאַליזם און מיט דיסקוסיעס וואָס עס הייסט צו זײַן אַ פֿאָלק, די יסודותדיקע פֿילאָסאָפֿישע פֿראַגע אויף וועלכער ס'איז געבויט דער טעריטאָריאַליזם. אַ קיצור, דער זשורנאַל האָט עקסיסטירט כּדי צו פֿאַרשפּרייטן די צילן פֿון דער פֿרײַלאַנד־ליגע וואָס האָט געהאַט פֿאַר איר הויפּטציל:

> אַ קאָנצענטרירטע ייִדישע לאַנדווירטשאַפֿטלעכע און אינדוסטריעלע קאָלאָניזאַציע אויף אַ ניט־באַפֿעלקערטער אָדער כּמעט ניט־באַפֿעלקערטער טעריטאָריע אין אַ דעמאָקראַטיש לאַנד, וואָס זאָל זײַן אַ זיכערער יסוד פֿאַר סאָציאַל־עקאָנאָמישער און נאַציאָנאַל־קולטורעלער אַנטוויקלונג פֿונעם ייִדישן פֿאָלק. [הקדמה: די געשיכטע פֿון דער פֿרײַלאַנד־ליגע (בוענאָס־אײַרעס־ניו־יאָרק: פֿ"ג פֿרײַלאַנד־ליגע, 1967, ז 2)]

פּאָליטישע אויטאָנאָמיע איז נישט געווען קיין מוז. אַזוי ווי די באַוועגונג איז אויפֿגעקומען ווי אַ סגולה צו די צרות פֿון אייראָפּעיִשע ייִדן בכלל, און מיזרח־אייראָפּעיִשע ייִדן בפֿרט, האָט דאָס אָפֿיציעלע לשון פֿון דער טעריטאָריע געזאָלט זײַן ייִדיש. די מדרגה פֿון ייִדישיזם לשמה ווי עס שפּיגלט זיך אָפּ אין דעם זשורנאַל, אַקעגן דעם צוגאַנג אַז ייִדיש איז פּשוט דער נאַטירלעכער לינגוויסטישער אויסדרוק פֿון דעם פֿאָלק, האָט זיך געביטן פֿון רעדאַקטאָר צו רעדאַקטאָר און פֿון שרײַבער צו שרײַבער.

צום גליק האָט די פֿרײַלאַנד־ליגע (ווי אויך אויפֿן שוועל) געהאַט ווי אַ מנהיג אין יענע גורלדיקע יאָרן פֿון פּרוּוון פֿאַרווירקלעכן די טעריטאָריאַליסטישע וויזיע דעם אויסערגעוויינטלעכן מענטש און ייִד, ד"ר יצחק־נחמן שטיינבערג. כאָטש הײַנט האָט מען אים כּמעט ווי פֿאַרגעסן איז שטיינבערג, לויט מײַן מיינונג, איינס פֿון די סאַמע פֿאַרכאַפּנדיקסטע געשטאַלטן פֿון דער ייִדישער געשיכטע פֿון צוואַנציקסטן יאָרהונדערט. סײַ אַ פֿרומער ייִד סײַ אַ רעוואָלוציאָנער, האָט ער געדינט ווי פֿאָלקס־קאָמיסאַר פֿאַר יוסטיץ אין לענינס קאַבינעט (ביז ער האָט זיך אַליין דעמיסיאָנירט אין אָנהייב 1918). אין 1923 איז ער אַנטלאָפֿן קיין רוסלאַנד צוליב פּאָליטישע סיבות, האָט זיך באַזעצט אין בערלין און מיט צען יאָר שפּעטער איז ער

אַריבער פֿון דײַטשלאַנד קיין לאָנדאָן, וווּ ער האָט זיך אַרײַנגעוואָרפֿן אין דער אַרבעט פֿון דער פֿרײַלאַנד־ליגע און איז אין 1937 געוואָרן איר גענעראַל־סעקרעטאַר. אין זײַנע עסייען וואָס האָבן זיך אָפֿט געדרוקט אין אויפֿן שוועל האָט ער אַרויסגעהויבן גײַסט־ייִדישקייט אַקעגן מלוכה־ייִדישקייט. ער, און דורך אים פֿרײַלאַנד, האָבן געזוכט אַ היים פֿאַר דעם ייִדישן גוף אָבער גלײַכצײַטיק אַן אָרט וווּ די ייִדישע נשמה זאָל זיך קענען פֿרײַ אַנטוויקלען אין כּלערליי ריכטונגען.

במשך איר עקסיסטענץ האָט זיך די פֿרײַלאַנד־ליגע אונטערגענומען פֿאַרשיידענע פּראָיעקטן, וועלכע מיט מער הצלחה, וועלכע מיט ווייניקער, ס'רובֿ פֿון זיי אונטער שטיינבערגס פֿירערשאַפֿט. אויף דער עוויאַנער קאָנפֿערענץ אין זומער 1938 האָט די ליגע געצויגן דעם אויפֿמערק פֿון דער וועלט. פּרעזידענט רוזוועלט האָט אין דער צײַט ענערגיש געשטיצט אַ פּלאַן אין גוויאַנע. אַנדערע מעגלעכע טעריטאָריעס וואָס מע האָט אַרומגערעדט אין עוויאַן און אין אַנדערע ערטער זײַנען געווען די פֿראַנצייזישע קאָלאָניעס מאַדאַגאַסקאַר, נײַ־קאַלעדאָניע און פֿראַנצייזישע גוויאַנע, ווי אויך עקוואַדאָר, אַלאַסקע און דעם פּיס־ריווער־געגנט אין בריטישער קאָלומביע. אויף די זײַטן פֿון אויפֿן שוועל האָט מען אַוודאי געקענט לייענען וועגן די פֿאַרשיידענע פּראָיעקטן.

איין לאַנד אָבער האָט פֿרײַלאַנד נישט באַטראַכט ווי אַ מעגלעך היימלאַנד — דאָס איז געווען פּאַלעסטינע. פֿאַרקערט, מע האָט עס אָפֿט דערמאָנט ווי דאָס אָרט וווּ מע זאָל דווקא נישט עטאַבלירן קיין היימלאַנד, אָבער דאָס הייסט נישט אַז די שטעלונג לגבי ארץ־ישׂראל איז געווען דורכויס אַ נעגאַטיווע.

אין זייער אַ גוט דורכגעטראַכטן און נבֿיאישן אַרטיקל וואָס הייסט „'פֿרײַלאַנד' און ארץ־ישׂראל", געדרוקט אין אויפֿן שוועל נאָוועמבער 1941, האָט ד"ר שטיינבערג אַרומגערעדט סײַ די פֿרײַלאַנד־פּאָזיציע לגבי פּאַלעסטינע ווי אַ היימלאַנד סײַ די אַראַבער־פֿראַגע. רעדנדיק פֿון דער טעריטאָריאַליסטישער פּערספּעקטיוו, אַז די גײַסטיקע השׂגה פֿון פֿאָלק ישׂראל איז נאַטירלעך העכער פֿון דער פֿיזישער השׂגה פֿון ארץ־ישׂראל וואָרנט ד"ר שטיינבערג קעגן אַוועקמאַכן מיט דער האַנט צוליב דעם די וויכטיקייט פֿון דער הײַנטצײַטיקער פּאַלעסטינע. אויב די ביבלישע באַרעכטיקונג אָדער די באַרעכטיקונג צוליב דעם חורבן איז נישט גילטיק איז אָבער דאָ איין טענה וואָס מע קען יאָ אָנווענדן און דאָס איז דער פֿאַקט פֿון דער נײַ־געשאַפֿענער מאָדערנער פּאַלעסטינע.

> אָט די 500,000 ייִדישע מענטשן [...] האָבן געשאַפֿן אַ נײַעם היסטאָרישן גרונד פֿאַר רעכט אויף ארץ־ישׂראל. דאָס קען מען ניט מבֿטל מאַכן אויף קיין שום שלום־קאָנפֿערענץ [...] אמת, אַפֿילו מיט אָט דעם כּוח פֿון שעפֿערישקייט קען מען ניט באַזיגן דעם ווילן פֿון די אַראַבישע נאַציאָנאַליסטן צו זײַן באַלעבאַטים „בײַ זיך אין דער היים". אָבער ווער זאָגט עס, אַז מע מוז אים באַזיגן אויף יענע דרכים, מיט וועלכע דער אָפֿיציעלער ציוניזם איז געגאַנגען ביז איצט? (ז' 4)

די אונטערשטע שורה: פֿרײַלאַנד און, פֿאַרשטייט זיך, אויך אויפֿן שוועל, האָבן אָפּגעוואָרפֿן דעם ציוניזם ווי דער ענטפֿער ווײַל די פֿראַגע פֿון דעם שײַכות צווישן ייִדן און אַראַבער אין פּאַלעסטינע איז געווען קאָמפּליצירט, פֿאַרוויקלט, און אָן אַ לייזונג. דערצו האָבן זיי געהאַלטן אַז נישט אַלע ייִדן וואָס האָבן געוואָלט אָדער געדאַרפֿט זיך דאָרטן באַזעצן האָבן דאָס געקענט טאָן, בפֿרט אויב די אימיגראַציע זאָל באַהאַנדלט ווערן אויף אַן אינטעליגענטן און סיסטעמאַטישן אופֿן.

שטיינבערג וואָרנט אויך אַז כאָטש אַ טעריטאָריע פֿאַר ייִדן אין פּאַלעסטינע איז אפֿשר מעגלעך טאָר דאָס נישט זײַן דער איינציקער מקום־מיקלט:

> אַוודאי זאָל פֿאַרטיידיקט און פֿאַרשטאַרקט ווערן די קאַמפּליניע פֿון ארץ־ישׂראל. אַוודאי זאָל מען ניט אָפּשוואַכן אויף קיין איין מינוט די פּאָזיציעס, וואָס דאָס פֿאָלק האָט שוין אויסגעבויט דאָרטן. אָבער ווער פֿאַרלאָזט זיך דען — אין דער מאָדערנער סטראַטעגיע — נאָר אויף איין איינציקער פֿאַרטיידיקונג־ליניע אַליין? (ז' 4)

דאָס זוכן אַנדערע פֿאַרטיידיקונג־ליניעס, בפֿרט בשעת און תּיכּף נאָך דעם חורבן, האָט זיך אויסגעדריקט אין פֿאַרשיידענע קאָלאָניזיר־פּראָיעקטן. די וואָס האָבן זיך צום מערסטן אַנטוויקלט זײַנען געווען די קאָלאָניזיר־פּראָיעקטן אין אויסטראַליע און סורינאַם. אַ רעזאָלוציע וואָס מע האָט אָנגענומען אויף אַ מאַסן־פֿאַרזאַמלונג פֿון דער ליגע, דעם 16טן יאַנואַר 1945, און אָפּגעדרוקט אין אויפֿן שוועל (יאַנ'־פֿעב' 1945), קלערט

י.־נ. שטיינבערג, פֿאָלקס־קאָמיסאַר פֿאַר יוסטיץ, מאָסקווע, 1917

אויף ווי פֿרײַלאַנד האָט זיך אָפּגערופֿן אויף דעם חורבן:

> צוליב די שווערע אויסזיכטן פֿון אַ רווינירטער אייראָפּע מוז מען איצט זוכן אַ נײַע היים פֿאַר ייִדן אין די דעמאָקראַטישע לענדער וואָס ווילן פֿאַרגרעסערן זייער באַפֿעלקערונג.

צווישן די לענדער, שרײַבט שטיינבערג, „טיילט זיך אויסטראַליע אויס ווי דאָס לאַנד פֿון גרעסטע ערוואַרטונגען [...] פֿאַר די ייִדן" (ז' 25).

אין אויסטראַליע האָט פֿרײַלאַנד געלייגט גרויסע האָפֿענונגען אויף אַ פּלאַן צו באַזעצן ייִדן אין קימבערלי, אַ טעריטאָריע אין סאַמע צפֿון פֿון מערבֿ־אויסטראַלישן שטאַט. דער „ווינקל" וועגן וועלכן ס'האָט זיך געריידט איז געווען אַ שטח פֿון 10,600 קוואַדראַטמײַל, מיט אַנדערע ווערטער: מער־ווייניקער די גרייס פֿון בעלגיע, און מיט אַ באַפֿעלקערונג – אין יענער צײַט – פֿון 460,000 נפֿשות וואָס כּמעט אַ העלפֿט פֿון זיי האָבן געוווינט אין דער הויפּטשטאָט פּערט.

די ליגע האָט געשיקט ד"ר שטיינבערגן קיין אויסטראַליע אין מײַ 1939 ווו ער איז צוליב דער מלחמה געבליבן שטעקן ביז 1943. פֿאַרשטייט זיך, אַז אין אויפֿן שוועל פֿון יענע יאָרן קען מען געפֿינען אַ סך אַרטיקלען וועגן אויסטראַליע, מיט דעם טראָפּ אויף די פּאָליטישע און פֿילאָסאָפֿישע אַספּעקטן פֿון קאָלאָניזאַציע. אין דער רובריק „פֿרײַלאַנד־כראָניק", למשל, געפֿינען מיר די נאָטיץ מיט דעם קעפּל „אויסטראַלישע רעגי־רונג באַטראַכט דעם פּלאַן פֿאַר ייִדישער קאָלאָניזאַציע":

> ד"ר י. נ. שטיינבערג, וועלכער געפֿינט זיך איצט אין אויסטראַליע, האָט שוין באַוויזן צו פֿאַראינטערעסירן מיט זײַן פּראָיעקט די אויסטראַלישע רעגירונג, אויפֿווײַזנדיק איר, אַז די געגנט פֿון איסט־קימבערלי, אַ געוואַלדיקער שטח וואָס פּוסטעוועט דאָרט, וואָלט געקענט געבן אַ היים ייִדן און גלײַכצײַטיק זײַן אַ ברכה פֿאַר אויסטראַליע און פֿאַר דער בריטישער אימפּעריע בכלל [...] (יוני 1941, ז' 15).

דער פּלאַן האָט, פֿאַרשטייט זיך, אויך געהאַט קעגנערס. אין אויפֿן שוועל קען מען לייענען וועגן דעם ווי אַזוי די ציוניסטן, סײַ אין אַמעריקע, סײַ אין דעם לאַנד פֿון קאָ־לאָניזאַציע, האָבן באַקעמפֿט די פֿאַרשיידענע קאָלאָניזיר־פּלענער. אין אַפּריל־מײַ 1945 האָט ד"ר שטיינבערג, אין אַן אַרטיקל מיטן טיטל „ווי אויסטראַלישע ציוניסטן באַקעמפֿן פֿרײַלאַנד", פֿאַרנאָטירט די רעאַקציע פֿון מיסטער באָאַז, דער וויצעפּרעזידענט פֿון דעם ראָט פֿון אויסטראַלישע ייִדן וואָס

די קאַריקאַטור מיטן אונטערטיטל „דאָס זוכן אַן אָפֿענע טיר" וועגן אַן אויף דער פּראָבלעם פֿון ייִדישער היימלאָזיקייט. לאָנדאָנערס דײַערי, דעם 2טן אויגוסט 1946

האָט בכּיוון אַרויסגעלאָזט קימבערלי פֿון אַ מעמאָראַנדום וועגן דער ייִדישער אימיגראַציע אַהין.

נאָך דעם דורכפֿאַל פֿון דעם קימבערלי־פּראָיעקט האָט אויפֿן שוועל זיך קאָנצענטרירט אויף פֿרײַלאַנדס פּרווו צו שאַפֿן אַ ייִדישע טעריטאָריע אין דער האָלענדישער גוויאַנע, סורינאַם. אין יאַנ'-פֿעב' 1947 זעט זיך קלאָר אָן אויף דער ערשטער זײַט דאָס קעפּל „האָלאַנד מאַכט אָנבאָט צו ייִדן":

> דעם 17טן פֿעברואַר האָט דער גאָווערנאָר פֿון סורינאַם טעלעגראַפֿירט דער פֿרײַלאַנד־ליגע דעם באַשלוס פֿון פּאַרלאַמענט און האָט אײַנגעלאַדן אַן עקספּערטן־קאָמיסיע אויסצופֿאָרשן לאָקאַלע באַדינגונגען און צו דיסקוטירן מיט דער רעגירונג אַלע ענינים אין שײַכות מיט דער זאַך.

דער אַרטיקל שטייט אין דעם רעכטן שפּאַלט גלײַך לעבן אַ צווייטן אין דעם לינקן וואָס הייסט „קעגן אילוזיעס – מיטן אמת" וואָס פּסקנט לגנאַי וואָס שייך דעם טעראָריזם פֿון דעם אירגון אין ישׂראל. ווערטער זײַנען דאָ איבעריק: דער קעגנשטעל פֿון די צוויי אַרטיקלען רעדט פֿאַר זיך אַליין.

די שפּאַלטן פֿון אויפֿן שוועל גופֿא אַנטפּלעקן אָבער ווי אומפּאָפּולער עס זײַנען געווען די אַלע טעריטאָריאַליסטישע פּראָיעקטן אין ברייטערן ייִדישן לעבן. אַפֿילו ד"ר שטיינבערגס באַוווּנדערערס האָבן לאו־דווקא מסכּים געווען מיט אים. זייער אַן אינטערעסאַנטע באַגריסונג צו זײַן 60סטן געבוירן־טאָג האָט אַרײַנגעשיקט לייזער ראַן, דער צונויפֿשטעלער פֿון דעם באַנד ווילנע: ירושלים ד'ליטא (דעצ' 1948, ז' 6):

ליבער יצחק־נחמן שטיינבערג,

ביים אָפּמערקן זעקס צענדליק
אַדורכגעוואַנדערטע גאולה־דורשטיקע [...]
יאָרצענדליקער פֿאַר וועלט, מענטש און פֿאָלק אויף
אַלע פֿרעמדע וועלטשוועלן [...], אַ שטילן
אויסגעבענקטן חלום פֿון אַ היימלאָזן טרוימער פֿון
געטאָ ווילנע:

... מיט דער ישׂראל־רעגירונג וועט געוויס נישט
זײַן שווערער צו פֿאַרהאַנדלען ווי מיטן
דעמאָקראַטישן האָלאַנד, און אַנשטאָט אַ קאַלטן און
פֿרעמדן טובֿה־גלות סורינאַם איז הײַנט געקומען די
אויסגעבענקטע שעה, צו בויען אַ פֿרײַלאַנד־מאַמע־
לשון־צענטער אין אייגענעם ייִדישן נגבֿ.

ס'איז שעת־הכּושר, יצחק־נחמן!

געבענטשט זאָלט איר אונדז זײַן, מיט אַריכת־
ימים־ושנים, און אײַער 70־יאָריקן יובֿל זאָלן מיר
פֿײַערן אין פֿריידן אין נײַ־ווילנע בײַם ים־כּנרת.

לייזער ראַן
קובאַ

אין יענע צײַטן איז כּמעט אַלצדינג אין דעם זשורנאַל געווען דירעקט אָדער אומדירעקט פֿאַרבונדן מיט טעריטאָריאַליזם. אויב מע דרוקט, למשל, אַ רעצענזיע פֿון אַ ביכל האָט דאָס ביכל אַלע מאָל עפּעס צו טאָן מיט קאָלאָניזאַציע, מיט ערדאַרבעט, מיט די ענינים וואָס האָבן אַ שײַכות מיטן בויען אַן אייגענע היים אויף אַן אַגריקולטורעלן יסוד. די קאָלאָניזאַציע פֿיגורירט ווי אַן אָפּטע טעמע. אין 1941 שרײַבט אָסקאַר גאָלדבערג אַ סעריע אַרטיקלען וועגן קאָלאָניזאַציע, נישט דווקא וועגן דער ייִדישער, ווי, למשל, „ווי קאָלאָניזירן זיך די כינעזער“ (1941), „די קאָלאָניזאַציע פֿון גרינלאַנד (סעפּט' 1941), „די קאָלאָניזאַציע אין ליביע“ (נאָוו' 1941). אין 1949 האָט מאיר בורסוק אַ ריי אַרטיקלען וועגן דער ייִדישער קאָלאָניזאַציע אין אַרגענטינע. די כּוונה איז קלאָר — מע דאַרף זיך אָפּלערנען אַ משל פֿון די אַלע קאָלאָניסטן כּדי וואָס בעסער צו וויסן ווי צו שאַפֿן די פֿרײַלאַנד־קאָלאָניע.

אַפֿילו די פּאָעזיע וואָס מע דרוקט אין יענע יאָרן איז אויך אויף עפּעס אַן אופֿן פֿאַרבונדן מיט די ענינים. עס געפֿינען זיך אַ ריי לידער פֿון אַזעלכע שרײַבערס ווי אליעזר גרינבערג, לייב וואַסערמאַן און מ.־מ. שאַפֿיר וואָס דריקן אויס בענקשאַפֿט נאָך דער אַלטער היים; אויך אַ מין בענקשאַפֿט נאָך אַ ייִדישלאַנד, און אַ באַווײַז אויף דעם פֿאַר וואָס מע דאַרף שאַפֿן אַ נײַע היים.

אַזוי ווי דער אָנהייב פֿונעם זשורנאַל און די סאַמע גורלדיקסטע יאָרן פֿאַר ייִדן זײַנען געווען די מלחמה־יאָרן שפּיגלט זיך די מלחמה, פֿאַרשטייט זיך, אָפּ אויף די זײַטן פֿון אויפֿן שוועל. די מלחמה־טעמאַטיק ווערט אָבער נישט אַזוי אָפֿט און אַזוי דירעקט באַהאַנדלט ווי מע וואָלט זיך פֿאַרגעשטעלט. אויב איר ווילט וויסן וואָס עס איז געשען, ווי אַזוי די ייִדן האָבן „געלעבט“ אין די געטאָס און לאַגערן, און ווי אַזוי מע האָט זיי אומגעבראַכט וועט איר דאָס זעלטן דאָ געפֿינען. מסתּמא האָט די רעדאַקציע געהאַלטן אַז די לייענערשאַפֿט ווייסט שוין די פֿאַקטן און אַז אַזאַ אינפֿאָרמאַציע דאַרף מען בעסער אויסזוכן אין אַ צײַטונג. אומדירעקט אָבער שפּיגלט זיך די טעמע זייער אָפֿט אָפּ אין אויפֿן שוועל ווײַל דער זשורנאַל און די מענטשן אַרום אים ווילן געפֿינען אַ לייזונג פֿאַר דעם פֿיזישן און אויך גײַסטיקן קיום פֿאַר דעם טיף לײַדנדיקן ייִדישן פֿאָלק.

דעם זאָרג האָט מען געקענט זען נישט נאָר אין עסייען און אין זעלטענע באַריכטן פֿון געשעענישן, נאָר אויך אין דער פּאָעזיע וואָס מע האָט געדרוקט. נעמט, למשל, דאָס ליד פֿון עזרא קאָרמאַן[1] אין אויגוסט 1944.

אָ, גאָט פֿון אַבֿרהם, יצחק און יעקבֿ

אָ, גאָט פֿון אַבֿרהם, יצחק און יעקבֿ, —
אַזוי האָט מײַן מאַמע מיט פֿרומע געדאַנקען,
מיט ווערטער מיט ווייכע, באַשיידענע, שטילע,
געפֿליסטערט אין מאַמישע זאָרגן איר תּפֿילה.

איך בין אין אַן אומרו, מײַן האַרץ איז פֿאַרביטערט,
מײַן גײַסט אין אַ קלעם איז באַשווערט און דערשיטערט,
און כ'קאָן ניט געפֿינען קיין ווערטער קיין פֿרומע,
איך זאָל, ווי מײַן מאַמע, מיט זיי צו דיר קומען.

כ'פֿאַרמאָג ניט די פּשטות, די קלוגע ענווֹות,
דאָס גלויבן אין אייביקער גרויסקייט און חשיבֿות,
און כ'קאָן ניט, ווי זי, דיך נאָר לויבן און דאַנקען
אין צײַט אויך פֿון שחיטות, פֿון ייִדישן צאַנקען.

איך בין נישט קיין זאָגער און קלאָגער, ווי איובֿ,
נאָר ס'זײַנען ניטאָ שוין קיין ייִדן אין קיִעוו,

[1] עזרא קאָרמאַן (1888-1959) האָט זיך נאָר עטלעכע מאָל געדרוקט — סײַ פּאָעזיע סײַ פּראָזע — אין אויפֿן שוועל פֿון 1944 ביז 1955. ער איז הײַנט אָפּשר צום בעסטן באַקאַנט ווי דער רעדאַקטאָר פֿון דער אַנטאָלאָגיע ייִדישע דיכטערינס (1928).

און כ'ווייס, אַז דו הייסט אויך אל־רחום־וחנון,
נאָר כ'האָב נישט געהערט דײַן רחמנות דערמאָנען.

איך פֿיל נישט קיין ייִאוש, אַפֿילו קיין ניצוץ,
איך זוך ניט אין שיפֿלות אַליין זיך באַשיצן,
נאָר כ'האָב צו דיר, אל־מלא־רחמים, אַ טענה,
ווען ס'איז נישט געבליבן קיין ייִד אין אוקראַיִנע.

איך האָב ניט די פּשטות, פֿון האַרץ די עניוות,
דאָס גלויבן אין אייביקער גרויסקייט און חשיבֿות,
און כ'בין דיך ניט משׂיג אין מײַנע געדאַנקען,
אַ, גאָט אַן אַבֿרהמען, אַן יצחק, אַן יעקבֿ.

נאָכן חורבן האָט דער אויפֿקום פֿון מדינת־ישׂראל אַרײַנ־געבראַכט אַ קריזיס אין דער פֿרײַלאַנד־ליגע און אויך אין זשורנאַל. „אַ צאָל חבֿרים האָבן זיך מייאש געווען אין טערי־טאָריאַליזם און במילא אויך אין זײַן אָרגאַן, דעם אויפֿן שוועל, זיי זענען אַוועק פֿון דער אָרגאַניזאַציע – ווער שטילערהייט, ווער מיט אַ קלאַפּ מיט דער טיר, אַז איטלעכער זאָל וויסן" (יולי-סעפּט' 1986, ז' 1).

וואָס האָט איצט געקענט זײַן די ריכטונג פֿון אַ זשורנאַל וועמעס זכות־הקיום איז געווען דאָס עטאַבלירן אַ טערי־טאָריע פֿאַר ייִדן ווען אַזאַ טעריטאָריע האָט מען שוין במילא געהאַט עטאַבלירט? צי מע האָט יאָ צי נישט געוואָלט האָבן די טוערס אַרום אויפֿן שוועל זיך איצט געמוזט רעכענען מיט מדינת־ישׂראל.

ישׂראל און די באַציִונג צו ישׂראל, ווי אויך די באַציִונג פֿון ישׂראל צו די תּפֿוצות, איז אַ טעמע וואָס חזרט זיך איבער נאָך אַ מאָל און ווידער אַ מאָל אויף די זײַטן פֿונעם זשורנאַל. אויפֿן שוועל איז טאַקע אַ זעלטענע טריבונע דורך וועלכער דער מער ראַדיקאַלער סעקטאָר אין ישׂראל פּרוּווט דערגרייכן דעם אַמעריקאַנער עולם. לינק געשטימטע שרײַבערס ווי נתן חפֿשי, נתן אַלטערמאַן און אַנדערע האָבן זיך אָפּט געדרוקט אין אונדזער זשורנאַל.

נתן חפֿשי, דער פֿאַרלייגער פֿון דער גרופּע פּאַציפֿיסטן אין ישׂראל אין 1934, האָט געפּריידיקט אַ צוויי־פֿעלקערדיקע לייזונג. אין נאָוועמבער-דעצעמבער 1952 לייענען מיר זײַנעם אַן אַרטיקל, אַן אָפּרוף אויף אַן אָנפֿאַל אויף אים אין טאָג פֿון אַ. אַלמי איבער זײַן זאַמלשריפֿט, די אַנדערע שטים פֿון ארץ־ישׂראל. (דאָס וואָס ער האָט דאָס אָפּגעדרוקט אין אויפֿן שוועל און, איך נעם אָן, נישט אין טאָג, זאָגט אונדז שוין עפּעס וועגן דעם ווי קאָנטראָווערסיעל עס זײַנען געווען זײַנע שטעלונגען.) אין דעם אַרטיקל דריקט ער אויס געדאַנקען וואָס וואָלטן אַפֿילו הײַנט געווען גאַנץ ראַקידאַל, על אַחת כּמה וכּמה אין יענע יאָרן.

> צוויי זאַכן גלייבט מיר ניט אַלמי: דאָס ערשטע – אַז מע האָט געקענט דורכקומען בשלום מיט די אַראַבער אויפֿן באַזיס פֿון אַ צווייפֿעלקער־לאַנד, און אַז די אַראַבער זענען אין די מערסטע פֿאַלן פֿון אונדזער מיליטער מיט געוואַלט פֿאַרטריבן געוואָרן פֿון זייערע שטעט און דערפֿער... וואָלט אַלמי זיך מטריח געווען קומען און לעבן דאָ אין ישׂראל [...] וואָלטן מיר אים [...] אויך פֿאַקטיש באַוויזן אַז די אַראַבער פֿון רמלה, לוד, יפֿו, מגדל־גד, דיר־יאַסין און פֿיל אַנדערע ייִשובֿים זענען פֿאַרטריבן געוואָרן פֿון זייער היים מיט פֿײַער און שווערד. און די גרויסע צאָל אַנטלאָ־פֿענע פֿאַר שרעק! – ווייס גאָר דער ייִד נישט דעם טעם פֿון אַנטלויפֿן פֿאַר שרעק! (ז' 13)

גלײַך נאָך דעם אויפֿקום פֿון דער מדינה האָט די פֿרײַ־לאַנד־ליגע אויף דער צווייטער פֿרײַלאַנד־קאָנפֿערענץ אויס־געאַרבעט רעזאָלוציעס לגבי ישׂראל וואָס דריקן אויס איר שטעלונג צו דער נײַער מדינה. די רעזאָלוציעס וואָס געפֿינען זיך, פֿאַרשטייט זיך, אין אויפֿן שוועל באַגריסן די נײַע מדינה אָבער אין דער זעלבער צײַט דריקן זיי זייער בולט אויס די שטעלונג אַז ישׂראל קען נישט זײַן דאָס איינציקע היימלאַנד און אַז העברעיִש קען נישט זײַן דאָס איינציקע לשון פֿון דעם ייִדישן פֿאָלק. דאָ איז שייך די דריטע רעזאָלוציע:

> [...] דורך אײַנפֿירן העברעיִש ווי די איינציקע אָפֿיציעלע שפּראַך פֿון ייִשובֿ און צוליב איר נעגאַטיווער באַציִונג צו ייִדיש און דער ייִדיש־קולטור האָט מדינת־ישׂראל אַוועקגעשטעלט אַ וואַנט צווישן די ייִדן פֿון ישׂראל און די ייִדן פֿון חוץ־לאָרץ, וואָס רעדן ייִדיש און לעבן זיך אויס גײַסטיק אין דער קולטור אויף ייִדיש (אָקט'-נאָוו' 1948, ז' 18).

דאָס איז געשריבן געוואָרן אין 1948. ווי אַזוי אָבער גיט מען צו פֿאַרשטיין דעם פֿאַקט אַז אויפֿן שוועל איז געבליבן דער אָרגאַן פֿון דער פֿרײַלאַנד־ליגע, אַ פּאָליטישע באַוועגונג מיט אַן אומפּאָפּולערן עבֿר און אַן עתיד מיט אַפֿילו נאָך ווייניקער פּערספּעקטיוון שוין העט אין 1979? אַזוי ווי ס'איז שוין נאָך דעם אויפֿקום פֿון מדינת־ישׂראל מער נישט געווען קיין מעגלעכקייט צו עטאַבלירן אַ ייִדיש־רעדנדיקע טערי־טאָריע האָבן די פֿרײַלאַנדיסטן אַרײַנגעלייגט זייער מי און כּוחות אין „קליין־קאָלאָניזאַציע". און שפּעטער, ווען ס'איז

שוין קלאָר געוואָרן אַז פֿון דעם וועט אויך גאָרנישט אַרויס האָט מען אַרײַנגעלייגט אַלע כּוחות אין פּרווון אויפֿבויען אַ רײַך, גײַסטיק ייִדיש לעבן — פֿרײַוויליק און אָן גרענעצן. אויפֿן שוועל איז געוואָרן צו ביסלעך אַלץ וויניקער טעריטאָריאַליסטיש און אַלץ מער ייִדישיסטיש געשטימט.

פּונקט אַזוי אינטערעסאַנט ווי די אַלע פּאָליטישע רייד זײַנען די פֿילאָסאָפֿישע אַר־טיקלען וועגן פֿאָלק, לשון און ייִדיש לעבן וואָס רעדן אַרום די אידעאָלאָגישע יסודות פֿון דעם טעריטאָריאַליסטישן געדאַנק. כאָטש דער חלום פֿון עטאַבלירן אַ טערי־טאָריע איז מער נישט געווען פּראַקטיש צי לעביק האָבן די סיבות דערפֿאַר נאָך אַלץ עקסיסטירט. די פֿראַגע ווי אַזוי מאָדערנע ייִדן קענען שאַפֿן אַ רײַך גײַסטיק לעבן און אויפֿהיטן די אייגענע שפּראַך און קולטור — איצט שוין נישט אַזוי אין שאָטן פֿון אַנטי־סעמיטיזם ווי אין ליכט פֿון אַסימילאַציע — האָט געברענט סײַ בשעת י.נ. שטיינבערג האָט רעדאַקטירט דעם זשורנאַל סײַ לאַנג נאָך דעם.

אין אַן אַרטיקל וואָס הייסט „טערי־טאָריאַליסטישע געדאַנקען" (נאָוו'-דעצ' 1962) רעדט דער גרויסער פּעדאַגאָג, עסיי־יִסט, נאַציאָנאַלער דענקער און אָפֿטער מיט־אַרבעטער אין זשורנאַל, אַבֿרהם גאָלאָמב, וועגן דעם אַז ייִדן זײַנען אַליין שולדיק אין זייער קולטורשטאַנד און אין דער נידעריקער קוואַליטעט פֿון ייִדישן לעבן:

טאָ פֿאַר וואָס פֿאַרגוייִשן מיר זיך?
פֿאַר וואָס ראַמען מיר אויס
אונדזערע היימען פֿון יעדער מין
ייִדישקייט? פֿאַר וואָס שעמען מיר
זיך מיט אונדזערע נעמען? [...]
ווײַזט זיך אַרויס, אַז דער גלות איז
אין אונדז אַליין. מיר שאַפֿן אים, מיר
בויען אים, מיר ריידן זיך אײַן, אַז
מיר לעבן אין אַ פֿרעמדער וועלט,
ווײַל מיר ווילן ניט אַליין פֿאַר זיך
בויען אַן אייגענע וועלט [...]

אַן אייגענע טעריטאָריע, טענהט ער, וואָלט אַפֿשר אַפֿילו נישט געהאָלפֿן: „מיר דאַרפֿן זוכן ניט קיין טעריטאָריע אַפֿילו ווען מע זאָל זי קענען קריגן, נאָר מיר דאַרפֿן האָבן ייִדן מיט אַ טעריטאָריאַליסטישער פּסיכיק" (ז' 10). (זעט אַבֿרהם גאָלאָמבס אַרטיקל אויף ז' 29 אין דעם נומער.) אָט די „טעריטאָריאַ־ליסטישע פּסיכיק" האָט זיך אויסגעדריקט אין אַ דראַנג אויפֿצוהיטן די אייגענע קולטור אויף דער אייגענער שפּראַך. דאָס איז געוואָרן דער יסוד פֿון דער צווייטער תּקופֿה פֿון אויפֿן שוועל, אַ תּקופֿה וואָס דער זשורנאַל האָט אַליין באַצייכנט ווי מיליטאַנטיש ייִדישיסטיש.

זינט ד"ר שטיינבערגס פּטירה אין 1957 ביזן נומער 236 (אַפּריל-יוני 1979), ווען ד"ר מרדכי שעכטער איז אָפֿיציעל געוואָרן דער שעף־רעדאַקטאָר, איז אויפֿן שוועל רעדאַקטירט געוואָרן פֿון אַ קאָלעגיע וואָס איז באַשטאַנען, במשך די יאָרן, אין מרדכי שעכטער, אַהרן גלאַנץ־לעיעלעס, שואל גוטמאַן, ביילע גאָטעסמאַן, מיכאל אַסטור, לייבל כּהן, לייבל באַיאַן (אין מעקסיקע), אַבֿרהם קיהן, זיידל כּאַבאַצקי, עליע (אליהו) שולמאַן און יעקבֿ לעווין.

אַפֿילו אַז מרדכי שעכטער און לייבל באַיאַן זײַנען געווען די פֿאַקטאָ רעדאַקטאָרן האָט געדויערט מער ווי 20 יאָר ביז שעכטער האָט טאַקע אָנגעטאָן די קרוין, אַפֿשר ווײַל די יִראה פֿאַר ד"ר שטיינבערגן איז געווען אַזוי גרויס — אַזוי כאַריזמאַטיש און אַזוי באַליבט איז ער געווען — אַז מע האָט געפֿילט אַז קיינער קען אים נישט ממלא־מקום זײַן. צען יאָר נאָך ד"ר שטיינבערגס פּטירה האָט זײַן נאָמען נאָך אַלץ פֿיגורירט אין זשורנאַל ווי דער רעדאַקטאָר פֿון אויפֿן שוועל און דער אויספֿיר־סעקרעטאָר פֿון פֿרײַלאַנד!

אין דער באַלדיקער נאָך־שטיינבערג־תּקופֿה האָט מען נאָך אַלץ געקענט געפֿינען אַרטיקלען וועגן טעריטאָריאַליזם און פּאָליטיק. ישׂראל פֿיגורירט ווי אַן אָפּטע טעמע פֿאַר אַרטיקלען, ווי אויך פֿאַר דעם פּרעסע־איבערבליק. צווישן די טעמעס: פֿאַר וואָס ס'איז נישטאָ קיין ייִדישע איבערזעצונג בײַ דעם אײַכמאַן־פּראָצעס (זעט יעקבֿ גלאַטשטיינס אַרטיקל, ז' 27); פֿאַר וואָס מע זעט און הערט כּמעט ווי נישט קיין ייִדיש אין יד־ושם; אָדער פֿאַר וואָס אַן אַנטאָלאָגיע פֿון דער ישׂראלדיקער ליטעראַטור נעמט דווקא אַרײַן אַראַבישע שרײַ־בערס אָבער נישט קיין ייִדישע. (זעט „אין שפּיגל פֿון אונדזער פּרעסע", ז' 26.)

OIFN SVEL
Published Monthly
Editor: DR. I. N. STEINBERG
310 West 86 str. New York 24, N. Y.
SU 7-6675
Printed in México — Sub. 4.00 a year

מאַרץ־אַפּריל 1959, מער ווי צוויי יאָר נאָך זײַן פּטירה, פֿיגורירט ד"ר שטיינבערגס נאָמען נאָך אַלץ ווי דער רעדאַקטאָר פֿון אויפֿן שוועל.

אַ גורלדיקער מאָמענט פֿאַר דער פֿרײַלאַנד־אָרגאַניזאַציע, ווי אויך פֿאַר דעם זשורנאַל, איז געקומען אין דעם נומער 238 (אָקט'-דעצ' 1979) ווען די פֿרײַלאַנד־ליגע האָט זיך אַליין ליקווידירט און איז אויפֿגעשטאַנען תּחית־המתים ווי די ייִדיש־ליגע. דאָס איז זיכער נישט געווען קיין פּלוצעמ־דיקער ריס; מע קען זען די אָרגאַניזאַציאָנעלע וואַקלענישן כּמעט באַלד נאָך ד"ר שטיינבערגס פּטירה און זיי האָבן זיך אָנגעהאַלטן גאַנצע 22 יאָר. אין דעם נומער 238 דעפֿינירט זיך דער זשורנאַל צום ערשטן מאָל ווי „אַ געזעלשאַפֿט־לעך־ליטעראַרישער קוואַרטלניק" אַקעגן „שריפֿט פֿון דער פֿרײַלאַנד־ליגע",

אָבער בײַם אַדרעס איז נאָך אַלץ געשטאַנען „אַרויסגעגעבן פֿון Freeland Territorialist League of America for Jewish Colonization, Inc." דאָרט האָט מרדכי שעכטער, אַצינד בפֿירוש דער רעדאַקטאָר, געשריבן זײַן עפּאָכע־מאַכנדיקן אַרטיקל „משנה שם משנה מזל", אין וועלכן ער פּראָקלאַמירט אַז אויף דער ייִדישער גאַס געפֿינט זיך איצט אַ נײַע אָרגאַניזאַציע, די ייִדיש־ליגע, און דערבײַ האָט ער אויסגערעכנט אירע צילן. ביז אַהער איז אויפֿן שוועל געווען דער אָרגאַן פֿון אַ ספּעציפֿישער פּאָליטישער אָרגאַניזאַציע, אָבער איצט האָט ער געהאַט פֿאַר זײַן ציל, ווי זײַן נײַער אַרויסגעבער, דאָס אַריבערשטײַגן פּאָליטישע און רעליגיעזע גרענעצן בײַ ייִדן און דאָס פֿאַראייניקן אַלע וואָס זיי רעדן ייִדיש און בײַ וועמען ס'איז די שפּראַך ליב און טײַער. לויט זײַן וויזיע וועלן די ייִדיש־ליגע (און איר אָרגאַן אויפֿן שוועל) זײַן אומפּאַרטייִש און וועלן אַרבעטן צו דערהייבן דעם פּרעסטיזש פֿון ייִדיש סײַ בײַ וועמען ייִדיש לעבט נאָך אַלץ אין מויל סײַ בײַ די וואָס רעדן נישט די שפּראַך. (זעט אַן אויסצוג פֿון דעם אַרטיקל אין דעם נומער אויף ז' 47.) ס'איז גיכער אַן עוואָלוציע ווי אַ רעוואָלוציע ווײַל אויפֿן שוועל האָט שוין לאַנג געהאַלטן אין אַריבערגיין די שוועל פֿון טעריטאָריאַליזם אויף ייִדישיזם.

דער ייִדישיזם שפּיגלט זיך אָפּ אין דעם זשורנאַל אויף צוויי אופֿנים – סײַ ווי אַן אינטערעס אין דעם לשון ווי אַ לשון, דער תּחום פֿון מרדכי שעכטער וואָס איז דאָך געווען אַ ייִדיש־לינגוויסט און ־פּראָפֿעסאָר, סײַ אין דעם פֿריִער דערמאָנטן „מיליטאַנטישן ייִדישיזם". דער קענצייכן פֿון דעם זשורנאַל איז געווען די רובריק „לײַטיש מאַמע־לשון" וואָס שעכטער האָט אײַנגעפֿירט אין 1957 אָבער וואָס האָט ערשט פֿאַרנומען אַ גאָר וויכטיקערע פּאָזיציע ווען דער זשורנאַל האָט זיך ווייניקער אָפּגעגעבן מיט פּאָליטיק. שעכטערן איז געגאַנגען אין לעבן אַז מע זאָל רעדן אַ רײַך אויטענטיש ייִדיש, ווי אויך אַז ייִדיש זאָל זיך צופּאַסן צום צוואַנציקסטן יאָרהונדערט כּדי מע זאָל קענען אויסדריקן אַלץ וואָס מאָדערנע ייִדן ווילן זאָגן – זאָל זײַן וועגן געוויקסן, פֿליִען צו דער לבֿנה, טעלעפֿאָנען, קאָמפּיוטערס אָדער אַנדערע טעכנאָלאָגישע מכשירים פֿון מאָדערנעם לעבן. אין דער רובריק געפֿינט מען אָפּט דיסקוסיעס וועגן דעם ווי מע זאָל זאָגן אויף ייִדיש פֿאַרשיידענע טערמינען ווי, למשל, power plant — קראַפֿטסטאַנציע, עלעקטרישע סטאַנציע צי עלעקטרײַ (יולי־דעצ' 1983); weightlessness in space — צי דאַרף מען זאָגן וואָגלאָזיקייט אָדער אָנוואָגיקייט אין רוים צי אין קאָסמאָס (יולי־סעפּט' 1985).

אַ קוק אויף דעם ענין shredder אין יאַנואַר־מאַרץ 1988 גיט צו פֿאַרשטיין שעכטערס דרך. קודם־כּל דאַרף ייִדיש מיטהאַלטן מיט די צײַטן. דאָס באַדערפֿעניש אויף אַזאַ וואָרט איז מסתּמא געווען אַן אָפּרוף אויף דער אַפֿערע אָליווער נאָרט (כאָטש דירעקט קומט עס אין פֿאָרעם פֿון אַ פֿראַגע פֿון אַ לייענער). דער ייִדיש־רעדער האָט טאַקע געדאַרפֿט וויסן ווײַל אומעטום האָט מען גערעדט וועגן דעם צו די סעקרעטאַרשע פֿאַן האָל איז פּטור געוואָרן פֿון נאָרטס דאָקומענטן מיט אַ: 1) צעפּיצלער, 2) צעלאָקשער, 3) פּאַפּיר־פּיצלער אָדער 4) פּאַפּיצלער (ז' 19). הגם מע האָט אָפּט באַשולדיקט שעכטערן אין שפּראַך־דעספּאָטיזם זעט מען אַז ניין, דווקא פֿאַרקערט, דאָ און אין אַ סך אַנדערע נומערן בעט ער אַז די לייענערס זאָלן לאָזן הערן פֿון זיך וועלכער טערמין געפֿעלט זיי צום בעסטן.

(כּדי ווײַטער צו פֿאַרשטיין זײַן צוגאַנג זעט זײַן רובריק „לײַטיש מאַמע־לשון" וועגן space אויף ז' 32.)

דער זשורנאַל פֿאַרנעמט זיך וואָס אַ מאָל מער מיט פֿראַגעס פֿון שפּראַך, לינגוויסטישע ענינים און, פֿאַרשטייט זיך, אויך ענינים וואָס האָבן צו טאָן מיט דער באַציִונג צו דער שפּראַך. אויפֿן שוועל זעט זיך באמת ווי דער שומר פֿון אַ ריינעם קאָרעקטן ייִדיש. שרײַבערס אָדער פּובליקאַציעס וואָס האָבן זיך ריכטיק באַניצט מיט דער שפּראַך אָדער האָבן געניצט אַ „גוט" וואָרט זײַנען געלויבט געוואָרן אויף די שפּאַלטן פֿון אויפֿן שוועל; נײַע ביכער וואָס האָבן זיך געדרוקט אין דעם אייגנהייטלעכן אויסלייג האָבן פֿאַרדינט אַן אָרט אויף דער רשימה „אָרטאָגראַפֿיש קאָרעקטע ביכער".

זײַט 16 אויפֿן שוועל אָקטאָבער־דעצעמבער 1979

Published by
Freeland Territorialist League of America
For Jewish Colonization, Inc.
200 West 72nd Street
New York, N. Y. 10023
Address Correction Requested
Return Postage Guaranteed

NON PROFIT ORG.
New York, N. Y.
U. S. Postage
PAID
Permit No. 8628

כאָטש אין דעם נומער דעפֿינירט זיך אויפֿן שוועל ווי אַ „געזעלשאַפֿטלעך־ליטעראַרישער קוואַרטאַלניק" שטייט בײַם אַדרעס נאָך אַלץ דער נאָמען פֿון דער פֿרײַלאַנד־ליגע.

טאָמער חלילה מיינט דער לייענער אַז אויפֿן שוועל האָט זיך פֿאַרנומען נאָר מיט טעמעס וואָס האָבן אַרויסגערופֿן זײַן מיליטאַנטישן ייִדישיזם האָט מען אַ טעות. כאָטש דער זשורנאַל איז שטענדיק געווען אויף דער וואַך לגבי עוולות

קענען ייִדיש איז דאָס ווײַט נישט געווען זײַן גאַנצער פּאַרנעם. מיט דער צײַט האָט זיך דער באַלאַנס געביטן פֿון מיליטאַנטישן ייִדישיזם אויף ברייטערע קולטורעלע, ליטעראַרישע און לינגוויסטישע טעמעס. דאָ האָט מען געקענט לייענען די בעסטע שרײַבערס אויף דער ייִדישער גאַס ווי, למשל, די פּאָעטן אַבֿרהם סוצקעווער, ביילע שעכטער־גאָטעסמאַן, רבֿקה באַס־מאַן בן־חיים, מ.־מ. שאַפּיר, מלכּה חפֿץ־טוזמאַן, דער סאָציאָלינגוויסט שיקל פֿישמאַן, די פּראָזאַיִקערס בלומע לעמפּעל, לילי בערגער, צבֿי אײַזענמאַן, יהודה עלבערג און יחיאל שרײַבמאַן, און יונגע אַקאַדעמיקערס ווי דוד ראָסקעס, רחמיאל פּעלץ, חנה קליגער. עס איז טאַקע געווען, ווי סע שטייט געשריבן אויף דער הילע, „אַ געזעלשאַפֿטלעך־ליטעראַרישער זשורנאַל".

דאָס בילד וואָס באַלייט מאַרק ברוכעס רובריק „אויף דער ייִדישער גאַס": „שורשים", 1991, פֿון ציקל „ווען איך קער זיך אום" פֿון אַלכּסנדר ווײַסמאַן.

WWW.VAISMAN.ORG

מיט אַזאַ אָריענטירונג איז אויפֿן שוועל אַרײַן אין 2005 אין דער דריטער עפּאָכע, דער פּאָסט־מרדכי־שעכטער־עפּאָכע, אונטער דער איצטיקער רעדאַקציע. מיט וואָס איז דאָס אַ נײַע עפּאָכע? מיר זײַנען מער נישט „אָפֿיציעל" מיליטאַנטיש ייִדישיסטיש אָבער מיר זײַנען יאָ נאָך אַלץ איבערגעגעבן צו ייִדיש ווי אַ לעבעדיקע, גערעדטע שפּראַך און ווי אַ מיטל פֿאַרן ייִדישן קולטורעלן אויסדרוק. מיר זײַנען מער נישט קיין טעריטאָריאַליסטן (ס'רובֿ פֿון אונדז מסתּמא אַפֿילו נישט אין הארצן) אָבער מיר זײַנען שוין גענוג ווײַט דערפֿון אַז מיר האָבן אויך מער נישט קיין מורא פֿאַר אונדזער טעריטאָריאַליסטישן עבֿר. דער ענין שאַפֿן אַן אָרט פֿאַר ייִדיש און דער ייִדישער קולטור אין ייִדישן לעבן גייט אונדז נאָך אַלץ אין לעבן.

אונדזער זשורנאַל ווערט נאָך אַלץ אין גאַנצן אָנגעשריבן אויף ייִדיש; אונדזערע מיטאַרבעטערס זײַנען סײַ יינגערע סײַ עלטערע מענטשן וואָס וווינען אומע־טום — ס'רובֿ אין די פֿאַראייניקטע שטאַטן, אָבער אויך אין קאַנאַדע, ישׂראל, מאָלדאָווע, אויסטראַליע, דײַטשלאַנד, פּוילן, אוקראַיִנע, בעלגיע, פֿראַנקרײַך און ווו נישט. זינט מיר האָבן „באַנײַט" דעם זשורנאַל אין 2005 האָבן מיר אויך אײַנגע־פֿירט רובריקן וואָס מיר האַלטן וועלן פֿאַראינטערעסירן לייענערס פֿון יעדן עלטער. אין „פֿון אונדזערע ביכער־פּאָליצעס" דערציילט אין יעדן נומער אַן אַנדער ביבליאָטעקער אָדער פֿאָרשער וועגן אינטערעסאַנטע געפֿינסן אין אַ געוויסער זאַמלונג. אין „אויף דער ייִדישער גאַס" שרײַבט מאַרק ברוכעס וועגן דער פּאָפּולע־רער קולטור פֿון אַ ספּעציפֿיש ייִדישן קוקווינקל.[2] מיר נעמען אויך אין באַטראַכט אַז דאָס ייִדיש־קענען פֿון אַ סך פֿון אונדזערע לייענערס קער זײַן אַ ביסל באַגרע־נעצט, און דעריבער ברענגען מיר גאַנץ ברייטע גלאָסאַרן בײַ געוויסע אַרטיקלען.

מיר פֿאַרשטייען אַז דער יינגערער דור וועט נישט לייענען אַ זשורנאַל אויף ייִדיש סתּם כּדי מקיים צו זײַן די מיצווה פֿון לייענען אויף ייִדיש ווײַל ס'איז דאָ אַ גאַנץ פֿײַנע ליטעראַטור אויף אַן דעם. מיר ווילן נישט אַז מע זאָל אַבאָנירן אונדזער זשורנאַל צוליב עפּעס אַ שולדגעפֿיל און נישט ווײַל עס ווילט זיך אים דאָס לייענען. די רעדאַקציע אויפֿן שוועל האַלט אַז לייענערס פֿון ייִדיש האָבן דאָס רעכט צו קריגן אַ זשורנאַל וואָס איז פּונקט אַזוי אינטערעסאַנט און מחיהדיק פֿאַרן אויג ווי די זשורנאַלן וואָס זיי לייענען אויף ענגליש אָדער וואָסער נישט איז אַנדער שפּראַך. דער תּוכן און דאָס אויסזען מוזן זײַן געקניפּט און געבונדן — איינער באַ־רײַכערט דעם צווייטן. אַ דאַנק אונדזער וווּנדערלעכן קינסטלערישן רעדאַקטאָר יאַנקל סאַלאַנט האָבן מיר געקענט אויס־פֿירן דעם סינטעז.

הגם אַ ייִדיש־זשורנאַל דאַרף זײַן פּונקט אַזוי אינטערעסאַנט ווי דאָס וואָס לייענערס וואָלטן געלייענט אויף ענגליש אָדער אויף אַן אַנדער שפּראַך, דאַרף מוז ער אויך זײַן עפּעס וואָס זיי וואָלטן מס־תּמא נישט געפֿונען אין יענער שפּראַך. ער מוז אים דערנענטערן צו דעם וואָס דער פּאָעט יעקבֿ גלאַטשטיין האָט אָנגע־רופֿן „די פֿרייד פֿון ייִדישן וואָרט" וואָס דאָס קער אויך אַ מאָל זײַן אַ פֿרייד דורכגעוועבט מיט צער און טרויער. ער מוז אים אַרײַנברענגען אין דער טיף קאָמפּליצירטער וועלט פֿון דעם וואָס אונדזער געוועזענער מנהיג יצחק־נחמן שטיינבערג וואָלט בשעתו גערופֿן „מענטש און ייִד", וואָס דריקט זיך אויס אויף אַ ייִדישער שפּראַך און קען זיך נאָר אויסדריקן אויף ייִדיש.

שבֿע צוקער איז זינט 2005 דער אויספֿיר־סעקרעטאַר פֿון דער ייִדיש־ליגע און דער שעף־רעדאַקטאָר פֿון **אויפֿן שוועל**. זי איז אַ לערערין אין דער פּראָגראַם אין ייִדישער שפּראַך, ליטעראַטור און קולטור א"נ אוריאל ווײַנרײַך בײַם ייִוואָ און די מחברטע פֿון דעם לערנביכל **ייִדיש: אַן אַרײַנפֿיר: לשון, ליטעראַטור און קולטור**, 2 בענד.

[2] זעט זײַן אַרטיקל וועגן באָב דילאַן אויף אונדזער וועבזײַטל: http://docs.leagueforyiddish.org/mark-brukhes-artikl.pdf.

אַ וואָרט פֿריִער

... אויף אַ שיף פֿון אַן אַנדער יאָרהונדערט,
זעט מײַן באָבע די ליכט פֿון אַמעריקע.
זי וואַרפֿט דאָס מאַמע־לשון אין ים אַרײַן.
די ווערטער פֿליסן איבער די וואַסערן,
דורך די וואָלקנס,
און דורך די יאָרן.

איך זוך זיי.
זיי זוכן מיך.

ניין, דאָס זײַנען נישט די ווערטער פֿון עפּעס אַ באַקאַנטן פּאָעט וואָס איר קענט זיך פּשוט נישט דערמאָנען זײַן אָדער איר נאָמען; דאָס זײַנען די ווערטער פֿון עלקע־סוסע גאַלפֿאָרד, אַ גאַנץ באַקאַנטע שרײַבערין, המכונה עלען גאַלפֿאָרד אויף ענגליש, וואָס דעביוטירט דאָ אויף ייִדיש אויף די זײַטן פֿון אונדזער ליטעראַרישן נומער אויפֿן שוועל. איך ציטיר די שורות ווײַל זיי רעדן סײַ וועגן דעם דור פֿון די באָבעס און זיידעס סײַ וועגן דעם דור געבוירן נאָך דעם חורבן און וועגן דער באַציִונג צווישן זיי ביידן. זיי רעדן אויך וועגן דעם כּוח פֿון דעם ייִדישן לשון זיי צו פֿאַרבינדן, ווילנדיק צי נישט ווילנדיק.

דאָ אין דעם באַנד געפֿינען זיך שרײַבערס פֿון פֿאַרשיידענע דורות פֿאַרבונדן דורך דער ייִדישער שפּראַך. דאַנקען גאָט, וואָס נישט יעדער פֿון עלטערן דור האָט אַרײַנגעוואָרפֿן מאַמע־לשון אין ים אַרײַן אויפֿן וועג צו אַ נײַער היים, זאָל זײַן אין אַמעריקע צי אין ישׂראל צי אַנדערש וווּ; און נישט אַלע געבוירן אויף די נײַע זיכערע ברעגן האָבן זיך גענאַרפֿט אָנטאָן אַ כּוח און גיין אָפּראַטעווען די אַוועקגעוואָרפֿענע ווערטער. טייל זײַנען געבוירן געוואָרן מיטן לשון שוין בײַ זיך אין מויל. נישט אַלע זוכן די ווערטער, נאָר די ווערטער זוכן אַלעמען, סײַ שרײַבערס סײַ לייענערס פֿון ייִדישן וואָרט.

דער באַנד זאָגט עדות, אַז מיר ווילן אַז די ווערטער זאָלן ווײַטער זײַן אַ טייל פֿון אונדז. דער אָפּרוף אויף אונדזער עפֿנטלעכן קול־קורא אַרײַנצושיקן נײַע שאַפֿונגען האָט אונדז באמת איבערגעראַשט. מער ווי פֿערציק בעלנים האָבן אַרײַנגעשיקט מאַטעריאַל. אויסגעקליבן האָבן מיר פֿון זיי דרײַסיק. עטלעכע מענטשן האָבן אַפֿילו געהאַלטן אַז ס׳איז אַזוי וויכטיק זיך צו באַטייליקן אין דעם נומער אַז זיי האָבן אַרײַנגעשיקט פּלאַגירטע לידער! אַנדערע האָבן

געפֿרעגט צי מע מעג אַרײַנשיקן לידער פֿון פֿאַרשטאָרבענע זיידעס! פֿאַרשטייט זיך אַז מיר האָבן נאָר אויסגעקליבן אָריגינעלע ווערק געשאַפֿן פֿון לעבעדיקע מחברים. די שרײַבערס שטעלן מיט זיך פֿאָר די ברייטע גרענעצן פֿון דער ייִדיש־רעדנדיקער וועלט. זיי וווינען אויף פֿיר קאָנטינענטן און אין זיבן לענדער: די פֿאַראייניקטע שטאַטן, קאַנאַדע, ישׂראל, אויסטראַליע, דײַטשלאַנד, פֿראַנקרײַך און שאָטלאַנד, אָבער זיי שטאַמען פֿון אַנדערע ערטער אויך ווי, למשל, אַרגענטינע, ענגלאַנד, ליטע, מאָלדאָווע, פּוילן, רומעניע און רוסלאַנד. צען פֿון די שרײַבערס זײַנען געבוירן געוואָרן פֿאַר דעם חורבן און די אַנדערע צוואַנציק נאָך דעם חורבן. די ייִנגסטע זײַנען אוניווערסיטעט־סטודענטן און די עלטסטע – בכּבֿודיקע אָנערקענטע שרײַבערס שוין אַריבער די נײַנציק. הייסט עס, אַז ס'איז דאָ סײַ אַ המשך, סײַ אַ המשכדיקייט.

די שאַפֿונגען דאָ זײַנען אויך פֿון אַ ברייטן פֿאַרנעם און פֿון אַ סך זשאַנערס: פּאָעזיע – פֿון באַלאַדע ביז פֿרײַע פֿערזן, דערציילונגען, פּיעסעס און זכרונות. די טעמאַטיק איז אויך אַ ווײַטגרייכיקע. מיר האָבן די שטענדיקע טעמעס פֿון דער ליטעראַטור בכלל: די ליבע, דער טויט, דאָס אינערלעכע געראַנגל; ווי אויך פֿון דער ייִדישער ליטעראַטור בפֿרט: דאָס ייִדישע לעבן פֿאַרן חורבן און דאָס ווידער קומען צום לעבן נאָכן חורבן. אָבער מיר האָבן דאָ אויך אַ צאָל טעמעס וואָס מע זעט זעלטן אין דער ייִדישער ליטעראַטור: די דערציילונג „פֿינף מינוט אין צימער 204“ פֿון דעם יונגן עמיל קאַלין דערציילט וועגן אַ ייִדישן קאָמוניסט אין רומעניע וואָס האָט אַוועקגעגעבן זײַן נשמה און זײַן ייִדישן נאָמען כּדי צו קענען הויך אַרויפֿקלעטערן אין דער פּאַרטיי־היעראַרכיע. שלום בערגערס „אַ מעשׂה פֿון דער געשיכטע“ איז גיכער אַ מעשׂה פֿון דער צוקונפֿט ווי פֿון דער געשיכטע ווײַל זי באַהאַנדלט די קאָמפּליצירטע מאָראַלישע פּלאָנטערנישן וואָס די וויסנשאַפֿט און די טעכנאָלאָגיע זײַנען גורם. אין הינדע בירשטיינס לידער הערט מען דאָס קול פֿון די לײַדנדיקע אײַנגעבוירענע פֿון אויסטראַליע פֿאַר ווען גלײַכקייט און יושר זײַנען נאָך ווײַטע האָפֿענונגען. דניאל גלאַיס שפּיל שאלות־תּשובֿות פֿאַרנעמט זיך מיט דער הײַנטצײַטיקער ישׂראל־טעמאַטיק פֿון די קאָנפֿליקטן צווישן חרדים און פֿרײַע מיט אַ זעלטענעם אָפּטימיזם. אַ כּלל, ס'איז דאָ וואָס צו לייענען.

אַ פּאָר ווערטער וועגן דעם צונויפֿשטעל פֿון דער אויסגאַבע: ווי איר זעט זײַנען מיר דאָס מאָל אַוועק פֿון דעם געוויינטלעכן פֿאָרמאַט פֿון אונדזער זשורנאַל און האָבן טאַקע געמאַכט אַ ביכל ווי סע פּאַסט פֿאַר דער ליטעראַטור. מיר האָבן אים אײַנגעטיילט אין דרײַ חלקים: פּראָזע, פּאָעזיע און ביכּורים

– די ערשטע פּרוכטן פֿון די שרײַבערס אין דעם זשאַנער. געוויסע פֿון די דעביוטאַנטן זײַנען שוין פֿון פֿריִער געדרוקטע שרײַבערס אָדער איבערזעצערס, אָבער זיי דרוקן זיך אויף ייִדיש צום ערשטן מאָל און דווקא מיט פּאָעזיע אָדער בעלעטריסטיק (און נישט זשורנאַליסטיק). אַנדערע, אויף וויפֿל מיר ווייסן, ברענגען טאַקע זייערע סאַמע ערשטע ליטעראַרישע פּירות צווישן די טאָוולען פֿון דעם ביכל. מיר באַגריסן זיי אַלע. זאָל דאָס זײַן נאָר דער אָנהייב.

בײַ דער געלעגנהייט וויל איך באַדאַנקען עטלעכע יחידים. איך האָב שוין לאַנג געהאַט געטראַכט וועגן אַ ליטעראַרישן נומער אויפֿן שוועל, נאָר עס האָט געפֿאָדערט אַ שטויס פֿון דרויסן. ווען דער שרײַבער מיכאל פֿעלזענבאַום האָט מיר געקלונגען פֿון ישׂראל און מיר געזאָגט אַז ס'איז דאָ אַ באַדערפֿעניש אויף דעם האָב איך דאָס גענומען פֿאַר אַ גוטן סימן אַז געקומען איז די צײַט. איך וויל אים בײַ דער געלעגנהייט אויך באַדאַנקען פֿאַרן פֿאַרטרויען אין אונדזערע הענט זײַן וויוואַט, קלעזמאָרימלעך, וויוואַט!, און פֿאַר זײַן אומפֿאַרגעסלעכן העלד, דעם קלעזמער מוליע סאָלאָווייטשיק, וועמען ער מאָלט אויס מיט אַזוי פֿיל הומאָר און פּאַטאָס. איך וויל באַדאַנקען אים און די אַנדערע, גיטל שעכטער־ווישוואַנאַט, שלום בערגער און מאַרק קאַפּלאַן, וואָס האָבן געזאָגט מבֿינות אויף די צוגעשיקטע מאַטעריאַלן, און הערשל גלעזער און יצחק ניבאָרסקי פֿאַר ענטפֿערן אויף אָפֿטע שפּראַך־קשיות מיט גיכקייט און אַ טיפֿן וויסן. ווי שטענדיק, אַ גרויסן דאַנק דעם גראַפֿיקער יאַנקל סאַלאַנט פֿאַרן געבן דעם ווערק זײַן שיין פּנים און גיטל שעכטער־ווישוואַנאַט פֿאַר איר איבערגעגעבענער אָפּגעהיטענער סטיל־רעדאַקציע.

איר האַלט אין די הענט אַ שמאָלינק בענדל פּאָעזיע און פּראָזע, אָבער אַ באַנד וואָס איז כּולל אַ סך פֿון דער ייִדישער שאַפֿערישקייט פֿון דעם הײַנטיקן יאָרהונדערט. פֿאַר די נייַנזאָגערס וואָס האָבן געזאָגט נבֿיאות אַז די שפּראַך וועט אונטערגיין איז דאָס ביכל אַ באַווײַז אַז נישט. מיר זוכן נאָך די ווערטער און די ווערטער זוכן אונדז.

שבֿע צוקער,

שעף־רעדאַקטאָר, אויפֿן שוועל

משוגע־לדבֿר־אחד:
דאָס שאַפֿן אַ נײַ ווערטערבוך*

שבֿע צוקער/ניו־יאָרק

שלום־עליכם. ווי דער אויספֿיר־סעקרעטאַר פֿון דער ייִדיש־ליגע, די אָרגאַניזאַציע וואָס האָט צוגעגרייט דאָס נײַע אַרומנעמיק ענגליש־ייִדיש ווערטערבוך, האָב איך דעם פֿאַרגעניגן אײַך צו באַגריסן צו דער היסטאָרישער געלעגנהייט. בײַ ייִדן איז דאָ אַ שיינע ברכה, דער שהחיינו, וואָס מע קען אָנווענדן אין אַ סך סיטואַציעס, דער עיקר, ווען מע טוט עפּעס צום ערשטן מאָל אָדער מע דערגרייכט עפּעס שיינס; ביידע זײַנען דאָ חל. איז לאָמיר טאַקע אָנהייבן מיט דער ברכה, די פֿון אײַך וואָס ווילן: „ברוך אַתּה ד׳ אלקינו מלך העולם שהחיינו וקימנו והגיענו לזמן הזה“.

באַטייליקטע אויף דער אונטערנעמונג לכּבֿוד דעם אַרויסקום פֿון דעם אַרומנעמיק ענגליש־ייִדיש ווערטערבוך: גיטל שעכטער־ווישוואַנאַט, מיטשעף־רעדאַקטאָר; חוה לאַפּין, אַסאָציִירטער רעדאַקטאָר; הערשל גלעזער, מיטשעף־רעדאַקטאָר; שבֿע צוקער, פֿאָרזיצער; לייזער בורקאָ, פּאַנעל־פֿאָרזיצער; שלום ביינפֿעלד, הויפּטרעדנער

ס׳איז טאַקע נישט געווען קיין קורצער וועג ביז מיר זײַנען אָנגעקומען צו דעם מאָמענט און במשך די יאָרן האָבן מיר געהאַט פֿאַרשיידענע רעאַקציעס אויף אונדזער פּראָיעקט.

אַ סך מענטשן, דערוויסנדיק זיך וועגן דעם נײַעם ענגליש־ייִדישן ווערטערבוך, וואָס ווערט געצילט מער אויף דעם ייִדיש־רעדער ווי אויף דעם לייענער – ווי די ווערטער „ענגליש־ייִדיש“ אַליין זאָגן אָן – האָבן אפֿשר ניט פֿאַרשטאַנען פֿאַר וואָס מע דאַרף דאָס האָבן. צו וואָס דאַרף מען די טויזנטער נײַע ווערטער וואָס דאָס ווערטערבוך וועט כּולל זײַן וואָס וועלן דעקן אַלע אַספּעקטן פֿונעם הײַנטצײַטיקן לעבן, פֿון געזונט־אָפּהיט, ביז קאָמפּיוטערײַ און פֿליִען צו דער לבֿנה? ניט זיי פּלאַנירן צו פֿליִען צו דער לבֿנה און ניט זיי פּלאַנירן צו טרעפֿן דאָרטן מענטשן מיט וועמען זיי זאָלן קענען רעדן אויף מאַמע־לשון. איז צו וואָס דער גאַנצער טראַסק?

דער ענטפֿער אויף אַזאַ פֿראַגע איז מיר קלאָר געוואָרן מיט יאָרן צוריק, נאָך איידער די ייִדיש־ליגע האָט אָנגעהויבן אַרבעטן אויף דעם ווערטערבוך און נאָך איידער מע האָט אַפֿילו געשטעלט די פֿראַגע. איך געדענק ווי איך האָב אַ מאָל געשמועסט אויף ייִדיש מיט דוד פֿישמאַנען, אַ ייִדיש־רעדנדיקן און ייִדיש־איבערגעגעבענעם חבֿר, געניט וועגן וואָס קען איך זיך נישט דערמאָנען, נאָר איך געדענק יאָ אַז דוד האָט געזאָגט, „די גמרא איז ווי דער launching pad“ (איך געדענק שוין ניט צו וואָס, מסתּמא צו אַ יסודותדיק קענטעניש אין ייִדישע מקורים), און איך האָב זיך געכאַפּט, אָט דערפֿאַר דאַרף מען האָבן די ווערטער צו פֿליִען צו דער לבֿנה, ניט דווקא ווײַל מע פּלאַנירט אַהין צו פֿאָרן, נאָר ווײַל ס׳איז אַ השׂגה וואָס איז שוין געוואָרן אַ טייל פֿון אונדזער לעבן. אַפֿילו ווען מע רעדט וועגן טראַדיציאָנעלע ייִדישקייט־ענינים וועט מען וועלן אויסדריקן די געדאַנקען ניצנדיק אַ ברייטע גאַמע הײַנטצײַטיקע איבערלעבונגען, וואָקאַבולאַר און מעטאַפֿאָרן, ווי דוד האָט עס געטאָן. דעמאָלט, אין דעם „אַהאַ“־מאָמענט, האָב איך אײַנגעזען ווי וויכטיק עס איז די רעדערס פֿון אַ שפּראַך, אַז זייער לשון זאָל כּסדר וואַקסן און זיך אַנטוויקלען. עס האָט גענומען נאָך אַ 35 יאָר ביז וואַנען איך האָב זיך דערוווּסט, אַ דאַנק דעם נײַעם ווערטערבוך, אַז אַנשטאָט launching pad קענען מיר אויף ייִדיש זאָגן אָדער „לאַנציר־פּלאַטפֿאָרמע“ אָדער „אַרויפֿשיס־פּונקט“.

במשך די אַן ערך צען יאָר וואָס די ייִדיש־ליגע האָט געאַרבעט אויף דעם ווערטערבוך (אָבער די געשיכטע ציט זיך נאָך לענגער) האָבן פֿאַראינטערעסירטע מענטשן מיך אָפּט

* רעדע געהאַלטן אויף דעם יום־טובֿ לכּבֿוד דעם אַרויסקום פֿון דעם נײַעם אַרומנעמיק ענגליש־ייִדיש ווערטערבוך, דעם 13טן נאָוועמבער .2016

געפֿרעגט מיט אומגעדולד און אויך מיט די בעסטע כּוונות, „נו, ווען? ווען וועט דאָס ווערטערבוך שוין אַרויס?" איך האָב אַלע מאָל געבעטן מע זאָל האָבן געדולד ווײַל ווערטערביכער מאַכן זיך ניט אין איין טאָג, און ניט אין איין יאָר, און אַפֿילו ניט אין איין יאָרצענדליק. נעמט, למשל, *The Oxford English Dictionary*. מע האָט אָנגעהויבן אַרבעטן אויף דעם אין 1857 און מע האָט עס ערשט גענומען אַרויסגעבן אין fascicles, דאָס הייסט, באַזונדערע העפֿטלעך, אין 1884. ערשט אין 1928, דאָס הייסט, 71 יאָר נאָך דעם ווי מע האָט אָנגעהויבן צו אַרבעטן אויף דעם, איז עס אַרויס אין צען געבונדענע בענד. איך ווייס ניט צי די געשיכטע רופֿט אַרויס האָפֿענונג אָדער ייִאוש! גיטל שעכטער־ווישוואַנאַט, וואָס האָט איבערגענומען דעם פּראָיעקט פֿונעם טאַטן, דעם לינגוויסט ד"ר מרדכי שעכטער, האָט באַלד באַשלאָסן אַז קיין 71 יאָר האָט זי ניט. זי און איר וווּנדערלעכע קאָמאַנדע האָבן באַוויזן דאָס צו פֿאַרענדיקן במשך זעכצן יאָר. נישט קיין קליינער נס!

נאָך איין אינטערעסאַנטער פֿאַקט וועגן דעם אָקספֿאָרדער ווערטערבוך:

ד"ר וויליאַם טשעסטער מײַנאָר

עס איז אים געגאַנגען אין לעבן אַז ייִדיש זאָל זײַן אַ מאָדערנע שפּראַך, אַז אַלץ וואָס אַ ייִדיש־רעדער דאַרף און וויל זאָגן וועגן דער וועלט אַרום זיך זאָל ער דאָס קענען טאָן אויף ייִדיש,

איין מענטש, ד"ר וויליאַם טשעסטער מײַנאָר, טאַקע אַ זײַל פֿון דעם פּראָיעקט, האָט אַרײַנגעשיקט מער ווי 10,000 ווערטער, דעפֿיניציעס און, דער עיקר, ציטאַטן. נאָר איין קליינעם חסרון האָט יענער מיטאַרבעטער געהאַט: ער איז געווען אַ מערדער און האָט צוגעשיקט זײַנע ווערטער פֿון אַ משוגעים־הויז פֿאַר גײַסטיק קראַנקע פּאַציענטן פֿאַרברעכערס, ווו ער האָט אָפּגעלעבט מער ווי 35 יאָר. דאָס ביכל, *The Professor and the Madman* (דער פּראָפֿעסאָר און דער משוגענער) איז באַזירט אויף זײַן לעבן.

נו, מיר האָבן להבֿדיל ניט קיין משוגעים וואָס לויערן ערגעץ אין דעם הינטערגרונט פֿון דער געשיכטע פֿון אונדזער ווערטערבוך; מיר האָבן אָבער יאָ געהאַט איין מענטש, אין גאַנצן בײַ די קלאָרע געדאַנקען, וואָס איז געווען משוגע־לדבֿר־אחד, ד"ה, פֿאַרכאַפּט דורך איין־איינציקן געדאַנק אָדער אינטערעס, און דאָס איז די ייִדישע שפּראַך. דער זײַל פֿון אונדזער ווערטערבוך איז, פֿאַרשטייט זיך, געווען ד"ר מרדכי שעכטער, וואָס האָט גאַנץ פֿרי זיך גענומען צום זאַמלען ווערטער, מיטן ציל צו אַנטוויקלען אַ הײַנטצײַטיקע ייִדישע שפּראַך כּדי ייִדיש־רעדערס זאָלן זיך קענען אויסדריקן אויף אַלע טעמעס אויף וועלכע אַ מאָדערנער מענטש וואָלט געדאַרפֿט קענען רעדן. דאָס איז געווען דער קערן פֿון אונדזער הײַנטיקן ווערטערבוך. אָנגעהויבן די אַרבעט האָט ער אין דער פֿאַרקאָמפּיוטער־תּקופֿה און האָט אײַנגעזאַמלט זײַן מאַטעריאַל אין צענדליקער שיכקעסטלעך. דאָרטן זענען געווען זאַמלונגען פֿון אָן אַ שיעור טערמינאָלאָגיעס, וואָס מע וויל נאָר... ס'איז געווען וויסנשאַפֿט און מעדיצין און ספּאָרט און עסן און מיליטערישע טערמינאָלאָגיע, ליבע־טערמינאָלאָגיע...

ד"ר שעכטער האָט אַ גאַנץ לעבן געזאַמלט ווערטער. עס איז אים געגאַנגען אין לעבן אַז ייִדיש זאָל זײַן אַ מאָדערנע שפּראַך, אַז אַלץ וואָס אַ ייִדיש־רעדער דאַרף און וויל זאָגן וועגן דער וועלט אַרום זיך זאָל ער דאָס קענען טאָן אויף ייִדיש, צי עס זאָל זײַן וועגן בלומען צי וועגן דעם מיליטער צי וועגן סעקס אָדער קאָמפּיוטערײַ. ייִדיש טאָר ניט בלײַבן שטעקן ערגעץ אין אָנהייב צוואַנציקסטן יאָרהונדערט. דער זאָג וואָס מע פֿלעגט זייער אָפֿט הערן בײַ געבוירענע ייִדיש־רעדערס אַז מע האָט ניט קיין וואָרט אויף דעם צי יענעם, ווײַל „אין דער אַלטער היים האָבן מיר דאָס ניט געהאַט" איז בײַ אים ניט געווען קיין תּירוץ. מיר זײַנען שוין גאַנץ ווײַט פֿון דער אַלטער היים,

איז צו וואָס זיך באַנוגענען מיט אַזעלכע שפּראַכיקע השגות?

מרדכי שעכטער איז געווען אַ לערער, מײַן לערער, און איך שטעל זיך פֿאָר, דער לערער אָדער דער לערער פֿון דעם לערער פֿון אַ סך מענטשן דאָ אין דעם זאַל. דערצו איז ער געווען אַ פֿאָרשער, אַ כּלל־טוער און אַ טאַטע. זײַן אַהבֿת־ייִדיש און זײַן פּאַסיע צו דער שפּראַך האָבן פֿאַראייניקט אַלע טיילן פֿון זײַן לעבן אַזוי אַז ס'איז שווער צו זאָגן ווו עס האָט זיך געענדיקט דער לערער און ווו עס האָט זיך אָנגעהויבן דער פֿאָרשער, דער געזעלשאַפֿטלעכער מנהיג אָדער אַפֿילו דער טאַטע. אַלע זײַנען געווען געקניפּט און געבונדן. ער האָט געגלייבט אין ייִדיש, אין דעם כּוח פֿון ייִדיש, צו זײַן נישט נאָר אַ שפּראַך פֿונעם עבֿר, נאָר אויך פֿון דעם הײַנט און דעם מאָרגן. מיט אָט דער וויזיע האָט ער געפֿירט זײַן שטוב, זײַנע קלאַסן, און סײַ זײַן וויסנשאַפֿטלעכע סײַ זײַן קהלשע אַרבעט. דערצו איז ער געווען דאָס קול לעבן אונדז און אין אונדז, דאָס געוויסן וואָס האָט שטילערהייט (און אַ מאָל, נישט אַזוי שטילערהייט) געזאָגט צו אונדז און אין אונדז: „רעדט ייִדיש, לערנט זיך ווײַטער. אַז איר וועט עס נישט טאָן קענט איר זיך נישט פֿאַרלאָזן אויף אַנדערע, זיי זאָלן עס טאָן". כאָטש מיר האָבן זיך נישט אַלע מאָל צוגעהערט איז דאָס קול דאָרט געווען, ווי אַ סטאַנדאַרד, אַן אידעאַל, צו וועלכן מע דאַרף שטרעבן.

זײַן גרעסטער אויפֿטו איז אין מײַנע אויגן געווען זײַן משפּחה, זײַנע פֿיר קינדער, אין וועמען ער האָט – צוזאַמען מיט טשאַרנען, זײַן עזר־כּנגדו – אײַנגעפֿלאַנצט אַ ליבשאַפֿט און אַ געפֿיל פֿון אַחריות צו דער ייִדישער שפּראַך. זײַן לערנבוך ייִדיש צוויי האָט ער געווידמעט: „מײַנע קינדער וואָס זייער עושׂה דעקט זיך מיטן אומר". ד"ה, דאָס וואָס זיי טוען דעקט זיך מיט דעם וואָס זיי זאָגן. אין דעם פֿאַל איז דער זאָג פּונקט אָנגעמאָסטן אויף זײַן טאָכטער גיטל שעכטער־ווישוואַנאַטן.

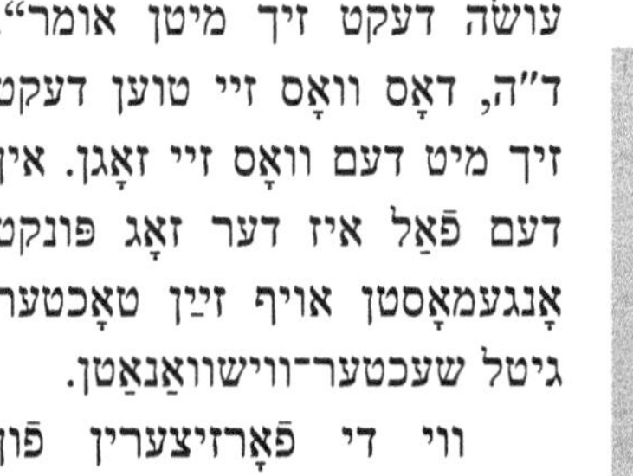

לערנבוך פֿון מרדכי שעכטער

ווי די פֿאָרזיצערין פֿון דער ייִדיש־ליגע, אַן אָרגאַניזאַציע וואָס דער טאַטע אירער האָט פֿאַרלייגט, האָט גיטל פֿאַרשטאַנען אַז מיר מוזן איבערנעמען דעם פּראָיעקט און זי אַליין האָט זיך אונטערגענומען דאָס צו פֿאַרענדיקן. כּדי דאָס צו טאָן האָט זי אַרײַנגעצויגן פֿאַסיקע מענטשן וואָס זאָלן קענען העלפֿן טאָן די אַרבעט: צו ערשט חווה לאַפּין, אַ ייִדיש־קענערין בחסד־עליון, און דערנאָך הערשל גלעזער, אויך אַ מומחה און דערצו נאָך אַן אויסגעשולטער לינגוויסט, און מע איז יאָרן לאַנג טאָג און נאַכט געזעסן על־התּורה ועל־העבֿודה. איך וויל אָבער צוגעבן אַז דאָס זײַנען אַלע פֿאַרנומענע מענטשן מיט משפּחות, מיט אַנדערע שטעלעס און קהלשע אַחריותן, וואָס האָבן ניט געהאַט דעם לוקסוס צו זיצן אין אַ משוגעים־הויז און אויססוכן ווערטער און ציטאַטן אַ גאַנצן טאָג. דאָך האָט מען אויסגעפֿירט.

די גרעסערע משפּחה שעכטער, 2003

ס'איז געווען אַ ריזיקע אַרבעט, אָבער אַן אַרבעט אויס ליבשאַפֿט און גרויס אָפּטימיזם. אָפּטימיזם וואָס אין דעם יאָרהונדערט וועלן זײַן גענוג מענטשן וואָס וועלן נאָך דאַרפֿן און וועלן וויסן ווי מע זאָגט עפּעס אויף ייִדיש כּדי צו באַרעכטיקן אַ נײַ ווערטערבוך. דעם אמת געזאָגט איז אונדזער אינערלעכער נאָמען פֿאַרן ווערטערבוך געווען „דאָס ווערטערבוך פֿונעם 21סטן יאָרהונדערט". דאָס וואָס מיר האָבן שוין אויספֿאַרקויפֿט דעם ערשטן דרוק, און וואָס אַזאַ גרויסער עולם האָט זיך הײַנט פֿאַרזאַמלט זאָגט עדות אויף דעם אַז אין דעם 21סטן יאָרהונדערט דאַרף מען טאַקע האָבן אַזאַ ווערטערבוך. חזק חזק ונתחזק.

שבֿע צוקער איז דער אויספֿיר־סעקרעטאַר פֿון דער ייִדיש־ליגע, ווי אויך דער רעדאַקטאָר פֿון דער ליגעס זשורנאַל אויפֿן שוועל, און אַ לאַנגיאָריקע סטודענטקע פֿון ד״ר מרדכי שעכטערן. זי איז די מחברטע פֿון די לערנביכער ייִדיש: אַן אַרײַנפֿיר: לשון, ליטעראַטור און קולטור, באַנד 1 און 2. זי איז דער אַקאַדעמישער דירעקטאָר פֿון דער זומער־פּראָגראַם א״נ אוריאל ווײַנרײַך אין דער ייִדישער שפּראַך, ליטעראַטור און קולטור בײַם ייִוואָ אין ניו־יאָרק בשותּפֿות מיט באַרד־קאַלעדזש, און איז אויך אַ לאַנגיאָריקע לערערין אין דער פּראָגראַם. זי האָט געלערנט און געהאַלטן רעפֿעראַטן וועגן דער ייִדישער שפּראַך, ליטעראַטור און קולטור אויף פֿינף קאָנטינענטן.

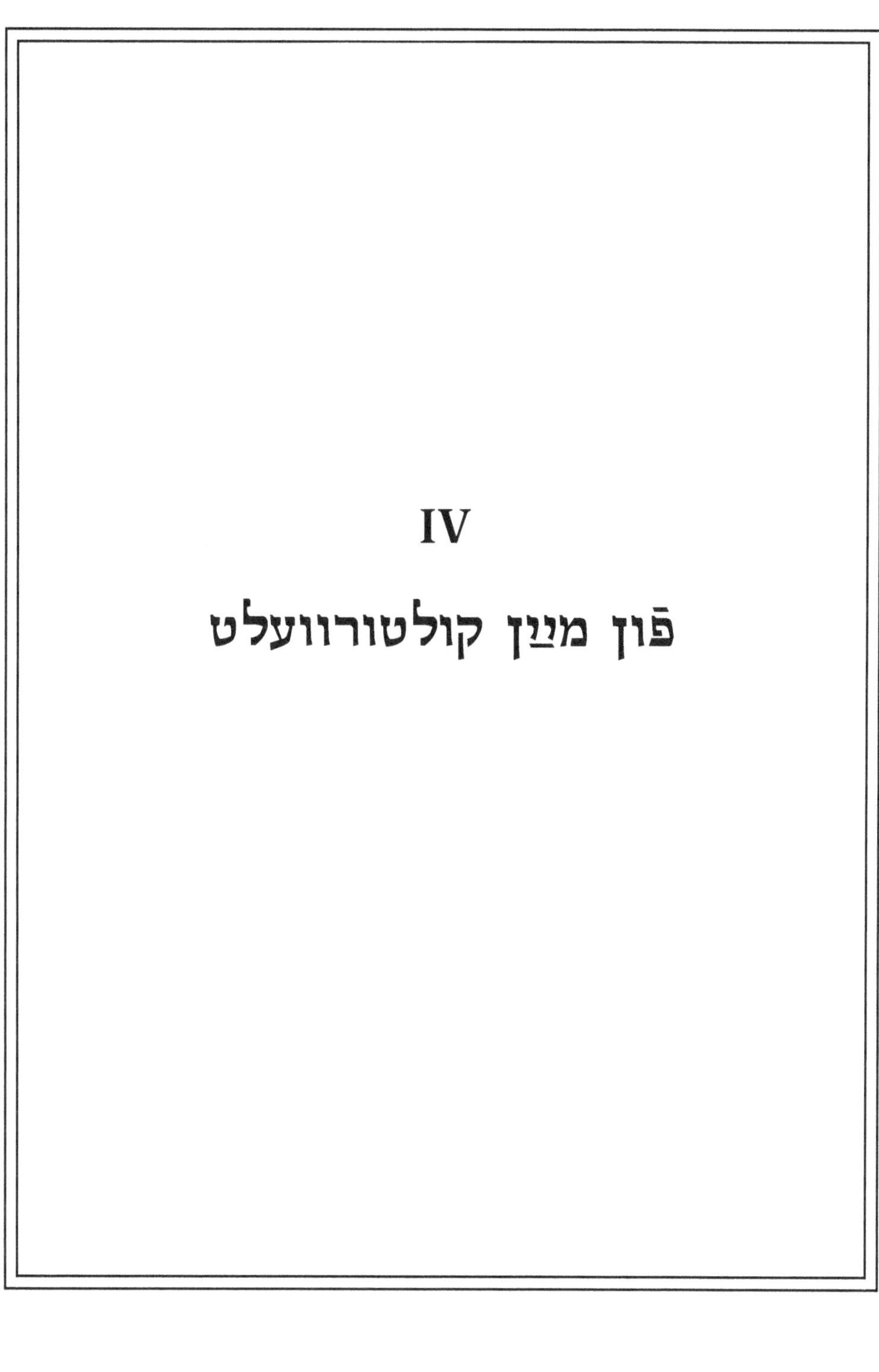

IV

פֿון מײַן קולטורוועלט

שבֿע צוקער/ניו־יאָרק

ביילע שעכטער־גאָטעסמאַנס שאַריי*

אינעם ניו־יאָרקער פֿאַרלאַג „מתּנות“ איז נאָר וואָס אַרויס פֿון דרוק אַ פּרעכטיק ביכל לידער: שאַריי פֿון ביילע שעכטער־גאָטעסמאַן. שאַריי, דער מחברטעס פֿערט ביכל, האָלט זיבן טיילן, וואָס איטלעכע גיט זיך אָפּ, מער־ווייניקער, מיט אַ באַזונדערן געדאַנק. טייל מאָל זײַנען די סטראָפֿעס טראַדיציאָנעל, מיט אַ פֿעסטן ריטעם און געגראַמטע שורות, אָבער זייער אָפֿט זײַנען די פּערזן פֿרײַע.

שבֿע צוקער

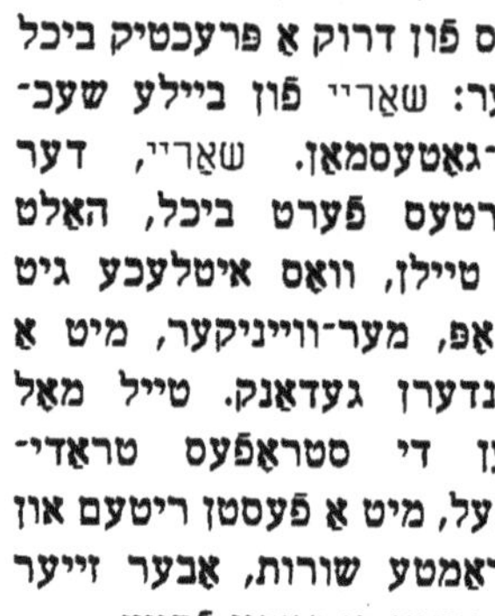

די ערשטע טייל הייסט, ווי דאָס ביכל אַליין, „שאַריי“, און גיט זיך אָפּ דער עיקר מיטן ענין פֿון זײַן אַ שרײַבער. דאָס ערשטע ליד איז „האַלבטענער“:

נישטאָ מער קיין אָרט פֿאַר חלומות.
דער טאָג רײַסט אויף
מיט בלענדיקן געבראַזג
אַלע ווינקלען
וואָס שאָטענען
נאָך בענקשאַפֿט.
מיט כּעס דעקט ער אויף
דעם לבֿוש פֿון האַלבטענער דינע
וואָס ער קען נישט באַנעמען.
הייבט אויף זיך
דעם חלומס צעהורגטער ניגון
אויף שפּיץ פֿינגער לײַכט
און שלײַכט זיך
אַוועק. (ז׳ 7)

דער אָנהייב איז אַ צוגעפּאַסטער, ווײַל ער הייבט גלײַך אַרויס דעם קאָנפֿליקט צווישן חלום און וואָר, צווישן פּאָעזיע און דעם אַזוי גערופֿענעם אמתן לעבן. ער דריקט אויס דאָס געראַנגל פֿונעם סענסיטיוון מענטש בכּלל און דעם פּאָעט בפֿרט צו עמאָציאָנעלער דערפֿילונג, צו ראָמאַנטיק, צו די אַלע באַהאַלטענע חלומות, וואָס דער טאָג, אין זײַן ליכטיקער אכזריותדיקייט, רײַסט אויף. דאָס בוך אַליין איז, ווי אַלע פּאָעטישע ווערק, אַן אומדירעקטער ענטפֿער אויף זיי.

די פּאָעמע „שאַריי“ איז דער ענטפֿער, דער אַנטידאָט אויף די פֿראַגעס:

מיטן זילבער־קולעכל פֿון אַ פֿויגל
פּישטשעט אַרײַן דער שאַריי
דורך די שויבן.
ס׳הייבן זיך אויף די ריטמען אין גאַס.
אויסגעשטרעקטע שעהען בלאַנקען,
וואַרטן אויף אַ תּיקון.
קען מען זיך פֿאַרגינען
נאָך אַ רגע האַלטן.
ווען מען גייען אַן די שעהען,
אַז אַ יונגער ווײַ׳ט אַרײַן דער דרויסן
און אויפֿן גומען
אומגעהערטע ווערטער שוימען. (ז׳ 9)

דער טאָג אין „האַלבטענער“ איז אַ בייזער, אַן אומגעדולדיקער, האָט נישט קיין צײַט און
רײַסט אויף מיט בלענדיקן געבראַזג
אַלע ווינקלען
וואָס שאָטענען
נאָך בענקשאַפֿט.

ער מוז אויפֿרײַסן אַלץ, וואָס ער קען נישט באַנעמען. ער הרגעט אַוועק דעם „חלומס ניגון“, ד״ה אַלץ וואָס איז נאָך נישט קאָנקרעט, נאָך נישט מקוים געוואָרן.

שאַריי, להיפּוך, איז די שעה ווי דאָס נישט דערזאָגטע מעג וואַרטן אויף אַ תּיקון. מע פֿילט אַז די צײַט שטעלט זיך אָפּ, הערט אויף צו יאָגן און פּײַניקן דעם מענטשן. אַלץ וואָס איז יונג און האָט צײַט צו וואַקסן, פּאָעטישע געדאַנקען און ווערטער, „דער ניגון“ פֿונעם פֿריִערדיקן ליד ווערט נישט צעריסן, נאָר פֿאַרקערט, שוימט אויף, שטראָמט ווי אַ קוואַל.

דאָס זײַנען די צוויי פּאָלוסן, די אייביקע געראַנגל־פּאָלוסן בײַם שאַפֿערישן מענטשן און זיי שפּיגלען זיך אָפּ דאָ, אויף די בלעטער פֿון ביילע שעכטער־גאָטעסמאַנס בוך.

די אַרבעט פֿון אַ שרײַבער איז נישט קיין גרינגע. מע מוז זיך „באַזיניקן“ ווײַל „צו האָבן אַ גאַנצן געדאַנק נאָך אין אײנעם / נאָך אַזאַ צעשפּאָלטענעם טאָג“ איז נישט קיין קלייניקייט. אָבער די וואָס האָבן מזל, האָבן אַ פֿלינקן בלײַער, וואָס איז קלוג און

פֿירט דיך דער בלײַער
פֿירט ווי אַ בלינדן,
מיט פֿינקטלעכער שאַרפֿקייט
טוט דיר אויפֿבינדן
די אויגן.
און דו, אַ פֿאָלגעוודיק קינדל,
גייסט נאָך.
אַ רײַטער דורך ווינטן
אַ שטראָך נאָך אַ שטראָך.

פֿון איין זײַט זעען מיר אַז דער פּאָעט קען זיך נישט העלפֿן. ער צי זי מוז זײַן אַ פּאָעט; מע ווערט געפֿירט, אפֿשר אַפֿילו אָן דעם אייגענעם ווילן, ווי אַ בלינדער, ווי אַ פֿאָלגעוודיק קינדל — כּמעט אומבאַהאָלפֿן.

פֿון דער צווייטער זײַט, איז דאָ אַ שטענדיק געראַנגל קעגן די אַלע אומפּאָעטישע, פּראָזאַיִשע געשעענישן פֿונעם „צעשפּאָלטענעם טאָג“. מע מוז זיך „באַזיניקן, דערמאָנען“, אינטעגרירן. אָבער פֿון די צוויי כּמעט פּאַראַדאָקסישע נטיות

*) ביילע שעכטער־גאָטעסמאַן, שאַריי: לידער, נ״י, פֿאַרלאַג מתּנות, 1980.

קומט אַרויס אַ גײַ באַשעפֿעניש — דער שרײַבער ווי אַ „רײַטער דורך ווינטן״, אַ פֿיגור פֿון פֿאַנטאַזיע און פֿרײַהייט.

דער פּאָעט האָט אויך אַנדערע ראַנגלענישן, דהײַנו מיט דער פּאָעטישער טראַדיציע, וואָס דיקטירט מע זאָל שרײַבן „מיט ריטעם און גראַמען״ און אפֿשר גאָר, אין ברייטערן זין, מיט דער טראַדיציע פֿון אָנשטענדיקע ייִדישע עלטערן, וואָס פֿאַר זיי „איז די ליריק גאָר נישט צו באַנעמען״:

גלייענט דאָרט שורות פֿרײַע, עקסטע
און אַוועק מיט זיי העט ווײַט,
כ׳וואָלט זיך אויך געוואָלט פֿאַרגיין,
פֿראַנק־און־פֿרײַ פֿאַטעטווען,
אָבער
טאַטע־מאַמע האַלטן אין איין
טאַרען און דערמאַנען:
ניטע, ס׳איז די ליריק
גאָר נישט צו באַנעמען.
עקסטע שורות העכסטע פֿון עקסטרעמען!
אַ פֿאָלגעוודיקע בת־יחידה
גייט בײַם הענטל שטיל מיט טאַטע־מאַמע,
שרײַבט ווי מע האָט שטענדיק
לויט טראַדיציע
מיט ריטעם און מיט גראַמען.
נאָר די שורות יענע
פֿרײַע,ווילדע
גייען נאָך אין חלום
רופֿן, ווינקען
און איך שמייכל צו
פֿון ווײַט
און גיי אויס פֿון בענקען. (ז׳ 19)

ביילע שעכטער־גאָטעסמאַן קען אויך שרײַבן וועגן דעם מיט הומאָר און אַן איידעלער איראָניע. אין דעם מחיהדיקן „איינוואָרטיק ליד״ שרײַבט זי וועגן דעם אייביקן זוכן דאָס ריכטיקע וואָרט, דאָס איינע וואָרט וואָס זאָל אַלצדינג אויסדריקן.

כ׳וואָלט געשריבן אַ ליד
וואָס זאָל האַלטן איין וואָרט
מער נישט.
איין וואָרט
און — אַ מײַסטערווערק:
ריטמישער אָטעם,
פּאָעטישער געדאַנק,
צימצום,
איין וואָרט לאַנג.
און קלינגעוודיק
זאָל עס זײַן
ווי דער פֿלינקער שפּאָן
מיט שטחים קריק.
אַ סאָסנע
פֿאַרוואָרצלט רחבֿותדיק.
נאָר דערווײַל
געפּטרט וויפּל רייד
צוליב דעם איינוואָרטיקן ליד,
וואָס שוין יאָרן, אַז איך
פֿאַרנעם זיך
שטילערהייט
דערמיט. (ז׳ 10)

פונקט אַזאַ וויכטיקע פּראָבלעם פֿאַרן פּאָעט איז דער עולם, ספּעציעל דער ייִדישער עולם, וואָס פֿאָדערט פֿון פּאָעט נישט קיין פּאָעזיע, נאָר רעטאָריק, הויך קלינגענדיקע מאַניפֿעסטן. זי דריקט דאָס אויס פּרעכטיק, סײַ מיט סאַרקאַזם, סײַ מיט הומאָר אין ליד „זיי האָבן ליב״.

דאָס ליד איז קונציק צונויפֿגעשטעלט. די ערשטע שורות מיטן איבערגעחזרטן „זיי האָבן ליב״ און די לאַנגע שורות מיט די אומפּאָעטישע ווערטער „נאַציאָנאַלע, אינטערנאַציאָנאַלע״, און די מעטאָדיש אויסגעדריקטע באַגריפֿן פֿון ווערטער וואָס זײַנען „אויסגעלייגט, אויסגעקלאָרט״, אימיטירן דעם סאָרט קריטישן מענטש, וואָס רעדט מיטן באָמבאַסטישן סטיל פֿונעם מאַסן־רעדנער.

זי איז נישט אין גאַנצן אַן אײַנזעעניש מיט אים, ער איז ווי אַן אָדלער מיט פֿליגל וואָס קענען נישט פֿליִען העכער פֿון זײַן נאָז, אָבער ער איז דאָך פֿאָרט אַ פֿויגל.

אין דער צווייטער טייל, „אויף דער ראָזעווער גאַס״, איז די טעמאַטיק אַ מאָדערנע. די פּאָעטעסע באַהאַנדלט די פּראָבלעמען פֿון זיך בײַטנדיקע געגנטן, אַן קליינע קינדער און אַן יונגע ביימער, דאָס ברויזן און קאָכן פֿון דער גאַס, די אָפּגעריסנקייט פֿון די מענטשן, דער דרויסנדיקער טומל און אומרויִקייט, וואָס זיי ווערן איבערגעזעצט אויף אינעווייניקסטן כאַאָס, און דעם יחידס פּרוּון צו געפֿינען (און אַ מאָל געפֿינט ער טאַקע) פֿאַר זיך אַ שטיקל אָרט אינעווייניק, אײַנצושטילן די דרויסנדיקע וועלט.

אינעם ליד, וואָס גיט זײַן נאָמען אָט דער טייל בוך, איז פֿאַרן צופֿעליקן דורכגייער די גאַס אַ ראָזעווע, פֿול מיט טאַנצנדיקע פֿאַרלעך. דער, וואָס קוקט זיך באמת צו, קען אָבער זען די שרעק וואָס הויערט אונטערן שיינעם ראָזעווען קאָליר. אין עטלעכע בצימצומדיקע, מײַסטערישע אימאַזשן, שילדערט די מחברטע דעם פּחד:

אין דרויסן וויעט די נאַכט
מיט וועלפֿישע ציין
און פּחד פּאָרט זיך מיט פּחד
אין גרויס געאיין.

ס׳איז פֿאַראַן עפּעס חיהשס, באַפֿאַלערישס אין דער לאַנדשאַפֿט. דאָס פּאָרן זיך פֿון פּחד מיט פּחד איז אַ ווילדער, שרעקעוודיקער אָפּקלאַנג פֿונעם פּאָרן זיך פֿון די טענצערס אין אָנהייב ליד.

דאָס ליד „אויפֿגייענדיקע האָריזאָנטן״ (ז׳ 31) איז אַ דורכדרינגענדיקער קאָמענטאַר אויפֿן שטאָטישן לעבן. דאָ, אָנשטאָט כאַאָס און טומל זעען מיר אַן אָפּטייטנדיקע אָרדענונג, וואָס טעמפּט אָפּ און פֿאַרשטיינערט דעם שטראָם פֿון מענטשלעכן לעבן.

(סוף קומט)

שבֿע צוקער/ניו־יאָרק

ביילע שעכטער־גאָטעסמאַנס שאַריי*

(סוף)

פֿון עמאָציאָנעלן שטאַנדפּונקט איז מיר די דריטע טייל, „הימלען אין נאָוועמבער״, געווען די סאַמע אינטערע־סאַנטסטע. די לידער דאָ האָבן אַ האַרבסטיקן טאָן פֿון אַ צײַטיקער סטאַדיע אין לעבן. מע קוקט צוריק צום עבֿר און מע פּרוּווט אים פֿאַרבינדן מיטן הווה, און צוזאַמענפֿלעכטן און באַנעמען ווי אַן אינטעגרירטע גאַנצקייט די פֿאַר־שיידענע עטאַפּן פֿון אַ לעבן.

דעריבער ווערט דאָ אַפֿט וויכטיק משפּחה און דורות־דיקייט, און דער ענין מאַמע — דאָס זײַן אַ קינד צו אַ מאַמען (דאָ מיינט מען די ספּעציפֿישע מאַמע, ליפֿשע שעכטער־ווידמאַן), און דאָס זײַן אַ מאַמע צו אַ קינד. זייער אינטערעסאַנט איז דאָס ליד „ס׳לעצטע בלעטל (איבער־קלאַפּנדיק דער מאַמעס זכרונות)״:

די שורות דײַנע, אויפֿגעטרייסלט\
קלאַפּן אויס מײַן נאַכט.\
וואַרהאַפֿטיק\
ווי דורכזעעוודיק\
אַפּגעצייכנט ביסטו מיר.\
איך בין הײַנט די מאַמע פֿון דײַן פֿרײַ.

מיטן אָפּקלאַפּן און דערווירקלעכן דער מאַמעס זכרונות, ברענגט די פּאָעטעסע אַרײַן איר מאַמעס אויס־געלעבטע טעג. ווי אינטים, קאָמפּליצירט געבונדן און ברייט אַרומנעמיק זײַנען די משפּחהדיקע שײַכותן! דאָס קינד ווערט די געבוירעריין און דער מאַמעס דורכגעלעבט לעבן ווערט פֿאַר איר ווי אַ נײַ־געבוירן קינד.

אינעם ליד „מײַן קינד״ (ז׳ 45) זעען מיר דאָס אייביקע שולדגעפֿיל פֿון אַ מאַמע צו איר קינד, אַז זי גיט נישט איבער גענוג פֿון דער ירושה, אַז דאָס וואָס ס׳וועט בלײַבן, איז נאָר „די קרישקעס פֿון אַ סעודה״.

אין דער פֿערטער און פֿינפֿטער טייל, „נאָך אַלץ אין אונטערערדישע קאַנאַלן״ און „ריח פֿון וועג״, האָבן די לידער אָפֿט אַ ברייטערן ייִדישן אינהאַלט. דאָ רעדט ב. שעכטער־גאָטעסמאַן וועגן איר טאַטנס פֿאַרשיקונג קיין סיביר, וועגן דעם אָפּגעמעקטן ייִדישן לעבן אין דער בוקע־ווינע, וועגן דעם כּוח פֿונעם ייִדישן פֿאָלק, וואָס

טראָגט אין מאַרעך\
געצייכנט זײַן גורל\
פֿון איבערלעבן\
אַלע בייזע מעדוזע־קעפּ.

וואָס איז דאָס פֿאַר אַ\
וווּנדערלעך,\
געטלעך,\
קליין־מענטשלעך פֿאָלק?! (ז׳ 75)

אינעם ליד „די רגעס יענע״ שרײַבט זי וועגן אַנטלויפֿן:

געהויקערטער שרעק אויף די שטראָזן\
וועגן באַלאַדענע\
מיר פֿאָרן\
בלינדע וווהין\
לויפֿן צוריק\
אין דרײַען אײַנגעבראָכענע בריק\
מיר דראַפּען זיך אַריבער\
געדיכטער נעסטער. (ז׳ 68)

דער ריטעם דאָ איז קונציק צוגעפּאַסט צו די געדאַנקען. די קורצע אָפּגעהאַקטע שורות שפּיגלען אָפּ די פּאַניק פֿון לויפֿן און פֿון זײַן „די איינציקע פֿאַרבליבן פֿון אַ קהילה ייִדן״.

די איבערלעבונגען אין וועג זײַנען אויך אַ מאָל אָפּ־פֿרישנדיק און גיבן איבער מאָמענטן פֿון האָפֿענונג. אין דער טייל געפֿינט מען אויך איינס פֿון די געציילטע נאַטור־לידער, „גרינער וואַלד געשמאַקער״:

אײַ, וואָלט איך אַרײַנבײַסן אין דיר,\
גרינער וואַלד געשמאַקער!\
אַריבערשרײַען כ׳וואָלט\
דעם ווילדן פֿויגלס אויסגעשרייען\
אין מײַן פּלוצעמדיקער דולקייט!\
אָדער\
מיט פֿולן פּענדזל אָפּשוימען\
די איבערלויפֿנדיקע גרינקייט,\
זודנדיקע שטומקייט.\
ווי האָסטו מיך צעקאַכט,\
אַרײַנגעגאָסן שיכּור־טרונק\
אין הויט און אָדערן,\
ווען בלויז אַ גלעט געטאָן\
סע האָט מײַן וווּ דיך\
בײַם דורכפֿאָרן (ז׳ 88)

די פֿערזן זײַנען פֿרײַע, אַזוי ווי די נאַטור. דאָס ליד איז סענסועל און רעדט צו אַלע חושים. די סענסועלקייט גיט שטאַרק און ענערגיש איבער דאָס געפֿיל פֿון „פּלוצעמ־דיקער דולקייט״, פֿון זײַן צעקאָכט, פֿון אַן עכטער, אינ־טימער, פֿיזישער פֿאַרבינדונג מיט דער נאַטור.

אין דער זעקסטער טייל, „די לעצטע שורה״, איז די טעמאַטיק מער־ווייניקער קאָנפֿראָנטאַציע מיט זיך אַליין, מענטשלעכע אינטעראַקציע, איזאָלירטקייט און דאָס זײַן אַ דערוואַקסענער.

דאָס ליד „קאָמענטאַרן״ איז אַן עכט מאָדערן ליד אי אין אינהאַלט, אי אין פֿאָרעם (ז׳ 99). די כּלומרשט נישט־געבונ־דענע אימאַזשן, אַ האַנט וואָס שטרעקט זיך נאָך אַ גלאָז וואַסער, דער קריסטאַלענער אימאַזש פֿונעם שונא וואָס דער־לאַנגט אַ באַק, קלאַנגען פֿון מוזיק, אַ שטול פֿון אַ דענטיסט זײַנען קאָמענטאַרן אויף אַליינקייט און עלנטקייט. די לעצטע שורות „בײַם דענטיסט אויפֿן שטול / איז די צײַט געדיכט״ בינדן זיך מיטן אָנהייב. אין דער ערשטער סטראָפֿע האָבן מיר מעטאַפֿאָרישע, רײַסנדיקע ציינער, בײַם סוף זיצט מען גרייט צו רײַסן ממשותדיקע ציינער. אַלצדינג אין דער

קונציקער כּלומרשטער סתּמקיים ווערט געבונדן אין אַ קלאָר אויסגערעכנטער גאַנצקייט.

די לעצטע טייל, „זײַטיקע באַטראַכטונגען", איז פּונקט דאָס. אַ מין געמיש פֿון פֿאַרשיידנס: אַ שטיללעבן, אַ געלעכטער, אַ דערמאָנונג, אַ שילדערונג פֿון אַ מענטשן, א וואָרט אאַז״וו.

לסוף, „זײַטיקע באַטראַכטונגען":

פֿאַר זײַטיקע באַטראַכטונגען
נישטאָ קיין צײַט.
ס׳פּאַסט זיך נישט אַרײַן
אין ענגן פּאַק פֿון עולן,
אַז ס׳קלינגט שוין דאָס הרימען פֿון רעלסן
ערגעץ ווײַט.
נאָר פֿאַרט:
צי האָט די וואָזאָנע נאָך אַ בלעטעלע געהאָט?
(ז׳ 119)

ביילע שעכטער־גאָטעסמאַן איז אַ פּאָעטעסע וואָס האָט, צום גליק, צײַט פֿאַר זײַטיקע באַטראַכטונגען. אמת, זי גיט אונדז אַ מאָל דעם „פּאַק פֿון עולן", פֿון קאָנפֿליקטן, געראַנגלעניש, אָבער זי גיט אונדז אויך די בליִענדיקע וואָזאָנעס, די זײַטיקע באַטראַכטונגען, די רגעס פֿון אינטענסיווקייט, אַן אַרײַנבליק אין די קלענסטע וויברירונגען פֿון דער מענטשלעכער נשמה. זי גיט אונדז אַ געפֿיל פֿאַר דער פּאָעטישער אייביקייט, און אַלצדינג מיט איידעלע, לירישע, אָבער שאַרפֿע, קלאָרע שטריכן. איך עצה אַלעמען: קויפֿט דאָס ביכל און לייענט עס.

ד״ר שבֿע צוקער / דורעם (צפֿון-קאַראָלײַנע)

יחיאל שרײַבמאַן – אַן אומפֿאַרגעסלעך באַגעגעניש

איבער יחיאל שרײַבמאַנס סאָפֿע, אין זײַן דירה אינעם אַלט־ייִדישן קעשענעוו, די שטאָט וווּ ער וווינט כּמעט די גאַנצע צײַט זינט 1940, אינעם סאַמע בכּבֿודיקסטן אָרט אויף דער וואַנט הענגט אַ בילד פֿון פּרץ מאַרקיש. פֿאַר שרײַבמאַנען איז מאַרקיש ניט נאָר, ווי ער איז פֿאַר אונדז אַלעמען, איינער פֿון די סאַמע גדולים פֿון דער סאָוועטיש־ייִדישער ליטעראַטור, נאָר אַ ליטעראַרישער גײַסטיקער מדריך, אַ סימבאָל פֿון דער צײַט ווען די סאָוועטיש־ייִדישע ליטעראַטור איז נאָך געווען אין סאַמע בלי.

פֿאַר אַ יונגן ייִדישן שרײַבער איז די פּאָזיטיווע אָפּשאַצונג מצד מאַרקישן, דער ליכטיקסטער שטערן אין דער סאָוועטיש־ייִדישער ליטעראַטור, נישט געווען קיין קלייניקייט. שרײַבמאַן האָט דעביוטירט האַרט פֿאַר דער מלחמה, אין 1936, זיך געדרוקט אין דער וואַרשעווער נײַע פֿאָלקסצײַטונג און אין ניו־יאָרקער פּראָלעטפּען־זשורנאַל סיגנאַל. אין 1939 זענען אין בוקאַרעשט אַרויס צוויי דינינקע ביכלעך דערציילונגען און עסייען, מײַנע העפֿטן. דערנאָך זענען געקומען די מלחמה־יאָרן, און פֿון בוקאַרעשט איז שרײַבמאַן אַוועק קיין קעשענעוו און דערנאָך אויף עוואַקואַציע אין אוזבעקיסטאַן, מיט זײַן ערשטער פֿרוי אָלגע ע״ה. דאָרטן האָט ער געצויגן דעם אויפֿמערק פֿון מאַרקישן מיט זײַנער אַ נאָוועלע, כאַווער בראַווער, וואָס מאַרקיש האָט אָפּגעדרוקט אינעם אַלמאַנאַך צום זיג. די נאָוועלע האָט אויסגענומען בײַ די לייענערס און, נאָך וויכטיקער, בײַ די ייִדישע שרײַבערס. ווען שרײַבמאַן איז צוריקגעקומען פֿון דער עוואַקואַציע, האָט פּרץ מאַרקיש אים געמאַכט אַ שאַפֿערישן אָוונט, ווו עס איז אויפֿגעטראָטן די סמעטענע פֿון דער סאָוועטיש־ייִדישער ליטעראַטור. „דעם דאָזיקן אָוונט“, זאָגט שרײַבמאַן אין אַ רעפֿעראַט, וואָס ער האָט געהאַלטן וועגן זיך פֿאַר די סטודענטן פֿונעם קעשענעווער זומער־ייִדיש־פּראָגראַם, אין 1996, ווו איך בין געווען אַ לערערין, „וועל איך טראָגן אין זיך מיט גרויס ליבשאַפֿט ביזן לעצן אָטעם מײַנעם“.

יאָ, ס׳איז דאָ אין לעבן אַזעלכע אָוונטן, אַזעלכע באַגעגענישן, וואָס מע טראָגט מיט זיך אייביק, קורצע מינוטן, געציילטע שעהען, וואָס זענען אָבער בכּוח צו באַלײַכטן אַ גאַנץ לעבן. מײַן באַגעגעניש מיט יחיאל שרײַבאַן און זײַן וווּנדערלעכער פֿרוי מאַרינע, איין אומפֿאַרגעסלעכער אָוונט בײַ זיי אין דער היים, ווו מיר האָבן, דאַכט זיך, אין עטלעכע שעה געפּרוווט אַרײַנפּאַקן יאָרן באַקאַנטשאַפֿט, און ווו מיר האָבן אָנגעקניפּט אַ פֿאַרבינדונג וואָס מע באַווײַזט געוויינטלעך ניט צו אַנטוויקלען במשך יאָרן, איז געווען אַזאַ נאַכט. אַחוץ דעם באַגעגעניש און עטלעכע קירצערע במשך די צוויי וואָכן פֿון פּראָגראַם, האָב איך געהאַט די מעגלעכקייט זיך אַ ביסל נעענטער צו באַקענען מיט שרײַבמאַנען פֿונעם אויבן דערמאָנטן אויטאָביאָגראַפֿישן רעפֿעראַט און פֿון זײַן אייגענעם שרײַבן.

אַזוי ווי עס איז אַ טייל פֿון שרײַבמאַנס שאַפֿערישן קרעדאָ, אַז „בײַ אַ שרײַבער דאַרף יעדעס ווערק דערציילן וועגן זיך“ און אַז „אַפֿילו ווען מע רעדט ניט וועגן ׳ער׳ איז עס סײַ ווי סײַ ׳ער׳, דער שרײַבער“, מיין איך, אַז פֿון זײַן ביכל יאָרן און רעגעס, קען מען זיך דערוויסן אַ סך וועגן שרײַבמאַן דעם מענטש און דעם מחבר. ער אַליין וואָלט מסתּמא געזאָגט, אַז ס׳איז נישטאָ קיין גרענעץ צווישן די צוויי, און אַפֿילו די דרײַ, און אַז שרײַבמאַן דער מענטש, דער מחבר און דער ליטעראַרישער העלד זענען אַלע דער זעלבער. אין זײַנער אַ מיניאַטור, „עלעגיע“ אינעם ביכל ווײַטער, שרײַבט ער, „בכלל מײַן גאַנצע ליטעראַטור, אַחוץ אפֿשר אַ פּאָר זאַכן, איז אויטאָביאָגראַפֿיש. איך האַלט, אַז אויב דער שרײַבער שטייט נישט אַליין דערבײַ, ער לעבט עס נישט איבער אַליין, קאָן קיין גרויס ווערק זיך נישט באַקומען. יעדן פֿאַלס, גרויס, קליין, נאָר קיין אמתדיק ווערק קען זיך ניט באַקומען.“ (ז׳ 395)

איך ווייס ניט, אויב איך בין מסכּים מיט אַזאַ אַני־מאַמין, וואָס פֿאָדערט, אַז אַן אויטאָר מוז אַליין איבערלעבן אַלץ וואָס גייט אַרײַן אין זײַנע ווערק, אָבער אַז שרײַבמאַנס בעלעטריסטיק אָטעמט מיט עכטקייט און אמתדיקייט, און פּולסירט מיט לעבן, און אַז ער איז בכּוח מיט אַ פּאַראַגראַף און אַפֿילו מיט אַ זאַץ אַרײַנצוהויכן לעבן אין אַ בילד אָדער אַ סיטואַציע, אַזוי אַז דער לייענער פֿילט, אַז ער איז ממש דאָ דערבײַ, וועגן דעם קען קיין ספֿק ניט זײַן.

ווײַל שרײַבמאַן האַלט, אַז דער מחבר און זײַן לעבן זענען אַזוי אינטים געקניפּט און געבונדן, וועל איך טאַקע אָנהייבן מיט זײַן ביאָגראַפֿיע. געבוירן דעם 12טן מאַרץ 1913 אינעם באַסאַראַבער שטעטל ראַשקעוו, אויפֿן ברעג פֿונעם נעסטער, בײַ זייער ניט קיין פֿאַרמעגלעכע עלטערן. דער טאַטע האָט געהאַט אַ פּיצל באַקאַלײַ־קלייטל און האָט אויך געפּראַזשעט קערלעך אויף צום פֿאַרקויפֿן. אין זײַן מיניאַטור „מײַנע טאַטע־מאַמע“ (יאָרן און רעגעס, ז׳ 91) שרײַבט ער: „מײַן טאַטן, האָב איך, חוץ אַלעמען, ליב

געהאַט דערפֿאַר, ווײַל ער האָט נעבעך יונגערהייט געהאַט אַ אַלטע, פֿאַרטרויערטע נשמה... מײַן מאַמען האָב איך ליב, ווײַל זי האָט אַלטערהייט געהאַט אַ יונגע נשמה".

כאָטש דער טאַטע איז ניט געווען קיין ליטעראַרישער מענטש (ווי אַזוי וואָלט אַ מטופּל מיט קינדער אין אַזאַ דלות זיך געקענט פֿאַרגינען צו לייענען ביכלעך?), האָט ער געהאַט אין זיך עפּעס אַ ניצוץ פֿון ליטעראַרישקייט, און דער פֿונק האָט געצויגן זײַן פֿײַער פֿון די פֿריִערדיקע דורות.

אין ראַשקעוו פֿלעגט מען אונדזער משפּחה רופֿן „די בני־סופֿרים". אַן אורזיידע האָט מן־הסתּם געזינדיקט מיט דער פּען: געשריבן צי איבערגעשריבן ספֿרים. ביז דער דאָזיקער פֿאָדעם זאָל זיך אין יאָרן אַרום ווידער אָנקניפּן אין אַן אורא־אייניקל, זײַנען דורך דער משפּחה דורכגעגאַנגען שטאַרק געפֿאַלענע בײַ זיך זיידער און באָבעס, מומעס און פֿעטערס: ייִדן און ייִדענעס מיט שוואַרצע אויגן און פֿאַרגעלטע פּנימער; קבצנים און קבצנטעס, וואָס האָבן איבערגעטאָן אַלצדינג אין דער וועלט און דעם שלימזל אַלץ ניט געקענט פֿאַרטרײַבן פֿון זיך;... גריבלערס, וואָס וואָלטן פֿאַר אַ טיפֿן געדאַנק אַוועקגעגעבן די בעסטע אָנבײַסנס מיט די בעסטע וועטשערעס (ווען זיי וואָלטן זיי נאָר געהאַט) („אַ קאַפּיטל ראַשקעוו", יאָרן און רעגעס, ז' 31).

אין איינעם פֿון די רירנדיקסטע מאָמענטן אין שרײַבמאַנס ביאָגראַפֿישן רעפֿעראַט באַשרײַבט ער טאַקע ווי דער טאַטע, וואָס זײַן גורל איז געווען זיך צו מוטשען דאָ אונטן, בשעת זײַן נשמה האָט געשטרעבט צו עפּעס העכערס, האָט אויפֿגענומען דעם זונס ערשטע געדרוקטע אותיות. נאָר דרײַ מאָל האָט שרײַבמאַן געזען טרערן בײַם טאַטן, צוויי מאָל בײַם טויט פֿון אַן אייגן קינד און אַ דריט מאָל, ווען דער טאַטע האָט געזען דעם זונס אַן אָפּגעדרוקטע דערציילונג און פֿאָטאָ אין אַ ניו־יאָרקער זשורנאַל.

דער טאַטע איז געזעסן אָנגעטאָן אין אַ בלאָען פֿאַרטעך און אין וואַטאָווע פּעלצן זײַנע אָן אַרבל און געשטאַמפּעוועט די פּרימוס־נאָדלען. דאָס פּנים פֿאַרטראָזשעט מיט בלעכשטויב, די אויגן ווי תּמיד פֿאַרזאָרגטע און אויסגעמוטשעטע, אַרום אים אַ פֿולע שטוב אָנגעוואָרפֿן מיט שטיקער בלעך מיט פֿאַרפּלאָנטערטע בונטן סטרונעס, בויגנס פּאַפּיר, פֿלעשלעך קליי – מיט הוילער וואָכעדיקייט. ער האָט אָפּגעווישט די הענט אין פֿאַרטעך, אַרויפֿגערוקט די ברילן אויפֿן שטערן, אַ בלעטער געטאָן דעם זשורנאַל, איבערגעלייענט אויבן, אויף דער דערציילונג, דעם נאָמען מײַנעם, באַטראַכט די פֿאָטאָ, אַ קוק געטאָן אויף מיר, ווידער אויף דער פֿאָטאָ, און אָן ווערטער, אָן אַ מינדסטן מזל־טובֿ מיר, האָט פּאַוואָליע אָנגעהויבן קײַקלען זיך טרערן אויף זײַנע באַקן. אַ פּאָר רגעס געקײַקלט זיך שטיל, דערנאָך מיט אַ מאָל אויף אַ קול, מיט אַ כליפּערײַ. איך קען נאָך ביז הײַנט ניט פֿאַרשטיין וואָס דער טאַטע האָט דעמאָלט געמיינט מיטן דאָזיקן געוויין זײַנעם. געשיקט זיך, אַז אַ פּראָסטער ייִד, אַ ייִד פֿון אַ גאַנץ יאָר, איז געווען בכּוח אַזוי אָ איבערצולעבן און אַזוי אָ באַגרײַפֿן אַזאַ אָ פֿרייד? געשיקט זיך אַז ערגעץ אין זײַנע טיפֿענישן האָט אים אַ ניט־פֿאַרטײַטשטער כּוח געלאָזט דערפֿילן דעם דערנערוועג, דעם צער מיט די אָפּקומענישן, דאָס שטײַגן און נידערן, די אַלע געפּרוּווטקייטן וואָס וואַרטן אויף אַ שרײַבער, אַ סופֿר בישׂראל? עד־היום איז עס פֿאַרבליבן פֿאַר מיר אַ רעטעניש. אַ פֿרעג טאָן „וואָס וויינסטו, טאַטע?" וואָלט די גאַנצע מעשׂה געווען געמאַכט וואָכעדיק. מעגלעך, דאָס געוויין זײַנס איז פֿאַר אים אַליין געווען אַ רעטעניש.

כאָטש יענע דערציילונג איז געווען שרײַבמאַנס ערשטע געדרוקטע שאַפֿונג, איז דאָס זיכער ניט געווען זײַן ערשטער ליטעראַרישער פּרוּוו. אין יענעם רעפֿעראַט האָט ער דערציילט אַ מעשׂה־שהיה פֿון די גאָר פֿריִע שוליאָרן, וואָס קען דינען ווי אַ מעטאַפֿאָר פֿון זײַן שפּעטערדיקן שרײַבערישן דרך. ס'איז געשען אין שול, אַ עס איז פֿאַרפֿאַלן געוואָרן אַ פּענאַל (אַ שיידל פֿאַר בלײַערס און פֿעדערס), און דער לערער האָט געזוכט דעם שולדיקן. דעם יונגן יחיאל האָט זיך געדוכט, אַז דער לערער קוקט אויף אים, האַלט אים פֿאַרן גנבֿ. „איך האָב געפֿילט, עס ווערט באַגאַנגען אַ גרויסע עוולה קעגן מיר און האָב פּלוצלינג מיט אַ פֿינגער אָנגעהויבן שרײַבן אויף אַ לעפּל פֿון אַן אייבערשטער קעשענע. כ'האָב מיט דער דאָזיקער באַוווּסטקייט באַשריבן דאָס גאַנצע לעפּל און ס'איז מיר גרינגער געוואָרן. מעגלעך אַז דאָס זײַנען מײַנע ערשטע שורות. שפּעטער איז מיר ניט איין מאָל אויסגעקומען צו שרײַבן אויף די לעפּלעך פֿון מײַנע קעשענעס". ווי אַ קאָמוניסט אין דער נאָך ניט קאָמוניסטישער רומעניע און שפּעטער ווי אַ ייִד אינעם סאָוועטיש געוואָרענעם קעשענעוו, איז אים זיכער אויסגעקומען צו שרײַבן ווי אַ באַשולדיקטער.

ווען שרײַבמאַן איז געווען גאָר אַ גרויסער יאַט פֿון קנאַפּע פֿערצן יאָר, האָט ער אומגעריכט דערטאַפּט אין זיך די פֿעיִקייט צו דערציילן מעשׂיות. אין „מײַנע פֿיר תּלמידים

און איך צווישן זיי דער פֿינפֿטער" (יאָרן און רעגעס) דערציילט ער ווי ער איז געוואָרן אַ לערערל אינעם דערפֿל סעסטאַש, אַ פֿערצן קילאָמעטער פֿון ראַשקעוו, פֿאַר ר' חיים סעסטאַשערס אייניקלעך. ר' חיים אַליין, אַ ראַשקעווער תּושבֿ, איז געווען אַ ייִד אַן עם־האָרץ, „אַ הויכער, אַ לייַביקער, מיט אַ לאַנגער גראָער באָרד, וואָס פֿלעגט זיך אים צעשפּאַלטן אַזש אונטן אויפֿן בויך, ערגעץ אַרום פּופּיק... אַ קול האָט ער געהאַט אַ גראָבס און אַ גרילצנדיקס". (ז' 25)

אין דאָרף סעסטאַש האָבן געלעבט ר' חיימס דרייַ אייניקלעך, אַבֿרהם, פּייסי און נעכע. דער יונגער יחיאל איז געווען פֿאַרדונגען ווי אַ „רבי" צו זיי און צו נאָך אַ ייִנגל, פֿון אַ ייִדישער משפּחה, אַבֿרהמל. זייַן אַרבעט איז געווען זיי צו מאַכן פֿאַר מענטשן. און כּדי דאָס צו טאָן, האָט מען אים באַפֿוילן, „רייַס שטיקער! הרגע... אָן רחמנות!"... „דאָס גאַנצע מאַכן מייַנס די תּלמידים פֿאַר מענטשן", דערציילט שרייַבמאַן, „איז באַשטאַנען אין אַ ביסל עבֿרי און אין אַ ייִדיש שורה־גריזל. גאָר קיין סך תּורה האָט נאָך דער לערער, ניט אויסגערעדט זאָל דאָס זייַן, אַליין ניט געקענט".

פֿאַרשטייט זיך, אַז די קינדער פֿון אַזאַ ייִחוס זענען ניט געווען פֿון די פֿלייַסיקסטע לערנערס. איין מאָל, ווען דער יונגער „רבי" איז אַרויסגעגאַנגען אַ ביסל פֿאַר נאַכט צו אין דאָרף, האָט זייַן תּלמיד אַבֿרהם אים אָפּגעוואַרט אין הויף, הינטער דער סטערטע שטרוי, ווי אַ פֿעלד־גזלן, אים געהייסן שטיין און אים געסטראַשעט (אויף לשון איר) אַז זיי, אַלע פֿיר תּלמידים זייַנע, וועלן אים „אַרייַנוואַרפֿן אַ באַגראָב", אויב ער וועט דערציילן דעם טאַטן, אַז זיי ווילן ניט לערנען. ווען דער יונגער רבי האָט זיי געפֿרעגט וואָס זיי ווילן יאָ טאָן אויף די לעקציעס, האָט אַבֿרהם געענטפֿערט: „מיר'ן גלאַט אַזוי זיצן... ס'עט קיינער ניט וויסן... איר'ט אונדז דערציילן מעשׂיות".

„מעשׂיות?..." האָט ער געענטפֿערט, „אויך ניט קיין שלעכטע זאַך... נו, גיי, מיר'ן אַ קוק טאָן נאָך שבת... כ'על ברענגען פֿון דער שטאָט אַ פּאָר ביכלעך... אייַנגעפּאַטשט, רבי?"

„'אייַנגעפּאַטשט', האָב איך געענטפֿערט מיט אַזאַ קול, עפּעס גאָר ניט ווי קיין רבי".

און אַזוי האָט זיך עס אפֿשר טאַקע אָנגעהויבן, די קאַריערע פֿון אַ באַוווּסטזיניקן דערציילער, ערגעץ אויפֿן שליאַך צווישן ראַשקעוו און סעסטאַש.

כ'פֿלעג זיי אַזי, גייענדיק אויפֿן פֿאַרשנייטן וועג, אויסטראַכטן, און די פֿיר תּלמידים מייַנע פֿלעגן זיי דערנאָך פֿאַרכאַפּטע הערן. אַבֿרהם האָט, פֿאַרשטייט זיך, גאָרניט געפּועלט: ער האָט ווייַטער געמוזט האָרעווען בייַם שווערן „שראַבן" און „ליינען". אַ דאַנק, אַבֿרהם, פֿאַר די ערשטע עטיודן מייַנע! כ'האָב זיי פֿאַרשאַפֿן צווישן ראַשקעוו און סעסטאַש, צווישן סעסטאַש און ראַשקעוו. כ'האָב זיי קיין מאָל ניט אויפֿגעשריבן.

אַ שאָד". (ז' 31)

אָבער וואָס האָט אַ פֿערצן־יאָריק בחורל געהאַט צו דערציילן? – וועגן ראַשקעווער בלאָטעס און ראַשקעווער דלות, וועגן לעכער און לאַטעס? שרייַבמאַנס מעשׂיות דערמאָנען אינעם פֿאָלקסליד וועגן אַ מאַנטל פֿון פֿאַרצייַטיקן שטאָף. דאָרט זינגט זיך וועגן אַ צעריסענעם מאַנטל וואָס פֿון אים מאַכט מען אַ רעקל, דערנאָך אַ וועסטל, דערנאָך אַ קעשענע, דערנאָך אַ קנעפּל, דערנאָך אַ גאָרניט, און סוף־כּל־סוף פֿון דעם גאָרניט – אַ לידל. דאַכט זיך, וואָס איז דאָ צו דערציילן (ספּעציעל אויב מע האַלט זיך בלויז מיטן אמת) וועגן דעם לעבן פֿון אַ קליינשטעטלדיקן ייִדישן בחור, וואָס איז אויפֿגעוואָקסן אין גרויס אָרעמקייט, דורכגעלעבט „קאַלטס און וואַרעמס, און פֿאַרשטייט זיך אַ ביסל מער קאַלטס ווי וואַרמעס", געגאַנגען אין חדר, דערנאָך אַוועק אין דער גרויסער שטאָט (טשערנעוויץ) נאָך העכערער בילדונג אין אַ העברעיִשן לערער־סעמינאַר, ווו ער האָט זיך שוין אָנגעשטעקט מיט די נייַע ווינטן, אַרייַן אין דער באַוועגונג, און געוואָלט, ווי כּמעט יעדערער פֿון זייַן צייַט, איבערמאַכן די וועלט. דאַכט זיך, וואָס איז דאָ צו דערציילן וועגן דעם וואָס מע האָט שוין ניט באַשריבן אפֿשר הונדערטער מאָל אין דער ייִדישער ליטעראַטור? אָבער דאָך, און דאָ ליגט שרייַבמאַנס גרויסקייט, פֿון דער אָ וואָכעדיקייט מאַכט ער שבת, מאַכט ער קונסט; פֿונעם צעריסענעם מאַנטל, פֿונעם גאָרניטל, מאַכט ער אַ ליד. אָבער ער טוט דאָס אַלץ אָן נאָסטאַלגיע, אָן פֿאַלשן ראָמאַנטיזם, און עס מוז אַזוי זייַן, ווייַל שרייַבמאַן איז, ווי ער זאָגט – און מע מוז אים גלייבן, ווייַל זייַנע ווערק זאָגן עדות דערויף, – געטרייַ דעם אמת און דער אמת פֿון זייַנע ביכער איז אַ שווערער, אַ מאָל אַפֿילו אַ ביטערער. אין זייַן שרייַבן אַנטפּלעקן זיך פֿאַר אונדז גוטסקייט און שלעכטקייט, מאָראַלישע דערהויבנקייט און קליינלעכער עגאָאיִזם, מסירות־נפֿש און ענגע קליינשטעטלדיקייט.

שרייַבמאַנס גרויסקייט באַשטייט אין קענען דערגיין מיט אַ סובטילן אָבער שטאַרקן מאַך פֿון זייַן פֿעדער גלייַך צום תּמצית פֿונעם מענטשן אָדער דעם אָרט, צום פּינטעלע יחידישקייט, צו דעם וואָס שיידט אונטער דעם מענטשן

פֿון אומצאָליקע זײַנס גלײַכן. און דעמאָלט פֿילט מען, אַז מע איז דערגאַנגען צו דער נשמה פֿונעם מענטש. דער גרעסטער קבצן איז אַזוי גרויס ווי דער גרעסטער מלך, ווײַל זײַנע חלומות זענען ניט קלענער און די שטאַרקייט פֿון זײַנע געפֿילן איז ניט ווייניקער. ווען ער דערציילט אונדז, אַז זײַן טאַטע ציט זיך פֿון תּמיד אָן צו עפּעס הויכס און איידלס, און פֿינצטערט אָפּ אַלע זײַנע יאָרן בײַם פּראַזשען אין אויוון די נאַרישע בעקנס קערלעך, „אַז יעדער זיפֿץ און יעדער קרעכץ זײַן טאַטנס איז ניט קיין פּראָסטער זיפֿץ און ניט קיין פּראָסטער קרעכץ, נאָר אַ מין געשריי און אַ מין טענה צו דער שלעכטער און מיאוסער וועלט“ (זיבעצניאָריקע, זײַטל 128), פֿאַרשטייט מען שוין אַלצדינג וועגן דעם מענטשן, וויפֿל ער האָט געליטן, ווי ער האָט אָפּגעפֿינצטערט זײַן לעבן מיט האָרעוואַניע, און ווי די וועלט האָט אים באַעוולט ווײַל זײַן נשמה, „ציט זיך פֿון תּמיד אָן צו עפּעס הויכס און איידלס“, אַ סך העכער פֿון זײַן דאָליע. אין דעם אַלעם פֿילט מען אויך וויפֿל זײַן זון האָט אים ליב און וויפֿל ער פֿאַרשטייט דעם טרויער פֿונעם טאַטנס אומעטיק לעבן.

ניט נאָר בײַם באַשרײַבן מענטשן, נאָר אויך בײַם באַשרײַבן זאַכן און ערטער איז שרײַבמאַן אַ מאדים. עס דערמאָנט זיך די מעשׂה פֿונעם יונגן שרײַבער וואָס האָט אַן עלטערן מײַסטער געוויזן אַ ליבע־באַשרײַבונג. אַנשטאָט זיך אָפּצורופֿן לגבי דער טיפֿער עמאָציע, וואָס דער יונגער שרײַבער האָט געמיינט, אַז ער האָט איבערגעגעבן, האָט דער אַלטער מײַסטער אים געזאָגט: „איצט, גיי צוריק, און רוף אָן אַלע בלומען וואָס זענען געווען דאָרטן אין גראָז בײַם נאָמען“.

„אָבער וואָס האָט דאָס צו טאָן מיט זייער ליבע?“, האָט דער יונגער מחבר געטענהט.

„מיט זייער ליבע, אפֿשר ווייניק, אָבער מיט גוט שרײַבן אַ סך“, האָט דער מײַסטער געענטפֿערט.

בײַ שרײַבמאַן האָבן ניט נאָר די „בלומען“ אַלע אַ נאָמען, נאָר מע קען זיי שיִער ניט זען, אָנטאַפּן און שמעקן. ער איז אַ שרײַבער פֿון גשמיות אין בעסטן זין פֿון וואָרט. זײַנע באַשרײַבונגען האָבן פֿאַקטור און זענען דורכגעווייקט מיט די רײַכע זאַפֿטן פֿון דער באַסאַראַבער ערד און מיטן רוישיקן אימפּעט פֿון גרויסע פּולסירנדיקע שטעט.

איצט לאָמיר זיך אָפּשטעלן אויף איינער פֿון שרײַבמאַנס דערציילונגען, „אַ פּאָר גליטשערס“, וואָס פֿאַרמאָגט אַ סך פֿון זײַנע בעסטע קינסטלערישע שטריכן. ווי כּמעט אַלע זײַנע דערציילונגען, רעדט זיך דאָ אין דער ערשטער פּערזאָן. דער נאַראַטאָר קוקט צוריק שוין ווי אַ דערוואַקסענער און געדענקט אַ קורצן עפּיזאָד פֿון זײַנע קינדער־יאָרן, סך־הכּל איין נאָכמיטאָג, אָבער דאָך באַקומט זיך אַ מעשׂה מיט טיפֿן פּסיכאָלאָגישן פֿאַרשטאַנד, וואַרעמקייט און הומאָר:

אַ ווינטערטאָג. דער יונגער יחיאל גייט אַרויס אין גאַס זיך גליטשן אָנגעטאָן אַזוי:

> ...אין די זאָקן זײַנען געווען אַרײַנגעלאָזט די פֿאַראַיאָריקע פּסחדיקע הויזן, וואָס האָבן שוין איצטער געהאַט אויף זיך היפּשע פֿיר „פֿענצטער“: צוויי – פֿאָרנט, אויף די קניִעס, און צוויי, איינס לעבן אַנדערן, – הינטן.
>
> און כ׳האָב זיך געגליטשט אויף גליטשערס.
>
> צוויי פֿאַרשיידענע גליטשערס. איינער – אַ פּלאַטשיקער, אַ טונקל פֿאַרזשאַווערטער, מיט שרויפֿן; דעם צווייטן – אַ לאַנגן, אַ האַלב־הילצערנעם, מיט אַן אויסגעקײַלעכיקטער אַרויסגעדרייטער נאָז פֿון פֿאָרנט – האָב איך פֿאַרבונדן מיט שטריקלעך, פֿאַרצויגן מיט שטיקער באַנדאַזש, פֿאַרקניפּט מיט אַלערליי פֿאַרביקע שמאַטקעלעך, וואָס כ׳האָב קוים „אויסגענודעט“ בײַ גיטל דער נייטאָרין. (ז׳ 51)

נאָר איינער וואָס האָט געהאַט (אָדער לכּלל־הפּחות, געהאַט געזען) אַזעלכע גליטשערס, האָט זיי געקענט אָפּמאָלן מיט אַזוי פֿיל עכטקייט און הומאָר. הינטערן הומאָר פֿילט מען אָבער דעם ביטערן דלות. און דער שרײַבער דערציילט אונדז טאַקע באַלד, אַז די מאַמע ליגט שוין צוויי חדשים אַ קראַנקע נאָך אַ קימפּעט און אַז אים האָט מען אַהיימגעשיקט פֿון תּלמוד־תּורה נאָך שׂכר־לימוד און קיינער האָט אים ניט צוריקגעשיקט. „ווער זשע איז צו מיר געגליכן?“, גיט ער אַ פֿרעג און אין דעם אָפּקלאַנג פֿון שלום־עליכמס מאָטל פּייסי דעם חזנס „מיר איז גוט, איך בין אַ יתום“, דערשפּירט מען די גאַנצע קינדישע נאַיִווקייט, געזען דורכן איראָנישן און מיטלײַדנדיקן בליק פֿונעם דערוואַקסענעם שרײַבער.

זיך גליטשנדיק אַזוי מיט דער „פּאָר“ גליטשערס, „די פֿיס צעפֿאָרן אין פֿאַרשיידענע זײַטן“, בלײַבט דער יונגער יחיאל אָפּט „זיצן אין מיטן גאַס אַ פֿאַרלוירענער“. מיט אַ מאָל דערזעט ער פּונקט אַזאַ ייִנגעלע ווי ער, די הויזן פּונקט אַזוי ווי זײַנע, „אויסגעפֿענצטערט“. און דאָס ייִנגעלע זאָגט אים: „איך האָב פּונקט אַזעלכע צוויי גליטשערס. איסע און סטריסע. ...ווילסט בײַטן, אויסגלײַכן זיך?“ כּדי זיך צו בײַטן מיטן ייִנגעלע מוז ער אָבער קומען מיט אים. איין צרה נאָר: זײַן נײַער חבֿר וווינט אין דער מאַהאַלע און אין דער מאַהאַלע איז דאָ אַ הונט בײַ יעדן טויער, און

פֿאַר אַ הונט האָט אונדזער העלד מורא. און נאָך מער, כּדי אָנצוקומען אַהין דאַרף מען דורכגיין אַ בית־עולם און פֿאַר אַ בית־עולם האָט ער אַפֿילו מער מורא ווי פֿאַר אַ הונט. אָבער ער גייט, ווײַל „וואָס זײַנען די גרעסטע מוראס קעגן אַ פּאָר גליטשערס מיט שרויפֿן?“ (ז' 52)

גייט ער מיטן פֿרעמדן ייִנגעלע אַזוי, און ער זעט אַז, „דאָס פּנים זײַנס איז, ווי פֿריִער, אַ גוטס און אַ צעשמייכלטס. נאָר ווער ווייסט?... צי איז דאָס ניט קיין פֿאַרשטעלטער פּיפּערנאָטער, קיין אָנשיקעניש פֿון די חדר־מעשׂיות? וווּהין פֿירט ער מיך? וואָס וועט ער טאָן מיט מיר?“ (ז' 53). מע הייבט אָן זיך אויסצופֿרעגן וועגן ווער מע איז. דער יונגער יחיאל דערוויסט זיך, אַז זײַן נײַער חבֿר איז פּעטרע דעם מוליערס, אָבער ווען עס קומט צו זאָגן ווער ער איז, פֿאַלט אים אײַן „אַ גוואַלדיקער אויפֿטו“ און אַנשטאָט דעם אמת, זענען די קאָמבינאַציע פֿון הינט, בית־עולם, און זיך לאָזן אין די הענט פֿון אַ ווילד פֿרעמדן גורם, אַז ער זאָל ענטפֿערן, „פּיני דעם גבֿירס, פּיני פּאָווינסקיס“, און כּדי צו פֿאַרענטפֿערן פֿאַר וואָס דעם גבֿירס תּכשיט גייט אַרום קרוע־בלוע, טראַכט ער אויס אַ ווילדע מעשׂה, אַז דאָס ווערט ער אַזוי באַשטראָפֿט, ווײַל ער האָט „ניט געוואָלט אויפֿעסן ביז צו דער שפּענטע די בולקע מיט פּוטער“.

פּעטרע, באַרעכטיקנדיק זיך מסתּמא, אַז פֿון אַ גבֿיר מעג מען, כאַפּט אַרויס די גליטשערס פֿון יחיאלס הענט און לויפֿט אַוועק. אונדזער העלד נעמט אויך לויפֿן אין דער פֿאַרקערטער ריכטונג, „פֿײַל־אויס־בויגן, מיט דער נשמה אין די הענט“. דאָס אויסטראַכטן אַ נײַע אידענטיטעט דריקט אויס אַ טיפֿן פּסיכאָלאָגישן אמת, נאָך טיפֿער, מיין איך, דווקא ווײַל דער גאַנצער ענין מיטן אויסגעטראַכטן נאָמען, האָט שרײַבמאַן פֿאַר מיר מודה געווען, איז אַליין אַן אויסגעטראַכטע מעשׂה. אין דער אמתן האָט פּעטרע אַ כאַפּ געטאָן די גליטשערס און געמאַכט אַ ויבֿרח אָן קיין שום קלאַסן־באַוווּסטזיניקייט, רײַך, אָרעם, ס'איז אים ניט אָנגעגאַנגען. אים איז נאָר אָנגעגאַנגען די פּאָר גליטשערס. שרײַבמאַנס „גוואַלדיקער אויפֿטו“ איז צו פֿאַרשטיין, אַז אין דער ראָלע פֿון אַ גבֿיריש קינד פֿילט דער יונגער דערשראָקענער העלד, אַז ער האָט מאַכט, סײַ איבער דער סיטואַציע בבֿלל און סײַ איבער זײַן אָרעמען באַלייטער, ווײַל זײַן קינדערשער שׂכל זאָגט אים אַז קיין בייזס קען קיין גבֿיריש קינד ניט באַפֿאַלן.

די אויסגעטראַכטע סיבה פֿאַר זײַן שטראָף בינדט זיך אויך קינסטלעריש מיטן אָנהייב, און פֿילט אויס צוויי פֿונקציעס. אויף דער פֿלאַך פֿון פֿאַנטאַזיע שטילט עס זײַן ממשותדיקן פֿיזישן הונגער און דערלויבט אים הנאה צו האָבן כאָטש אין דמיון, פֿון עפּעס וואָס אין דער היים זעט ער ניט. „פֿונעם וואָרט בוימל־בולקע אַליין“, האָט ער „באַקומען אַ מויל מיט וואַסער“. (ז' 53) אויף זייער אַן איידעלן אופֿן דערלויבט אים זײַן נײַע אידענטיטעט צו קריטיקירן די נגידים, ווײַל פֿאַר אַ ייִנגעלע וואָס קען נאָר חלומען פֿון בוימל־בולקעס קען ניט זײַן קיין גרעסערע עוולה, קיין גרעסערער באַווײַז פֿון נגידישער צעבאַלעוועטקייט, ווי ניט אויפֿעסן דאָס וואָס מע דערלאַנגט אים, בפֿרט נאָך, אַזעלכע מעדני מלך.

דאָס אַליין וואָלט אפֿשר געווען אַ גענוגיקער סוף, אָבער שרײַבמאַן גיט צו נאָך אַ סוף, אַ שפּעטערדיקן, און אין דעם אַנטפּלעקט ער טאַקע זײַן מענטשלעכקייט און מײַסטערשאַפֿט. מיט יאָרן שפּעטער קומט ער אַהיים פֿון דער גרויסער שטאָט און גייט אויף אַ פּאָליטישער פֿאַרזאַמלונג בײַ גיטל דער נייטאָרין, די זעלבע גיטל בײַ וועמען ער האָט קינדווײַז „אויסגענודעט“ אַלערליי פֿאַרביקע שמאַטעס צוצובינדן די גליטשערס. דאָרטן האָט דער לערער רעזניצקי, „דערציילט דעם עולם, וועמען מע דאַרף פֿײַנט האָבן און וועמען מע דאַרף ליב האָבן“. (ז' 55) „און צווישן דעם עולם דערזעט ער פּעטרע דעם מוליערס זון און זײַנע שמייכלענדיקע אויפֿן פֿרעגן בײַ אים, פֿאַר וואָס האָסטו מיך אָפּגענאַרט? כ'האָב דאָך דיר געוואָלט טאָן אַ טובֿה...“.

שרײַבמאַנען איז געווען קלאָר „וועמען ער האָט אַלס קינד 'עקספּראָפּריִירט'. זײַן פֿײַנטשאַפֿט איז געווען מײַן פֿײַנטשאַפֿט“. (ז' 54) ווען די מעשׂה וואָלט זיך דאָ געענדיקט, וואָלט מען אפֿשר געזאָגט אַז צוליב די באַגרענעצונגען אונטער וועלכע ער האָט ביז לעצטנס געשריבן אין געוועזענעם ראַטן־פֿאַרבאַנד, האָט שרײַבמאַן „געמוזט“ צוגעבן אַזאַ פּראָלעטאַרישן סענטימענט. צי דאָס איז אמת אָדער ניט, ווייס איך ניט. מיר דאָ אין אַמעריקע האָבן אַ טענדענץ צו מיינען, אַז אַלע פּאָזיטיווע אויסדרוקן לגבי קאָמוניזם מצד סאָוועטישע שרײַבערס זענען נאָר ווײַל סע מוז אַזוי זײַן. מיר פֿאַרגעסן אָפּט, וויפֿל אויפֿריכטיקער גלויבן עס איז געווען אין יענע אַנטוישטע אידעאַלן. אויב מע וויל, קען מען זען דאָ אַ סוף וואָס האָט געמוזט זײַן, אַ סוף, לאָמיר זאָגן, וואָס וואָלט צופֿרידנגעשטעלט די שטרענגסטע צענזור, אָבער ס'איז פֿאָרט ניט קיין פּראָגראַמאַטישער סוף. ווען ער וואָלט געענדיקט מיט „זײַן פֿײַנדשאַפֿט איז געווען מײַן פֿײַנדשאַפֿט“, וואָלט מען געקענט זען אין דעם די אָבליגאַטאָרישע פֿאַראײַניקונג פֿון אונטערגעדריקטע איבער דער וועלט, אָבער עס ענדיקט זיך דאָך מיט אַן אויסדרוק פֿון נאָענטקייט צווישן מענטשן וואָס שטייט העכער פֿון פּאָליטיק, מיט אַ ליבשאַפֿט און

פֿאַרשטאַנד צוויש קינדער, וואָס קען נאָר געפֿינען אַ תּיקון ערשט שפּעטער אין לעבן. „נאָך דער לעקציע האָבן מיר זיך ביידע אַרומגענומען, לאַנג זיך געהאַלטן בייַ די הענט, און געפֿילט ווי עס שטראָמט אין זיי אייַן וואַרעמקייט: מייַן ליבשאַפֿט איז געווען זייַן ליבשאַפֿט“. אמת, סע קען זייַן אַז זייער אָרעמקייט ווי קינדער האָט זיי דערנענטערט איינער צום אַנדערן, אָבער אין דער ליבשאַפֿט שטעקט פֿאַרשטאַנד און אַ בשותּפֿותדיקער קינדישער סוד, און די אַלע ניט דערזאָגטע, אָפֿט אומפֿאַרשטענדלעכע זאַכן וואָס שאַפֿן אַ בונד צווישן מענטשן.

דאָס איז בלויז אַ קליינער משל פֿון יחיאל שרייַבמאַנס קונסט. במשך די זעכציק יאָר פֿון זייַן ליטעראַרישער טעטיקייט האָט ער אָנגעשריבן אַ סך ביכער, צווישן זיי: דרייַ זומערס דערציילונגען (1946) גאַניידן־עפּל (1965) און יאָרן און רעגעס, ראָמאַן, נאָוועלן און מיניאַטורן (1973). ער איז געווען פֿאַרטראָטן אין זשורנאַל סאָוועטיש היימלאַנד מיט אַ ציקל מיניאַטורן גלייַך פֿון ערשטן נומער אָן, אין 1961. דאָרטן איז ער געווען אַ מיטליד פֿון דער רעדקאָלעגיע פֿופֿצן יאָר לאַנג און האָט אויך געדרוקט דרייַ ראָמאַנען זיבעצניאָריקע, וואָס זענען אַרייַן אין יאָרן און רעגעס, ווייַטער און זיבן יאָר מיט זיבן חדשים. מע האָט אים איבערגעזעצט אויף כּלערליי לשונות, צווישן זיי: רוסיש, מאָלדאַוויש, עבֿרית, ענגליש, פֿראַנצייזיש, אוזבעקיש, אַזערבייַזשאַניש, אַרמעניש און צוּוואַשיש.

ניט געקוקט אויף די אַלע אויפֿטוען – און דאָס איכות איז ניט ווייניקער פֿונעם כּמות – איז שרייַבמאַן, זומער 1996, געווען זייער פּעסימיסטיש וועגן אַרויסגעבן זייַנע ביכער אינעם נייַעם, אומאָפּהענגיקן מאָלדאָווע צי ערגעץ אַנדערש אינעם געוועזענעם סאָוועטן־פֿאַרבאַנד. בשעתן שרייַבן די שורות איז אָבער אָנגעקומען די גוטע בשׂורה, אַז ס'איז די טעג אין ישׂראל בייַם פּרץ־פֿאַרלאַג אַרויס פֿון דרוק אַ נייַע זאַמלונג פֿון זייַנע שריפֿטן, דער עיקר דערציילונגען און מיניאַטורן, וואָס הייסט שטענדיק. באַגריסן מיר אים צו זייַן יום־טובֿ. ש

אַ פּאַרקערטע וועלט –

בּיראָבּידזשאַן

פֿון דער נאָענט:

אײַנדרוקן פֿון אַ נסיעה אין דער ייִדישער אויטאָנאָמער געגנט, זומער 2007

שבֿע צוקער[1]/דורעם, צ״ק

פּאָסטקאַרטל פֿון דער סאָפּקע און עלעקטראָטורעם.

די סאָפּקע

ביראָבּידזשאַן! פֿון וואַנען זאָל איך אָנהייבן? פֿון דער רחבֿותדיקער סטרוקטור מיטן נאָמען „בּיראָבּידזשאַן" אָנגעשריבן סײַ אויף רוסיש סײַ אויף ייִדיש אויף אירע ברייטע צעעפֿנטע אָרעמס? פֿון דעם שילדן־מאָלער וואָס האָט אָנגעמאָלן די ווערטער „ייִדישע גליקן", אַ רעקלאַמע פֿאַרן פֿילם מיטן זעלבן נאָמען, נאָר אָנגעהויבן האָט ער פֿון לינקס אויף רעכטס מיטן נון און דעם קוף? פֿון די איבער פֿערציק סטודענטן וואָס לערנען זיך ייִדיש אין דער ווײַט־מיזרחדיקער מלוכישער אַקאַדעמיע פֿאַר הומאַניטאַרע און סאָציאַלע לימודים? אָדער פֿון דעם וואָס נאָר אַ דריטל פֿון זיי זײַנען ייִדן? פֿון דעם שטראַלנדיקן ייִד, דובֿ קויפֿמאַן, וואָס פֿירט אָן מיט דער אַלטער שול מיט אַזוי פֿיל ליבשאַפֿט און איבערגעגעבנקייט און האָט זיך אַליין אויסגעלערנט אַ גאַנץ נישקשהדיקן עבֿרית, זיצנדיק דאָרט אין דעם ווײַטן בּיראָבּידזשאַן? אָדער פֿון די קלאַנגען וועגן אים אַז ער האָט פֿריִער געהערט צו די סובאָטניקעס (Seventh-Day Adventists)?

איז לאָמיר טאַקע אָנהייבן פֿונעם אָנהייב. לאָמיר אָנהייבן פֿון דער סאָפּקע. די „סאָפּקע" איז אַ רוסיש וואָרט וואָס מע ניצט מערסטנס אין ווײַטן מיזרח פֿון לאַנד, וואָס ס'איז טײַטש „בערגל". ווען מע דערמאָנט „די סאָפּקע" מיינט מען דאָס בערגל פֿון וועלכן די ערשטע איבערוואַנדערערס האָבן אַראָפּגעקוקט אויף דעם צוגעזאָגטן לאַנד, פּונקט ווי משה רבנו האָט אַראָפּגעקוקט פֿון הר נבֿו אויף ארץ־ישׂראל. דאָס איז דער קרוינפּונקט פֿון דער פּאַנאָראַמע וואָס דוד בערגעלסאָן האָט באַשריבן אין *בירעבידזשאַנער*, זײַן נאָוועלע וועגן אַ גרופּע איבערוואַנדערערס וואָס זײַנען געקומען אַהין שאַפֿן אַ נײַ לעבן פֿאַר זיך און אַ נײַ ליכטיק קאַפּיטל אין דער געשיכטע פֿונעם ייִדישן פֿאָלק.

> שימקע איז שטיין געבליבן אַ פֿאַרגליווערטער, זײַן מויל – אָפֿן, זײַנע צעעפֿנטע אויגן... זיי אַליין פֿרעגן, זיי אַליין ענטפֿערן: – דאָס איז עס?...
>
> אַרום ציִען זיך קייטן הויכע, געקרײַזלט־קײַלעכיקע בערג, הילן זייערע שפּיצן אין רויִקע בלויע וואָלקנדלעך – אַ פּנים

די שטאָט בּיראָבּידזשאַן, סוף 1920ער/אָנהייב 1930ער יאָרן.

[1] די פֿאָטאָגראַפֿיעס פֿונעם הײַנטיקן בּיראָבּידזשאַן זײַנען, בדרך־כּלל, גענומען געוואָרן פֿון שבֿע צוקערן אין 2007.

טאָג־און־טאָג אַזוי, שוין טויזנטער יאָרן אַזוי. אַלע דרײַ ווײַטע האָרי־זאָנטן – פֿול מיט אָט די בערג. דער פֿרימאָרגן זייערער – לויטער לײַכטנ־דיקער קרישטאָל, פֿילפֿאַרביקער ביז גאָר. זון פֿון הויכער וואַרעם, פֿון גרויסער שײַן. אומגעהײַער הויכער בלויער הימל אָן שום וואָלקנס־שפּורן. ימען ליכט דערגרייכן צו די בלויע רויכעלעך אין ווײַטן האָריזאָנט, מאַכן זיי שיטער. פֿון צווישן בלוי־צעגאַנגענע רויכעלעך בליקן אַרויס בלויע קרײַזעלעך פֿון די בערג, קוקן אויס די פֿיל ווײַטע און נאָענטע זוניק־שטראַלנדיקע טײַכן, שמאָלע און ברייטע טאָלן, טײַגישע און האַלב־טײַגישע געגנטן און אַלץ אין איינעם איז עס דאָס לאַנד, וואָס ראַטנמאַכט האָט אויסגעטיילט פֿאַר אַרבעטנדיקע ייִדן, אַלץ אין איינעם איז עס מיטן נאָמען:

– בירעבידזשאַן...

(דוד בערגעלסאָן, בירעבידזשאַנער,
מאָסקווע: עמעס, 1934, ז' 130)

ערגעץ אַנדערש ווו אין דער דער־ציילונג ניצט בערגעלסאָן דאָס וואָרט „בראשיתדיק", „זוניקע שטילקייט איז דאָך עכט בראשיתדיק", און ער רעדט וועגן ניט־באַטראַכטע גן־עדנס.

„ליכטיק", „יום־טובֿדיק", „אָן וואָל־קנס", „בראשיתדיק", „אַ גן־עדן", „אָט דאָס איז דאָס לאַנד וואָס ראַטנמאַכט האָט אויסגעטיילט פֿאַר אַרבעטנדיקע ייִדן".

מיר, די באַטייליקטע אין דער ערשטער ביראָבידזשאַנער אינטערנאַציאָנאַלער זומער־פּראָגראַם פֿאַר ייִדיש אין אויגוסט 2007, אונטער דער אָנפֿירערשאַפֿט פֿון פּראָפֿ' באָריס קאָטלערמאַן פֿון חיפֿהר אוניווער־סיטעט – אַליין אַ געבוירענער אין ביראָ־בידזשאַן – זײַנען אויך געשטאַנען אויף דער סאָפּקע און האָבן אַראָפּגעקוקט אויף דער שטאָט ביראָבידזשאַן, שוין איצט נישט קיין קליינער פֿאָרפּאָסט אויף דער טראַנססיבי־רער באַנליניע, נאָר אַ שטאָט פֿון 77,000 אײַנוווינערס, בתוכם 4,200 ייִדן. איצט אָבער איז די שטימונג געווען נישט בראשיתדיק, נאָר בין־השמשותדיק. כאָטש די שטאָט אַליין איז אַ גאַנץ שיינע, אַ גרינע, מיט ברייטע בולוואַרן און רחבֿותדיקע פּאַרקן, האָבן מיר גאַנץ גוט געוווּסט אַז מיר קוקן נישט אַראָפּ אויף קיין „צוגעזאָגט לאַנד", נאָר אויף אַ לאַנד ווו כמעט אַלע חלומות אויפֿצובויען דאָרט אַ ייִדיש לעבן זײַנען געשטאָרבן, אָדער גיכער, ברוטאַל פֿאַרלאָשן געוואָרן. מיר זײַנען געווען דאָרט צו זוכן שפּורן און אפֿשר צו העלפֿן ווידער אָנצינדן אַ ליכט.

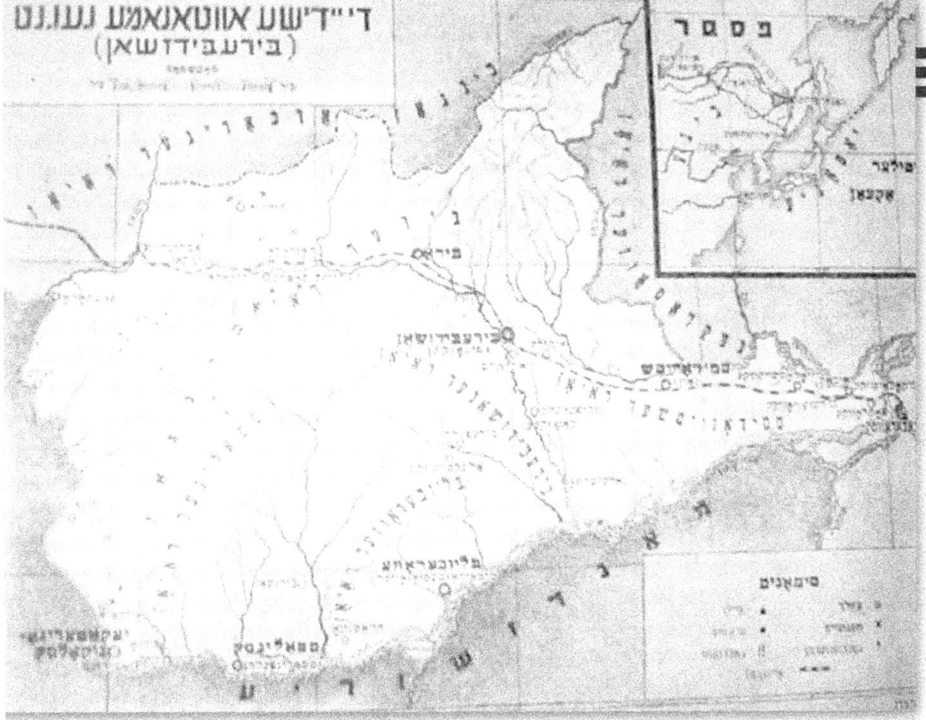

מאַפּע אויף ייִדיש פֿון ביראָבידזשאַנער געגנט.

די געשיכטע פֿון ביראָבידזשאַן איז שוין גוט באַקאַנט: אין 1928 האָט די ראַטנמאַכט געעפֿנט אַ געגנט פֿאַר ייִדישער קאָלאָניזאַציע אויפֿן ווײַטן מיזרח, ווײַטער אַפֿילו פֿון סיביר, אויף דער גרענעץ מיט מאַנטשוריע, און אין 1934 איז ביראָבידזשאַן געוואָרן אַן „אָבלאַסט" – אַן אויטאָנאָמע געגנט. סטאַלין האָט זיך געהאַט זײַנע סיבות פֿאַר זײַן „גוטהאַרציקייט" לגבי די ייִדן וואָס האָבן געהאַט וויייניק צו טאָן מיט זײַן ווילן צו העלפֿן די ייִדן. געוואָלט האָט ער באַקעמפֿן דעם ציוניזם ווי אויך פֿאַרזיכערן זײַנע מיזרחדיקע גרענעצן. ער האָט צוגעזאָגט די ייִדן לאַנד, לשון און אויטאָנאָמיע. אויף דעם סמך איז אין די מיטעלע דרײַסיקער יאָרן ייִדיש דערקלערט געוואָרן ווי אַן אָפֿיציעלע שפּראַך, גלײַך מיט רוסיש: גאַסנשילדן, אָפֿיציעלע דאָקומענטן, און לעגאַלע פּראָצעדורן האָבן געמוזט אָדער געקענט זײַן אויף ייִדיש. ייִדן זײַנען געקומען – פֿאַרשטייט זיך, נישט

פּאָסטקאַרטל פֿונעם שילד בײַם אַרײַנפֿאָר אין ביראָבידזשאַן פֿון כאַבאַראָווסק, 2007.

די רײַכע, נאָר די וואָס האָבן פּשוט געזוכט אַ בעסער לעבן אָדער די וואָס האָבן טאַקע גע־גלייבט אָדער געהאָפֿט אַז דאָ קען מען בויען

אַ גרופּע ביראָבידזשאַנער ייִדישע שרײַבערס. זיצנדיק פֿון רעכטס: העשל ראַבינקאָוו, איציק בראָנפֿמאַן, ליובאַ וואַסערמאַן, בוזי מילער. שטייענדיק: סאַלוואַדאָר באָרזשעס, מאַקס ריאַנט, אַרום 1947.

דעם סאָציאַליזם, און געקומען איז מען פֿון אומעטום — פֿון רוסלאַנד, פֿון דער ליטע, פֿון פּוילן, פֿראַנקרײַך, בעלגיע, אַרגענטינע, און אַפֿילו אַמעריקע. אַפֿילו מײַן מומע לובע און פֿעטער איטשע, איבערגעגעבענע בונדיסטן און ייִדישיסטן, וווינענדיק דעמאָלט אין פּוילן, האָבן אָנגעגעבן אַפּליקאַציע אין די 30ער יאָרן, ווי איך האָב נאָר לעצטנס, פֿאַר דער נסיעה מײַנער, זיך דערוווּסט. אַהינפֿאָרן האָבן זיי געוואָלט נישט דערפֿאַר ווײַל זיי האָבן געגלייבט אין סטאַלינס סאָציאַליסטישן גן־עדן, נאָר ווײַל זיי האָבן געזוכט אַרבעט און ווײַל זיי האָבן געהאַט דאָס געפֿיל, ווי זייער זון האָט מיר איבערגעגעבן, „אַז דאָס וועט זײַן זייערס“. ווי עס זינגט זיך אין ליד „ביראָבידזשאַן“: „איבער ערדן נײַע/ אַ לעבן אַ מחיה/ אין אונדז געווענדט“.

ס'איז קיין פֿראַגע נישט אַז די צוציקראַפֿט פֿון ייִדיש איז נישט געווען קיין קליינער פֿאַקטאָר. סײַ זיי סײַ אַ סך אַנדערע קולטור־מענטשן אין סאָוועטישן ייִדישן לעבן האָבן געגלייבט, ווי דער שרײַבער דער ניסתּר, אַז „ראַטעווען די ייִדיש־קולטור אין סאָוועטן־פֿאַרבאַנד פֿון אונטערגאַנג קען מען נאָר, ווען ייִדן וועלן זיך קאָנצענטרירן צוזאַמען אין אַן אױטאָנאָמער געגנט“ (ישׂראל עמיאָט, דער ביראָבידזשאַנער ענין: כראָניק פֿון אַ גרויליקער צײַט, ראַטשעסטער, 1960, ז' 14). סטאַלינען איז מסתּמא נישט געגאַנגען אין לעבן אַז די ייִדישע קולטור זאָל זיך אַנטוויקלען, נאָר ייִדן האָבן זיך געטאָן זייערס. מע האָט געעפֿנט ייִדישע שולן, און אײַנגעפֿירט אָבליגאַטאָרישע קלאַסן אויף זיך צו לערנען די שפּראַך דאָרט וווּ ייִדיש איז נישט געווען דאָס הויפּט־לשון. מע האָט געבויט אַ ביבליאָטעק, געעפֿנט אַ טעאַטער (אויפֿן נאָמען קאַגאַנאָוויטש), אַ ייִדישן פֿליגל אין מוזיי, אַ צײַטונג און זשורנאַלן, און אַפֿילו אַ שיל, און אַ סך פֿון די וויכטיקע סאָוועטיש־ייִדישע שרײַבערס — דער ניסתּר, דוד בערגעלסאָן, שמואל האַלקין און שמואל גאָרדאָן, און טבֿיה גען האָבן געשריבן גלענצנדיקע באַריכטן ווו זיי האָבן באַטאָנט אַז ביראָבידזשאַן פֿאַרקערפּערט די נאַציאָנאַלע קולטורעלע שטרעבונגען פֿון סאָוועטישע ייִדן. און אַזוי האָט טאַקע אויף אַ ווײַל אויסגעזען, נישט געקוקט אויף אַלע צרות און נישט־דערפֿילטע צוזאָגן, ביז די סטאַלינישע טשיסטקעס (רייניקונגען) פֿון 1936-1938 ווען מע האָט אָנגעקלאָגט אַ סך פֿון די פֿירערס אין קאָנטררעוואָלוציאָנערע אַקטיוויטעטן און זיי אַרעסטירט, און פֿאַרמאַכט כּמעט אַלע ייִדישע שולן.

שפּעטער, נאָכן חורבן, צווישן 1946-1948, האָבן אַרײַנגעוואַנדערט נאָך אַ 10,000 ייִדן, דאָס מאָל מסתּמא מיט ווייניק אילוזיעס און ווייניק אַנדערע ברירות, און דאָס ייִדישע לעבן האָט במילא אויפֿגעלעבט. די אויפֿבלײַונג איז אָבער צום צווייטן מאָל שאַרף און אומנאַטירלעך אָפּגעשטעלט געוואָרן מיט דער צווייטער כוואַליע פֿון סטאַליניסטישן טעראָר (אַן אָפּרוף אויף דעם אויפֿקום פֿון מדינת־ישׂראל) וואָס האָט אַכזריותדיק געפּרוּווט צעשטערן דאָס ייִדישע אינטעלעקטועלע און קולטורעלע לעבן אין גאַנץ רוסלאַנד. ווידער אַ מאָל האָט מען אַרעסטירט שרײַבערס און זיי פֿאַרשיקט אין די גולאַגן. ווען נישט סטאַלינס טויט וואָלטן זיי ווער ווייסט ווי לאַנג געפֿוילט דאָרטן. צוריקגעקומען זײַנען זיי קראַנק און צעבראָכן און ווער עס האָט געקענט איז אַוועק. בײַ אַ 30,000

טייל פֿון אַ פּלאַקאַט פֿון די 1930ער יאָרן אין דעם געגנטלעכן מוזיי פֿאַר קאַנט־קענטעניש, 2007.

ביכער פֿון דער שלום־עליכם־ביבליאָטעק האָט מען אין 1952 פֿאַר־ברענט, און טאָמער איז דאָס נישט געווען גענוג, איז אין 1956 געווען אַ שׂרפֿה אין דער שול – דער לעצטער קלאַפּ פֿאַר דער טראַדיציאָנעלער ייִדישקייט.

איז נאָך דעם אַלעם פֿרעגט זיך די פֿראַגע: וואָס איז געבליבן, וואָס האָט געקענט בלײַבן?

וואַנטגעמעל פֿון ביראָבידזשאַנער קינסטלער וולאַדיסלאַוו צאַפּ אין קאַפֿע פֿריילעכס, 2007.

דער הײַנטיקער ביראָבידזשאַן

בײַם אַרײַנפֿאָרן אין ביראָבידזשאַנער געגנט און אויך אין דעם אַגריקולטורעלן יישובֿ וואַלדהיים זעט מען די איינציקע צוויי טאָפּאָנימישע שילדן געשריבענע אויף ייִדיש אין דער וועלט. שפּאַצירנדיק איבער די ביראָבידזשאַנער גאַסן ווערט מען פֿאַרכאַפּט פֿון די אַלע אויפֿשריפֿטן אויף ייִדיש. אַ סך אָפֿיציעלע בנינים ווי דער ביוראָ פֿון פּראָקוראַטור, די פּענסיע־קאַסע און דער ביוראָ פֿון אינער־לעכע ענינים טראָגן שיינע צווייִשפּראַכיקע טאָוולען. דער מאַרק באַגריסט אײַך מיט אַ פּרעכטיקן סך־קאָליריקן שילד – „לאַנדווירט־שאַפֿטלעכער מאַרק" – וואָס איז אַזוי ברייט ווי דער טויער. די צוויי עסנוואַרג־קראָמען „צימעס" און „ברידער" פּראָקלאַמירן זייערע נעמען, איינע אויף ייִדיש, די צווייטע מיט דער אייגנאַרטיקער ביראָבידזשאַנער שריפֿט, סטיליזירטע רוסישע אותיות וואָס זעען אויס ווי ייִדיש. מנורות געפֿינט מען אויף יעדן טריט און שריט – אין רעקלאַמעס, בײַם וואָקזאַל, אײַנגעפֿאַסט אין פּלויטן. עטלעכע גאַסן טראָגן נעמען נאָך ייִדישע מחברים ווי, למשל, שלום־עליכם און די ביראָבידזשאַנער בוזי מילער און ראָמאַן שויכעט, און צווייִשפּראַכיקע טאָוולען דערציילן אַז דאָ האָט געוווינט דער און דער ייִדישער

שילד בײַם אַרײַנגאַנג צום ביראָבידזשאַנער מאַרק, 2007.

שרײַבער אָדער קולטורמענטש. כאָטש איך האָב גוט געוווּסט אַז ס'רובֿ פֿון די ביראָבידזשאַנער אײַנוווינערס קענען שוין נישט לייענען די אותיות און ס'איז אַלץ אַן אָנשטעל האָב איך פֿון דעסט וועגן געפֿילט כּמעט אַ התלהבֿות שפּאַצירנדיק איבער די ביראָבידזשאַנער גאַסן, ווײַל נישטאָ קיין אַנדער אָרט אויף דער וועלט ווו מען קען זען אַזעלכע זאַכן. נאָר דער גרעסטער ציניקער קען דאָס אין גאַנצן אָוועק־מאַכן מיט דער האַנט. כּדאַי אויך צו באַמערקן אַז די שפּראַך און דער אויסלייג אויף די אַלע אויפֿשריפֿטן זײַנען קאָרעקט, לויט דער סאָוועטישער אָרטאָגראַ־פֿישער סיסטעם.

פֿון דעסט וועגן, אַז מע גייט אַרײַן אין מאַרק זעט מען באַלד אַז די ייִדישע אותיות זײַנען בכלל נישט קיין גאַראַנטיע אַז מע זאָל קענען האַנדלען אויף ייִדיש. אויף דער פּאָסט, נישט געקוקט אויף די ריזיקע ווערטער מיט ייִדישע אותיות „פּאָטשט, טעלעפֿאָן,

אַ קוכן מיט אַ טלית און יאַרמלקע. טייל פֿון אַ שילד פֿון אַ רעסטאָראַן, 2007.

טעלעגראַף" אויפֿן בנין, וועט ייִדיש אײַך נישט צו ניץ קומען בײַם קויפֿן פּאָסטמאַרקעס אָדער פּאָסט־קאַרטלעך. די גרויסע מנורה און די ייִדישע אותיות

שילד אין דער סאָוועטישער אָרטאָגראַפֿיע בײַ איינער פֿון דער קייט צימעס־שפּײַזקראָמען, 2007.

אויפֿן משׂא־אויטאָ פֿון די „ברידער" זײַנען נישט דווקא קיין סימן אַז דאָס פּאָפּולערסטע פֿלייש דאָרטן וועט נישט זײַן דווקא חזיר. מע האָט דעם אײַנדרוק אַז מע שפּאַצירט אַרום אויף אַ דעקאָראַציע געבויט פֿאַר אַ פֿילם (film set, בלע"ז) וועגן אַ ייִדישער מדינה, נאָר אַז מע גייט אַרײַן אינעווייניק זעט מען אַז דאָס אַלץ איז נאָר געווען אַ פֿאַסאַד. ליידיק. פּוסט.

אַזוי איז געווען די איבערלעבונג ווען איך בין אַרײַן מיט אַ גרופּע חבֿרים אין „קאַפֿע פֿריילעכס" לעבן דער פֿיל־האַרמאָניע צו באַשטעלן וועטשערע. אויף די ווענט הענגען מוראַלן פֿון פֿריילעכע טאַנצנדיקע שטעטל־ייִדן פֿון דעם קינסטלער וולאַדיסלאַוו צאַפּ, אָבער חוץ דעם זײַנען דאָ ווייניק סימנים פֿון ייִדישקייט. כאָטש די באַדינונג אין די בירא־בידזשאַנער רעסטאָראַנען און געשעפֿטן איז בדרך־כּלל זייער גוט, איז די קעלנערין דאָ דווקא געווען פֿון דעם אַלטן סאָוועטישן שניט. קונים זײַנען נישטאָ מע זאָל זיי העלפֿן נאָר זיי זײַנען גיכער ווי זלידנע פֿליגן וואָס מע דאַרף פֿון זיי פּטור ווערן וואָס גיכער. „וואָס איז דאָ צו עסן?" פֿרעגן מיר. „סווינאַ" (חזיר־פֿלייש), ענטפֿערט זי מיט אַן אָנגעכמורעט פּנים. „וואָס נאָך?" פֿרעגן מיר ווײַטער. „סענדוויטש". „וואָס פֿאַר אַ סענדוויטש?" פֿרעגן מיר. „סווינאַ", ענטפֿערט זי נאָך אַ מאָל. „וואָס נאָך?" פֿרעגן מיר. „קאָטלעט". „וואָס פֿאַר אַ

ייִדישע אותיות אויף דעם פּאָסטאַמט, 2007. דער גאַנצער שילד לייענט זיך „פּאָטשט, טעלעפֿאָן, טעלעגראַף".

קאָטלעט?" פֿרעגן מיר שוין אָן קיין סך האָפֿענונג. „סווינאַ", חזרט זי איבער דעם זעלביקן פּיזמון. מער האָבן מיר נישט געפֿרעגט. וועטשערע האָבן מיר שוין געגעסן ערגעץ אַנדערש.

די „אַלטע שול" אויף מאַיאַקאָווסקי־גאַס, 2007.

די אַלטע שול

שבת אין דער פֿרי זײַנען מיר צוגעגאַנגען אין דער אַלטער בית־תּשובֿה־שול אויף דער מאַיאַקאָווסקי־גאַס. נאָך אַ פֿופֿצן־מינוטיקן שפּאַציר איבער שטאָטישע גאַסן גיט מען זיך אַ קערעווע אויף לינקס און מיט אַ מאָל פֿילט מען אַז מ׳איז אין דאָרף. פֿאַרשווּנדן די ברוקירטע גאַסן און די ציגלנע בנינים, און מע גייט אויף נישט־ברוקירטע וועגן פּאַזע קליינע הילצערנע הײַזקעלעך דעקאָרירט מיט

ווען עולה זײַן טראַכט ער נישט, ער בלײַבט דאָ, מיט זײַנע ייִדן וואָס דאַרפֿן אים זייער האָבן...

געשניצטן האָלץ אויפֿן אַלטן סלאַווישן שטייגער. ווען די שול, אַ שיין בלוי שטיבעלע מיט אַ דין מגן־דודל אויף יעדער זײַט פֿון די לאָדנס, וואָלט געקענט רעדן וואָלט זי געהאַט וואָס צו דערציילן. הײַנט שוין די „אַלטע שול" אין פֿאַרגלײַך מיט דעם רחבֿותדיקן נײַעם בנין אויף דער לענין־גאַס וואָס איז די חב"ד־שול, איז דאָס אַ מאָל געווען די „נײַע שול" ווו מען האָט זיך אַריבערגעפּעקלט נאָך דער שׂרפֿה אין דער באמת „אַלטער שול" אויף טשעפּײַעווע. אַ צײַט לאַנג נאָכן גלאַסנאָסט ווען מע האָט שוין געמעגט דאַווענען וויפֿל מע וויל נאָר איז די שול איבערגענומען געוואָרן פֿון די סובאָטניקעס (Seventh-Day Adventists) ביז די ייִדן האָבן זיי אַרויסגעטריבן און הײַנט איז זי נאָר פֿאַר ייִדן. אינעווייניק

פֿילט מען דאָס אַלטע ייִדישקייט. די גאַנצע דאַוונשול איז די גרייס פֿון נישט קיין זייער גרויסן צימער. ספֿרים ליגן אין אַלטע ברוין־געפֿאַרבטע אַלמערס צוגעדעקט מיט אַ פֿאַרצײַטיקן סאַמעטענעם פּרוכת; אַ גאָלד־אײַנגערעמטער מיזרח אין פּאַסטעל־קאָלירן באַשײַנט איין וואַנט. פֿון אונטן און בײַ דער זײַט שטייען עטלעכע טישן מיט ביליקע צעראַטענע טישטעכער וווּ מע דערלאַנגט עסן די הונגעריקע מתפּללים.

אין שול זיצן עטלעכע עלטערע ייִדן. דער אמת איז אַז זיי זײַנען מסתּמא נישט אַזוי אַלט ווי זיי זעען אויס. קיין יונגע זײַנען דאָרטן בכלל נישטאָ. איך דערמאָן זיך אין די וואַנטגעמעלן פֿון וולאַדיסלאַוו צאַפּן מיט זייערע שײַלאָק־פּנימער און גרויסע נעז וואָס וועגן זיי האָבן עטלעכע באַמערקט אַז זיי זעען אויס מיאוס און סטערעאָטיפּיש. איך טראַכט, אויב צאַפּ האָט געהאַט פֿאַר זיך די לעבעדיקע ייִדן פֿון דער ביראָבידזשאַנער שול ווי מאָדעלן זײַנען זײַנע בילדער זיכער נישט אַנטי־סעמיטיש, נאָר דווקא אַן אָפּשפּיגלונג פֿונעם לעבן וואָס ער האָט דאָרטן געזען און אַפֿילו אַ רחמימדיקע. די ייִדן, מיט זייערע אָפּגעטראָגענע, צו גרויסע, פֿאַרמלאַזע מלבושים, מיט די גאָלדענע ציין און די האַלב־ראַזירטע גלותדיקע פּנימער האָבן זיך אויף אייביק אײַנגעקריצט בײַ מיר אין זכּרון. צי קומען זיי אַהער ווײַל זיי האָבן, נאָך אַזוי פֿיל יאָרן סאָוועטישע פֿאַרשטיקונג, סוף־כּל־סוף אַ מעגלעכקייט זיך גײַסטיק אויסצודריקן ווי ייִדן אָדער קומען זיי אַהער צוליב דעם קידוש וואָס מע דערלאַנגט נאָכן דאַווענען און אַ ביסל צו פֿאַרטרײַבן די עלנט? דער עיקר זײַנען זיי אַלמנס און אַלמנות — די קינדער אין כאַבאַראָווסק, מאָסקווע,

דובֿ קויפֿמאַן, דער גײַסטיקער און אַדמיניסטראַטיווער אָנפֿירער פֿון דער „אַלטער שול“, 2007.

ישׂראל, אַמעריקע, ווײַט פֿון זיי און ווײַט פֿון אַ ייִדישקייט פֿון וועלכן די טאַטע־מאַמע האָבן כאָטש נעפּלדיקע זכרונות פֿון די קינדער־יאָרן.

דער „רבֿ“, דובֿ קויפֿמאַן, גיט זיך אָפּ מיט אַלעמען מיט גוטהאַרציקייט און צערטלעכקייט. שווער צו גלייבן די קלאַנגען וועגן אים אַז ער איז געווען פֿון די סובאָטניקעס אָבער דאָ אין ביראָבידזשאַן קען אַלץ געמאָלט זײַן. אויפֿן ערשטן בליק זעט ער אויס צו זײַן אַן אַלטיטשקער, זייער אַ נידעריקער, מיט אַ לאָמען פֿוס און אַ לאַנגער ווײַסער באָרד, אָבער ער איז נאָר 55 יאָר אַלט און פֿון זײַן פּנים שײַנט אַרויס אַזאַ אייביקע יונגקייט. ער שטראַלט מיט זײַן ליבשאַפֿט צו ייִדישקייט און צו ייִדן, און בפֿרט צו זײַנע ביראָבידזשאַנער ייִדן. ער לאָזט באַלד וויסן אַז ער איז נישט קיין אמתער רבֿ מיט סמיכה, נאָר במקום־איש, האָט ער גענומען אויף זיך דעם עול צו זײַן דער גײַסטיקער און אַדמיניסטראַטיווער מנהיג פֿון דער קהילה. ער האָט זיך אַליין אויסגעלערנט רעדן אַ גאַנץ גוטן עבֿרית און אַליין — סײַ אין ביראָבידזשאַן סײַ אויף עטלעכע סעמינאַרן אין מאָסקווע — זיך געלערנט וועגן ייִדישקייט. וועגן עולה זײַן טראַכט ער נישט, ער בלײַבט דאָ, מיט זײַנע ייִדן וואָס דאַרפֿן אים זייער האָבן...

די נײַע שול

טאָמער האָט איר אַ ספֿק צי ביראָבידזשאַן איז נאָך אַלץ אַן אמתע ייִדישע קהילה איז די בעסטע ראיה דערויף אַז יאָ, דאָס וואָס עס זײַנען דאָ צוויי שולן, ווי סע דערציילט זיך אין וויץ: איינע אין וועלכער איך דאַוון און די צווייטע וווּ איך וואָלט קיין מאָל נישט אַריבערגעטראָטן די

די „נײַע שול“ אויף דער לענין־גאַס, ביראָבידזשאַן, 2007.

שוועל. איך האָב געפֿרעגט דובֿ קויפֿמאַנען צי עס וואָלט זיך נישט פּשוט געלייגט אויפֿן שׂכל, אַזוי ווי ס'איז דאָ אַזוי ווייניק ייִדן אין ביראָבידזשאַן און ס'איז אַזוי שווער אויסצוהאַלטן אַ שול און מע האָט לעצטנס, אין 2004, געעפֿנט אַ פּרעכטיקע נײַע שול אָנגעפֿירט פֿון חב"ד, אַז עס זאָל זײַן נאָר איין שול, האָט ער געזאָגט אַז נישט. די צוויי קהילות, זאָגט ער, קומען אויס גאַנץ גוט, נאָר צוויי זײַנען נייטיק. „זיי הענגען אויף אַ בילד אויף דער וואַנט פֿון זייער רבין און זאָגן אַז ער איז משיח. איך וואָלט נישט געקענט דאַווענען בײַ זיי". פֿאַקטיש זעט דער מצבֿ אין דער נײַער שול גאָר נישט אויס אַזוי פֿויגלדיק. דאָ האָבן מיר געזען אַפֿילו נאָך ווייניקער מענטשן ווי אין דער אַלטער שול און בלויז איין פֿרוי. דער רבֿ און די רביצין, מרדכי און אסתּר שיינער, האַרציקע, וואַרעמע ייִדן וואָס האָבן אונדז אויפֿן שענסטן אופֿן מכניס־אורח געווען, האָבן אונדז פֿאַרזיכערט אַז צווישן זייערע מתפּללים געפֿינען זיך אויך משפּחות מיט קינדער, נאָר זומער זײַנען אַ סך נישט אין שטאָט. דער בעסטער באַווײַז איז דאָס וואָס זיי פּלאַנירן גאָר בקרובֿ צו עפֿענען אַ טאָגשול. מע קען זיך נאָר פֿאָרשטעלן וויפֿל אַהבֿת־ישׂראל, וויפֿל איבערגעגעבנקייט עס פֿאָדערט זיך איבערצופּעקלען מיט פֿינף קינדער פֿון ציון אין סטאַלינס „ציון" אויפֿצובויען דאָ אַ ייִדיש לעבן. ס'איז נישט קיין ענין פֿון אַ יאָר צוויי. די שיינערס בלײַבן. ווי לאַנג? „ביז משיח וועט קומען", ענטפֿערט ר' מרדכי און מיט אַן איראָנישן שמייכל גיט ער צו: „זאָל ער שוין קומען".

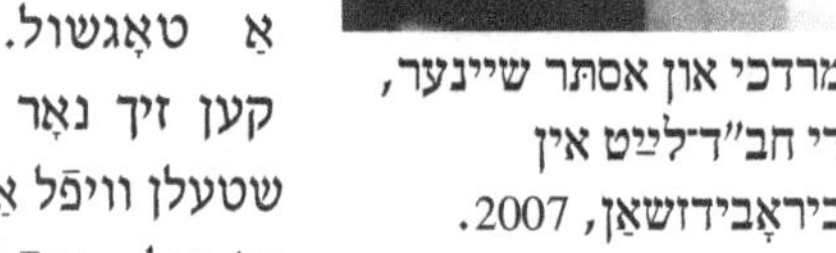
מרדכי און אסתּר שיינער, די חב"ד־לײַט אין ביראָבידזשאַן, 2007.

וואַלדהיים

וואַלדהיים, דער ערשטער קאָלכאָז (collective farm בלע"ז) אין אָבלאַסט, אַ צוואַנציק מינוט פֿון צענטער שטאָט ביראָבידזשאַן – מע וואָלט געקענט זאָגן אַ פֿירשטאָט – איז אַ מאָל געווען כּמעט דורכויס אַ ייִדישער ייִשובֿ. הײַנט זײַנען געבליבן נאָר עטלעכע ייִדישע משפּחות און נאָר די עלטערע ייִדן רעדן ייִדיש און געדענקען נאָך עפּעס וועגן אַ ייִדיש לעבן. זלמן (זיאָמע) געפֿען (גפֿן), וועמענס טאַטע איז געווען איינער פֿון די פֿאַרלייגערס פֿון דאָרף האָט גערעדט מיט אונדז. אַ געבוירענער לעבן ווילנע איז ער געווען אַ 7-8 יאָר אַלט ווען די משפּחה איז, אַנטלויפֿנדיק פֿון הונגער און אַנטיסעמיטיזם אין דער ליטע, אָנגעקומען אַהער. אין 1937, האָט ער דערציילט, האָט מען אין ביראָבידזשאַן אַרעסטירט זײַן פֿעטער. אויף אונדזער פֿראַגע צי מע האָט אים אַרעסטירט ווײַל ער איז געווען פֿרום האָט ער געענטפֿערט „ניין, ער האָט געהאָדעוועט חזירים". אַרעסטירט האָט מען אים ווײַל זײַן ווײַב האָט געהאַט צוויי שוועסטער אין פּאַלעסטינע און מע האָט זיך דורכגעשריבן.

זלמן געפֿען, אַן אַלטער אײַנוווינער פֿון וואַלדהיים, רעכטס, און זלמן דויטש, געזאַנג־לערער אין ביראָבידזשאַנער זומער־פּראָגראַם פֿאַר ייִדיש, וואַלדהיים, 2007.

אונדזער שמועס מיט אים, וואָס איך האָב צום גליק רעקאָרדירט, איז אַ מיקראָקאָזם פֿונעם גאַנג פֿון דעם ייִדישן לעבן אין ביראָבידזשאַן:

„די ערשטע יאָרן האָבן מיר געגעסן חזירים און געבאַקט מצה [ער לאַכט]. ס'איז אַלץ אַראָפּגעגאַנגען... דאָרטן [אין דער ליטע] יעדן שבת אין שול געגאַנגען, אַלע יום־טובֿים, געקומען אַהער האָט מען אַלץ פֿאַרגעסן, די יום־טובֿים".

„איר פּראַוועט די יום־טובֿים דאָ?"

„ניין, איך ווייס ניט ווען זײַנען זיי. יום־כּיפּור, סוכּות, איך ווייס ניט גאָרניט, ראָש־השנה. איך ווייס ס'איז דאָ אַזעלכע יום־טובֿים, נאָר ווי איז דאָס, צי וואָס, ווייס איך ניט".

„אײַערע קינדער ווייסן אַז ס'איז דאָ?"

„נאָ."

„זיי האָבן נישט געהערט?"

„זיי ווייסן קיינער ניט."

„דאָ האָט מען נישט געלאָזט מאַכן די יום־טובֿים? די קאָמוניסטן?"

„נעע, פּאָזשאַלוסטע. זיי האָבן זיך ניט געמישטשאַיעט".

„זיי האָבן זיך נישט געמישט".

„מע האָט געקענט מאַכן. ס'איז געווען דאָך אַ שול דאָ אויכעט, אין דרײַסיק פֿינף אָדער דרײַסיק זעקסטן יאָר גענומען אַ שטוב דאָרטן, מע האָט געמאַכט אַ שול. אויף יום־טובֿים איז געווען אַ סך מענטשן".

„פֿאַר וואָס איז דאָס ווײַטער נישט געגאַנגען?"

„נו, די אַלטע זײַנען אָפּגעשטאָרבן און די יונגע דאַרפֿן דאָס ניט".

קיין סך פּירושים דאַרף מען דאָ נישט. צי ס'איז טאַקע געווען אַזוי פּשוט, אַז די קאָמוניסטן האָבן זיך נישט „געמישטשאַיעט", ווייס איך נישט. דער דרוק זיך צו אַסימי־

פֿון אַ פּלאַקאַט אין וואַלדהיימער מוזיי: „וולאַדימיר געפֿען, חזירים־אויפֿזעער", 2007.

לירן איז געווען געוואַלדיק גרויס אָבער צי זלמן געפֿען פֿאַרשטייט דאָס איז נישט קלאָר. כּמעט אַכציק יאָר פֿון לעבן אונטער דער סאָוועטישער ממשלה האָט אים פֿאַרבלענדט די אויגן צו די אַלע פֿאַקטאָרן וואָס האָבן אויסגעפֿורעמט זײַן לעבן אָדער פּשוט פֿאַרמאַכט בײַ אים דאָס מויל. מסתּמא ווייסט ער נישט אַז „דעם 21סטן אַפּריל 1935 האָט דער בּיראָבּידזשאַנער שטערן געדרוקט אַן „אַרטיקל וועגן דעם, ווי ייִדענעס אין וואַלדהיים באַקן מצות, שײַערן און כּשרן די כּלים, און ווי אַזוי מ'דאַרף פֿירן מיט דעם אַ קאַמף, ווײַל אַחוץ אַלעמען, גייען אַ סך ייִדן פּסח ניט אַרויס צו דער אַר־בעט" (איבערגעגעבן פֿון אסתּר ראָזענטאַל־שנײַדערמאַן אין איר ביכל בּיראָבּידזשאַן פֿון דער נאָענט, 1983, ז' 146). מסתּמא ווייסט ער נישט וועגן שמואל יעקבֿ לעווין פֿון ריגע, אַ גוטער קאָלעקטיוויסט אין בירעקאַן, וואָס האָט געבאַקן מצות פֿאַרן שטעטל און וועגן דעם אָפֿענעם מישפּט וואָס מע האָט אײַנגעאָרדנט קעגן אים. „מ'דאַרף אויפֿדעקן דעם פּרצוף פֿון שׂונא" (ראָזענטאַל־שנײַדערמאַן, ז' 145), האָט די צײַטונג געשריבן.

צי ווייסט געפֿען וועגן די אַנטי־פּסח־אָוונטן וואָס דער ערשטער בּיראָבּידזשאַנער ראַיאָן־אָרגאַניזיר־ביוראָ פֿונעם פֿאַרבאַנד קריגערישע אַפּיקורסים האָט אָרגאַניזירט אין 1937? אין די אָוונט־

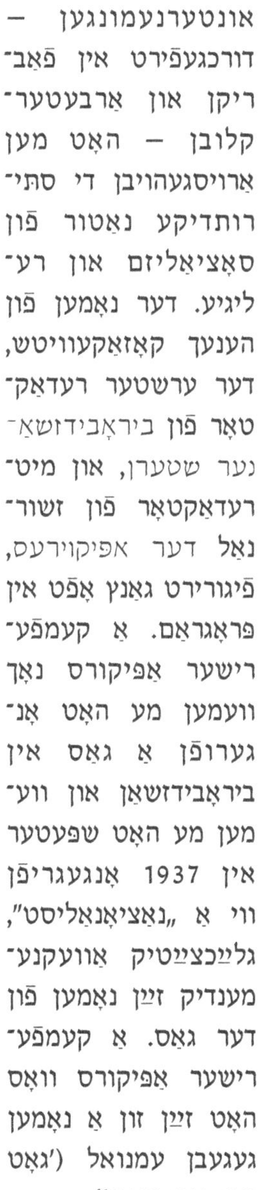

לעקציעס און אַנדערע אונטערנעמונגען — דורכגעפֿירט אין פֿאַב־ריקן און אַרבעטער־קלובן — האָט מען אַרויסגעהויבן די סתּי־רותדיקע נאַטור פֿון סאָציאַליזם און רע־ליגיע. דער נאָמען פֿון הענעך קאָזאַקעוויטש, דער ערשטער רעדאַק־טאָר פֿון בּיראָבּידזשאַ־נער שטערן, און מיט־רעדאַקטאָר פֿון זשור־נאַל דער אפּיקוירעס, פֿיגורירט גאַנץ אָפֿט אין פּראָגראַם. אַ קעמפֿע־רישער אַפּיקורס נאָך וועמען מע האָט אָנ־גערופֿן אַ גאַס אין בּיראָבּידזשאַן און וועמען מע האָט שפּעטער אין 1937 אָנגעגריפֿן ווי אַ „נאַציאָנאַליסט", גלײַכצײַטיק אַוועקנע־מענדיק זײַן נאָמען פֿון דער גאַס. אַ קעמפֿע־רישער אַפּיקורס וואָס האָט זײַן זון אַ נאָמען געגעבן עמנואל ('גאָט איז מיט אונדז').

אויבן: הילע פֿון זשורנאַל דער אפּיקוירעס, יאָרגאַנג 2, נומ' 6, יוני 1932, מיט די ווערטער „קעמפֿן פֿאַר אַן הויכער גערעטעניש". אונטן: בילד פֿונעם זעלביקן נומער מיטן קעפּל „כאַזיירימצוכט אין קאָלווירט".

זייער אַן ענטוזיאַסטישע װעגװײַזערין אין נײַפֿעלד װײַזט אַן אַלבאָם פֿון דער געשיכטע פֿונעם ישובֿ, 2007.

כּיבוד אין בירעפֿעלד

בירעפֿעלד, איינער פֿון עטלעכע אַגריקולטורעלע ישובֿים וואָס זײַנען אַ מאָל געווען באַפֿעלקערט ס'רובֿ פֿון ייִדן, געפֿינט זיך מער ווי אַ שעה פֿון דער שטאָט ביראָבידזשאַן. דאָרט איז שיין און גרין און שטיל. האָבנדיק שוין געווען אין די ישובֿים אין וואַלדהיים און אין נײַפֿעלד קענען מיר שוין דעם רוטין. מע זוכט אויס פֿון ערגעץ די פּאָר פֿאַרבליבענע ייִדן, מע דערציילט אונדז מיט גרויס באַגײַסטערונג וועגן דער לעגענדאַרער געשיכטע פֿון דעם דאָרף, מע ווײַזט אונדז אַלבאָמען, די אייביקע אַלבאָמען צונויפֿגעשטעלטע במשך פֿון די דורות, כראָניקעס פֿון דעם לעבן פֿון אַ דאָרף, מיט זײַנע קינדער און שולן, זײַנע אידעאַלן, יום־טובֿים, העלדן, זײַנע געפֿאַלענע אין דער גרויסער פּאַטערלענדישער מלחמה.

נישטאָ קיין שום סימנים אַז ייִדן וווינען דאָ אָדער האָבן אַפֿילו אַ מאָל דאָ געלעבט. נישטאָ קיין ייִדישע ביכער, קיין אויסערלעכע סימנים פֿון ייִדישקייט. דאָ, האָב איך געלייענט אין אַן אַרטיקל פֿון יאַשע טשערניס, פֿלעגן אין געפּאַקטע זאַלן אויפֿטרעטן אַלע ייִדישע שרײַבערס וואָס זײַנען געקומען צו גאַסט. וועגן בירעפֿעלד האָט דער שרײַבער שמואל גאָדינער געזאָגט, „איך בין בײַגעווען אויף אַ סך ליטעראַרישע אָוונטן אין פּראַכטפֿולע זאַלן נאָר דעם דאָזיקן אָוונט דאָ, אין בירעפֿעלד, וועל איך פֿאַרגעדענקען אויף שטענדיק. האָבן אַזעלכע צוהערער איז אַ גרויס גליק פֿאַר אַ שרײַבער".[2] צי קען מען אונדז עפּעס דערציילן וועגן יענע ליטעראַרישע אָוונטן? צום באַדויערן נישט, זיי געדענקען נישט יענע צײַטן — זיי זײַנען שוין לאַנג פֿאַרבײַ.

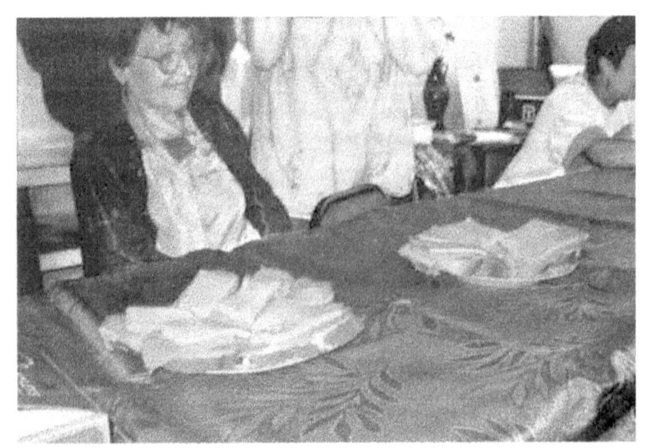

כּיבוד אין בירעפֿעלד: מינדל רינקעוויטש קוקט אויף די שינקע־און־קעז־שניטקעס, 2007.

די צײַטן פֿון לענין זײַנען אויך פֿאַרבײַ אָבער פֿון דעסט וועגן געדענקען זיי די צײַטן גאַנץ גוט. אויף דער וואַנט אין דעם זאַל וווּ מיר זיצן (דער צימער פֿון די וועטעראַנען) הענגט אַן אויסגעהאַפּטן בילד פֿון לענינען, אין פּאַסטעלן! טאָמער מיינט איר אַז דאָס הענגט דאָרטן פֿון קדמונים אָן האָט איר אַ טעות. דאָס האָט עמעצער אויסגענייט אין 1998, ווען דער לענין־קולט איז שוין לאַנג געהאַט אַריבער, אָבער לאַוו־דווקא דאָ אין דעם פֿאַרוואָרפֿענעם ווינקל פֿון רוסלאַנד. וולאַדימיר איליטש קוקט אַראָפּ צו אונדז און שמייכלט זײַן העלפֿאַרביקן שמייכל בשעת מע דערלאַנגט אונדז כּיבוד: קיכעלעך, זאַפֿט און שניטקעס מיט קעז און שינקע!

בעלאַ יעפֿימאָוונאַ סאַדאָוו פֿון וואַלדהיים ווײַזט איר אויסצייכענונג ווי אַ כּבֿוד־בירגערין פֿונעם דאָרף, 2007.

נאָכן כּיבוד נעמט אונדז אויף בעלאַ יעפֿימאָוונאַ סאַדאָוו בײַ זיך אין שטוב. לויט אירע אויפֿטוען מוז זי שוין זײַן אין די הויכע זיבעציקער. עלעגאַנט אָנגעטאָן אין אַ קאָמפּלעט, מיט הויכע אָפּצאַסן, זעט זי בכלל נישט אויס ווי אַ געוויזענע קאָלווירטניצע און אויך נישט ווי קיין פֿרוי אין די יאָרן. זי איז געווען אַ לערערין און אַ סאַניטאַרקע, און צו נײַן און צוואַנציק יאָר איז זי שוין געווען דער ראָש פֿונעם דאָרפֿראָט. זי איז בירעפֿעלדס ערשטער כּבֿוד־בירגער און זי איז אויך אַ ייִדישע. געקומען אַהער

[2] יאַשע טשערניס, „אַ רײַזע מיט האַלקינען און גאָדינערן" אין ביראָבידזשאַן: אַ קאַנט אַ ווײַטער און נאָענטער, רעד׳ פֿון אַהרן ווערגעליס, מאָסקווע: סאָוועטסקי פּיסאַטעל, 1984, ז׳ 231.

לענין אויסגעהאָפֿטן אין פֿאַסטעל־קאָלירן אין 1998 אין בירעפֿעלד, 2007.

איז זי פֿון קיִעוו ווי אַ קינד און זי קען נאָך פֿאַרשטיין אַ ביסל ייִדיש.

זי האָט באַמערקט אַז ס'רובֿ פֿון אונדזער גרופּע עסט נישט דעם כּיבוד און האָט זיך זייער געשעמט. „פֿאַר וואָס האָט איר נישט געזאָגט", האָט זי געטענהט, „אַז איר עסט נישט קיין שינקע מיט קעז?" דער ענטפֿער פֿון באָריס, אונדזער די־רעקטאָר, אַז מיר האָבן דאָך נישט געוווּסט אַז מע וועט אונדז בכלל מיט עפּעס מכבד זײַן האָט זי נישט באַרויִקט. דאָס פּינטעלע ייִד איז געווען גענוג אײַנגעוואָרצלט אין איר אַז זי זאָל זיך שעמען און פֿילן שולדיק, און זי האָט זיך אָנגעהויבן דערמאָנען. עס האָט זיך איר עפּעס געדענקט פֿון מיט 70 יאָר צוריק נאָך אין קיִעוו – זיידע־באָבע פֿלעגן נישט מישן מילכיקס און פֿליישיקס און דער זיידע האָט זיך געהאַט זײַן אייגענעם לעפֿל, די באָבע פֿלעגט זאָגן, „לייג דאָס נישט אַוועק דאָ, נעם נישט דעם לעפֿל, נעם יענעם". „נאָר ס'איז געווען מיט אַזוי לאַנג צוריק", האָט זי געזאָגט מיט אַ זיפֿץ, „אַז איך האָב פּשוט פֿאַרגעסן"...

קאָרעיִשע נאָוועלע

די געשיכטע פֿון ביראָבידזשאַן איז אַ געשיכטע פֿון פֿאַרגעסן, ווילנדיק צי נישט ווילנדיק. מע האָט פֿאַרגעסן ייִדישע מינהגים, מע האָט פֿאַרגעסן דאָס לשון, מע האָט פֿאַרגעסן אַז כּדי צו האָבן אַ ייִדישע געגנט מוזן זײַן ייִדן און אַז ביאָלאָגיע האָט עפּעס צו טאָן דערמיט. אומעטום ווו מיר זײַנען געווען האָבן מיר געטראָפֿן געמישטע פֿאָרפֿעלקער. די ייִדישע סטודענטן וואָס מיר האָבן געהאַט אין פּראָגראַם זײַנען בדרך־כּלל געווען דער פּראָדוקט פֿון געמישטע חתונות, און ווען די ייִדן אין שול האָבן דערציילט וועגן זייערע קינדער האָבן זיי אַלע מאָל צוגעגעבן, אומפֿאַרשעמטערהייט, אַז „בײַ אונדז איז אַלץ אויסגעמישט". אַפֿילו די עלטערע ייִדן אַליין האָבן אָפֿט געהאַט חתונה געהאַט מיט נישט־ייִדן. מע האָט דאָס פּשוט אָנגענומען ווי אַ פֿאַקט פֿונעם לעבן.

די געשיכטע פֿון ביראָבידזשאַן איז אַ געשיכטע פֿון פֿאַרגעסן, ווילנדיק צי נישט ווילנדיק.

דאָס קען נישט זײַן צופֿעליק, האָב איך געטראַכט. מיר דאַכט זיך אַז לויט דער סטאַטיסטיק מוז אַ מאָל אויסקומען אַז אַ ייִד זאָל חתונה האָבן מיט אַ ייִד, אָבער דאָ איז דאָס כּמעט קיין מאָל נישט געשען. ווי קען דאָס זײַן? דעם ענטפֿער האָב איך געפֿונען אין אַ פּרעכטיק ליד פֿון עמנואל קאָזאַקעוויטש, דעם זון פֿון הענעך קאָזאַקעוויטש, דעם ערשטן רעדאַקטאָר פֿון בּיראָבידזשאַנער שטערן, און אַליין אַ מין אַוואַנטוריסט און ראָמאַנטיש געשטאַלט.

עמנואל קאָזאַקעוויטש (1962-1913), געצייכנט פֿונעם קינסטלער לעוו זעווין.

קאָרעיִשע נאָוועלע

אויף די שטרויענע צינאָווקעס
ליג איך ברייט מיט גלידער שטאַרע
און דו זיצסט און שווײַגסט דערנעבן
און די שפּילסט אויף דער גיטאַרע.
הינטער פֿענצטערלעך פֿאַרטרויטע
שטאַרבט די זון אַזאַ מין רויטע.

עפּעס אַלץ איז אַזוי בלוילעך
אויפֿן האַרץ אַ העלע הרודע,
דו ביסט אַ קאָרעיִש מיידל
איך בין שווײַגנדיק ווי בודדע
און ס'איז מיר מאָדנער חידוש,
וואָס דו קאָנסט ניט ריידן ייִדיש.

ס'שמעקט מיט אַזיע דײַן זינגען,
אָפֿט – מיט ייִדיש ליכטלעך בענטשן,
אָפֿט – מיט אוראַלטע גרויע שטיינער
אײַנגעקריצט מיט האַלבע מענטשן
„אַלהאַזמיקאַ, משהעניאָ ווערדאַ
אָבסימיד, דעבאַרום מנעדאַ...."[3]

---

[3] „אַ גוט־מאָרגן, שיינע מיידל, איך פֿאַרשטיי נישט וואָס דו זאָגסט?"

דײַנע האָר ווי קראָען־פֿעדערס,
דײַן גיטאַרע טויזנט שטימענד
דײַנע ליפּן – שוואַנענהערצער.
דײַנע אויגן – שטיקלעך דימענט –
הינטער פֿענצטער אַזאַ כמורער
ליגט דער פֿעלדזנבערג אַמורער.

אויף די שטרויענע צינאָווקעס
גיסט די זון אַ שײַן אַ העלע,
ווי אַ שיינע ווי אַ צאַרטע
אַ קאָרעיִשע נאָוועלע
אַזוי רויִק, אָן אַ טענה
ווי דו גיסט די ליפּן דײַנע.

מאָרגן וועסטו אין דײַן שול גיין
לערנען קינדער קליין און קלענער,
איך אויף לאַנד אויף גאָרע ברייטן
העלפֿן אויספֿילן די פּלענער,
און ס'פֿאַרפֿליסט אין טעג אין שנעלע
די קאָרעיִשע נאָוועלע.

אויף די שטרויענע צינאָווקעס
ווערט די שײַן אַלץ בלאַס און בלאַסער
און די זון אַ שרעקלעך־מידע
טרינקט זיך אין אַמורער וואַסער.

בײַם לייענען דאָס ליד, געשריבן ווען קאַזאַקעוויטש איז אַלט געווען נאָר אַכצן יאָר, האָב איך זיך געכאַפּט אַז כּמעט צום ערשטן מאָל לייען איך אין דער ייִדישער ליטעראַטור וועגן אַ ליבע צווישן ייִד און נישט־ייִד וואָס ווערט נישט באַהאַנדלט ווי אַ טראַגעדיע. אָן ענלעכן מאָטיוו האָבן מיר, די באַטייליקטע אין פּראָגראַם, געזען אין דעם פֿילם *גליקזוכערס* מיטן גרויסן אַקטיאָר בנימין זוסקינד. דאָרטן קומט אַ משפּחה זיך באַזעצן אין ביראָבידזשאַן און די ייִנגערע טאָכטער פֿאַרליבט זיך אין אַ יעגער, פֿאַרשטייט זיך, אַ נישט־ייִד. צו ערשט איז די מאַמע, אַן אַלטיטשקע ייִדענע מיט אַ טיכל אויפֿן קאָפּ, נישט צופֿרידן, אָבער מע קען זיך נישט קעגנשטעלן דער יוגנט און פּראָגרעס, און אויף דער חתונה האָט די מאַמע אויסגעטרונקען לכּבֿוד חתן־כּלה און לכּבֿוד דער נײַער היים. דאָס איז, זאָגט זי, די בעסטע היים וואָס זי האָט ווען עס איז אַ מאָל געהאַט, דאָ איז נישטאָ קיין אונטערשייד צווישן פֿעלקער, און אַלע לעבן ווי ברידער און שוועסטער. פֿונעם פֿילם איז קלאָר אַז ז׳ מאַכט נישט קיין אָנשטעל, מיר דאַרפֿן איר גלייבן אויף נאמנות.

פֿון לייענבוך פֿאַר שילער פֿון דער אָנפֿאַנג־שול, „באַשטעטיקט פֿונעם אָפּטייל פֿון פֿאָלקס־בילדונג פֿון דער ייִדישער אווטאָנאָמער געגנט אַלס לערנבוך", 1989.

נאָכן פֿילם האָב איך פֿאַרשטאַנען אַז דאָס איז נישט צופֿעליק, אַז געמישטע חתונות זײַנען אַ טייל פֿון דער אידעאָלאָגיע פֿון ביראָבידזשאַן. פֿון איין זײַט האָט מען געגעבן די ייִדן אַ היים וווּ זיי וועלן כּלומרשט קענען לעבן ווי ייִדן און אַנטוויקלען זייער אייגענע קולטור, אָבער פֿון דער צווייטער זײַט האָט מען געפֿירט אַ פּראָפּאַגאַנדע פֿאַר איין גרויס רוסלאַנד וווּ די גרענעצן צווישן פֿעלקער זאָלן מיט דער צײַט ווערן אָפּגעווישט און מע וועט זיך צוזאַמענפֿליסן אין איין גרויס רוסיש פֿאָלק. מיט אַ מאָל האָבן די פֿרײלעכע ווערטער פֿונעם ליד „ביראָבידזשאַן", וואָס מיר האָבן דאָרטן געזונגען – „אַלע פֿעלקער ברידער/ געוואָרן דאָ./ ייִדן, גאָלדן, רוסן,/ כינעזער און טאַנגוסן" – אָנגענומען אַ נײַעם מיין. ווי טײַער האָט געקאָסט אָט די ברידערשאַפֿט!

אָפֿיציעלער ביראָבידזשאַנער פּלויט מיט אַ מנורה, די סאָפּקע און עלעקטראָטורעם, 2007.

וואָדקע און מאַמע־לשון

מיר זיצן אַלע בײַ געדעקטע טישן אין דעם רעקטאָרס אויפֿנעם־צימער. אויפֿן טיש איז דאָ אַ פֿײַנער כּיבֿוד כּיד־המלך און וואָדקע פֿליסט ווי וואַסער. קיין וואַסער אָדער זאַפֿט איז בפֿירוש נישטאָ. לעוו סאָלאָמאָנאָוויטש גרינקרוג, אונדזער רעקטאָר, אונדזער שׂר־המשקים, באַגריסט אונדז, אַלע אויסלענדער, סטודענטן און לערערס, וואָס זײַנען געקומען קיין ביראָבידזשאַן זיך צו באַטייליקן אין דער ערשטער אָרטיקער זומער־פּראָגראַם פֿאַר ייִדיש. צווישן אַ סך לחיימס קלערט ער אונדז אויף זײַנע פּלענער פֿאַר ייִדיש אין ביראָבידזשאַן ווי די צווייטע פֿרעמדע שפּראַך – נישט ווי אַ ברירה נאָר ווי אַ מוז־לימוד, נישט בלויז אין דער שטאָט וווּ מע קען נאָך געפֿינען עטלעכע טויזנט ייִדן, נאָר איבערן גאַנצן אָבלאַסט, אין אָבלוטשע, אין קאַלדור, אין ערטער וווּ מע הייבט נישט אָן צו וויסן ווי אַ ייִד זעט אויס. אויפֿן ערשטן אָרט וועלן סטודענטן געווײנטלעך קענען אויסקלײַבן ענגליש, פֿראַנ־

[דער רעקטאָר] קלערט אונדז אויף זײַנע פּלענער פֿאַר ייִדיש אין ביראָבידזשאַן ווי די צווייטע פֿרעמדע שפּראַך – נישט ווי אַ ברירה נאָר ווי אַ מוז־לימוד...

צייזיש אָדער כינעזיש, אָבער די צווייטע פֿרעמדע שפּראַך (און אפֿשר קען מען זיך שפּאָרן אַז אין ביראָבידזשאַן וואָלט מען דאָס נישט געדאַרפֿט אָנרופֿן קיין „פֿרעמדע שפּראַך") וועט בלית־ברירה מוזן זײַן ייִדיש.

מיר זיצן און שטוינען: אַפֿילו אין ישׂראל, אין דער ייִדישער מדינה, האָט מען אַזעלכע וווּנדיירים נישט באַוויזן, פֿון אַמעריקע שוין אָפּגערעדט. איז דווקא דאָ, אין דעם ווײַט־ווײַטן מיזרח, אין אַ טעריטאָריע וואָס איז אַ סך נעענטער צו כינע און קאָרעע ווי זי איז צו דעם היסטאָרישן תּחום־המושבֿ, זאָל אַזוינס געמאָלט זײַן? שטעלט זיך די קשיא, וואָס מאָטיווירט גרינקרוגן, וואָס איז אַ „האַלבער" ייִד פֿונעם טאַטנס צד און איז זיך אַליין מודה אַז ער ווייסט גאָרנישט וועגן ייִדישקייט און קען נישט קיין וואָרט ייִדיש?

לעוו סאָלאָמאָנאָוויטש גרינקרוג, רעקטאָר פֿון דער ווײַט־מיזרחדיקער מלוכה־אַקאַדעמיע פֿאַר הומאַניטאַרע און סאָציאַלע לימודים וווּ די ייִדיש־פּראָגראַם איז פֿאָרגעקומען, 2007.

דער תּירוץ איז אַ פּשוטער. ייִדיש איז גוט פֿאַר דער אויטאָנאָמיע. אַ סך פֿון די רעפּובליקן און אויטאָנאָמע געגנטן אין געוועזענעם סאָוועטן־פֿאַרבאַנד האָבן שוין פֿאַרלוירן זייער אויטאָנאָמיע צוליב כּמה פּאָליטישע און עקאָנאָמישע טעמים, אָבער ביראָבידזשאַן וויל בלײַבן אַן אומאָפּהענגיקער אָבלאַסט, נישט אונטערטעניק דעם גרעסערן כאַבאַראָווסקער ראַיאָן. כּדי דאָס צו באַרעכטיקן מוז דאָך זײַן עפּעס ספּעציפֿיש, עפּעס דיסטינקטיווס וועגן ביראָבידזשאַן, און דער „עפּעס" איז די געשיכטע ווי אַ ייִדישע געגנט און די שפּראַך ייִדיש וואָס האָט פֿון סאַמע גרינדונג פֿון דער אויטאָנאָמער געגנט געהאַט אַן אָפֿיציעלן סטאַטוס דאָרט. גרינקרוג אַליין איז זיך מודה אַז זײַנע כּוונות זײַנען נישט קיין אידעאַליסטישע נאָר גיכער פּראַקטישע. ער איז אַ רעקטאָר פֿון אַן אַקאַדעמיע וואָס שולט אויס לערערס פֿאַר דער גאַנצער געגנט; אויב זײַנע לערערס וועלן נאָך דער גראַדויִרונג נישט האָבן קיין אַרבעט וועט מען שליסן זײַן אַקאַדעמיע און, כאָטש ער פֿאַרזיכערט אונדז אַז אים גייט נישט אין פּרנסה, וואָלט ער דאָס נישט געוואָלט צוזען.

ייִדישער טייל פֿון אַ צווייַשפּראַכיקן טאָוול אויף אַ מלוכישן בנין, 2007.

איך זיץ און – אָן וואָדקע, נאָר אויפֿגעמונטערט פֿון אַ פֿלעשל וואַסער וואָס איינע פֿון די סטודענטקעס האָט מיט זיך, דאַנקען גאָט, געהאַט מיטגעבראַכט – פּרוּוו דאָס אַלץ באַנעמען. הייסט עס, אַז ייִדיש איז נישט מער ווי אַ מכשיר אין די הענט פֿון פּאָליטיקערס. פֿאַר וואָס זאָל מיר אָנגיין אויב נישט־ייִדן אין אָבלוטשע, סמידאָוויטש צי אַנדערע פֿאַרוואָרפֿענע ערטער קענען ייִדיש? אָבער פֿון

טאָוול אויף אַ מלוכישן בנין, 2007.

דער אַנדערער זײַט, אַפֿילו מיט אַזעלכע כּוונות קען אפֿשר פֿאָרט אַרויסקומען עפּעס גוטס פֿאַר ייִדיש און פֿאַר ייִדן. סטודענטן קענען זיך פֿאָרט פֿאַרליבן אין דער שפּראַך און קולטור און אויף פֿאַרשיידענע אופֿנים זיך אײַנלעבן אין איר. בשעת איך קלער דאָס אַלץ איבער שטעלט זיך אויף רב מנחם, אַ פֿרומער ייִד פֿון ישׂראל, און באַגריסט דעם רעקטאָר און זײַנע פּלענער, אָבער גיט צו גאַנץ אויפֿריכטיק אַז ער זעט נישט דעם תּכלית פֿון פֿאַרשפּרייטן ייִדיש אָן ייִדישקייט. און איך טראַכט בײַ מיר, זײַן ייִדישקייט איז נישט מײַן ייִדישקייט, אָבער גערעכט איז ער, און עס בלײַבט די פֿראַגע, ווי קען מען אײַנשטעלן דעם ענין אַז מע זאָל עס ערנצט באַטראַכטן – ד"ה, טאַקע אויסשולן לערערס וואָס זאָלן גוט קענען ייִדיש, צי דאָ צי אין אויסלאַנד – און סע זאָל האָבן אַ ייִדיש פּנים?...

די סטודענטן

ס'איז דער לעצטער טאָג פֿון די לעקציעס. און שׂרה, אַ סטודענטקע פֿון אַמעריקע וואָס וויל מאַכן אַ פֿילם וועגן ביראָבידזשאַן אַרויפֿצולאָדן אויף „יו־טוב" (YouTube) און וואָס האָט שוין אינטערוויויִרט ייִדישע און האַלב־ייִדישע ביראָבידזשאַנער „פּאָנקס", ווי אויך אַנדערע אינטערעסאַנטע טיפּן וואָס זי האָט געפֿונען שפּאַצירנדיק מיט איר פּאָטאָ־אַפּאַראַט איבער די שטאָטישע גאַסן, בעט איצט דערלויבעניש צו פֿרעגן בײַ אירע קלאַס־חבֿרטעס פֿון מיטעלן קלאַס – פֿינף יונגע פֿרויען פֿון דער דאָרטיקער אַקאַדעמיע – פֿאַר וואָס זיי לערנען זיך ייִדיש. זייערע ענטפֿערס זײַנען צום טייל ענלעך און צום טייל גאַנץ אַנדערש פֿון דעם וואָס מע וואָלט, למשל, געהערט דאָ אין אַמעריקע. כאָטש עס האָבן זיך אין אונדזער זומער־פּראָגראַם געלערנט אַרום צוואַנציק ביראָבידזשאַנער סטודענטן און פֿון זיי זײַנען אַרום אַ דריטל ייִדן (אינעם ברייטסטן זין פֿון וואָרט) זײַנען די פֿינף דווקא נישט קיין ייִדישע. איך האָב געפּרוּווט געפֿינען בײַ זיי אַ ביסל ייִדיש בלוט, אויב נישט טאַטע־מאַמע איז באָבע־זיידע, אָבער יעדע איינע האָט מיך פֿאַרזיכערט אַז אַפֿילו קיין טראָפּנדל ייִדיש בלוט וועט מען בײַ איר נישט געפֿינען. איז צו וואָס האָבן זיי באַשלאָסן זיך צו לערנען ייִדיש?

אירע האָט דערציילט אַז זי איז געגאַנגען אין שול נומער 2 וואָס האָט שוין פֿון קדמונים אָן אַ פּראָגראַם אין ייִדיש און ייִדישע לימודים און קינדווײַז האָט מען זי פֿאַרשריבן אין דער פּראָגראַם, כאָטש זי הייבט נישט אָן צו פֿאַרשטיין פֿאַר וואָס. ס'איז איר געפֿעלן געוואָרן און זי האָט ממשיך געווען דערמיט.

מאַרינע (מלכּה) האָט געזאָגט אַז זי האָט אויסגעקליבן ייִדיש ווײַל געלעגנהייטן זיך צו לערנען אַנדערע שפּראַכן זײַנען גרינג צו געפֿינען, אָבער סע וועט נישט זײַן אַזוי גרינג צו געפֿינען אַ ייִדיש־קורס ווען זי וועט אַרויס פֿון דער אַקאַדעמיע. זי האָט געפֿילט אַז זי וויל זיך לערנען די קולטור פֿון דער געגנט וווּ זי וווינט.

מאַריאַ (מרים) האָט צוגעגעבן אַז עס איז פֿאָרט דאָ עפּעס ספּעציעלס וועגן ביראָבידזשאַן. עס האָט נאָך אַלץ אַן אייגענע קולטור און אַן אייגענע אַטמאָספֿער. אַ געמישט פּאָרל קען שפּאַצירן צוזאַמען אין גאַס, האַלטנדיק זיך בײַ די הענט, און קיינער וועט גאָרנישט נישט זאָגן, בשעת אין אַנדערע טיילן פֿון רוסלאַנד איז דאָס דערווײַל נישט אַזוי. זי ווייסט – אַ טאָג נאָכן שלוס פֿון אונדזער פּראָגראַם האָט זי חתונה געהאַט מיט אַן ישׂראלדיקן בחור, אַ געבוירענער אין אוקראַיִנע. מסתּמא מאָטיווירט פֿון דעם לערנט זי זיך ייִדיש, ווי אויך

מיטנדיקער קלאַס אין ייִדיש־פּראָגראַם מיטן לערער האָלגער נאַט אויף רעכטס, 2007.

פֿאָסטקאַרטל פֿון שלום־עליכם־סטאַטוע אויף דער שלום־עליכם־גאַס.

עבֿרית אין דער קהילה. דאָ איז נישטאָ קיין אַנטיסעמיטיזם, פֿירט זי ווײַטער. זי איז מסתּמא גערעכט וועגן דעם ווײַל כאָטש די רעגירונג האָט געמעגט רודפֿן ייִדן און די ייִדישע קולטור וויפֿל זי האָט נאָר געוואָלט ווען ס'איז איר געווען ניצלעך איז אַן אַנטיסעמיטישער אַקט ממש געווען אַ פֿאַרברעכן פֿאַר וועלכן מע האָט געקענט אַרעסטירט ווערן. אַן אַטמאָספֿער פֿון טאָלעראַנץ איז, ווײַזט אויס, געבליבן ביזן הײַנטיקן טאָג.

סוועטאַ איז אויפֿגעוואַקסן אין אָבלוטשער געגנט, איינע פֿון די פֿיר געגנטן אין ביראָבידזשאַנער אָבלאַסט. אויף מײַן פֿראַגע צי דאָס אויפֿוואַקסן אין דער ייִדישער אויטאָנאָמער געגנט האָט געהייסן אַז זי האָט געהאַט עפּעס השׂגות וועגן ייִדן און זייער שפּראַך האָט זי געענפֿערט אַז נישט. זי האָט קיין מאָל נישט געהאַט געהערט פֿון ייִדיש און האָט געהאַט

> **ס'איז געווען כּדאַי צו קומען קיין ביראָבידזשאַן צו געפֿינען עמעצן וואָס לערנט זיך ייִדיש ווײַל ס'איז „ניצלעך"!**

נאָר אַ פֿאַרנעפּלטע השׂגה פֿון וואָס סע הייסט „ייִדישע אויטאָנאָמע געגנט" כאָטש זי וווינט דאָרטן. ווען זי איז אָנגעקומען אין שטאָט זיך לערנען האָט זי זיך געוואָלט ספּעציאַליזירן אויף ענגליש און כּדי דאָס צו טאָן דאָרטן אין דער אַקאַדעמיע מוז מען דערצו זיך לערנען אַ צווייטע שפּראַך. די ברירות זײַנען געווען כינעזיש, פֿראַנצייזיש און ייִדיש. כינעזיש, האָט זי געטענהט, איז צו שווער; פֿראַנצייזיש האָט איר אויסגעזען נישט זייער ניצלעך, ווײַל נאָר אין איין שול אין דער גאַנצער שטאָט לערנט מען מיט די קינדער פֿראַנצייזיש; ייִדיש האָט איר אויסגעזען מער ניצלעך ווײַל עס זײַנען דאָ עטלעכע שולן אין שטאָט וווּ מע לערנט ייִדיש. ס'איז געווען כּדאַי צו קומען קיין ביראָבידזשאַן צו געפֿינען עמעצן וואָס לערנט זיך ייִדיש ווײַל ס'איז „ניצלעך"!

הייסט עס, אַז ס'איז נאָך אַלץ פֿאַראַן עפּעס ייִדישלעכס דאָרטן, עפּעס אַ געפֿיל אַז ייִדיש איז אַ טייל פֿון דער געשיכטע און קולטור פֿון דער געגנט. ווי קען דאָס אַנדערש זײַן ווען די הויפּטגאַס הייסט שלום־עליכם און דאָס אָפֿיציעלע בריוופּאַפּיר פֿון געגנט האָט ייִדישע ווערטער?

צײַטונגען

צווישן די סך עקספּאָנאַטן אין דעם געגנטלעכן מוזיי פֿאַר קאַנט־קענטענישן — ריזיקע פּלאַקאַטן פֿון אַרבעט־בריגאַדעס און טראַקטאָרן, אין סאָוועטישן סטיל, און דאָקומענטן און בילדער וואָס דערציילן גאַנץ אויפֿריכטיק און אָפֿן די גרויליקע געשיכטע פֿון ביראָבידזשאַן — געפֿינט זיך ערגעץ אין אַ זײַט אַ זעקל וואָס מע וואָלט גאָר גרינג געקענט פֿאַרזען, אַ זעקל אויסגענייט מיטן וואָרט „צײַטונגען" און לעבן איר אַן איינוואָרטיקע באַשרײַבונג „גאַזעטניצאַ" ('צײַטונג־זעקל'), 1950. איין וואָרט, „צײַטונג־זעקל", נאָר דאָס איינציקע וואָרט האָט אויפֿגעעפֿנט בײַ מיר אַ וועלט מיט מחשבֿות. מיט איר שיינקייט און איר פּשטות דערמאָנט דאָס זעקל אין אַ טלית־זעקל אָדער אַ חלה־צודעקל, אויך אַ כּלי צו באַשײַנען אַ מיצווה — די מיצווה פֿון לייענען דאָס ייִדישע וואָרט. איך פּרוּוו זיך פֿאָרשטעלן דאָס לעבן פֿון דער פֿרוי (יאָ, זיכער אַ פֿרוי) וואָס האָט דאָס אויסגעהאָפֿטן. צי האָט זי אַליין געמאַכט די סקיצע מיט דער האַנט אָדער האָט מען דעמאָלט אין ביראָבידזשאַן טאַקע געקענט קויפֿן אַ פֿאַרטיקן שניטמוסטער מיט ייִדישע אותיות? מיט וואָס פֿאַר אַ ליבשאַפֿט זי האָט דאָס געמוזט אויסנייען, איר לויטער ווײַס זעקעלע מיט די בלומען וואָס דערציילן פֿון לעבן און בלי. איך שטעל זיך פֿאָר ווי זי געפֿינט, נאָך אַ שווערן טאָג אַרבעט, אַ שטילע מינוט, אַ מינוט פֿון גײַסטיקער שלווה, און פּונקט ווי

צײַטונגזעקל אויסגענייט אין 1950.
געגנטלעכער מוזיי פֿאַר קאַנט־קענטעניש, ביראָבידזשאַן, 2007.

אַ טראַדיציאָנעלער ייִד נעמט אַרויס זײַן טלית פֿון זעקל און עפֿנט אויף זײַן סידור, נעמט זי אַרויס פֿון איר זעקל איר באַליבטע צײַטונג און זעצט זיך אַוועק לייענען. אין 1950, נאָכן פֿאַרמאַכן ס'רובֿ ייִדישע שולן, נאָך די אַלע טשיסטקעס, נאָך די רדיפֿות אויף ייִדישע שרײַבערס און אויף דער ייִדישער קולטור, האָט זי נאָך אַלץ געגלייבט אין, אָדער אפֿשר נאָר געהאָפֿט אויף, דעם פֿונאַנדערבלי פֿון ייִדישן וואָרט.

איצט הענגט דאָס זעקעלע אויף דער מוזייוואַנט, אַ דערמאָנונג פֿון יענע צעשמעטערטע חלומות.

אין ישׂראל וועלן זיי נישט קענען ליגן אויפֿן זעלבן בית־עולם ווי זייער מאַן אָדער פֿרוי און דאָס אַרט זיי.

די צוקונפֿט

איך זיץ מיט יוסף ברענערן, אַ ייִד אַ געבוירענער אין ביראָבידזשאַן, און פּרוּוו זיך דערגרונטעווען צו עפּעס אַ פֿאַרשטענדעניש וועגן ביראָבידזשאַן און איר צוקונפֿט. ברענער, דער מחבר פֿון אַ נאָר וואָס פּובליקירט ביכל אויף רוסיש, לחיים ביראָבידזשאַן, איז אונדזער נאָענטסטער קאָנטאַקט צווישן די ביראָבידזשאַנער ייִדן, אַ גײַסטיקער און פֿינאַנציעלער שטיצער פֿון אונדזער פּראָגראַם און אַליין, פֿאַרשטייט זיך, אַ קוואַל פֿון אינפֿאָרמאַציע. אין די 70ער יאָרן איז ער געווען אַ מיטאַרבעטער אין דער ביראָבידזשאַנער שטערן; שפּעטער איז ער געווען פֿון די אָנפֿירערס פֿון אינטוריסט אין ביראָבידזשאַן, און איצט איז ער אַ בוימאַגנאַט. ווי אַ סך פֿון זײַן דור, און ווי זײַנע צוויי קינדער, האָט ער געקענט עולה זײַן נאָר ער האָט באַשלאָסן דאָ צו בלײַבן, אין דער געגנט וואָס ער קען און וווּ מע קען אים. מיר האָבן גערעדט גאַנץ אָפֿענע דיבורים. פֿאַר וועמען, פֿרעג איך, פּלאַנירט מען אײַנצופֿירן ייִדיש אין די שולן אָדער מאַכן מאַניפֿעסטאַציעס פֿאַר דער ייִדישער קולטור אויב ס'רובֿ ייִדן זײַנען שוין אַוועקגעפֿאָרן?

יוסף ברענער אויף דער שׂימחה לכּבֿוד זײַן נײַ ביכל, 2007.

ברענער האָט מיר געגעבן צו פֿאַרשטיין אַז כאָטש ס'איז אמת אַז מע פֿאַרלאָזט ביראָבידזשאַן קומט מען אויף צוריק. ווען דער עקאָנאָמישער און פּאָליטישער מצבֿ וואָלט מיט פֿופֿצן־צוואַנציק יאָר צוריק געווען ווי ער איז הײַנט, וואָלטן מסתמא אַזוי פֿיל ייִדן נישט פֿאַרלאָזט די געגנט. ייִדישע טאַטע־מאַמעס האָבן נישט געוואָלט שיקן זייערע זין ווי סאָלדאַטן קיין אַפֿגאַניסטאַן און שפּעטער קיין טשעטשעניע, האָט מען עולה געווען. אָבער נישט אַלע האָבן זיך גוט אײַנגעאָרדנט אין ישׂראל, ספּעציעל די וואָס האָבן אַ מאַן אָדער אַ ווײַב אַ נישט־ייִד און דערצו זײַנען דאָ אין רוסלאַנד נײַע מעגלעכקייטן אַז ייִדן זאָלן לעבן ווי ייִדן. בײַ אים אויף דער אַרבעט זײַנען שוין צוריקגעקומען דרײַ מענטשן צוזאַמען מיט זייערע משפּחות. אין ישׂראל

אַ ייִדישע מצבֿה אויפֿן ביראָבידזשאַנער בית־עולם, 2007.

האָבן זיי זיך ספּעציאַליזירט אויף אַ פֿאַך אין דער בוי־אינדוסטריע וואָס פֿעלט דאָ אין ביראָבידזשאַן. אַזוי ווי זייערע פֿעיִקייטן זײַנען

טענצערס פֿון דער ביראָבידזשאַנער ייִדישער טאַנצגרופּע „סורפּריז", 2007.

גאַנץ זעלטן אין רוסלאַנד קענען זיי דאָ גוט פֿאַרדינען. סע האָט זיך זיי פֿאַרבענקט אַהיים און זיי זײַנען צוריקגעקומען מיט פֿולע האָפֿענונגען אויף אַ פֿרײַ נאָרמאַל לעבן. טייל פֿון זיי וועלן אַרײַנגעצויגן ווערן אין ייִדישן לעבן, און אויב נישט זיי, איז אפֿשר זייערע קינדער. און נאָך עפּעס, גיט ברענער צו, כאָטש די וואָס זײַנען צוריקגעקומען זײַנען נישט קיין אַלטע, הייבט מען אָן צו טראַכטן וועגן דעם סוף. אַ מענטש טראַכט „וווּ וועל איך ליגן נאָך הונדערט און צוואַנציק?" און

אַ פּראַוואָסלאַוונער צלם אויף אַ קבֿר אין ביראָבידזשאַנער בית־עולם, 2007.

אין ישׂראל וועלן זיי נישט קענען ליגן אויפֿן זעלבן בית־עולם ווי זייער מאַן אָדער פֿרוי און דאָס אַרט זיי. מיר איז געווען אינטערעסאַנט וואָס מענטשן דערצויגענע אויף מאַרקס און לענין קלערן וועגן דעם עולם־האמת, אָבער מסתּמא איז דאָס אַ מענטשלעכע טבֿע. דאָ, אין ביראָבידזשאַן, וועלן זיי קענען ליגן אויפֿן בית־עולם צוזאַמען מיט זייער לעבנס־באַגלייטער, ווײַל דאָרטן – ווי אַלצדינג אין ביראָבידזשאַן – איז אויסגעמישט.

אַלץ אויף דער שלום־עליכם־גאַס

די הויפּט קאָמערציעלע גאַס פֿון שטאָט הייסט „שלום־עליכם־גאַס" און אומעטום איבער דער שטאָט זעט מען רעקלאַמעס, אָפֿט מיט רייצנדיק אָנגעטאָנענע אָדער האַלב־נאַקעטע פֿרויען, פֿון אַלץ וואָס געפֿינט זיך אויף דער גאַס.

רעקלאַמע אויף דער שלום־עליכם־גאַס, 2007.

פֿאַר אַזעלכע ווי איך, בײַ וועמען שלום־עליכם איז אַ פֿירנדיקער קולטורהעלד מיט כּמעט אַ הייליקן סטאַטוס, איז פּשוט ווילד צו זען אַזעלכע שילדן. אָט וואָס געשעט ווען די ייִדישע קולטור ווערט אַ טייל פֿונעם גרעסערן שטראָם און מע לעבט און האַנדלט אויף די גאַסן וואָס טראָגן די נעמען פֿון אונדזערע קולטור־איקאָנעס. מסתּמא ווען איך וואָלט געוווינט אין ישׂראל און געזען ווי דאָס טאָג־טעגלעכע לעבן ווערט געלעבט אויף די אַלע גאַסן וואָס טראָגן אַ נאָמען נאָך אַ ייִדישן שרײַבער, מנהיג אָדער אַפֿילו אַ נבֿיא אָדער אַ הייליקן צדיק וואָלט עס מיך נישט אַזוי שאָקירט.

עס וואָלט מיר אפֿשר נישט געווען אַזוי מאָדנע צו זען ווי קינדער קריכן אויף דער סטאַטוע פֿון די איבערוואַנדערערס (וואָס טראָגן אַ גרויסע ענלעכקייט צו טבֿיה און גאָלדע) בײַם ביראָבידזשאַנער וואָקזאַל, אַזוי ווי עס וואָלט געווען פּשוט עפּעס אַ שפּילסטרוקטור. צי ווייסן זיי דען וואָס די סטאַטועס באַטײַטן? מסתּמא נישט איצט, אָבער אויב זיי וועלן ווײַטער וווינען אין דער ייִדישער אויטאָנאָמער געגנט וועלן זיי מסתּמא יאָ וויסן ווײַל געוויסע אַספּעקטן פֿון דער ייִדישער קולטור זײַנען אַרײַנגעפֿלאָכטן אינעם געוועב פֿון טאָג־טעגלעכן לעבן. נאָר דאָ קען מען אָנשטעלן די ראַדיאָ און הערן אויף ייִדיש „עס רעדט ביראָבידזשאַן". נאָר דאָ וועלן קינדער אײַך באַגריסן אין גאַס מיט „שלום־עליכם!". נאָר דאָ איז דאָ בײַ דער פֿילהאַרמאָניע אַ סטאַטוע פֿון אַ ייִדישן פֿידלער. אמת, ס'איז נישט קיין סך, און אפֿשר פּרוּוו איך זיך אָנכאַפּן אין אַ שטרוי, אָבער ס'איז פֿאָרט דאָרטן עפּעס פֿאַראַן.

פּאָסטשטעמפּל פֿון 1935.

ביראָבידזשאַן איז אַן אָרט מיט איר אייגענער סימבאָליק. הגם אין אַנדערע שטעט אין רוסלאַנד האָט מען בדרך־כּלל צוריקגעביטן די גאַסן אויף זייערע פֿאַררעוואָלוציאָנערע נעמען אָדער געגעבן נײַע נעמען, טראָגן די גאַסן דאָ נאָך אַלץ זייערע אַלטע סאָוועטישע נעמען: לענין, גאָרקי, סאָוועטסקאַיאַ, קאָמסאָמאָלסקאַיאַ, זעכציקסטער יובֿיליי פֿון דער רעוואָלוציע... ס'איז אָפֿט שווער צו וויסן צי די מאַכט איז אַפֿילו באַוווּסטזיניק וועגן דעם סימבאָליזם אין אירע זשעסטן. צי האָבן זיי בכּיוון געשטעלט כּמעט אַלע ייִדישע אינסטיטוציעס אויף דער לענין־גאַס כּדי אָנצוּווײַזן אַז נאָר דאָס וואָס „לענין" וויל, וואָס האָט לענינס הכשר, קען דאָ זײַן?

פֿאַר מיר אָבער איז די אינטערעסאַנטסטע סימבאָליק טאַקע געווען פֿאַרבונדן מיט דער שלום־עליכם־גאַס. אַז מע גייט ווײַטער אויף דער שלום־עליכם־גאַס, פֿאַרבײַ דעם האָטעל וואָסטאָק און דעם „לאַנדווירטשאַפֿטלעכן מאַרק", בײַט די גאַס איר נאָמען אויף קאָמסאָמאָלסקאַיאַ, און אַז מע גייט ווײַטער, בײַט זיך נאָך אַ מאָל דער נאָמען, דאָס מאָל אויף סאָוועטסקאַיאַ. בכּיוון צי נישט בכּיוון איז דאָס אַ מעטאַפֿאָר פֿאַר דעם אופֿן ווי דאָס ייִדישע לעבן האָט זיך אַנטוויקלט אין ביראָבידזשאַן. די איבערוואַנדערערס זײַנען געקומען ווי ייִדן: טבֿיהס, גאָלדעס, מנחם־מענדלס און מאָטלס, דערנאָך זײַנען זיי דערצויגן געוואָרן אין קאָמסאָמאָל (ד"ה אין די סאָוועטישע יוגנט־גרופּעס), און מיט דער צײַט זײַנען זיי געוואָרן פֿאָלנע סאָוועטן.

מע קען נישט שטיין אויף דער שלום־עליכם־ און לענין־גאַס אין דער זעלבער צײַט. די גאַסן זײַנען פּאַראַלעל, זיי שנײַדן זיך נישט איבער. ס'איז אָדער־אָדער. מע קען אויך נישט גיין אָדער שטיין אויף דער שלום־עליכם־ און סאָוועטסקאַיאַ גאַס אין דער זעלבער צײַט, עלעהיי די וואָס האָבן אויסגעשטעלט די גאַסן האָבן געמאָנט אַז מע זאָל באַשליסן צו וועלכער מחנה מע שטייט צו — דער ייִדישער צי דער סאָוועטישער.

> [די גאַסן טראָגן] דאָ נאָך אַלץ זייערע אַלטע סאָוועטישע נעמען: לענין, גאָרקי, סאָוועטסקאַיאַ, קאָמסאָמאָלסקאַיאַ, זעכציקסטער יובֿיליי פֿון דער רעוואָלוציע...

אַז מע וויל אָבער געפֿינען אַ שטראַל פֿון האָפֿענונג קען מען זיך טרייסטן דערמיט וואָס שלום־עליכם איז טאַקע דער הויפּטטייל פֿון דער לאַנגער גאַס — שלום־עליכם־קאָמסאָמאָלסקאַיאַ־סאָוועטסקאַיאַ. נײַע וועגן זײַנען אָפֿן פֿאַר ביראָבידזשאַן הײַנט, ס'איז דאָ געלט, ס'איז דאָ פֿרײַהייט. ס'וועט זײַן אינטערעסאַנט צו זען אויף וועלכן טייל פֿון גאַס ס'וועלן זיך פֿאַרנעמען די ייִדן? וועלן זיי זיך קאָנצענטרירן אויף דער שלום־עליכם־גאַס אָדער וועלן זיי אַראָפּ פֿון גלײַכן וועג און זיך פֿאַרקערעווען צו דער סאָוועטסקאַיאַ?

שבֿע צוקער איז זינט 2005 דער אויספֿיר־סעקרעטאַר פֿון דער ייִדיש־ליגע און דער רעדאַקטאָר פֿון **אויפֿן שוועל**. זי איז אויך אַ לערערין אין דער אוריאל ווײַנרײַך־פּראָגראַם אין ייִדישער שפּראַך, ליטעראַטור און קולטור בײַם ניו־יאָרקער אוניווערסיטעט און ייִוואָ. זומער 2007 איז זי געווען אַ לערערין אין דער ערשטער ביראָבידזשאַנער זומער־פּראָגראַם פֿאַר ייִדיש.

בײַם וואָקזאַל: די סטאַטוע פֿון די איבערוואַנדערערס, אַ מתּנה פֿון הענאַן־פּראָווינץ, כינע.

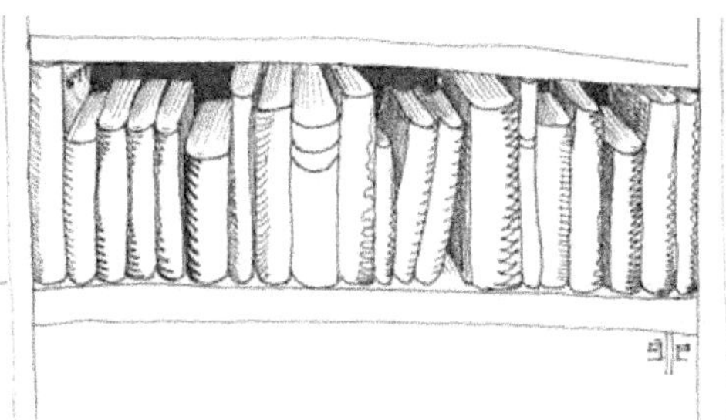

קינדער־לייענזאַל אין שלום־עליכם־ביבליאָטעק, ביראָבידזשאַן, 1935

צוויי מאָל פֿון פֿײַער אַרויס:

אַ ביבליאָטעק און אַ גניזה אין ביראָבידזשאַן

שבֿע צוקער/דורעם, צ״ק

די ביבליאָטעק

קיין טראַגישער קאַפּיטל פֿונעם ייִדישן בוך און ספֿר ווי דאָס ביראָ־בידזשאַנער איז אין דער מאָדערנער ייִדישער געשיכטע נישטאָ. ווי באַוווּסט, האָט מען פֿאַרבעטן ייִדן זיך צו באַזעצן אין דער ייִדישער אויטאָנאָמער געגנט, זיי צוגעזאָגט גרויסע גליקן און אַ היים פֿאַר דער נאַטירלעכער אַנטוויקלונג פֿון זייער שפּראַך און קולטור; דערנאָך, אין די טשיסטקעס און רדיפֿות פֿון 1936-1938, און שפּעטער, פֿון 1948-1952, מיט טײַוולאָנישן ברען צעשטערט כּמעט אַלץ וואָס האָט זיך געלאָזט אויפֿבויען. אין איין שיינעם טאָג אין 1949 האָט מען פֿאַרברענט, מסתּמא אינעם הייצקאַמער אויפֿן הויף פֿון דער שטאָטישער מיטלשול נומער 2, בײַ אַ 30,000 ביכער פֿון דער שלום־עליכם־ביבליאָטעק, די ביבליאָטעק וואָס האָט געזאָלט ווערן אַ מין נאַציאָנאַלע ייִדישע ביבליאָטעק פֿאַר גאַנץ סאָוועטן־פֿאַרבאַנד. אַלע ביכער פֿון די אומגעבראַכטע ייִדישע שרײַבערס ווי בערגעלסאָן, דער ניסתּר, מאַרקיש, פֿעפֿער, קולבאַק און קוויטקאָ זײַנען אַרויף אויפֿן שײַטער:

פֿון דער ערד ביזן הימל עס קנוילט
זיך דער רויך
איבער לעבעדיקע, איבער מתים,
קולבאַקס בוויטרע – אין פֿײַער!
כאַריקס „לערערין״ – אויך!
ניסתּרס מאַשבער און קוויטקאָס
קונדסים...

נישט נאָר זײַנען די 30,000 קהלשע ביכער פֿאַרשוווּנדן פֿון דער וועלט – נישט געהאַט די זכיה צו קומען צו קבֿורה, אָדער אַפֿילו צו ליגן פֿאַרשטעקט ערגעץ אין אַ קעסטל אין אַ קעלער – נאָר אויס מורא האָבן ייִדן אַליין פֿאַרניכטעט זייערע אייגענע ביבליאָטעקן; דרייסטערע האָבן באַגראָבן זייערע ביכער אין דער ערד.

אין זײַן אויבן ציטירט ליד „דער שײַטער״ באַשרײַבט דער פּאָעט חייםביידער ווי ער קומט צוריק קיין ביראָבידזשאַן, וווּ ער האָט געוווינט אין די אָנהייב 1970ער יאָרן, און שטייט אויפֿן אָרט פֿון דעם אַמאָליקן פֿײַער.

ס'איז אַן אייביקייט, דאַכט זיך, פֿון
דעמלט אַוועק –
איצט דאָס אָרט איז שוין ניט צו
דערקענען,
נאָר ער קומט אַלץ אַנטקעגן, דער
שײַטער, מיט שרעק,
ווי אַליין כ'וואָלט אין פֿלאַם זײַנעם
ברענען.

ביידער שרײַבט, אַז ווען ער שטייט אויף דעם אָרט דוכט זיך אים אויס, „אַז עס בושעוועט, פּונקט ווי דאַן,/ אַ זאַווייִ, אַ געשריי, אַ געוויטער״. אָבער נאָר איינעם וואָס איז געווען דערבײַ אָדער האָט דורכגעלעבט די צײַטן אין סאָוועטן־

פֿאַרבאַנד וואָלט זיך געקענט אַזוי אויסדוכטן. שפּאַצירנדיק הײַנט איבער

אַלאַ אַקימענקאָ, ביבליאָטעקאַרשע אין שלום־עליכם־ביבליאָטעק, בירָאבידזשאַן, 2007.

בירָאבידזשאַן — מיט אירע שטילע ברייטע אַלייען, רחבֿותדיקע גרינע פּאַרקן און שילדן וואָס מעלדן מיט רוסישע אותיות וואָס זעען אויס ווי ייִדישע, אַז מע פּראַוועט 70 יאָר פֿון „אונדזער באַליבטער שטאָט" — איז שווער זיך פֿאָרצושטעלן אַזעלכע גרוילן. צוריקגעשמועסט, נישט גע־קוקט אויף דעם שיינעם אויסזען פֿון דער הײַנטיקער ביבליאָטעק אויף שלום־עליכמס נאָמען, מיט אירע קאָנצערטזאַלן און שיינע אויסשטע־לונגען און דעם גוט אײַנגעסדרטן צימער מיט ייִדישע ביכער, האַלט די ביבליאָטעק אין זיך נאָך אַלץ סימנים פֿון איר טראַגישער געשיכטע. אמת, מע קען נאָך געפֿינען אוצרות, ווי דער אַלמאַנאַך בירָאבידזשאַן און דעם זשור־נאַל פֿאָרפּאָסט, אַ בירָאבידזשאַנער ליטעראַרישער זשורנאַל וואָס איז אַרויס אין די 1940ער. די פּאָליצעס זײַנען פֿולע אָבער מערטסנס מיט ביכער אַרויסגע־געבן אין געוועזענעם סאָוועטן־פֿאַרבאַנד ווײַל אַנדערע האָט מען קוים אַרײַנ־געלאָזט. די ביבליאָטעקאַרשע, אַלאַ אַקימענקאָ, אַן אײַנגענעמע פֿרוי אין די מיטעלע יאָרן, טוט וואָס זי קען. זי איז אַ פּאָעט און זי שרײַבט ליבעלידער אויף רוסיש צו די ייִדן אין דער געגנט, „און כאָטש איך בין נישט קיין ייִדישע פֿון בלוט,/ אויף ייִדיש האָט די שטאָט פֿון מײַן קינדהייט געזונגען אַ שטילן מאָטיף". איך גלייב מיטן גאַנצן האַרצן אין דער אויפֿריכטיקייט פֿון איר ליבשאַפֿט אָבער וויפֿל קען מען אויפֿטאָן ווען מע קען נישט קיין ייִדיש?

די בירָאבידזשאַנער גניזה

נאָך זײַן צוריקקומען אין בירָאבידזשאַן אין 1955 נאָך זיבן יאָר פֿאַרשיקונג אין טײַשעט־לאַגער געפֿינט דער פּאָעט ישׂראל עמיאָט אַז געבליבן אין ביבליאָטעק זײַנען „עטלעכע פֿאַרשעמטע פּאָליצעס פֿון צופֿעליקע מחברים" און ראַדיאָ־טראַנסמיסיעס מיט ייִדישע ווערטער נאָר אויסגעליידיקט פֿון וועלכן נישט איז ייִדישן אינהאַלט. אין דער הויפּטשטאָט פֿון דער ייִדישער אויטאָנאָמער געגנט איז כּמעט נישטאָ קיין סימן פֿון דער ייִדישער קולטור. דאַכט זיך אַז ס'איז מער נישט געבליבן וואָס נאָך צו צעשטערן אָבער, ווי עמיאָט גיט איבער אין זײַן בוך דער בירָאבידזשאַנער ענין: כראָניק פֿון אַ גרוויליקער צײַט (ראָטשעסטער, שלמה באָגאַראָד, 1960),

> ייִדן איז געשען אַ נײַ אומגליק: די בירָאבידזשאַנער שול איז אָפּגעברענט געוואָרן [1956]. ... די שׂרפֿה האָט זיך אָנגעהויבן פֿון אַ וואַרשטאַט, וואָס איז געווען אין דער נאָענט. דער גאַנצער בנין און עטלעכע שכנותדיקע הײַזער זײַנען פֿאַרברענט געוואָרן צוזאַמען מיט דער שול. בעת דער שׂרפֿה האָט מען קוים באַוויזן אַרויסצוראַטע־ווען די ספֿרי־תּורה. דערבײַ האָבן די פֿרומע לײַט ניט געוואַרט אויף די פֿײַער־לעשער, אַרײַנגעשפּרונגען פּשוט אין פֿײַער און באַוויזן אַרויסצוראַטעווען וואָס עס האָט זיך נאָר געלאָזט. מען האָט אַפֿילו אַרויסגעראַטעוועט די עטלעכע צעריסענע חומשים און סידורים.
>
> דער בירָאבידזשאַנער הימל איז רויט פֿון פֿלאַמען. (ז' 180)

הילע פֿון יוסף ברענערס ביכל לחיים, בירָאבידזשאַן, 2007.

ס'איז שווער צו גלייבן אַז די שׂרפֿה איז געווען צופֿעליק, אַז דער גורל האָט געקענט זײַן אַזוי אַכזריותדיק ווי סטאַלין מיט זײַנע הענקערס, אָבער ביזן הײַנטיקן טאָג ווייסט מען נישט צי מע האָט די

שול טאַקע אונטערגעצונדן צי נישט. אַזוי צי אַזוי איז אין דעם פֿײַער אונטערגעגאַנגען „די לעצטע פֿעסטונג פֿון ייִדישקייט אַרום וועלכער עס האָבן זיך געקלאַמערט מיט אַזאַ מסירת־נפֿש, מיט אַזוי פֿיל מוט און אויסדויער עלטערע ייִדן" (עמיאָט, ז׳ 180). נאָך דער שׂרפֿה זײַנען ייִדן זיך אַ צײַט לאַנג צונויפֿגעקומען שבת אויפֿן בית־עולם דאַווענען, האָפֿנדיק אַז דאָרט וועט מען זיי נישט געפֿינען. שפּעטער האָט מען געדונגען אַ קליין שטיבל אויף מאַיאַקאָווסקי, וואָס איז נאָך הײַנט די שול בית־תּשובֿה.

יעדע זאַך אויף דער וועלט האָט זיך זײַן תּיקון. ס׳איז נאַטירלעך אַז דער וואָס געדענקט די שׂרפֿה אָדער וואָס האָט געלייענט עמיאָטס באַשרײַבונג זאָל זיך פֿרעגן וואָס איז געשען מיט די אַלע חפֿצים וואָס מע האָט אַרויסגעראַטעוועט. דאָס איז אָבער אַ קשיא וואָס מע האָט אַ לאַנגע צײַט נישט געטאָרט פֿרעגן און זיכער נישט ענטפֿערן. נאָך אַ האַלבן יאָרהונדערט האָבן אָבער די זאַכן זיך טאַקע אָפּגעפֿונען און געשען איז עס אַזוי. יוסף ברענער, אַ געבוירענער אין ביראָבידזשאַן און דער מחבר פֿון אַ נײַ ביכל אויף רוסיש וועגן זײַן היימשטאָט, לחיים, ביראָבידזשאַן (קראַסנאָיאַרסקי פּיסאַטעל, קראַסנאָיאַרסק, 2007), האָט אין גאַנג פֿון פֿאָרשן זײַן בוך אויך געשטעלט די קשיא: „וואָס איז געשען מיט די געראַטעוועטע זאַכן?" ער האָט אַרויסגעלאָזט אַ קול־קורא און מענטשן האָבן זיך געוואָנדן צו אים מיט ביכער, ספֿרים, און אַנדערע חפֿצים וואָס זײַנען געווען בײַ זיי באַהאַלטן. ס׳רובֿ פֿון זיי האָבן שוין נישט געוווּסט וואָס אַזוינס די זאַכן זײַנען, אָבער געוווּסט האָבן זיי אַז זיי טראָגן אין זיך קדושה און אַז מע דאַרף זיי אָפּהיטן ביז עס וועט קומען די ריכטיקע צײַט.

נער, שוואַכער מענטש מיט אַ שטראַלנדיק פּנים און אַ זעלטענער איבערגעגעבנקייט די ייִדן פֿון זײַן קהילה — האָט אים געזאָגט אַז וועגן געוויסע חפֿצים ווייסט מען שוין פֿון לאַנג. בײַ אים אין דער שול שטייט אָבער אַ שאַפֿע וואָס ער האָט קיין מאָל נישט געעפֿנט ווײַל ס׳איז אים שווער געווען אָבער אַז ס׳איז כּדאַי אַ קוק צו טאָן. און דאָרטן, נישט אָנגערירט מסתּמא פֿון דעם טאָג מיט פֿופֿציק יאָר צוריק ווען

פֿלויט פֿון דער „נײַער שול" אויף דער לענין־גאַס, 2007.

די שול האָט זיך געעפֿנט אין 1957, זײַנען געלעגן די חפֿצים מוצלים מאש, געראַטעוועטע פֿון פֿײַער — אַלטע פּרוכתן, יאָר־מלקעס, תּפֿילין און תּפֿילין־זעקלעך, טליתים, ספֿר־תּורות, אַ חזנס היטל, און עטלעכע פּעקלעך מיט ספֿרים. דאָס זײַנען געווען אָפּגעברענטע סידורים, אַ צאינה־וראינה, לוחות און ספֿרים וואָס מע האָט געזאָלט ברענגען, אָבער קיין מאָל נישט

ער האָט אַרויסגעלאָזט אַ קול־קורא און מענטשן האָבן זיך געוואָנדן צו אים מיט ביכער, ספֿרים, און אַנדערע חפֿצים וואָס זײַנען געווען בײַ זיי באַהאַלטן. ס׳רובֿ פֿון זיי האָבן שוין נישט געוווּסט וואָס אַזוינס די זאַכן זײַנען, אָבער געוווּסט האָבן זיי אַז זיי טראָגן אין זיך קדושה.

זעענדיק די אַלע לאַנג באַהאַלטענע אוצרות איז ברענערן אײַנגעפֿאַלן אַז אפֿשר האָט מען נאָך דער שׂרפֿה אויך געבראַכט זאַכן אין דער שול אויף מאַיאַקאָווסקי. און כּך־הווה. דובֿ קויפֿמאַן, דער גײַסטיקער פֿירער פֿון בית־תּשובֿה — אַ קליי־

געבראַכט, צו קבֿורה. דאָס זײַנען טאַקע געווען די זאַכן נאָך וועלכע די פֿרומע לײַט זײַנען, לויט עמיאָטן, „אַרײַנגעשפּרונגען פּשוט אין פֿײַער און באַוויזן אַרויסצוראַטעווען וואָס עס האָט זיך נאָר געלאָזט". (ז׳ 180)

חפֿצים געראַטעוועטע פֿון דער שׂרפֿה אין דער ביראָבידזשאַנער גניזה, 2007.

ס'רובֿ פֿון די זאַכן זײַנען געווען אַלט, זייער אַלט, אַ סך עלטער ווי די פֿופֿציק יאָר וואָס זיי זײַנען דאָרטן אָפּגעלעגן. ספֿרים, שוין נישט קיין נײַע — געציילטע נאָך פֿונעם 19טן יאָרהונדערט — וואָס די איבערוואַנדערערס האָבן מיטגעבראַכט אין די 20ער און 30ער, פֿון אוקראַיִנע, ווײַסרוסלאַנד, מאָלדעווע און פּוילן. עס זײַנען געווען סידורים פֿאַרטײַטשט אויף אַלט־רוסיש און אין איין סידור האָט זיך געפֿונען אַ תּפֿילה צו דעם רוסישן צאַר אַלעקסאַנדער ניקאָלײַעוויטש (געקיניגיט פֿון 1881-1855) און זײַן ווײַב מאַריאַ אַלעקסאַנדראָווונאַ!

די טליתים זײַנען געווען פֿון שטאָף וואָס מע געפֿינט שוין נישט, פֿאַרגעלטע, פֿאַרלאַטעטע מיט פֿאַרשיידענע סחורות און פֿעדעמער, אין פֿאַרשיידענע צײַטן פֿון פֿאַרשיידענע מענטשן, און האָבן מרמז געווען אויף דעם אַז אין דער ייִדישער אויטאָנאָמער געגנט האָט מען נישט אַזוי גרינג געקענט קריגן קיין נײַע טליתים.

אָבער צום סאַמע סוף זאָגט עדות דער אַלטער פּרוכת — גענייט פֿון רויטן סאַמעט, שוין אָפּגעבליאַקעוועט און אָפּגעטראָגן — אויפֿן ייִדישן אומגליק און דעם דראַנג נאָך קיום. אין אַ האַלב אָפּגעריבענער הקדשה האָבן זיך קוים אַרויסגעזען די ווערטער „דער פּרוכת איז געגעבן געוואָרן דער שול פֿון דער פֿרוי וויטי בת הרבֿ שלום נאָטע פֿײַמאַן דעם 10טן אָבֿ". דעם 9טן אָבֿ, איז זיך ברענער משער, אין דעם יאָר 5717 (1957) האָבן די ייִדן געבראַכט די חפֿצים, די רעשטלעך אָפּגעראַטעווע פֿון זייער תּישעה־באָבֿ, די לעצטע סדרה אין זייער חרובֿ געוואָרענעם ייִדישן לעבן, אין שול אַרײַן, און מיט אַ טאָג שפּעטער האָט מען ווידער געפּרוּווט מחדש זײַן דאָס ייִדישע לעבן. אויף וויפֿל עס האָט זיך זיי אײַנגעגעבן איז שוין אַ קאַפּיטל פֿאַר זיך...

אין איין סידור האָט זיך געפֿונען אַ תּפֿילה צו דעם רוסישן צאַר אַלעקסאַנדער ניקאָלײַעוויטש און זײַן ווײַב מאַריאַ אַלעקסאַנדראָווונאַ!

ס'איז פּאַסיק אַז די דאָזיקע גניזה זאָל זיך געפֿינען אין דער פּרעכטיקער נײַער שול אָנגעפֿירט פֿון חב"ד אויף דער לענין־גאַס, וואָס שטעלט מיט זיך פֿאָר אַ נײַעם פּרוּוו צו באַנײַען דאָס דאָרטיקע ייִדישע לעבן. אַז איר וועט אַ מאָל זײַן צו גאַסט אין ביראָבידזשאַן זאָלט איר די אויסשטעלונג למען־השם נישט פֿאַרפֿעלן.

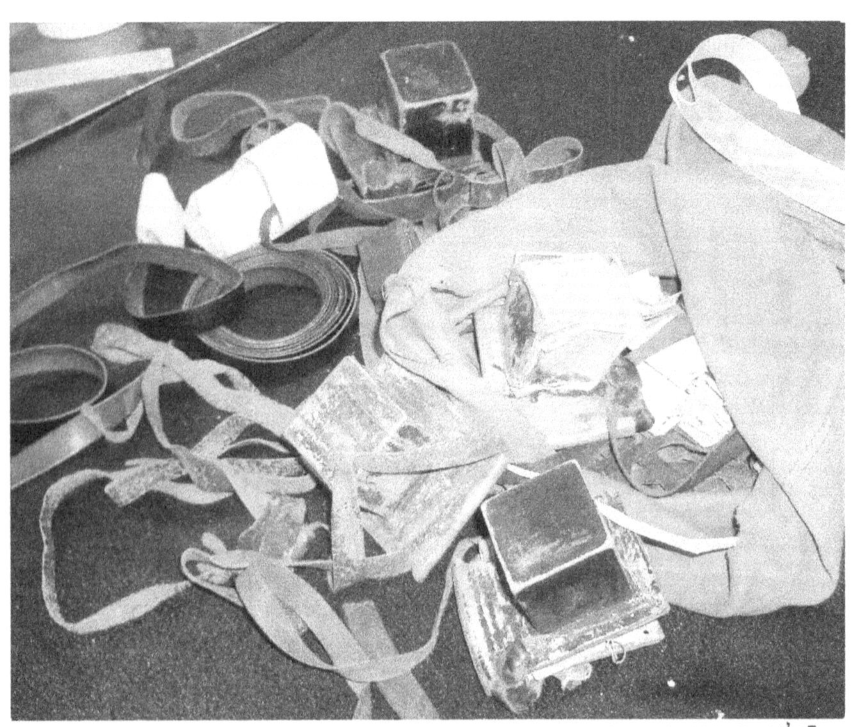

תּפֿילין אין דער ביראָבידזשאַנער גניזה, 2007.

די יִדיש־וועלטלעכע שולן: געשיכטע און ירושה

שבֿע צוקער/דורעם, צ״ק

שבת־ליכט

איך וויל אײַך פֿאַרבעטן, איר זאָלט מיט מיר צוריק דורך די יאָרן צו די שפּעטע פֿופֿציקער און פֿרײַקע זעכציקער יאָרן, צו מיר אַהיים אין וויניפּעג, קאַנאַדע. ס׳איז פֿרײַטיק נאָך מיטאָג, פֿאַר דעם וואָס עס וואָלט אין אַ מער טראַדיציאָנעלער שטוב געהייסן „ליכט־בענטשן". אָט בין איך, אַ יונג מיידעלע, און איך וויין ממש צו דער מאַמען, און בעט זיך בײַ איר מע זאָל בײַ אונדז בענטשן שבת־ליכט. (איך האָב שוין געוווּסט אַז סע האָט נישט קיין זין זיך צו בעטן בײַם טאַטן, אַ פּרינציפּיעלן וועלטלעכן ייִד; כאָטש ער האָט גאָר־נישט געהאַט קעגן דעם אַז אַנדערע זאָלן זײַן פֿרום האָט ער עס באַטראַכט ווי גרויס היפּאָקריטסטווע אַז אַן אומ־גלייביקער ווי ער זאָל זיך באַטייליקן אין ריטואַלן אָדער רעליגיעזע צערעמאָניעס אין וועלכע ער גלייבט נישט.)

„פֿאַר וואָס קענען מיר נישט בענטשן שבת־ליכט?" האָב איך געוויינט צו דער מאַמען. זי האָט געענטפֿערט אַז מיר גלייבן נישט אין די ווערטער פֿון דער ברכה און אַז סע וואָלט דעריבער נישט געווען ערלעך דאָס צו טאָן. אָבער אַזוי ווי זי האָט מיטגעפֿילט מיט מיר האָט זי פֿירגעלייגט מיר זאָלן צוגיין צו ליל כּץ, די שכנה וואָס האָט געוווינט אַקעגן איבער דער גאַס, און זען ווי זי בענטשט די שבת־ליכט.

איך האָב דעם גאַנצן ענין נישט פֿאַרשטאַנען: פֿאַר וואָס האָבן טאַטע־מאַמע מיך געשיקט אין אַ שול וווּ מע האָט מיך געלערנט נישט נאָר די עלעמענטאַרע ברכות, נאָר אויך וועגן הבֿדלה, פֿאַרשיידענע תּפֿילות, פּרקי־אָבֿות, און אַפֿילו וועגן אַזעלכע עקזאָ־טישע מיצוות און פֿירעכצן ווי נעגל־וואַסער און שלאָגן כּפּרות – וואָס איז באַשטאַנען פֿון דעם גאַנץ אומפּראָ־גרעסיוון אַקט פֿון דרייען אַ הינדל איבערן קאָפּ – אויב זיי האָבן נישט געוואָלט איך זאָל טאַקע מקיים זײַן די מיצוות. און מיט וואָס זײַנען מיר ייִדן, האָב איך זיי פֿירגעוואָרפֿן, אויב מיר היטן נישט אָפּ די מינהגים? (אין האַרצן האָב איך געוווּסט אַז די פֿראַגע איז אַבסורד – וואָס דען זײַנען מיר אויב נישט קיין ייִדן?) האָבן טאַטע־מאַמע – דער טאַטע איז שוין אַרײַן אין דער דיסקוסיע – געענט־פֿערט אַז מיר זײַנען ייִדן ווײַל מיר זײַנען אַ טייל פֿון ייִדישן פֿאָלק; ווײַל מיר רעדן ייִדיש; ווײַל ייִדישע ביכער געפֿינען זיך אומעטום בײַ אונדז אין שטוב; ווײַל זיי (טאַטע־מאַמע) שטיצן און זענען אַפֿילו אָפֿטע אײַנ־גייערס אין דער וויניפּעגער ייִדישער פֿאָלקס־ביבליאָטעק, אַן אינסטיטוציע וואָס דער טאַטע האָט דערמיט געהאָלפֿן אָנפֿירן; ווײַל מיר גייען, און שפּילן, אין ייִדישן טעאַטער (דער טאַטע איז געהאַט געווען אַן אַמאַטאָרישער אַקטיאָר אין פּוילן, דערנאָך אין שאַנכײַ במשך זײַנע זיבן יאָר וואָג־לעניש; אין קאַנאַדע האָט ער אָנגעפֿירט מיט אַ ייִדישן דראַ־מאַקרײַז בײַ אונדז אין שול אין וועלכן איך האָב זיך אויך באַטייליקט); ווײַל מיר אַבאָנירן די וויניפּעגער ייִדישע צײַטונג דאָס ייִדישע וואָרט, און דער טאַטע האָט אין פֿאַרשיידענע צײַטן געזעצט, געשריבן פֿאַר, און אַפֿילו רעדאַקטירט די פּובליקאַציע און האָט אויך צוגעגרייט אַ ייִדישע ראַדיאָ־פּראָגראַם. פֿאַרשטייט זיך, אַז מײַן שוועסטער און איך האָבן זיך געלערנט אין אַ ייִדישער שול, די י.־ל. פּרץ־פֿאָלקשול, די עלטסטע ייִדישע טאָגשול אויף דעם צפֿון־אַמעריקאַנער קאָנטי־נענט, אין וועלכער מײַן מאַמע – אַליין אַ גראַדואַנטין פֿון די העכערע קורסן (ווי אויך פֿון דעם ערשטן ייִדישן

פאראייניקטע
י. ל. פּרץ פֿאָלק שולן
UNITED I.L. PERETZ
FOLK SCHOOLS
וויניפעג

אטעסטאט

שבע צוקער

האָט געענדיקט לערנען אין קינדערגאָרטן, און איז באַרעכטיקט אַרײַנצוטרעטן אין טאָג־שול, קלאַס איינס.

פארזיצער ....

פרינציפאל ....

לערערין ....

דאטע 23 יוני 1957 שנת י' למדינת ישראל

קינדער־גאָרטן־אַטעסטאַט פֿון דער פּרץ־פֿאָלקשול, וויניפּעג. די דאַטע יוני 1957, ווי אויך שנת י (צען יאָר) למדינת־ישׂראל, ווײַזט די ציוניסטישע נטיה פֿון דער שול.

קינדער־גאָרטן אויפֿן קאָנטינענט) – איז געבליבן אַן אַקטיווע שולטוערין לאַנג נאָך דעם ווי די שוועסטער און איך האָבן גראַדויִרט.

דראַמאַקרײַז פֿון דער פּרץ־שול, אָנפֿירער מאיר צוקער אין מיטן. שבֿע צוקער לעצטע רײ, ערשטע פֿון רעכטס, מיטעלע 1960ער יאָרן

שבֿע צוקער

די אַלע אַרגומענטן זײַנען געווען גאַנץ איבערצײַגנדיק, אָבער דאָך האָבן זיי מיך צעמישט און נישט באַפֿרידיקט. בפֿרט די שול־איבערלעבונג. אויב איך געדענק ריכטיק האָבן מיר נישט טאַקע געבענטשט שבת־ליכט אין דער פּרץ־שול, כאָטש מע האָט אונדז זיכער אויסגעלערנט ווי צו מאַכן די ברכה. מע האָט אונדז געלערנט אַזוי פֿיל – ייִדישע געשיכטע און ליטעראַטור, יום־טובֿים און מינהגים, חומש אין ייִדיש און אין לשון־קודש, פּרקי־אָבֿות, ידיעות־הארץ (געאָגראַפֿיע פֿון ארץ־ישׂראל), ייִדישע און העברעיִשע לידער – אָבער דווקא די דערציילונגען וואָס מיר האָבן געלייענט אויף ייִדיש האָבן אויף מיר געמאַכט דעם שטאַרקסטן רושם. דערציילונגען פֿון שלום־עליכם, פּרץ, אַבֿרהם רייזען און אַנדערע שרײַבערס אין וועלכע די העלדן האָבן געלייגט תּפֿילין, געדאַווענט דרײַ מאָל אַ טאָג און געקענט גאַנצע בלעטער גמרא פֿון אויסנווייניק. פֿון אָט די דערציילונגען האָב איך אַרויסבאַקומען מײַן השׂגה פֿון דעם וואָס אַ ייִד דאַרף זײַן און טאָן.

אין אונדזער שול, חוץ לערנען ווי צו לייענען די תּפֿילות אויף לשון־קודש, האָבן מיר טאַקע נישט געטאָן די אַלע זאַכן; מיר האָבן זיך נאָר געלערנט וועגן זיי. איך האָב נישט געקענט פֿאַרשטיין פֿאַר וואָס טאַטע־מאַמע האָבן מיך געשיקט אין אַ שול וווּ מע לייענט די מעשׂיות, אויב זיי האָבן נישט געוואָלט איך זאָל זיי ניצן ווי אַ דוגמא פֿאַר מײַן אייגענער פֿירונג.

איך האָב דעמאָלט נישט געוווּסט אַז די דערציילונגען זײַנען געשריבן געוואָרן פֿון מחברים, אָפֿט מאָל נישט מער אָפּגעהיט ווי מײַנע עלטערן, וואָס זײַנען בדרך־כּלל שוין געהאַט אַוועק פֿון די מינהגים און פֿירונגען אָבער וואָס האָבן נאָך אַלץ געזען אין זיי דעם תּמצית פֿון ייִדישקייט און האָבן געדאַרפֿט די ייִדישע טראַדיציע צו שאַפֿן פֿאַר זיך און פֿאַר זייער דור אַ נײַעם אופֿן ווי צו זײַן אַ ייִד. זיי האָבן געפּרוּווט אַרויסציִען פֿון דעם טראַדיציאָנעלן ייִדישן שטייגער לעבן דאָס וואָס ד״ר חיים זשיטלאָווסקי, דער הויפּט־טעאָרעטיקער פֿון ייִדישיזם און וועלטלעכער ייִדישקייט, האָט אָנגערופֿן „גײַסטיק־נאַציאָנאַלע מאָמענטן", אַ מענטשלעכן און מאָראַלישן תּמצית, טיף אײַנגעוואָרצלט אין ייִדישקייט, וואָס זיי האָבן געגלייבט זאָל ליגן אין סאַמע האַרץ פֿון דעם מאָדערנעם ייִדישן לעבן. כאָטש זיי האָבן אָפּגעוואָרפֿן טראַדיציאָנעלע ייִדישקייט האָבן זיי דאָך אײַנגעזען איר חשיבֿות פֿאַרן ייִדישן קיום. די שרײַבערס זײַנען, ווי איך, געשטאַנען פֿון דרויסן לגבי טראַדיציאָנעלער ייִדישקייט, אָבער פֿול מיט בענקשאַפֿט נאָך דער פּשוטער אמונה וואָס וואָלט זיי געלאָזט זײַן פֿון אינעווייניק. אָט דעם פּאַראַדאָקס האָט אַ דערציִונג אין די קאַנאַדער ייִדיש־וועלטלעכע שולן מיר איבערגעגעבן, און דורך ייִדיש האָט זיך דער פּאַראַדאָקס אויסגעדריקט.

JEWISH HERITAGE CENTER OF WESTERN CANADA

קינדער־גאָרטן פֿון ווינניפּעגער פּרץ־שול, דער ערשטער ייִדישער קינדער־גאָרטן אין צפֿון־אַמעריקע, עטאַבלירט אין 1919. דער מחברטעס מאַמע, מרים פּערלמאַן (שפּעטער צוקער), זיצט די ערשטע פֿון רעכטס; די לערערין אַקסעלראָד אין מיטן, 1920.

מע וועט אפֿשר טענהן אַז די סתּירה צווישן דער שול און דער היים און צווישן דעם וואָס די שול האָט געלערנט און דעם וואָס די שול האָט טאַקע אָפּגעהיט האָט מסתּמא זייער צעטומלט די קינדער, און אַזוי ווי אַ דערציִונג דאַרף אויפֿקלערן און נישט צעמישן, איז די איבערלעבונג פֿון לערנען אין אַזאַ שול געווען אַ נעגאַטיווע. אויף דעם וואָלט איך אָבער געזאָגט: ניין, בפֿירוש נישט. צו די סך מתּנות וואָס איך האָב צו פֿאַרדאַנקען דער י.־ל. פּרץ־פֿאָלקשול – אַ ליבשאַפֿט און

קענטעניש פֿון דער ייִדישער שפּראַך, אַ גוטן יסוד אין העברעיִש, אַ תּוכיקע קענטשאַפֿט פֿון דער ייִדישער געשיכטע און מינהגים, און אַ וואַרעמע, היימישע אַטמאָספֿער (ערשט שפּעטער האָב איך אײַנגעזען ווי זעלטן מ'האָט דאָס אַלץ געקענט געפֿינען אין דער ייִדישער דערציִונג), גיב איך צו צעמישונג, שאַפֿערישע צעמישונג. אָט די צעמישונג ליגט בײַם סאַמע שורש פֿון מײַן אייגענער נסיעה ווי אַ ייִד. ביזן הײַנטיקן טאָג, ווי אַ וועלטלעכער ייִד וואָס איז אַ מיטגליד פֿון אַ קאָנסערוואַטיווער שול און איז צווישן די מער אָפּגעהיטענע אין דער קהילה, איז מײַן ראַנגלען זיך מיט דער טראַדיציע, הגם איך גלייב נישט אַז דאָס איז תּורת־משה־מסיני, די וויכטיקסטע גײַסטיקע דימענסיע פֿון מײַן לעבן. כאָטש איך האָב ווי אַ קינד געוויינט קוק איך צוריק אויף יענע טעג מיט דאַנק — אַ דאַנק מײַנע עלטערן וואָס האָבן זיך נישט אָפּגעזאָגט פֿון זייערע פּרינציפּן, און אַ דאַנק דער שול וואָס האָט מיך געלערנט ווי צו שטעלן פֿראַגעס און זיך אויסצולעבן ווי אַ מאָדערנער ייִד.

איז לאָמיך אײַך בקיצור דערציילן וועגן אַן אינסטיטוציע וואָס האָט אַזוי עיקרדיק אויספֿאָרמירט מײַן ייִדישע אידענטיטעט, ווי אויך די אידענטיטעט פֿון צענדליקער טויזנטער ייִדישע קינדער אין מערבֿ־קאַנאַדע: די י.־ל. פּרץ־פֿאָלקשול פֿון וויניפּעג, מאַניטאָבע, אין קאַנאַדע.

די געשיכטע פֿון אַ שול

אין 1911 האָבן די פֿאַרשיידענע ייִדיש־ראַדיקאַלע גרופּעס אין וויניפּעג עטאַבלירט דעם פֿאַראיין „ייִדישע יוגנט", מיטן ציל צו פֿאַרלייגן אַ ייִדישע שול וואָס זאָל זײַן וועלטלעך, נאַציאָנאַל, און סאָציאַליסטיש אין גײַסט און אידעאָלאָגיע. מיט דרײַ יאָר שפּעטער, מײַ 1914, האָט די ייִדיש־ראַדיקאַלע שול זיך געעפֿנט מיט זיבעצן תּלמידים אין צוויי געדונגענע קלאַסצימערן אין אַבערדין־סקול אויף פֿלאָראַ און סאַלטער גאַסן — בלויז פֿיר יאָר נאָך דער עפֿענונג פֿון דער ערשטער ייִדיש־וועלטלעכער שול אויף דעם ניו־יאָרקער איסט־סײַד. די שול האָט צוגעזאָגט אַז זי וועט „דערציִען אַ דור אין אַ פּראָגרעסיוון גײַסט" און האָט אײַנגעפֿירט אַ וועלטלעכן קוריקולום פֿון ייִדישער געשיכטע, קולטור און ליטעראַטור.

נישט אַלע אין דער קהילה האָבן באַטראַכט די שול ווי אַ פּאָזיטיווע דערשײַנונג. טייל, די מער ראַדיקאַלע, האָבן געטענהט אַז דער לאָזונג „דאָס ייִדישע קינד פֿאַר דעם ייִדישן פֿאָלק" שטימט נישט מיטן אינטערנאַציאָנאַלן סאָציאַליזם. אַנדערע, די פֿרימערע, האָבן געטענהט אַז די פּראָגראַם פֿון דער שול איז צו וועלטלעך. די אָרטאָדאָקסן האָבן אַרויסגעלאָזט אַ קלאַנג אַז די שול ווערט אָנגעפֿירט פֿון מיסיאָנערן און האָט פֿאַר איר שליחות דאָס אַוועקרײַסן ייִדישע קינדער פֿון זייער רעליגיע. רבנים האָבן אויף אַ שטילערן אופֿן געסטראַשעט מיט חרם.

נישט געקוקט אויף דעם האָבן צוויי און נײַנציק קינדער זיך רעגיסטרירט אויפֿן נײַעם לערניאָר אין די נאָכמיטאָג־קלאַסן און די שול האָט געדאַרפֿט אַריבער אין אַ גרעסערן לאָקאַל. דאָס זעלבע יאָר, אַ יאָר נאָך דער פּטירה פֿון י.־ל. פּרץ, האָט די שול געביטן איר נאָמען אויף דער י.־ל. פּרץ־שול.

די שול איז זיך גיך צעוואָקסן און איז נאָך אַ מאָל, אין 1917, אַריבער אין אַ גרעסערן בנין. אין 1919 האָט דער נײַגעשאַפֿענער מוטער־פֿאַראיין אָנגעהויבן אָרגאַניזירן דעם ערשטן ייִדישן קינדער־גאָרטן אין צפֿון־אַמעריקע, מיט די מאָדערנסטע מעטאָדן פֿון לערנען דורך שפּיל און שעפֿערישקייט. צווישן די קינדער איז געווען מײַן מאַמע, מרים פּערלמאַן.

וויניפּעגער ייִדישע פֿאָלקשול, אַרום 1930, וואָס האָט זיך אָפּגעשפּאָלטן פֿון דער פּרץ־שול אין 1930 און האָט זיך ווידער פֿאַראייניקט מיט איר אין 1944 צו שאַפֿן די י.־ל. פּרץ־פֿאָלקשול

פֿאַר די גראַדואַנטן האָט דער מוטער־פֿאַראיין גלײַך אָרגאַניזירט אַן ערשטן קלאַס אין דער טאָגשול. אָט דאָס איז געווען דער אָנהייב פֿון דער ערשטער ייִדישער טאָגשול אויף דעם אַמעריקאַנער קאָנטינענט. די שול האָט צוגעגעבן אַ נײַעם קלאַס יעדעס יאָר ביזן פֿערטן קלאַס און דערנאָך ביזן זיבעטן קלאַס.

די דערציִונג־אַרבעט איז געווען נישט נאָר מיט די קינדער, נאָך אויך מיט די עלטערן און דער קהילה. מע האָט אָרגאַניזירט רעפֿעראַטן, קלובן, ליטעראַטור־ און לייען־קרײַזן.

אין 1922 איז די שול אַריבער אין אַ נײַעם בנין אויף 418 אַבערדין, אַ בנין וואָס איך געדענק נאָך און וואָס האָט זיך פֿאַרמאַכט סוף 50ער יאָרן. דאָס אָרט איז געוואָרן אַ קולטור־צענטער פֿאַר דער גאַנצער שטאָט. דאָרט האָט זיך געפֿונען די ייִדישע פֿאָלקס־ביבליאָטעק, און אַן אָרט אויף לעקציעס, קאָנצערטן און אַפֿילו חתונות און אַנדערע שׂימחות.

דאָרטן אין 1925 אויף דער ערשטער גראַדויִרונג פֿון דער טאָגשול איז נישט קיין קלענערער ווי ד"ר חיים זשיטלאָווסקי געווען דער גאַסטרעדנער און האָט מיט ענטוזיאַזם באַגריסט די גראַדואַנטן און זייערע שטאָלצע עלטערן. די גראַדואַנטן האָבן געהאַט די מעגלעכקייט זיך צו לערנען ווײַטער אין

מיטלשול און דערנאָך אין העכערע קורסן. אין 1931, ווען דער ערשטער קלאַס העכערע קורסן האָט גראַדויִרט, איז די ווינניפּעגער שול שוין געווען די גרעסטע ייִדישע שול אין צפֿון־אַמעריקע.

אַ ביסל פֿאַר דעם אָבער, אין 1930, האָט זיך אַנטוויקלט אַן אידעאָלאָגישער קאָנפֿליקט ווײַל דער פּועלי־ציוניסטישער פֿליגל האָט געוואָלט לייגן אַ גרעסערן טראָפּ אויף עבֿרית און

קינדער פֿון דער פּרץ־שול צינדן חנוכּה־ליכטלעך, 1965

ציוניזם. זיי זײַנען אַוועק ווען מע האָט נישט אָנגענומען זייערע פֿאָדערונגען און האָבן פֿאַרלייגט די „פֿאָלקשול", אָבער די צוויי האָבן זיך ווידער פֿאַראייניקט אין 1944 און געוואָרן די י.־ל. פּרץ־פֿאָלקשול. אין דער צײַט זײַנען עבֿרית און ציוניזם געוואָרן אַן אינטעגראַלער טייל פֿון דעם לערנפּלאַן.

אין 1950 האָט זיך געעפֿנט אַ נײַער צווײַג אויף אייקינס־גאַס, און דאָרט האָב איך זיך געלערנט פֿון קינדער־גאָרטן ביז מיטלשול. אין מײַנע צײַטן איז די שול געווען אַרבעטער־ציוניסטיש כאָטש זי האָט נישט באַלאַנגט צו קיין איינער פֿון די פֿיר באַוועגונגען. עס זײַנען דעמאָלט געווען איבער זעקס הונדערט קינדער, די צײַט פֿון גרעסטן בלי אין דער געשיכטע פֿון דער שול.

אָבער אין די 70ער האָט מען שוין געקענט זען סימנים פֿון ירידה. די שטאָט האָט געשאַפֿן דעם WBJE (Winnipeg Board of Jewish Education / וועד־החינוך), מיט אַן אַדמיניסטראַטאָר וועמען מע האָט אַראָפּגעבראַכט פֿון די פֿאַראייניקטע שטאַטן וואָס האָט איצט אָנגעפֿירט מיט די דרײַ ווינניפּעגער טאָגשולן: פּרץ־שול, תּלמוד־תּורה און רמה. איך געדענק פֿון די שמועסן אין דער היים אַז מײַנע עלטערן זײַנען געווען קעגן דעם וועד; דאַכט זיך אַז דאָס איז געווען די שטעלונג פֿון ס'רובֿ פּרץ־שול־מענטשן. מע האָט באַלד פֿאַרשטאַנען אַז אַ קלענערע אינסטיטוציע ווי די פּרץ־שול וועט זיך נישט קענען אַנטקעגנשטעלן די טענדענצן און אידעאָלאָגיעס פֿון דער מערהייט, שוין איצט מער פּראָ־עבֿרית, פֿרימער און אויך מער קולטור־אַסימילאַטאָריש, און זיכער ווייניקער ייִדישלעך און ווייניקער באַוווּסטזיניק וועלטלעך. ס'איז אָבער נישט געווען קיין ברירה. די שול האָט זיך נישט געקענט אַזוי דערווײַטערן פֿון דער קהילה און האָט אויך נישט געקענט פֿאַרלירן דעם פֿינאַנציעלן שטיץ וואָס דער בילדונגס־אַמט האָט צוגעשטעלט.

דאָס איז טאַקע געווען דער אָנהייב פֿונעם סוף. פֿאַרשטייט זיך אַז דער ענין איז קאָמפּליצירט און עס זײַנען געווען אַ סך פֿאַקטאָרן חוץ דעם „באָרד" און דעם אַדמיניסטראַטאָר וואָס האָבן דערפֿירט צו דער ירידה פֿון דער שול ווי, למשל: די וואַקסנדיקע פּאָפּולערקייט פֿון עבֿרית (כאָטש מיר האָבן אויך געלערנט עבֿרית און נישט נאָר אויפֿן שפּיץ מעסער); דאָס אײַנפֿירן אין די עפֿנטלעכע שולן צוויישפּראַכיקע פּראָגראַמען ווו מע האָט געקענט לערנען עבֿרית אַ האַלבן טאָג אומזיסט, אָן שׂכר־לימוד; און דער אויפֿקום פֿון אַ נײַעם דור אין שטאָט און אַפֿילו אַרום דער פּרץ־שול וואָס איז שוין געווען שפּראַכיק און אידעאָלאָגיש ווײַט פֿון דער שול.

אין 1983 האָט די שול זיך געמוזט פֿאַראייניקן מיט דער תּלמוד־תּורה, אַ שול פֿון וועלכער זי איז געווען אידעאָלאָגיש ווײַט. מע האָט געגעבן תּלמידים אַ ברירה מע זאָל אויסקלײַבן אַ „ייִדיש־טרעק" (ייִדיש־אָריענטירטע לערנפּראָגראַם) אָבער נאָך עטלעכע יאָר האָט מען דעם „ייִדיש־טרעק" עלימינירט צוליב אַ צו קליינער רעגיסטראַציע. מע קען זיך פֿרעגן ווער עס האָט נישט געלאָזט די עלטערן זיי זאָלן פֿאַרשרײַבן די קינדער, אָבער ס'איז נישט אַזוי פּשוט. די שול איז מער נישט געווען דער בעל־הבית איבער זיך און ס'איז שוין מער נישט געווען ווער עס זאָל געפֿינען פּאַסיקע לערערס ווען די עלטערע לערערס האָבן זיך פּענסיאָנירט.

נאָך דעם ווי מע האָט עלימינירט דעם „ייִדיש־טרעק" — מסתּמא סוף 80ער, אָנהייב 90ער יאָרן — האָט די שול אײַנגעפֿירט דעם ייִדיש־לימוד פֿאַר אַלע תּלמידים, אָבער דאָס נאָר אויפֿן שפּיץ מעסער. דאָס האָט זיך נאָר געקענט אָנהאַלטן ביז די איינציקע ייִדיש־לערערין האָט זיך פּענסיאָנירט אין 1994. קיין ממלא־מקום האָט מען שוין נישט געזוכט. עס האָט געפֿעלט ענערגיע, עס האָט געפֿעלט איניציאַ־

> אין מײַנע צײַטן זײַנען געווען איבער זעקס הונדערט קינדער, די צײַט פֿון גרעסטן בלי אין דער געשיכטע פֿון דער שול.

טיוו, עס האָט געפֿעלט די האָפֿענונג אַז אַפֿילו ווען מע זאָל יאָ געפֿינען אַ פּאַסיקן קאַנדידאַט זאָל דאָס קענען האָבן עפּעס אַ באַטײַט. ווי לאַנג קען מען שווימען קעגן דעם שטראָם? מיט דעם האָט זיך געענדיקט דאָס קאַפּיטל ייִדיש אין די וויניפּעגער ייִדישע שולן, אַ קאַפּיטל וואָס האָט זיך אָנגעהאַלטן אַזש 80 יאָר לאַנג!

די ייִדיש־וועלטלעכע שול־באַוועגונג

דאָס איז די געשיכטע פֿון איין שול אָבער ס'איז אויך אַ מי־קראָקאָזם פֿון אַ סך ייִדיש־וועלטלעכע שולן. די ייִדיש־וועלטלעכע שול־באַוועגונג מערקט הײַיאָר אָפּ איר 100סטן יובֿל זינט זי האָט געהאַט איר בראשית אין 1910 אין אַ באַשיידענעם לאָקאַל אויף מעדיסאָן־גאַס אויפֿן ניו־יאָרקער איסט־סײַד. במשך פֿיר יאָר זײַנען אויפֿן צפֿון־אַמעריקאַנער קאָנטינענט אויפֿגעקומען שולן אין שיקאַגע, מאָנטרעאַל, טאָראָנטע און וויניפּעג. גלײַכצײַטיק האָבן זיך אויף יענער זײַט ים געעפֿנט שולן אין קרעמענטשוג, אוקראַיִנע, דעמיעווקע (אַ פֿאָרשטאָט פֿון קיִעוו) און אין וואַרשע.

אין אַמעריקע זײַנען געווען פֿיר הויפּט־באַוועגונגען פֿון ייִדיש־וועלטלעכע שולן – דער ייִדיש־נאַציאָנאַלער אַרבע־טער־פֿאַרבאַנד (אַרבעטער־ציוניסטיש), שלום־עליכם־פֿאָלק־אינסטיטוט (אומפּאַרטייִיש, בדרך־כּלל מער טראַדיציאָנעל ווי די אַנדערע), ייִדישער פֿראַטערנאַלער פֿאָלקס־אָרדן[1] (אַרבע־טער־קאָמוניסטיש) און אַרבעטער־רינג (אַרבעטער־סאָציאַ־ליסטיש). ס'איז טאַקע אמת אַז די שולן פֿון די פֿיר פֿאַרשײַ־דענע ריכטונגען האָבן געהאַט אַנדערע פּאָליטישע אידעאָלאָגיעס, אַנדערע שטעלונגען לגבי ישׂראל און עבֿרית, אָבער אַלע האָבן געהאַט בשותּפֿות אַ וועלטלעכע ייִדישע אידעאָלאָגיע, פּראָגרעסיוקייט און ייִדיש.

אין די פֿאַראייניקטע שטאַטן און קאַנאַדע אין דער בלי־צײַט פֿון דער באַוועגונג זײַנען געווען הונדערטער אַזעלכע שולן, מערסטנס נאָכמיטאָג־שולן (טאָגשולן זײַנען געווען נאָר אין קאַנאַדע). די פֿאַראייניקונגען מיט אַנדערע ייִדישע שולן, מער לינק אָדער מער רעכט געשטימט, מער ציוניסטיש צי ווייניקער ציוניסטיש, חזרן זיך איבער נאָך אַ מאָל און ווידער אַ מאָל. ס'רובֿ האָבן פֿאַרנומען די גאַמע פֿון עקסטרעם ראַדי־קאַליזם ביז מער טראַדיציאָנעל. בדרך־כּלל האָבן זיי מער געליטן פֿינאַנציעל ווי אַנדערע ייִדישע שולן ווײַל די תּלמידים האָבן געשטאַמט פֿון די אָרעמערע אימיגראַנטישע קלאַסן און שפּעטער פֿון די קינדער פֿון די צוגעקומענע נאָכן חורבן.

JEWISH HERITAGE CENTER OF WESTERN CANADA

ריטעם־קאַפּעליע פֿון דער י.־ל. פּרץ־שול מיט דער לערערין שׂרה באָראָדיצקי (שפּעטער טשערניק), געווינערס פֿון אַן אויסצייכענונג אין וויניפּעגער מוזיק־פֿעסטיוואַל, אַרום 1933

ס'רובֿ פֿון די שולן האָבן געפֿונען זייערע לערערס צווישן די נײַע אימיגראַנטן וואָס זײַנען אַהערגעקומען אין די ערשטע יאָרצענדלינגער פֿון דעם 20סטן יאָרהונדערט און דערנאָך פֿון דער שארית־הפּליטה. פֿון צײַט צו צײַט זײַנען אויך צוגעקומען הי־געבוירענע לערערס – כּמעט שטענדיק לערערינס – אָבער דאָס איז געווען זעלטן, ספּעציעל אין די פֿאַראייניקטע שטאַטן ווו די דערציִונג איז געווען אַ סך שוואַכער. הגם ס'איז אמת אַז אַ סך פֿון אונדזערע ייִדישע לערערס זײַנען נישט געווען קיין אויסגעשולטע פּעדאַגאָגן, און ווען נישט די אימיגראַציע און פּליטה וואָלטן זיי זיך מסתּמא בכלל נישט גענומען צו לערערײַ, זײַנען צווישן זיי געווען אויסערגעוויינטלעכע לערערס. צווישן די וואָס האָבן טאַקע אויסגעקליבן לערערײַ ווי זייער באַרוף איז נישטאָ וואָס צו רעדן. אַ סך פֿון די לערערס זײַנען געווען הויך גע־בילדעטע מענטשן וואָס אין אַנדערע צײַטן און אומשטענדן וואָלטן געווען פּראָפֿעסאָרן און וויסנשאַפֿטלערס. אין איר אַרטיקל "A Golus Education" (אַ גלות־דערציִונג) שרײַבט רות ווײַס, אַ גראַדואַנטין פֿון די מאָנטרעאַלער שולן און איצט אַ פּראָפֿעסאָרשע פֿון דער ייִדישער ליטעראַטור אין האַר־וואַרד־אוניווערסיטעט: „אונדזערע ייִדישע לערערס זײַנען געווען אַזעלכע מענער וואָס האָבן זיך קיין מאָל פֿריִער נישט געהאַט פֿאַרנומען מיט עלעמענטאַרער דערציִונג און אָן אַ צווייטער השׂכּלה צי מאַסן־אימיגראַציע וואָלטן זיי דאָס ווי־דער נישט געטאָן. דאָס לערערײַ איז געווען אַן אופֿן צו פֿאַר־וואַנדלען אידעאָלאָגיע אין פּראַקטיק. ווען זיי האָבן פּלאַנירט אַ לערנפּראָגראַם, רעדאַקטירט אַ לערנביכל, אײַנגעפֿירט אַ

[1] אין געוויסע צײַטן האָבן זיי אויך געהייסן „אומאָפּהענגיקע ייִדישע אַרבעטער־שולן", „שולן פֿונעם אינטערנאַציאָנאַלן אַרבעטער־אָרדן" און „שולן פֿון דעם דינסטביוראָ פֿאַר דער ייִדישער דערציִונג".

נײַ ליד, האָבן זיי אויסגעשמידט אַ סינטעז פֿון זייערע צװײ־שפּאַלטענע לעבנס, און 'דערצויגן אַ פֿרישן דור' אין דעם אידעאַלן אימאַזש..."[2]

דער אונטערשייד צווישן
די קאַנאַדער און אַמעריקאַנער שולן

וואָס שייך זייערע גרונטצילן און לערנפּראָגראַמען זײַנען די קאַנאַדער און אַמעריקאַנער שולן געווען גאַנץ ענלעך, אָבער צוליב דעם וואָס די צײַט איז געווען מער באַגרענעצט אין די אַמעריקאַנער שולן – וואָס זײַנען אַלע געווען נאָכמיטאָג־שולן – האָט מען די צילן בעסער געקענט דערפֿילן אין קאַנאַדע. אין די קאַנאַדער טאָגשולן וווּ די צײַט האָט דערלויבט האָבן אַלע שולן אַרײַנגענומען עבֿרית ווי אַ טייל פֿון לערנפּראָגראַם.

אין קאַנאַדע האָבן פֿונקציאָנירט טאָגשולן אין דרײַ שטעט: מאָנטרעאַל, וויניפּעג און קאַלגערי, ווי אויך צוזאַמען נאָכמיטאָג־ און זונטיק־שולן אין אַנדערע קאַנאַדער שטעט ווי טאָראָנטע, וואַנקוווער און עדמאָנטאָן. עס איז מיר געווען אַ חידוש וואָס אַזוינע קליינע שטעט ווי וויניפּעג און קאַלגערי האָבן געקענט אויסהאַלטן אַ יידיש־טאָגשול בשעת אַזאַ אינסטיטוציע האָט קיין מאָל אין ערגעץ נישט עקסיסטירט אין די פֿאַראייניקטע שטאַטן (חוץ זייער אַ קורצן פּרווו אין ניו־יאָרק אין די 1950ער יאָרן). דאָס איז נישט קיין צופֿאַל. אין די פֿאַראייניקטע שטאַטן זײַנען די אינסטיטוציעס ווי, למשל, דער אַרבעטער־רינג – וואָס האָבן געקענט זײַן די לאָגישע פּיאָנערן פֿון אַזאַ אונטערנעמונג – געווען פֿאַרליבט אין דער אַמעריקאַנער עפֿנטלעכער שולסיסטעם און האָבן געגלייבט אַז די פּריוואַטע שולן גראָבן אונטער די פּרינציפּן פֿון דעמאָקראַטיע און גלײַכקייט וואָס די עפֿנטלעכע שולן שטיצן און ווילן פֿאַרשטאַרקן. דערצו דאַרף מען פֿאַרשטיין דעם ספּעציפֿישן כאַראַקטער פֿון יעדן לאַנד. אין די פֿאַראייניקטע שטאַטן זײַנען רעליגיעזע אונטערשיידן געווען „כשר" בשעת עטנישע זײַנען געווען טריף. מע האָט דאָ געפּריידיקט אַ שמעלצטאָפּ־פֿילאָסאָפֿיע וווּ אַלע עטנישע גרופּעס וועלן זיך צונויפֿשמעלצן סײַ לינגוויסטיש סײַ קולטורעל, און גלײַכצײַטיק אויפֿהיטן זייערע באַזונדערע רעליגיעס. קאַנאַדע, להיפּוך, האָט זיך באַטראַכט ווי אַ „סאַלאַט־שיסל" אָדער, עלעגאַנטער גערעדט, ווי אַן עטנישע „מאָזאַיק" אין וועלכער יעדע גרופּע ווערט געמוטיקט אָפּצוהיטן איר אייגענע אידענטיטעט, צוגעבנדיק דערבײַ צו דער שיינקייט און עשירות פֿון דעם גאַנצן בילד. פּראַקטיש גערעדט האָט דאָס געהייסן אַז קאַנאַדע, אַ לאַנד פֿאַרלייגט פֿון צוויי נאַציעס – פֿראַנצויזן און ענגלענדער – אין וועלכן די פֿאַרלייגנדיקע דאָקומענטן גאַראַנטירן די צווייִשפּראַכיקייט – האָט געקוקט מער פּאָזיטיוו אויף דעם אויסדרוק פֿון באַזונדערע עטנישע אידענטיטעטן. מינאָריטעטן וואָס זײַנען נישט געווען אין איינער פֿון די צוויי דאָמינירנדיקע גרופּעס האָט מען געלאָזט און אַפֿילו געמוטיקט זיי זאָלן זיך אויסדריקן לינגוויסטיש און קולטורעל.

נאָך אַ וויכטיקער חילוק צווישן די פֿאַראייניקטע שטאַטן און קאַנאַדע איז דאָס וואָס די קאַנאַדער טאָגשולן האָבן געקראָגן פֿינאַנציעלע הילף. אין וויניפּעג, למשל, אָנהייבנדיק אין 1938, האָבן דערציִערישע אַנשטאַלטן, די פּרץ־שול בתוכם, געקראָגן געלט פֿון דעם יידישן „וועלפֿער־באָרד" (פֿאַרזאָרגאַמט), און פֿון 1970 און ווײַטער, פֿון דער רעגירונג גופֿא. די וויניפּעגער פּרץ־שול האָט עקסיסטירט, און אין געוויסע צײַטן געבליט, העכער פֿופֿציק יאָר אָן דער הילף פֿון דער רעגירונג אָבער צום סוף האָט קיין שום רעגירונג־סובסידיע, ווי גרויס זי זאָל נישט האָבן געווען, געקענט אויסהאַלטן די שול. געלט איז נאָר איינער פֿון די פֿאַקטאָרן

JEWISH HERITAGE CENTER OF WESTERN CANADA
דער ערשטער קלאַס פֿון י.־ל. פּרץ־שול, אָונטשול אין אַ „פּאָבליק־סקול"־בנין, 1914

וואָס האַלט אויס אַ שול; דער ווילן פֿון די עלטערן, אין אײַנקלאַנג מיט דעם ווילן פֿון דער קהילה, איז דער צווייטער.

ס'איז הײַנט נישט געבליבן קיין איין טאָגשול אין קאַנאַדע וווּ יידיש ווערט געלערנט אויפֿן ערשטן אָרט, פֿאַר עבֿרית, און נאָר אין מאָנטרעאַל און טאָראָנטע ווערט יידיש בכלל געלערנט אין די טאָגשולן, און דאָס, אָנהייבנדיק נאָר אין דעם דריטן אָדער פֿערטן קלאַס. אין די פֿאַראייניקטע שטאַטן זײַנען נאָר געבליבן עטלעכע צוזאַבשולן אין אַ פּאָר פֿון די

[2]זעט: Ruth Wisse, “A Golus Education,” *Moment*, 2:4 (1977): pp. 28, 62.

גרעסערע ייִדישע צענטערס. (פּינקטלעכער גערעדט האָט דער אַרבעטער־רינג אַכט אַזעלכע שולן: זיבן טרעפֿן זיך איין מאָל אַ וואָך און איינע טרעפֿט זיך צוויי מאָל.)

ווי אַזוי האָט דאָס אַזוי גיך און אַזוי טאָטאַל געקענט גיין באַרג־אַראָפּ?

פֿרעגט זיך די פֿראַגע: פֿאַר וואָס? איז די פּרץ־שול, און אַלע ייִדיש־וועלטלעכע שולן, דורכגעפֿאַלן? און אויב יאָ, הייסט עס אַז דער גאַנצער עקספּערימענט אין ייִדיש־וועלטלע־כער דערציִונג איז געווען אַ דורכפֿאַל? מײַן ענטפֿער דערויף איז אַ קלינגענדיקער „ניין“. כּדי צו פֿאַרשטיין פֿאַר וואָס דאַרפֿן מיר צו־ריקגיין און באַטראַכטן די צילן פֿון די ייִדיש־וועלטלעכע שולן און פֿון דער לערנפּראָגראַם און זייער השפּעה אויף די צענדליקער טוי־זנטער מענטשן וואָס האָבן געקראָגן אַזאַ דערציִונג.

די צילן פֿון די שולן

וואָס זענען געווען די צילן פֿון די שולן? די פֿרײַיִקע ראַדיקאַלע שולן האָבן געוואָלט געבן די תּלמידים אַ דערציִונג באַזירט אויף שפּראַך, ליטעראַטור און געשיכטע, פּראָ־גרעס, פֿרײַהייט פֿון געדאַנק, סאָציאַלער גע־רעכטיקייט און זאָרג פֿאַר אונטערגעדריקטע מענטשן.[3] הגם די זאָרג פֿאַר סאָציאַלער גע־רעכטיקייט איז במשך די יאָרן קיין מאָל נישט פֿאַרשוווּנדן איז זי פֿאַרביטן געוואָרן מיט מער עבֿרית, טראַדיציע און אַפֿילו אַזעל־כע הערעטישע זאַכן ווי דאָס אויסלערנען זיך ווי צו לייענען תּפֿילות פֿונעם סידור.

וואָס האָבן ייִדיש און ייִדישקייט באַ־טײַט בײַ די פֿאַרלייגערס און פּיאָנערן פֿון די שולן? שלמה ווײַסמאַן, וואָס האָט אָנגעפֿירט מיט דער מאָנטרעאַלער פֿאָלקשול העכער פֿופֿציק יאָר, און איז געווען איינער פֿון די הויפּט־טעאָרעטיקערס פֿון ייִדיש־דערציִונג אויפֿן צפֿון־אַמעריקאַנער קאָנטי־נענט, שרײַבט אין זײַן קלאַסישן עסיי „די ייִדישע יום־טובֿים און ייִדישע דערציִונג“, געדרוקט אין דעם שול־פּינקס:

> מיר, פֿון דעם אַלטן דור, וועלן זיך שוין קיין מאָל נישט פֿילן גאַנץ מיט דער נײַער ייִדישקייט אין אַמעריקע. מיר וועלן אַלץ פֿילן, אַז ס'איז 'נישט דאָס'. מיר וועלן האַלטן אין איין אַנטלויפֿן פֿון איין שול אין דער צווייטער: קיין שול וועט אונדז נישט צופֿרידנשטעלן.... מיר זוכן דערבײַ סײַ אונדזער פֿאַרלאָפֿענע און קיין מאָל נישט צוריקקומענדיקע קינדהייט, און סײַ אָט די גאַנצע ייִדישקייט, וואָס איז מעגלעך געווען בײַ געוויסע באַדינגונגען אין דעם קליינעם שטעטל, און וואָס קען אָבער דאָ, אין דעם גרויסשטאָטישן אַמעריקאַנער גלות, נישט רעפּראָדוצירט ווערן. אָט די בענקשאַפֿט און אומצופֿרידנקייט איז אַ וויכטיקער כּוח, ווען זי סטימולירט אונדז אין אונדזער פּראָטעסט קעגן דער בלאַסער און אָנעמישער ייִדישקייט אין אַמעריקע צו באַשאַפֿן אַזעלכע מאַקסימאַלע באַדינגונגען פֿאַר אויסבעסערונג און פֿאַרשטאַרקונג, וואָס זײַנען נאָך מעגלעך אַפֿילו בײַ אונדזערע נישט גינסטיקע באַדינגונגען....
>
> מע מוז אין זיי [די תּלמידים] אַנטוויקלען דעם אײַזן־פֿעסטן ווילן אָנצוהאַלטן אויפֿן גאַנצן לעבן די צוגעבונדנקייט מיטן פֿאָלק. אונדזערע תּלמידים דאַרפֿן אַזוי קאָנדיציאָנירט ווערן, אַז זיי זאָלן נישט קאָנען לעבן, ווו זיי זאָלן זיך נישט געפֿינען, נײַערט ווי ייִדן.[4]

שלמה ווײַסמאַן, דירעקטאָר פֿון דער מאָנטרעאַלער ייִדישער פֿאָלקשול

ייִדיש איז נישט געווען קיין ציל פֿאַר זיך. ס'איז געווען אַן אינטעגראַלע טייל פֿון דער דעפֿיניציע פֿון ייִדישקייט און פֿון דער וויזיע פֿון די שולן. לכתּחילה איז עס געווען די שפּראַך פֿון רעוואָלוציע און פּראָגרעס, אָבער אַפֿילו ווען מע האָט מער נישט געטראָגן די רויטע פֿאָן פֿון דער רעוואָלוציע איז ייִדיש נאָך אַלץ געבליבן צענטראַל. די שולבויערס „האָבן עס געזען ווי אַ פֿעסטונג קעגן דער אַסימילאַציע, די שפּראַך פֿון דער אימיגראַנטישער קהילה וואָס נעמט אַרײַן אַלע קלאַסן און אידעאָלאָגישע סעקטאָרן. ייִדיש וועט זײַן אַ שליסל צו דער געשיכטע און צום לעבנס־שטייגער און אַ בריק צו לשון־קודש און עבֿרית“.[5]

לויט יעקבֿ זיפּערן, דעם דירעקטאָר פֿון דער פּרץ־שול קודם אין וויניפּעג און דערנאָך אין מאָנטרעאָל פֿון 1928 ביז 1971, איז ייִדיש געווען די פֿאַר־קערפּערונג פֿון דעם פֿאָלק און דערפֿאַר דער קאַנאַל צו דער נשמה פֿון די ייִדישע פֿאָלקסמאַסן; ס'איז געווען דער קוואַל פֿון ייִדישע ווערטן, סײַ רעליגיעזע סײַ וועלטלעכע, אין משך פֿון די פֿאַרגאַנגענע טויזנט יאָר. אַ ייִדישע דערציִונג האָט געזאָלט אַרײַנפּלאַנצן אין דעם תּלמיד אַ געפֿיל אַז מע האָט אַ בשותּפֿותדיקן גורל ווי אַ טייל פֿון דעם ייִדישן פֿאָלק, וואָס דאָס

---

[3] Arlette Corcos, *Montréal, Les Juifs et l'école* (Sillery, Quebec: Éditions du Septentrion, 1997), p. 167.

[4] שול־פּינקס לכּבֿוד דעם 20סטן יובֿל 1926־1946. רעד' שלמה בערקאָוויטש, שלמה חיים פּאַמעראַנץ, יודל מאַרק, מ. בראָנשטיין (שיקאַגע: שלום־עליכם־פֿאָלק־אינסטיטוט, 1946), ז' 217.

[5] David Roskies, "A City, a School, and a Utopian Experiment," in *The Jewish Search for A Usable Past* (Bloomington and Indianapolis: Indiana University Press, 1999), p. 151.

זאָל זײַן אַ שוץ קעגן דעם מאַטעריאַליסטישן אינדיווידואַליזם פֿון דער נײַער היים. אויף זײַן חלום — אַ דור שאַפֿערישע יחידים וואָס זאָל שאַפֿן אויף זייער אייגענעם לשון — האָט ער געמוזט מוותּר זײַן לטובֿת אַ מער רעאַליסטישן ציל: דאָס אויפֿהאָדעווען אַ יונגן דור וואָס וועט זיך אידענטיפֿיצירן מיט זײַנע אידעאַלן פֿון ייִדישן קולטורעלן נאַציאָנאַליזם און געפֿינען אין דער מאָראַלישער סטרוקטור פֿון זייער ייִדישער און העברעיִשער ירושה אַ דויערנדיקן קוואַל פֿון אויפֿפֿירונג און גלויבן וואָס האָט אַ מאָל געצויגן זײַן יניקה פֿון דער שיל און רעליגיעזע מנהיגים... פֿאַר זיפּערן און זײַן דור איז ייִדישקייט באַשטאַנען פֿון די מענטשלעכע שטריכן פֿון אַ מאָראַליש סענסיטיווער ייִדישער הנהגה.[6]

די לערנפּראָגראַם אין די שולן

אַזעלכע געהויבענע צילן האָט מען געשטרעבט מקיים צו זײַן דורך דער לערנפּראָגראַם און דורך איר פֿאַרשפּרייטונג מצד די לערערס. די לערנפּראָגראַם פֿון די ייִדישע לימודים, ווי איך געדענק אים, איז געווען אַזאַ:

מיר האָבן אָנגעהויבן אין קינדער־גאָרטן, וווּ אַלץ איז געווען אויף ייִדיש. עבֿרית האָט מען אַרײַנגעפֿירט אין צווייטן קלאַס און קינדער וואָס האָבן געוואָלט האָבן געקענט דערגרייכן אַ גאַנץ נישקשהדיקן ניוואָ פֿון קענטעניש. אינעם ייִדיש־לימוד האָט מען געלייגט דעם טראָפּ אויף ליטעראַטור — דאָס לייענען און דיסקוטירן דערציילונגען — צום טייל אַדאַפּטירט פֿאַר קינדער, אָבער שטענדיק אויף ייִדיש. בײַ געוויסע לערערס האָבן מיר אויך פֿאָרמעל געלערנט גראַמאַטיק.

אין צווייטן און דריטן קלאַס האָבן מיר געלערנט חומש — בראָמבערגס חומש־מעשׂיות און דערנאָך יהואשס חומש פֿאַר קינדער אויף ייִדיש, און ערשט דערנאָך אויף לשון־קודש, טײַטשנדיק אויף ייִדיש ווי אין די גאָר פֿרומע חדרים. אין די העכערע קלאַסן האָבן מיר געלערנט נבֿיאים און שופֿטים. מיר האָבן זיך געלערנט ייִדישע און העברעיִשע פֿאָלקסלידער און אין די העכערע קלאַסן, אין זעקסטן און זיבעטן קלאַס, האָט מען אײַנגעפֿירט סידור און ידיעת־האָרץ.

פֿאַרשטייט זיך אַז דאָס איז נישט געווען פּונקט די זעלבע לערנפּראָגראַם וואָס די מאַמע מײַנע האָט געהאַט דורכגעמאַכט מיט אַ פֿינף און דרײַסיק צי פֿערציק יאָר פֿריִער. אין אירע צײַטן, למשל, האָט מען ווייניקער געלערנט רעליגיע, ציוניזם און עבֿרית — זי געדענקט ווי די תּלמידים האָבן געמאַכט אַ „פּראָטעסט" קעגן עבֿרית ווײַל עס האָט זיך זיי אויסגעדאַכט אַז ס'איז נישט רעלעוואַנט — און געלייגט אַ גרעסערן טראָפּ אויף אַקטועלע נײַעסן, סאָציאַלע פּראָבלעמען און אַפֿילו פּאָליטישער עקאָנאָמיע. איר מיטלשול־עסיי אויף דער טעמע „די סאָציאַלע און רעליגיעזע רעזולטאַטן פֿון דער שפּאַלטונג [נאָך שלמה־המלכס צײַטן]", פֿאַראייביקט אין דעם יובילײ־סווועניר לכּבֿוד דער גראַדויִרונג און פֿופֿצן־יעריקן יובילײ פֿון דער שול — אין איינעם מיט אַנדערע עסייען ווי, למשל, „בעסער צו שטאַרבן פֿאַר פֿרײַהייט איידער לעבן אין קנעכטשאַפֿט" און „דער ערשטער מײַ אין רוסלאַנד" — זאָגן עדות אויף דער ריכטונג פֿון די לימודים.

THE JOURNALS OF YAAKOV ZIPPER, 1950-1982

יעקבֿ זיפּער, שרײַבער און דירעקטאָר פֿון די וויניפּעגער און מאָנטרעאַלער פּרץ־שולן

איך וויל אויך אַרויסהייבן אַז להיפּוך צו דעם צוגאַנג אין ס'רובֿ פֿון די אַמעריקאַנער ייִדישע (ד"ה, „דזשויִש") שולן וואָס האָבן נישט געלערנט וועגן דעם חורבן ביז לעצטנס ווײַל דער ווייטיק איז כּלומערשט נאָך אַלץ געווען צו נאָענט, די ווונדן צו רוי און פֿריש, איז דער חורבן געווען אַן אָפּטע טעמע אין דער פּרץ־שול. איך געדענק נאָך גאַנץ בולט דאָס געפֿיל פֿון שטאָלץ ווען מײַן שוועסטער — שוין אין דריטן קלאַס, בשעת איך בין געווען אין דעם ערשטן — האָט אָנגעצונדן אַ ליכט אויף דער געטאָ־הזכּרה. הייסט עס, אַז אַפֿילו גאַנץ יונגע קינדער האָט מען נישט געשאַנעוועט.

נישט נאָר האָט מען אײַנגעאָרדנט הזכּרות, נאָר אונדזערע לערנביכלעך זײַנען געווען פֿול מיט דערציילונגען און לידער וועגן דעם חורבן. אונדזער געשיכטע־ביכל, ישׂראל־מרדכי גודלמאַנס ייִדישע געשיכטע־העפֿטן האָט זיך אָנגעהויבן, גלײַך אויפֿן ערשטן זײַטל, אינעם סאַמע ערשטן פּאַראַגראַף, מיט דער טרויעריקער ידיעה אַז „פֿאַר דער

[6] באַזירט אויף: *The Journals Of Yaacov Zipper, 1950-1982: The Struggle for Yiddishkayt*, translated from the Yiddish and edited by Mervin Butovsky and Ode Garfinkle (Montreal and Kingston: McGill/Queens University Press, 2004), pp. xx.

צווייטער וועלט־מלחמה, איידער היט־לער האָט אָנגעהויבן אומצוברענגען די יידן אין די לענדער, וואָס ער האָט פֿאַרכאַפּט", זײַנען יידן געווען אַ פֿאָלק פֿון זיבעצן מיליאָן, נאָר איצט זײַנען געבליבן אַרום עלף מיליאָן.[7] די ווונד פֿונעם חורבן צו פֿריש און רוי? ווי האָט דאָס געקענט זײַן ווען מע האָט די חורבן־טעמע נישט אויסגעמיטן מיט אונדז, כאָטש אַ העלפֿט פֿון אונדזערע טאַטע־מאַמעס זײַנען ערשט נישט לאַנג צוריק געהאַט אָנגעקומען אַהער פֿון „דאָרטן"? און אונדזערע לערערס גופֿא, ווער ווייס וועלכן גיהנום זיי האָבן געהאַט איבערגעלעבט? כאָטש זיי האָבן אונדז קיין מאָל דירעקט נישט געזאָגט האָבן מיר דאָס אַליין פֿאַרשטאַנען.

אַ זײַטל פֿון דאָס גאָלדענע בוך פֿון קעמפּ בויבעריק וואָס שפּיגלט אָפּ דאָס שווערע געמיט פֿון יענע צײַטן, 1939

די לערנפּראָגראַם האָט זיך אויך אויסגעצייכנט מיט דעם וואָס מע האָט געלערנט די יידישע געשיכטע בכלל און די מאָדערנע יידישע געשיכטע בפֿרט, ד"ה, די צוויי־טויזנט־יאָריקע געשיכטע פֿון חורבן בית־שני ביז צו דעם אויפֿקום פֿון מדינת־ישׂראל, און ווײַטער. ערשט שפּעטער האָב איך אײַנגעזען ווי זעלטן דאָס לערנען געשיכטע איז געווען און איז נאָך אַלץ אין יידישע שולן. געווען איז עס אָבער איינער פֿון די קענצייכנס פֿון אַ יידיש־וועלטלעכער דערציִונג. שואל גוטמאַן, דער לאַנגיאָריקער דירעקטאָר פֿון דעם שלום־עליכם־פֿאָלק־אינסטיטוט, האָט אין זײַן אַרטיקל „די צילן פֿון יידישן געשיכטע־לימוד" געטענהט אַז דער סאַמע גרונטציל פֿון דער יידישער דערציִונג איז דאָס געווינען די געטרײַשאַפֿט פֿון די תּלמידים צום יידישן פֿאָלק און אַז דער געשיכטע־לימוד דינט צום בעסטן דעם צוועק.

אַלע לימודים אין אונדזער שול — יידיש, העברעיִש, ליטעראַטור, תּנך, שבת־ און יום־טובֿ־פֿײַערונגען — צילן, פֿאַרשטייט זיך, צו פֿאַרבינדן דעם יחיד מיטן כּלל־ישׂראל. אויב דאָס איז חל אויף די אַלע אויסגערעכנטע לימודים, איז דאָך יידישע געשיכטע אין פֿלוג אפֿשר דער לײַכטסטער און זיכערסטער מיטל פֿאַר דעם צוועק. וואָרעם דאָ האָבן מיר אַזאַ זעלטן רײַכן און אײַנדרוקספֿולן פּאַנטעאָן פֿון העלדן, נבֿיאים, פֿאַרכאַפּנדיקע פּערזענלעכקייטן וואָס זײַנען עלול צו אינספּירירן די יוגנט און זי צובינדן צום אייגענעם פֿאָלק.[8]

איך נעם אָן ווי אַ זכות דאָס האָבן באַקומען אַזאַ מין דערציִונג. אַ דאַנק איר איז מײַן לעבן אָנגערירט און באַרײַכערט געוואָרן פֿון אויסערגעווײנטלעכע און איבערגעגעבענע מענטשן, נישט נאָר לערערס נאָר אויך שולטוערס און דאָס וואָס עס האָט זיך גערופֿן „די גאַנצע פּרץ־שול־משפּחה". ס'איז מיר אַ האַרצווייטיק וואָס מײַנע קינדער האָבן נישט געקענט באַקומען אַזאַ מין דערציִונג.

שואל גוטמאַן, לאַנגיאָריקער דירעקטאָר פֿון שלום־עליכם־פֿאָלק־אינסטיטוט
אַמעריקאַנער יידישער קיבוץ אין פּראָפֿיל

מיר קענען זיך דאָ נישט אַרײַנלאָזן אין אַלע קאָמפּליצירטע סיבות פֿאַר וואָס פֿון דעם אַלעם איז כּמעט גאָר נישט געבליבן. עס רעדט זיך שוין נישט וועגן יעקבֿ זיפּערס חלום פֿון אַ דור שאַפֿערישע יחידים וואָס שאַפֿן אויף זייער אייגענעם לשון, נאָר פּשוט וועגן דער עקסיסטענץ פֿון אַ נעץ יידישע שולן מיט יידיש לשון אין צענטער פֿון לערנפּראָגראַם. כּמעט ווי נישטאָ. פֿאַרשווונדן. סײַ די טאָגשולן, סײַ די נאָכמיטאָג־שולן. אָבער דאָך, ווי זיפּער אַליין גיט צו אין זײַן טאָגבוך: „די שולן שטעלן מיט זיך נאָך אַלץ פֿאַר עפּעס ממשותדיקס און וווּנדערלעכס אין אונדזער ווולגאַריזירטער וועלט" (מײַ 28, 1976).

ס'איז טאַקע געווען אין זיי עפּעס וווּנדערלעכס. ווי חיים גראַדעס הירש ראַסיינער זאָגט וועגן מוסר אין „מײַן קריג מיט הירש ראַסיינער" — אַז דער וואָס האָט געלערנט מוסר וועט קיין הנאה פֿון זײַן לעבן מער נישט האָבן — וואָלט איך געזאָגט, צוליב גאָר אַנדערע סיבות, אַז דער וואָס האָט זיך אַ מאָל געלערנט אין אַ יידישער טאָגשול קען קיין מאָל נישט זײַן אין גאַנצן צופֿרידן מיט אַן אַנדער מין דערציִונג.

[7] יידישע געשיכטע־העפֿטן פֿאַרן ערשטן [־דריטן] לערניאָר פֿון יידישער געשיכטע (ניו־יאָרק: פֿאַרלאַג „מתּנות", 1945), העפֿט 1, ז' 7. [8] דער דרך פֿון שלום־עליכם־אינסטיטוט: אַ היסטאָרישער איבערבליק 1913-1971 (ניו־יאָרק: שלום־עליכם־פֿאָלק־אינסטיטוט, 1972), ז' 134.

איך פֿאַרגלײַך די פּרץ־שול־אונטערנעמונגען ווי, למשל, גראַדויִרונגען וווּ כּמעט אַלצדינג איז געפֿירט געוואָרן אויף ייִדיש מיט די אין דער טאָגשול און תּלמוד־תּורה פֿון מײַנע טעכטער וווּ כּמעט אַלץ קומט פֿאָר אויף ענגליש — אַפֿילו די נעמען פֿון די גראַדואַנטן ווערן געלייענט אויף ענגליש — און איך קלער ווי אָרעם און בלאַס דאָס איז אין פֿאַרגלײַך מיט מײַן ייִדישער דערציִונג.

איך פֿאַרגלײַך מײַן ייִדישע שול מיט איר לאָזונג „דאָס ייִדישע קינד פֿאַר דעם ייִדישן פֿאָלק" מיט דער טאָגשול פֿון וועלכער מײַן טאָכטער האָט גראַדויִרט וואָס האָט דעם לאָזונג „יעדעס קינד באַזונדער" (one child at a time), וואָס קלינגט ווי אַ פּאַראָדיע אויף דעם אַמעריקאַנער אינדיווידואַליזם.

אין דער תּלמוד־תּורה פֿון אונדזער שיל הענגט אַ שילד, "It feels good to be Jewish". ווי ווײַט איז די פֿילאָסאָפֿיע „עס פֿילט זיך גוט צו זײַן אַ ייִד" פֿון דעם ווערטבאַנעם „שווער צו זײַן א ייִד" וואָס מע האָט אין אונדז אַרײַנגעפֿלאַנצט. אויב עס גייט נאָר אין „זיך פֿילן", וואָס זשע וועט זײַן אויב מע וועט חלילה דאַרפֿן בײַשטיין פּאָגראָמען, מלחמות און, להבֿדיל, די קלענערע שוועריקייטן ווי דאָס דאַרפֿן גיין אין היברו־סקול אין אַ זוניקן נאָכמיטאָג אָדער דאָס נישט קענען גיין אויף אַ קערמעשל פֿרײַטיק אין אָוונט צוליב שבת? די ייִדישקייט וואָס ווערט אויסגעדריקט אין און דורך ייִדיש און וואָס מע האָט אונדז געפּרוּווט איבערגעבן אין דער פּרץ־שול גייט נישט אין גוטע געפֿילן, נאָר אין עפּעס טיפֿערס און זייער באַטײַטיקס — נישט נאָר עס גיט, נאָר עס מאָנט עפּעס פֿון אונדז אויך.

די שול און מײַן לעבנסוועג

איך האָב אויסגעקליבן מײַן לעבנסוועג ווי אַ ייִדיש־דער־ציִערין ווײַל נאָר דורך ייִדיש האָב איך זיך אָנגעטראָפֿן אויף די גאָר טיפֿע און וויכטיקע פֿראַגעס אין לעבן, אויף די פֿראַגעס וואָס מאָנען. צו זיבן יאָר האָב איך זיך געדאַרפֿט פֿרעגן צי איך וואָלט געווען גרייט אומצוקומען אויף קידוש־השם פֿאַר מײַן פֿאָלק. גאַנץ מעגלעך אַז מע קען אַרומרעדן אַזעלכע טעמעס אויך אויף דער לאַנדשפּראַך אָבער אין דער י.־ל. פּרץ־פֿאָלקשול האָבן גײַסטיקע און עטישע ענינים געהערט צו דעם תּחום פֿון ייִדיש. דער תּחום איז געווען גאַנץ אַנדערש פֿון דער וועלט פֿון אונדזער ענגליש לייען־ביכל, וווּ די קינדער האָבן געוווינט אויף „פּלעזאַנט־סטריט" (אָנגענעם־גאַס) און זייער שכנה האָט געהייסן מיסעס דזשאָלי (פֿריילעך).

די ייִדיש־וועלטלעכע שולן האָבן מיר און עטלעכע דורות ייִדן איבערגעגעבן אַ פֿאַרשטאַנד פֿון דעם תּחום און נאָך אַזוי פֿיל מער פֿון דעם. זיי האָבן עקסיסטירט און געבליט צוליב זייער אַ ספּעציפֿישער ריי אומשטענדן; ווען די אומשטענדן זײַנען מער נישט געווען האָבן זיי אויפֿגעהערט צו עקסיס־טירן. ס'איז געווען אַ געוואַלדיקער עקספּע־רימענט אין ייִדישער דערציִונג און אידענטי־טעט־פֿאָרמירונג וואָס האָט געלאָזט און וועט נאָך לאָזן זײַנע שפּורן לדור־דורות. אַז איך קוק צוריק אויף דעם מיידעלע וואָס האָט זיך געבעטן בײַ דער מאַמען זי זאָל בענטשן שבת־ליכט טראַכט איך אויך וועגן זיך אַליין ווי די מאַמע וואָס בענטשט טאַקע די ליכט פֿאַר זיך און פֿאַר איר מאַן און אירע קינדער. איך דאַנק די שולן, מיט זייער תּמיד אַנטוויק־לענדיקער דעפֿיניציע וואָס עס הייסט צו זײַן אַ מאָדערנער ייִד, פֿאַרן העלפֿן מיר צו אַנטוויקלען די פֿעיִקייטן זיך צו דעפֿינירן ווי אַ ייִד, צו זוכן און פֿרעגן פֿראַגעס, און פֿאַרן איבערגעבן מיר און עטלעכע דורות ייִדישע קינדער סײַ דעם ווי סײַ די פּאָעזיע פֿון ייִדישן לעבן.

JEWISH HERITAGE CENTER OF WESTERN CANADA

פֿרײַהייט־טעמפּל־שול, ווינניפּעג, 1930ער יאָרן. בילדער פֿון מאַרקס און לענין הענגען אויף דער וואַנט.

אַ באַגריסונג צום 50סטן יובֿל

פֿון דער פּראָגראַם
אין דער ייִדישער שפּראַך, ליטעראַטור און קולטור
א״נ אוריאל ווײַנרײַך

שבֿע צוקער/ניו־יאָרק

מײַנע זכרונות פֿאַרבונדן מיט דער ווײַנרײַך־זומער־פּראָגראַם ציִען אַזש צו די 1970ער יאָרן, ד״ה, צו כמעט פּרעהיסטאָרישע צײַטן; פֿאַר ווידעאָס און קאָמפּאַקטלעך (וואָס זײַנען הײַנט שוין אויך כמעט אַרויס פֿון באַניץ), קאָמפּיוטערס, סמאַרטפֿאָנס, מעטראָ־קאַרטלעך, און יאָ, אַפֿילו פֿאַר דער אינטערנעץ און רעדעס מיט אייבערקעפּלעך. איך בין צום ערשטן מאָל אַרײַן אין דער פּראָגראַם ווי אַ סטודענטקע אין ווײַטהאַלטער־קלאַס; די לערערס מײַנע: מרדכי שעכטער און שאָשקע ערליך, זיכרונם לבֿרכה, און דוד ראָסקעס, אים צו לענגערע יאָר. מיט אַ פּאָר יאָר שפּעטער האָב איך זוכה געווען צו אַרבעטן ווי אַ לערערין בײַם אָנהייבער־קלאַס צוזאַמען מיט חוה לאַפּינען.

צום שטאַרקסטן בלײַבט מיר אין זכּרון פֿון יענעם סטודענטישן זומער מײַנס אַ געפֿיל. כאָטש איך בין אויפֿגעוואָקסן אין אַ ייִדיש־רעדנדיקער היים און שול האָב איך אַלע מאָל גערעדט ייִדיש אין אַ באַגרענעצט אָרט, ד״ה, אויף אַ משפּחה־צוזאַמענקום אָדער אין אַ קלאַסצימער. דערפֿאַר, ווען איך האָב יענעם זומער שפּאַצירט איבערן קאַמפּוס פֿון קאָלאָמביע־אוניווערסיטעט, וווּ די פּראָגראַם האָט זיך דעמאָלט געפֿונען, און געטראָפֿן באַקאַנטע פֿאַר וועמען ייִדיש איז געווען, כאָטש אויף די זעקס וואָכן, די נאַטירלעכע קאָמוניקיר־שפּראַך בין איך געווען פֿאַרשיכּורט פֿון אַ מין אייפֿאָריע. דאָס רעדן ייִדיש איז מיט אַ מאָל געוואָרן „נאָרמאַל“ און פֿול מיט נײַע מעגלעכקייטן.

די זומער־פּראָגראַם האָט זיך, פֿאַרשטייט זיך, געביטן במשך די יאָרן, אָבער די בײַטן זײַנען באמת נישט אַזוינע דראַמאַטישע. ווען איך בין אַרײַן אין דער פּראָגראַם, און אַ סך יאָרן דערנאָכדעם, זײַנען מיר געווען די איינציקע אינטענסיווע זומער־פּראָגראַם אויף דער וועלט. הײַנט זײַנען דאָ עטלעכע, כּן־ירבו. דעמאָלט, אַזוי ווי הײַנט, האָבן מיר אָנגעהויבן דעם טאָג מיט אונדזערע שפּראַכקלאַסן פֿון נײַן אַ זייגער אין דער פֿרי ביז האַלב איינס. דעמאָלט, ווי הײַנט, זײַנען די קלאַסן געווען אײַנגעטיילט אויף צוויי טיילן, יעדן מיט אַ באַזונדערן לערער, איין לערער פֿאַר שפּראַך/גראַמאַטיק און איין לערער פֿאַר ליטעראַטור. איך מיין אַז מיר זײַנען פֿון די געציילטע אינטענסיווע פּראָגראַמען בײַם הײַנטיקן טאָג וואָס האָבן אַ באַזונדערן גראַמאַטיק־קלאַס נישט נאָר אויף

ייִדישער וויסנשאַפֿטלעכער אינסטיטוט – ייִוואָ

באַטייליקטע אין ווײַנרײַך־זומער־פּראָגראַם פֿאַר דעם ייִוואָ־בנין אויף דער איסט 86סטער גאַס, ניו־יאָרק, 1970. מיר גיבן דאָ די נעמען נאָר פֿון די לערערס: ערשטע ריי, פֿון לינקס: ערשטע – יאַדזשע זעלטמאַן, אַדמיניסטראַטאָר און לערער; פֿערטער – שמואל לאַפּין, דירעקטאָר פֿון ייִוואָ; פֿיפֿטער – מרדכי שעכטער, הינטער און צווישן די צוויי – דוד־לייזער גאָלד

די נידעריקערע, נאָר אויך אויף די העכערע ניוואָען, און דאַכט זיך, ס'איז געזינטער אַזוי.

מיט אַ זיבן־אַכט יאָר צוריק האָט די פּראָגראַם אײַנגע־פֿירט אַ תּוכיקן און אַ גוטן בײַט. אַ דאַנק דער איניציאַטיוו פֿון צירל קוזניצן פֿון באַרד־קאַלעדזש און אונטער דער אָנפֿירונג פֿון הערשל גלעזער, דעם דעמאָלטיקן דירעקטאָר פֿון דער זומער־פּראָגראַם, און דזשאָנאַטאַן ברענט, דעם דירעקטאָר פֿון דעם ייִוואָ, האָבן מיר פֿאַרביטן דעם בופֿעט פֿון נאָכמיטאָג־פּראָגראַמען (מערסטנס פֿילמען, רעדנערס און שאַר־ירקות) מיט אַ ריי ערנסטע סעמינאַרן, טייל טאָקע אויף ענגליש, כּדי צו געבן די באַטייליקטע דעם יסוד פֿון געשיכטע, ליטעראַ־טור, פּאָליטיק, און שטייגער וואָס ערנסטע ייִדיש־סטו־דענטן דאַרפֿן האָבן.

דער גרעסטער בײַט האָט אָבער צו טאָן מיט דעם קאָנטעקסט אַרום דער פּראָגראַם. אין די פֿריִיִקע צײַטן האָט נאָך אַלץ עק־סיסטירט אַ גרויסער ייִדיש־רעדנדיקער ציבור אין אַמע־ריקע בכלל און אין ניו־יאָרק בפֿרט. דאָ אין שטאָט האָט מען נאָך געקענט קויפֿן טעגלעכע ייִדישע צײַטונגען, מע האָט זיך געקענט צוהערן ווי עלטערע און אַפֿילו נישט אַזוינע אַלטע ייִדן רעדן ייִדיש אין אונטערבאַן אָדער אויף פֿאַרקבענק, און מע האָט געקענט האָפֿן צו כאַפּן אַ בליק פֿון יצחק באַשעוויסן אָדער אַנדערע ייִדישע שרײַבערס שפּאַצירנדיק אין גאַס אָדער עסנדיק רײַזפּודינג אין אַ קאַפֿעטעריע. איך האָב אויך דעם אײַנדרוק אַז אַ סך פֿון אונדזערע סטודענטן האָבן, ווי איך, געשטאַמט פֿון ייִדיש־רעדנדיקע משפּחות, אָדער לכל־הפּחות פֿון לינק־געשטימטע משפּחות וואָס האָבן געהאַט אַ דירעקטע פֿאַרבינדונג מיט דער שפּראַך. דאָ און דאָרט האָבן זיך געיאַוועט סטודענטן וואָס האָבן זיך משדך געווען מיט גאָר פֿרומע חתנים אָדער כּלות און האָבן געדאַרפֿט דאָס לשון כּדי צו קענען פֿונקציאָנירן אין דער קהילה.

גאַנץ אָפֿט זײַנען געקומען סטודענטן וואָס האָבן געוואָלט קענען ייִדיש כּדי צו רעדן מיט באָבע־זיידע אָדער מיט דער גרעסערער פֿאַרצווײַגטער משפּחה.

הײַנט, מיטן אָפּלויף פֿון די יאָרן און מיטן אַוועקגיין פֿון דעם דור געבוירענע ייִדיש־רעדערס, איז אַזאַ סטודענטנשאַפֿט מער נישט מעגלעך. אָבער ייִדיש איז פּאַראַדאָקסאַל געוואָרן נאָך וויכטיקער ווי פֿריִער אין דעם אַמעריקאַנער ייִדישן לעבן.

באַטייליקטע אין ווײַנרײַך־זומער־פּראָגראַם אין דעם ייִוואָ־בנין אויף דער איסט 86סטער גאַס, ניו־יאָרק, 1983. מיר גיבן דאָ די נעמען נאָר פֿון די לערערס: ערשטע ריי, צווייטע פֿון רעכטס – חנה קופּער; צווייטע ריי זיצנדיק פֿון רעכטס – סאָניאַ פּינקוסאָוויטש־דראַטוואַ, פּסח פֿישמאַן; דריטע ריי, צווייטע פֿון רעכטס – חוה לאַפּין, ערשטע פֿון לינקס – שבֿע צוקער; פֿיפֿטע ריי, צווייטער פֿון רעכטס – מרדכי שעכטער

איך געדענק אַ סטודענטקע אין מײַן אָנהייבער־קלאַס אין די 1990ער יאָרן וואָס האָט געאַרבעט בײַ אַן אוניווערסיטעטישן הלל. זי האָט מיר געגעבן צו פֿאַרשטיין פֿאַר וואָס זי לערנט זיך ייִדיש אויף זייער אַ פּשוטן אופֿן, אָן דער לײַדנשאַפֿט וואָס כאַראַקטעריזירט אָפֿט די אַפּליקאַציעס פֿון אַזוי פֿיל פֿון אונדזערע סטודענטן. ווי אַ פּראָפֿעסיאָנעלער אַרבעטער אין דער ייִדישער קהילה האָט זי געהאַלטן אַז זי דאַרף אויס־ברייטערן איר ייִדיש וויסן כּדי כּולל צו זײַן ייִדיש און דאָס מיזרח־אייראָפּעיִשע ייִדישע לעבן, וואָס דאָס איז געווען איר אומבאַקאַנטע ירושה, ווי אויך די ירושה פֿון אַזוי פֿיל פֿון די סטודענטן וועמען זי האָט געדינט.

דער כּמעט סקאַרבאָווער משל האָט אָנגעוווּנקען אויף דעם אַז מע זאָל מער נישט באַטראַכטן ייִדיש ווי אַ תּחום וואָס באַלאַנגט דערעיקרשט צו די „איסטן“ (דאָס הייסט, סאָציאַליסטן, קאָמוניסטן, אַנאַרכיסטן...), ווײַל סע ווערט צו ביס־לעך אײַנגעגלידערט אין דעם אַמעריקאַ־נער ייִדישן קולטורעלן הויפּטשטראָם. מע קען דאָס זען אין דער נישט־קנאַ־פּער צאָל ייִדיש־זומער־פּראָגראַמען, סײַ אַקאַדעמישע סײַ נישט־אַקאַדעמישע, קולטורעלע אונטערנעמונגען און, פֿאַר־שטייט זיך, אויסשטעלונגען, ביכער און אַרטיקלען וואָס באַהאַנדלען ייִדיש־טעמעס. מיט שטאָלץ קען איך זאָגן אַז אונדזערע גראַדואַנטן זײַנען דאָ אומעטום פֿאַרטראָטן און שפּילן אָפֿט אַן אָנפֿירנדיקע ראָלע. דערבײַ האָבן זיי צוגעגעבן אַ נײַע דימענסיע סײַ די ייִדישע לימודים בפֿרט סײַ דעם ייִדישן לעבן בכלל. מיר, זייערע לערערס, שעפּן נחת.

דער צווייטער גרויסער בײַט אין דער זומער־פּראָגראַם איז פֿאָרגעקומען מיטן גלאַסנאָסט און דער נײַער אָפֿנקייט פֿון דעם געוועזענעם סאָוועטן־פֿאַרבאַנד. מיט אַ מאָל האָבן סטודענטן פֿון יענע לענדער – פּוילן, רוס־לאַנד, ווײַסרוסלאַנד, ליטע, אוקראַיִנע, אונ־גערן – גענומען אַרײַנ־שטראָמען צו אונדז. טייל פֿון זיי זײַנען ייִדן, אָפֿט מאָל אַזעל־כע וואָס זײַנען אַליין געוואָרן ערשט פֿריש באַוווּסטזיניק וועגן זייער אייגענער ייִדישקייט, אָבער דאָס רובֿ זײַנען מסתּמא נישט קיין ייִדן.

חוה לאַפּין, 1985

כאָטש דרויסנדיקע קענען זיך נישט אָפּוווּנדערן פֿון דעם פּענאָמען און פֿרעגן מיך אָפֿט הלמאַי די יונגע־לײַט פֿאַראינטערעסירן זיך מיט ייִדיש, איז דאָס שוין בײַ אונדז נישט קיין חידוש; מיר שאַצן אָבער זייער אָפּ דעם פּענאָמען. די סטודענטן דערקלערן אָפֿט אַז זיי לערנען זיך ייִדיש ווײַל כּדי צו פֿאַרשטיין די געשיכטע פֿון זייער אייגן לאַנד מוזן זיי פֿאַרשטיין דעם גרויסן חלל וואָס איז אַ מאָל געווען אָנגעפֿילט מיט ייִדן. איך בין אַזוי גערירט פֿון דעם וואָס זיי קערן זיך אום אַהיים און ווערן לערערס, זעצן איבער יזכּור־ביכער, בויען דענקמעלער און אָרגאַניזירן חורבן־הזכּרות, ראַמען אויף און היטן אָפּ ייִדישע בית־עולמס, און באַטייליקן זיך אין, און באַשײַנען, דעם איצט זייער נייטיקן נאָך־חורבנדיקן דיאַלאָג צווישן ייִדן און נישט־ייִדן אין זייערע לענדער.

נישט געקוקט אויף די בײַטן איז איין עלעמענט, ד"ה, איין מענטש, כּמעט כּסדר געבליבן סטאַביל. דאָס איז חוה לאַפּין וועמען מיר גיבן הײַנט אָפּ כּבֿוד פֿאַר איר לאַנגיאָריקן צושטײַער צו דער פּראָגראַם. אַזוי לאַנג ווי איך געדענק האָט חוה זיך אָנגענומען פֿאַר דעם אַז אונדזערע סטודענטן זאָלן וויסן וועגן דעם שטייגער לעבן פֿון וועלכן דאָס ייִדישע לשון איז אַרויסגעוואָקסן, און וואָס אָן דעם קען מען באמת נישט גוט קענען די שפּראַך. אין די פֿריִערדיקע יאָרן האָט זי דאָס געטאָן ווי אַ פּרימאָרגן־לערערין; איצט איז זי ווײַטער ממשיך די אַרבעט אין איר נאָכמיטאָגדיקן לשון־און־שטייגער־סעמינאַר וואָס זי לערנט אויף דעם זומער.

ווען ס'איז דאָ בײַ ייִדן אַ האַרבע קשיא אָדער פּראָבלעם וואָס מע קען נישט פֿאַרענטפֿערן אָדער לייזן זאָגט מען „תּיקו“ (תּשבי יתרץ קושיות ובעיות), וואָס דאָס הייסט מער־ווייניקער אַז קומען וועט אליהו הנבֿיא, דער וואָס זאָגט אָן אַז אָט־אָט קומט משיח, און וועט דעמאָלט פֿאַרענטפֿערן אַלע קשיות. דאָ אין דעם ייִוואָ האָבן מיר אַן אַנדער ענטפֿער, ספּעציעל ווען סע האָט צו טאָן מיט קשיות פֿאַרבונדן מיט דעם טראַדיציאָנעלן ייִדישן שטייגער לעבן. דאָ זאָגן מיר „גיי פֿרעג בײַ חוה לאַפּינען“. און חוה איז אַלע מאָל ברייטהאַרציק אי מיט איר צײַט אי מיט איר וויסן. טאָמער קען זי נישט ענטפֿערן איז אַ סימן אַז אָט־אָט קומט באַלד משיח צו גיין.

פֿאַר אַ יאָרן האָט איינע אַ סטו־דענטקע, איידער זי האָט זיך באַקענט מיט חוהן אין קלאַס, מיך געפֿרעגט „ווער איז דאָס די חוה לאַפּין? איז זי אַן אמתער מענטש אָדער אַ לעגענדע?“. איך קען זאָגן עדות אויף דעם אַז זי איז עס ביידע: חוה איז טאַקע אַ לעבעדיקע לעגענדע דאָ אין דעם ייִוואָ בפֿרט און אין אונדזער ייִדיש־וועלט בכלל. זאָל זי אַזוי ווײַטער זײַן ביז 120.

שבֿע צוקער איז דער שעף־רעדאַקטאָר פֿון דעם אויפֿן שוועל און דער אויספֿיר־סעקרעטאַר פֿון דער ייִדיש־ליגע. זי איז שוין מער ווי צוויי יאָרצענדלינג אַ לערער אין דער פּראָגראַם אין דער ייִדישער שפּראַך, ליטעראַטור און קולטור א"נ אוריאל ווײַנרײַך, אונטערן פּאַטראָנאַט פֿון דעם ייִדישן וויסנשאַפֿטלעכן אינסטיטוט – ייִוואָ און באַרד־קאַלעדזש. זי דינט שוין די לעצטע פֿינף יאָר אויך ווי דער אַקאַדעמישער דירעקטאָר פֿון דער פּראָ־גראַם. די רעדע האָט זי געהאַלטן אויף דער יובֿל־פֿײַערונג פֿון דער פּראָגראַם וואָס איז פֿאָרגעקומען דעם 11טן יולי 2018 אין בנין פֿונעם ייִוואָ אין שטאָט ניו־יאָרק.

דער אַרטיקל, די הקדמה וואָס איך האָב צוגעגרייט פֿאַר גיטל שעכטער־ווישוואַנאַטס זייער פֿײַנעם באַנד פלוצעמדיקער רעגן: לידער (2003) איז קיין מאָל נישט געדרוקט געוואָרן אין אויפֿן שוועל. אַזוי ווי די פּאָעטעסע און איך האָבן די לעצטע פֿופֿצן יאָר אַזוי נאָענט צוזאַמענגעאַרבעט אויף דעם אויפֿן שוועל, זי ווי דער סטיל־רעדאַקטאָר און איך ווי דער שעף־רעדאַקטאָר, האָב איך געפֿילט אַז מע מעג אַ ביסל אויסברייטערן די גרענעצן און דאָס אַרײַננעמען.

הקדמה צו
פלוצעמדיקער רעגן: לידער
פֿון גיטל שעכטער־ווישוואַנאַט

פלוצעמדיקער רעגן איז אַ פּאַסיקער נאָמען פֿאַר אַ באַנד לידער געשריבן פֿון אַ ייִדישן פּאָעט וואָס דעבוטירט בײַם אָנהייב איין און צוואַנציקסטן יאָרהונדערט. דער אַרויסקום פֿון דעם ביכל פֿון גיטל שעכטער־ווישוואַנאַט, אַ שרײַבערין פֿון דעם נאָכמלחמהדיקן דור, געבוירן און דערצויגן געוואָרן אין אַמעריקע, זעט טאַקע אויס אַזוי אומגעריכט ווי אַ פלוצעמדיקער רעגן וואָס פֿאַלט אין טרוקענע וויסטע טעג. אָבער גאָר ניט ווי די טראָפּנס אין טיטלליד וואָס „באַפֿאַלן ... אַזוי שאַרף / און פלוצעמדיק / אין צעשטערטע טעג“, (זז' 8-9) קומען אירע לידער ווי אַ לינדערנדיק רעגנדל וואָס דערפֿרישט, דערקוויקט און זאָגט עדות אַז ס'איז נאָך דאָ לעבן, און נײַ לעבן דערצו, אין דער ייִדישער ליטעראַרישער וועלט. ניט געקוקט אויף דעם אָבער ווערן זיי, ווי דער רעגן, ניט וואַרעם אויפֿגענומען פֿון אַלעמען. וועגן די טראָפּנס שרײַבט דער פּאָעט אַזוי:

זיי נעבעך –
פֿאַריאָגטע
פֿאַרטריבענע
קרבנות פֿון יציאת־שמים.
וווּהין זיי פֿאַלן,
וואָס מיט זיי וועט זײַן
דאגהט זיך קיינער.

כאָטש אַ ייִדישער פּאָעט אין דעם דריטן יאָרטויזנט ווייסט אויך גאַנץ גוט אַז מע קוקט ניט אַרויס אויף אירע לידער מוז זי אָבער פֿאָרט שרײַבן, ניט צוליב אידעאָלאָגישער איבערצײַגונג, נאָר ווי דער פּאָעט יעקבֿ גלאַטשטיין וואָלט געזאָגט, צוליב דער „פֿרייד פֿון ייִדישן וואָרט“.

גיטל שעכטער־ווישוואַנאַט שרײַבט אין אַ צײַט ווען עס זעט אויס אַז עס איז כמעט ווי ניטאָ קיין סיבה צו שאַפֿן פּאָעזיע אויף ייִדיש: עס זײַנען מער ניטאָ קיין ליטעראַרישע באַוועגונגען אָדער קאַפֿעען, כמעט ניט קיין פֿאַרלאַגן, און ס'רובֿ לייענערס זײַנען עלטערע־לײַט. די ייִנגערע לייענערס וואָס זײַנען יאָ דאָ קוקן בדרך־כּלל אויף ייִדיש מער ווי אַ מיטל צו אַנטדעקן דעם עבֿר ווי צו באַהאַנדלען דעם הווה. אָבער זי שרײַבט אַזוי נאַטירלעך און ניט אַפּאָלאָגעטיש, פּונקט ווי סע וואָלט געווען אין גאַנצן געוויינטלעך. אין דער זעלבער צײַט ווייסט זי ווי אומצוטריטלעך איר שרײַבן איז פֿאַרן רובֿ פֿון אירע מיטצײַטלערס. „עס קען זײַן“, האָט זי מיך פֿאַרטרויט, „אַז ניט מער ווי צוואַנציק מענטשן וועלן לייענען די לידער אויף ייִדיש“.[1] אָט די צווייִשפּראַכיקע אויסגאַבע, מיט קינסטלערישע און סענסיטיווע איבערזעצונגען פֿון שלום בערגערן און יחיאל־אַבאָ סאַנדלערן, דערמעגלעכט אַז די לידער זאָלן דערגיין ווײַטער פֿון די געציילטע יחידים צו אַ ברייטערן עולם.

אין „אַ טעות אין פשט“ (זז' 2-3), דאָס ערשטע ליד פֿון דער זאַמלונג איז שעכטער־ווישוואַנאַט מרמז אויף דער לינגוויסטישער איזאָלאַציע פֿון דעם הײַנטיקן ייִדישן פּאָעט מיט אַ דעליקאַטן און סובטילן הומאָר. דאָ מאָלט זי אויס אַ סצענע ווו אַ פֿרוי וואָס קוקט זיך צו ווי זי שרײַבט מיינט אַז אירע ייִדישע אותיות זײַנען אַ מין מאָלערײַ:

„אַ בילד אַ שיינס זיך אויסגעמאָלט!“
כ'האָב איר נישט אינפֿאָרמירט
אַז דאָס איז נישט אַבסטראַקטע מאָלערײַ

נאָר מאַמע־לשונדיק געפֿילערייַ
וואָס איך פֿלעכט
צוביסלעכווייַז צונויף.

נאָר אַז איך זיץ און האָרעווע
בייַ יעדן טראַף
און יענע זעט אין דעם
די שיינקייט פֿון באַשאַף –
איז זענען מיר דאָך
ביידע דאָ גערעכט?

ווייַל זי ווייסט אַז ס'איז איר גורל אַז ניט נאָר יענע פּשוטע פֿרוי, נאָר ס'רובֿ מענטשן, וועלן זי נישט פֿאַרשטיין און ווייַל ס'ווערט איר נימאס דאָס כּסדרדיקע געבן אַנדערע צו פֿאַרשטיין וועגן זיך, באַשליסט די קינסטלערין דאָס ניט צו טאָן. אַנשטאָט דעם פֿאַרבינדט זי איר אומפֿאַרשטענדלעכן כּתבֿ מיט דער „שיינקייט פֿון באַשאַף", און דערמיט איז זי מסוגל אַריבערצושטייַגן דאָס באַדערפֿעניש זיך צו באַרעכטיקן.

גיטל שעכטער־ווישוואַנאַט דאַרף טאַקע ניט קיין באַרעכטיקונג אויף צו שרייַבן פּאָעזיע אויף ייִדיש ווייַל עס וואַקסט פּשוט אַרויס פֿון ווער זי איז. געבוירן געוואָרן אין 1958 אין אַ וועלטלעכער ייִדישיסטישער משפּחה, איז זי דאָס צווייטע פֿון די פֿיר קינדער פֿון טשאַרנע און ד"ר מרדכי שעכטער, דער וועלטבאַרימטער מומחה אויף דער ייִדישער שפּראַך. הגם די קינדער פֿון אַ סך ייִדישיסטן האָבן גערעדט ייִדיש נאָר מיט זייערע עלטערן און אַנדערע דערוואַקסענע האָט זי טאַקע פֿון קינדווייַז אויף גערעדט מאַמע־לשון ניט נאָר מיט טאַטע־מאַמע, נאָר מיט אירע שוועסטער און ברודער, און מיט אַ סך פֿון אירע חבֿרים. זי רעדט אויך מיט איר מאַן און דרייַ קינדער וואָס קענען אַלע גוט די שפּראַך.

כאָטש ייִדישיזם איז די אידעאָלאָגיע פֿון איר משפּחה, און אין איר פּריוואַט לעבן טראָגט זי ווייַטער די טראַדיציע פֿון ייִדיש־אַקטיוויזם, פֿאַרנעמט שעכטער־ווישוואַנאַט זיך ווייניק אין איר פּאָעזיע מיט דער פֿאַרטיידיקונג און גורל פֿון דעם לשון. אין אַ צייַט ווען מע וואָלט געמיינט אַז אַ ייִדישער פּאָעט וועט זייַן דעפֿענסיוו אָדער פּראָגראַמאַטיש און וועט זיך קאָנצענטרירן אויף ווי שווער און ווי נייטיק עס איז צו שרייַבן אויף ייִדיש, ברענגט זי אונדז לידער וואָס זייַנען אַזוי באַקוועם מיט דעם וואָס זיי זייַנען אויף ייִדיש ווי זי אַליין איז מיט שרייַבן אין דער שפּראַך. ייִדיש איז איר מעדיום, איר אויסדרוק־מיטל, דאָס לשון אין וועלכן פּאָעזיע קומט צו איר צום נאַטירלעכסטן, אָבער עס איז ניט איר טעמע.

ביאָגראַפֿיע, אַזוי ווי אידעאָלאָגיע, שפּילט נאָר אַ קליינע ראָלע אין דער שרייַבערינס שאַפֿונג. אירע לידער גיבן נאָר סובטילע בליקן אַרייַן אין די קאָנקרעטע פֿאַקטן פֿון איר לעבן, וואָס זייַנען קלאָר, דער עיקר, נאָר די וואָס קענען זי. לידער אַזוי ווי „דאָס פּאָרל" (זז' 28-31) אין וועלכן אַ קליאָן ווערט צוגעצויגן צו אַ סאָסנעבוים נישט געקוקט אויף דעם וואָס, „ס'איז דאָך אַ כּלל אין דער נאַטור / די ביידע זייַנען נישט קיין פּאָר", זייַנען אַ רמז אויף איר אייגן חתונה־געהאַט־לעבן מיט אַן אָרטאָדאָקסישן ייִד פֿון אינדישן אָפּשטאַם; „מאַמע" אַ רמז אויף דעם וואָס זי איז אַ מאַמע פֿון דרייַ קינדער; און „קליניק" אויף איר „אַנדער" לעבן ווי אַ קראַנקן־שוועסטער.

אַ סך וויכטיקער זייַנען אירע אָבסערוואַציע־קראַפֿטן, דאָס קענען זיך פֿאַרטראַכטן אין אַ מאָמענט מיט פֿאַרשטענדעניש און סענסיטיווקייט, און איר טאַלאַנט אויף צו באַשרייַבן און אַרויסרופֿן עמאָציע דורך אימאַזשן און גראַמען, שטריכן וואָס זי באַוווּנדערט אין דער פּאָעזיע פֿון עטלעכע פֿון אירע ליטעראַרישע פֿירגייערינס, ספּעציעל מלכּה חפֿץ־טוזמאַן און רחל פֿישמאַן. זי פֿילט זיך שטאַרק צוגעצויגן צו, און באַאייַנפֿלוסט פֿון, די פּאָעטן צום טייל ווייַל, „זיי רעדן ביידע וועגן זייערע אייגענע געפֿילן, און זייערע פּערזענלעכע אַנגסטן אָדער פֿריידן. רחל פֿישמאַן באַניצט זיך מיט אַ סך ווערטערשפּילן און איך אויך". פֿאַר שעכטער־ווישוואַנאַטן וואָס באַוווּנדערט דעם צימצום און פּרעסיזקייט פֿון זייער שפּראַך, איז דער אימאַזש דער עיקר. אין איר אַרבעט שטייט דער אימאַזש אין צענטער פֿון אַן אויסגעברייטערטן מעטאַפֿאָר און פֿונקציאָנירט אויף דעם ניוואָ סייַ פֿון פּשט סייַ פֿון סימבאָל. זי איז אַליין מודה אַז זי האָט ניט ליב קיין לאַנגע לידער און זי שרייַבט בדרך־כּלל קורצע לידער – קליינע בריליאַנטן וואָס פֿינקלען מיט אילומינאַציע און פֿאַרשטענדעניש, אויף טעמעס אַזוי פֿאַרשיידנדיק ווי באַציִונגען, שאַפֿערישקייט, קאָמפּיוטערס און דער שוים פֿון ים. אירע כּלומרשט פּשוטע באַמערקונגען זייַנען אָפֿט פֿול מיט באַטייַט; זיי שאַפֿן פּאָעזיע וואָס רופֿט אַרויס, איז פֿול מיט רמזים, און וואָס איז איינציַיטיק ערנצט און שפּילעוודיק. זי ניצט גראַם בריהש און אַ מאָל שטיפֿעריש, צוזאַמענצוברענגען – ניט זעלטן מיט הומאָר און איראָניע – די פֿאַרשיידענע פֿעדעמער פֿון ליד.

אין דעם ליד „בייַם באַקן" (זז' 42-43) ניצט דער נאַראַטאָר דאָס צוגרייטן טייג ווי אַ מעטאַפֿאָר פֿאַר דעם לעבן.

שוין ווידער געפֿאַלן
בייַ מיר
דאָס טייג.

כ'האָב דאָך געוויקלט,
געקנייט,
דאָס טייג געגרייט
צוגעלייגט אײַזערנעם ווילן
און שווייס.

גיי ווייס –
ווידער געפֿאַלן דאָס טייג.
פֿאַרבלאָנדזשעט דעם וועג.

פֿראַזעס ווי, למשל, „געגרייט / צוגעלייגט אײַזערנעם ווילן און שווייס" מאַכן דאָ קלאָר אַז דער פּאָעט ניצט דעם פּראָצעס פֿון באַקן צו רעדן ניט נאָר וועגן באַקן, נאָר מער אין אַלגעמיין וועגן פּלענער וואָס ווערן נישט מקוים. דאָס וואָרט „טייג" וואָס קלינגט אַזוי ווי דאָס וואָרט „טעג" אין דעם פּאָעטס דיאַלעקט פֿאַרשטאַרקט דעם געדאַנק פֿון קאַליע געוואָרענע טעג וואָס קומען ניט צו צו אונדזערע וואַרטונגען בשעת די בכיוונדיקע צווייטײַטשיקייט פֿון דער לעצטער שורה, „פֿאַרבלאָנדזשעט דעם וועג" גיט דאָס אָנצוהערעניש אַז ניט נאָר דאָס טייג, נאָר דער בעקער אַליין, האָט פֿאַרבלאָנדזשעט דעם וועג. די זיך־אָפּלאַכערישע איראָניע וואָס שטעקט אין גראַמען דאָס וואָרט „שווייס" מיט דעם זייער אידיאָמאַטישן „גיי ווייס" רײַסט אַראָפּ אויף אַן איידעלן און שפּילעוודיקן אופֿן סײַ דעם נאַראַטאָר און סײַ אירע גראַנדיעזע פּלענער.

די וווּנדערלעכע שפּילעוודיקייט קומט נאָך אַ מאָל צום אויסדרוק אין „די פֿרעמדע" (זז' 24-23), אַ ליד אין וועלכן שעכטער־ווישוואַנאַט אַנטפּלעקט יאָ אַ טייל פֿון איר אייגענער ביאָגראַפֿיע און דערמיט אויך די ביאָגראַפֿיע פֿון אַ סך ייִנגערע ייִדן וואָס זײַנען פֿרימער ווי דער דור פֿאַר זיי. דאָ באַשרײַבט זי די פֿאַרלוירנקייט און ווייטיק וואָס דרײַ עלטערע פֿרויען, אַלע פֿאַרברענטע וועלטלעכע ייִדישיסטן, פֿילן בשעת זיי קוקן זיך צו אויף אַ חתונה צו דער „כאַפּטע יונגע־לײַט", „מיט היט און אַרבל" וואָס טאַנצן „נאָכן הרי־אַת". אין אַ וועלט ווו אַ סך יונגע מענטשן זײַנען אַוועק פֿון פּראָגרעסיווער פּאָליטיק און וועלטלעכער ייִדישקייט צו קאָרפּאָראַטיווע קאַריערעס, געמישטע חתונות, און נאָך ערגער, צו קולטן און סכּנהדיקע נאַרקאָטיקן, זעט דאָס עגמת־נפֿש פֿון די פֿרויען אויס אַ ביסל קאָמיש. דער סאַטירישער טאָן איז מילד און דורכגענומען מיט ליבשאַפֿט. אויף אַ פּרעכטיקן אופֿן גיט דער גראַם צו צו דעם עפֿעקט: „הענט פֿאַראָדערטע און קרום / באַדויערן זיך שטום / ווי די קינדער / נעבעך שלעכט פֿאַרפֿאָרן / נאָך אין אַזוינע יונגע יאָרן". אין דעם איינעם בילדערדיקן אימאַזש פֿון די „דרײַ גרויע קעפּ / באָהעמישע קייטן" לעבן די פֿרויען אויף. ס'איז איראָניש, נאָר די קייטן וואָס דערציילן פֿון לעבנס געלעבט מחוץ די קייטן פֿון סאָציאַלן און רעליגיעזן קאָנפֿאָרמיזם סוגערירן אויך אַז די וואָס טראָגן זיי זײַנען אַליין געבונדן פֿון זייער אידעאָלאָגיע, אַן אידעאָלאָגיע וואָס הגם זי איז אַ מאָל געווען רעוואָלוציאָנער איז זי הײַנט אַלטמאָדיש.

אין „מאַמע" (זז' 19-18), נאָך אַ ליד וואָס גיט אַ בליק אַרײַן אין דעם פּאָעטס לעבן, פֿאַרוואַנדלט זי נײַן קורצע שורות אין אַ קליין באַרליאַנטל, פּשוט, געשליפֿן און שטיל פֿינקלדיק.

איין פּאָר אָרעמס
אויסגעלעבט זיך –
לינקס און רעכטס
באַזונדער.

נאָר זעט אַ וווּנדער!

ס'האָט פֿון די צוויי
זיך אויסגעוועבט
אַ נעסטעלע
פֿאַר קינדער.

אין דער ערשטער סטראָפֿע באַלעבט דער פּאָעט די צוויי אָרעמס ווען זי באַשרײַבט ווי זיי האָבן „אויסגעלעבט זיך – / לינקס און רעכטס באַזונדער", אַ פֿיזישע באַזונדערקייט וואָס שטעלט מיט זיך פֿאָר אַ גײַסטיקע אָפּגעזונדערטקייט. אין דער לעצטער סטראָפֿע ווערן די צוויי אַמאָליקע אומאָפּהענגיקע און באַזונדערע גלידער מגולגל אין אַן איינס, צונויפֿגעוועבט אין אַ נעסטל וואָס האַלט, צערטלט, באַשיצט און דינט ווי אַ היים פֿאַר קינדער. מיט הומאָר און דעליקאַטער איראָניע שטרײַכט דער גראַם אונטער דעם וווּנדער פֿון דעם גילגול פֿון מויד צו מאַמע. דאָס וואָרט „באַזונדער" וואָס הייבט אַרויס דער פֿרויס אַליינקייט בײַם סוף פֿון דער ערשטער סטראָפֿע גראַמט זיך דערנאָך מיט „וווּנדער" און שפּעטער מיט „קינדער", אַ גראַם וואָס ברענגט צוזאַמען די ווערטער סײַ אין קלאַנג (אין דעם פּאָעטס דיאַלעקט: [באַזינדער] [ווינדער] און [קינדער] – סײַ אין דער אמתן בשעת די אָרעמס גייען פֿון זייער באַזונדערקייט צו אַ נײַער פֿאַראייניקטער גאַנצקייט.

אין „צעטרייסלט" (זז' 57-56), איינס פֿון עטלעכע לידער וועגן ליבע אין דעם אָפּטייל „איך מיט דיר", ניצט שעכטער־ווישוואַנאַט ווידער אַ מאָל גראַם בריהש כּדי אויסצודריקן עמאָציע. ווען זי פֿאַררופֿט זיך אויף די תּנכישע ווערטער, „דײַן גאָט איז מײַן גאָט" וואָס די מואַבֿערין רות האָט געזאָגט דער ייִדישער נעמי אין מגילת רות, באַווײַזט דער נאַראַטאָר איר

ליבע און געטרײַשאַפֿט איר נישט־יִידישן געליבטן, אַ ליבע וואָס מוז זיך שלעכט ענדיקן. דער קעגנשטעל פֿון גראַם אין די ערשטע דרײַ סטראָפֿעס מיט דעם בכּיוונדיקן ניט־גראַמען צום סוף הייבט אַרויס דעם קאַטאַסטראָפֿאַלן רעזולטאַט. אין דער לעצטער סטראָפֿע שטייט דאָס וואָרט „צוזאַמען‟ אַליין אין דער לעצטער שורה, „צעטרייסלט / צעטרייסלט / צעווייטיקט‟, נאָך אַ לאַנגער סעריע ווערטער מיטן פּרעפֿיקס „צע‟, אַ פּרעפֿיקס וואָס דריקט גענויינטלעך אויס אַ פֿונאַנדערבראָך. ניט עס גראַמט זיך מיט עפּעס, ניט עס הייבט זיך אָן מיט „צע‟ ווי די פֿריִערדיקע ווערטער, שטרײַכנדיק דערבײַ אונטער די נײַע אַליינקייט פֿון דעם פּאָעט און איר געוועזענעם געליבטן, אַ באַזונדערקייט וואָס פֿילט זיך מער ווייטיקדיק און איראָניש צוליב דעם וואָס זי ווערט אויסגעדריקט מיט הילכיקער זיכערקייט אין דעם וואָרט „צוזאַמען‟.

כאָטש שעכטער־ווישוואַנאַט האַלט אַז די שרײַבערינס מלכּה חפֿץ־טוזמאַן און רחל פֿישמאַן האָבן שטאַרק משפּיע געווען אויף איר, טראָגט דאָס ליד „אַ וואָרט פֿון דיר‟ (זז' 38-39), אויך אין דעם אָפּטייל „איך מיט דיר‟, דעם אָפּקלאַנג פֿון ניט קיין אַנדערער ווי אַנאַ מאַרגאָלין. אויסדריקנדיק ביטול און סטירדעס קעגן איר געליבטן שרײַבט זי מיט דער זעלבער לײַדנשאַפֿט, געצאַמטן כּעס און שטעכיקער נישט־דערזאָגונג וואָס זײַנען דעם קענצייכן פֿון מאַרגאָלינס שרײַבן. דערפֿאַר ווײַל דער געליבטער האָט געהאַט דעם כּוח ווי צו טאָן סײַ מיט וואָרט און סײַ מיט „חכמה‟, ניצט זי זײַן געווער – ווערטער – אים אַראָפּצוואַרפֿן פֿון זײַן גדלותדיקער הייך. קוקנדיק אויף אים פֿון אויבן אַראָפּ זעט זי אויף ווי ווייניק ער איז אַ מבֿין אויף זיך און זי זאָגט, „נאָר וואָס קען איך דען טון? / אַז קוקסט אין שפּיגל / קיין מאָל נישט אַרײַן‟. און דערבײַ איז זי אים אין דער לעצטער שורה אין גאַנצן גובֿר מיט דעם ביטול וואָס ליגט אין די ווערטער, „ווײי איז דיר‟.

דאָס ליד „שוך אויף צווייטער עוועניו‟ (זז' 86-87) איז אפֿשר דער בעסטער משל פֿון דער מחברטעס פּאָעטישע פֿעיִקייטן. ווען זי מאָלט אויס אַן אַוועקגעוואָרפֿענעם שוך ערגעץ אויף דער צווייטער עוועניו אָטעמט זי מײַסטעריש אַרײַן לעבן אין אַן אימאַזש און זי ניצט אויס יעדן פּרט פֿון ליד צו באַשרײַבן ניט נאָר אַ שוך, נאָר אַ לעבן וואָס איז וויסט און אָן האָפֿענונג. דער שוך שטעלט מיט זיך פֿאָר זײַן טרעגער און יעדער טייל פֿון זײַן אַנאַטאָמיע ווערט פּערסאָניפֿיצירט: די אויגן אָן שוכבענדלעך דערציילן פֿון פּוסטקייט און טרויער; די בענדלעך אַליין, באַשריבן מיט די ווערטער, „נישט־אויסגעדויערטע‟ פֿאַרקערפּערן די שטימונג פֿון טאָטאַלער פֿאַרפֿאַלנקייט פֿון איינעם וואָס האָט זיך אונטערגעגעבן און

האָט פֿאַרלאָרן דעם כּוח אויסצודויערן; דאָס צינגל, וואָס באַוועגט זיך ניט אין שמועס מיט די פֿאַרבײַגייערס, נאָר וואָס הענגט „פֿאַרסאַפּעט פֿון אַ לעבן אָן אויפֿהער‟, שטרײַכט אויך אונטער די כּסדרדיקע איזאָלירונג וואָס דער שוך מוז אויסשטיין און וואָס ברענגט דערצו אַז ער זאָל זיך סוף־כּל־סוף פֿונאַנדערברעכן אונטער אַ משׂא וואָס ער קען מער נישט פֿאַרטראָגן.

דער צוגאַנג פֿון דער דרויסנדיקער וועלט ווערט איבערגעגעבן דורך אַ מײַסטערישער ווערטערשפּיל וואָס ניצט די פֿאַרשיידענע פֿאָרמען פֿון דעם ווערב „גיין‟. די גייערס וואָס קוקן אויף דעם שוך„גייט מער ניט אָן‟ די מערכה פֿון דעם שוך בשעת זיי גייען אָן מיט זייערע געשעפֿטן און גייען אים פֿאַרבײַ, די ווערבן „אָנגיין‟ און „פֿאַרבײַגיין‟ זײַנען ניט־דערזאָגט אָבער דאָך פֿילט מען ממש זייער בײַזײַן אין דעם ליד. און צום סוף ווערט דאָס לעבן פֿון שוך און זײַן טרעגער פֿאַרסך־הכּלט אין די לעצטע דרײַ שורות, וואָס יעדע פֿון זיי האָט אין זיך אַ פּרעפֿיקסירטע פֿאָרמע פֿון דעם פּאַרטיציפּ „געגאַנגען‟. דרײַ קורצע שורות,

גענאַנגען,
פֿאַרגאַנגען,
אויסגעגאַנגען אַ נשמה...

אָבער זיי דריקן אויס דעם טרויער פֿון אַ לעבן וואָס לאָזט איבער ווי אַן עדות צו זײַן עקסיסטענץ אויף דער וועלט נאָר אַן אַלטן שוך וואָס שטייט „פֿאַרוויסט אויף גראַטעס / איבער פֿוילנדיקער מיסט‟.

אויב ס'איז דאָ איין ליד וואָס מע קען באַטראַכטן ווי דעם פּאָעטס אַני־מאמין איז עס „כמאַרנער טאָג‟ (זז' 80-81). דאָ שרײַבט זי אַז אַ „כמאַרנער טאָג / איז תּמיד ליבער מיר / ווי רײנער הימל נאַקעטער... איז לאָז פֿאַר די ראָמאַנטיקערס / די זוניק בלויע טעג. / מיר גיב בעסער / שקיעהדיקן / שטאָל־פֿאַרשטעלטן וועג‟. דאָס איז בעצם אַ מעטאַפֿאָר פֿאַר זיך אַליין ווי אַ ייִדישער פּאָעט, ווײַל פֿאַר דעם הײַנטיקן ייִדישן פּאָעט זײַנען זוניק בלויע טעג זעלטן און אפֿשר אין גאַנצן ניט בנימצא. געצוווּנגען צו גיין אויף אַ „שטאָל־פֿאַרשטעלטן וועג‟, פֿילט זי דאָך אַז „סע גלעט‟ זי „דאָס מיט גרוי באַדעקט... / פֿאַרהוילעניש‟. און זי וואַקסט און בליט צוליב דעם אַרויסרוף, פֿאַרשטייענדיק אַז מחמת זי שאַפֿט שיינקייט אין אַ לשון וואָס איז פֿאַרהוילן פֿון אַזוי פֿיל מענטשן איז זי פֿון די יחידי־סגולה וואָס קענען געפֿינען דאָס „גאָט־געבענטשט(ע) באַהעלטעניש‟. אָבער לגבי איין פּרט איז זי זיך טועה. ווען זי קלײַבט אויס

דעם „שטאָל־פֿאַרשטעלטן וועג“ טיילט זיך גיטל שעכטער־ווישוואַנאַט אָפּ פֿון ראָמאַנטיקערס וואָס ווילן דווקא „די זוניק בלויע טעג“. אָבער אויב אַ „ראָמאַנטיקער“ איז, ווי סע שטייט אין ווערטערבוך, „אַ מענטש מיט פֿאַנטאַזיע אָבער אָן אומפּראַקטישער“ און אַפֿילו אַ בעל־וויזיע, איז זי אויך אַ ראָמאַנטיקער אין פֿולסטן זין פֿון וואָרט. ווײַל וואָס קען זײַן מער אומפּראַקטיש ווי שרײַבן פּאָעזיע און דווקא ייִדישע פּאָעזיע, אין דעם איין און צוואַנציקסטן יאָרהונדערט? דער פּאָעט מוז זיכער האָבן די פֿאַנטאַזיע ניט צו זען

ייִאוש אויף יעדן טריט און שריט נאָר זיך פֿעסט אָנצוהאַלטן אין איר וויזיע פֿון אַ וועלט ווו די „שיינקייט פֿון באַשאַף“ ווערט אָפּגעשאַצט און טײַער געהאַלטן אין וואָס פֿאַר אַ לבֿוש זי זאָל ניט גיין אָנגעטאָן. דווקא אָט די שיינקייט קומט צום אויסדרוק אין *פּלוצעמדיקער רעגן*.

שבֿע איטע צוקער
דיוק־אוניווערסיטעט

---

[1] אַלע ציטאַטן פֿון גיטל שעכטער־ווישוואַנאַט קומען פֿון פּריוואַטע שמועסן און קאָרעספּאָנדענצן מיט שבֿע צוקערן, פֿרילינג .2002

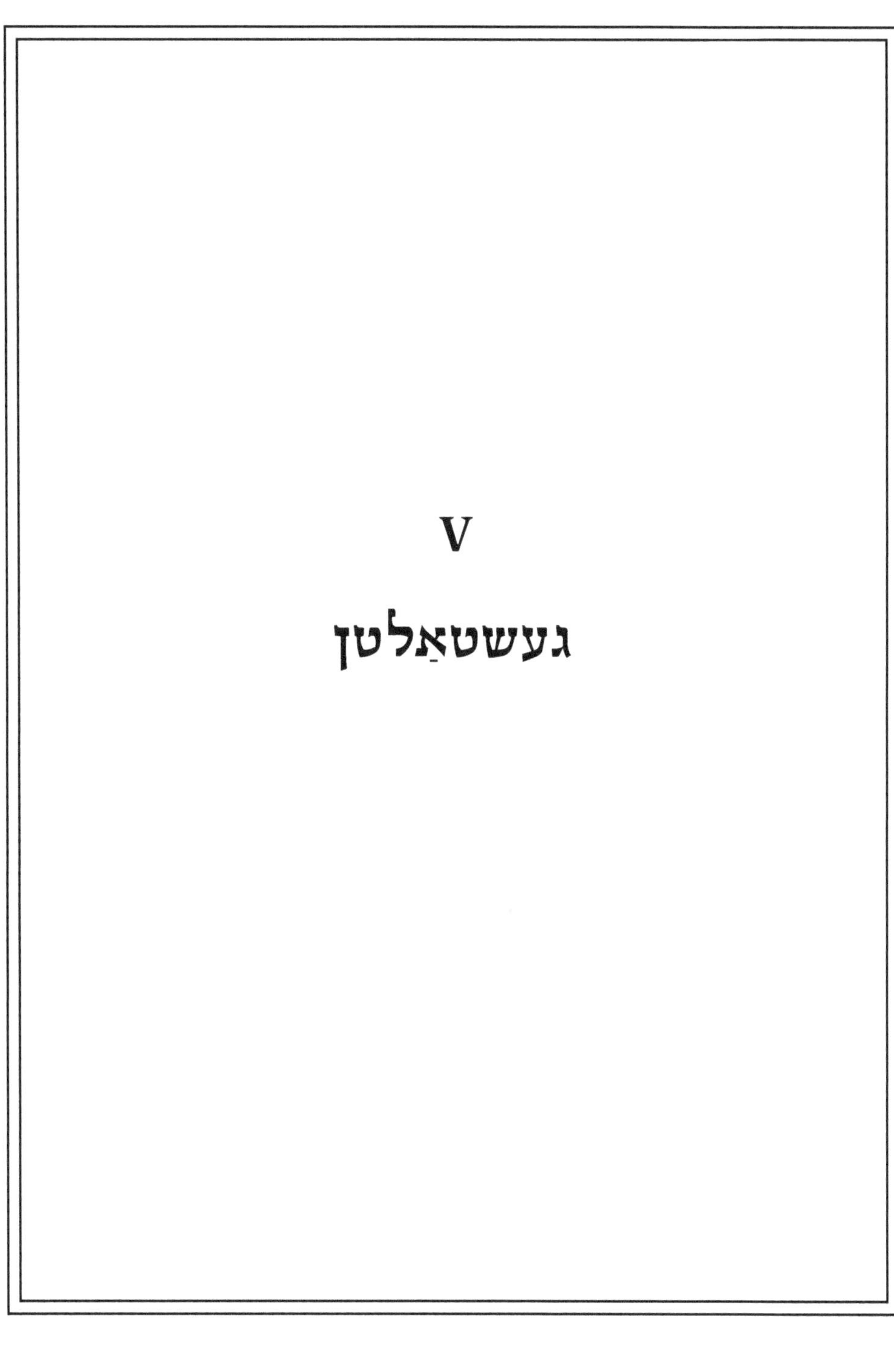

V

געשטאַלטן

איטשע גאָלדבערג ז״ל

(אַפּט, פּוילן, 1904 – ניו־יאָרק 2006)

בילד פֿונעם פֿילם איטשע גאָלדבערג – אויב ניט נאָך העכער

מיטוואָך, דעם 27סטן דעצעמבער 2006, אין עלטער פֿון 102 יאָר, איז אַוועק אין דער אייביקייט דער פּעדאַגאָג, עסייִסט, ליטעראַטור־קריטיקער, פּאָעט און רעדאַקטאָר איטשע גאָלדבערג. זינט איטשע איז אָנגעקומען קיין קאַנאַדע פֿון וואַרשע צו פֿערצן יאָר איז זײַן נאָמען אינטים פֿאַרבונדן מיט דער לינקער ייִדישער באַוועגונג. ער האָט פֿאַרלייגט עטלעכע ייִדישע זומער־קאָלאָניעס, און אָנגעפֿירט מיט די שולן און קולטור־פּראָגראַמען בײַ דעם ייִדישן פֿראַטערנאַלן פֿאָלקסאָרדן. ער האָט רעדאַקטירט דעם זשורנאַל יונגוואַרג פֿאַר די קינדער פֿון די לינקע שולן, ווי אויך דעם זשורנאַל ייִדישע קולטור פֿון 1964 ביז 2006, און האָט אויך אַרויסגעגעבן עטלעכע בענד ליטעראַטור־קריטיק. איטשע איז געווען דער אַדרעס פֿאַר ייִדיש אין די קרײַזן און אַ וויכטיקער אַדרעס פֿאַר ייִדיש בכלל. יעדער וואָס האָט אויף אַן ערנצטן אופֿן געהאַט צו טאָן מיט ייִדיש האָט געמוזט פֿריִער אָדער שפּעטער אָנקומען צו איטשען, און אויך איך בתוכם.

איך האָב זיך באַקענט מיט איטשען נאָך מיט אַ דרײַסיק יאָר צוריק ווען איך בין געווען אַ יונגע ייִדיש־לערערין און האָב געזוכט אַרבעט אין די ניו־יאָרקער קינדערשולן. איך געדענק ווי איך האָב אומפֿאַרבעטן אָנגעקלאַפּט בײַ איטשען

מיט הומאָר האָט ער געזאָגט, „שבֿע, אין אונדזערע שולן זעצן מיר די קינדער אַוועק מיט דעם קאָמוניסטישן מאַניפֿעסט און מיט דאַס קאַפּיטאַל, אויף ייִדיש, פֿאַרשטייט זיך, און מע קנעלט מיט זיי די תּורה פֿון קאַרל מאַרקס״.

אין ביוראָ און געפֿרעגט צי ער וואָלט מיך געקענט אָנשטעלן אין איינער פֿון די שולן. אין דער זעלבער צײַט האָב איך, וואָס איך בין נישט געקומען פֿון דער לינקער באַוועגונג, געהאַט ספֿקות צי איך זאָל טאַקע דאָרט אַרײַנטרעטן. צי וואָלט איך אפֿשר געדאַרפֿט לערנען עפּעס מיט די קינדער וואָס וואָלט געווען קעגן מײַנע אייגענע אידעאָלאָגישע איבערצײַגונגען און וואָס וואָלט מיך געשטעלט אין אַ מאָראַלישער פֿאַר־לעגנהייט? איך האָב טאַקע גערעדט מיט איטשען וועגן דעם. מיט זײַן טיפּישן הומאָר און וואַרעמקייט האָט ער מיר געזאָגט, „שבֿע, אין אונדזערע שולן זעצן מיר די קינדער אַוועק מיט דעם קאָמוניסטישן מאַניפֿעסט און מיט דאַס קאַפּיטאַל, אויף ייִדיש, פֿאַרשטייט זיך, און מע קנעלט מיט זיי די תּורה פֿון קאַרל מאַרקס״. מער האָט ער נישט געדאַרפֿט זאָגן. ער האָט מיך באַרויִקט.

מיט אַן ערך דרײַסיק יאָר שפּעטער האָב איך, ווי דער אויספֿיר־סעקרעטאַר פֿון דער ייִדיש־ליגע, אָנגענומען די אַרבעט פֿון קאָאָרדינירן אַ פּראָיעקט צו פֿילמירן ייִדישע שרײַבערס און זיי רעקאָרדירן פֿאַר דער אייביקייט. מיר האָבן געהאַט דעם כּבֿוד צו פֿילמירן איטשען און האָבן טאַקע מיט אים אָנגעהויבן דעם פּראָיעקט „אַ וועלט מיט קליינע וועלטעלעך: שמועסן מיט ייִדישע שרײַבערס״, סײַ צוליב זײַן טיפֿער עלטער און סײַ ווײַל מיר האָבן פֿאַרשטאַנען די וויכ־טיקייט פֿון דעם וואָס ער האָט געהאַט איבערצוגעבן. דאָס וואָס האָט מיך צום שטאַרקסטן אימפּאָנירט און וואָס אימפּאָנירט אַנדערע וואָס זעען דעם פֿילם „איטשע גאָלדבערג: אויב ניט נאָך העכער״, איז די אָפֿנקייט און אויפֿריכטיקייט מיט וועלכער ער רעדט דאָרטן וועגן זײַן לעבן

בכלל און בפֿרט, וועגן דער באַוועגונג אין וועלכער ער איז געווען אַזאַ גוואַלדיקער כּוח – צום גוטן. צום בולטסטן קען מען זען וויפֿל ער האָט באַדויערט דאָס וואָס די שולן זײַנען נישט געווען מער ייִדישלעך. ער האָט זיי קריטיקירט פֿאַר דעם וואָס מע האָט געפּרוּווט שטעלן דעם קלאַסנקאַמף אין צענטער פֿון דער שול־אידעאָלאָגיע, און פֿאַר די קאָמפּראָמיסן וואָס מע האָט געמאַכט. „דער קלאַסנקאַמף", האָט ער געזאָגט, „איז נישט קיין טראַדיציע". מע געפֿינט בײַ אים אינעם פֿילם נישט קיין שום שאַבלאָנען, פּוסטע רייד אָדער אויסגעדראָשענע פֿראַזעס, נאָר ערלעכקייט, חכמה און טיפֿע איבערצײַגונג – נאָר דער עצמדיקער איטשע.

ס'איז קלאָר אַז ביז זײַנע לעצטע טעג האָט ער זיך געראַנגלט מיט די פֿראַגעס פֿון וואָס עס הייסט צו זײַן אַ מאָדערנער, פּראָגרעסיוועּר, ייִדישער ייִד און ווי אַזוי מע קען דערציִען אַ דור וואָס זאָל קענען אָפּשאַצן דאָס וואָס ער רופֿט „די וווּנדיירים" וואָס זײַן דור האָט געשאַפֿן. ס'איז קלאָר אַז, ווי ער זאָגט אַליין, „דער אינערלעכער צאַפּל, דאָס גלעקעלע וואָס קלינגט איז באַזאָרגט וועגן דעם וואָס מיר האָבן געשאַפֿן און צי סע וועט ווײַטער גיין". יעדער וואָס האָט איטשען געקענט ווייסט די טיפֿקייט פֿון זײַן זאָרג און וויפֿל ער האָט אינספּירירט אַנדערע טאַקע ווײַטער צו גיין און צו טראָגן אַן אַחריות פֿאַר דער שאַפֿערישקייט. און געטאָן האָט ער דאָס מיט וויסן, מיט הומאָר און מיט ליבשאַפֿט צו דער זאַך און צו דעם יחיד וואָס איז געשטאַנען פֿאַר אים.

איטשע האָט מיט זײַנע „חסידים" געאַרבעט פֿאַר אַ בעסערער, שענערער וועלט דאָ אויף דער ערד, און כאָטש איך נעם אָן אַז נישט אַלע וואָס לייענען די ווערטער גלייבן אין אַ גן־עדן, קען איך נאָר זאָגן דאָס, וואָס עס האָט געזאָגט פּרצעס ליטוואַק, אַז איטשע איז איצט אַוועק פֿון אונדז און איז אַרויף „אויב ניט נאָך העכער"...

ש. צ.

נוסח איטשע גאָלדבערג

אויסקלײַב: שושנה באַלאַבאַן־וואָלקאָוויטש/ניו־יאָרק

מיר האָבן געטראָגן דאָס ייִדיש־לשון

קיין אַמעריקע פֿון דער אַלטער היים, ווי אַ טלית – די קאַלטע ווײַטע אַמעריקע זאָל אונדז ניט אײַנשלינגען...

(איטשע גאָלדבערג, עסייען – צוויי, ניו־יאָרק: ייִדישע קולטור, 2006, ז' 17)

אויף וויפֿל די געדאַנקען

[וועגן די שײַכותן צווישן פֿאָרגעשריטענער וועלטלעכקייט און טראַדיציע] זײַנען געוואָרן טרעפֿ אין פּראָצעס פֿון אויפֿוואַקסן, פֿון רײַף ווערן פֿון אַ דור, איז עס געווען אַן אַנטוויקלונג־גאַנג פֿון גרויסן נאַציאָנאַלן באַטײַט, אַ פּראָצעס ... וואָס מיר האַלטן אין איין אַנטוויקלען און פֿונאַנדערבעטן אין דעם אידיאָם פֿון אונדזער צײַט, אַ פּראָצעס אָן וועלכן די ברירה פֿאַר גרויסע פֿאָלקסטיילן וואָלט געווען – רעליגיע אָדער **אַסימילאַציע**... (ז' 331)

עס וועלן אויף תּמיד בלײַבן

צוויי גרויס־דימענסיעדיקע געשטאַלטן אין דער מאָדערנער ייִדישער ליטעראַטור: **שלום־עליכמס** טבֿיה און **עלי שעכטמאַנס** יצחק באַיאַר. אַלע אַנדערע זענען פּערסאָנאַזשן, טיפּן, העלדן. בלויז די צוויי זענען געשטאַלטן, אויסגעגאָסן פֿון היסטאָרישן שטאָל און אמונה...

(ז' 56)

אליעזר שטיינבאַרגס גראַמען

זײַנען ס'רובֿ ניַי, דער עיקר ניט דערוואַרט, דאָ און דאָרט צו קונציק, אָבער זיי זײַנען עדות אויף דער זעלטענער שפּילעוודיקער עלאַסטישקייט אויף וואָס ייִדיש איז קאַפּאַבל... (ז' 223)

אָט איז זי, **רחל קאָרן**,

סענסיטיוו ווי אַ קנאָספּ, פֿאַרגייט זיך אין אַ שטיל געבעט, און פּלוצעם גייען אויף געזאַנגען ערדישע, טיף מענטשלעכע – אַ סענסועלקייט, וואָס מיר האָבן זי ווייניק געהערט אין דער ייִדישער אָדער העברעיִשער פּאָעזיע זינט **שיר־השירים**... (ז' 95)

[דוד האָפֿשטיין] האָט געצוווּנגען דאָס ליד

צו טראַכטן. דער שׂכל און די כּוונה פֿון ליד איז ניט געווען די שטימונג, נאָר די קאָנפֿראָנטאַציע פֿון לייענער מיטן געדאַנק...

(ז' 114)

עס זײַנען כּמעט נישטאָ בײַ [מלך] ראַוויטשן

קיין לידער, וואָס זאָלן באַזינגען דעם וווּנדער פֿון דער נאַטור און זיך צופֿרידנשטעלן מיט איר שיינקייט. אומעטום שפּירט ער, אַנטפּלעקט ער, דעם צער פֿון דעם אָרט ווו ער געפֿינט זיך...

(ז' 167)

מרדכי שעכטער
דער טשערנעוויצער בן־עיר*

שבֿע צוקער/דורעם, צ״ק

אויפֿן סדר־היום פֿון דער טשערנעוויצער שפּראַך־קאָנפֿערענץ אין 1908 זײַנען געשטאַנען צען פּונקטן:

1. **ייִדישע אָרטאָגראַפֿיע**
2. **ייִדישע גראַמאַטיק**
3. **פֿרעמדע ווערטער און נײַע ווערטער**
4. **אַ ייִדיש־ווערטערבוך**
5. **די ייִדישע יוגנט און די ייִדישע שפּראַך**
6. **די ייִדישע פּרעסע**
7. **דער ייִדישער טעאַטער און ייִדישע אַקטיאָרן**
8. **דער עקאָנאָמישער סטאַטוס פֿון ייִדישע שרײַבערס**
9. **דער עקאָנאָמישער סטאַטוס פֿון ייִדישע אַקטיאָרן**
10. **אָנערקענונג פֿאַר דער ייִדישער שפּראַך**

עס איז דאָ איין מענטש וואָס האָט גענומען אויף זיך דעם עול צו באַווײַזן ממשותדיקע אויפֿטוען לגבי כאָטש זיבן פֿון די צען פּונקטן. דער מענטש איז, פֿאַרשטייט זיך, דער טשערנעוויצער בן־עיר ד״ר איציע־מרדכי שעכטער וואָס איז מיט צוויי יאָר צוריק געשטאָרבן אין עלטער פֿון 79 יאָר. לאָמיר אויף גיך אויסרעכענען זײַנע אויפֿטוען אין די תּחומען:

1. ייִדישע אָרטאָגראַפֿיע

זײַנע באַמיִונגען צו עטאַבלירן די קאָמיסיע דורכצופֿירן דעם איינהייטלעכן ייִדישן אויסלייג זײַנען לעגענדאַריש. ווי אַ פּועל־יוצא דערפֿון איז ער געווען צווישן די רעדאַקטאָרן פֿון דער ייִדישער אָרטאָגראַפֿישער וועגווײַזער וואָס איז אַרויס אין 1961, און האָט אַרויסגעגעבן אַן איבערדרוק פֿון די תּקנות פֿון ייִדישן אויסלייג, אין איינעם מיט אַן אַרומנעמיקן עסיי „פֿון פֿאָלקשפּראַך צו קולטורשפּראַך: אַן איבערבליק איבער דער היסטאָריע פֿונעם איינהייטלעכן ייִדישן אויסלייג" (1999). ער איז אויך געווען דער פֿאַרלייגער פֿון דער פֿונדאַציע פֿאַר ייִדישער שפּראַכקולטור א״נ בנימין שעכטער.

2. ייִדישע גראַמאַטיק

זײַנע הונדערטער תּלמידים זאָגן עדות אויף זײַנע אויפֿטוען אין דעם תּחום, ווי אויך זײַן לערנבוך ייִדיש צוויי און דער זשורנאַל ייִדישע שפּראַך וואָס ער האָט רעדאַקטירט פֿון 1971 ביז 1986.

3. פֿרעמדע ווערטער און נײַע ווערטער
4. אַ ייִדיש־ווערטערבוך

לאָמיר באַטראַכטן די צוויי צוזאַמען. אין זײַן לײַטיש מאַמע־לשון, הן די רובריקן אין אויפֿן שוועל און הן דאָס ביכל מיטן זעלביקן נאָמען, האָט מרדכי שעכטער זיך אָפּגעגעבן מיט די פֿראַגעס וואָס איז כּשר און וואָס איז טרייף אויף ייִדיש, דאָס הייסט, וואָס איז פֿרעמד און וואָס איז אייגן, וואָס מע מעג אַרײַננעמען און פֿאַראייגענען און וואָס זאָל בלײַבן מחוץ דעם גדר פֿון אַ לײַטיש מאַמע־לשון. דערצו איז ער געווען אַ מיטרעדאַקטאָר הן אויפֿן ייִדישן שפּראַך־ און קולטור־אַטלאַס בײַם קאָלאָמביע־אוניווערסיטעט, הן אויפֿן גרויסן ייִדישן ווערטערבוך, ווי אויך דער מחבר פֿון די טערמינאָלאָגישע ווערטערביכלעך טראָגן, האָבן און פֿרײַקע קינדער־יאָרן, ענגליש־ייִדיש ווערטערביכל פֿון אַקאַדעמישער טערמינאָלאָגיע, די געוויקסן־וועלט אין ייִדיש און זײַן נישט־פֿאַרענדיקט ווערק, אַ נײַ, מאָדערן ענגליש־ייִדיש ווערטערבוך, וואָס ס'איז שווער צו גלייבן אַז דאָס זאָל זײַן די אַרבעט פֿון איין יחיד.

מרדכי שעכטער בײַ דער ייִדיש־ליגע, 1994

5. די ייִדישע יוגנט און די ייִדישע שפּראַך

אין איינעם מיט עטלעכע תּלמידים האָט מרדכי שעכטער אין 1964 פֿאַרלייגט די ייִדישיסטישע יוגנט־אָרגאַניזאַציע יוגנטרוף און איז געווען איר אָפֿיציעלער בעל־יועץ ביז 1974. דערצו,

*פֿון אַ רעדע געהאַלטן אויף דער טאָראָנטער קאָנפֿערענץ „הונדערט יאָר נאָך דער טשערנעוויצער קאָנפֿערענץ", אַפּריל 2008

און לויט מײַן מיינונג איז דאָס אפֿשר זײַן גרעסטער אויפֿטו, האָט ער (מיט זײַן ווײַב טשאַרנען) דערצויגן פֿיר ייִדיש־רעדנדיקע קינדער וואָס זײַנען אַלע געבליבן אַקטיוו אויפֿן פֿראָנט פֿון ייִדיש און וואָס רעדן אַלע ייִדיש מיט זייערע אייגענע קינדער.

6. די ייִדישע פּרעסע

כמעט פֿופֿציק יאָר לאַנג האָט ער רעדאַקטירט אויפֿן שוועל און איז דערבײַ געווען דאָס געוויסן פֿון דער ייִדישער פּרעסע – אָפֿט אַ קול־קורא־במידבר – וואָס האָט געפּריידיקט, ממש געפֿאָדערט, מע זאָל מאָדערניזירן די שפּראַך, אײַנפֿירן דעם איינהייטלעכן אויסלייג, אָדער, מיט איין וואָרט, העכערן סטאַנדאַרדן און אָפּהיטן דאָס חשיבֿות פֿון ייִדיש. כאָטש ער האָט זיך דערמיט פֿאַרשאַפֿן אַ סך קעגנערס קען מען זאָגן אַז הײַנט האָבן כמעט אַלע ייִדיש־פּובליקאַציעס פֿונעם וועלטלעכן סעקטאָר סוף־כּל־סוף אָנגענומען דעם אויסלייג.

10. אָנערקענונג פֿאַר דער ייִדישער שפּראַך

אַמעריקע איז נישט קיין לאַנד ווּ מע קען מאָנען אָפֿיציעלע מלוכישע אָנערקענונג פֿאַר ייִדיש ווי עס איז מעגלעך געווען אין מיזרח־אייראָפּע אין געוויסע צײַטן. אויב מע קען אָבער דעם פּונקט באַנעמען אין דעם ברייטערן זין ווי דאָס אָנערקענען דאָס חשיבֿות פֿון דער שפּראַך און דאָס קעמפֿן פֿאַרן כּבֿוד פֿון דער שפּראַך האָט לשון־ייִדיש נישט געהאַט קיין מער איבערגעגעבענעם קעמפֿער אין די לעצטע פֿופֿציק יאָר ווי מרדכי שעכטער, „דער חסיד און רבי פֿון ייִדיש", ווי זײַן שוועסטער די פּאָעטעסע ביילע שעכטער־גאָטעסמאַן האָט אים אָנגערופֿן.[1] דאָס איז געווען אַ טייל פֿון דער מיסיע פֿון אויפֿן שוועל און פֿאַר דעם צוועק האָט ער פֿאַרלייגט די ייִדיש־ליגע אין 1979. בײַ דער געלעגנהייט האָט ער געשריבן „די ייִדיש־ליגע וועט מאָנען דרך־ארץ צו מאַמע־לשון, שפּראַכיקע כּיבוד־אַבֿ־ואם און במילא סאָציאַלן פּרעסטיזש פֿאַרן לשון און פֿאַרן ציבור, וואָס ניצט אָט דאָס לשון... מיר וועלן אַרבעטן לטובֿת מאַמע־לשון דורך מאָנען חזיון, פֿאַרמעסט, קוואַליטעט, עטישקייט".[2] דאָס האָט ער געטאָן דורך זײַנע אומצאָליקע אַרטיקלען, דורך זײַנע לערנביכער און דורך די ווערטן וואָס ער האָט אײַנגעפֿלאַנצט אין זײַנע תּלמידים. ס'איז נישט קיין גוזמא צו זאָגן אַז כמעט יעדער באַקאַנטער ייִדיש־לערער אָדער ־געלערנטער אין צפֿון־אַמעריקע אין די לעצטע פֿופֿציק יאָר (און אַ סך פֿון אַנדערע קאָנטינענטן אויך) האָבן זיך געלערנט בײַ מרדכי שעכטערן. און אַפֿילו אויב מע איז נישט 100 פּראָצענט מסכּים מיט אַלץ וואָס ער האָט געפּריידיקט וועט קיינער נישט לייקענען אַז זײַן השפּעה אויף אים/איר איז נאָך אַלץ געווען זייער אַ שטאַרקע.

כמעט יעדער באַקאַנטער ייִדיש־לערער אָדער ־געלערנטער אין צפֿון־אַמעריקע אין די לעצטע פֿופֿציק יאָר (און אַ סך פֿון אַנדערע קאָנטינענטן אויך) האָבן זיך געלערנט בײַ מרדכי שעכטערן.

איז פֿרעגט זיך די קשיא: ווי אַזוי ווערט אויס־געפֿורעמט אַזאַ מענטש? איז דאָס צופֿעליק צי אַ רעזולטאַט פֿון געוויסע גורמדיקע פֿאַקטאָרן? ווי שעכטער אַליין האָט דערציילט אין „מאָטעלעס זכרונות":[3] „דער ייִדישיזם איז פֿון דער לופֿט אַרײַן", געירשנט פֿון טאַטע־מאַמע: די מאַמע – ליפֿשע שעכטער־ווידמאַן, הײַנט באַוווּסט ווי אַן אויטענטישע פֿאָלקזינגערין, דער טאַטע, חיים־בנימין שעכטער – אַ טעריטאָריאַליסט און אַ פֿאַרברענטער ייִדישיסט. ער איז אויך געווען אַ פֿוסגייער אויף דער טשערנעוויצער קאָנפֿערענץ, אַ פֿאַקט וואָס מרדכיס שוועסטער ביילע האָט

דער ערשטער נומער פֿונעם זשורנאַל יוגנטרוף פֿון וועלכן מרדכי שעכטער איז יאָרן לאַנג געווען דער בעל־יועץ.

---

[1] ביילע שעכטער־גאָטעסמאַן, „וועגן מרדכין", אויפֿן שוועל, נ' 339, האַרבסט 2007, ז' 19. [2] מרדכי שעכטער, „משנה־שם... משנה־מזל", אויפֿן שוועל, נ' 331-332, זומער־האַרבסט 2005, ז' 20. [3] אויפֿן שוועל, נ' 339, ז' 43.

פֿאַראייביקט אין אירס אַ ליד מיטן נאָמען „ער האָט געהאַט די זכיה":

אַזוי ווי חנן אין דיבוק, מיט אַ
ספֿרל אין האַנט,
האָט אַ פֿאַרטראַכטער אין די
עולמות־עליונים געשפּאַנט
זוכן דאָס ליכט פֿון אמת –
זײַן גורל,

... איבער מרחקים, אַן עולה־רגל
צו פֿוס געלאָזט זיך פֿון זײַן
גאַליציש שטעטל
קיין טשערנעוויץ אויף דער
שפּראַך־קאָנפֿערענץ.[4]

די השפּעה פֿון דעם ליכטיקן געשטאַלט פֿון טאַטן, סײַ בײַם לעבן ווען די סאָוועטן האָבן אים צוליב אַ מסירה אומברחמנותדיק אַרעסטירט, דעם 14טן סעפּטעמבער 1940, ווען מרדכי איז נאָך נישט אַלט געווען קיין דרײַצן יאָר, און פֿאַרשיקט קיין סיביר וווּ ער איז אומגעקומען, איז געווען קאָלאָסאַל. מײַן אייגענע פּסיכאָלאָגישע אויסטײַטשונג פֿון די וואָרצלען פֿון ד״ר שעכטערס טיפֿן ייִדישיזם איז וואָס עס נעמט זיך טאָקע פֿון דעם וואָס ער האָט אַזוי פֿרי פֿאַרלוירן דעם טאַטן. דער טאַטע, דער טעריטאָריאַליסט, דער טשערנעווצער פּוסגייער, איז געוואָרן אַ מין אידעאַלע פֿיגור און דורך זײַן אייגענעם התלהבֿותדיקן ייִדישיזם, געירשנט פֿונעם טאַטן, האָט מרדכי אַ לעבן לאַנג געפּרוּווט דורך זײַנע אייגענע מעשׂים מקיים זײַן סײַ זײַנע סײַ דעם טאַטנס אידעאַלן.

די מאַמע,
ליפֿשע שעכטער־ווידמאַן
ביילע שעכטער־גאָטעסמאַן

די שטאָט טשערנעוויץ אַליין האָט מסתּמא צוגעגעבן, נישט אין קיין קליינער מאָס, צו זײַן ייִדישיזם. פֿון איין זײַט איז דאָס געווען אַ שטאָט וווּ מע האָט אַרויסגעגעבן אַ סך ייִדישע צײַטונגען און צײַטשריפֿטן, פֿון אַלע אידעאָלאָגישע שטראָמען, מיט אַזעלכע פּערזענלעכקייטן ווי שמואל־אַבא סופֿר, איציק מאַנגער און אליעזר שטיינבאַרג, צווישן אַנדערע. ס׳איז אָבער אויך געווען אַ פֿילשפּראַכיקע שטאָט וווּ מע האָט געקענט הערן רומעניש, אוקראַיִניש און דײַטש, וווּ די אינטעליגענץ, און בפֿרט דער ייִדישער מיטלקלאַס, האָבן גערעדט דײַטש. דאָס הייסט, אַז ייִדיש איז נישט געווען די נאַטירלעכע ברירה צווישן דער יוגנט. מרדכי שעכטער איז קענטיק אויפֿגעוואַקסן מיט דעם געפֿיל אַז כאָטש טשערנעוויץ איז אַ ייִדישע שטאָט – מער ווי אַ פֿערטל פֿון די אײַנוווינערס זײַנען צווישן די מלחמות געווען ייִדן – איז ייִדיש פֿאָרט אַ שטיפֿקינד דאָרט און פֿאַר ייִדיש מוז מען זיך אײַנשטעלן. דאָס גיט אַפֿשר אויך צו פֿאַרשטיין זײַן אַנטיפּאַטיע צו דײַטשמעריזמען אין ייִדיש. הגם בײַ זײַנע סטודענטן איז ייִדיש שוין לאַנג נישט געשטאַנען אין סכּנה לגבי דײַטש – דײַטש איז שוין מער נישט געווען די שפּראַך וואָס לאָקערט צוצונעמען פֿון דער ריינקייט פֿון דער שפּראַך – האָט מרדכי שעכטער אַ לעבן לאַנג געפֿירט אַ מלחמה קעגן דער השפּעה פֿון דײַטשמעריש. כאָטש אַפֿילו זײַנע גרעסטע קעגנערס קערן מסכּים זײַן אַז אַזעלכע ווערטער ווי „פֿילײַכט", „האָכצײַט" און „גנאָסע" זײַנען שוין פֿון לאַנג אויסגעשפּילט, קענען אַפֿילו אַ סך פֿון זײַנע חסידים, איך בתוכם, זיך נישט באַגיין אָן „פֿיל", „ווידמען", „היימלאָז" און „וואָגן".

דער טאַטע,
חיים־בנימין שעכטער
ביילע שעכטער־גאָטעסמאַן

נישט נאָר פֿאַר דעם ייִדישן לשון האָט ער זיך אײַנגעשטעלט, נאָר אויך פֿאַר ייִדן און זייער ביטערן גורל נאָך דעם חורבן. זײַן טעריטאָריאַליזם האָט איצט געהאַט אַ ממשות. אין אַ נומער אויפֿן שוועל פֿון

מרדכי שעכטער איז קענטיק אויפֿגעוואַקסן מיט דעם געפֿיל אַז כאָטש טשערנעוויץ איז אַ ייִדישע שטאָט איז ייִדיש פֿאָרט אַ שטיפֿקינד דאָרט און פֿאַר ייִדיש מוז מען זיך אײַנשטעלן.

[4] פּערפּל שלענגלט זיך דער וועג, זז׳ 121-120.

1948[5] געפֿינט זיך אַ בריוו וואָס הייסט „אַ ווייגעשריי פֿון די לאַגערן“:

ברידער ייִדן!

אומברחמנותדיק האַלט מען בײַם אַרײַנשטעקן אַ מעסער אין רוקן פֿון דער שארית־הפליטה. אַן אומגעזעענע מערדערישע האַנט מישט זיך אַרײַן און האַלט בײַם צעשטערן אַ מעגלעכקייט פֿון רעטונג פֿאַר טויזנטער... **סורינאַם**.

ברידער! העכער דרײַ טויזנט מיטגלידער פֿון דער פּליטים־פֿרײַלאַנד־ליגע אין עסטרײַך [...] רופֿן צו אײַך [...]

ווי אַזוי קענט איר, אַמעריקאַנער ייִדן, דערלאָזן אַז נאָך הײַנט זאָל חלילה געשען אַזאַ רציחה? הײַנט, נאָכן שרעקלעכן חורבן! האָט אײַך די טראַגיק פֿון ייִדישן גורל נאָך גאָרנישט באַוויזן? [...]

וואָס פֿאַר אַ מעגלעכקייט פֿאַר רעטונג האָט איר פֿאַר דעם מיליאָן פֿאַרבליבענע ייִדן אין אייראָפּע? און ווי אַזוי קענט איר דערלאָזן מע זאָל אונדז מקריבֿ זײַן, אַבי צו דערווײַזן אַז עס איז פֿאַראַן **בלויז** איין איינציקער אויסוועג אין ארץ־ישׂראל? צוליב אידעאָלאָגישע דעמאָנסטראַציעס שפּילט איר זיך מיט ייִדישע לעבנס? [...]

[...] און איר, גלײַכגילטיקע מיטאַרבעטער פֿון פֿאָרווערטס, מאָרגן־זשורנאַל, טאָג, צוקונפֿט און פֿון כּמעט דער גאַנצער ייִדישער פּרעסע אין אַמעריקע! טראָגט איר דען ניט אַ גאָר גרויסן טייל שולד פֿאַר נישט אויפֿהייבן אײַער שטים פֿאַר אַרײַנלאָזן ייִדן אין די פֿאַראייניקטע שטאַטן און אין סורינאַם?“

דער בריוו איז אונטערגעחתמעט „פֿאַר דער פּליטים־פֿרײַלאַנד־ליגע אין עסטרײַך, י. קאַטשערגינסקי, גענ. סעקר., די. פּי. לאַגער עבעלסבערג בײַ לינץ, און מ. שעכטער, עקזעק. סעקר., די. פּי. לאַגער אַרצבערגער, ווין 17 (דעם 25סטן סעפּט')“.

י. קאַטשערגינסקין קען איך נישט, חוץ פֿון בריוו און אַרטיקלען דאָ און דאָרט אין אַלטע נומערן אויפֿן שוועל, אָבער אין דעם בריוו דערקען איך דאָס קול פֿון מרדכי שעכטערן. זײַן פּאַטאָס, זײַן נישט האָבן קיין מורא אַרײַנצוזאָגן די מאה־דעה, זײַן אָנקלאָגן די ייִדישע פּרעסע, דאָס מאָל לגבי ענינים וואָס זײַנען באמת געגאַנגען אין לעבן, שפּעטער לגבי דעם חשיבֿות פֿון ייִדיש. שעכטער איז נישט געוואָרן אַ טעריטאָריאַליסט צוליב דער מלחמה און זײַנע אייגענע וואַגלענישן, אַזוי ווי אַ סך אַנדערע. ער איז דאָס שוין געווען. אָט די אידעאָלאָגיע האָט ער זיך געלערנט פֿונעם טאַטן.

דער טעריטאָריאַליזם האָט באַפֿאַרבט זײַן גאַנצן לעבנסוועג, סײַ פּראָפֿעסיאָנעל סײַ פּערזענלעך. שוין לאַנג נאָך דעם ווי ס'רובֿ טעריטאָריאַליסטן האָבן אויפֿגעגעבן דעם טעריטאָריאַליסטישן חלום, נאָך דעם אויפֿקום פֿון מדינת־ישׂראל און דעם דורכפֿאַל פֿון דעם סורינאַם־פּראָיעקט, האָט מרדכי שעכטער נאָך אַלץ געפּרוּווט געפֿינען אַ היים, איצט שוין אפֿשר נישט אַזוי פֿאַר ייִדן ווי פֿאַר ייִדיש, און האָט דערפֿאַר אויסגעפֿאָרשט עטלעכע מעגלעכקייטן פֿאַר קליין־קאָלאָניזאַציע. ווען קיין קאָלאָניע האָט זיך נישט געלאָזט מאַכן האָט ער זיך געמוזט באַפֿרידיקן מיט אַ גאַס, ביינברידזש־עוועניו, אָדער די „ביינברידזשיועק“, ווי מע האָט עס גערופֿן, ווו דרײַ משפּחות — די שעכטערס, די גאָטעסמאַנס און די פֿישמאַנס — האָבן דורכגעפֿירט אַן עקספּערימענט, און פּאַקטיש אַ קליינעם נס: דאָס אויפֿציִען אין **אַמעריקע** אַ נײַעם דור ייִדיש־רעדנדיקע קינדער, וואָס ס'רובֿ פֿון זיי זײַנען נאָענט און שאַפֿעריש געבליבן פֿאַרבונדן מיט ייִדיש.

מ. שעכטערס באָטאַנישע טערמינאָלאָגיע, די געוויקסן־וועלט אין ייִדיש, 2005

פֿון דעם טעריטאָריאַליזם איז צו מרדכי שעכטערן געקומען דער גלויבן אַז ייִדיש איז אַ שפּראַך פֿון אַ גאַנץ יאָר, פֿאַר אַלע אַספּעקטן פֿון דעם לעבן פֿון אַ ייִד און פֿאַר דעם האָט ער געאַרבעט, ווײַל טאָמער וועט מען אַ מאָל האָבן אַ טעריטאָריע וועט מען טאָקע דאַרפֿן אַ שפּראַך פֿאַר אַלע אַספּעקטן פֿון לעבן, פֿאַר פֿינאַנצן, פֿייגל, רעליגיע און סעקס. אַפֿילו נאָך דעם ווי ער האָט אָנערקענט אַז ייִדן האָבן שוין אַ מדינה און זוכן נישט קיין אַנדער טעריטאָריע האָט ער נאָך אַלץ געגלייבט אַז ייִדיש קען און דאַרף זײַן אַ שפּראַך אין וועלכער מע קען אויסדריקן אַלץ וואָס אויף אַנדערע שפּראַכן. דער גלויבן האָט אינספּירירט אַ סך פֿון זײַנע פּראָיעקטן ווי, למשל, זײַן באָטאַנישע טערמינאָלאָגיע, די געוויקסן־וועלט אין ייִדיש. שיקל פֿישמאַן

[5] אויפֿן שוועל, אָקטאָבער־נאָוועמבער, נ' 52-53, ז' 6-7.

האָט עס ריכטיק איבערגעגעבן אין זײַן אַרטיקל „צונויפֿקלײַבן, אויפֿהיטן און דערגאַנצן: דער אויפֿטו פֿון מ. שעכטערס

האָבן רעגירונגען, אַרמייען און שולסיסטעמען מוז מען פּראָבירן. ייִדיש טאָר נישט זײַן הינטערשטעליק.

די אָריענטאַציע פֿונעם ווערטערבוך פֿון ענגליש אויף ייִדיש, ווי אויך דער אָפּקלײַב ווערטער, זאָגט עדות אויף דעם צונויפֿשטעלערס אידעאָלאָגיע אַז ייִדיש איז נישט בלויז אַ שפּראַך פֿון דער ליטעראַטור און פֿאָרשונג נאָר איז נאָך אַלץ אַ לעבעדיקע רעדשפּראַך.

געוויקסן־וועלט", וואָס ער האָט געדרוקט אין אויפֿן שוועל צום אַרויסקום פֿון דעם בוך.[6]

„דער חלוציזם איז געווען אַ פּראָדוקט פֿון אָט דער גלאָריפֿיקאַציע פֿון דער ערד, די ייִדישע סקויטן־באַוועגונגען, און אויך דער טעריטאָריאַליזם און געוויסע שטראָמען אינעם ייִדישן קאָמוניזם (קרים, בירעבידזשאַן) זענען געווען מער ווי אַ ביסל אָנגעשטעקט דערפֿון (ד"ה פֿון דער ייִדישע ראָמאַנטיק לגבי פֿעלדער און גראָזן, בלומען און פֿלאַנצן). פֿון אָט די לעצטע וואָרצלען קומט נישט נאָר שעכטערס לאַנגע ליבשאַפֿט צו דער נאַטור, נאָר אויך חיים זשיטלאָווסקיס, אַבֿרהם גאָלאָמבס, רעגינע ווײַנרײַכס א"אַ. ... איך געדענק נאָך ווי שעכטער פֿלעג יעדן שבת פֿירן אַ טוץ יונגע קינדער (אײַנגעשלאָסן עטלעכע זײַנע, עטלעכע מײַנע און עטלעכע אַנדערע ייִדיש־רעדנדיקע) אויף שפּאַצירן אין 'ענגע־בענגע־לאַנד', אַ צוטריטלעכן חלק פֿונעם ריזיקן וואַן־קאָרטלאַנד־פּאַרק אין די בראָנקס און דאָרטן 'געבן נעמען' די פֿאַרשיידענעביימער, בלומען און אַפֿילו שטיינער וואָס קליינוואַרג האָט דאָרטן 'אַנטדעקט'. ווען מען נעמט דאָס אַלץ אין באַטראַכט ווערט שעכטערס נײַ בוך אַ גאָר פֿאַר־שטענדלעכער פּראָדוקט, אי פֿון אונדזער קאָלעק־טיווער געשיכטע, אי פֿונעם מחברס יחידישן וועג".

בײַ שעכטערן איז עס געווען אַ ראָמאַנטיק אויסגעמישט מיט אַ פּראַגמאַטישקייט. פּראַגמאַטיש אין דעם זין אַז כּל־זמן עס בלײַבן נאָך אַ מנין ייִדן וואָס ווילן רעדן ייִדיש מוזן זיי האָבן די ווערטער זיך אויסצודריקן. הגם ער האָט פֿאַרשטאַנען אַז ייִדיש קען זיך נישט גלײַכן צו גרעסערע שפּראַכן וואָס

„ייִדיש האָט נישט קיין שום שאַנס, סע זאָל אָנקומען אויפֿן ערשטן, צווייטן, פֿיפֿטן אָדער אַפֿילו צוועלעפֿטן 'אָרט'", האָט ער געשריבן אין *לײַטיש מאַמע־לשון*, „אָבער — אַרויס־פֿאַלן, זיך מיאש זײַן, דאָס טאָרן מיר אויך נישט".[7]

עס איז דער גײַסט וואָס שפּיגלט זיך אָפּ אין זײַן ענגליש־ייִדיש ווערטערבוך, זײַן גרויסן נישט־דערענדיקטן פּראָיעקט וואָס די ייִדיש־ליגע באַמיט זיך איצט צו פֿאַר־ענדיקן, אונטער דער רעדאַקציע פֿון ד"ר חוה לאַפּין. דאָס ווערטערבוך וועט כּולל זײַן נײַשאַפֿונגען פֿאַר זאַכן און השׂגות וואָס זײַנען פּשוט נישט געווען אויף דער וועלט ווען

מיט חבֿרים אינעם די־פּי־לאַגער אַרצבערגער, ווין, עסטרײַך, שפּעטע 1940ער יאָרן. מרדכי שעכטער, צווייטער פֿון לינקס

אוריאל ווײַנרײַך האָט צונויפֿגעשטעלט זײַן מאָנומענטאַל ווערטערבוך. דאָס איז אָבער בלויז אַ טייל פֿון דעם ווערטער־אוצר; עס וועט אויך אַרײַננעמען לאַנגאָניקע

[6] ב' 333-334, ווינטער־פֿרילינג 2006, ז' 40 [7] *לײַטיש מאַמע־לשון*: אָבסערוואַציעס און רעקאָמענדאַציעס, ניו־יאָרק, 1986, ז' 270.

ווערטער וואָס האָבן נישט זוכה געווען אַרײַנגענומען צו ווערן אין ווײַנרײַכס ווערטערבוך. די אָריענטאַציע פֿונעם ווערטערבוך פֿון ענגליש אויף ייִדיש, ווי אויך דער אָפּקלײַב פֿון די ווערטער — וואָס נעמט אַרײַן, צווישן אַנדערן, קאָמפּיוטער־, לעגאַלע און וויסנשאַפֿטלעכע טערמינאָלאָגיע, פֿייגל, ספּאָרט און אַ סך ענגלישע אידיאָמען ווי, למשל, pack a lunch, pack a pistol, pack a punch — זאָגט זייער בולט עדות אויף דעם צונויפֿשטעלערס אידעאָלאָגיע אַז ייִדיש איז נישט בלויז אַ שפּראַך פֿון דער ליטעראַטור און פֿאָרשונג נאָר איז נאָך אַלץ אַ לעבעדיקע רעדשפּראַך.

אויף דער פּיקעטיר־אַקציע אײַנצופֿירן דעם איינהייטלעכן ייִדישן אויסלייג בײַ די ניו־יאָרקער ייִדישע צײַטונגען, 1970

מרדכי שעכטערס קנאַיִש שטיין אויף דער וואַך קעגן דײַטשמעריזמען, קעגן דעם שטומען אַלף, קעגן נישט־אויסגעהאַלטנקייטן אין אָרטאָגראַפֿיע, קעגן אַלץ וואָס ער האָט געהאַלטן פֿאַר אַ נישט־לײַטיש מאַמע־לשון האָבן אים פֿאַרשאַפֿן קעגנערס, און זעט אויס אַ מאָל אומפֿאַרשטענדלעך און אַפֿילו אַבסורד. דאָס איז אָבער אַלץ אַן אַקט פֿון „בטחון און אמונה״, ווי רחמיאל פּעלץ האָט עס פֿאָרמולירט: „אין אַ תּקופֿה פֿון דעפּרימירונג און צעשטערונג, ספּעציעל לגבי ייִדיש, איז מרדכי שעכטער געווען אונדזער מאמין, און דאָס איז אַלץ פֿאַרבונדן מיט די שטריכעלעך איבערן 'פּא' און מיט דעם קמץ־אַלף. סטאַנדאַרדן פֿאַר ייִדיש זענען פֿאַרבונדן מיט סטאַנדאַרדן פֿאַר אַלץ. בטחון אין ייִדיש איז פֿאַרבונדן מיט בטחון אין אַלץ. אָן קיין אמונה האָט מען גאָרניט״.[8]

דאָס גלייבן אין דער וויכטיקייט פֿון די קלייניקייטן איז אַ טייל פֿון דער איבערצײַגונג אַז די סטאַנדאַרדן פֿאַר ייִדיש דאַרפֿן זײַן נישט נידעריקער ווי בײַ אַנדערע שפּראַכן און פֿון דעם גלויבן אין דער גרעסערער וויכטיקייט פֿון דער גאַנצער זאַך, ד"ה, אין דעם חשיבֿות פֿון ייִדיש־לשון און ־קולטור. אַ לעבן לאַנג האָט ער זיך אײַנגעשטעלט פֿאַרן כּבֿוד פֿון ייִדיש.

ער האָט געוויזן אַ וועג — ווי אַ לערער, אַ פֿאָרשער, אַ כּלל־טוער און אַ טאַטע. ער האָט אונדז געלערנט אַז דער עתיד פֿון ייִדיש ליגט נאָר בײַ אונדז אין די הענט און דערמיט וועט ער אייביק לעבן. ער האָט אונדז געלערנט, ווי דער אומאָפּיציעלער נאַטשערנעוויצער איינמענטשיקער אויספֿיר־קאָמיטעט אַז נישט קאָנפֿערענצן טוען אויף מעשׂים, נאָר מענטשן.

[8]אויפֿן שוועל, נ' 339, האַרבסט 2007, זז' 22־23.

ד"ר יצחק־נחמן שטיינבערג

רעוואָלוציאָנער און נאַציאָנאַלער דענקער

(1957-1888)

צו זײַן 50סטן יאָרצײַט*#

שבֿע צוקער/דורעם, צ"ק

די פֿון אײַך וואָס געדענקען דעם אַלטן ביוראָ פֿון דער ייִדיש־ליגע אויף דער 72סטער גאַס געדענקען מסתּמא אויך דאָס בילד פֿון ד"ר יצחק־נחמן שטיינבערגן וואָס איז געהאָנגען אויף דער וואַנט און וואָס האָט זיך קוים געקענט אַרויסזען דורך אַ שפּאַלט צווישן דעם באַרג מיט ביכער וואָס זײַנען געלעגן אָנגעלייגט דאָרטן. זײַענדיק אין ביוראָ האָב איך דעמאָלט געהאַט נאָר זייער נעפּלדיקע השׂגות[1] וועגן ווער דער מענטש איז געווען און וועגן דער גרעסערער באַוועגונג פֿון ייִדישן טעריטאָריאַליזם, און בפֿרט דער פֿרײַלאַנד־ליגע מיט וועלכער ער איז געווען אַזוי לײַדנשאַפֿטלעך[2] פֿאַרבונדן. גע־ווּסט האָב איך אַז ד"ר שטיינבערג איז געווען ד"ר מרדכי שעכטערס אַ העלד און אַז איידער ס'איז געווען אַ ייִדיש־ליגע איז אויפֿן שוועל געווען דער אָרגאַן פֿון דער פֿרײַלאַנד־ליגע. ערשט מיט דרײַ יאָר צוריק, ווען איך האָב אָנגענומען די אַרבעט פֿון אָנפֿירן מיט דער ייִדיש־ליגע און רעדאַקטירן אויפֿן שוועל, האָב איך זיך אָנגעהויבן פֿאַראינטערעסירן אין דער געשיכטע פֿון דער אָרגאַניזאַציע און פֿון דעם זשורנאַל.

ס'האָט נישט לאַנג געדויערט ביז איך האָב אין ביוראָ געפֿונען אַן עקזעמפּלאַר פֿונעם יצחק נחמן שטיינבערג געדענק־בוך (י.נ. שטיינבערג־בוך), אַן אימפּאָזאַנטער[3] באַנד פֿון 672 זײַטלעך אַרויסגעגעבן פֿון אַ קאָמיטעט זײַנע חסידים און באַוווּנדערערס. ווען איך האָב געעפֿנט דאָס בוך בין איך גלײַך צוגעגאַנגען צו ד"ר שעכטערס אַר־טיקל וועגן אים, „אַ בינטל זכרונות" (זז' 141-131), און אָנגעהויבן לייענען. אַזוי שרײַבט ער: „אַחוץ אים, צו לענגערע יאָר, ד"ר מאַקס ווײַנרײַכן, ווייס איך ניט פֿון נאָך אַ מענטשן ווו כ'זאָל אַזוי פֿילן דעם טעם פֿון 'כ'האָב (געהאַט) די זכיה צו קע־נען און מיט אים צוזאַמענאַרבעטן'".

שטיינבערג, 1953

פֿערלאַג „קיבעין"
—אוי, עס פּייסט!
פֿערלאָרען אויכטראַליען!
(No. 1). —שאַ־שאַ, קראַץ זיך ניט, נאַ דיר מאַרס!

Copyright applied for

סאַטיריש פּאָסטקאַרטל וועגן י.־נ. שטיינבערגס פּרווו צו עטאַבלירן אַ ייִדישע טעריטאָריע אין אויסטראַליע

האָב איך שוין פֿאַרשטאַנען אַז אויב מײַן באַליבטער לערער שרײַבט אַזוי מוז ד"ר שטיינבערג זײַן אַ זעלטענער מענטש. אָבער (און דאָס פֿאַרמינערט[4] נישט זײַן ווערט) ד"ר שעכטער איז דאָך געווען אַן אייגענער מענטש, אַ ברודער־טעריטאָריאַליסט און דער וואָס האָט איבערגענומען פֿון אים די אַרבעט פֿון רעדאַקטירן אויפֿן שוועל; פֿאַרשטייט זיך אַז ער

*דער אַרטיקל האָט צוויי מינים הערות: סײַ תּוכיקע סײַ אָפּטײַטשן. אַ תּוכיקע הערה האָט אַ שטערנדל פֿאַרן אָפּשיק־ציפֿער; אַן אָפּטײַטש האָט נאָר דעם אָפּשיק־ציפֿער.

#רעדע געהאַלטן לכּבֿוד דעם ערשטן יאָרצײַט פֿון ד"ר מרדכי שעכטער, דעם 9טן מאַרץ 2008, ניו־יאָרק.

[1][האַסאָגעס] געדאַנקען - notions [2]מיטן גאַנצן האַרצן - passionately [3]מאַכט אַן אײַנדרוק - imposing [4]מאַכט קלענער - diminish

ווּעט אים אָפּשאַצן[5] ווי געהעריק. בין איך צוגעגאַנגען צום זײַטל בײַם אָנהייב פֿון בוך ווּ עס ווערן אויסגערעכנט אַלע מיטגלידער פֿון דער רעדאַקציע־קאָלעגיע און בוך־קאָמי־טעט און דאָרט האָב איך געפֿונען נישט נאָר "the usual suspects", ווי עס ווערט געזאָגט אין דעם פֿילם „קאַסאַבלאַנקאַ", ד"ה, די טעריטאָריאַליסטן/ייִדישיסטן, ווי דער רע־דאַקציע־סעקרעטאַר מלך ראַוויטש, נחום (נייטען) טוראַק, שואל גוטמאַן, יהודה זעליטש און ד"ר ל. מ. פֿרוכטבוים – אַלע וויכטיקע טוערס אין דער פֿרײַלאַנד־ליגע – נאָר אויך ייִדיש־אינטעלעקטואַלן און טוערס פֿון אַנדערע פּאָליטישע ריכטונגען, ווי דער פּאָעט ה. לייוויק און די בונדיסטן חיים־שלמה קאַזדאַן און מאַקס ווײַנרײַך, און אויך מענטשן פֿון אין גאַנצן אַנדערע קרײַזן ווי דער סאָציאַל־פּסיכאָלאָג און פֿילאָסאָף ד"ר עריך פֿראָם, דער פֿילאָסאָף מאַרטין בובער און דער אַמעריקאַנער סאָציאַליסט נאָרמאַן טאָמאַס. איך בין געבליבן געפּלעפֿט.[6] דער מענטש, האָב איך געטראַכט, וואָס האָט זוכה געווען צו דעם דרך־ארץ און אַפֿילו באַוווּנ־דערונג פֿון אַזוי פֿיל פֿאַרשיידענע מענטשן האָט געמוזט זײַן עפּעס אַן אויסנאַם, נישט קיין געוויינטלעכער פּאַרשוין.

וואָס זײַנען די פֿאַקטאָרן וואָס האָבן געהאָלפֿן שאַפֿן אַזאַ אוניקאַלע[7] פּערזענ־לעכקייט, ווי עס איז געווען דער רעוואָלוצ־יאָנער, פֿרומער ייִד, יוריסט, שרײַבער, זוכער פֿון אַ טעריטאָריע פֿאַר ייִדן, נאַציאָנאַלער דענקער און מנהיג, יצחק־נחמן שטיינבערג? לאָמיר צוריקגיין צום אָנהייב, צו זײַנע קינ־דער־יאָרן און יוגנט. צום גליק האָבן מיר אין י.נ. שטיינבערג־בוך דעם וווּנדערלעכן עסיי „יצחק־נחמן שטיינבערגס קינדער־ און יוגנט־יאָרן 1888-1914"*[8] פֿון זײַן ברודער, דעם דענקער אַהרן שטיינבערג, וואָס באַלײַכט פֿאַר אונדז די תּקופֿה.

יצחק־נחמן שטיינבערג איז געבוירן געוואָרן אין דענעבאָרג (דווינסק), לעטלאַנד, אין 1888. דער ווילנער זיידע יצחק־נחמן און דער טאַטע זײַנען ביידע געווען בעלי־השׂכּלה[9] מיט יראת־הכּבֿוד[10] לגבי די נײַצײַטיקע פּאָעטן און שרײַבערס. בײַ שטיינבערגס פֿאָטער זרח איז שוין געווען דער געדאַנק אַז צווישן אמונה[11] און וויסנשאַפֿט קען און דאַרף נישט זײַן קיין שום סתּירה.[12] מע האָט אויך געהאַלטן אַז עס איז אַ הייליקער חובֿ צו קענען גוט לערנען און אָפּהיטן אַלע פּראַקטישע מיצוות – אָבער מיט שׂכל. מע האָט געשטעלט דעם טראָפּ אויף דעם עטישן מהות[13] פֿון ייִדישקייט און אויף דער מאָראַלישער דערהויבנקייט פֿון פֿאָלק ישׂראל (ז' 22).

חיינה*[14] עליאַשעוו, די מאַמע זײַנע, איז געווען זייער אַ קלוגע און וויל־קענעוודיקע. איר טאַטע, דער קאָוונער זיידע, פֿלעגט זאָגן, „וואָלט חיינה ניט געבוירן געוואָרן אַ מיידל, וואָלט זי געווען מסוגל[15] צו ווערן אַ גאָון בישׂראל"[16] (ז' 28). און דערפֿאַר האָט ער טאַקע געלערנט מיט איר משניות און אַפֿילו אַ בלאַט גמרא אַזוי ווי זי וואָלט געווען אַ ייִנגל. איר ייִנגערער ברודער איסידאָר־ישׂראל איז שפּעטער באַרימט געוואָרן ווי דער קריטיקער בעל־מחשבֿות.

אין אַזאַ סבֿיבֿה – רעליגיעז, פּראָגרעסיוו און טיף אינטעלעקטועל – איז אויפֿגעוואָקסן יצחק־נחמן שטיינבערג. זײַן דערציִונג איז געווען אַ טראַדיציאָנעלע. ביז בר־מצווה האָט ער שוין גע־האַט דורכגענומען בערך 220 בלאַט גמרא. די מו־מעס זײַנע האָבן צוגעזען אַז ער זאָל אויך לערנען וועלטלעכע לימודים. איין מומע, די „טאַנטע" שיינע („סאָניע"), האָט געלערנט מיט אים רוסיש, און דער מאַמעס שוועסטער אסתּר, אַ דאָקטאָר פֿון פֿילאָסאָפֿ־יע און ליטעראַטור־קריטיקערין, האָט געקנעלט[17] מיט אים די אַנדערע לימודים. די אַטמאָספֿער אין שטוב איז געווען אַ טיף ייִדישע אָבער אויך זייער אַן אייראָפּעיִשע און אַ ליבעראַלע. ס'איז געווען אַ סבֿיבֿה ווּ מענער און פֿרויען זײַנען געווען גלײַך.

יצחק־נחמן מיט זײַנע עלטערן, זרח שטיינבערג און חיינה עליאַשעוו־שטיינבערג

[5]פֿאַרשטיין די ווערט - value, esteem [6]פֿאַרגאַפֿט - amazed, dumbfounded [7]יחיד־במינודיקע, איינציקע - unique [8]ד"ר אַהרן שטיינבערג, „יצחק־נחמן שטיינבערגס קינדער־ און יוגנט־יאָרן (1888-1914)", יצחק נחמן שטיינבערג געדענק־בוך, ניו־יאָרק: ד"ר י.־נ. שטיינבערג־בוך־קאָמיטעט, 1961, ז' 22. [9][באַלײ־האַסקאָלע] מענטשן וואָס האָבן געשעציצט די השׂכּלה/אויפֿקלערונג - proponents of the Jewish enlightenment [10][ייִ'רעס־האַקאָווּעד] גרויס רעספּעקט - reverance, awe [11][עמוּנע] גלויבן - faith [12][סטי'רע] ווידעראַנאַנד, עפּעס וואָס שטימט נישט - contradiction [13][מעהוּס] נאַטור פֿון אַ זאַך, קוואַליטעט - essence, nature [14]אין זײַן עסיי לייגט אַהרן שטיינבערג אויס דעם נאָמען פֿון זײַן און יצחק־נחמנס מאַמע „חיינה". אין אַנדערע ערטער אין י.נ. שטיינבערג־בוך ווערט דער נאָמען אויסגעלייגט „כיענע". מיר האַלטן אַז דער זון האָט בעסער געקענט דער מאַמעס נאָמען ווי די רעדאַקטאָרן און מיר שרײַבן דעריבער „חיינה". [15][מעסוּגל] צוגעפּאַסט, אין שטאַנד, פֿעיִק - fit, able [16][גאָען־בעייִסראָעל] גרויסער תּלמודישער געלערנטער בײַ ייִדן - a genius among the Jewish people [17]געלערנט - taught

שטיינבערג, פֿאָלקס־קאָמיסאַר פֿאַר יוסטיץ, מאָסקווע, 1917
י. נ. שטיינבערג־בוך

די שפּראַך אין שטוב איז געווען רוסיש; ייִדיש האָט יצחק־נחמן זיך געלערנט פֿון די קינדער אין גאַס. אין שטוב האָט מען געשפּילט טעאַטער. „קיינעם איז עס ניט אײַנגעפֿאַלן", שרײַבט דער ברודער אַהרן, „אַז ס'קען זײַן עפּעס אַ דיסאָנאַנס צווישן דעם זיידנס גמרא־ניגונים וואָס האָבן זיך מעלאַנכאָליש געגאָסן פֿון זײַן דערבײַיִקן חדר, און דעם הילכיקן[18] יונגוואַרג־געלעכטער אין זאַל אָדער דער מוזיק פֿון אַ טשײַקאָווסקי, וועמענס ראָמאַנסן טאַנטע אסתּר האָט ליב געהאַט פֿאָרצוזינגען" (ז' 29).

זייער וויכטיק דאָ איז דער צונויפֿפֿלעכט[19] פֿון ביידע קולטורן וואָס איז שפּעטער געוואָרן אַ טייל פֿון שטיינבערגס וויזיע פֿאַר דעם ייִדישן פֿאָלק: דאָס זײַן טיף אײַנגעוואָרצלט[20] אין דער ייִדישער טראַדיציע, דאָס זײַן אַפֿילו אַ פֿרומער ייִד אָבער אויך וועלטלעך, ד"ה, נישט אָפּגעריסן פֿון דער וועלט, נאָר גרייט צו שעפּן פֿון אירע אוצרות. זײַן כאַראַקטער און די פּרינציפּן שפּיגלען זיך אָפּ אין די ווײַטערדיקע וויניעטן.

שוין אין גימנאַזיע אין פּערנאָוו, עסטלאַנד, איז יצחק־נחמן שטיינבערג צוגעצויגן געוואָרן צו די עס־ערן (סאָציאַליסטן רעוואָלוציאָנערן) און זייער צײַטונג „סין אָטעטשעסטוואָ" (זון פֿון פֿאָטערלאַנד). ער האָט דאָרטן געפֿירט אַ קאַמף פֿאַר ייִדישקייט צווישן די ייִדישע גימנאַזיסטן און האָט אַרויסגעגעבן אַ זשורנאַל „יעדיניעניע" (אַחדות).

צו יענער צײַט, אָנהייב מײַ 1905, איז אַ יונגער סטודענט און עס־ער, דער רוס בלינאָוו, וואָס האָט זיך געהאַט אָנגעשלאָסן אין דעם ייִדישן זעלבשוץ, געפֿאַלן אַ קרבן פֿון דעם זשיטאָמירער פּאָגראָם. יצחק־נחמן איז גלײַך אַוועק אין שיל און פֿאַרלאַנגט מע זאָל שבת מאַכן אַן אל מלא רחמים[21] פֿאַר אַלע קרבנות[22] און דערמאָנען בתוכם[23] בלינאָוון. פֿאַר דער תּפֿילה האָט ער געהאַלטן אַ רעדע פֿון דער בימה אין וועלכער ער האָט אונטערגעשטראָכן אַז לגבי קדושים איז נישטאָ קיין אונטערשייד „צי עס איז אַ ייִד אָדער אַ גריך" (ז' 46).

שפּעטער האָט שטיינבערג געשריבן און גערעדט קעגן טעראָר אָבער דאָס זײַן גרייט זיך אַליין מקריבֿ צו זײַן איז געבליבן בײַ אים.

שפּעטער, אין מאָסקווער אוניווערסיטעט, ווו ער האָט שטודירט יוריספּרודענץ און האָט פֿאַרבונדן זײַן יורידיש לערנען מיט אַ פֿאַרטיפֿונג אין יורידישן תּוך פֿון תּלמוד, איז ער אויך געווען פֿאַרקאָכט אין די רעוואָלוציאָנערע קרײַזן. מחוץ דעם אוניווערסיטעט איז ער אַרײַן אין דער סטודענטישער פֿראַקציע פֿון די עס־ערן, ווו ער האָט אָנגעפֿירט מיט אַ קאָנספּיראַטיוון קרײַז. ס'האָט אים געצויגן צו די עס־ערן ווײַל די אַטמאָספֿער וואָס האָט געהערשט אין דער פּאַרטיי איז געווען ווי צוגעפּאַסט צו זײַן נאַטור (ז' 80). סײַ פֿון סאָציאַליסטישן, סײַ פֿון ייִדישן שטאַנדפּונקט האָט ער אײַנגעזען אַז מע מוז אַראָפּוואַרפֿן די צאַרישע רעגירונג.

די עס־ערן זײַנען געווען דער עיקר פֿאַרבונדן מיט די פּויערים און האָבן געפּריידיקט[24] דאָס ראַדיקאַלע איבערבויען דאָס דאָרפֿישע לעבן אויף סאָציאַליסטישע יסודות. זיי זײַנען געווען טעראָריסטן וואָס האָבן קיין מורא נישט געהאַט „אַרויפֿצוגיין אויפֿן שײַטער" פֿאַרן אידעאַל. די אַטמאָספֿער אין דער פּאַרטיי האָט זיכער געשאַפֿן אַ מין מיסטישע וועלט־באַנעמונג, די גרייטקייט זיך מקריבֿ צו זײַן,[25] און אַ פּסיכאָלאָגישע נייגונג צו אַ נשמה־לײַטערונג,[26] ווי בײַ די העלדן פֿון דאָסטאָיעווסקי. שפּעטער האָט שטיינבערג געשריבן און גערעדט קעגן טעראָר אָבער דאָס זײַן גרייט זיך אַליין מקריבֿ צו זײַן איז געבליבן בײַ אים. „ס'איז נישט שווער זיך פֿאָרצושטעלן", שרײַבט גריגאָרי אַראָנסאָן אינעם י.נ. שטיינבערג־בוך, „אַז יצחק־נחמן שטיינבערג האָט געהערט צו דעם דור ייִנגלעך, וואָס האָבן אין די שוליאָרן געטרוימט און געלעכצט וועגן אַן 'אינדיווידועלן העלדנאַקט' אַלס דעם העכסטן אויסדרוק פֿון אַלע אייגנשאַפֿטן פֿון אַ מענטשן".*[27]

זומער 1906 איז געווען אַ צײַט פֿון רעוואָלוציאָנערן טעראָר קעגן דער „אומגעזעצלעכער" רעגירונג. איין נאַכט איז אָנגעקומען צו דער משפּחה אַהיים אַ פּאָליציאַנט מיט אַ צעטל

[18] הויכן, קלינגענדיק - resounding
[19] דאָס צוזאַמענוועבן - braiding/weaving together
[20] מיט טיפֿע וואָרצלען, שורשים - rooted
[21] [אייל מאָלע ראַכמים] „גאָט איז פֿול מיט דערבאַרעמקייט" (תּפֿילה נאָך געשטאָרבענע וואָס מע זאָגט אויף אַ לוויה, אויפֿן קבֿר אָדער צום יאָרצײַט) - "God, full of compassion" (prayer said for the dead at a funeral, at the grave or on the anniversary of death)
[22] [קאָרבאָנעס] מענטשן וואָס זײַנען אומגעקומען צוליב זייער גלויבן אָדער איבערגעגעבנקייט צו אַן אידעאַל - victims, martyrs
[23] [בעסוי׳כעם] צווישן זיי - among them
[24] גערעדט און געלערנט; געדרשנט - preached
[25] [מאַקרעוו] ברענגען פֿאַר אַ קרבן/אָפּפֿער - sacrifice
[26] [נעשאָמע] רייניקונג פֿון דער נשמה - purification of the soul
[27] גריגאָרי אַראָנסאָן, „י.־נ. שטיינבערג אויפֿן פּאָליטיש־געזעלשאַפֿטלעכן פֿראָנט אין די יאָרן 1915-1930", יצחק נחמן שטיינבערג געדענק־בוך, ז' 80.

אין יצחק־נחמנס האַנט, „זײַט רויִק, איך זיץ אין דער סושטשיאָווער פּאָליציי־הויז און פֿיל מיך לגמרי וווּל — איסאַק". דער יונגער שליח האָט איבערגעגעבן אַז מע האָט שטיינבערגן, וואָס איז געווען איבערגעטאָן אין אַרבעטער־קליידער, געכאַפּט אין אַ קאָנספּיראַטיווער דירה מיט אַנדערע און אים געפֿירט אין פּאָליציי־הויז. דער פּסק־דין[28] איז געווען דרײַ יאָר אין צפֿון־סיביר (נישט־ייִדן האָט מען באַשטראָפֿט נאָר מיט צוויי יאָר).

כאָטש זײַנע עלטערן האָבן זיך זייער געזאָרגט פֿאַר אים האָט יצחק־נחמן זיך אין טורמע געפֿילט „לגמרי וווּל". אין דער פֿרי, בשעת מע האָט אַרויסגעפֿירט די אַנדערע אַרעסטאַנטן אויף שפּאַציר, איז ער געבליבן אינעווייניק און געלייגט תּפֿילין. פּסח האָט ער אַפֿילו געפּראַוועט די סדרים אין זײַן האַלב טונקעלער תּפֿיסה־קאַמער.[29] זײַן גלויבן האָט געמאַכט אַ טיפֿן אײַנדרוק סײַ אויף די אַנדערע רעוואָלוציאָנערן סײַ אויף דער טורמע־פֿאַרוואַלטונג.

דער וויצעמיניסטער מאַקאַראָוו, דער הויפּט־ממונה[30] איבער דער פּאָליטישער פּאָליציי, האַלטנדיק אַז ס'איז בעסער אַרויסצוראַטעווען יונגע בונטאַרן[31] פֿון דער רעוואָלוציאָנער־עפּידעמיע איידער זיי צו באַשטראָפֿן, האָט געביטן שטיינבערגס שטראָף פֿון סיביר אויף „צוויי יאָר מחוץ די גרענעצן פֿון דער רוסישער אימפּעריע".*[32]

דער טאָג פֿון זײַן באַפֿרײַונג איז געווען דער ערשטער טאָג שבֿועות און טאַטע־מאַמע זײַנען געגאַנגען צו פֿוס אַהיימצופֿירן יצחק־נחמנען. אָבער אַזוי ווי ס'איז געווען יום־טובֿ האָט ער נישט געוואָלט אונטערשרײַבן קיין באַפֿרײַונג־דאָקומענט און אָן דעם האָט מען נישט אַרויסגעלאָזט. שטיינבערג האָט געזאָגט אַז צוליבן זיצן אין טורמע דרײַ טעג ווייניקער וועט ער נישט מחלל זײַן[33] נישט שבֿועות און נישט שבת איסרו־חג.[34] ער האָט געבעטן אַז מע זאָל אים אַרויסלאָזן און האָט צוגעזאָגט אַז ער וועט צוריקקומען באַלד נאָך שבת, ווען עס וועלן זיך באַווײַזן די שטערן אין הימל, און אונטערשרײַבן. דאָס איז, אָבער, פֿאַרשטייט זיך, געווען קעגן דעם געזעץ. דער טאַטע האָט אַפּעלירט

יצחק־נחמן אין עלטער פֿון 14 יאָר מיט זײַן ייִנגערן ברודער אַהרן (לינקס)

צו כּיבוד־אָבֿ־ואם[35] אָבער סע האָט גאָר נישט געהאָלפֿן. יצחק־נחמן האָט געטענהט אַז דאָס געבאָט האָט אים נישט אָפּגעהאַלטן אויסצופֿירן זײַן חיובֿ[36] ווי אַן עס־ער, טאָ פֿאַר וואָס זאָל זײַן אַנדערש לגבי זײַן חובֿ ווי אַ ייִד? (ז' 55)

דער טאַטע האָט זיך באַקלאָגט אויף זײַן זון אין בית־מדרש און דער מאָסקווער „דוכאָוונער"[37] רבֿ האָט געעצהט דעם טאַטן ער זאָל זאָגן יצחק־נחמנען אַז דער בית־דין איז גוזר[38] אַז „ער זאָל אויפֿהערן צו זײַן אַן עקשן... ווײַל כּל־זמן מען איז אין תּפֿיסה איז מען תּמיד אין געפֿאַר, און פּיקוח־נפֿש[39] איז דוחה[40] אַפֿילו שבת, הײַנט וואָס איז דאָ צו ריידן וועגן ... דעם צווייטן טאָג יום־טובֿ? ... און צי ווייסט ער ניט אַז פּדיון־שבֿויים (די באַפֿרײַונג פֿון געפֿאַנגענע) איז איינע פֿון די גרעסטע מיצוות?"

אויף מאָרגן איז יצחק־נחמן אַליין געקומען צו דער מסקנא[41] אַז די גרעסערע עבֿירה איז דאָס פֿאַרשטערן דעם יום־טובֿ בײַ טאַטע־מאַמע און האָט זיך אונטערגעשריבן. מע האָט אים באַפֿרײַט און ער איז אַוועק קיין דײַטשלאַנד זיך לערנען אין הײַדלבערג. צווישן די פֿאַקטאָרן וואָס האָבן אים געצויגן אַהין איז דאָס וואָס דאָרטן האָט געוווינט זײַן פּרנאָווער גמרא־רבי, זלמן ברוך ראַבינקאָוו.

אין הײַדלבערג האָט ער פֿון 1907 ביז 1910 געמאַכט אַ דאָקטאָר־אַרבעט אויף דער טעמע „די לערע וועגן פֿאַרברעכן אין תּלמוד" און באַקומען דעם טיטל דאָקטאָר פֿון יורי. דאָרט האָט ער, צוזאַמען מיט זײַן רבין ראַבינקאָוו, צוגעצויגן אַ קרײַז מענטשן צו

---

[28][פּסאַקדין] געריכט־באַשלוס - verdict [29][טפֿיסע] צימערל אין טורמע - prison cell [30][מעמונע] מענטש וואָס האָט קאָנטראָל איבער עפּעס; אויפֿזעער - person responsible; supervisor [31]מענטשן וואָס רעבעלירן - rebels [32]דער פֿאַל ווערט באַשריבן פֿון אַ. שטיינבערג, זז' 53-56. [33][מעכאַלעל] פֿאַרשוועכן, פּראָפֿאַנירן - desecrate [34][איסרע־כאַג] האַלב יום־טובֿדיקער טאָג אויף צו מאָרגנס נאָך פּסח, שבֿועות און סוכּות - the day following Passover, Shavuos and Sukkos, with semi-holiday status [35][קיבעד־אָוו־וואָעים] רעספּעקט פֿאַר טאַטע־מאַמע - honoring one's father and mother [36][כיעוו] פֿליכט, מוז - obligation, duty [37]אַ „דוכאָוונער" רבֿ קען מען אפֿשר אָנרופֿן „גײַסטיקער רבֿ". ער ווערט אָנגעשטעלט פֿון דער קהילה און נישט פֿון דער מלוכה. ער האָט בדרך־כּלל זייער אַ גרויסע אויטאָריטעט אין דער קהילה אָבער פֿון דעסט וועגן מוז ער פֿאָלגן אַלע דיקטאַטן פֿונעם „מלוכישן" רבֿ. [38][גויזער] באַפֿעלט - decrees (usually something unfavorable) [39][פּיקועך־נעפֿעש] די מיצווה צו ראַטעווען מענטשן אַפֿילו אויב מע דאַרף טאָן געוויינטלעך פֿאַרווערטע זאַכן - saving of a life, often by doing something normally forbidden by Jewish law [40][דויכע] שטופּט אָפּ; איז וויכטיקער פֿון - takes precedence over [41][מאַסקאָנע] אויספֿיר, לאָגישע קאָנסעקווענץ - conclusion

לערנען תּלמוד.*[42] ער האָט אויך סיס־טעמאַטיש שטודירט די געשיכטע פֿון דער רוסישער רעוואָלוציע, געלייענט רעוואָלוציאָנערע זשורנאַלן און איז אויך געווען אַקטיוו אין אַ ליטעראַטור־קרײַז. אין 1910 האָט ער געהאַלטן זײַן ערשטן רעפֿעראַט אויף ייִדיש. (ז' 65)

כאָטש טאַטע־מאַמע האָבן גע־מיינט אַז ער האָט זיך אין דײַטשלאַנד אויסגעהיילט פֿון זײַן רעוואָלוציאָנערער מחלה[43] איז ער געווען ווײַט דערפֿון און טאַקע צוליב דער פּאָליטיק האָט אים געצויגן צוריק קיין רוסלאַנד כּדי צו זײַן אַ טייל פֿון אַ ראַדיקאַלן איבערבוי פֿון דער סאָציאַל־רעוואָלוציאָנערער פּאַרטיי.

זײַענדיק צוריק אין מאָסקווע איז שטיינבערג געוואָרן פּאָליטיש אַקטיוו סײַ אויפֿן ייִדישן סײַ אויף דעם אַל־געמיין סאָציאַליסטישן רעוואָלוציאָנערן פֿראָנט. מלחמה־צײַט איז ער געווען אַרײַנגעטאָן אין דער אַרבעט פֿון העלפֿן די ייִדישע היימלאָזע, ער האָט גערעדט און געשריבן קעגן דעם שליסן די חדרים און ישיבֿות אין רוסלאַנד און האָט פֿאַר זיי געשאַפֿן אַ פֿאָנד. אין 1915 האָט ער אַרויסגעלאָזן אַ בראָשור: „דער טאָגבוך פֿון אַ סאָציאַליסטישן רעוואָ־לוציאָנער", און איז געוואָרן אַ מיטגליד פֿון דער רעדאַקציע פֿון עטלעכע פּובליקאַציעס.

אין מאָסקווע, אַפֿילו ווי אַ רעוואָ־לוציאָנער, און נישט געקוקט אויף זײַן וועלטלעכער בילדונג, האָט ער זיך געפֿירט נישט נאָר ווי אַ נאַציאָנאַל געשטימטער ייִד, נאָר ווי אַ רעליגיעזער. לויט גריגאָרי אַראָנסאָן האָט ער נישט נאָר „ניט געזען קיין סתּירה צווישן זײַן דורך און דורך אַקטיוון לעבן אין דער וועלט דרויסן און זײַן פּאַסיווער אמונה שבלבֿ,[44] נײַערט פֿאַרקערט: ער איז געווען איבערצײַגט אַז נאָר אַ דאַנק דעם וואָס ס'איז אים מעגלעך זיך אין גאַנצן צו פֿאַרלאָזן אויף דער איבעראינדי־ווידועלער טראָגנדיקער קראַפֿט פֿון דער ייִדישער רעליגיעזער טראַדיציע איז ער בכּוח צו זײַן אַזוי דינאַמיש־אַקטיוו אין דער וועלטלעכער וועלט".*[45]

די עס־ער־רעוואָלוציאָנערין מאַריאַ ספּירידאָנאָוואַ וועגן וועלכער שטיינבערג האָט געשריבן אַ בוך

ער האָט נישט אויפֿגעהערט צו לייגן תּפֿילין, אַפֿילו אין די טעג פֿון דער אָקטאָבער־רעוואָלוציע, אַפֿילו ווי אַ מיטגליד אין לענינס קאַבינעט. מע קען זיך דאָ נישט אַרײַנלאָזן אין דעם ווי אַזוי שטיינבערג איז געוואָרן אַ מיטגליד פֿון לענינס קאַבינעט אָבער גאָר בקיצור: אין 1916 איז ער געווען אַ רעכטער עס־ער, אַן „אָבאָראָנעץ", און מע האָט אים אָנגעמערקט ווי אַ מעגלעכער קאַנדי־דאַט פֿאַר דער דומע,[46] אים געשיקט קיין אופֿע, באַשקירער רעפּובליק, צו רעדאַקטירן די אָרטיקע עס־ערישע צײַטונג „זעמליאַ אי וואָליאַ" (ערד און ווילן). ער איז צוריקגעקומען קיין מאָסקווע און איז געוואָרן, צוליב פֿאַרשיידענע סיבות, אַ לינקער עס־ער.

דעם 9טן דעצעמבער איז געשלאָסן געוואָרן אַן אָפּמאַך[47] צווישן דעם סאָוונאַרקאָם (ראָט פֿון די פֿאָלקס־קאָמיסאַרן) און דעם צענטראַל־קאָמיטעט פֿון די לינקע עס־ערן. מע האָט אַרײַנגענומען זיבן לינקע עס־ערן אין דעם ראָט און שטיינבערג איז באַשטימט געוואָרן ווי דער קאָמיסאַר פֿאַר יוסטיץ. ער האָט געהאַט אונטער זײַן השגחה די אָפּטיילונג פֿון פּערזענלעכן באַשטאַנד און געריכט־פֿירונג, געזעץ־געבערישע פּלענער איבער דעם קרי־מינעלן רעכט און די אָנפֿירונג פֿון די תּפֿיסות.*[48]

דאָס שותּפֿות מיט די באָלשעווי־קעס האָט נאָר געדויערט דרײַ חדשים און אין דער צײַט איז שטיינבערג קיין מאָל נישט אַרויס פֿון קאָנפֿליקטן מיט זיי. וועגן דער צוזאַמענאַרבעט מיט די לינקע עס־ערן בכלל און שטיינבערגן בפֿרט האָט „חבֿר" לענין געשריבן אין „לענינסקי סבאָרניק", בוך 21, ז' 110 א"אַ: „האָבנדיק אין זייער רשות[49] דעם

ער האָט נישט אויפֿגעהערט צו לייגן תּפֿילין, אַפֿילו אין די טעג פֿון דער אָקטאָבער־רעוואָלוציע, אַפֿילו ווי אַ מיטגליד אין לענינס קאַבינעט.

---

[42]פֿון דעם תּלמוד־קרײַז, אָנגעפֿירט פֿון ר' זלמן־ברוך ראַבינקאָוו, איז אויסגעוואָקסן די אַזוי גערופֿענע „הײַדלבערגער שולע דער תּלמוד־וויסנשאַפֿט", ווו עס איז דערצויגן געוואָרן אַ גאַנצער דור ייִדישע געלערנטע און כּלל־טוערס, צווישן אַנדערע ערנסט סײַמאָן, פּראָפֿ' עריך פֿראָם, נחום גאָלדמאַן, ד"ר זמורה (דער ערשטער פּרעזידענט פֿון העכסטן געריכט אין ישׂראל), און אַ סך אַנדערע. [43][מאַכלע] קראַנקייט - illness [44][עמונע שעבעלעוו] גלויבן פֿון האַרצן - belief from the heart [45]אַ. שטיינבערג, ז' 75. [46]רוסישער פּאַרלאַמענט - Russian Parliament [47]הסכמה - agreement; treaty [48]אַראָנסאָן, זז' 88-89. [49][רעשוֹס] קאָנטראָל, מאַכט - jurisdiction, power

שטיינבערג און זײַן פֿרוי נחמה (אַנאַ) יעסעלסאָן שטיינבערג, 1917

אַפּאַראַט פֿון יוסטיץ־קאָמיסאַריאַט, האָבן די לינקע עס־ערן (און באַזונדערס דער פֿאָלקס־קאָמיסאַר יצחק־נחמן שטיינבערג) אויסגענוצט די מאַכט וואָס זיי האָבן פֿאַרמאָגט כּדי צו באַפֿרײַען קאָנטררעוואָלוציאָנערן... כּדי זיי פֿאַרטיידיקן און זיי העלפֿן". (92)

ס'איז טאַקע אמת אַז שטיינבערג האָט געוואָלט אַז אַלע אַרעסטן זאָל מען דורכפֿירן אויף אַ געזעצלעכן אופֿן און דאָס האָבן די באָלשעוויקעס אויסגעטײַטשט ווי „ווייכקייט און ניט־אויסגעהאַלטנקייט". חוץ דער פֿראַגע פֿון אָנווענדן גוואַלד־מיטלען[50] אין נאָמען פֿון דער רעוואָלוציע האָבן אַנדערע קאָנפֿליקטן זיך קאָנצענטרירט ספּעציעל אַרום די פֿראַגעס וועגן דער באַציִונג צו די פּויערים און וועגן שליסן דעם שלום אין בריסק־דליטע[51] וואָס דערמיט האָט זיך געענדיקט די מלחמה. שטיינבערג איז, ווי זײַנע ברידער עס־ערן,

שטיינבערג, 1918

געווען קעגן דעם אָפּמאַך. אין מיטן מאַרץ זײַנען אַרויסגעטראָטן פֿון דער רעגירונג די לינקע עס־ערישע פֿאָלקס־קאָמיסאַרן, און שטיינבערג האָט — צוליב דעם ענין און צוליב זײַנע קאָנפֿליקטן מיטן טשעקאַ (דער פֿאָרלויפֿער פֿון דער ענקאַווּעדע) — זיך אַליין דעמיסיאָנירט[52] איידער מע האָט אים געקענט צווינגען דערצו.

פֿון דעסט וועגן האָט ער אין זײַן קורצער צײַט אין דער רעגירונג געמאַכט אַ גוואַלדיקן אײַנדרוק אויף יונגע ייִדישע סאָציאַליסטן, ווי עס גיט איבער אין י.נ. שטיינבערג־בוך לייבל באַיאָן (וואָס איז אין די טעג פֿון דער אָקטאָבער־רעוואָלוציע נאָך געווען אַ יונגער בחור אין אַן אוקראַיִניש שטעטל):

> און מיט אַ מאָל איז דערגאַנגען אַ פֿרישע ידיעה: צווישן די גרויסע פֿירער פֿון דער רעוואָלוציע האָט זיך צעבונטעוועט[53] דער פֿאָלקס־קאָמיסאַר מיט דעם ייִדישלעכן נאָמען: יצחק־נחמן שטיינבערג, און האָט גענומען שטורעמען למאַי מע פֿאַרשוועכט[54] די וועגן פֿון דער רעוואָלוציע; אַ רעוואָלוציע האָט מען געבראַכט פֿאַרן גליק פֿון דער וועלט, און דאָ האָט מען באַלד פֿאַרגעסן אין דעם הויפּטציל און מע האָט זיך צו פֿיל פֿאַרכליניעט[55] מיט דער אידעע פֿון אויסראָמען די שׂונאים פֿון דער רעוואָלוציע, מיט פֿאַרגיסן בלוט פֿון די פֿײַנד פֿון פֿאָלק.
>
> „ניין, ניט דאָס איז דער וועג — האָט ער אויסגעשריִען — ריין מוזן זײַן די וועגן וואָס פֿירן צו דער דערלייזונג".*[56]

נאָך דעם ווי שטיינבערג האָט זיך אַליין דעמיסיאָנירט איז ער עטלעכע מאָל געזעסן אין תּפֿיסה. אין בוטירקי־תּפֿיסה האָט ער געענדיקט זײַן בוך פֿון פֿעברואַר ביז אָקטאָבער און פֿון 1920 ביז 1922 האָט ער רעדאַקטירט „זנאַמיאַ" (פֿאָנע), דעם זשורנאַל פֿון די לינקע עס־ערן.

אין 1923, נאָך אַ וואָרענונג אַז זײַן לעבן שטייט אין סכּנה, איז שטיינבערג אַוועק אין אויסלאַנד מיט זײַן ווײַב און דרײַ קינדער און זיך באַזעצט אין בערלין און דאָרטן געשאַפֿן די „אויסלענדישע דעלעגאַציע" פֿון די לינקע עס־ערן.*[57] זײַן קריטיק פֿון לענין און זײַנע נאָכפֿאָלגערס איז געוואָרן נאָך שטאַרקער. ער איז געווען **קעגן** די באָלשעוויקעס און זייער באַנוץ פֿון טעראָר אָבער **פֿאַר** דער אָקטאָבער־רעוואָלוציע. אין בערלין האָט ער אַרויסגעגעבן אַ זשורנאַל „זנאַמיאַ באָרבי" (פֿאָנע פֿון געראַנגל), אָרגאַניזירט אַ פֿאַרלאַג, „סקיפֿי" (Scythians), געהאַלטן לעקציעס און געשריבן. (זז' 97-98)

אין 1926 האָט שטיינבערג אָנגעהויבן אַרויסגעבן דעם זשורנאַל פֿרײַע שריפֿטן פֿאַרן ייִדישן סאָציאַליסטישן געדאַנק. ווען די נאַציס זײַנען געקומען צו דער מאַכט אין 1933 האָט ער עוקר געווען[58] קיין לאָנדאָן. דאָרטן איז ער אַרײַנגעטראָטן אין דער פֿרײַלאַנד־ליגע פֿאַר ייִדישער טעריטאָריאַליסטישער קאָלאָניזאַציע, אַן אָרגאַניזאַציע וואָס האָט געהאַלטן, אַקעגן ציוניזם, אַז ארץ־ישׂראל איז נאָר איינע פֿון אַ ריי מעגלעכע

---

[50]טעראָר־מיטלען - violent measures [51]ברעסט־ליטאָווסק - Brest Litovsk [52]אַוועקגעגאַנגען פֿון אַ פּאָזיציע, רעזיגנירט - resigned [53]רעבעלירט - rebelled [54]פֿאַראומווערדיקן - dishonor [55]ווערן צו ענטוזיאַסטיש - drool with enthusiasm [56]לייבל באַיאָן, „שטיינבערגס עטישער סאָציאַליזם און דער קרײַז 'פֿרײַע שריפֿטן' אין ווילנע", יצחק נחמן שטיינבערג געדענק־בוך, ז' 285. [57]אַראָנסאָן, ז' 97. [58][אויקער] אַנטלאָפֿן - fled

טעריטאָריעס ווו ייִדן קענען זיך באַזעצן און עטאַבלירן אַן אויטאָנאָמען ייִשובֿ. אין 1937 האָט ער איבערגענומען דעם פּאָסטן פֿון סעקרעטאַר פֿון דער אָרגאַניזאַציע אין ענגלאַנד, ווערנדיק פֿאַקטיש דער גענעראַל־סעקרעטאַר פֿונעם וועלט־פֿאַרבאַנד פֿון פֿרײַלאַנד־ליגעס. ער איז איצט געוואָרן אין גאַנצן איבערגעגעבן ייִדישע ענינים.

די ליגע, אַ יורש[59] פֿון דער ייִט"אָ (ייִדישע טעריטאָריאַליסטישע אָרגאַניזאַציע) און די סאָציאַליסטיש־טעריטאָריאַליסטישע פּאַרטייען, איז אויפֿגעקומען אונטער דער ווירקונג פֿון דעם עקאָנאָמישן קריזיס אין די 1930ער און פֿון היטלעריזם. עס האָבן זיך געשאַפֿן אָפּטיילן אין אַ ריי לענדער אין אייראָפּע און שפּעטער אין אַמעריקע.*[60] די ליגע האָט געהאַלטן אַז מע קען נישט לייזן די פּליטים־פֿראַגע אויפֿן סמך פֿון יחידים, ווי עס וויל דער איר"אָ (International Refugee Organization), ווײַל מיט יחידישער אימיגראַציע וואָלט געווען אַ צעשפּרייטונג פֿון אייראָפּעיִשע ייִדן. קליינע צאָלן וואָלטן אַרײַן אין לענדער ווו זיי וואָלטן געווען גײַסטיק איזאָלירט. נאָר דורך אַרבעטן פֿאַר מאַסן־אימיגראַציע וואָלט מען געהאָלפֿן ראַטעווען נישט נאָר ייִדן, נאָר ייִדישקייט אויך. פּאָליטישע אויטאָנאָמיע איז נישט געווען קיין מוז.

דערפֿאַר האָט די פֿרײַלאַנד־ליגע געוואָלט אַז ייִדן זאָלן געפֿינען אַן אייגענע היים אין אַ נישט־אַנטוויקלטער און ווייניק באַפֿעלקערטער טעריטאָריע ווו זיי וואָלטן געקענט, לויט שטיינבערגן, זיך באַזעצן אָן קיין פּאָליטישע אַמביציעס, ווו זייער פּראַצע,[61] בײַ די סאַמע וואָרצלען פֿון פּראָדוקציע, וואָלט זיי געמאַכט נייטיק צום לאַנד און ווו זייער קהליש לעבן וואָלט פֿאַר זיי פּרעזערווירט די מאָראַלישע ווערטן און גײַסטיקע ירושה פֿון זייער עבֿר. דער לאָזונג זייערער איז געווען „אַ היים אָן מענטשן פֿאַר מענטשן אָן אַ היים".*[62]

די פֿרײַלאַנד־ליגע האָט געפּרוּווט געפֿינען אַ היים פֿאַר ייִדן אין אַ סך ערטער: די דאָמיניקאַנער רעפּובליק, נײַ־קאַלעדאָניע, נײַע העברידן, עקוואַדאָר, גוויאַנע, אַלאַסקע און אַנדערע, אָבער די צוויי ווichטיקסטע פּראָיעקטן זייערע זײַנען געווען אויסטראַליע און סורינאַם. מיר קענען זיך דאָ נאָר בקיצור אָפּשטעלן אויף אויסטראַליע.

דער געדאַנק צו קאָלאָניזירן אַ „ווינקל" אין אויסטראַליע האָט זיך אָנגעהויבן אין לאָנדאָן נאָך דער עוויאַנער קאָנפֿערענץ אין 1938. די פֿרײַלאַנד־ליגע האָט אויסגעקליבן אויף דעם „ווינקל" דעם ראַיאָן איסט־קימבערלי אין צפֿון־מיזרח־אויסטראַליע וואָס האָט אַרומגענומען 7,000,000 אַקער, אָדער 10,600 קוואַדראַט מײַל (די גרייס פֿון בעלגיע). מע האָט געוואָלט דאָרטן באַזעצן 75,000 ייִדישע פּליטים.

דעם 23סטן מײַ 1939 איז ד"ר שטיינבערג אָנגעקומען קיין פּערט, אויסטראַליע, און אָנגעהויבן זײַן קאַמפּאַניע. אַזוי ווי אויסטראַליע האָט געוואָלט באַפֿעלקערן דעם טייל לאַנד האָט זײַן פֿירלייג אַפּעלירט סײַ פֿון הומאַניטאַרישן סײַ פֿון פּראַקטישן קוקווינקל. שוין אין אָנהייב 1940 האָט ד"ר שטיינבערג געקראָגן דעם שטיץ פֿון דער מערבֿ־אויסטראַלישער רעגירונג, ווי אויך פֿון די אויסטראַלישע אַרבעט־פֿאַראיינען, פֿאַרשיידענע וויכטיקע פֿיגורן און צײַטונגען. פֿאַרשטייט זיך אַז עס זײַנען אויך געווען קעגנערס, מיט פּראַקטישע ביז ראַסיסטישע טענות. דער פּלאַן איז מער־ווייניקער אונטערגעגאַנגען דעם 15טן יולי 1944 ווען דער אויסטראַלישער פּרעמיער דזשאַן קורטין האָט שטיינבערגן געשריבן אַז כאָטש די רעגירונג פֿילט מיט מיט דעם שווערן מצבֿ פֿון די ייִדן אין אייראָפּע קען זי נישט „אונטערשטיצן דעם פֿאָרשלאָג פֿון אַ קאָלעקטיוון ייִשובֿ אין יענער עקסקלוסיווער פֿאָרעם ווי די פֿרײַלאַנד־ליגע זעט דאָס פֿאָרויס".*[63]

די שטיינבערג־קינדער, פֿון רעכטס: מיטע, לעאָ און אַדאַ, לאָנדאָן, 1934
ייִוואָ

דאָס האָט געהייסן אַז אויסטראַליע איז געווען גרייט אויפֿצונעמען ייִדישע פּליטים ווי יחידים, אָבער נישט ווי קיין „בלאָק", נישט אין קיין אויטאָנאָמען קאָמפּאַקטן ייִשובֿ. במשך נאָך עטלעכע יאָר האָט ד"ר שטיינבערג געפּרוּווט פֿון דער ווײַטנס מקיים צו זײַן[64] דעם פּלאַן און האָט אויך געשריבן זײַן ביכל געלעבט און געחלומט אין אויסטראַליע און דעם ענגלישן נוסח *Australia — The Unpromised Land* (לאָנדאָן, 1948), נאָר אומזיסט.

---

[59] [יויִרעש] ירושה־נעמער; נאָכפֿאָלגער - heir [60] אין זײַן הקדמה צו די געשיכטע פֿון דער פֿרײַלאַנד־ליגע פֿון מיכאל אַסטור (בוענאָס־אײַרעס/ניו־יאָרק: פֿ"ג פֿרײַלאַנד־ליגע, 1967, זז' 1-2) גיט ד"ר ל. מ. פֿרוכטבוים איבער די הויפּטפּרינציפּן פֿון דער פֿרײַלאַנד־ליגע. [61] אַרבעט - toil, labor [62] זען "Freeland Takes the Stand," *Freeland*, vol. III, No. 1, Jan.-Feb. 1947, p. 5. אַלע איבערזעצונגען פֿון ענגליש זײַנען פֿון דער מחברטע פֿון דעם אַרטיקל. [63] מיכאל אַסטור, די געשיכטע פֿון דער פֿרײַלאַנד־ליגע, ב' 1, ז' 545. אָריגינאַל אין שטיינבערג־אַרכיוו (ייִוואָ); פּובליקירט אין אויפֿן שוועל, נאָוו' 1944, ז' 1. [64] [מעקײַעם] דורכצופֿירן, רעאַליזירן - fulfill

אונדז איז איצט וויכטיק נישט דאָס וואָס דער פּראָיעקט פֿאַר אַ ייִדישער טעריטאָריע איז נישט מקוים געוואָרן, נאָר וואָס עס איז געווען ד״ר שטיינבערגס וויזיע. אין געלעבט און געחלומט אין אויסטראַליע שרײַבט ער אַזוי:

עס וועט געבוירן ווערן עפּעס אַזוינס, ווי אַן אויסטראַלישער ייִד...

ער קומט ניט קיין קימבערלי ווי אַ מענטש אָן טראַדיציעס, אָן אַקטיווער פֿאַרגאַנגענהייט, אָן האָפֿענונגען אויף להבא. דאָס לעבן און די קולטור, וועלכע וועלן זיך אויסבילדן אין דעם אויסטראַלישן קיבוץ, וועלן זײַן אַ געוועב פֿון די נײַע, נאָך קיין מאָל פֿריִער נישט־איבערגעלעבטע דערפֿאַרונגען מיט דעם אויסערגעוויינלעך רײַכן לעבנס־מאַטעריאַל, אָנגעזאַמלט אין דער ייִדישער געשיכטע. דער דיכטער און זינגער, למשל, וועט אַרײַננעמען די אויסטראַלישע לאַנדשאַפֿט און לופֿט אין זײַנע שאַפֿונגען; אָבער די שטים און די פֿעדער וועט זײַן אַ ייִדישע (הקול קול יעקב!), די נשמה, דער ריטעם, דער קנייטש וועלן פֿאַרבלײַבן ייִדישע. [...]

עס איז שטענדיק געווען אַזוי: ווי וווּנדערבאַר האָבן זיך אײַנגעלעבט ייִדישע שרײַבער און דיכטער אין ליטע, אין רוסלאַנד, אין רומעניע, אין אַמעריקע;... עס וועט זײַן נישט אַנדערש אין אַ קימבערלי, אין דעם

פֿרוי שטיינבערג אין לאָנדאָן מיט די ליאַלקעס פֿון די אַלײַרטע פֿעלקער וואָס זי האָט געמאַכט אויסצוהאַלטן די משפּחה ווען שטיינבערג איז געווען אין אויסטראַליע. אויף דער צווייטער זײַט פֿאָטאָ, אויף רוסיש: „אויג׳ 1941, די ליאַלקעס און זייער שעפֿערין״.

ייִדישן ליד וועגן קענגורו, וועגן די לאַכנדיקע פֿויגלען, וועגן די זודיקע[65] טעג און קילע פֿאַרנאַכטן, וועגן דעם קימבערלי־צויבער, וועגן דעם וואָגלער־פּיאָנער. [...] ייִדישע פֿרומקייט אָדער רעוואָלוציאָנערישקייט, ייִדישע גאָט־זוכענישן און גערעכטיקייט־קאַמפֿן וועלן וואַקסן פֿון דער קימבערלי־ערד, פּונקט ווי זיי זענען געוואַקסן אין צענדליקער אַנדערע לענדער. וואָרעם „מלא כל הארץ כבודו״.[66],[67]*

קען מען דאָך אַוודאי פֿרעגן: אויב שוין יאָ אַ לאַנד, פֿאַר וואָס נישט ארץ־ישׂראל? שטיינבערג האָט אָנערקענט די צוציקראַפֿט וואָס ישׂראל האָט געהאַט אויף די הערצער און אויף דער פֿאַנטאַזיע פֿון דעם מיזרח־אייראָפּעיִשן ייִד. הגם ער האָט אָנערקענט און אַפֿילו באַגריסט די נײַע מדינה צו איר אויפֿקום האָט ער געהאַלטן אַז כאָטש דאָס איז אַפֿשר איין ענטפֿער קען עס נישט זײַן **דער** ענטפֿער אויף דער פֿראַגע פֿון אַ ייִדישער היים. די שטעלונג שפּיגלט זיך אָפּ אין די רעזאָלוציעס אָנגענומען אויף דער צווייטער פֿרײַלאַנד־קאָנפֿערענץ אין 1948, וואָס ער האָט זיכער געהאַט אַ האַנט אין פֿאַרמולירן. זייער וויכטיק אין דעם פּרט איז רעזאָלוציע נומער 3:

די קאָנפֿערענץ שאַצט אָפּ מיט גרויס באַפֿרידיקונג די היסטאָרישע באַדײַטונג פֿון דער גרינדונג פֿון מדינת־ישׂראל... גלײַכצײַטיק מוזן מיר אונטערשטרײַכן אַז מדינת־ישׂראל לייזט נישט דאָס פּראָבלעם פֿון ייִדישער היימלאָזיקייט. סײַ צוליב דער באַגרענעצטקייט[68] פֿון שטח,[69] סײַ צוליב דער פֿײַנדלעכער אַראַבישער און מוסלמענישער וועלט טאָרן מיר נישט שטעלן די גאַנצע ייִדישע צוקונפֿט בלויז אויף מדינת־ישׂראל.

אין דער זעלבער צײַט שטעלט די קאָנפֿערענץ פֿעסט אַז דורך אײַנפֿירן העברעיִש ווי די איינציקע אָפֿיציעלע שפּראַך פֿון ייִשובֿ און צוליב איר נעגאַטיווער באַציִונג צו ייִדיש און דער ייִדיש־קולטור האָט מדינת־ישׂראל אָוועקגעשטעלט אַ וואַנט צווישן די ייִדן פֿון ישׂראל און די ייִדן פֿון חוץ־לאָרץ, וואָס רעדן ייִדיש און לעבן זיך אויס גײַסטיק אין דער קולטור אויף ייִדיש.[70]*

דערצו איז ד״ר שטיינבערג געווען שטאַרק קריטיש לגבי דער באַהאַנדלונג פֿון די אַראַבער מצד ישׂראל. קודם האָט ער בפֿרט, און די

[65]אַזוי הייס אַז עס קאָכט זיך - boiling, seething [66][מלוי קאָל האָאָרעץ קוווֹידע] „די גאַנצע ערד איז פֿול מיט זײַן כּבֿוד״ - “The whole earth is full of His honor” [67]י.־נ. שטיינבערג, געלעבט און געחלומט אין אויסטראַליע, ניו־יאָרק: פֿ״ג פֿרײַלאַנד־ליגע, 1945, זז׳ 364-366. [68]האָבן נאָר אַ געוויסע מאָס - limitation [69][שעטעך] שטיק לאַנד, טעריטאָריע - area [70]אויפֿן שוועל, נג׳ 7-8 (52-53), אָקט׳־נאָוו׳ 1948, ז׳ 18.

פֿרײַלאַנד־ליגע בכלל, געהאַלטן אַז ס'איז פּשוט נישט קלוג, נישט געקוקט אויף זייער גאַנצן גײַסטיקן היסטאָרישן ייִחוס, אַז ייִדן זאָלן זיך באַזעצן אין אַ לאַנד ווו עס זײַנען דאָ אַזוי פֿיל מענטשן פֿון אַן אַנדער פֿאָלק, ד"ה די אַראַבער, און וואָס איז אַרומגערינגלט פֿון זייערע ברידער און שוועסטער אין זיבן פֿײַנדלעכע לענדער וואָס ווילן באַקעמפֿן דעם ציוניזם ווי נאָר זיי קענען.*[71]

זײַן טיף מאָראַליש געוויסן האָט נישט געקענט צוזען דאָס וואָס ער האָט געהאַלטן איז די אָפּט נישט־מאָראַלישע באַהאַנדלונג פֿון די אַראַבער אין ישׂראל. אין אַן אַרטיקל וואָס הייסט „איינזאַם בין איך אין ישׂראל", געדרוקט אין אויפֿן שוועל (נאָוו'־דעצ' 1949), שרײַבט ער וועגן אַ פֿאַל אין יפֿו, ווו אַ גרופּע סאָלדאַטן איז אָנגעפֿאַלן אויף אַ מיידל וואָס איז געזעסן מיט אַ יונגן אַראַבער אין אַ קאַפֿע און ער ציטירט דעם הארץ פֿון דעם 9טן אויגוסט 1949: „אַזוי לאַנג ווי דער ייִד מיינט אַז עס איז נישט שיין צו לאָזן זיך זען אין דער געזעלשאַפֿט פֿון אַן אַראַבער אָדער צו באַשעפֿטיקן אַראַבער בײַ אַרבעט, – וועט דער אַראַבער פֿאַרבלײַבן פֿרעמד אין אונדזער מדינה. אָט דער פֿאַל אין יפֿו דערמאָנט אונדז דעם זעלישן[72] קלימאַט פֿון אַמעריקאַנער קו־קלאַקס־קלען און לינטש־יוסטיץ".

כאָטש ד"ר שטיינבערג האָט צוגעגעבן אַז נישט אַלע ייִדן באַציִען זיך אַזוי צו די אַראַבער זײַנען אַזעלכע, לויט זײַן מיינונג, אַ מינאָריטעט. ווײַטער שרײַבט ער אַזוי:

אָט דאָס איז יענע פֿאַרסמטע לופֿט אין וועלכער עס לעבן ליידער אַ סך מענטשן פֿון ישׂראל... דער אָנשטורעם פֿון עולים קיין ישׂראל האָט צערודערט די נאָרמאַלע באַציִונגען צווישן די אַלט־אײַנגעזעסענע און די צוגעקומענע, האָט אײַנגעבראַכן דעם מאָראַלישן סדר אין דער ייִדישער געזעלשאַפֿט. אַ פּראָצעס פֿון קיבוץ־גליות[73] טאָר ניט אָנגיין אין דער אַטמאָספֿער פֿון כאַאָס, פֿון ליידן און פּײַן בײַ די אימיגראַנטן, פֿון מורא און שולדגעפֿיל בײַ די תּושבֿים. עס קען ניט געמאָלט זײַן[74] קיין אויפֿבוי פֿון ישׂראל אויפֿן חורבן פֿון די סאַמע יסודות פֿון ייִדישן דורותדיקן לעבן. (ז' 3)

דערצו האָט ד"ר שטיינבערג מורא געהאַט אַז די נייטיקע מיליטאַריזירונג פֿון דער מדינה וועט נעגאַטיוו ווירקן אויף דעם גײַסטיקן קלימאַט דאָרטן און וועט אַוועקפֿירן די יוגנט פֿון שאַפֿערישע אַקטיוויטעטן. און פּשוט, פּראַקטיש גערעדט, איז דאָס לאַנד נישט געווען גרייט אויפֿצונעמען אַלע פּליטים וואָס האָבן דעמאָלט געזוכט אַ היים.*[75]

די שׂינאה[76] און אַנטאַגאָניזם צו ד"ר שטיינבערגן און צו טעריטאָריאַליזם, ווי אויך די מורא פֿאַר קאָנקורענץ מצד די ציוניסטן, זײַנען געווען אַזוי שטאַרק אַז זיי האָבן אַקטיוו געפּרוּווט צעשטערן דעם קימבערלי־ און, שפּעטער, דעם סורינאַם־פּראָיעקט. פֿאַר דעם צוועק האָט מען געשיקט מיסעס אַרטשי־באָלד (אײַדאַ) סילווער־מאַן, אַ ציוניסטישע טוער־רין, סײַ קיין אויסטראַל־יע סײַ קיין סורינאַם. נאָכן זײַן אין סורינאַם האָט זי טעלעגראַמירט סטיווען ווײַסן, דעם פּרע־זידענט פֿון דעם אַמערי־קאַנער ייִדישן קאָנגרעס, אַז זי איז צוריקגעקומען „מיט מאַטעריאַל [וואָס] צעשטערט דעם קאָלאָני־זאַציע־פּלאַן".

שטיינבערג אין דער קימבערלי־געגנט פֿון מערבֿ־אויסטראַליע, 1939-1940. קען דאָס זײַן דאָס נײַע היימלאַנד פֿאַר ייִדן?

ווײַסעס ענטפֿער, דעם 25סטן מאַרץ 1948, אַנטפּלעקט אַ סך וועגן דער באַציִונג פֿון די ציוניסטן צו ד"ר שטיינבערגן און דער פֿרײַלאַנד־ליגע. ער שרײַבט:

---

[71] איידער ס'איז אויפֿגעקומען די מדינה האָט ד"ר שטיינבערג גערעדט וועגן דער מעגלעכקייט פֿון נישט קיין ייִדישער און נישט קיין אַראַבישער, נאָר אַ פּאַלעסטינער קאָמענוועלט אָדער פֿון אַ צוויי־נאַציאָנאַלער מדינה. ער האָט אויך געהאַלטן אַז פּאַלעסטינע/ישׂראל איז נישט אין גאַנצן אומשולדיק אין אירע באַציִונגען מיט די אַראַבער און טוט אַ סך זיי אויפֿצוהעצן. („פֿרײַלאַנד און ארץ־ישׂראל", אויפֿן שוועל, נאָוו' 1941, ב' 1, נומ' 9, ז' 4.)
[72] האָבן צו טאָן מיט דער נשמה - pertaining to the soul
[73] [קיִבעץ גאָליעס] אײַנזאַמלונג אין ארץ־ישׂראל פֿון די צעזייטע און צעשפּרייטע ייִדן - ingathering of the exiles
[74] עס איז נישט מעגלעך
[75] זען "Now is the time," *Freeland*, Feb. 1946, vol. II, no. 1, p. 5.
[76] [סינע] דאָס פֿײַנט האָבן - hatred

אײַער טעלעגראַם איז אָנגעקומען – איר ווייסט אַליין ניט ווי פּראָווידענציעל. איך האָב זי פּירגעלייענט פֿאַר מענטשן וואָס זײַנען געווען גרייט אונטערצוהאַלטן די משוגעת מיט דער האָלענדישער גוויאַנע. איך פּערזענלעך מיין אַז שטיינבערגן דאַרף מען לינטשן אָדער הענגען און פֿערטלען,[77] אויב דאָס וואָלט זיכערער געמאַכט זײַן באַווייינטע פּטירה (if that would make his lamented demise more certain). ער שטעלט מיט זיך פֿאָר אַ קאָמבינאַציע פֿון משיחישן קאָמפּלעקס און אַנטיציוניזם וואָס אַפּעלירט צו אַ סך ייִדן....

אײַערע*[78]

* * *

ס'איז אינטערעסאַנט צו טראַכטן וועגן דער השגה פֿון אַן אַלטערנאַ־טיווער געשיכטע. נישט דער טעריטאָריאַליזם, נאָר דער ציוניזם האָט מצליח געווען און „יצחק־נחמן שטיינבערג" איז כּמעט אַ פֿאַרגע־סענער נאָמען אויף דער ייִדישער גאַס. וואָלט זיך דער ענין אויסגעאַרבעט אַנדערש וואָלט ער הײַנט אפֿשר געווען אַזוי באַוווּסט ווי טעאָדאָר הערצל אָדער אַחד־העם.

שטיינבערג פֿאָטאָגראַפֿירט זיך מיט נעגערישע דאָרפֿלערערס אין דרום־אַפֿריקע, ווי אַ דעמאָנסטראַציע קעגן אַנטי־נעגערישע פֿאָראורטלען בשעת זײַן קאָמפּאַניע פֿאַרן ייִוואָ, 1936.

פֿון דער פּערספּעקטיוו פֿון ציוניזם וואָס האָט סוף־כּל־סוף מנצח געווען,[79] אָדער פּשוט פֿון דער פּערספּעקטיוו פֿון אונדזער באַקוועם ייִדיש לעבן דאָ אין אַמעריקע, קען מען זען פֿאַר וואָס מע וואָלט געקענט באַשולדיקן שטיינבערגן אין אַ משיח־קאָמפּלעקס אָדער אפֿשר, מיט מער חסד, אַ דאָן־קיכאָט־קאָמפּלעקס.

איז ווי אומרעאַליסטיש איז שטיינבערג געווען? האָט ער טאַקע געהאַט אַ משיח־קאָמפּלעקס, און אויב יאָ, איז דאָס דווקא געווען אַזאַ גרויסער חסרון? איז דער געדאַנק פֿון אַ „פֿרײַלאַנד" טאַקע געווען אַזוי משוגע? שטיינבערג האָט טאַקע געוואָלט לייזן די ייִדן־פֿראַגע אויף אַ פֿרידלעכן אופֿן, און געפֿינען פֿאַר ייִדן אַ טעריטאָריע אין אַ רויִקן, דעמאָקראַטישן ווינקל פֿון דער וועלט. אויב דאָס רופֿט זיך אַ משיח־קאָמפּלעקס האָט ער מסתּמא טאַקע דערפֿון געליטן.

מע דאַרף געדענקען אַז אין 1948-1947, ווען די פֿרײַלאַנד־ליגע האָט אַגיטירט פֿאַר אַ טעריטאָריע אין סורינאַם, האָבן זייער אַ סך ייִדן נאָך געשמאַכט[80] אין די די־פּי־לאַגערן און נישט געהאַט וווּ צו גיין. ד"ר שטיינבערג שרײַבט אַזוי:

> די הײַנטיקע ייִדן־פֿראַגע האָט צו טאָן מיט אייראָפּע, וווּ אַ דריטל פֿונעם פֿאָלק ליגט אין מאַסן־קבֿרים. די וואָס זײַנען געבליבן דאָרט, כּמעט אַנדערטהאַלבן מיליאָן, מוזן אַרויס. 300,000 וווינען אין לאַגערן, אַלע פֿון זיי וווינען אין לענדער צווישן מענטשן וואָס האָבן געלערנט במשך 5 יאָר מלחמה אַז דאָס הרגענען אַ ייִד איז ניט פּונקט מערדער ווײַל סע קומט ניט מיט קיין שטראָף.*[81]

דערצו האָט קיינער, דאַכט זיך, נישט גע־האַט קיין שענערע, מער אַרומנעמיקע וויזיע פֿאַר דעם ייִדישן פֿאָלק ווי עס האָט געהאַט יצחק־נחמן שטיינבערג. מיט זײַנע אייגענע ווערטער:

> מיט דעם אויפֿקום פֿון מדינת־ישׂראל האָט זיך אָנגעהויבן מיט אַ שאַרפֿן ריס די נײַע תּקופֿה פֿון אונדזער פֿאָלק... צי איז ירושלים פֿון דער מדינת־ישׂראל גרייט אַרײַנצונעמען אין זיך און ווײַטער אַנטוויקלען די

[77] שנײַדן אין פֿיר גלײַכע טײלן - quarter [78] אַסטור, געשיכטע פֿון דער פֿרײַלאַנד־ליגע, ב׳ 2, ז׳ 718. [79] [מענאַצײ׳ען] געוווּנען, באַזיגט - won, conquered [80] אָפּגעקומען, געוואָרן שוואַך - languished [81] זען "Freeland Takes the Stand," *Freeland*, Feb. 1947, vol. III, p. 5.

עשירות[82] און פֿאַלקסטימלעכקייט פֿון „ווילנע“, – און דאָס הייסט זײַן אין אַ גרויסער מאָס אַ ווילנע דישׂראל? („ווילנע און ירושלים“, *אין קאַמף פֿאַר מענטש און ייִד*, ז' 405; אויפֿן שוועל, נומ' 4-3 [66-65], אַפּריל 1950).

אין אַן אַרטיקל וואָס הייסט „ווילנע און אַמעריקע“ שרײַבט ער:

> אַ גײַסטיקער צענטער, אַ מרכּז רוחני, איז פֿאַראַן שוין טויזנט יאָר לאַנג אין מיזרח־אייראָפּע...; זאָל זײַן אַז די לעבעדיקע טרעגער פֿון יענער הערלעכער ייִדישער ציוויליזאַציע זענען אַוועק פֿון דער וועלט, אָבער זייער ממשותדיקע[83] עקסיסטענץ און זייער דראַנג[84] צום אייביקן לעבן זענען פֿאַרבליבן און ווירקן ווײַטער אין דעם ייִדישן וועלטפֿאָלק....
>
> עס איז קיין צווייפֿל[85] נישט: מיר וועלן איצט האָבן צוויי גײַסטיקע צענטערס אין אונדזער שפּעטערישער אַנטוויקלונג. דער אַקטיווער אַנזעעוודיקער, מיט רום באַלויכטענער צענטער פֿון ירושלים, – און דער אומזעבאַרער, שטילער, מיטן כּוח פֿון דורות ווירקנדיקער צענטער פֿון מיזרח־אייראָפּע, פֿון ווילנע... זיי ביידע וועלן זיך לאָזן פֿילן און הערן, ראשית־כּל,[86] אין אַמעריקע. דאָס הייסט נישט אַז עס מוז אַנטשטיין צווישן זיי אַ קאַמף, נאָר עס וועט קומען צווישן זיי צו אַ גײַסטיקער שפּאַנונג, אָט יענער שפּאַנונג פֿון גײַסטיקע כּוחות וואָס באַוועגט און באַפֿרוכפּערט אַ קולטור („ווילנע און אַמעריקע“, *אין קאַמף פֿאַר מענטש און ייִד* ז' 410; אויפֿן שוועל, נומ' 6 [68], יוני 1950).

אין אַן אַרטיקל וואָס הייסט „דער פּלאַץ פֿון 'פֿרײַלאַנד' אין ייִדישן לעבן: פֿרײַלאַנד – אַ נויטווענדיקייט“ שרײַבט ער אַזוי וועגן דעם פֿרײַלאַנד־אידעאַל:

> אַ פֿרײַ לאַנד, וואָס זאָל זײַן באַוואָרנט אי קעגן אַסימילאַציע מיט שׂינאת־ישׂראל,[87] פֿון איין זײַט, אי קעגן שיינבאַרער מלוכהשאַפֿט מיט אירע סכּנות, פֿון דער אַנדערער. אַ לאַנד, וואָס זאָל טראָגן אַ פֿרײַהייטלעכן און פֿאָלקסטימלעכן כּאַראַקטער, וואָס זאָל העלפֿן בויען אַ פֿרידלעכע, פּראָדוקטיווע און עכט־ייִדישע היים.

אָט אין דעם דינסט פֿון אַזאַ פֿרײַ לאַנד זאָל זיך שטעלן די פֿרײַלאַנד־באַוועגונג. זי זאָל עס טאָן מיט ליבשאַפֿט צו די ייִדן, וואָס בויען דאָס לאַנד ישׂראל, און מיט טרײַשאַפֿט צו די צילן פֿון דער גרויסער אידעע פֿון פֿרײַלאַנד (*אין קאַמף פֿאַר מענטש און ייִד*, ז' 390; אויפֿן שוועל, נומ' 8-7 [53-52], נאָוועמבער 1948).

איז דאָס דאָס טראַכטן פֿון אַ מענטש מיט אַ משיח־קאָמפּלעקס? איך האַלט אַז נישט. דאָס איז דאָס טראַכטן פֿון אַ טיף מאָראַלישן מענטשן וואָס האָט נישט געוואָלט אַז ייִדן

דאָס איז דאָס טראַכטן פֿון אַ טיף מאָראַלישן מענטשן וואָס האָט נישט געוואָלט אַז ייִדן זאָלן בויען אַ היים אויפֿן חשבון פֿון אַנדערע פֿעלקער.

זאָלן בויען אַ היים אויפֿן חשבון[88] פֿון אַנדערע פֿעלקער, וואָס האָט נאָך פֿון זײַנע רעוואָלוציאָנערע טעג נישט געגלייבט אַז דער ציל באַרעכטיקט די מיטלען און וואָס האָט געהאַט אַ קלאָרע און אויסנעמיקע וויזיע פֿאַרן ייִדישן פֿאָלק. איז ער געווען צו אַ גרויסער אידעאַליסט ער זאָל זײַן אַ רעאַליסט? איז דער פֿאַקט וואָס די געשיכטע האָט זיך אויסגעשפּילט אַנדערש אַ באַווײַז אויף דעם? לאָוו־דווקא.

איך וויל אײַך לאָזן מיט די ווערטער פֿון עריך פֿראָם, זײַן מיטצײַטלער[89] און קאָלעגע נאָך פֿון די הײַדלבערגער יאָרן – אַגבֿ, אויך דער וויצעפּאָרזיצער פֿון דעם ד"ר י.נ. שטיינבערג־בוך־קאָמיטעט (אַ פֿאַקט וואָס איר וועט נישט געפֿינען אין ס'רובֿ ביאָגראַפֿיעס פֿון פֿראָמען): „אַ סך מענטשן וואָלטן גערופֿן יצחק שטיינבערגן אַ בעל־חלומות, אַ בעל־חזיון,[90] און דאָך איז ער געווען איינער פֿון די אמתע, צום באַדויערן צו ווייניק, רעאַליסטן פֿון אונדזער צײַט“.*[91]

---

[82][אַשירעס] רײַכקייט - richness, wealth [83][מאַמאָשעסדיקע] קאָנקרעטע, רעאַלע - concrete, tangible [84]שטרעבן - striving [85]ספֿק, געפֿיל פֿון נישט זײַן זיכער - doubt [86][ריישעס־קאָל] צום אַלעם ערשטן - first of all [87][סינעס־ייִסראָעל] פֿײַנטשאַפֿט צו ייִדן - anti-semitism [88][כעזשבם] רעכענונג; אַז אַנדערע זאָלן צאָלן - at the expense of [89]מענטש פֿון זײַן צײַט - contemporary [90][באַל־כיזוין] מענטש מיט פּראָפֿעטישער וויזיע - visionary [91]זען “Isaac Nachman Steinberg,” *Australian Dictionary of Biography Online*.

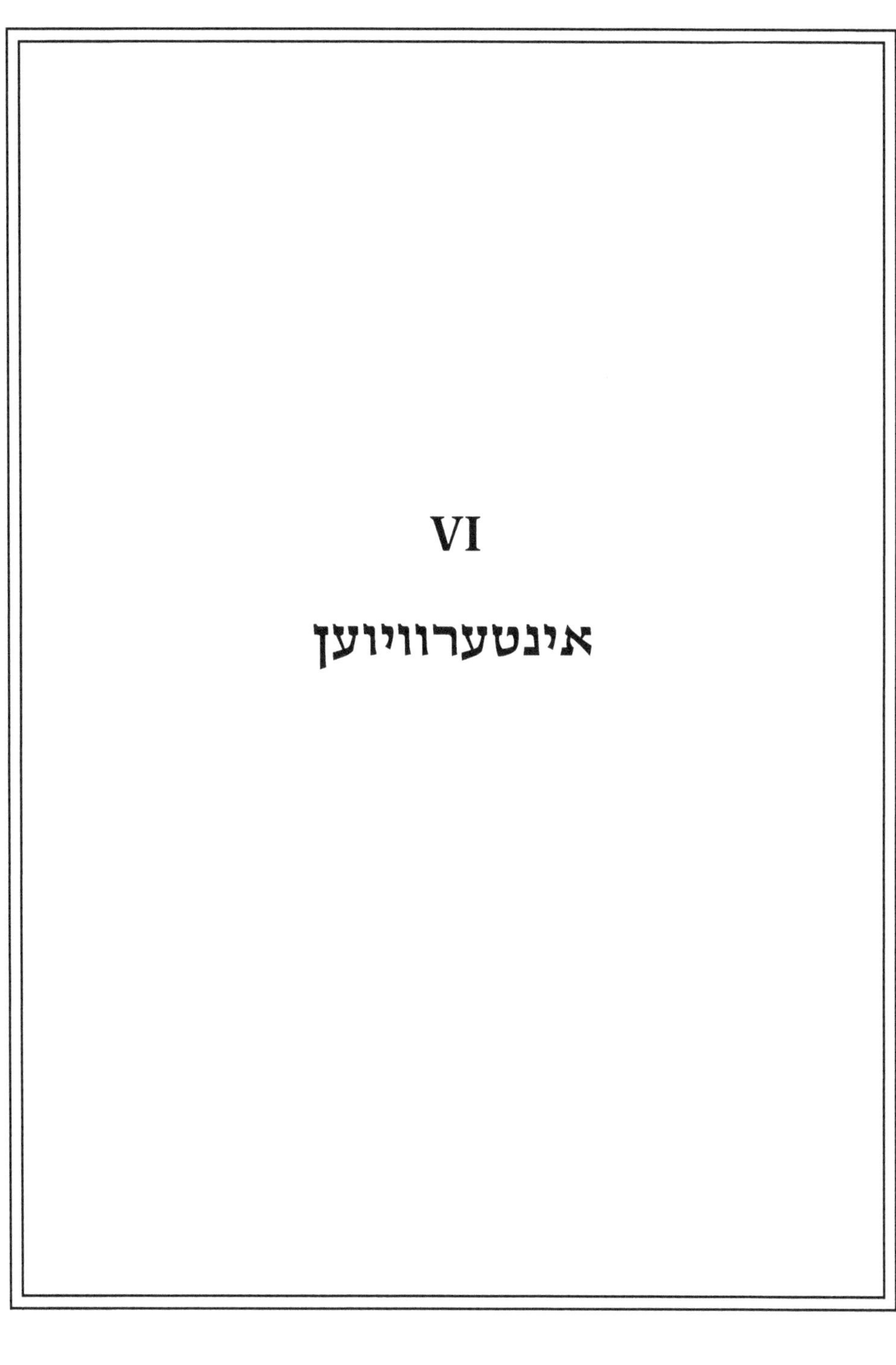

VI

אינטערוויוען

דרײַ נײַע איבערזעצונגען פֿון טבֿיה דער מילכיקער

שבֿע צוקער/דורעם, צ״ק

שצ: לעצטנס זײַנען אַרויס דרײַ נײַע איבערזעצונגען פֿון טבֿיה דער מילכיקער: אײַערע אויף עבֿרית, אַן ענגלישע פֿון עליזה שעווריִן, און אַ דענישע פֿון יאַן שוואַרץ. פֿאַר וואָס, האַלט איר, האָבן זיך מיט אַ מאָל באַוויזן אַזוי פֿיל נײַע איבערזעצונגען?

דמ: די אָפֿיציעלע סיבה איז אַזוי: אין 2009 איז געווען דער 150סטער יובֿל פֿון שלום־עליכמס געבוירן ווערן. אָבער דאָס אַליין זאָגט אונדז גאָרנישט. ניט יעדן יובֿל מערקט מען אָפּ.[1] אָבער דעם דאָזיקן יובֿל מערקט מען יאָ אָפּ ווײַל שלום־עליכם לעבט נאָך אַלץ מיט אונדז ווי אַ שרײַבער. אַ באַווײַז האָבן מיר אַז דער פּענגווין־פֿאַרלאַג נעמט אַרײַן כאָטש דרײַ פֿון זײַנע ביכער אין זײַן סעריע קלאַסישע ווערק אין דער ענגלישער איבערזעצונג. ער איז דער איינציקער ייִדישער שרײַבער פֿון דער תּקופֿה, טאַקע פֿון דער בליצײַט פֿון דער ייִדישער ליטעראַטור, וואָס האָט אויסגעהאַלטן דעם עקזאַמען פֿון דער צײַט. קיינער האָט ניט דערגרייכט דעם ניוואָ פֿון סובטילקייט וואָס דער קאָמעדיאַנט, דער כּלומרשטיקער[2] דערציילער פֿון געשמאַקע הומאָרעסקעס, האָט דערגרייכט. ער, צוזאַמען מיט קאַפֿקאַן און, אין אַ געוויסער מאָס, אויך עגנון, איז דער גרעסטער ייִדישער (ד״ה, „דזשויִש״) שרײַבער פֿון דער מאָדערנער תּקופֿה.

די שטענדיקע הצלחה פֿון דעם מיוזיקל פֿידלער אויפֿן דאַך האָט אַ סך אויפֿגעטאָן צו הייבן דעם אימאַזש פֿון שלום־עליכמען. וויפֿל מיר זאָלן דאָס ניט וועלן קריטיקירן מוז מען אָנערקענען[3] אַז סע האָט געשפּילט אַ גוואַלדיקע ראָלע בײַם מאַכן פֿון טבֿיהן אַן איקאָנע. אַפֿילו אין יאַפּאַן איז ער אַן איקאָנע. ער איז אומעטום, און פֿידלער, נאָך אַזוי פֿיל צײַט, איז נאָך אַלץ פּאָפּולער. כאָטש די אַדאַפּטירערס האָבן זיכער געמאַכט אַ פּראָפֿעסיאָנעלע אַרבעט בײַם אַדאַפּטירן טבֿיה מוז זײַן אין דעם עפּעס אַ לעבן. ס׳איז דאָס לעבן פֿון שלום־עליכמס ווערק גופֿא.

שצ: איך פֿאַרשטיי אַז אָן פֿידלער וואָלטן ענגליש־רעדערס דאָ אין אַמעריקע בדרך־כּלל ניט געווען באַקאַנט מיט שלום־עליכמס ווערק, אָבער איז דאָס געווען נייטיק אויך אין ישׂראל?

דמ: צום באַדויערן מוז איך זאָגן אַז יאָ. אַנומלטן האָט מען רעצענזירט[4] מײַן איבער־זעצונג און דער רעצענזענט האָט געשריבן אַז ערשט איצט האָב איך באַוויזן אַרויסצונעמען שלום־עליכם פֿונעם אַרכיוו און געבן ישׂראלים אַ ווערק צו וועלכן זיי קענען פֿילן עפּעס אַ שײַכות. מײַן טבֿיה איז געוואָרן אַ „בעסטסעלער״ — ס׳איז אַרויס אין 2009 און סע האָט זיך שוין פֿאַרקויפֿט אין די טויזנטער. צום ערשטן מאָל האָט שלום־עליכמס אַ מײַסטערווערק דורכגעבראָכן די ישׂראלדיקע וואַנט פֿון אַן אַשכּנזישער מינאָריטעט וואָס עלטערט זיך שוין, און איז דערגאַנגען

[1] געדענקט, פּראַוועט - mark, celebrate [2] [קלוי׳מערשטיקער] וואָס מאַכט דעם אָנשטעל פֿון; אַזוי צו זאָגן - supposed [3] מודה זײַן - recognize, acknowledge [4] געשריבן אַ רעצענזיע/ליטעראַטור־קריטיק - reviewed

צו יונגע־לײַט, צו ניט־אַשכּנזים און אַפֿילו צו אַראַבער וואָס לייענען עבֿרית. דער סאַטיריקער סאַיעד קאַשואַ, זייער אַ טאַלאַנ־טירטער ישׂראלדיקער אַראַבער וואָס שרײַבט אויף עבֿרית, האָט געשריבן אַז אַראַבער קענען זיך אידענטיפֿיצירן מיט דעם בוך. עס איז זייער נאָענט צו דעם וואָס איז אָנגעגאַנגען און גייט נאָך אַלץ אָן אין זייערע דערפֿער: טאַטעס, זין, טעכטער, צרות אאַז״וו.

שצ: צי האַלט איר אַז זיי אידענטי־פֿיצירן זיך מיט דעם פּאָליטיש?

דמ: איך מיין אַזוי, ווי דען? זיי פֿילן זיך נאָענט צו דער פֿיגור פֿון אַ פּשוטן מענטש, אַ באַשיידענעם[5] וואָס דאַרף אויסשטיין שרעק־לעכע נסיונות[6] און לעבט אונטער דער מאַכט פֿון אַ פֿרעמדער אויטאָריטעט וואָס האָט אים ניט איבעריק ליב.

שצ: דערציילט, זײַט אַזוי גוט, וועגן דער געשיכטע פֿון טבֿיה־איבער־זעצונגען אויף עבֿרית.

דמ: צוזאַמען מיט מײַנער געפֿינען זיך סך־הכּל פֿינף פֿולע איבערזעצונגען. אין 1911 איז אַרויס אין וואַרשע, בײַם פֿאַרלאַג השחר, די העתּקה[7] פֿון שלום־עליכמס איידעם, יצחק־דבֿ בערקאָוויטש. ביז זײַן טויט אין 1967 האָבן זיך ניט באַוויזן קיין אַנדערע ווײַל בערקאָוויטש האָט געהאַלטן דאָס רעכט און האָט ניט דערלאָזט קיין אַנדערע, אָבער נאָך זײַן טויט זײַנען אַרויס דרײַ: פֿון אַריה אַהרוני (1982) וואָס האָט איבערגעזעצט כּמעט אַלצדינג פֿון שלום־עליכמען; פֿון בנימין הרשבֿ (1983), און פֿון געניאַ בן־שלום (1983). מסתּמא זײַנען אַלע דרײַ אַרויס במשך אַזאַ קורצער צײַט ווײַל מע האָט געדאַרפֿט צוואַרטן אַ געוויסע צאָל יאָרן נאָך דעם מחברס טויט ביז מע האָט דאָס געקענט אַרויסגעבן.

שצ: דערציילט עפּעס וועגן בערקאָווי־טשעס העתּקה.

דמ: מיר מוזן פֿאַרשטיין אַז בערקאָ־וויטש האָט געלעבט אין זייער אַ מאָדנער וועלט פֿון איבערזעצונג.

> צום ערשטן מאָל האָט ש״עס אַ מײַסטערווערק דורכגעבראָכן די ישׂראלדיקע וואַנט פֿון אַן אַשכּנזישער מינאָריטעט וואָס עלטערט זיך שוין, און איז דערגאַנגען צו יונגע־לײַט, צו ניט־אַשכּנזים און אַפֿילו צו אַראַבער וואָס לייענען עבֿרית.

אין מיזרח־אייראָפּע האָבן זיך ניט געפֿונען קיין שום לייענערס פֿון דעם העברעיִשן טבֿיה וואָס האָבן עס ניט געהאַט שוין צו ערשט געלייענט אויף ייִדיש. איז אויף וואָס האָבן זיי זיך געקענט ריכטן אין אַ העברעיִשער איבערזעצונג? זיי האָבן אַרויסגעקוקט אויף עפּעס אַנדערש. פֿאַרשטייט זיך אַז מע האָט ניט געביטן דעם סיפּור־המעשׂה.[8] די שפּראַך האָט מען אָבער יאָ געביטן, ניט נאָר מיט דעם וואָס דאָס לשון פֿון טעקסט איז איצט געווען עבֿרית נאָר מיט דעם וואָס בערקאָוויטש האָט צוגעשטעלט אַ מין קאָמיש, חכמהדיק לומדיש[9] עבֿרית פֿון אַ תּלמיד־חכם וואָס איז די העב־רעיִשע לייענערס געפֿעלן.

שצ: אויב טבֿיה איז אַזאַ למדן פֿאַר־דרייט ער נאָך אַלץ די פּסוקים?

דמ: יאָ, אָבער איצט טוט ער דאָס ניט ווי אַ האַלבער עם־הארץ,[10] וואָס ער איז טאַקע, נאָר ווי אַ קלוגער מאַניפּולירער פֿון די מקורים. בערקאָוויטשעס טבֿיה האָט ניט געזאָלט דינען אַנשטאָט דעם אָריגינאַל, סע האָט געזאָלט זײַן אַ צוגאָב[11] דערצו, אַ באַרײַכערונג. ער האָט ניט איבערגעזעצט די אידיאָמאַטישע אויסדרוקן, נאָר האָט געפֿונען עפּעס אַנדערש אינעם תּרגום וואָס ער האָט געהאַלטן פֿאַר פּאַסיק. ס׳איז נאָך אַלץ קאָמיש אָבער אויף אין גאַנצן אַן אַנדער אופֿן. ס׳איז אַ מין שאַפֿערישקייט וואָס מיר באַרעכ־טיקן הײַנט ניט בײַם פֿאַרטײַטשן, אָבער מע דאַרף פֿאַרשטיין אַז בערקאָוויטש און אַנדערע האָבן געאַרבעט אין לגמרי אַנדערע לינגוויסטישע אומשטאַנדן און סע האָט אויסגענומען און געדינט צוויי־דרײַ דורות. מיר קומען אים אַ גרויסער דאַנק דערפֿאַר.

---

[5] עניוותדיקן, איינער וואָס האַלט זיך ניט צו הויך - modest, unassuming [6] [ניסיוי׳נעס] אויספּרוּוונגען פֿאַר אַ מענטשנס מאָראַלישן כּוח - trials [7] [האַטאָקע] איבערזעצונג - translation [8] [סיפּער־האַמײַסע] די פּאַסירונגען וואָס שפּילן זיך אָפּ אין אַ דערציילונג, ראָמאַן אאַז״וו - plot [9] [לאָמדיש] כאַראַקטעריסטיש פֿאַר ייִדיש געלערנטע - Jewishly learned, scholarly [10] [אַמאָרעץ] איגנאָראַנט; גראָבער־יונג - ignoramus [11] עפּעס וואָס מע גיט צו - addition

ער איז אָבער געווען אַן עקשן[12] און אַ שטרענגער צענזאָר. גאַנצע ווערק, געוויסע אויסצוגן,[13] האָט ער ניט איבערגעזעצט ווײַל ער האָט זיי געהאַלטן פֿאַר צו גראָב, צו פּראָסט. למשל, ס'איז דאָ אַ קאַפּיטל אין מאָטל פּייסע דעם חזנס, „איך האָב אַ רײַכע שטעלע", ווו מאָטל דאַרף אַכטונג געבן אויף לוריא, אַ משוגענעם זקן.

בערקאָוויטש האָט דאָס אַרויסגענומען ווײַל ער האָט געהאַלטן אַז ס'איז צו גראָטעסק. ער האָט קיין מאָל ניט איבערגעזעצט „דער מענטש פֿון בוענאָס־אײַרעס" (וועגן אַ ייִדישן אַלפֿאָנס)[14] ווײַל ער האָט געהאַלטן אַז אַזעלעכס טאָר מען ניט איבערזעצן. ער האָט געהיט שלום־עליכמס ווערק מיט אַן אײַזערנער האַנט. ער האָט געוואָלט אַז שלום־עליכם זאָל זײַן מער סאַלאָן־פֿעיִק.[15] ער האָט פֿײַנט געהאַט אַלץ וואָס מע האָט געטאָן מיט שלום־עליכמס ווערק, די טעאַטער־אויפֿפֿירונגען, וואָס ניט איז. ער איז געווען אַן עליטיסט און בײַ אים איז אַלץ געווען אַ וווּלגאַריזירונג. ער האָט אַ סך אַרויפֿגעצוווּנגען[16] אויף שלום־עליכמען ווײַל יענער האָט אים גענומען זייער ערנצט:

בערקאָוויטש איז דאָך געווען דער ייִנגערער, איירעפּעיִש געבילדעטער שרײַבער. ווען שלום־עליכם איז געשטאָרבן איז אַלצדינג געווען בײַ בערקאָוויטשן אין די הענט.

די איבערזעצונגען פֿון אַהרוני און הרשבֿ האָבן אַוודאי געמאַכט גרויסע שריט פֿאָרויס בײַם באַפֿרײַען דעם טעקסט פֿון דער היפּערהעברעיִזאַציע וואָס איז געווען בערקאָוויטשעס שיטה[17] בײַם באַהאַנדלען אידיאָמאַטישע אויסדרוקן. אָבער מײַן איבערזעצונג איז די ערשטע וואָס ניצט די מאָדערנע ישׂראלדיקע שפּראַך. אין דער הקדמה שרײַב איך: „דאָס ייִדיש פֿון הײַנט איז דאָס עברית וואָס מע רעדט בײַם הײַנטיקן טאָג אין ישׂראל. דאָס איז די גערעדטע שפּראַך פֿון ייִדן". און דאָס איז דאָס לשון וואָס איך ניץ אין אַלע מײַנע איבערזעצונגען. מיר האָבן איצט אַ גערעדטע ייִדישע שפּראַך וואָס האַלט זיך אין איין בײַטן, ס'איז פֿליסיק, און ניט געבונדן פֿון קיין שטאַרקע נאָרמעס. דאָס רוף איך אָן „ייִדיש". וואָס איז דען ייִדיש אָדער דזשודעזמאָ? ס'איז ניט דאָס לשון וואָס ייִדן לייענען אין שול, ס'איז דאָך דאָס לשון וואָס זיי

שלום־עליכם און בערקאָוויטש, וואָס איז געווען דער אַפּוטרופּוס אויף זײַן ליטעראַרישער ירושה אויף עבֿרית, ווײַסבאַדען, זומער 1913

רעדן. אָט דאָס איז דאָס ישׂראלדיקע עבֿרית אַקעגן ייִדיש בײַם הײַנטיקן טאָג. ייִדיש איז הײַנט לשון־קודש און מיר גייען צו צו דעם מיט אַ געפֿיל פֿון הייליקייט, פֿון קדושה, אָבער דאָס ישׂראלדיקע עבֿרית איז דאָס לשון וואָס ייִדן רעדן אין גאַס. אין דעם זינען זאָג איך „עבֿרית היא היידיש של ימינו" (עבֿרית איז דאָס ייִדיש פֿון אונדזער צײַט).

צום ערשטן מאָל האָבן ישׂראלים געפֿונען אַ טבֿיה וואָס רעדט צו זיי אויף זייער אייגענעם לשון, ס'איז אין גאַנצן צוגענגלעך.[18] דאָרט ווו ס'וועט דעם לייענער זײַן שווער צו פֿאַרשטיין, ווו ס'איז דאָ אַ קולטורעלער חלל[19] האָב איך געגעבן צו פֿאַרשטיין גאַנץ פּרטימדיק[20] און מיט הערות.[21] ס'איז דער מהלך וואָס מע דאַרף אַריבערשפּאַנען ווײַל די לייענערס פֿון הײַנט קענען געוויסע זאַכן פּשוט ניט פֿאַרשטיין. למשל, אין „חווה" לאָזט טבֿיה אויס זײַן כּעס און ביטער האַרץ אויף זײַן פֿערד וואָס איז גאָט די נשמה שולדיק,[22] און ער זאָגט תּיכּף:[23] „וואָס האָב איך צו דעם? און איך שיט דעם אונטער אַ ביסל געהאַקטע שטרוי און זאָג דעם צו, אם־ירצה־השם, שבת ווײַזן אַ ה' אין סידור". קיינער האָט דאָס פֿריִער ניט געהאַט

[12][אַקשן] אײַנגעשפּאַרטער און האַרטנעקיקער מענטש - stubborn person [13]טיילן, פֿראַגמענטן - excerpts [14]אַ מענטש וואָס האַנדלט מיט פּראָסטיטוטקעס - pimp [15]ראַפֿינירט - refined; fitting for good company [16]געמאַכט ער זאָל טאָן - forced [17][שיטע] סיסטעם, מעטאָד - system, school of thought [18]מע קען צוגיין צו דעם - approachable [19][כאָלעל] לאָך, בלויז, ליידיק אָרט - void [20][פּראָטימדיק] מיט אַ סך דעטאַלן - detailed [21][העאָרעס] צוגאָב־קאָמענטאַרן אין אַן אַרטיקל אָדער בוך - footnotes [22]אומשולדיק - innocent [23][טײַקעף] באַלד, גלײַך - immediately

איבערגעזעצט ווײַל מע האָט עס ניט פֿאַרשטאַנען. וואָס איז דאָס אַ ה׳ אין סידור? סע הייסט, איך וועל דיר געבן האָבער.[24] דער ייִדיש־לייענער פֿון הײַנט פֿאַרשטייט דאָס ניט און דער עבֿרית־לייענער אַוודאי און אַוודאי ניט. איך האָב דאָס ניט געקענט רעפּראָדוצירן אויף עבֿרית, האָב איך דאָס דערקלערט אין אַ הערה. אַ מאָל האָב איך באַוויזן צו רעפּראָדוצירן טבֿיהס ווערטער־שפּילן. למשל, ווען טבֿיה זאָגט „ברחל בתּך הנאָקעטע", פֿאַרדרייענדיק דערבײַ דעם פּסוק „ברחל בתּך הקטנה" - 'רחל, דײַן קליינע טאָכטער', האָב איך דאָס איבערגעזעצט „רחל בתּך הקטינה". „הקטינה" הייסט עמעצער וואָס איז סעקסועל ניט צײַטיק, צו וועמען אַ מאַן טאָר ניט צוגיין ווײַל זי איז צו יונג. איז דאָרט ווו איך האָב געקענט האָב איך עפּעס געשאַפֿן און דאָרט ווו ניט האָב איך פּשוט געגעבן צו פֿאַרשטיין אין אַ הערה.

שצ: פֿאַר דעם ייִדיש־לייענער ליגט אַ סך פֿון דעם געניאַלקייט פֿון טבֿיה אין דעם שפּיל צווישן ייִדיש און עבֿרית. אויב מע האָט אָבער צו טאָן מיט נאָר איין שפּראַך, ווי אַזוי זשע ברענגט מען דאָס אַרויס?

דמ: דאָס ישׂראלדיקע עבֿרית איז אַזוי ווײַט פֿונעם לשון־קודש פֿון די מקורים[25] ווי ייִדיש איז פֿון לשון־קודש. זיי זײַנען צוויי באַזונדערע שפּראַכן. דער צוהערער קען גלײַך דערקענען די פּסוקים ווײַל די שפּראַך איז אַ הויכע, אַ יום־טובֿדיקע, ניט קיין טאָג־טעגלעכע, און באַלד נאָך דעם קומט דער ישׂראלדיקער דיאַלעקט און דאָס הויכע לשון פֿאַלט אַרײַן אין דעם אַזוי ווי סע פֿאַלט אַרײַן אין טבֿיהס גערעדט ייִדיש. דער הײַנטיקער עבֿרית־רעדער קען באַלד דערהערן דעם אונטערשייד. געדענק אַז בײַ טבֿיהן זײַנען דאָס ניט געווען קיין צוויי באַזונדערע שפּראַכן; לשון־קודש איז געווען אַ טייל פֿון ייִדיש אָבער ביידע זײַנען געווען אַ טייל פֿון אַן אַלגעמיינער דיגלאָסישער[26] שפּראַכסיסטעם. דאָס הײַנטיקע עבֿרית איז זייער ווײַט פֿון דעם אויפֿגעלעבטן העברעיִש פֿון דעם סוף נײַנצעטן אָנהייב צוואַנציקסטן יאָרהונדערט, וואָס איז געווען באַזירט אויפֿן תּנך און

בערקאָוויטשעס העברעיִשע איבערזעצונג פֿון טבֿיה, וואַרשע, 1911

אויף דער פּרשה, און אויף אַראַמעיִש. די שפּראַך איז אַזוי ווײַט פֿון אונדז הײַנט אַז צום ערשטן מאָל קען מען טאָן דאָס וואָס טבֿיה האָט געטאָן, ניצנדיק נאָר העברעיִש.

שצ: הייסט עס, אַז בערקאָוויטש וואָלט דאָס ניט געקענט טאָן.

דמ: ניט ער האָט געקענט, ניט ער האָט געוואָלט. אויף וויפֿל איך האָב געקענט האָב איך, אָן אונטערצוגראָבן[27] די העברעיִשע גראַמאַטיק און סינטאַקס, זיך באַמיט אַז סע זאָל קלינגען ווי ייִדיש. סע פֿליסט ווי ייִדיש. מײַן כּוונה איז געווען ניט נאָר איבערצוזעצן, נאָר צו באַשאַפֿן פֿון ס'נײַ די מוזיק פֿון ייִדיש. אין דער הקדמה האָב איך געזאָגט „איך האָב געפּרוּווט גיין אויף אַ דרך וואָס פֿון איין זײַט איז דאָס דאָס ליטעראַרישע נאָרמאַטיווע עבֿרית פֿון אונדזער צײַט, און פֿון דער צווייטער זײַט — דאָס גערעדטע ישׂראלדיקע עבֿרית אַרײַננעמענדיק דעם טעם פֿון סלענג, אַזוי ווי די ערד אונטער איר וואָלט געווען די ערד פֿון ייִדיש מיט איר אייגנאַרטיקער[28] מעלאָדיע, מיט אירע ריטמען... מער פֿון אַלץ האָב איך געוואָלט אָפּהיטן די טאָנאַלישקייט פֿון ייִדיש אָן צו שעדיקן[29] דאָס פֿליסן פֿון דעם העברעיִשן טעקסט" (ז' 12). איך ניץ אַ מאָל דעם סאַמע לעצטן סלענג. למשל, בײַם אָנהייב פֿון קאַפּיטל „לך־לך" איז די עלטסטע טאָכטער צייטל אַהיימגעקומען צום טאַטן ווײַל דער מאַן איז איר געשטאָרבן, און טבֿיה זאָגט „וימת משה — געשטאָרבן מאָטל, האָט ער איבערגעלאָזט מיר אַ רעכטע באָמבע: ווו האָב איך שוין געקאָנט אַפֿילו אין

24 אַ תּבֿואה וואָס פֿערד עסן - oats 25 [מעקוי'רים] קוואַלן - sources 26 וואַריאַנטן פֿון איין שפּראַך געניצט אויף פֿאַרשיידענע פֿונקציעס - diglossic
27 צו טאָן שלעכטס צו - undermine 28 כאַראַקטעריסטיש פֿאַר - peculiar to 29 טאָן שלעכטס, אָנטאָן שאָדן - damage

זינען האָבן דעמאָלט ארץ־ישׂראל?" איך האָב דערפֿון געמאַכט „פּצצה מטקטקת" (ז' 159), וואָס דאָס הייסט 'אַ טיקעדיקע באָמבע' וואָס איז גרייט אויפֿצורײַסן, אַן אויס־דרוק וואָס מע הערט אויף די ישׂראלדיקע נײַעס וועגן טעראָ־ריסטישע אָנפֿאַלן. מע פֿאַרשטייט עס באַלד.

שצ: וואָלט דאָס ניט געווען אַן אַנאַ־כראָניזם?

דמ: אַוודאי, אָבער עס דריקט אויס דעם געדאַנק אַז מיט אַ מאָל האָט מען אים אויף דער עלטער אָנ־געהאָנגען אַ באָמבע — אַ טאָכטער מיט צוויי יונגע קינדער וואָס ער וועט דאַרפֿן אויסהאַלטן — פּונקט דעמאָלט ווען ער האָט שוין גע־מיינט אַז אַט־אַט וועט ער זיך קענען אַריבערפּעקלען[30] קיין ארץ־ישׂראל, און ער הייבט ניט אָן צו וויסן וואָס צו טאָן.

שצ: איך האָב באַמערקט אַז איר רופֿט אײַער איבערזעצונג טֶבְיֶה החולב אַקעגן אַנדערע איבערזעצונגען, חוץ בערקאָוויטשעס וואָס האָבן טבֿיהן גערופֿן אַ „חלבן". פֿאַר וואָס?

דמ: בערקאָוויטש האָט אים גערופֿן „טוביה החולב", אַזוי ווי אין דער תּנכישער מעשׂה פֿון נחמיה. איך רוף אים „טבֿיה", אַזוי ווי אויף ייִדיש, און „כּתרילעווקע" בלײַבט בײַ מיר „כּתרילעווקע", קיין מאָל ניט „כּתּרילעווקע", ווי אין אַנדערע איבערזעצונגען. אָבער בערקאָווי־טשעס אײַנפֿאַל אים צו רופֿן „חולב" איז געווען אַ געניאַלער. אַ „חלבן" איז דער וואָס ברענגט די מילך, אויף ענגליש milkman; אַ „חולב", dairyman, איז דער וואָס מאַכט און פֿאַרקויפֿט מילכיקע פּראָדוקטן. אויף ענגליש האָט מען טבֿיהן ריכטיק אָנגערופֿן dairyman, נאָר עס פֿעלט אין דעם די „מיל־כיקייט", און טבֿיה איז דאָך אַ מילכיקער מענטש. טבֿיה איז אַ ווייכער מאַן, אַ גוטער און אַ פֿעמינינער. „חולב" האָט אין זיך די מילכיקייט.

שצ: פֿאַר וואָס האָט איר באַשלאָסן איבערצוזעצן טבֿיה? האָט איר גע־האַלטן אַז מע דאַרף אַ נײַע איבער־זעצונג אָדער האָט איר געפֿילט אַן אייגן באַדערפֿעניש דאָס איבערצו־זעצן, אָדער אַ ביסל פֿון ביידע?

דמ: איידער איך האָב זיך גענומען צו טבֿיה האָב איך געמאַכט אַן אַנדער איבערזעצונג וואָס איך האָב גערופֿן סיפּורי זעם (מעשׂיות פֿון צאָרן) וואָס האָט אויך אויסגענו־מען אָבער ניט אין דער זעלבער מאָס וואָס טבֿיה. ס'איז אַ טייל פֿון אַ פּראָיעקט וואָס איך האָב באַשלאָסן אונטערצונעמען, זיבן אָדער אַכט ביכער, וויפֿל איך וועל נאָר קענען. איצט אַרבעט איך אויף מנחם־מענדל. איך אידענטיפֿיציר זיך אין גאַנצן מיט דעם פּראָיעקט און מיט שלום־עליכמען. איך פֿיל אַז איך קען אים פֿון אינעווייניק.

שצ: מיינט איר אַז אין פֿינף און צוואַנציק יאָר אַרום וועט מען דאַרפֿן אַן אַנדער איבערזעצונג?

דמ: זיכער. אַ גוטע איבערזעצונג דינט איר צײַט, די לייענערס צו וועמען זי איז געווענדט, און דערנאָך דאַרף מען האָבן אַ נײַע. איך האַלט אַז מיר דאַרפֿן האָבן נײַע איבערזעצונ־גען ניט נאָר פֿון שלום־עליכמען, נאָר אויך פֿון פּרצן.

שצ: איז שלום־עליכם אַ טייל פֿון דעם לערנפּלאַן אין די ישׂראלדיקע שולן?

דמ: ניין.

שצ: איז ער געווען אין אײַערע צײַטן?

דמ: ניין, אָבער פּרץ יאָ און אויך מענדעלע ווײַל זיי זײַנען אויך געווען העברעיִשע שרײַבערס, אָבער הײַנט שוין ניט.

שצ: הייסט עס, אַז שלום־עליכם איז ניט געווען קיין אינטעגראַלער טייל פֿון דער ליטעראַטור אין ישׂראל.

דמ: ניין, אָבער מע האָט אים געלייענט. דער בעסטער באַווײַז איז אַז בערקאָוויטשעס 14-15 בענד זײַנען אַרויס אין אַ סך אויסגאַבעס.

איך האַלט אַז מיר דאַרפֿן האָבן נײַע איבערזעצונגען ניט נאָר פֿון שלום־עליכמען, נאָר אויך פֿון פּרצן.

שצ: מיינט איר אַז שלום־עליכם אַפּעלירט הײַנט צו יונגע ישׂראלים, און אויב יאָ, פֿאַר וואָס?

דמ: איך מיין אַז ער אַפּעלירט צו אַ געוויסן סאָרט לייענער ווײַל ער איז אַ שרײַבער וואָס האָט אין תּוך[31] אָנגענומען דאָס לעבן ווי עס איז און האָט געזען אַז זײַן ראָלע איז דאָס אויסצודריקן אַזוי ווי עס איז, אָן צו פּסקענען,[32] אָן פֿאַראורטלען.[33] אַפֿילו דער

---

[30] אַריבערגיין אין אַ נײַער וווינונג - move [31] [טאָך] אין גרונט, אויב מע באַטראַכט גוט - in essence [32] [פּאַסקענען] אָננעמען אַ באַשלוס, אַרויסטראָגן אַן אורטל - judge, rule, decide [33] מישפּטן אין פֿאָרויס - prejudices, biases

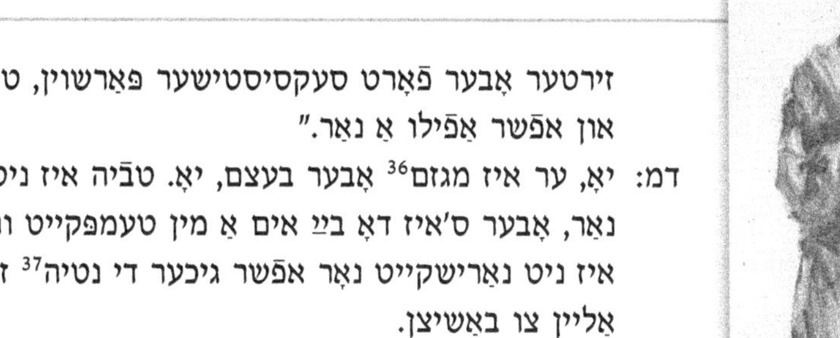

SHOLOM ALEICHEM PANORAMA

טבֿיה — געמעל פֿון
זינאָוויע טאָלקאַטשאָוו

אַלפֿאָנס פֿון בוענאָס־אײַרעס מעג קומען צום וואָרט און דערפֿאַר איז דער מאָנאָלאָג די אידעאַלע פֿאָרעם. דער מענטש מוז רעדן פֿאַר זיך און דער צוהערער קען אַליין באַשליסן. פֿון דעם קען מען דרינגען אַז די מענטשן האָבן ווי ניט איז געלעבט און זיי קאָמפּענסירן פֿאַר אַלץ וואָס סע פֿעלט זיי אין לעבן דורך רעדן, דורך פֿאַנטאַזיע, דורך צופּוצן דעם אמת.

אין שלום־עליכמס צײַטן פֿון נאַציאָנאַליזם און אַלע אַנדערע איזמען האָט דאָס געהייסן האָבן אַ מיינונג און פּסקענען. ניט דאָס דאַרף די ליטעראַטור זײַן. מענטשן דאַרפֿן זיך קענען אויסדריקן. שלום־עליכמס העלדן האָבן געהאַט שוידערלעכע איבערלעבונגען; זיי רעדן אומדירעקט און זיגזאַגיש וועגן זייערע צרות און זיי דאַרפֿן אַ צוהערער, אַזוי ווי שלום־עליכם דער שרײַבער אין די טבֿיה־מעשׂיות. שלום־עליכם אָנערקענט און אידענטיפֿיצירט זיך מיט זייערע חסרונות, נעמט אָן זייער שוואַכקייט און זייערע רייד ווי אַ מיטל דאָס צו באַקעמפֿן, צו קאָמפּענסירן דערפֿאַר, אָבער ער מישפּט זיי ניט. שלום־עליכם וואַרפֿט אָפּ די איזמען, דעם ציוניזם, דעם סאָציאַליזם, דעם ייִדישיזם, אַלע איזמען וואָס האָבן ייִדן געמוסרט:[34] „הערט אויף צו זײַן דאָס וואָס איר זײַט, איר דאַרפֿט זײַן בעסער". שלום־עליכם האָט זיך צוגעהערט, און אין דער פּאָסטציוניסטישער אָדער פּאָסטאידעאָלאָגישער צײַט רעדט און אַפּעלירט דאָס איצט צום ישׂראלדיקן עולם.

שצ: איך האָב געלייענט בעני מערס אַרטיקל אין הארץ*[35] אין וועלכן ער שרײַבט: „עס דאַכט זיך אַז מירון איז טבֿיהן צו פֿיל מזלזל אין זײַן פּרוּוו צו דערהייבן שלום־עליכמען ווי דער מחבר פֿון די באַהאַלטענע טיפֿענישן. מירון פּרעזענטירט טבֿיהן ווי אַן עם־הארץ, אַ פֿעמיני־זירטער אָבער פֿאָרט סעקסיסטישער פּאַרשוין, טעמפּ און אפֿשר אַפֿילו אַ נאַר."

דמ: יאָ, ער איז מגזם[36] אָבער בעצם, יאָ. טבֿיה איז ניט קיין נאַר, אָבער ס'איז דאָ בײַ אים אַ מין טעמפּקייט וואָס איז ניט נאַרישקייט נאָר אפֿשר גיכער די נטיה[37] זיך אַליין צו באַשיצן.

שצ: ער קאָנסטאַטירט אַז דורך טבֿיה מאָלט שלום־עליכם אויס אַ נעגאַטיוון פּראָפֿיל פֿון דעם גלות־ייִד. מיינט איר אַז דאָס איז אַ יושרדיקער אויספֿיר?

דמ: יאָ.

שצ: אָבער ווי אַזוי קען מען אים אַזוי ליב האָבן, און מע האָט אים טאַקע שטאַרק ליב, אויב ער איז אַזאַ נעגאַטיווע פֿיגור?

דמ: ער איז דער „ראַקאָנטער", דער דערציילער פּאַר עקסעלאַנס, און מיר האָבן אים ליב ווײַל ס'איז גרינג אים ליב צו האָבן אָבער דערעיקרשט ווײַל ער דערציילט מעשׂיות. צי קענסטו ניט אַזאַ מענטש אין לעבן? ער איז ניט אַחריותדיק,[38] ער ברענגט אַהיים כּלערליי צרות, אָבער ער קען אַזוי שיין רעדן, ער איז אַזוי פֿריילעך און האַרציק, ער איז דיר אַזוי נאָענט.

שצ: אָבער ער איז ניט כיטרע.

דמ: ער איז ניט כיטרע,[39] נאָר ער ווייסט ווי אַרויסצובאַקומען דעם ריכטיקן עפֿעקט, עס זאָל האָבן אויף דעם לייענער אַ שטאַרקן טרעף־כּוח. למשל, פֿאַר וואָס הייבט ער אָן דעם שפּרינצע־קאַפּיטל מיט דעם שרעקלעכן זאַץ „...אַ שאָק מיט יאָרן, אַז מיר האָבן זיך ניט געזען! וויי, וויי, וויפֿל וואַסערן עס זײַנען אָפּגעלאָפֿן!" הער זיך צו צו דעם זאַץ, ס'איז אַן אידיאָמאַטישער זאַץ אָבער מיר ווייסן אַז „וואַסערן אָפּגעלאָפֿן" האָט צו טאָן מיט שפּרינצעס טויט, זי דערטרינקט זיך. אַלצדינג ווערט אָרקעסטרירט. ער ווייסט ווי צו מאַכן מע זאָל אים ליב האָבן. ער פֿאַרפֿירט[40] און פֿאַרכּישופֿט שלום־עליכמען דורך דעם גאַנצן בוך. ער איז ניט כיטרע, אָבער דאָך איז ער יאָ כיטרע. ער ווייסט ווי צו האַנדלען אויף זייער אַ קלוגן אופֿן. עס שרײַט פֿון אים „האָט מיך ליב, האָט מיך ליב. יאָ, איך האָב געגעבן מײַן געלט מנחם־מענדלען און ער האָט פֿאַרתּכלעוועט אונדזער 'פֿאַרמעגן', יאָ, איך האָב אַהיימגעבראַכט פּעפּערלען און אַזוי געדרייט אַז מײַן

---

[34][געמוּסערט] געפּריידיקט מאָראַל - moralized, reproofed [35]12 מײַ 2009; www.haaretz.com/news/the-fall-and-rise-of-tevye-1.2756
[36][מעגאַזעם] טרײַבט איבער, מאַכט צו גרויס - exaggerates [37][נעטי׳ע] טענדענץ - tendency [38][אַכרײַ׳עסדיק] טוט דאָס וואָס מע דאַרף - responsible [39]איבערקלוג - cunning, sly [40]פֿירט אויפֿן ניט־ריכטיקן וועג - seduces, leads astray

טאָכטער האָדל זאָל זיך פֿאַרליבן אין אים, יאָ, איך האָב ניט געלייגט קיין אַכט ווען מײַן טאָכטער האָט זיך פֿאַרליבט אין אַ גוי, יאָ, איך האָב אַהיימגעבראַכט דעם שאַרלאַטאַן אַראָנטשיק און ווען מען מײַן שפּרינצע האָט זיך פֿאַרליבט. יאָ, איך האָב מײַן משפּחה אָפּגע־טאָן שרעקלעכע זאַכן אָבער איך האָב זיי געטאָן מיט גוטן".

שצ: מיר דאַכט זיך אַז טבֿיה וואָלט געזאָגט אַז ער האָט דאָס אַלץ געטאָן ניט־באַוווסטזיניקערהייט.[41]

דמ: ער האָט אויסגעשפּילט פֿאַנטאַזיעס וועגן וועלכע ער איז געווען האַלב באַוווסטזיניק אָדער אַ מאָל אין גאַנצן אומבאַוווסטזיניק, אָבער ער האָט אָנגעטאָן שרעקלעכן שאָדן די מענטשן אַרום אים. ווי אַזוי קען מען דאָס באַרעכטיקן? דורך אַזוי שיין קענען דערציילן וועגן דעם. אָט וואָס שלום־עליכם איז געווען, ער האָט צעטרענצלט[42] דאָס געלט פֿון דער משפּחה לאָיעוו (זײַן ווײַבס משפּחה). טבֿיה און מנחם־מענדל זײַנען אַרויסגעוואַקסן פֿון זײַן אייגענעם אומאַחריותדיקייט, כאָטש ער האָט אַ גוטע נשמה.

שצ: אָבער ער איז געשפּאָלטן, עס ציט אים צו דער דרויסנדיקער וועלט, צו די בחורים וואָס ער ברענגט אַהיים ווי, למשל, פֿעפֿערל/פּערטשיק.

דמ: אַוודאי ווערט ער צוגעצויגן צו פּערטשיקן. ער האָט ניט קיין זין און ער חלומט וועגן אַ זון, אַ זון וואָס וואָלט געווען אַזוי קלוג ווי ער. פּערטשיק איז פּונקט דאָס וואָס ער וויל נאָר ער קען ניט אין די קליינע אותיות;[43] ער איז אַ מאַרקסיסט און אַ רעוואָלוציאָנער, קען ער אַן אַנדער מין קליינע אותיות. ברענגט ער אים אַהיים און אין דער זעלבער צײַט וויל ער חתונה מאַכן זײַן טאָכטער האָדלען מיט אַ מיליאָנער. ווו קומען זיך די זאַכן צוזאַמען? ער איז אַן אָנשיקע־ניש.[44] אַ מאַן וואָס מוז אַלע מאָל ווײַזן ווי געלערנט ער איז, און פֿאַר וועמען דאַרף ער זיך באַווײַזן? פֿאַר פֿרויען וואָס קענען ניט די מקורים און מענער וועמען ער האַלט פֿאַר עם־הארצים. ער איז אַ מין עקסהיביציאָניסט. דו ווייסט, בײַ יידן זײַנען לומדישע ציטאַטן סעקסועל אָנגעלאָדן ווײַל נאָר מענער קענען די מקורים, איז ווען אַ מאַן מוז שטענדיק ווײַזן פֿרויען אַז ער קען אַ מדרש און ער ציטירט מדרשים און גמרות, אַ מאָל אַזעלכע וואָס ער טראַכט אויס, כּדי עמעצן מבֿייש צו זײַן,[45] ווי ער טוט עס מיט ביילקעס מאַן פֿדהצורן, איז דאָס אַ מין עקסהיביציאָניזם, אַ סעקסועל באַווײַזן זיך.

שצ: איז ווי קען אַזאַ מענטש (ווי איר זעט אים) אונדז זײַן אַזוי סימפּאַ־טיש און זײַן אַזאַ גרויסער ליטעראַרישער העלד. איז דער עולם אַ גולם?

דמ: מיר ווערן אַרײַנגעצויגן אין אַ מין זייער פֿאַרפֿירערישן און פֿאַרכּישופֿנדיקן אַקט פֿון דערציילן. ער איז אַ גרויסער ליטעראַרישער העלד ניט ווײַל ער אַליין איז אַזאַ גרויסער מענטש נאָר ווײַל די אויסמאָלונג איז געניאַל, די טיפֿקייט דערפֿון איז אָן אַ מאָס. אין טבֿיהן זעט מען זיך אַליין.

שצ: איך פֿאַרשטיי אַז איר האָט געשריבן וועגן אײַער קוק אויף טבֿיהן אין דעם לענגערן „אחרית דבר"־עסיי[46] וואָס געפֿינט זיך אין דעם באַנד, אָבער ס'רובֿ לייענערס זעען אים ניט אַזוי ווי איר זעט אים, אײַער קוק אויף אים איז גאַנץ נעגאַטיוו. וועלן זיי דאָס אויפֿכאַפּן אין אײַער איבערזעצונג?

דמ: אַן איבערזעצונג דאַרף זײַן געטרײַ.

שצ: אָבער עס זײַנען אַלע מאָל דאָ ברירות.

דמ: איך האָב ניט באַוווסטזיניק געמאַכט אַזעלכע ברירות, און דרך־אַגבֿ, ס'רובֿ פֿון די לייענערס פֿון טבֿיה אויף עבֿרית האָבן אים אויך גוואַלדיק ליב.

שצ: און איר, איר האָט אים אויך ליב?

דמ: יאָ, איך האָב אים ליב. טבֿיה איז דאָס וואָס מאַדאַם באָוואַרי איז געווען, "c'est moi". דאָס בין איך, דאָס זײַנען מיר אַלע, מיט אַלע אונדזערע שוואַכקייטן. ס'איז אונדזער מענטשלעכקייט, מישטיינס געזאָגט.[47] קענען מיר בײַטן די וועלט? קענען מיר באמת פֿירן אונדזערע קינדער און זיי הייסן וואָס זיי זאָלן טאָן? ער הייסט זיי יאָ וואָס צו טאָן, אויף אַ סובטילן אופֿן, ער זאָגט זיי שטענדיק זיי זאָלן חתונה האָבן מיט גבֿירים, אָבער עס גייט קיין מאָל ניט. ווען מיר נעמען אַן טבֿיהן קומען מיר אין קאָנטאַקט מיט עפּעס זייער קינדישס אין זיך אַליין. טבֿיה געפֿינט זיך אין יעדן איינעם פֿון אונדז.

---

[41] ניט־ווייסנדיק, ניט בכּיוון - unconsciously [42] געפּטרט, געמאַכט פֿון עפּעס כמעט גאָרניט - squandered [43] [אויסיעס] זײַן געלערנט - to be (Jewishly) learned, able to read the fine print [44] שלאַק - affliction, nuisance, troublesome person [45] [מעוויײש] פֿאַרשעמען, באַליידיקן - shame, insult [46] [אַכריט דאַוואָר] נאָכוואָרט - afterword [47] אָך און וויי איז צו אונדז - alas

ענגלישע איבערזעצונג: אַן אינטערוויו מיט עליזה שעוורין

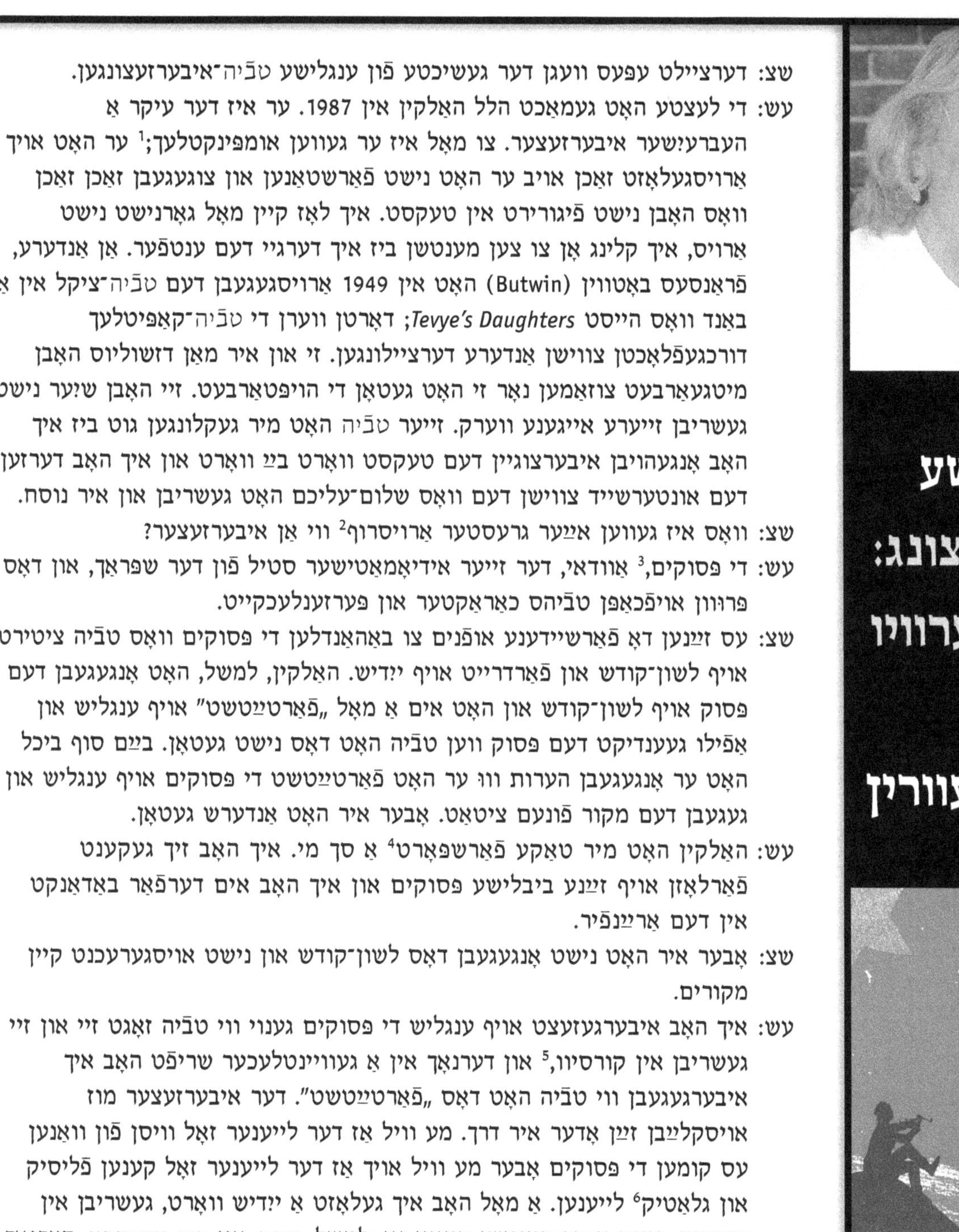

שצ: דערציילט עפּעס וועגן דער געשיכטע פֿון ענגלישע טבֿיה־איבערזעצונגען.

עש: די לעצטע האָט געמאַכט הלל האַלקין אין 1987. ער איז דער עיקר אַ העברעיִשער איבערזעצער. צו מאָל איז ער געווען אומפּינקטלעך;[1] ער האָט אויך אַרויסגעלאָזט זאַכן אויב ער האָט נישט פֿאַרשטאַנען און צוגעגעבן זאַכן וואָס האָבן נישט פֿיגורירט אין טעקסט. איך לאָז קיין מאָל גאָרנישט נישט אַרויס, איך קלינג אָן צו צען מענטשן ביז איך דערגיי דעם ענטפֿער. אַן אַנדערע, פֿראַנסעס באָטווין (Butwin) האָט אין 1949 אַרויסגעגעבן דעם טבֿיה־ציקל אין אַ באַנד וואָס הייסט *Tevye's Daughters*; דאָרטן ווערן די טבֿיה־קאַפּיטלעך דורכגעפֿלאָכטן צווישן אַנדערע דערציילונגען. זי און איר מאַן דזשוליוס האָבן מיטגעאַרבעט צוזאַמען נאָר זי האָט געטאָן די הויפּטאַרבעט. זיי האָבן שיִער נישט געשריבן זייערע אייגענע ווערק. זייער טבֿיה האָט מיר געקלונגען גוט ביז איך האָב אָנגעהויבן איבערצוגיין דעם טעקסט וואָרט בײַ וואָרט און איך האָב דערזען דעם אונטערשייד צווישן דעם וואָס שלום־עליכם האָט געשריבן און איר נוסח.

שצ: וואָס איז געווען אײַער גרעסטער אַרויסרוף[2] ווי אַן איבערזעצער?

עש: די פּסוקים,[3] אַוודאי, דער זייער אידיאָמאַטישער סטיל פֿון דער שפּראַך, און דאָס פּרווון אויפֿכאַפּן טבֿיהס כאַראַקטער און פּערזענלעכקייט.

שצ: עס זײַנען דאָ פֿאַרשיידענע אופֿנים צו באַהאַנדלען די פּסוקים וואָס טבֿיה ציטירט אויף לשון־קודש און פֿאַרדרייט אויף ייִדיש. האַלקין, למשל, האָט אָנגעגעבן דעם פּסוק אויף לשון־קודש און האָט אים אַ מאָל „פֿאַרטײַטשט" אויף ענגליש און אַפֿילו געענדיקט דעם פּסוק ווען טבֿיה האָט דאָס נישט געטאָן. בײַם סוף ביכל האָט ער אָנגעגעבן הערות ווו ער האָט פֿאַרטײַטשט די פּסוקים אויף ענגליש און געגעבן דעם מקור פֿונעם ציטאַט. אָבער איר האָט אַנדערש געטאָן.

עש: האַלקין האָט מיר טאַקע פֿאַרשפּאָרט[4] אַ סך מי. איך האָב זיך געקענט פֿאַרלאָזן אויף זײַנע ביבלישע פּסוקים און איך האָב אים דערפֿאַר באַדאַנקט אין דעם אַרײַנפֿיר.

שצ: אָבער איר האָט נישט אָנגעגעבן דאָס לשון־קודש און נישט אויסגערעכנט קיין מקורים.

עש: איך האָב איבערגעזעצט אויף ענגליש די פּסוקים גענוי ווי טבֿיה זאָגט זיי און זיי געשריבן אין קורסיוו,[5] און דערנאָך אין אַ געוויינטלעכער שריפֿט האָב איך איבערגעגעבן ווי טבֿיה האָט דאָס „פֿאַרטײַטשט". דער איבערזעצער מוז אויסקלײַבן זײַן אָדער איר דרך. מע וויל אַז דער לייענער זאָל וויסן פֿון וואַנען עס קומען די פּסוקים אָבער מע וויל אויך אַז דער לייענער זאָל קענען פֿליסיק און גלאַטיק[6] לייענען. אַ מאָל האָב איך געלאָזט אַ ייִדיש וואָרט, געשריבן אין קורסיוו, וואָס אַ סך מענטשן קענען ווי, למשל, שבת און קיין עין־הרע. דערנאָך האָב איך אַזעלכע ווערטער וואָס איך האָב געגעבן דווקא אויף ייִדיש אַרײַנגעטאָן אין גלאָסאַר פֿון הינטן.

שצ: האָט איר געהאַלטן אַז מיט האַלקינס צוגאַנג ווערט דעם לייענערס אויפֿמערק[7] אָפּגעווענדט?[8]

[1]נישט פּרעציז - inaccurate [2]אַ רוף זיך צו באַטייליקן אין עפּעס שווערס - challenge [3][פּסוקים] זאַצן פֿון תּנך - verses of the Bible/scripture
[4]אײַנגעברענגט, עקאָנימיזירט - spared, saved [5]*אַזאַ מין* שריפֿט - italics [6]פֿליסיק, אָן קיין פּראָבלעמען - smoothly [7]דאָס אײַנהערן זיך/געבן אַכט אויף - attention [8]אַוועקגעדרייט, אַוועק פֿון פֿאָקוס - distracted

עש: יאָ, מע דאַרף גיין אַהין און צוריק, אַזוי ווי מע וואָלט געלייענט אַ טעקסט ליטעראַטור־קריטיק, און דאָס האָב איך נישט געוואָלט. ס׳איז דאָך אַ ראָמאַן, בעלעט־ריסטיק. איך האָב געוואָלט אַז דער לייענער זאָל זיך קענען נישט־געשטערטערהייט אַרײַנלעבן אין דעם סיפּור־המעשׂה,[9] די העלדן, וואָס זיי זאָגן און ווי זיי זאָגן דאָס.

שצ: איז ווי אַזוי האָט איר אָנגעוויזן אויף די פֿאַרשיידענע רעדסטילן?

עש: ס׳איז געווען שווער. כאָטש טבֿיה איז באַקאַנט פֿאַר זײַן באַנוצן זיך מיטן תּנך איז ער אָבער אין תּוך[10] נישט קיין געלערנטער מענטש. ווי אַזוי קען מען אויפֿכאַפּן אַזאַ העלד? דורך זײַנע רייד. מע דאַרף דאָס לשון מאַכן פּשוט. ער טאָר אויף ענגליש נישט ניצן קיין הויכע ווערטער. מע דאַרף האָבן פֿאַר־שיידענע סטילן רייד פֿאַר די פֿאַרשיידענע פּאַרשוינען, אַנישט וועלן אַלע קלינגען ווי דער זעלבער מין מענטש. יעדעס וואָרט

פֿראַנסעס באַטווין, איינער פֿון די פֿרײַקע שלום־עליכם־איבערזעצערס

דאַרף האָבן אַ געוויסן טעם ווי אין אַ געקעכטס: נישט צו געזאַלצן, נישט צו זיס. מײַן מאַן וואָס איז אַ פּסיכאָלאָג לייענט אַלצדינג איבער מיט מיר. ער איז מײַן אומאָפּיצ־יעלער רעדאַקטאָר. מיר גייען אַהין און צוריק מיט דער איבערזעצונג ביז וואַנען עס האָט דעם ריכטיקן טעם, דאָס ריכטיקע געפֿיל. עס געדויערט צען מאָל אַזוי לאַנג איבערצוזעצן ווי צו שרײַבן, אָבער די אַרבעט האָט איר אייגענעם שׂכר.[11] איך בײַט נישט דעם סיפּור־המעשׂה הגם האַלקין און באַטווין האָבן דאָס אין אַ געוויסן זינען יאָ געטאָן. מע פֿרעגט מיך אָפֿט פֿאַר וואָס איך שרײַב נישט, אָבער ס׳איז אַן אַנדער טייל פֿון מוח.[12] יצחק פּערלמאַן קאָמ־פּאָנירט נישט קיין מוזיק, ער שפּילט. איך באַטראַכט זיך ווי עמעצער וואָס „שפּילט" שלום־עליכם. ווען איך אַרבעט אויף דעם לייען איך אַלץ אויף אַ קול און שפּיל אויס דעם דיאַלאָג.

שצ: איר האָט אַוודאי געהאַט אַ רע־דאַקטאָר בײַם פּענגווין־פֿאַרלאַג. אין וואָסער מאָס האָט ער זיך אַרײַנגעמישט און געזאָגט אַ דעה וועגן אײַער אַרבעט?

עש: מײַן רעדאַקטאָר דזשאָן סיסיליאַנאָ האָט איבערגעלייענט יעדעס וואָרט, געפֿונען קלייניקייטן דאָ און דאָרט, און האָט אַלע מאָל פֿאַרבעסערט. ער האָט בעסער געמאַכט דאָס ענגליש אָבער ער האָט בשום־אופֿן נישט געביטן און נישט געשעדיקט[13] דעם טעקסט. עס זײַנען דאָ רעדאַקטאָרן וואָס

ווילן אַז מע זאָל, למשל, אויסשנײַדן אַ מענטש פֿון דער מעשׂה (דאָס איז שוין געשען בײַ מיר ווען איך האָב איבערגעזעצט באַשעוויסעס שונאים: די געשיכטע פֿון אַ ליבע, ווו מע האָט אויסגעשניטן דעם העלדס פֿאַרטע גליבטע) אָבער איך האָב אים פֿון פֿריִער געהאַט געזאָגט אַז איך וועל גאָרנישט בײַטן, נישט אינעם סיפּור־המעשׂה, נישט לגבי די העלדן, איך וועל נישט אויסברייטערן אָדער עלימינירן, און ער האָט מסכּים געווען. דאָס איינציקע וואָס איך האָב יאָ געביטן איז איבערחזרונגען. ענגליש טאָלערירט נישט אַזוי פֿיל איבערחזרונגען ווי ייִדיש.

שצ: די באַטווין־טבֿיה איז אַרויס אין 1949. ס׳איז שווער צו גלייבן אַז קיינער האָט דאָס ווערק פֿאַר דעם נישט געהאַט איבערגעזעצט אויף ענגליש. פֿון דער אַנדערער זײַט איז האַלקינס איבערזעצונג אַרויס אין 1987, נישט אַזוי לאַנג צוריק,

דזשוליוס באַטווין, איינער פֿון די פֿרײַקע שלום־עליכם־איבערזעצערס

---

[9][סיפּער־האַמײַסע] די פּאַסירונגען וואָס געשעען אין אַ דערציילונג אָדער ראָמאַן - plot [10][טאָך] אין גרונט, אויב מע באַטראַכט גוט - in essence, basically [11][סכאַר] באַלוינונג - reward [12][מויִעך] קאָפּ; געהירן - mind; brain [13]אָנגעטאָן שאָדן - harmed

טבֿיה־איבערזעצונג פֿון פֿראַנסעס באָטווין, קראַון פּאָבלישערס, 1949

ווייניקער פֿון פֿינף און צוואַנציק יאָר. האָט איר געהאַלטן אַז מע דאַרף אַ נײַע איבערזעצונג אויף ענגליש אָדער האָט איר פּשוט געפֿילט אַ באַדערפֿעניש דאָס איבערצוזעצן, און אויב יאָ, פֿאַר וואָס דווקא איצט?

עש: יאָ און יאָ. אי איך האָב געהאַלטן אַז ס'איז שוין צײַט אויף אַ נײַער איבערזעצונג אי איך האָב געפֿילט אַ באַדערפֿעניש דאָס צו טאָן. אין די 1980ער יאָרן האָב איך דער־לאַנגט מײַן רעדאַקטאָרשע אין פּאָטנאַם־פֿאַרלאַג צוויי קאַפּיטלעך טבֿיה, אָבער האַלקינס איבער־זעצונג איז דעמאָלט אַרויס און איך האָב מײַנס פּשוט אַוועק־געלייגט אין אַ זײַט. מיט אַ פּאָר יאָר צוריק אָבער האָט מעליסאַ פֿלאַשמאַן, מײַן אַגענטקע, געפֿונען דזשאַן בײַם פּענגווין־פֿאַרלאַג און ער איז געווען פֿאַראינטערעסירט. ער האָט אַרויסגעגעבן שלום־עליכמס בלאָנדזשענדע שטערן (2009) און דערנאָך האָט ער באַשלאָסן אַז ער וויל איך זאָל מאַכן אויך טבֿיה און מאָטל פּייסע דעם חזנס, מסתמא צוליב שלום־עליכמס יובֿל.[14] אַזוינס איז בײַ מיר נאָך קיין מאָל נישט געשען. איך בין געווען איבערגליקלעך. איז אַנשטאָט איין ביכל האָב איך געדאַרפֿט דערלאַנגען אַזש דרײַ! אַלע זײַנען אַרויס אין 2009.

שצ: צי האָבן אײַערע געדאַנקען וועגן טבֿיה און טבֿיהן זיך געביטן אַ דאַנק אײַער נאָענטער פֿאַרבינדונג מיטן ווערק?

עש: יאָ, אַוודאי האָב איך דאָס פֿריִער געהאַט געלייענט נאָר איך האָב אַ סך פֿאַרגעסן. איך בין געווען איבערראַשט צו זען ווי טבֿיה איז מבֿטל[15] פֿרויען – נישט די טעכטער וועמען ער האָט שטאַרק ליב, נאָר גאָלדען. און ווען גאָלדע איז געשטאָרבן און דערנאָך אויך שפּרינצע האָב איך דאָס זייער איבערגעלעבט. איך בין געוואָרן אַזוי אַרײַנגעטאָן אין דעם אַז איך בין אַליין געוואָרן טבֿיה און דאָך נישט.

שצ: אין מײַן שמועס מיט דן מירון האָט ער אַ סך גערעדט וועגן דעם באַדערפֿעניש צו אַ נײַער העברעיִשער איבערזעצונג אַיעדע פֿינף און צוואַנציק יאָר, צום טייל ווײַל די שפּראַך בײַט זיך אַזוי פֿיל אַז דאָס וואָס מע האָט געשריבן מיט פֿינף און צוואַנציק יאָר צוריק קלינגט שוין הײַנט אַלטמאָדיש. דאַכט זיך אַז דאָס איז לאַו־דווקא שייך צו ענגליש. די ענגלישע שפּראַך האָט זיך נישט אַזוי געביטן זינט האַלקין איז אַרויס מיט זײַן איבערזעצונג.

אויב מע דערמאָנט נישט דעם ספּעקטאַקל פֿידלער אויפֿן דאַך האָט מען קיין מאָל נישט געהערט פֿון שלום־עליכמען.

עש: אַ מאָל ווען איך רעד וועגן דעם פֿאַר אַן עולם זאָג איך אַז איך האָף אַז אין פֿינף און צוואַנציק יאָר אַרום וועט זיך יאַווען[16] אַ צווייטער איבערזעצער וואָס וועט דאָס נאָך אַ מאָל און נאָך בעסער טאָן. נישט ווײַל מײַנס טויג נישט, נאָר פּשוט ווײַל אַ צווייטער וואָלט זיך אַנדערש אויסגעדריקט, עס זײַנען דאָ אַזוי פֿיל סינאָנימען און מעגלעכקייטן מיט דער שפּראַך. גיט נאָר אַ קוק וויפֿל מע האָט איבערגעזעצט דאַנטע אָדער די גריכישע שרײַבערס אָדער גונטער גראַס פֿון דײַטש.

שצ: וואָס ווייסט דער ענגליש־רעדנדיקער עולם וועגן שלום־עליכמען און טבֿיה?

עש: אויב מע דערמאָנט נישט דעם ספּעקטאַקל פֿידלער אויפֿן דאַך האָט מען קיין מאָל נישט געהערט פֿון שלום־עליכמען. עס רעדט זיך דאָ אַגבֿ וועגן ייִדן אויך.

שצ: איז ווער, מיינט איר, איז דער עולם פֿאַרן ביכל? צי איז הײַנט דאָ אַ

[14][יויול] פֿײַערונג צו די 25, 50, 75, 100 אאַז״ו יאָר פֿון אַ געשעעניש - anniversary [15][מעוואַטל] מאַכט אַוועק מיט דער האַנט - disparages [16]זיך באַווײַזן - appear

גרויסער אינטערעס אין דער ייִדישער ליטעראַטור אויף ענגליש אָדער אין שלום־עליכמען? זײַנען דאָס צוויי באַזונדערע אינטערעסן? צי ווערט דאָס ביכל פֿאַרשפּרייט אין אַנדערע ענגליש־רעדנדיקע לענדער ווי קאַנאַדע, ענגלאַנד, דרום־אַפֿריקע צי אויסטראַליע?

עש: דער אינטערעס איז נישט קיין זייער גרויסער. פּענגווין האָט געדרוקט עטלעכע הונדערט, העכסטנס טויזנט עקזעמפּלאַרן. מע פֿאַרשפּרייט עס אין קאַנאַדע און אפֿשר אויך אין ענגלאַנד, אָבער קיין סך פּירסום[17] מאַכט מען נישט. פֿאַרלאַגן האָבן פּשוט נישט אַזוי פֿיל געלטער פֿאַר אַזאַ מין בוך. מערסטנס ווערט עס פֿאַרפּירסומט דורך רעצענזעיס. די שרײַבערין דאַראַ האָרן האָט דאָס רעצענזירט אין ענגלישן *Forward*, אָבער ווייניק אַנדערע. דער פּובליציסט בײַ פּענגווין האָט אַרויסגעשיקט אַ סך עקזעמפּלאַרן, זענען געווען אָבער ווייניק בעלנים. איך בין אַנטוישט סײַ אין דעם אויפֿנעם סײַ אין דעם פּירסום.

שצ: ווי אַזוי האָט איר אָנגעהויבן איבערזעצן? האָט איר גערעדט ייִדיש אין דער היים?

עש: איך בין אויפֿגעוואָקסן אין אַ ייִדיש־רעדנדיקער היים אין וויליאַמסבורג. כאָטש דער טאַטע האָט געהאַט געלערנט אויף רבֿ בײַ די סאַטמערער חסידים האָט מען מיך געשיקט אין אַ ייִדיש־וועלטלעכער פֿאַרבאַנד־שול, די אַבֿרהם רייזען־שול אין ברוקלין. איך האָב זיך געלערנט אין מיטלשול ביז פֿערצן יאָר, קיין העכערע ייִדישע דערציִונג האָב איך נישט. אָבער דאָ אין ען־אַרבאָר, מישיגען, וווּ איך ווין, באַטייליק איך זיך אין עטלעכע ייִדיש־קרײַזן און כ'האָב אויך געלערנט ייִדיש־קלאַסן אין דעטרויט און ען־אַרבאָר. דאָס איבערזעצן האָב איך אָנגעהויבן ווען איך בין שוין געווען אין די פֿערציקער יאָרן. איך בין איין מאָל געווען צו גאַסט בײַ טאַטע־מאַמע אין מיאַמי און דאָרטן האָב איך אין פֿאָרווערטס געלייענט

מאַריענבאַד, איבערגעזעצט פֿון עליזה שעוורין, 1982

באַשעוויסעס אַ דערציילונג און געטראַכט אַז ס'איז מיר זייער גרינג צו פֿאַרשטיין. האָב איך באַשלאָסן דאָס איבערצוזעצן. איך האָב עס אַוועקגעשיקט באַשעוויסן און ווײַטער פֿון אים גאָרנישט געהערט. ווען מײַן מאַן און איך זײַנען איין מאָל געווען אין ניו־יאָרק האָב איך אים אָנגעקלונגען (זײַן טעלעפֿאָן איז געווען אין טעלעפֿאָן־בוך) און ער האָט געזאָגט אַז אַ צווייטע אַרבעט שוין אויף דער דערציילונג אָבער ער וואָלט געוואָלט איך זאָל פּרובירן אַן אַנדערע. דאָס איז געווען דער אָנהייב. דערנאָך, ווען די קינדער זײַנען שוין געווען אַ ביסל עלטער, בין איך צוריק אין אוניוורסיטעט און געקראָגן אַ מאַגיסטער אין סאָציאַל־אַרבעט. אַרום צען יאָר האָב איך זיך אין גאַנצן נישט פֿאַרנומען מיט ייִדיש אָבער דערנאָך בין איך

יום־טובֿ־מעשׂיות, איבערגעזעצט פֿון עליזה שעוורין, פֿאַרלאַג סקריבנער, 1979

כאָטש דער טאַטע האָט געהאַט געלערנט אויף רבֿ בײַ די סאַטמערער חסידים האָט מען מיך געשיקט אין אַ ייִדיש־וועלטלעכער פֿאַרבאַנד־שול.

צוריקגעקומען צו דעם. איך האָב איבערגעזעצט עלף בענד שלום־עליכם, צווישן זיי: מאַריענבאַד (1982), יאָסעלע סאָלאָוויי (1985), דער בלוטיקער שפּאַס (1992), מנחם־מענדל (2001), בלאָנדזשענדע שטערן (2009), און דרײַ בענד געקליבענע קינדער־דערציילונגען.

שצ: אויף וואָס אַרבעט איר איצט?

עש: איך אַרבעט אויף מאַנגערס דאָס בוך פֿון גן־עדן. ס'איז שוין כמעט נישט געבליבן וואָס איבערצוזעצן.

שצ: הלוואַי!

---

[17] [פּירסעם] רעקלאַמע - publicity

דענישע איבערזעצונג: אַן אינטערוויו מיט יאַן שוואַרץ

שצ: קענט איר מיר עפּעס זאָגן וועגן דער געשיכטע פֿון טבֿיה־איבערזעצונגען אויף דעניש?

יש: מיט פֿופֿציק יאָר צוריק האָט דער פּריִערדיקער קאָפּנהאַגענער רבֿ מאַרקוס מעלשער (Melchior) איבערגעזעצט טבֿיה פֿון אַ דײַטשער איבערזעצונג. עס זײַנען געווען עטלעכע דײַטשישע איבערזעצונגען און איך בין נישט זיכער וועלכע ער האָט געניצט, אָבער דאָרטן געפֿינט זיך אַ נאָכוואָרט פֿון מאַקס בראָד, קאַפֿקאַס חבֿר. ס'איז אַרויס אין 1961 און ביז מײַנע איז אַרויס איז דאָס געווען די איינציקע אויף דעניש. מסתּמא האָט מעלשער נישט געקענט קיין ייִדיש. דאָס איז נישט קיין שלעכטע איבערזעצונג. ס'איז זייער קלאָר אָבער, ווען מע לייענט דאָס, אַז ער האָט זיך נישט באַניצט מיט קיין ייִדישער אויסגאַבע. ער האָט, למשל, נישט אַרײַנגענומען די הקדמה „קטנתּי", טבֿיהס בריוו צו שלום־עליכמען; די קאַפּיטלען „לך־לך" און „וַחלַקלַקות" זײַנען נישט אַרײַן אין בוך, וואָס ענדיקט זיך מיט דעם קאַפּיטל „טבֿיה פֿאָרט קיין ארץ־ישׂראל". איך האָב נישט קיין אַנונג[1] פֿאַר וואָס ער האָט עס נישט אַרײַנגענומען ווײַל טבֿיה ווערט דאָרט אַרויסגעטריבן פֿון זײַן היים אין אַנאַטעווקע און ס'איז זייער אַ וויכטיק קאַפּיטל. אין מײַן איבערזעצונג האָב איך באַשלאָסן נישט אַרײַנצונעמען דאָס לעצטע קאַפּיטל „וַחלַקלַקות" ווײַל איך האַלט אַז ס'איז נישט פֿאַרענדיקט. ס'איז טאַקע נאָר אַ מין סקעטש. אין דעם קאַפּיטל בעט טבֿיה די גויים אין דאָרף זיי זאָלן אַרויסרעדן דאָס וואָרט „וַחלַקלַקות". זיי זײַנען מסכּים, וואָס דאָס איז דעם לייענער שווער צו גלייבן, און ווען זיי פּרובירן אַרויסרעדן דאָס וואָרט קלינגט עס ווי תּרגום־לשון. די לעצטע שורה פֿונעם קאַפּיטל – „אונדזער אַלטער גאָט לעבט" – איז די איינציקע וואָס האָט טאַקע אָנגעהאַלטן בײַ די ייִדישע לייענערס. שלום־עליכם האָט דאָס געשריבן אין די יאָרן 1914-1916, האַרט פֿאַר זײַן טויט, און האָט עס אַפֿילו נישט באַאַרבעט, ער האָט נישט געהאַט קיין צײַט. ער האָט גערופֿן דאָס קאַפּיטל „אַ פֿאַרשפּעטיקטע מעשׂה". ס'איז זייער קורץ, אַן ערך אַ דריטל אין פֿאַרגלײַך מיט די אַנדערע קאַפּיטלען. דער אינהאַלט איז אַ באַגרענעצטער פֿון אַ הומאָריסטישן און קינסטלערישן קוקווינקל. איך זע אַז עליזה שעוורין האָט דאָס יאָ אַרײַנגענומען אין איר אָקערשטיקער[2] ענגלישער איבערזעצונג און הלל האַלקין האָט דאָס קאַפּיטל אַרײַנגעאַרבעט אין „לך־לך".

שצ: ס'איז נישט ווי מאָטל פּייסע וואָס איז געבליבן הענגען אין דער לופֿטן ווען שלום־עליכם איז געשטאָרבן. דאָס ביכל האָט אַ סוף: טבֿיה מוז אַרויס פֿון אַנאַטעווקע און עס ענדיקט זיך מיט די ווערטער „אונדזער אַלטער גאָט לעבט". ס'איז קלאָר אַז שלום־עליכם האָט געוואָלט האָבן אַזאַ סוף. ער ענדיקט אַזוי מיט אַ כּוונה.[3]

יש: איר זײַט גערעכט, דאָס איז נישט קיין קלאָרע זאַך. מע קען זאָגן יאָ אָדער ניין און איך האָב באַשלאָסן דאָס נישט אַרײַנצונעמען. ס'איז אַ סך וויכטיקער אַרײַנצונעמען דעם „קטנתּי"־בריוו. האַלקינס איבערזעצונג אויף ענגליש, וואָס איז ווונדערלעך, האָט דאָס נישט געניצט. ס'איז וויכטיק, ס'איז דאָך דער אַרײַנפֿיר צו דעם גאַנצן ראָמאַן.

שצ: איך האָב נישט געוווּסט אַז מע האַלט אַז טבֿיה איז נישט פֿאַרענדיקט.

יש: ער האָט געשריבן טבֿיה במשך מער ווי צוואַנציק יאָר. אָנגעהויבן האָט ער אין 1894 און פֿאַרענדיקט דאָס לעצטע קאַפּיטל אין 1916. ער האָט געשריבן די פֿאַרשיידענע

---

[1] באַגריף, אידעע - inkling [2] אַנומלטיקער, פֿון גאָר לעצטנס - recent [3] [קאַוואָנע] מיין, ווילן - intent

קאַפּיטלעך מיט אַן אָפּרוק[4] פֿון דרײַ־פֿיר יאָר. זייער אַ מאָדנער פּראָצעס ווײַל געוויינטלעך שרײַבט מען אַ ראָמאַן אין איין, צוויי, דרײַ, פֿינף יאָר, און פֿאַרטיק. ער האָט דאָס נישט געטאָן. ער וואָלט געקענט אָנשרײַבן נאָך קאַפּיטלעך. ווען ער האָט אָנגעהויבן האָט ער נישט געטראַכט וועגן אַ סוף צו דעם ראָמאַן. אין בוך שפּיגלען זיך אָפּ[5]

מאַרקוס מעלשער (1897-1969), לאַנגיאָריקער הויפּט־רבֿ פֿון דענמאַרק

פֿאַרשיידענע היסטאָרישע געשעענישן: די רעוואָלוציע פֿון 1905 און דער בייליס־פּראָצעס און אין דעם ראָמאַן קען מען זען דעם פֿאַרלויף פֿון דער צײַט. אויב שלום־עליכם וואָלט נישט געשטאָרבן אין ניו־יאָרק אין 1916 וואָלט ער געקענט שרײַבן נאָך עטלעכע קאַפּיטלעך טבֿיה.

שצ: ווי אַזוי האָט מען אויפֿגענומען די צוויי איבערזעצונגען, הרבֿ מעלשערס און אײַערע?

הרבֿ מאַרקוס מעלשערס פּאָפּולערע דענישע טבֿיה־איבערזעצונג

יש: מעלשערס איז געווען אַ גרויסער דערפֿאָלג. מע האָט עס אַרויסגעגעבן אין 10,000 עקזעמפּלאַרן. מײַן ביכל — וואָס האָט טאַקע געקראָגן זייער פֿײַנע רעצענזיעס אין אַלע גרויסע צײַטונגען אין דענמאַרק, פֿון באַקאַנטע קריטיקערס — האָט זיך פֿאַרקויפֿט אין ווייניקער ווי טויזנט עקזעמפּלאַרן.

שצ: אָבער ס'איז נאָך נײַ, אמת?

יש: יאָ, ס'איז אַרויס מיט אַ יאָר צוריק, אין 2009, לכּבֿוד דעם 150סטן געבוירן־טאָג פֿונעם מחבר. אָבער בײַם הײַנטיקן טאָג פֿאַרקויפֿט מען אַ סך ווייניקער קלאַסישע ווערק אין איבערזעצונג אין פֿאַרגלײַך מיט די „גאָלדענע צײַטן" פֿון ביכער־פֿאַרקויף אין די זעכציקער יאָרן.

שצ: ווי גרויס איז די ייִדישע קהילה געווען אין הרבֿ מעלשערס צײַטן? צי האַלט מען אַז ס'רובֿ[6] פֿון די לייענערס זײַנען געווען ייִדן?

יש: איך בין זיכער אַז ס'רובֿ לייענערס זײַנען נישט געווען קיין ייִדן און כ'בין זיכער אַז הײַנט זײַנען ס'רובֿ לייענערס אויך נישט קיין ייִדן. די ייִדישע קהילה איז הײַנט זייער אַ קליינע, 9,000-8000 נפֿשות.[7] ס'האָט זיך ווייניק געביטן זינט די זעכציקער יאָרן, הײַנט איז אפֿשר אַ ביסל קלענער.

שצ: ווינען אַלע דענישע ייִדן אין קאָפּנהאַגען?

יש: מיט הונדערט יאָר צוריק זײַנען געווען ייִדישע קהילות אין אַנדערע ראַיאָנען פֿון דענמאַרק, אָבער בײַם הײַנטיקן טאָג זײַנען דאָ זייער ווייניק ייִדן וואָס ווינען אין אַנדערע שטעט.

שצ: דערציילט עפּעס וועגן דער ייִדישער ליטעראַטור אויף דעניש.

יש: ס'איז דאָ זייער ווייניק: די געוויינטלעכע, באַשעוויס, באַזירט אויף די ענגלישע אויסגאַבעס פֿון זײַנע ווערק. אַכציק־נײַנציק פּראָצענט פֿון אַלע איבערזעצונגען אויף דעניש זײַנען פֿון באַשעוויסן. מע האָט אַ ביסל שלום־עליכם, פּרץ, צוויי־דרײַ מעשׂהלעך. הגם איך בין נישט דער איינציקער וואָס פֿאַרנעמט זיך אַקאַדעמיש מיט ייִדיש בין איך פֿון די געציילטע. ס'איז דאָ אַ שפּראַכפֿאָרשער, יען קאַטלעוו, אַ ייִד, וואָס האָט טאַקע איבערגעזעצט אַ גבֿית־עדות[8] וואָס הייסט „איך בין דער לעצטער ייִד, טרעבלינקע 1943-1942" פֿון יחיאל רײַכמאַן, און אַ גערמאַניסט אַ שפּראַך־פֿאָרשער, סטעפֿאַן קראָך. אויף שוועדיש איז פֿאַראַן אַ ביסל מער אין איבערזעצונג. מע לייענט

---

[4]אינטערוואַל - interval [5]מע זעט זייער אָפּשײַן - are reflected [6][סראָוו] דער גרעסטער טייל - majority [7][נעפֿאָשעס] מענטשן - people [8][גוויִעס־איידעס] אַרויסזאָג פֿון אַ מענטש וואָס דערציילט וואָס ער האָט געזען

שוועדיש אין דענמאַרק אויך, דאָס איז נישט אַזוי ווײַט פֿון דעניש.

שצ: און פֿאַרקערט, וועלן די שוועדן לייענען אײַער איבער־זעצונג אויף דעניש?

יש: יאָ, אפֿשר, די דרײַסיק־פֿערציק פֿאַרברענטע ייִדישיסטן אין שוועדן וועלן לייענען מײַן איבערזעצונג. פֿאַר די שוועדן איז נישט אַזוי נאַטירלעך צו לייענען די דענישע ליטעראַטור, און פֿאַרקערט. ס'איז נישט שווער צו פֿאַרשטיין, די צוויי שפּראַכן זײַנען זייער נאָענט, אָבער ס'איז נישט אַזוי נאַטירלעך. ס'איז דאָ אַ קולטורעלער באַריער צווישן די צוויי לענדער.

שצ: איז טבֿיה דאָס ערשטע ווערק וואָס איר האָט איבער־געזעצט?

יש: ניין, אין 1993 האָב איך אַרויסגעגעבן אַן אַנטאָלאָגיע, די גאָלדענע קייט, וואָס הייסט אויף דעניש *Den Gyldne Kaede*. עס נעמט אַרײַן ליטעראַטור פֿון מענדעלע ביז סוצקעווער. ס'איז זייער אַ שיין בוך מיט צייכענונגען פֿון אַלכּסנדר באָגען, סוצקעווערס אַ חבֿר, אַ פּאַרטיזאַנער, זייער אַ טאַלאַנטירטער קינסטלער וואָס וווינט אין ישׂראל, אָבער סע האָט זיך נישט גוט פֿאַרקויפֿט. דער עיקר איז אָבער אַז מע קען עס געפֿינען אין ביבלי־אָטעקן. דערווײַל איז דאָס די איינציקע ערנצטע זאַך וואָס איז פֿאַראַן אויף דעניש וועגן דער ייִדישער ליטעראַטור. ס'איז אַ ריכטיקע אַנטאָלאָגיע, מיט אַ לאַנגן אַרײַנפֿיר, מיט אַ ליטעראַטור־היסטאָרישן צוגאַנג.

די גאָלדענע קייט, **שוואַרצעס** אַנטאָלאָגיע פֿון דער ייִדישער ליטעראַטור אויף דעניש

שצ: איר האָט געזאָגט אַז טבֿיה איז גוט צוגעפּאַסט צו דעם דענישן עולם. קענט איר אַ ביסל מאריך זײַן[9] אויף דער טעמע?

יש: דער סטיל און דער הומאָר פֿון טבֿיה פּאַסן זיך זייער גוט צו צו דער דענישער פּסיכיע און קולטור. די דענער פֿאַרשטייען זייער גוט אַ נאַראַטאָר וואָס רעדט און רעדט און הערט נישט אויף צו רעדן. ס'איז געווען אינטערעסאַנט צו לייענען די רעצענזיעס. מע האָט געלייגט דעם טראָפּ אויף אָט דעם פֿאַקט אַז ס'איז טאַקע אַ הומאָריסטיש בוך. די קריטיקערס האָבן געזאָגט אַז אויב מע וויל וויסן וואָס עס איז דער ייִדישער הומאָר דאַרף מען לייענען טבֿיה דער מילכיקער ווײַל דאָס איז דער טיפּישער בײַשפּיל פֿון דעם הומאָר. איך האָב געהאַט דעם אײַנדרוק אַז זיי האָבן טאַקע פֿאַרשטאַנען און געהאַט אַ חוש פֿאַר דעם וואָס איז טאַקע נישט אַזוי גרינג צו פֿאַרשטיין, אַפֿילו נישט אין איבערזעצונג, דאָס הייסט, אויף ייִדיש. אין *Wall Street Journal* האָט די קריטיקערין רות ווײַס פֿון האַרוואַרד געשריבן אַז טבֿיה איז דער ערשטער ייִדישער standup comedian (קאָמיקער בײַ אַ מיקראָפֿאָן); איר באַגריף האָב איך באַניצט אין מײַן נאָכוואָרט צו באַשרײַבן טבֿיהס דראַמאַטישע פּירונג. ס'איז זיי געווען זייער וויכטיק. ס'איז געווען אַ מין שליסל פֿאַר די קריטיקערס, זיי זאָלן פֿאַרשטיין טבֿיהס פּירונג. זיי האָבן געזאָגט אַז טבֿיה איז דער עלטער־זיידע פֿון די הײַנטיקע קאָמיקערס אין אַמעריקע. אַזוי ווי מע האָט אין דענמאַרק זייער ליב דזשערי סײַנפֿעלד און דזשאָן סטיוּאַרט און אַלע אַמעריקאַנער קאָמיקערס איז דאָס געווען אַן אופֿן צו רעקלאַמירן[10] און צו פֿאַרקויפֿן דאָס בוך.

שצ: מיט וואָס אין דער ייִדישער קולטור אידענטיפֿיצירן זיך די לייענערס אין דענמאַרק? וואָס האָבן די צוויי פֿעלקער בשותּפֿות?

יש: די דענער האָבן טאַקע אַ לאַנגע געשיכטע פֿון זײַן אַ קליין פֿאָלק, זיי פֿאַרשטייען גוט אונטערדריקונג ווײַל זיי האָבן שטענדיק געקעמפֿט קעגן די דײַטשן. דערצו זײַנען די אַנדערע טעמעס אוניווערסאַל — משפּחה־ווערטן, טראַדיציע אַנטקעגן מאָדערנקייט. זיי האָבן טאַקע געקענט הערן אַז עס האָט אַ הומאָריסטישן טעם און סע קלינגט גוט אויף דעניש. איך בין צופֿרידן ווײַל ס'איז מיר געווען וויכטיק איבערצוגעבן דעם טעם. אויף דעניש איז טאַקע דאָ אַ שטאַרקע טראַדיציע פֿון ליטעראַטור בעל־פּה[11] און רעציטאַציע. פּונקט ווי ייִדיש איז דאָס אַ קליינע שפּראַך. אפֿשר פֿינף מיליאָן רעדערס סך־הכּל. אין דער ליטעראַטור־געשיכטע האָבן מיר

---

[9] [מײַ'רעך] רעדן ווײַטער - talk at greater length [10] לאָזן וויסן, מאַכן פּירסום - advertise [11] [באַלפּע'] פֿון מויל - oral

גרויסע מחברים וואָס האָבן געניצט אַ בעל־פּה־נאַראַטיוון סטיל ווי דער דראַמאַטיקער פֿון אַכצעטן יאָרהונדערט, לודוויג האָלבערג, וואָס איז אַ נאַציאָנאַלער דענישער קולטורהעלד. זײַנע מעשׂיות ווערן דערציילט פֿון קוקווינקל פֿון אָרעמע־לײַט אין זייער אייגענער שפּראַך, ס'איז טאַקע ליטעראַטור בעל־פּה. הײַנט איז זייער פּאָפּולער דער ראָמאַניסט און דערציילער קלאַוס ריפֿבערג, אַ קלאַסיקער אין דער דענישער ליטעראַטור וואָס לעבט נאָך. עטלעכע פֿון זײַנע ביכער זײַנען געשריבן געוואָרן ווי אַ מאָנאָלאָג אין דער טאָג־טעגלעכער שפּראַך.

שצ: אַ סך פֿון דער געניאַלקייט פֿון טבֿיה ליגט דאָך אין דעם צווישנשפּיל צווישן ייִדיש און לשון־קודש. ווי אַזוי האָט איר דאָס אַרויסגעבראַכט אויף דעניש?

יש: איך בין קעגן האַלקינס צוגאַנג פֿון האַלטן דאָס לשון־קודש אויף לשון־קודש און דערנאָך געבן צו פֿאַרשטיין אין הערות. דאָס איז זייער מאָדנע. איך האָב אַלצדינג געמאַכט אויף דעניש. צווייטנס האָב איך אַלע פּסוקים געשריבן אין קורסיוו, צו מאַכן אַ וויזועלן אונטערשייד אין דעם טעקסט. דריטנס ברענג איך הערות אין בוך מיט דערקלערונגען פֿון די פּסוקים, ווי אויך היסטאָרישע און קולטורעלע פּרטים.[12]

שצ: האָט איר באַניצט אַן אַנדער מין דעניש פֿאַר די פּסוקים?

יש: יאָ, כ'האָב געניצט פֿאַרשיידענע דענישע חומש־איבערזעצונגען ווי אויך אַן איבערזעצונג פֿון דעם סידור אויף דעניש פֿון מיט הונדערט יאָר צוריק. עס איז אויך פֿאַראַן אַ חומש־איבערזעצונג פֿון בענט מעלשער (דעם זון פֿון מאַרקוס מעלשער), וואָס איך האָב געניצט. איך האָב געוואָלט שאַפֿן אַ מין אַלטמאָדיש געפֿיל אין דער שפּראַך צו דערגרייכן אַ טאָן וואָס איז אַ ביסל אַלטמאָדיש. בײַ אַלע סובּסטאַנטיוון האָב איך, לויטן אַלטן דענישן נוסח, געשריבן דעם ערשטן אות מיט גרויסהאַנטיקע[13] אותיות. דאָס ווײַזט אָן אויף אַ פֿאַרעלטערטער טראַדיציאָנעלער שפּראַך.

שצ: איר האָט גערעדט וועגן דעם standup comedian. איך פֿאַרשטיי אַז מע קען דאָס באַניצן אויף צו פֿאַרקויפֿן ביכער, אָבער איז דאָס נישט אַ ביסל אַ פֿאַרביליקערונג פֿון טבֿיה?

יש: אַוודאי און אַוודאי איז ער נישט קיין standup comedian אָבער אויב מע קען באַניצן עפּעס אַ באַגריף וואָס מענטשן פֿאַרשטייען כּדי זיי צו פֿאַראינטערעסירן דאַרף מען דאָס טאָן. פֿאַר וואָס נישט? ס'איז אַלע מאָל וויכטיק צוצוציִען לייענערס.

שצ: וואָס ווייסט דער דענישער עולם וועגן שלום־עליכמען און וועגן טבֿיה? וואָס וואָלטן זיי געוווּסט ווען נישט פֿידלער אויפֿן דאַך?

יש: פֿידלער איז געווען אַן אויסערגעוויינטלעכער סוקצעס וואָס האָט זיך אָנגעהויבן אין די זעכציקער יאָרן, מע האָט עס אויפֿגעפֿירט אין דענמאַרק, און ביזן הײַנטיקן טאָג האָבן אַלע געהערט וועגן פֿידלער. גימנאַזיעס פֿירן דאָס אָפּט אויף. אויב מע פֿרעגט עמעצן צי ער/זי האָט געהערט פֿון שלום־עליכמען זאָגט מען אַז מע האָט געזען פֿידלער. צי איז דאָס גוט, צי איז דאָס שלעכט? איך ווייס נישט. מע קען נישט זאָגן אַז דאָס איז שלעכט ווײַל ס'איז אַ רעקלאַמע פֿאַר שלום־עליכמען. דאָס האָט אָבער כמעט גאָרנישט צו טאָן מיט זײַנע ווערק, ס'איז אין גאַנצן אַן אַנדער ווערק. עס האָט אַ מין שײַכות מיט דער וועלט פֿון מיזרח־אייראָפּעיִשע ייִדן און דאָס קען נישט שאַטן.[14] איך האָף אַז מיר וועלן זען אַנדערע קינסטלערישע אויפֿפֿירונגען פֿון שלום־עליכמס ווערק. מע קען האָבן אַן אָפּערע, אַן אַנדער מיוזיקל, דאָס וואָלט געווען גוט.

שצ: מיוזיקלס זײַנען הײַנט דאָ און מאָרגן זײַנען זיי אויס, אָבער פֿידלער בלײַבט. איך שטעל זיך פֿאָר אַז דאָס האָט דאָ אויך געהאָלפֿן.

יש: אַוודאי. אַז מע גיט אַ קוק אויפֿן ביכל קען מען זען אַז מע האָט טאַקע געניצט פֿידלער דאָס צו פֿאַרשפּרייטן. שאַגאַלס געמעל געפֿינט זיך אויף דער הילע און סע שטייט געשריבן „דער קוואַל פֿון פֿידלער אויפֿן דאַך", אָבער דער ריכטיקער, אמתדיקער טבֿיה איז דאָס בוך, נישט דער מיוזיקל איבערגעזעצט אויף ייִדיש.

שצ: איר האָט אין אַן אַרטיקל געשריבן אַז ס'רובֿ רעצענזיעס הייבן אָן מיט אַ פּעיאָראַטיוון פֿאַררוף[15] אויף פֿידלער און מאַכן דערנאָך אַ קאָנטראַסט מיט דער נײַער איבערזעצונג וואָס געפֿעלט זיי. פֿאַר וואָס קוקן די קריטיקערס דווקא נעגאַטיוו אויף פֿידלער נישט געקוקט אויף זײַן פּאָפּולערקייט?

יש: זיי האָבן אַלע אַ נעגאַטיוו באַציִונג צו פֿידלער, ס'איז

[12][פּראָטים] דעטאַלן - details [13]ספּעציעל גרויסע אותיות בײַם אָנהייב וואָרט - capital letters [14]שלעכטס טאָן - harm, hurt [15]אַלוזיע, רמז - allusion, reference

בײַ זיי אַמעריקאַנער שונד.[16] זיי שרײַבן פֿאַר די העכערע פֿענצטער, פֿאַר די וויכטיקע קולטורעלע אָרגאַנען און זיי קענען נישט זאָגן עפֿנטלעך אַז זיי האַלטן פֿון פֿידלער.

שצ: ווי אַזוי האָט מען דאָס פֿאַרפּירסומט?[17]

יש: די אינטערנעץ איז געווען אַ הויפּטקוואַל. דער פֿאַרלעגער[18] האָט

די קולטורעלע סבֿיבֿה אין דענמאַרק איז זייער אַ קליינע אָבער גאָר אַן אַקטיווע. דאָ זעצט מען איבער אַ סך אַקעגן אַמעריקע ווו מע זעצט זייער ווייניק איבער.

אַרויסגעשיקט בריוו און אָנזאָגן צו פֿאַרשיידענע צײַטונגען און ייִדישע אָרגאַניזאַציעס. די בעסטע רעקלאַמע איז פֿון די רעצענ־זיעס. ס'איז געווען אַ סך רעצענזיעס, כּמעט פֿופֿצן, זיכער מער ווי צען. מע האָט מיך אויך אינטערוויויִרט אויף דעם וויכטיקסטן ראַדיאָ־קאַנאַל אין דענמאַרק. די קולטורעלע סבֿיבֿה אין דענמאַרק איז זייער אַ קליינע אָבער גאָר אַן אַקטיווע. דאָ זעצט מען איבער אַ סך אַקעגן אַמעריקע ווו מע זעצט זייער ווייניק איבער. איך מיין אַז מע דאַרף איבערזעצן קלאַסיקערס אין יעדן דור; די שפּראַך בײַט זיך, מע דאַרף זיך צופּאַסן צו די נײַע צײַטן.

שצ: פֿאַר וואָס האָט איר באַשלאָסן דאָס איבערצוזעצן? האָט איר געהאַלטן אַז מע דאַרף האָבן אַ נײַע איבערזעצונג צי האָט איר פּשוט געפֿילט אַ באַדערפֿעניש דאָס איבערצוזעצן?

יש: טבֿיה איז דאָך דאָס קרוינווערק פֿון דער ייִדישער ליטעראַטור. דאָס איז אַ קלאַסיש ווערק וואָס וועט האָבן אַריכות־ימים.[19] אַזוי ווי ס'איז אויך פֿון די שווערסטע איז דאָס פֿאַר מיר געווען אַן אַרויסרוף. איך האָב עס שוין לאַנג געוואָלט טאָן און דערצו האָט אָט־אָט געהאַלטן בײַ שלום־עליכמס יובֿל. איך האָב אַ קאָלעגע אין קאָפּנהאַגען וואָס הייסט מאָרטען טינג, וואָס קען ייִדיש און ער האָט אַרויסגעגעבן אַ בוך די געשיכטע פֿון די רוסישע ייִדן אין קאָפּנהאַגען 1882-1943. ער האָט מיך משדך געווען מיט אַ פֿאַרלאַג אין דענמאַרק וואָס הייסט האָוועדלאַנד (הויפּטלאַנד). ער איז נישט פֿון די וויכטיקסטע פֿאַרלאַגן און נישט אין צענטער פֿון קולטור־לעבן אין דענמאַרק אָבער ס'איז אַ גוטער פֿאַרלאַג און ער גיט אַרויס ביכער וועגן מער מאַרגינאַלע זאַכן, שרײַבערס און קולטורן וואָס מע האָט קיין מאָל נישט געהערט אָדער שוין פֿאַרגעסן וועגן זיי אין דענמאַרק. ער געפֿינט זיך אין יולאַנד, די הויפּטפּראָווינץ אין מערבֿ־דענמאַרק, ווײַט פֿונעם פּאָליטישן און קולטורעלן צענטער אין קאָפּנהאַגען וואָס איז אין מיזרח־טייל פֿון דער מלוכה. דער פֿאַרלעגער איז געקומען צו מיר מיט גרויס ענטוזיאַזם. ער האָט עס געוואָלט טאָן איצט און האָט מיר אָנגעבאָטן אַ גוטן קאָנטראַקט. מע האָט טאַקע געקענט קריגן געלט פֿון פֿאַר־שיידענע פֿונדאַציעס. דער מצבֿ איז געווען זייער אַ גוטער. ער האָט מיר געגעבן זעקס־זיבן חדשים צו אַרבעטן אויף דעם. דער פֿאַרלעגער ווייסט אַז מע קען נישט פֿאַרדינען קיין געלט אויף אַזאַ איבער־זעצונג און איז אין גאַנצן צופֿרידן, ווײַל ער האָט נישט פֿאַרלוירן קיין געלט.

שצ: ווי אַזוי זײַט איר געקומען צו ייִדיש און צום איבערזעצן?

יש: איך בין געבוירן געוואָרן אין קאָפּנהאַגען. די גאַנצע משפּחה מײַנע איז פֿון דענמאַרק, אַחוץ דעם טאַטן, וואָס איז געקומען פֿון פּוילן נאָך דער מלחמה. ער איז אַ ייִדיש־רעדער. די מאַמע איז אַ געבוירענע אין קאָפּנהאַגען. באָבע־זיידע זײַנען קינדווײַז, פֿאַר דער ערשטער וועלט־מלחמה, געקומען פֿון מיזרח־אייראָפּע קיין קאָפּנהאַגען. איך האָב געהערט אַ סך ייִדיש אין דער היים כאָטש מע האָט נישט גערעדט דירעקט צו מיר. אין 1988 בין איך געקומען קיין אַמעריקע כּדי צו מאַכן אַ דאָקטאָראַט אין דער ייִדישער ליטעראַטור אין קאָלאָמביע. איך אַרבעט איצט אין אַ שיקאַגער אוניווערסיטעט.

שצ: האָט איר אַנדערע איבערזעץ־פּראָיעקטן?

יש: גרינער אַקוואַריום פֿון סוצקעווער וועט אַרויס דאָס קומעדיקע יאָר מיט דעם זעלבן פֿאַרלאַג. איך וויל אויך איבערזעצן אַ צווייט ווערק פֿון שלום־עליכמען, אפֿשר די אײַזנבאַן־געשיכטעס, אפֿשר אַן אָפּקלײַב פֿון כּתרילעווקער מעשׂיות.

שצ: זאָל זײַן מיט הצלחה.

---

[16] ביליקע ליטעראַטור אָדער טעאַטער - literary trash

[17] [פֿאַרפּי́רסעמט] געמאַכט רעקלאַמעס, פֿאַרשפּרייט אינפֿאָרמאַציע - publicized

[18] מענטש וואָס האָט א פֿאַרלאַג און גיט אַרויס ביכער - publisher

[19] [אַרי́כעס־יאָ́מים] לאַנגע יאָרן, לאַנג לעבן - long life

דאָס איבערזעצן די אייגענע מאַמע

אינטערוויו מיט גאָלדע מאָרגענטאַלער, די טאָכטער פֿון חוה ראָזענפֿאַרב

אין פֿרילינג 2015 האָט די ייִדיש־ליגע אָפּגעהאַלטן די פּרעמיערע פֿון דעם פֿילם חוה ראָזענפֿאַרב: דאָס בלעזעלע וואָר, דער דריטער פֿילם אין אונדזער סעריע אַ וועלט מיט וועלטעלעך: שמועסן מיט ייִדישע שרײַבערס. חוה ראָזענפֿאַרב (2011-1923) איז געווען אַ פֿירנדיקע פּערזענלעכקייט אין דער נאָכמלחמהדיקער ייִדישער ליטעראַטור, ווי אויך אַ וויכטיקער חורבן־שרײַבער. זי האָט אויך זוכה געווען צו דעם אַז איר טאָכטער, גאָלדע מאָרגענטאַלער, זאָל ווערן איר הויפּט־איבערזעצער. בײַ דער געלעגנהייט פֿון דעם אַרויסקום פֿונעם פֿילם האָבן מיר געכאַפּט אַ שמועס מיט גאָלדען וועגן אירע איבערלעבונגען און געפֿילן לגבי איבערזעצן דער אייגענער מאַמעס ווערק.

חוה ראָזענפֿאַרב און גאָלדע מאָרגענטאַלער אויף אַ הוידלקע אין לעטברידזש, אַלבערטאַ, אַרום 2005

אינטערוויו דורכגעפֿירט פֿון שבֿע צוקער

שצ: ווען און ווי אַזוי האָסטו אָנגעהויבן איבערצוזעצן דער מאַמעס ווערק? מיינסטו אַז זי האָט געהאַט אַ ווײַטגרייכיקן פּלאַן ווען זי האָט דיר געגעבן די ערשטע זאַך איבערצוזעצן.

גמ: ווען דו רעדסט וועגן אַ ווײַטגרייכיקן פּלאַן, וואָס מיינסטו?

שצ: האָט זי געטראַכט, אַה, גאָלדע קען ייִדיש, זי האָט ליב ליטעראַטור, אפֿשר וועט זי טאַקע ווערן מײַן איבערזעצערין.

גמ: ניין, איך בין געווען צו יונג. איך בין אַלט געווען דרײַצן יאָר און כ׳האָב געהאַט אַן אָפּעראַציע אויף דער פּלייצע. איך האָב געמוזט ליגן אין בעט אַ חודש לאַנג, אפֿשר מער, זעקס וואָכן, בין איך געווען אַ געפֿאַנגענער עולם, ווי מע זאָגט. איך האָב זיך גענודזשעט ווײַל איך האָב נישט געהאַט וואָס צו טאָן, איז די מאַמע געקומען מיט איר פּיעסע, דער פֿויגל פֿון געטאָ, און זי האָט עס געמאַכט אַזאַ מין שפּיל, אַז מיר זאָלן ביידע איבערזעצן די פּיעסע, און אַזוי האָט זיך עס אָנגעהויבן. און מײַן ענגליש, דו קענסט דאָך פֿאַרשטיין אַז דאָס ענגליש פֿון אַ דרײַצן־יעריק קינד איז נישט אַזוי איי־איי־איי. ענגליש איז דאָך פֿאַר מיר געווען די צווייטע שפּראַך. איך האָב געמיינט אַז די קאַנאַדישע טבֿע צו ענדיקן יעדן זאַץ מיט „איי“ איז דער ריכטיקער שטייגער רעדן ענגליש. האָב איך געמאַכט אַז אַלע ווילנער פּאַרטיזאַנערס, ווען זיי רעדן אויף ענגליש, זאָלן ענדיקן יעדן זאַץ מיט „איי“: Let’s go get the weapons now, Yankev, eh? (לאָמיר איצט גיין נעמען דאָס געווער, יעקבֿ, איי?) איך האָב איבערגעזעצט דאָס גאַנצע, אָבער ס׳איז אַרויסגעקומען זייער מאָדנע. ווײַל מײַן ענגליש איז אַליין נאָך נישט געווען אַנטוויקלט.

שצ: אָבער דאָס איז גיכער דערפֿאַר וואָס דו ביסט געווען דרײַצן יאָר אַלט איידער דערפֿאַר וואָס דו ביסט געווען אַ קינד פֿון אַן אימיגראַנט, שטעל איך זיך פֿאָר.

גמ: זיכער. די מאַמע האָט נאָך דעם אַ סך אַליין איבערגעזעצט און איך האָב טאַקע מער נישט געוואָלט איבערזעצן. איך האָב געוואָלט זײַן מײַן אייגענער מענטש. ס׳נעקסטע מאָל וואָס איך האָב איבערגעזעצט איז שוין געווען דער בוים פֿון לעבן און דאַן בין איך שוין מער־ווייניקער געווען פֿינף און דרײַסיק יאָר אַלט. דאָס איז שוין געווען אין גאַנצן אַן אַנדער מעשׂה.

שצ: דעמאָלט האָסטו שוין, ווײַזט אויס, נישט געפֿילט אַז דו דאַרפֿסט זיך אָפּזונדערן און זאָגן „איך בין מײַן אייגענער מענטש“.

גמ: ווייסט וואָס איז געשען? כ׳האָב גאָרנישט געהאַט געלייענט פֿון דער מאַמעס אַרבעט. גאָרנישט. די איבערזעצונג אויף ענגליש האָט געדאַרפֿט אַרויסגיין אין אויסטראַליע. די מאַמע האָט מיך שטאַרק געוואָלט ווי אַן איבערזעצער, אָבער איך האָב נישט געוואָלט. זי האָט גענומען אַנדערע מענטשן צו העלפֿן איבערזעצן דאָס ווערק. דערנאָך האָט זי געזאָגט „פֿאַר וואָס טוסטו דאָס ניט?“ זי האָט מיך אַזוי געמוטשעט ביז איך האָב געזאָגט „יאָ“. דאָס איז געווען ס׳ערשטע מאָל וואָס מע האָט געאַרבעט צוזאַמען. זי האָט געהאַט אַן אָנוואַרף פֿון אויסטראַליע און מיר האָבן געאַרבעט צוזאַמען אויף דעם, צו שלײַפֿן. איך בין שטענדיק געווען זייער שטאָלץ מיט דעם וואָס די מאַמע מײַנע איז אַ ייִדישע שרײַבערין אָבער איך האָב זייער ווייניק פֿון איר אַרבעט געלייענט ביז מע האָט נישט אָנגעהויבן איבערצוזעצן די דרײַ בענד דער בוים פֿון לעבן. איך בין געבליבן געפּלעפֿט – ס׳האָט מיך ממש אָוועקגעלייגט.

שצ: דאָס איז טאַקע נישט צום גלייבן.

גמ: זי איז באמת געווען אַ טאַלאַנט וואָס מע דאַרף אונטערשטיצן. איר ענגליש איז נישט געווען שלעכט אָבער ווען עס איז געגאַנגען אין שרײַבן איז איר אויער געווען אויף ייִדיש. מע האָט איבערגעזעצט אָבער זי האָט אין קאָפּ נישט געהערט ווי עס דאַרף גיין אויף ענגליש, אַז סע זאָל זײַן גוט ענגליש. צו דעם האָט זי געדאַרפֿן האָבן עמעצן וואָס איז מער באַקוועם, וואָס לעבט אין ענגליש, און דאָס בין איך געווען.

שצ: דו האָסט געזאָגט עטלעכע אינטערעסאַנטע זאַכן. פֿאַר וואָס האָסטו נישט געלייענט דער מאַמעס ווערק ביז דו ביסט ערשט געווען פֿינף און דרײַסיק? פֿלעגט זי בעטן אָדער האָט זי געטראַכט אַז ס׳איז נישט פֿאַר די קינדער? וואָס איז געווען די גאַנצע באַציִונג?

גמ: זי האָט געוואָלט אַז איך זאָל לייענען אירע שריפֿטן. איך האָב נישט

חוה ראָזענפֿאַרב מיט איר ערשטן מאַן, ד״ר הענרי (הענעך) מאָרגענטאַלער

געוואָלט, איך ווייס אַליין נישט פֿאַר וואָס. די מאַמע האָט געשריבן מײַן גאַנץ לעבן. ווען איך בין געווען אַ קינד האָט זי געהאַלטן אין איין שרײַבן. בין איך אויפֿגעוואַקסן מיט דעם, פֿאַר מיר איז עס נישט געווען אינטערעסאַנט. ס׳איז געווען צו נאָענט צו מיר, פּונקט אַזוי ווי ייִדיש. ס׳איז געווען אַ צײַט ווען איך האָב נישט געוואָלט רעדן ייִדיש. איך מיין אַז ס׳איז געווען צוליב די זעלבע סיבות. איך האָב נישט געוואָלט לייענען ייִדיש, ס׳איז געווען צו שווער. איך האָב געפֿילט אַזאַ מין – איך האָב עס געירשנט פֿון דעם טאַטן – אַזאַ מין ביטול צו ייִדיש. ביז איך בין געווען אַרום צוואַנציק, איין און צוואַנציק יאָר אַלט, איך האָב דעמאָלט געוווינט אין ניו־יאָרק, און האָב געקראָגן אַ שטעלע צו לערנען ייִדיש. איך האָב זיך געמוזט אַליין לערנען און מײַן גאַנצער צוגאַנג האָט זיך דעמאָלט געענדערט.

שצ: דו זאָגסט דער טאַטע האָט געהאַט אַ ביטול צו ייִדיש. בײַ אײַך אין דער היים האָט מען גערעדט מערסטנס אויף ענגליש צי אויף ייִדיש?

גמ: ווען איך בין געווען קליין האָט מען גערעדט ייִדיש אין שטוב און דאָס איז געווען מײַן ערשטע שפּראַך. אָבער ווען איך האָב אָנגעהויבן גיין אין שול האָט דער טאַטע מײַנער נישט געוואָלט אַז זײַנע קינדער זאָלן אויפֿוואַקסן מיט ייִדיש. ער האָט געמאַכט אַ סך פּראָפּאַגאַנדע, ער האָט נישט געוואָלט שיקן מײַן ברודער אין דער ייִדישער שול. איך בין עלטער פֿון אים מיט כּמעט זעקס יאָר. מײַנע עלטערן האָבן זיך צעקריגט ווײַל די מאַמע האָט מיך געוואָלט שיקן אין דער ייִדישער שול. דער טאַטע האָט באַשלאָסן אַז אַזוי ווי איך בין אַ מיידל קען מען מיך שיקן אין אַ ייִדישער שול אָבער זײַן זון וועט גיין אין אַן „אמתער שול“ און דאָס האָט געהייסן אַ נישט־ייִדישע שול. טאַטע־מאַמע האָבן אויך אויפֿגעהערט רעדן ייִדיש צווישן זיך. ס׳איז געווען אַזאַ מין רעוואָלוציע אין שטוב. דערפֿאַר קען מײַן ברודער נישט קיין איין וואָרט ייִדיש און ער ווייסט גאָרנישט וועגן ייִדן, וועגן ייִדישקייט. ער איז דאָ נישט שולדיק. דאָס איז געווען צוליבן טאַטן.

שצ: הייסט עס, ער האָט די מאַמע אויך נישט געשטיצט ווי אַ ייִדישע שרײַבערין.

גמ: ניין, און סע דאַכט זיך מיר אַז אַ סך פֿון מײַן נישט וועלן לייענען אירע ווערק איז ווײַל איך האָב געמיינט אַז ס'איז נישט וויכטיק. ביז איך בין געווען, ווי איך האָב געזאָגט, אַרום פֿינף און דרײַסיק יאָר אַלט האָב איך נישט פֿאַרשטאַנען וואָס פֿאַר אַ גרויסער כּוח זי איז. איך ווייס, איך בין אַ ביסעלע נישט־אָביעקטיוו, אָבער איך האָב גענוג געלייענט אין מײַן לעבן צו וויסן אַז זי איז טאַקע אַ וווּנדערלעכע שרײַבערין. זי האָט געשריבן עפּאָסן און ס'איז זייער זעלטן אַז אַ פֿרוי אין דער ייִדישער ליטעראַטור זאָל שרײַבן אַן עפּאָס. ווער נאָך איז דאָ? קיינער נישט. דער בוים פֿון לעבן איז אויסערגעוויינטלעך.

שצ: צום סוף האָסטו דאָס אַליין איבערגעזעצט, אָדער האָט מען באַאַרבעט די אויסטראַלישע איבערזעצונג?

גמ: ... אַלע געמאַכט, דערפֿאַר בין איך נישט אין גאַנצן צופֿרידן מיטן ענגליש פֿונעם בוים פֿון לעבן אָבער ס'איז נישט שלעכט.

שצ: אָבער דו האָסט געהאַט אַ האַנט אין דעם גאַנצן?

גמ: יאָ.

שצ: איז ווען דו זאָגסט אַז זי האָט נישט געמאַכט די אויס־בעסערונגען הייסט עס, אַז די איבערזעצונגען פֿון די ווערטער, דער אָפּטײַטש איז ניט געווען ריכטיק, אָדער דער סטיל?

גמ: אַז ס'איז דאָ אַ געוויסע ערטער וווּ סע לייענט זיך נישט גוט אויף ענגליש. ס'איז אומגעלומפּערט. ס'איז געווען די צײַטן פֿון די פֿרייִקע קאָמפּיוטערס, זי האָט עס אַרײַנטיפּירט אין אַ קאָמפּיוטער און זי איז נישט אַלע מאָל מסכּים געווען

שצ: האָט דײַן גאַנצער צוגאַנג אָדער ווי דו האָסט געקוקט אויף דער מאַמען זיך געביטן נאָך דעם ווי דו האָסט געלייענט דער בוים פֿון לעבן?

גמ: יאָ, איך האָב געקוקט אויף איר מיט אַ סך מער דרך־ארץ און איך האָב אָנגעהויבן צו פֿאַרשטיין וואָס פֿאַר אַ טאַלאַנט זי איז.

גמ: ניין, די איבערזעצונג פֿון אויסטראַליע איז די איבערזעצונג וואָס די מאַמע און איך האָבן אויף דעם צוזאַמענגעאַרבעט. דער פֿאַרלאַג בײַם וויסקאָנסינער אוניווערסיטעט האָט דאָס איבערגעדרוקט, נאָר אין דרײַ בענד אַנשטאָט איינעם ווי די אויסטראַלישע אויסגאַבע.

שצ: וואָס הייסט עס ווען דו זאָגסט אַז איר האָט „צוזאַמענ־געאַרבעט"?

גמ: די מאַמע האָט געהאַט אַן ערשטן אָנוואַרף. זי אַליין האָט עס איבערגעזעצט אויף ענגליש. זי האָט אָנגעשטעלט אַ צאָל מענטשן איר צו העלפֿן אָבער דאָס ענגליש איז נישט געווען קיין גוטס, האָט דער פֿאַרלעגער אין אויסטראַליע געזאָגט, דאַרפֿסט פֿאַרבעסערן דאָס ענגליש, עס טויג ניט. דעמאָלט האָט זי מיך געבעטן איך זאָל מיטאַרבעטן מיט איר. דערפֿאַר גיט מען אונדז ביידן אָן ווי איבערזעצערס. זי האָט געמאַכט דעם ערשטן אָנוואַרף. איך האָב געמאַכט דעם צווייטן, דעם דריטן.

שצ: האָט געהאָלפֿן דאָס האָבן איר ערשטן אָנוואַרף אָדער האָסטו אין דער אמתן געדאַרפֿט אַלצדינג איבערשרײַבן?

גמ: נו, ביידע. איך האָב געאַרבעט פֿון איר ערשטן אָנוואַרף און זי האָט געמוזט מאַכן אויסבעסערונגען. זי האָט נישט מיט מיר, זי האָט זיך אַ מאָל געפּוילט און נישט געמאַכט די בײַטן וואָס איך האָב איר געהייסן מאַכן. עס זײַנען געווען גרויסע קריגערײַען. איך בין געווען שטאַרק אומצופֿרידן אָבער צום סוף איז עס אַרויס ווי ס'איז אַרויס.

שצ: האָט דײַן גאַנצער צוגאַנג און ווי דו האָסט געקוקט אויף דער מאַמען זיך געביטן נאָך דעם ווי דו האָסט געלייענט דער בוים פֿון לעבן?

גמ: יאָ, איך האָב געקוקט אויף איר מיט אַ סך מער דרך־ארץ און איך האָב אָנגעהויבן צו פֿאַרשטיין וואָס פֿאַר אַ טאַלאַנט זי איז. ווען זי איז געווען יונג האָט מען זי געטראָגן אויף די הענט. מע האָט זי זייער אָפֿט אײַנגעלאַדן – אין (ייִדישער פֿאָלקס־)ביבליאָטעק אין מאָנטרעאָל – און זי האָט גע־רעדט אומעטום. אויף ייִדיש איז זי געווען אַ פֿליסיקע פּרעכטיקע רעדנערין. זי איז געווען באַקאַנט פֿאַר האַלטן אירע רעדעס און איך בין זייער זעלטן געגאַנגען הערן. איך האָב געהאַט פֿאַרלוירן מײַן ייִדיש, האָב איך באמת נישט געקענט פֿאַרשטיין. איך האָב זי נישט אָפּגעשאַצט ווי איך וואָלט געדאַרפֿט, דעם אמת געזאָגט, און איך באַדויער, איך באַדויער. עס טוט מיר באַנג. נאָך דעם ווי מיר האָבן מיטגעאַרבעט צוזאַמען אויף דער איבערזעצונג פֿון דער

בוים פֿון לעבן האָב איך געביטן מײַן מיינונג. איך בין געווען זייער איבערראַשט מיט אירע כּוחות, מיט איר טאַלאַנט.

שצ: האָסטו נאָר דורך ביכער אויסגעפֿונען וואָס זי האָט דורכגעלעבט אינעם חורבן? אָדער האָט מען אַ סך גערעדט וועגן דעם אין שטוב?

גמ: יאָ, מע האָט אַ סך גערעדט. די מאַמע האָט שטענדיק געוואָלט רעדן וועגן דעם. איך האָב ניט געוואָלט הערן. און נאָך דערצו האָט זי געהאַט חבֿרים וואָס האָבן אויכעט דורכגעלעבט דעם חורבן און זיי האָבן אויכעט אַ סך גערעדט. דער טאַטע האָט דאָס נישט געקענט פֿאַרטראָגן. ער האָט נישט געוואָלט רעדן און ער האָט נישט געוואָלט הערן. דערפֿאַר איז נישט געווען קיין האַרמאָניע צווישן זיי. ס'איז נישט געווען קיין גליקלעך צוזאַמענלעבן. דער טאַטע האָט טאַקע מורא געהאַט פֿאַר זײַנע זכרונות. ער האָט זיך דאָס ניט געוואָלט דערמאָנען און ער האָט געמאַכט אַ גאַנצן טומל אַז מע לעבט נאָר איצט און אין דער צוקונפֿט. נאָר דאָס איז וויכטיק. אָבער די מאַמע האָט דאָך אַ גאַנצן טאָג געשריבן וועגן דעם און זי האָט גערעדט דערוועגן אויכעט.

שצ: צוריק צום בוים פֿון לעבן. איז דו האָסט נישט געדאַרפֿט האָבן דער מאַמעס שריפֿטן צו וויסן וואָס זי אַליין האָט דורכגעמאַכט אין דער מלחמה.

גמ: ניין. אָבער ווען כ'האָב געלייענט דער בוים פֿון לעבן האָב איך פֿאַרשטאַנען אַ סך מער ווי פֿריִער ווײַל דאָס איז אַ בוך וועגן צען מענטשן. איין העלדין איז באַזירט אויף דער מאַמען, איר אַלטער־עגאָ, און דאָרטן זײַנען דאָ געשעענישן וואָס איך האָב וועגן זיי נישט געוווּסט און ס'איז מיר געווען זייער אינטערעסאַנט.

שצ: ווי אַזוי האָסטו געקענט וויסן ווו עס געפֿינט זיך די גרענעץ צווישן

די איבערזעצונג פֿון ייִדישן ראָמאַן באָטשאַני, אין צוויי בענד אויף ענגליש, ביידע איבערגעזעצט פֿון מאָרגענטאַלערן און אַרויס אין 2000 פֿונעם פֿאַרלאַג בײַם סיראַקיוזער אוניווערסיטעט

דעם אמת און פֿאַנטאַזיע? האָסטו געפֿרעגט בײַ דער מאַמען „איז דאָס טאַקע געשען?“ ווײַל נישט אַלץ וואָס געפֿינט זיך אין אַ בוך איז טאַקע אמת.

גמ: איך האָב זיך דאָס ערשט דערוווּסט יעצט ווען איך האָב אָנגעהויבן פֿאָרשן איר לעבן. אַזוי לאַנג ווי זי האָט געלעבט האָב איך נישט געפֿאָרשט איר לעבן און איך האָב קיין סך נישט געוווּסט וועגן וואָס ס'איז געשען איידער איך בין געבוירן געוואָרן. יעצט פֿאַרשטיי איך און איך קען אַ ביסעלע מער. איך האָב באַשטעלט אַן איבערזעצונג פֿון אירע בריוו וואָס זי האָט געשריבן איר בעסטן פֿרײַנד אויף פּויליש. פֿריִער האָב איך געוווּסט אַז אַ סך איז באַזירט אויף אמתע געשעענישן אָבער איך האָב נישט געוווּסט אין וואָסער מאָס די פּערסאָנאַזשן זײַנען באַזירט אויף אמתע מענטשן. זי האָט זיי בעלעטריזירט, פֿאַרשטייט זיך.

שצ: ווען דו האָסט געלייענט פֿלעגסטו פֿרעגן, איז דאָס טאַקע געשען אָדער ווער איז יענער?

גמ: יאָ, איך האָב זי געפֿרעגט.

שצ: וואָס האָסטו איבערגעזעצט נאָכן בוים פֿון לעבן?

גמ: די מאַמע האָט אַליין געאַרבעט אויף דער איבערזעצונג פֿון דעם ראָמאַן באָטשאַני וואָס איז אַרויס אויף ענגליש אין צוויי בענד *Bociany* און *Of Lodz and Love* (וועגן לאָדזש און ליבע) און איך האָב איר געהאָלפֿן פֿאַרבעסערן דאָס ענגליש. מע האָט צוזאַמענגעאַרבעט אויף דער איבערזעצונג פֿון „עדזשעס נקמה“ וואָס איז אַרויס אין דער אַנטאָלאָגיע וואָס הייסט *Found Treasures* (געפֿונענע אוצרות). איך בין געזעסן בײַם קאָמפּיוטער און די מאַמע האָט געלייענט. איך

האָב געזאָגט ווי אַזוי איך וועל עס איבערזעצן און ווען מיר זײַנען ביידע מסכּים געווען איז עס געגאַנגען. אַזוי האָב איך אָנגעהויבן מיט אירע דערציילונגען. ווען זי איז שוין געוואָרן צו אַלט צו טאָן די אַרבעט האָב איך אַליין איבערגעזעצט די דערציילונגען וואָס זײַנען אַרויסגעקומען אין *Survivors* (לעבן־געבליבענע), אין 2004. נאָך דעם האָב איך געפֿונען אַ מאַנוסקריפּט פֿון פּאָעזיע, צוגעגעבן אַ פּאָר איבערזעצונגען וואָס איך האָב אַליין געמאַכט, אָבער אין אַלגעמיין איז *Exile at Last: Selected Poems* (סוף־כּל־סוף דער גלות: געקליבענע לידער, 2013) איר אַרבעט. יעצט אַרבעט איך אויף דעם ראָמאַן בריוו צו אַבראַשען.

שצ: קענסט דערציילן פֿון עפּעס אַ קאָנפֿליקט וואָס איר האָט געהאַט בײַם איבערזעצן?

גמ: זי האָט געוואָלט שרײַבן דאָס וואָרט lazaret (לאַזאַרעט) און איך האָב דאָס קיין מאָל ניט געהאַט געהערט. זי האָט מיר אָנגעוויזן אין ווערטערבוך אַז עס עקסיסטירט יאָ. אַ לאַזאַרעט איז אַ מין שפּיטאָל, דאָרט האָט מען גענומען מענטשן מיט טיפֿוס און אַנדערע אָנשטעקיקע קרענק. אַ כּלל, איך בין ניט געווען גערעכט. זי האָט דאָך געהאַט דאָס לעצטע וואָרט; אויב זי האָט געוואָלט „לאַזאַרעט“ איז געווען „לאַזאַרעט“. טייל מאָל אָבער בין איך עס געווען די גערעכטע, אָבער דאָס וואָס זי האָט געוואָלט איז סײַ ווי געבליבן אין דער איבערזעצונג. טייל מאָל האָט זי געמיינט אַז זי ווייסט בעסער. איך האָב עפּעס פֿאַרראָכטן און זי האָט עס ניט אָנגענומען. אַזוי ווי זי איז געווען די מחברטע האָב איך גאָרנישט געקענט זאָגן. אָבער איך בין נישט געווען צופֿרידן, איך האָב איר געזאָגט, „נאָך וואָס אַרבעט איך אויב דו וועסט נישט אָננעמען דאָס וואָס איך האָב דיך געראָטן דו זאָלסט אָננעמען?“. דערפֿאַר האָט מען זיך טאַקע צעקריגט.

שצ: זײַנען אויכעט געווען אַ סך פֿאַלן פֿון קריגן זיך וועגן אומגעלומפּערטער שפּראַך, עפּעס וואָס זי האָט געוואָלט און דו האָסט איר פּשוט ניט געקענט געבן צו פֿאַרשטיין פֿאַר וואָס סע טויג נישט אויף ענגליש?

גמ: בײַ איר אין אויער איז עס געווען ריכטיק. זי האָט אויכעט געוואָלט אַ סך ווערטער וואָס עקסיסטירן נישט אויף ענגליש, זיי זײַנען אפֿשר פּויליש אָדער דײַטש, האָב איך געזאָגט אַז איך קען זיי נישט און איך מיין אַז קיינער וועט זיי נישט פֿאַרשטיין און מע האָט זיך אויכעט צעקריגט וועגן דעם ווײַל זי איז געווען זיכער אַז טייל ווערטער פֿון פּויליש קענען אַלע. טייל מאָל האָט זי זיך צוגעהערט צו מיר און טייל מאָל נישט. איין מאָל האָב איך איר געראָטן עפּעס אַרײַנשיקן אינעם ענגלישן זשורנאַל *Midstream*. זי האָט געוואָלט שיקן אַ געוויסן אויסצוג פֿונעם בוים פֿון לעבן און איך האָב געראָטן אַן אַנדערן. דער זשורנאַל האָט טאַקע אָנגענומען דעם וואָס איך האָב פֿירגעלייגט און נאָך דעם האָט זי געביטן איר שטעלונג לגבי מײַן קענטעניש פֿון ענגליש. זי איז געווען אַ װוּנדערלעכע פֿרוי, טאַקע װוּנדערלעך. זייער קלוג. מע דאַרף זײַן אַ דערוואַקסענע כּדי דאָס אָפּצושאַצן וועגן די אייגענע עלטערן.

שצ: האָסטו געפֿילט אַז זי איז אַזוי קלוג סתּם ווי אַ מענטש אָדער נאָר ווען דו האָסט זי געקענט ווי אַ שרײַבערין?

גמ: איך האָב זי שטענדיק ליב געהאַט. זי איז געווען זייער אַ גוטע מאַמע און זייער וואַרעמהאַרציק. ווען איך האָב צום ערשטן מאָל געלייענט דער בוים פֿון לעבן האָב איך אָנגעהויבן צו פֿאַרשטיין אַז זי איז נישט נאָר אַ גוטע מאַמע, נאָר עפּעס אַן אינטעלעקט.

שצ: האָסטו דאָס אויך געזען אין אירע באַציִונגען אין לעבן, ווי זי האָט זיך געפֿירט מיט מענטשן? אָדער איז עס גיכער געווען אין אירע ביכער.

גמ: נאָר אין ביכער. ווי אַזוי זי האָט זיך געפֿירט מיט מענטשן? ווען ס'איז געגאַנגען אין ליבע איז זי נישט געווען זייער קלוג. ספּעציעל מיט מײַן טאַטן, ער איז געווען זייער אַ שווערער מענטש. זי האָט אַ סך געליטן פֿון אים און ס'איז געווען אַ האַרצווייטיק. אָבער אין אַלגעמיין איז זי געווען זייער אַ שאַפֿערישער מענטש. זי האָט אויך כּסדר געמאָלן.

שצ: ווי אַ מאַמע איז זי געווען אַקטיוו, למשל, אין עלטערן־פֿאַראיין (parent-teacher association)?

גמ: יאָ און ניין. זי איז געווען אַקטיוו. זי האָט זיך פֿאַראינטערעסירט וואָס סע איז געשען אין דער שול און אַזוי ווײַטער. אָבער צי זי איז געווען אַ מיטגליד אין עלטערן־פֿאַראיין געדענק איך נישט.

שצ: סע מוז נישט זײַן דווקא אין עלטערן־פֿאַראיין. איך מיין אין אַלגעמיין, איז זי געלאָפֿן זען, אַז דו האָסט געשפּילט פּיאַנע, געטאַנצט אין אַ קאָנצערט...?

גמ: אָ יע, זי איז געגאַנגען אויף אַלע פֿאָרשטעלונגען. זי איז געווען אַ הייסע מאַמע אָבער איך מיין אַז זי האָט זיך נישט אַזוי פֿאַראינטערעסירט אין די טאָג־טעגלעכע זאַכן, מיט עלטערן־פֿאַראיינען און שול־קאָמיטעטן. זי איז דאָך געווען אַ שרײַבער, זי האָט געשריבן אַ גאַנצן טאָג, פֿון אין דער פֿרי ביז אויף דער נאַכט. און ווען איך בין אַהיימגעקומען נאָך דער שול האָט זי מיר געגעבן צו עסן, מע האָט גערעדט וועגן מײַן שולטאָג, איך בין געגאַנגען מאַכן היימאַרבעט און זי איז צוריק צו איר שרײַבן. אַזוי איז געווען דורך אַלע מײַנע קינדער־יאָרן. מײַנע חבֿרטעס געדענקען אַז ווען נאָר זיי זײַנען געקומען זיך שפּילן בײַ מיר אין שטוב איז די מאַמע געזעסן און געשריבן און מע האָט נישט געטאָרט מאַכן צו פֿיל טומל ווײַל זי האָט געאַרבעט.

שצ: באַציִונגען צווישן אַ מאַמע און קינד זײַנען זייער דעליקאַט. מיינסטו אַז דו וואָלטסט געקענט זײַן מער ערלעך און אויפֿריכטיק מיט דער מאַמען וועגן עפּעס וואָס זי האָט געשריבן?

גמ: איך האָב נישט געקענט זײַן מער ערלעך, איך בין עס אפֿשר צו פֿיל געווען.

שצ: ניין, איך מיין מער אויפֿריכטיק מיט איר ווי ווען דו וואָלטסט איבערגעזעצט ווערק פֿון אַן אַנדער מענטש וואָס איז נישט דײַן מאַמע.

גמ: יאָ.

שצ: האָסטו געפֿילט אַז דער חורבן איז שטענדיק געווען אַרום דיר?

גמ: איך פֿיל נאָך אַלץ אַז דער חורבן איז מיט מיר. איך מיין אַז בײַ די קינדער פֿון די וואָס האָבן איבערגעלעבט איז דאָ אַזאַ ספּעקטער און מע לעבט מיט אים כּסדר. אַפֿילו אַז מע האָט אַליין גאָרנישט דורכגעלעבט קען מען זיך פֿון דעם נישט אָפּטרייסלען. דאָס, דאַכט זיך מיר, איז אמת בײַ אַ סך מענטשן. אָבער איך מיין אַז די קינדער, מיר לעבן כּסדר מיט דעם. דאָס האָט גאָרנישט צו טאָן מיטן פֿאַקט אַז די מאַמע איז געווען אַ שרײַבערין וועגן חורבן. זי אַליין, דאַכט זיך מיר, האָט זיך דערפֿון באַפֿרײַט. ווען זי האָט נישט געשריבן וועגן דעם איז דאָס נישט געווען דער גרעסטער פֿאַקט אין איר לעבן.

שצ: מיינסטו אַז דאָס געפֿיל פֿון לעבן מיטן חורבן קומט דער עיקר פֿון דער מאַמען אָדער קומט עס אויך פֿון דעם טאַטן וואָס האָט עס געוואָלט פֿאַרשווײַגן?

גמ: עס קומט פֿון דער סבֿיבֿה. איך בין אויפֿגעוואַקסן אין אַ סבֿיבֿה מענטשן וואָס האָבן איבערגעלעבט דעם חורבן. דאָס איז געווען מײַנע עלטערנס סבֿיבֿה. און איך בין געגאַנגען אין אַ ייִדישער שול און דאָרטן האָט מען אונדז אויך נישט געלאָזט פֿאַרגעסן. אַ סך פֿון מײַנע חבֿרטעס זײַנען געווען פּונקט אַזוי ווי איך, קינדער פֿון די וואָס האָבן דורכגעלעבט דעם חורבן, אָדער אין די קאָנצענטראַציע־לאַגערן אָדער

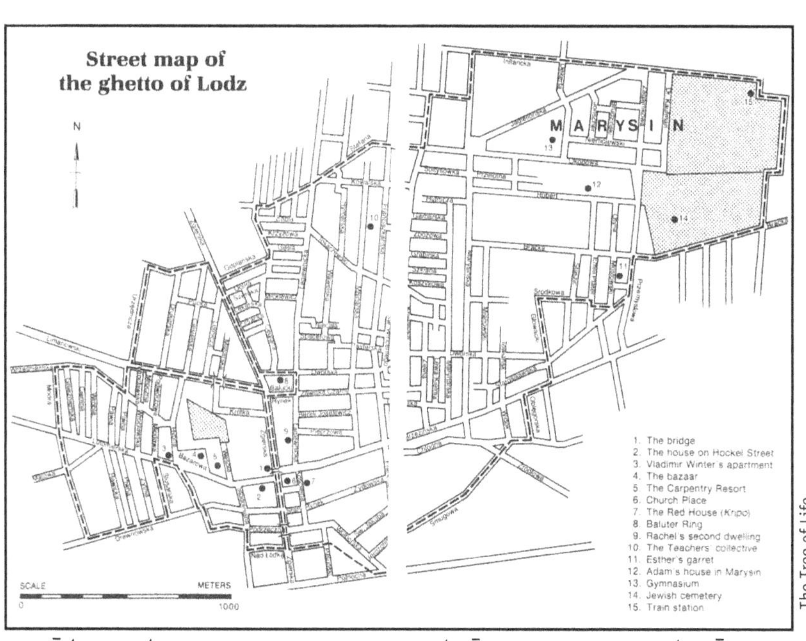

The Tree of Life

מאַפּע פֿון לאָדזשער געטאָ. עס פֿעלט אין מיטן אַ דין ווערטיקאַל שטיקל פֿון דער מאַפּע.

אַפֿילו אין כינע, אָדער זיי האָבן זיך באַהאַלטן, אָבער אַלע האָבן געהאַט עפּעס אַ מעשׂה צו דערציילן וועגן חורבן. איך בין אויפֿגעוואַקסן מיט דעם.

שצ: וואָס האַלטסטו פֿאַר די גרעסטע מעלות פֿון דער מאַמעס שרײַבן און פֿאַר די גרעסטע חסרונות?

גמ: כ'מיין אַז די גרעסטע מעלה פֿון דער בוים פֿון לעבן איז אויכעט דער גרעסטער חסרון – דאָס וואָס ס'איז אַזוי

גרויס. עס גיט טאַקע איבער אַ בילד ווי דאָס לעבן איז געווען אין לאָדזשער געטאָ אויף אַזאַ אופֿן וואָס קיין שום אַנדער ווערק טוט עס נישט. עס זײַנען דאָ צען הויפּטהעלדן פֿון אַלע

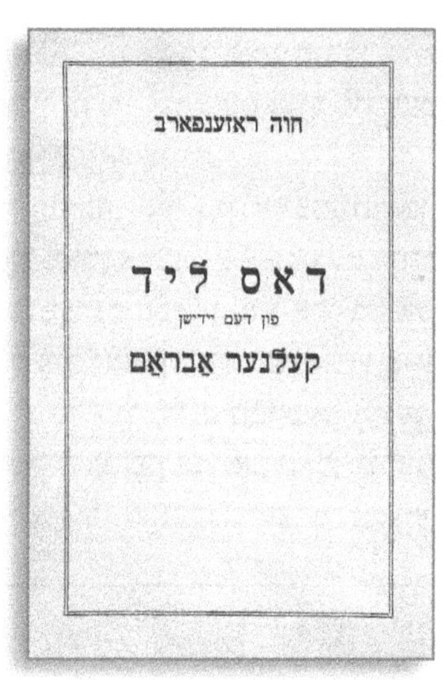

אַ פּאָעמע וועגן ראָזענפֿאַרבס טאַטן, לאָנדאָן, 1948

שיכטן פֿון לעבן: דער העכערער קלאַס, פֿאַבריק־באַלעבאַטים, אָרעמע־לײַט, פֿאַרשיידענע פּאָליטישע פּאַרטייען, בונדיסטן, ציוניסטן, קאָמוניסטן, ס'איז אַלצדינג דאָרטן פֿאַראַן און איך מיין אַז עס גיט איבער אַן אויסערגעוויינטלעכן בליק. מענטשן וואָס האָבן געלייענט די ביכער האָבן מיר געשריבן אַז ס'האָט זיי אין גאַנצן מיטגעריסן. אויב מע וויל וויסן ווי דאָס לעבן איז געווען אין לאָדזשער געטאָ דאַרף מען לייענען דאָס בוך. אין דער זעלבער צײַט, צוליב דעם וואָס עס איז אַזוי לאַנג, מיין איך אַז מע האָט מורא דאָס צו לייענען. די ברכה און די קללה זײַנען צוזאַמענגעפֿלאָכטן.

שצ: מיינסטו אַז זי וואָלט געהאַט געקענט אויפֿטאָן דאָס זעלבע מיט ווייניקער ווערטער ווען זי וואָלט געהאַט אַ רעדאַקטאָר וואָס וואָלט איר געהייסן שנײַדן? וואָלט מען אַ סך פֿאַרלאָרן אָדער האַלטסטו אַז אַלץ וואָס זי האָט דאָרטן איז זייער וויכטיק?

גמ: זי האָט געוואָלט פֿאַראייביקן אַ קהילה וואָס איז פֿאַרשוווּנדן און דערפֿאַר איז עס אַזוי לאַנג. זי האָט אַ סך געדענקט און זי האָט אַלץ געוואָלט פֿאַרשרײַבן.

שצ: האָט זי אויך געפֿאָרשט אָדער איז אַלץ געווען פֿון זכּרון?

גמ: יאָ, זי האָט געפֿאָרשט. ספּעציעל רומקאָווסקי (דער „עלטסטער" פֿון לאָדזשער יודנראַט). זײַנע רעדעס אין דער בוים פֿון לעבן זײַנען גענוי וואָס ער האָט געזאָגט.

שצ: האָט זי געקענט רומקאָווסקין?

גמ: זיי האָבן אַלע געוווּסט ווער ער איז. ער האָט געהאַט איבער זיי דעם כּוח פֿון לעבן און טויט, אָבער פּערזענלעך האָט זי אים נישט געקענט.

שצ: האָסטו אַ מאָל געפֿילט אַז דו ווילסט זיך אָפּזאָגן פֿון איבערזעצן אָבער האָסט נישט געקענט? אויב איך מעג פֿרעגן, האָט מען דיר באַצאָלט דערפֿאַר?

גמ: מען האָט מיר נישט באַצאָלט דערפֿאַר. די מאַמע האָט מיר געוואָלט באַצאָלן ווען זי האָט מיך אײַנגערעדט איך זאָל העלפֿן מיטן בוים פֿון לעבן. זי האָט מיך געוואָלט צוציִען מיט געלט אָבער איך האָב זיך אָפּגעזאָגט. איך בין דעמאָלט געווען אַ גראַדויִר־סטודענטקע און כ'האָב געוווינט בײַ איר אין דער היים, זי האָט באַצאָלט פֿאַר מײַן לערנען, סע האָט ניט געפּאַסט.

שצ: אַז דו האָסט שוין אָנגעהויבן איבערצוזעצן האָסטו געפֿילט אַז דו קענסט זיך אָפּזאָגן אָדער האָסטו זיך שוין נישט געוואָלט אָפּזאָגן?

גמ: לײַדער האָב איך זיך אָפּגעזאָגט פֿון בריוו צו אַבראַשען. די מאַמע האָט זייער געוואָלט איך זאָל איר העלפֿן דאָס איבערזעצן. דאָס איז דער איינציקער פֿון אירע ראָמאַנען וואָס איז נאָך נישט איבערגעזעצט געוואָרן. איך בין שוין געווען דאָ אין לעטברידזש, אַלבערטאַ, ווו איך וווין זינט 1997. איך האָב געאַרבעט אין אוניווערסיטעט און נישט געהאַט קיין צײַט, האָב איך איר געזאָגט, „אַז איך וועל האָבן צײַט, אַז איך וועל האָבן צײַט". איך האָב קיין מאָל נישט געהאַט קיין צײַט און איך באַדויער זייער, ווײַל זיי האָט עס שטאַרק געוואָלט.

שצ: מיינסטו אַז ווען דו וועסט ענדיקן מיט דער מאַמעס ווערק וועסטו וועלן איבערזעצן אַנדערע?

גמ: איך ווייס נישט, אָבער מסתּמא נישט. פֿאַר דער מאַמען איז דאָס אויס ליבשאַפֿט צו דער זאַך. איך באַדויער זייער וואָס זי איז נישט מער באַקאַנט. פֿאַר דעם זעץ איך אַלץ איבער און איך האָף אַז זי וועט האָבן דערפֿאָלג.

שצ: האָט זי געלייענט אַ סך חורבן־ליטעראַטור? ווייסטו וועמען זי האָט געלייענט?

גמ: זי האָט געלייענט אַ סך. זי האָט געלייענט פּרימאָ לעווי, האָט אים זייער ליב געהאַט און פּאָל צעלאַן. זי האָט טאַקע געשריבן אַן עסיי וועגן צעלאַן און לעווי און אַנדערע שרײַבערס וואָס האָבן געשריבן וועגן חורבן אין אַ נישט־ייִדישער שפּראַך און זײַנען באַגאַנגען זעלבסטמאָרד; דאָס האָט זי זייער פֿאַראינטערעסירט.[1]

שצ: זי האָט געלייענט אַלע שרײַבערס וואָס האָבן געשריבן וועגן חורבן?

[1] דער גאַנצער אַרטיקל, „פּאָל צעלאַן און זײַנע גורל־ברידער", געפֿינט זיך אין די גאָלדענע קייט, נ' 138, 1994, זז' 53-70. דאָרטן דערמאָנט זי אויך יעזשי קאָשינסקי, ראָמאַן גאַרי און פּיאָטר ראַוויטש. אין דעם נומער האָבן מיר אָפּגעדרוקט אַן אויסצוג. זעט ז' 38.

גמ: נישט אַלע, זי האָט געלייענט אַ סך און אויף פֿאַרשידענע שפּראַכן. זי האָט געלייענט אויף פּויליש, דײַטש, ענגליש, פֿאַרשטייט זיך, און פֿראַנצייזיש.

שצ: און אויף ייִדיש האָט זי געלייענט וועגן דעם חורבן?

מאָנטרעאָל, 1958

גמ: אויף ייִדיש האָט זי געלייענט אַ סך, פֿאַרשטייט זיך. שרײַבער האָבן איר געשיקט ביכער און זי האָט זיי געלייענט.

שצ: וואָס האָט זי געטראַכט וועגן די וואָס שרײַבן בעלעטריסטיק וועגן דעם חורבן.

גמ: נישט קיין סך. זי האָט געזאָגט אַז מע קען ווײסן צי עמעצער איז געווען דאָרטן צי נישט פֿון זײַן אופֿן שרײַבן און זי האָט נישט געהאַלטן פֿון די וואָס האָבן געשריבן און נישט איבערגעלעבט. למשל, באַשעוויס. זי האָט אים גאַנץ גוט געקענט. זי האָט געזאָגט אַז זײַנע שוואַכסטע דערציילונגען זײַנען וועגן חורבן.

שצ: דו ווױנסט אין אַ שטאָט, לעטברידזש, ווו איר נאָמען איז נישט באַקאַנט.

גמ: ס'איז איצט טאַקע יאָ באַקאַנט.

שצ: ווײַל זי האָט געקראָגן אַ כּבֿוד־דאָקטאָראַט?

גמ: דעם יאַנואַר האָב איך געהאַלטן אַ רעדע וועגן דער מאַמעס אַרבעט, דאָ אין מוזיי, נישט אין אוניווערסיטעט, און דער זאַל איז געווען געפּאַקט, אַ סך מענטשן וואָס איך קען זיי נישט, און ווען זי האָט באַקומען איר כּבֿוד־דאָקטאָראַט האָבן אַ סך מענטשן מיר געקלונגען וואָס האָבן געלייענט דער בוים פֿון לעבן. מענטשן זײַנען זייער באַאײַנדרוקט געוואָרן ווײַל ס'איז געווען אויף דער ערשטער זײַט פֿון דער היגער צײַטונג מיט זייער אַ שיין בילד פֿון איר. אין אוניווערסיטעט שפּילט מען יעדעס יאָר צו דער גראַדויִרונג די רעדע וואָס זי האָט געהאַלטן ווען זי האָט געקראָגן דעם דאָקטאָראַט.[2]

שצ: ס'איז אַ ווונדער שיינע רעדע. אָבער ווען דו טרעפֿסט אַ מענטשן אין גאַס און דו זאָגסט, „מײַן מאַמע איז געווען אַ ייִדישע שרײַבערין", שטעל איך זיך פֿאָר אַז ס'איז נישטאָ קיין גרויסע רעאַקציע, און אפֿשר יאָ.

גמ: ס'איז דאָ אַ גרויסער אינטערעס ווײַל ס'איז עקזאָטיש. ווער האָט דען געהערט וועגן ייִדיש? וואָס איז ייִדיש, און נאָך דערצו אַ שרײַבער? איך לערן דאָ אַ קורס – ייִדישע (דזשויִש) ליטעראַטור און איך האָב אַ סך סטודענטן. קיין איינער איז נישט קיין ייִד. אָבער טייל פֿון מײַנע סטודענטן, מער ווי איך וואָלט זיך פֿאָרגעשטעלט, האָבן ערגעץ אין זייער הינטערגרונט אַ ייִדישן קרובֿ.

שצ: הייסט עס, אַז דו קריגסט יאָ אַ רעאַקציע. וואָס איז דײַן באַליבטסט ווערק דער מאַמעס?

גמ: איך האָב נישט אַזאַנס.

שצ: האָסט ליב איר פּראָזע בעסער ווי איר פּאָעזיע, אָדער פֿאַרקערט?

גמ: אין אַלגעמיין – זי האָט געשריבן מער פּראָזע ווי פּאָעזיע – געפֿעלט מיר

זי האָט געזאָגט אַז מע קען ווײסן צי עמעצער איז געווען דאָרטן צי נישט פֿון זײַן אופֿן שרײַבן און זי האָט נישט געהאַלטן פֿון די וואָס האָבן געשריבן און נישט איבערגעלעבט.

בעסער די פּראָזע ווײַל ס'איז דאָ אַ סך, אָבער טייל פֿון אירע לידער האָב איך זייער ליב.

שצ: איז וואָס, למשל, איז איינס פֿון דײַנע באַליבטסטע לידער?

גמ: „לויב", „אַ קלייד פֿאַר מײַן קינד" און „קינדער", אַלע וואָס זײַנען אָפּגעדרוקט געוואָרן אין דעם ביכל *Exile at Last*.

שצ: דאָס איז געווען דײַן אָפּקלײַב?

גמ: יאָ.

[2] די רעדע קען מען סײַ זען סײַ הערן, סײַ לייענען אויף http://chavarosenfarb.com/convocation-address. מע קען עס אויך געפֿינען אויף יוטוב.

שצ: אויב דו וואָלטסט רעקאָמענדירט איין ווערק מע זאָל פֿילן דעם טעם פֿון איר שרײַבן וואָס וואָלטסטו רעקאָמענדירט?

גמ: דאָס איז שווער. אפֿשר „עדזשעס נקמה“. איך האַלט אַז ס'איז זייער אַ פֿײַנע דערציילונג, און אויך „טעג... פֿראַגמענטן פֿון אַ טאָגבוך“ וואָס איך האָב איבערגעזעצט אויף ענגליש ווי ”Bergen-Belsen Diary, 1945“ (בערגען־בעלזען־טאָגבוך).[3] זי האָט אויכעט זייער אַ גוטן עסיי וועגן לאָדזשער שרײַבער שײַעוויטשן וואָס איז אָפּגעדרוקט געוואָרן אין די גאָלדענע קייט נ' 131, 1991. קיין באַליבטסט ווערק קען איך נישט אויסקלײַבן.

שצ: איז געווען אַן אמתער פּראָטאָטיפּ פֿאַר עדזשען?

גמ: „עדזשע“ איז באַזירט אויף עפּעס וואָס איז געשען אין קאַצעט. די מאַמע איז שיִער נישט אומגעקומען ווײַל זי האָט אַ קאַפּאָ (קאַצעט־פּאָליציאַנט) געגעבן אַ פּאַטש. דער מאַמעס בעסטע חבֿרטע האָט געהייסן זשעניע און איז געווען אַ קליינע. (נאָך דער מלחמה איז זשעניע אַוועק קיין שוועדן און האָט חתונה געהאַט מיט אַ שוועד. זי איז געוואָרן אַ שוועדישע שרײַבערין, זשעניע לאַרססאָן). זיי זײַנען געווען צוזאַמען אין לאַגער. אַלע האָבן געבעטן נאָך זופּ און די קאַפּאָ, אַ פֿרוי, וואָס האָט אויסגעטיילט די זופּ האָט אָנגעהויבן צו שלאָגן מענטשן. זי האָט זשעניען געשלאָגן און מײַן מאַמע, אָן צו טראַכטן, האָט איר געגעבן אַ פּאַטש. די מאַמע און שוועסטער אירע זײַנען זייער אין כּעס געוואָרן אויף איר ווײַל דאָס האָט געקענט שטעלן אויך זייער לעבן אין סכּנה. מע האָט זי אָפּגעזונדערט, זי זאָל וואַרטן אויף איר גורל. סוף־כּל־סוף נאָך עטלעכע שעה איז די קאַפּאָ וועמען זי האָט געגעבן אַ פּאַטש אַרײַנגעקומען און געזאָגט, „ביסט געווען גערעכט. איך בין געוואָרן אַ חיה“. און נאָך דעם האָט די גאַנצע גרופּע, אַרײַנגערעכנט זשעניע, געקראָגן מער זופּ אַזוי לאַנג ווי זײַנען געווען אין לאַגער. אָט איז דאָס קערנדל הינטער עדזשען. דערנאָך האָט די מאַמע געטראַכט, ווי וואָלט טאַקע געווען צו זײַן אַ קאַפּאָ און זי האָט געשריבן די מעשׂה פֿונעם קוקווינקל פֿון דער קאַפּאָ. דאָס קערנדל איז געווען אַז זי האָט געשלאָגן די קאַפּאָ.

שצ: נאָך איין לעצטע קשיא. וואָס זײַנען געווען דײַנע רעאַקציעס אויף דעם פֿילם וואָס די ייִדיש־ליגע האָט געמאַכט?

גמ: עס געפֿעלט מיר. די אונטערקעפּלעך זײַנען געווען אויסגעצייכנט. ספּעציעל גוט איז געווען דער טייל ווען זי האָט גערעדט וועגן זײַן אַ ייִדישער שרײַבער אין קאַנאַדע. זי איז געווען זייער אומצופֿרידן מיטן זײַן אַ ייִדיש־שרײַבער אין קאַנאַדע: די סבֿיבֿה, די קליין־שטעטלדיקייט. איך בין צופֿרידן וואָס מע האָט עס אויפֿגעכאַפּט אין פֿילם ווײַל איך האַלט אַז ס'איז די דילעמע פֿון ייִדישע שרײַבערס וואָס ווילן דערגרייכן אַ ברייטערן עולם אָבער וואָס ווערן באַגרענעצט צוליב דער שפּראַך. די זעלבע שפּראַך וואָס מע האָט אַזוי ליב באַגרענצט אויכעט.

גאָלדע מאָרגענטאַלער איז אַ פּראָפֿעסאָר פֿון ענגליש בײַם לעטברידזשער אוניווערסיטעט אין אַלבערטע, קאַנאַדע, וווּ זי לערנט די בריטישע און אַמעריקאַנער ליטעראַטור פֿון 19טן און 20סטן יאָרהונדערט, ווי אויך די מאָדערנע ייִדישע ליטעראַטור. זי איז די מחברטע פֿון אַ ביכל וועגן טשאַרלס דיקענס, ווי אויך אַ סך אַרטיקלען וועגן דיקענס און דער וויקטאָריאַנישער ליטעראַטור. זי איז די הויפּט־איבערזעצערין פֿון די ווערק פֿון איר מאַמען, חוה ראָזענפֿאַרב. אירע איבערזעצונגען פֿון ראָזענפֿאַרבס ווערק נעמען אַרײַן דער בוים פֿון לעבן (איבערגעזעצט צוזאַמען מיט דעם מחבר) און די פּיעסע דער פֿויגל פֿון געטאָ, וואָס איז אויפֿגעפֿירט געוואָרן פֿון דעם טרעשאָלד־טעאַטער (Threshold Theatre) פֿון טאָראָנטע אין 2012. איר איבערזעצונג פֿון ראָזענפֿאַרבס דערציילונגען, *Survivors: Seven Short Stories*, האָט געווונען אַ קאַנאַדער ייִדישע ביכער־פּרעמיע אין 2005 און די אָנדענק־פּרעמיע פֿון דער עם־על־איי (מאָדערנער לשונות־אַסאָציאַציע) אין ייִדיש־לימודים אין 2006. זי אַרבעט איצט אויף אַן איבערזעצונג פֿון ראָזענפֿאַרבס לעצטן ראָמאַן, בריוו צו אַבראַשען, אַ ביאָגראַפֿיע פֿון חוה ראָזענפֿאַרב, ווי אויך אַ זאַמלונג פֿון אירע עסייען.

[3] „פֿראַגמענטן פֿון אַ טאָגבוך“ געפֿינט זיך אין די באַלאַדע פֿון נעכטיקן וואַלד און אַנדערע לידער, מאָנטרעאָל, קאַנאַדע, 1948. די ענגלישע איבערזעצונג ”Bergen-Belsen Diary, 1945“ געפֿינט זיך אין Tablet Magazine (Jan. 27, 2014): http://tabletmag.com/jewish-arts-and-culture/books/160640/rosenfarb-bergen-belsen-diary.

ישׂראל בערקאָוויטש
(1988-1921)

דער קאָפּ און די נשמה
פֿון דעם ייִדישן טעאַטער אין רומעניע

אינטערוויו מיט ד"ר מרים בערקאָוויטש

פֿון שבֿע צוקער

אָנהייב אַפּריל 2016 האָבן מיר געכאַפּט אַ לענגערן סקײַפּישן שמועס מיט ד"ר מרים קאָרבער בערקאָוויטש, די אַלמנה פֿון ישׂראל בערקאָוויטש, וואָס איז געווען אַ רעזשיסאָר, דראַמאַטורג, פּאָעט, און ליטעראַרישער אָנפֿירער פֿון דעם ייִדישן מלוכה־טעאַטער אין רומעניע צווישן די יאָרן 1955 און 1982. ער האָט געהאַט גרויסע פֿאַרדינסטן ניט נאָר פֿאַרן ייִדישן טעאַטער אין רומעניע, נאָר פֿאַר דער ייִדישער קולטור בכלל, און איז נישט איין מאָל אָנערקענט געוואָרן, סײַ פֿון דער רומענישער רעגירונג סײַ פֿון דער ייִדישער קולטורוועלט. אין 1976 האָט ער אָפּגענומען די זשיטלאָווסקי־פּרעמיע אין ישׂראל און אין 1986 האָט ער צוזאַמען מיט יהודה עלבערגן געוווּנען די ווײַסנבערג־פּרעמיע אין אַמעריקע. אַ וויכטיקער קולטורמענטש אין רומעניע, איז ער געווען גוט באַפֿרײַנדט און געפֿירט אַ קאָרעספּאָנדענץ מיט ייִדישע שרײַבערס און קולטור־טוערס פֿון איבער דער גאָרער וועלט ווי, למשל, חיים סלאָוועס (פּאַריז), אַלכּסנדר שפּיגלבלאַט (רומעניע און ישׂראל), איטשע גאָלדבערג און הערמאַן יאַבלאָקאָוו (אַמעריקע), יעקבֿ שטערנבערג (רו־מעניע און רוסלאַנד), איציק קאַרא (רומעניע) א"אַנד. ד"ר בערקאָוויטש און איך האָבן גערעדט וועגן איר מאַנס לעבן בכלל און זײַן שײַכות מיט דעם ייִדישן טעאַטער אין רומעניע בפֿרט.

מב: איר פֿרעגט מיך קודם וועגן ישׂראל בערקאָוויטש, וואָס ער איז געווען. קודם איז ער געווען אַ ייִד. צום בײַשפּיל, ווען מע האָט אין קינדער־גאָרטן געפֿרעגט אונדזער טאָכטער, וואָס איז די מאַמע, האָט זי געזאָגט אַ קינדער־דאָקטער. וואָס איז דער טאַטע? דער טאַטע איז אַ ייִד. זי האָט געמיינט אַז דאָס איז אַ באַרוף. פֿאַר ישׂראל בערקאָוויטש איז ייִדיש געווען זײַן לעבן און זײַן באַרוף.

שצ: וואָס האָט ער געלערנט? ער איז דאָך אויפֿגעוואָקסן אין אַ פֿרומער היים אין באָטשאַן (באָטאָשאַן). זײַן דערציִונג אין

ישׂראל בערקאָוויטש

די קינדער־יאָרן האָט אים זיכער נישט צוגעגרייט אויף אַ קאַריערע אין דעם ייִדישן טעאַטער.

מב: ישׂראל בערקאָוויטש איז געווען אַן אויטאָדידאַקט. זײַנע עלטערן זענען געווען זייער אָרעם. דער טאַטע – אַ שנײַדער וואָס האָט געאַרבעט פֿון איין טאָג אויפֿן אַנדערן. און זײַן מאַמע איז געווען אַ צוקער־בעקערין. ער איז געגאַנגען אין חדר. ער האָט געקענט אַ סך אין ייִדישקייט. ס'איז געווען אַ באַרימטער רבי אין באָטאָשאַן, דער שטעפּענעשטער רבי. מײַן מאַן איז געווען אַן אײַנגייער בײַ אים. אַזוי אַז ער האָט געהאַט זייער אַ רעליגיעזע דערציִונג אָבער האָט נאָר געהאַט פֿיר קלאַסן רומענישע פֿאָלקשול אין עלטער פֿון זיבן ביז עלף יאָר. צוליב דער אָרעמקייט האָט ער זיך נישט געקענט ווײַטער לערנען און איז געוואָרן אַ משרת אין אַ קלייט וואָס האָט פֿאַרקויפֿט צעלניק כּדי ער זאָל שפּעטער ווערן אַ קאָמיוואָיאַזשאָר, ווײַל דאָס איז אַ מלאָכה אויף וועלכער מע דאַרף ניט זײַן געלערנט. אין הײַסקול האָט ער זיך נישט געקענט לערנען, און האָט אַנשטאָט דעם זיך געלערנט אויף אַ צאָן־טעכניקער.

ער איז געקומען קיין בוקאַרעשט אין יאָר 1945, און אין 1947 האָבן מיר חתונה געהאַט. ער האָט פּריוואַט

געענדיקט די הײַסקול. שפּעטער האָט ער אין 51′ און 52′ זיך געלערנט אין אַן אוניווערסיטעט פֿאַר ליטעראַטור, אַזוי האָט עס געהייסן אויף רומעניש. ער האָט זײַן גאַנץ לעבן זיך אַליין געלערנט; ער האָט אַזוי פֿיל געלייענט אין ייִדיש. גערעדט האָט ער העברעיִש, ייִדיש און רומעניש און געלייענט האָט ער דײַטש, פֿראַנצייזיש און ענגליש. העברעיִש האָט ער גערעדט אַזוי גוט אַז ווען ער איז געקומען צו גאַסט אין ישׂראל האָט ער דאָרטן געקענט רעדן אויפֿן ראַדיאָ אין העברעיִש. ער האָט נאָר אַ יאָר לאַנג געאַרבעט בײַ אַ דאָקטער אַלס אַ דענטיסט און דערנאָך געאַרבעט בײַ די איקוף־בלעטער ווי רעדאַקטאָר.

שצ: קענט איר דעם לייענער אַ ביסל ברייטער געבן צו פֿאַרשטיין וואָס די איקוף־בלעטער זענען געווען?

מב: די פּובליקאַציע, אַ וואָכן־זשורנאַל, פֿון איקוף [ייִדישער קולטור־פֿאַרבאַנד]. דאָס איז געווען פֿון דער פּאַרטיי, סײַ ליטעראַריש סײַ פּאָליטיש. ער איז געוואָרן אַ פּאַרטיי־מיטגליד אין יאָר 46′ און איך בין אויך געווען אַ פּאַרטיי־מיטגליד.

שצ: און דאָס איז געווען פֿון איבערצײַגונג אָדער ווײַל מע האָט געמוזט?

מב: שטעלט אײַך פֿאָר, אַ מענטש וואָס אַרבעט פֿיר יאָר צוואַנגסאַרבעט און די רויטע אַרמיי קומט קיין רומעניע, האָט מען געמיינט אַז דאָ איז די ישועה. מיר האָבן געוווּסט אַז ס'איז ניט דער גן־עדן, נאָר אונדז האָבן מיר געמיינט אַז די נאַציאָנאַלע פֿראַגע וועט מער נישט עקסיסטירן. דאָס איז געווען די היפּאָטעזע, נישט עפּעס אַנדערש. אונדז האָבן מיר נישט געוואָלט רײַך ווערן. אונדז האָבן מיר נישט געוואָלט די וועלט אײַננעמען. אונדז האָבן מיר געוואָלט

די ייִדישע קולטור אין שאָטן פֿון דער דיקטאַטור: ישׂראל בערקאָוויטש – זײַן לעבן און ווערק, בערלין/ווין, 2001. די ערשטע פֿולע שטודיע וועגן י. בערקאָוויטש

ראַטן־פֿאַרבאַנד סוף 30ער יאָרן, אַ סך שרײַבערס זײַנען „פֿאַרשוווּנדן“ אָבער מיר ווייסן קלאָר אַז סטאַלין האָט זיי דערהרגעט. אונדז האָבן מיר נאָך נישט געוווּסט די מעשׂה מיט די דאָקטוירים אין 1952 אָבער דעמאָלט זענען מיר שוין געווען אָפֿיציעלע פּאַרטיי־מיטגלידער. מיר האָבן געוווּסט וואָס די פּאַרטיי איז. שווער געווען אַרײַנצוקומען אין דער פּאַרטיי, אָבער ס'איז געווען מיט סכּנות־נפֿשות אַרויסצוטרעטן פֿון דער פּאַרטיי. מיר האָבן דאָך אין 52′ געוווּסט אַז מיר זענען אַרײַן אין אַ גרויסער בלאָטע אָבער מיר האָבן נישט געקענט מער אַרויס.

שצ: לאָמיר גיין אויף צוריק. איר האָט געזאָגט, מע איז געוואָרן קאָמוניסטן ווײַל מע האָט געמיינט אַז סע וועט זײַן די ישועה און סע וועט מער נישט זײַן קיין נאַציאָנאַלע פֿראַגע.

מב: מיט דער צײַט האָבן מיר אײַנגעזען אַז ס'איז נאָך שווערער די נאַציאָנאַלע פֿראַגע ווײַל מע האָט נישט געטאָרט רעדן.

מיר האָבן געוווּסט וואָס די פּאַרטיי איז.
שווער געווען **אַרײַנצוקומען** אין דער פּאַרטיי,
אָבער ס'איז געווען מיט **סכּנות־נפֿשות אַרויסצוטרעטן** פֿון דער פּאַרטיי.

זײַן מענטשן מיט מענטשן גלײַך. אַז דאָס איז נישט אמת געווען, דאָס האָבן מיר זיך זייער גיך דערוווּסט. אונדז האָבן מיר געוווּסט וואָס מיט [דעם רעזשיסאָר און אַקטיאָר שלמה] מיכאָעלס איז געשען. אונדז האָבן מיר זיך גיך דערוווּסט וואָס איז געשען מיט די ייִדישע שרײַבערס אין

שצ: ווען איר זאָגט די נאַציאָנאַלע פֿראַגע מיינט איר נישט אַז מע וועט מער נישט זײַן קיין ייִדן, נאָר גיכער אַז דאָס זײַן אַ ייִד וועט מער נישט זײַן קיין פּראָבלעם, אַיאָ?

מב: מע האָט געפֿירט אַ דאָפּלט לעבן, אַ לעבן אין דער היים און אַ לעבן מחוץ דער היים. איר פֿאַרשטייט. אין דער

באַראַשעום, געשריבן און רעזשיסירט פֿון י. בערקאָוויטש, געשטעלט צום ערשטן מאָל אין 1972.
הונדערט יאָר ייִדיש־טעאַטער אין רומעניע, י. בערקאָוויטש, 1976

היים האָט מען פּסח געגעסן מצות און פּורים געמאַכט המן־טאַשן און די מאַמע, זײַן מאַמע, האָט געגעסן כּשר. מחוץ דער היים איז מען געווען אַ פּאַרטיי־מיטגליד. מע האָט געפּרוּווט אין די איקוף־בלעטער אַרײַנצוברענגען אַ ביסעלע ייִדישע קולטור און אויך אין דעם ייִדישן טעאַטער. דער טעאַטער איז אין יענער צײַט געווען באַרימט. מע האָט נאָך פֿאַרשטאַנען ייִדיש און זייער אַ סך נישט־ייִדן אינטעלעקטואַלן האָבן אויך ליב געהאַט צו קומען אין טעאַטער. איך וויל אײַך נאָך עפּעס זאָגן אַפּראָפּאָ ייִדישקייט. נאָך דער זעקסטאָגיקער מלחמה אין ישׂראל האָט מען אין ייִדישן טעאַטער געזונגען „ירושלים של זהבֿ“ אין העברעיִש און אין רומעניש. דאָס איז געווען ישׂראל בערקאָוויטש.

שצ: ווי אַזוי איז ער געקומען צו דעם ייִדישן טעאַטער?

מב: די איקוף־בלעטער האָט מען אין יאָר 53', אַלצדינג וואָס איז געווען ייִדיש, האָט מען פֿאַרמאַכט. ס'איז געווען, למשל, אַ פֿאָלקשול אויף ייִדיש. אין 53' האָט מען זי אויך פֿאַרמאַכט. בערקאָוויטש האָט געאַרבעט בײַ דער ייִדישער רעדאַקציע בײַם ראַדיאָ. דאָס איז געבליבן פֿאַר אויסלאַנד, נישט פֿאַר רומעניע. בײַ נאַכט האָט מען געגעבן אויף ייִדיש און אויף אַנדערע פֿרעמדע שפּראַכן אַ האַלבע שעה, און ער איז געווען דאָרט אין רומענישן ראַדיאָ אויף ייִדיש, און פֿון דאָרטן איז ער געקומען צום טעאַטער. אין יאָר 54' איז געווען אַ יוגנט־קאָנגרעס, אַ וועלט־קאָנגרעס פֿון דער יוגנט אין רומעניע. ער האָט דאָרטן זייער אַ סך געאַרבעט און מע האָט זיך דערוווּסט פֿון אים. דאָס טעאַטער איז געגאַנגען נישט אַזוי פֿויגלדיק אין יאָר 54' צי 55', האָט מען געביטן די דירעקציע און מען האָט גענומען ישׂראל בערקאָוויטש פֿון דעם ראַדיאָ אין טעאַטער. ער איז געבליבן מיט אַ האַלבער אַרבעט בײַם ראַדיאָ און דערנאָך איז ער געבליבן נאָר בײַם טעאַטער.

טעאַטער־פּלאַקאַט, 1935

אַפּראָפּאָ ייִדישקייט. **נאָך דער זעקסטאָגיקער מלחמה** אין ישׂראל האָט מען אין ייִדישן טעאַטער **געזונגען** **„ירושלים של זהבֿ“** אין העברעיִש און אין רומעניש. דאָס איז געווען ישׂראל בערקאָוויטש.

שצ: קענט איר אַ ביסל דערציילן וועגן דער געשיכטע פֿון דעם טעאַטער אין בוקאַרעשט?

מב: דאָס ייִדישע טעאַטער האָט אַ מאָל געהייסן „באַראַשעום“. ס'איז געווען אַ ד"ר יוליו באַראַש [1815-1863] וואָס האָט געשטאַמט פֿון גאַליציע, אַ פּעדיאַטער, אַזוי ווי איך, און ער האָט דאָס ערשטע קינדער־שפּיטאָל אין רומעניע געגרינדעט, געמאַכט פֿאַר רומענישע קינדער, נישט פֿאַר ייִדישע [ד"ה, פֿאַר אַלע קינדער אין שטאָט]. ער איז אויך געווען אַ וויכטיקער קולטור־טוער אין דער ייִדישער קהילה. אין משך פֿון דער מלחמה האָבן די ייִדישע אַקטיאָרן געשפּילט אויף רומעניש – מען האָט זיי אַרויסגעוואָרפֿן פֿון דעם רומענישן טעאַטער און מע האָט אויך פֿאַרווערט שפּילן אויף ייִדיש – האָבן זיי זיך צונויפֿגעקליבן, אין אַן אַלטן זאַל אין דעם ייִדישן קוואַרטל וואַקאַרעשט וואָס מע האָט פֿריִער געהאַט געניצט פֿאַר ייִדישן טעאַטער

און געשפּילט דאָרטן טעאַטער. מע האָט דעם טעאַטער גערופֿן „באַראַשעום“ נאָך דעם ד״ר באַראַש. אין אויגוסט 1944, נאָך דעם וואָס מע האָט אַרונטערגעוואָרפֿן דעם דיקטאַטער אַנטאָנעסקו, איז ייִדיש ווידער געוואָרן לעגאַל און באַראַשעום האָט ווײַטער געשפּילט אויף ייִדיש. אין די קאָמוניסטישע צײַטן האָט מען דער גאַס אַ נאָמען געגעבן „יוליו באַראַש“. אין דעם קוואַרטל איז אויך געווען אַ גאַס גאָלדפֿאַדען נאָך אַבֿרהם גאָלדפֿאַדענען.

פֿראַנץ אַווערבאַך, 2002-1915, רעזשי־סאָר פֿון דעם ייִדישן מלוכה־טעאַטער פֿון 1954 אָן

ביז 48′ האָט רומעניע געהאַט די בלאָנדזשענדיקע שטערן, פּריוואַטע ייִדישע קאָמפּאַניעס וואָס זײַנען אַרומגעפֿאָרן איבערן לאַנד. אין 48′ האָט מען געמאַכט פֿון דעם ייִדישן טעאַטער אַ שטאַט־טעאַטער, ד״ה, אַ מלוכה־טעאַטער. און ס׳איז געווען מיט די אַלטע אַקטיאָרן פֿון די בלאָנדזשענדיקע שטערן, פֿון די פּריוואַטע טרופּעס. עס זענען אין אָנהייב געווען צוויי ייִדישע טעאַטערס אין רומעניע. אין בוקאַרעשט און אויך אין יאַס –ביידע פֿון דער מלוכה. די רעגירונג האָט אין יאָר 63′ פֿאַרמאַכט דאָס טעאַטער אין יאַס און אַ סך פֿון די גרעסערע אַרטיסטן פֿון יאַס זײַנען געקומען קיין בוקאַרעשט. אין יאָר 56′ האָט מען געמאַכט אַ גרויסן רעמאָנט און דאָס טעאַטער האָט זיך פֿאַרגרעסערט. ס׳האָבן דעמאָלט געאַרבעט צו מאָל הונדערט מענטשן – שוסטער, שנײַדער, די וואָס אַראַנזשירן די בינע, נישט נאָר אַרטיסטן האָבן געאַרבעט. און ווייניקער מענטשן, ווײַל דאָס טעאַטער איז געווען אַ קלענערס, אָבער אויך גענוג, זענען געווען אין יאַס.

שצ: ישׂראל בערקאָוויטש איז געווען דער ליטעראַרישער סעקרעטאַר פֿון דעם טעאַטער. וואָס האָט דאָס געהייסן?

מב: דאָס איז דער ליטעראַרישער לייטער [ד״ה, דירעקטאָר]. זײַן דירעקטאָר איז געווען אַ ייִד, פֿראַנץ אַווערבאַך, אָבער אַ מענטש וואָס האָט נישט געקענט רעדן קיין ייִדיש. ער האָט געקענט דײַטש גוט און איז געווען דער איינציקער געבילדעטער מענטש אין דעם טעאַטער וואָס האָט זיך אַ מאָל געלערנט אין ווין, אָבער פֿון ייִדיש האָט ער גאָרנישט געוווּסט. אַזוי אַז דער ליטעראַרישער לייטער איז געווען אַ ביסל דער דירעקטאָר אויך. ער האָט אויסגעוויילט דעם רעפּערטואַר, ער האָט אויסגעלערנט די אַרטיסטן רעדן ייִדיש און אין יאָר 58′ האָט מען געמאַכט אַ סטודיאָ, ד״ה, אַ שול פֿאַר די יונגע ייִדישע אַקטיאָרן. ישׂראל בערקאָוויטש איז דאָרטן געווען. זיי האָבן באַקומען אַ דערציִונג אַזוי ווי אויף אַן אוניווערסיטעט. מע איז געפֿאָרן איבער גאַנץ רומעניע, מע האָט אויסגעוויילט ייִדישע יונגע־לײַט, מיידלעך און ייִנגלעך, וואָס האָבן אויסגעזען שיין. זיי האָבן זיך געוואָלט אויסלערנען ייִדיש. דרײַ יאָר האָט מען מיט זיי אײַנגעלערנט ייִדיש: ליטעראַטור, שרײַבן אַ ביסל ייִדיש, פֿאַרשטיין וואָס סע הייסט ייִדיש. ישׂראל בערקאָוויטש איז געווען דער וואָס האָט זיי געלערנט און האָט געהאַט גרויס הנאה דערפֿון. ער האָט מיר געזאָגט, „זאָלסט נישט ווערן די אַלמנה וועלכע וויינט אויף מײַן קבֿר“. און איך בין געבליבן די אַלמנה און ער האָט געלערנט מיט זיי ייִדיש, מיט די יונגע־לײַט. הײַנט זענען זיי שוין אַלט. צוויי לעבן נאָך, אין ישׂראל.

די אַרטיסטן זענען געווען אויסגעשולטע אַרטיסטן, אָבער איינער איז פֿריִער געווען אַ שנײַדער, איינער וואָס איך האָב געקענט איז געווען אַ מעכאַניקער, עס זײַנען געווען מיידלעך וואָס האָבן זיך נאָך געלערנט אין שול.

ווייטיק

כ׳האָב אויסגעווייטיקט שוין אין לעבן
אַלע ווייטיקן און ווייען:
פֿון זײַן אַליין, ווען ס׳ווילט זיך זײַן אין צווייען,
פֿון גלויבן אין אַן אמת מיטן גאַנצן לײַב און לעבן
און זען ווי ער אין שקר ווערט פֿאַרוואַנדלט בײַ דײַן
לעבן.
פֿון וועלן ריידן אין אַ שפּראַך, אַ נישט־פֿאַראַנענער
און בלײַבן פֿאַר דעם ליבסטן מענטש אַ נישט־
פֿאַרשטאַנענער,
פֿון וועלן טון עפּעס אַזוינס צו ברענגען
פֿאַר דער וועלט אַ טאָג אַ ליכטיקן
און מוזן זײַן פֿאַרטון גאָר
מיט אַן ענין אַ נישט־וויכטיקן.
נאָר גרעסער פֿון די ווייטיקן די אַלע
איז די ווייטיק,
וואָס אימשטאַנד איז מיך צו מאַכן ויינען,
פֿון אָנשרײַבן אַ ליד
און עס נישט האָבן וועמען פֿאָרצולייענען.

פֿון: ישׂראל בערקאָוויטש, אין די אויגן פֿון אַ שוואַרצער קאַווע, פֿאַרלאַג קריטעריאָן, בוקאַרעשט 1974

יענע צײַט איז מען נאָך נישט געפֿאָרן אויף עליה, און מע האָט געבראַכט קיין בוקאַרעשט צוואַנציק יונגע ייִדישע אַקטיאָרן.

שצ: האָבן אַ סך פֿון די יונגע אַקטיאָרן געקענט ייִדיש פֿון דער היים?

מב: אייניקע יאָ און אייניקע נישט. מע האָט זיך געלערנט. די איצטיקע רומענישע אַקטיאָרן קענען נישט קיין ייִדיש, אָבער אַן אַקטיאָר האָט געוויינטלעך אַ גוט אויער. מע לערנט זיך אויף אויסנווייניק, מע מוז נישט פֿאַרשטיין.

קאָמפּאָזיטאָר חיים שוואַרצמאַן (1897-1982), דיריגענט פֿון דעם טעאַטער מער ווי 50 יאָר לאַנג

שצ: איז אײַער מאַן געווען דער אייניציקער לערער?

מב: ניין, עס זענען נאָך געווען אַנדערע לערער. די מענטשן האָבן דאָך באַקומען אַ פּאַספּאָרט אַז זיי זענען אַקטיאָרן. ס'איז געווען אַן אָפֿיציעלע שול.

שצ: וואָס, למשל, האָט מען געלערנט דאָרטן? ווער זענען געווען די אַנדערע לערערס?

מב: קודם האָט מען געלערנט שפּראַך. בערקאָוויטש. ייִדישע ליטעראַטור איז געווען בערקאָוויטש. וועלט־ליטעראַטור איז געווען אַן אַנדערער לערער. טעאַטער, ווי אַן אַרטיסט רעדט, טאַנצן אוף דער בינע, אַרומגיין, מוזיק – ס'איז דאָ וואָס אַרטיסטן זאָלן זיך לערנען. ס'איז געווען אין ייִדישן טעאַטער אַ באַרימטער דיריגענט און קאָמפּאָזיטאָר, חיים שוואַרצמאַן, וועלכער איז געשטאָרבן אין ישׂראל אין אַ היים פֿאַר אָרעמע־לײַט. ער האָט עולה געווען אָבער ער איז שוין געווען אַלט און ווען מען איז אַלט איז שווער צו זײַן נײַ אין ישׂראל.

שצ: די לערערס זענען אַלע געווען ייִדן אָדער לאַאו־דווקא?

מב: מייסטנס זענען געווען ייִדן, אָבער סע זענען געווען נישט־ייִדן פֿאַר רומענישער ליטעראַטור. מײַן מאַן האָט געמיינט אַז אַן אַרטיסט דאַרף זײַן אַ פֿולקומער אַרטיסט און קענען אויך אַנדערע ליטעראַטורן.

שצ: די אַקטיאָרן זענען אַלע געווען ייִדן אָדער זענען אויך געווען נישט־ייִדן?

מב: ייִדישע, אַבסאָלוט ייִדישע. אָבער נישט אַלע וואָס האָבן געאַרבעט אין טעאַטער – מוזיקערס, גאַרדעראָביערן, טעכניקערס אאַז"ו – זײַנען געווען ייִדן.

שצ: ווער איז געווען דער עולם אין טעאַטער?

מב: אין אָנהייב איז געווען אַן עולם אין טעאַטער. באַזונדערס אין דער פּראָווינץ, אין די קליינע שטעטלעך אין דער בוקאָווינע האָט מען גערעדט ייִדיש. דער עולם – דער פּשוטער מענטש וואָס האָט גערעדט די שפּראַך – איז אומגעקומען אינעם חורבן. מע האָט אָנגעהויבן עולה צו זײַן אין דעם יאָר 51', 52', דערנאָך דעם, עליה אין יאָר 58', אין די 60ער יאָרן. אַזוי אַז דער עולם איז געוואָרן שיטערער. אָבער פֿונדעסטוועגן האָבן זיי אין דעם יאָר 76' געהאַט אַ מיליאָן צושויער [ד"ה, צוקוקערס]. זיי זענען געפֿאָרן איבער גאַנץ רומעניע און געמאַכט טורנעען אין גאַנצן לאַנד. אין די שטעטלעך האָבן די ייִדן מער ייִדיש געקענט ווי אין בוקאַרעשט. נישט נאָר ייִדישע צושויער. די וואָס האָבן נישט געקענט האָט מען מיט טרײַבלעך איבערגעזעצט אויף רומעניש, אַזוי אַז יעדער האָט געקענט פֿאַרשטיין. און איר ווייסט ווער איז געווען דער עולם? די קאָמוניסטן וואָס מע האָט פֿון די גרויסע פּלעצער אַראָפּגעוואָרפֿן. מע האָט זיי געמאַכט קלענער. איר האָט געהערט פֿון אַנאַ פּאַוקער? זי איז געווען די ערשטע פֿרוי

אַנאַ פּאַוקער, 1893-1960

מיניסטער אין דער רומענישער רעגירונג; זי איז געווען אויסערן־מיניסטער און זי איז געווען אַ ייִדישקע. מע האָט זי אַרויסגעוואָרפֿן פֿון דער פּאַרטיי און פֿאַרמישפּט. אין יעדן פֿאַל, זי איז אַראָפּגעפֿאַלן, פֿון הויך איז זי געוואָרן גאָר קליין. איך דערמאָן זיך, זי איז געקומען זען דאָס טאָגבוך פֿון אַנאַ פֿראַנק און ברעכטס אַ פּיעסע. איך האָב זי מיט מײַנע אויגן געזען אין ייִדישן טעאַטער.

שצ: אָבער אַ גאַנצער עולם קען דאָך נישט באַשטיין פֿון אַראָפּגעוואָרפֿענע פּאַרטיימענטשן?

מב: אַוודאי זײַנען נישט אַלע אין עולם געווען אַזעלכע. ס'איז געקומען ליבהאָבערס פֿון טעאַטער, אויך אינטעלעקטואַלן, ייִדן און נישט־ייִדן. אָבער ס'איז אויך געקומען די וואָס מע האָט זיי אַרויסגעוואָרפֿן פֿון דער פּאַרטיי. באמת זענען זיי צוריק געוואָרן ייִדן. זיי האָבן זיך נישט געפֿילט ווי

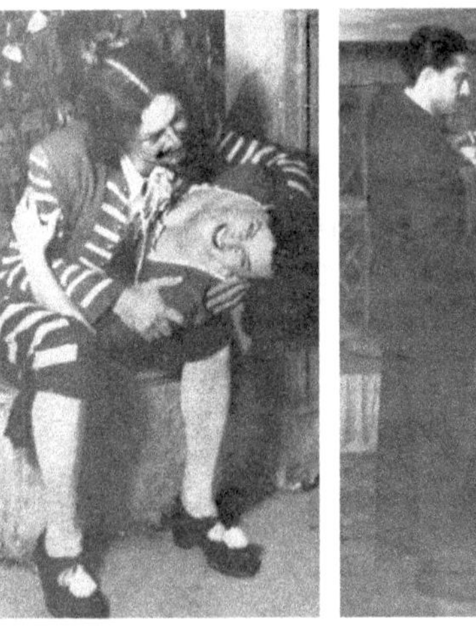

רעכטס: שלום־עליכמס טבֿיה דער מילכיקער, געשטעלט צום ערשטן מאָל אין 1946

אין מיטן: האָוואַרד פֿאַסטס דרײַסיק זילבערשטיק, געשטעלט צום ערשטן מאָל אין 1953

לינקס: מאָליערס אַ דאָקטער קעגן זײַן ווילן, געשטעלט צום ערשטן מאָל אין 1954

הונדערט יאָר ייִדיש־טעאַטער אין רומעניע

ייִדן, ווען זיי זענען געווען גרויס. ווען זיי זענען אַראָפּ פֿון דער מדרגה זענען זיי געוואָרן ייִדן, געקומען אין ייִדישן טעאַטער. דאָס טעאַטער האָט זיי געהאָלפֿן ווערן צוריק ייִדן. אַזוי איז געווען מיט דער אַנאַ פּאַוקער. אָבער די מענטשן זענען געקומען זען גוטן טעאַטער. דאָס ייִדישע טעאַטער איז געווען אין דער צײַט פֿון ישׂראל בערקאָוויטש פֿון די גוטע טעאַטערס פֿון רומעניע. דאָס הייסט, טעאַטער מיט אַ רעפּערטואַר און גוט געשפּילט. אַ טעאַטער וואָס האָט פּרעטענזיעס געהאַט צו זײַנע אַקטיאָרן. און די צושויער אויך. די וואָס זענען געקומען זענען געווען מענטשן וואָס זענען נישט געקומען זען אַ טענצל, אַ לידל, אַ וויץ, ס'איז נישט געווען אַ טעאַטער פֿון וויץ.

שצ: קענט איר דערציילן וועגן דעם רעפּערטואַר?

מב: איך קען אײַך זאָגן, צום בײַשפּיל, אַז דאָס טאָגבוך פֿון אַנאַ פֿראַנק וואָס איך האָב נאָר וואָס דערמאָנט האָבן זיי געשפּילט אין יאָר 57'. ס'איז געווען געשריבן פֿון אָטאָ פֿראַנק, דער פֿאָטער פֿון אַנאַ, ווי אויך צווײ אַנדערע שרײַבשטעלער, פֿראַנסיס גודריטש און אַלבערט האַקעט, איבערגעזעצט אויף ייִדיש פֿון שלום רובינגער. דעם רעזשי האָט געפֿירט אַ נישט־ייִד.

שצ: אָבער מע האָט עס געשפּילט אויף ייִדיש?

מב: יאָ, אויף ייִדיש... אין די צײַטן פֿון ישׂראל בערקאָוויטש האָט מען נאָר געשפּילט אויף ייִדיש. ווערק פֿון שלום־עליכם, אָסטראָווסקי, גאָלדפֿאַדען, אַלעקסיי אַרבוזאָוו, אַ סאָוועטישער שרײַבשטעלער, יעקבֿ גאָרדין, לודאָוויק (לייבוש) ברוקשטיין – אפֿשר האָט איר פֿון אים געהערט, אַ שרײַבשטעלער אין ייִדיש וואָס האָט עולה געווען. זײַן פֿאַמיליע איז געווען אין אוישוויץ. ישׂראל בערקאָוויטש האָט געשריבן זייער אַ סך רעוויו־טעאַטער. מע האָט געשפּילט ברעכט און דירענמאַט, שילער, מע האָט געשפּילט מאָליער אין ייִדיש. איך דערמאָן זיך פֿון דעם

שטום און טויב

יעדן פֿרימאָרגן
ווען זון קלאַפּט אין פֿענצטער
מיר זאָגן די בשׂורה
אויף ס'נײַ אַז אַרויס זי איז,
עפֿן אויף ס'נײַ איך די ספֿרים און ביכער
מיט גרויסע און דריבנינקע אותיות
און לייען דאָרט און לייען
וואָס איז געוואָרן פֿון מענטשלעכע טרוימען
וואָס זענען פֿאַרוואַנדלט געוואָרן אין וואָר
און לייען אויך פֿון טרוימען
וואָס דאַרפֿן אין וואָר פֿאַרוואַנדלען
און איך פֿיל אַ מין טעם וואָס דערמאָנט ווייניק אין
ראָזשינקעס
און מערער אין מאַנדלען.

פֿאַרטראַכט איך זיך טיף
אין גאָר אַלטע פּסוקים
אין לידער געטאָקטע פֿון נײַערער צײַט
ס'איז אַלץ אַזוי נאָענט מיר און אַלץ אַזוי ווײַט.
די אותיות לויכטן
די שורות אויף פֿאַרמעט און בלעטער נאָך ברענען,
מיט פֿײַער פֿון קללות
מיט פֿײַער פֿון לויב,
די שפּראַכן און איך, מיר טוען זיך דערקענען,
מיר האָבן אַ מאָל דאָך גערעדט און געהערט זיך
און איצט
אויג אויף אויג מיר שטייען
און נאָר די זון וואָס קוקט אין שויב
זעט אונדז ווי מיר שטייען
שטום און טויב.

פֿון: אין די אויגן פֿון אַ שוואַרצער קאָווע

רעפּערטואַר די ייִדישע טאָכטער פֿון טאָלעדאָ פֿון פֿויכטוואַנגער. די מעשׂה איז אַזאַ: דער קייסער פֿון שפּאַניע, פֿון קאַסטיליע, האָט זיך פֿאַרליבט אין אַ ייִדיש מיידל און ער נעמט זי צו זײַן זײַן פֿרוי. דערנאָכדעם מוז ער אַלע ייִדן אַרויסוואַרפֿן פֿון שפּאַניע און ער מוז זײַן אייגענע פֿרוי, וואָס ער האָט ליב, פֿאַרטרײַבן. דאָס האָט מען געשפּילט אין ייִדישן טעאַטער.

פֿון רעכטס, דרײַ נוסחאָות פֿון בערקאָוויטשעס געשיכטע פֿון ייִדיש־טעאַטער אין רומעניע: י. בערקאָוויטש, הונדערט יאָר ייִדיש־טעאַטער אין רומעניע (בוקאַרעשט: פֿאַרלאַג קריטעריאָן, 1976); ערשטע איבערזעצונג, 1982; צווייטע איבערזעצונג, 1998

שצ: איך זע פֿונעם בוך [הונדערט יאָר ייִדיש־טעאַטער אין רומעניע פֿון ישׂראל בערקאָוויטש] אַז דער פֿאַרנעם פֿונעם רעפּערטואַר איז געווען אויסערגעוויינטלעך – דרײַסיק זילבערשטיק פֿון האָוואַרד פֿאַסט (1953), יוליוס און עטל פֿון לעאָן קרוטשקאָווסקי (1955), מענדעלעס מסעות בנימין השלישי (1956), פּרצעס בײַ נאַכט אויפֿן אַלטן מאַרק (1970), דער טויט פֿון אַ קאָמיוואָיאַזשאָר פֿון אַרטור מילער (1974), און נאָך און נאָך – איך ווייס נישט צי איך האָב אַ מאָל געזען אַזאַ רעפּערטואַר אין ייִדישן טעאַטער!

מב: ס'איז געווען גלײַך מיט דעם רעפּערטואַר פֿון די גרויסע טעאַטערס אין רומעניע און דאָ האָבן זיי אויך געהאַט די ייִדישע קלאַסיקערס. דער טעאַטער איז אַ סך אַרומגעפֿאָרן. דער ערשטער אויסלענדישער טורנע איז געווען אין ישׂראל און די גרויסע טורנעען זענען טאַקע געווען אין ישׂראל – זעקס װאָכן זענען זיי געווען אין ישׂראל, אין אַמעריקע, ניו־יאָרק, אין עסטרײַך, פּוילן, און ער איז, מיט זײַנע קאָנפֿערענצן, אַליין געווען אין בריסל, פּאַריז, וואַרשע, אויסטראַליע, בוענאָס־אײַרעס, ניו־יאָרק, לאָס־אַנדזשעלעס און מאָנטרעאָל. דער טעאַטער האָט אויך געהאַט

אַפֿיש פֿון די גאַסטראָלן אין צפֿון־אַמעריקע, 1972

אַן אייגענעם אָרקעסטער פֿון צוואַנציק מענטשן. וועגן די אַלע וואָס האָבן געשפּילט ווייס איך נישט.

שצ: האָט ישׂראל בערקאָוויטש איבערגעזעצט אַ סך פֿון די פּיעסעס?

מב: איבערגעזעצט, אַליין געשריבן. חוץ דעם, די פּאָעזיע זײַנע און דער מאַטינע, דער זונטיק־מאַטינע וואָס ער האָט צוגעגרייט.

שצ: די זונטיק־מאַטינעען זענען געווען אין גאַנצן אויף ייִדיש אָדער געמישט?

מב: די ליטעראַרישע – נאָר ייִדישע ליטעראַטור און אין גאַנצן אויף ייִדיש געפֿירט. די מאַטינעען זענען פֿאָרגעקומען אין טעאַטער אויף באַראַשעום, צוויי מאָל יעדן חודש, זונטיק אין דער פֿרי 11-13 אַ זייגער. ס'איז געווען אַ ליטעראַרישע טעמע. מע האָט דאָס אַרומגערעדט, געלייענט פּאָעזיע און ייִדישע ליטעראַטור, מאָדערנע, קלאַסישע ייִדיש ליטעראַטור. ישׂראל בערקאָוויטש האָט איבערגעזעצט שעקספּירס סאָנעטן, באַגלייט פֿון מוזיק פֿון באַך, און מאָדערנע טענץ. פֿאַרשטייט זיך, ניט אַלע לעקציעס זײַנען געווען פֿון בערקאָוויטשן. ס'איז געווען אַנדערע אויך. נישט אַלע מאָל איז געווען אַ ליטעראַרישע טעמע; אַ מאָל איז געווען פּיאַנע מיט אַ זינגער. דזשעז מיט מאָדערנע טענץ. מרים טאַוזינגער, די מאַמע פֿון מאָדערנעם באַלעט אין רומעניע, האָט אָנגעהויבן אין מאַטינע. אָדער ס'איז געווען אַ מאַטינע אָפּגעגעבן מאַנגערן, דאָס איז געווען זײַן ספּעציאַליטעט בערקאָוויטשעס. ער האָט צוויי אָדער דרײַ פּיעסעס געשריבן, מאַנגעריאַדע, דאָס איז אַ פּאָפּורי מאַנגער־לידער און ־פּאָעזיע, און די גאָלדענע פּאַווע, אויך באַזירט אויף מאַנגער.

איך האָב, למשל, נישט געוווּסט אַז שאַגאַל האָט געשריבן פּאָעזיע, ליטעראַטור, אָבער ווען ער איז געשטאָרבן האָט ישׂראל בערקאָוויטש גערעדט וועגן דער ליטעראַטור וואָס שאַגאַל האָט געשריבן אויף ייִדיש. ווען ער איז

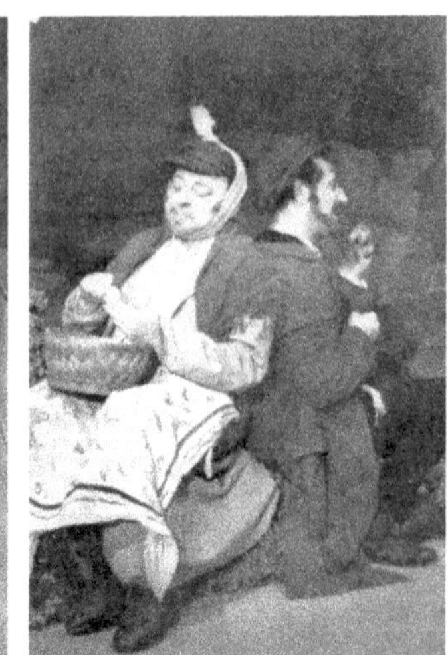

רעכטס: מענדעלעס מסעות בנימין השלישי, דראַמאַטיזירט פֿון י. בערקאָוויטש און יוליאַן שוואַרץ, געשטעלט צום ערשטן מאָל אין 1956

אין מיטן: באַקאַנטע ישׂראלדיקע אַקטריסע לאה קעניג און ווילי ריבער אין אָסטראָווסקיס דער שטורעם, געשטעלט צום ערשטן מאָל אין 1957

לינקס: אוריאל אַקאָסטאַ פֿון קאַרל גוצקאָף, געשטעלט צום ערשטן מאָל אין 1968

הונדערט יאָר ייִדיש־טעאַטער אין רומעניע

געשטאָרבן האָט ישׂראל אין די ערשטע צוויי וואָכן נאָך זײַן טויט געשריבן פּאָעזיע פֿאַר שאַגאַל.

שצ: הייסט עס, אַז עולם פֿאַר ייִדיש איז געווען.

מב: ווען ישׂראל בערקאָוויטש האָט גערעדט האָט זיך צונויפֿגענומען דער עולם. מע האָט געוווּסט אַז מע האָט וואָס צו הערן.

שצ: וויפֿל מענטשן אַן ערך פֿלעגן קומען אויף די מאַטינעען?

מב: דער זאַל איז געווען פֿאַר אַרום 250 מענטשן.

שצ: ווי האָט דער קאָמוניזם געווירקט אויפֿן טעאַטער? האָט מען געמעגט שפּילן פּיעסעס מיט אַ רעליגיעזן אינהאַלט? זענען געווען פֿאַרווערטע טעמעס?

מב: ס'איז געווען אַ שווערע צענזור איבער דעם טעאַטער און איבער אַלץ. בערקאָוויטש האָט געשריבן אַ ביכל וועגן ייִדישן טעאַטער הונדערט יאָר ייִדיש־טעאַטער אין רומעניע, איז געווען אַ ייִדישע ווערסיע אין 1976 און צוויי רומענישע ווערסיעס, איינע אין 1982 און אַ שפּעטערדיקע אין 1998. למשל, דער וואָס האָט געמאַכט די צווייטע און דריטע ווערסיעס איז געווען איינער פֿון די וואָס האָט די ערשטע ווערסיע דורכגעקוקט אויף צענזור. די דריטע ווערסיע האָט ער אין גאַנצן נישט צענזורירט, ער האָט נאָר געשריבן אַ פֿאָרוואָרט און צוגעגעבן די נײַע פּראָגראַמען וואָס מע האָט געשפּילט זינט ס'איז אַרויס די ערשטע ווערסיע. דאָס איז אינטערעסאַנט. זאָל מען זאָגן אַז די מענטשן בײַטן זיך? ניין, זיי בײַטן זיך נישט. זיי בלײַבן די זעלבע מענטשן נאָר זיי קערן איבער דעם פּעלץ אויף דער לינקער זײַט. ס'איז נאָרמאַל. נאָך 89' האָט מען זיך איבערגעטאָן די קליידער און מען איז געוואָרן פֿרײַ.

שצ: איר באַשולדיקט זיי אָדער איר פֿאַרשטייט אַז אַזוי האָבן זיי געמוזט לעבן?

מב: איך באַשולדיק קיינעם נישט. דאָס איז דאָס לעבן. יאָרן פֿאַרגייען, די וואָס די צענזור האָט געהאַט אויף דער פּלייצע זענען טויט. אַנדערע יונגע מענטשן ווייסן שוין נישט.

שצ: וואָס פֿאַר אַ זאַכן פֿלעגט מען צענזורירן אין טעאַטער?

מב: איך וועל אײַך זאָגן. דאָס איז הײַנט מער נישטאָ אין רומעניע. אָבער דעמאָלט האָט מען יעדע פּיעסע געזען דרײַ־פֿיר מאָל. סע האָט געדויערט סע זאָל אַרויס אַ פּיעסע, מע האָט זי צען מאָל איבערגעקוקט. איז איינער געקומען פֿון דער מלוכה און געזאָגט, מע דאַרף אָפּשנײַדן

דערגרייכונג

אין יעדן מענטש עס לעבט זײַן אייגענער משיח.
דער מענטש, ער זוכט אים אין די טיפֿסטע טיפֿן.
ער זוכט אים אין די העכסטע הייכן,
און קאָן צו אים אין זיך נישט גרייכן.
אַ לעבן לאַנג, דער מענטש, ער גייט צו זײַן משיח
גייענדיק צו זיך
און גייענדיק, ער גרייט איז גיין פֿאַר זיך און זײַן משיח
אַפֿילו אויך אויף דער עקידה,
ווײַל נאָר אויף יענע וועגן, זאָגט מען,
קומט משיח ערשט אַקעגן.
גייט אַזוי דער מענטש און גייט
יעדער טאָג איז אַ נסיון
און אַ נדר פֿאַר עקידה.
ווען דער מענטש באַגעגנט זײַן משיח
שטאַרבן זיי ביידע.

פֿון: אין די אויגן פֿון אַ שוואַרצער קאַווע

רעכטס: מאַנגעריאַדע, צונויפֿגעשטעלט און רעזשיסירט פֿון י. בערקאָוויטש, געשטעלט צום ערשטן מאָל אין 1968

אין מיטן: אַרטור מילערס טויט פֿון אַ קאָמיוואָיאַזשאָר, געשטעלט צום ערשטן מאָל אין 1974

לינקס: די ייִדישע טאָכטער פֿון טאָלעדאָ, געשטעלט צום ערשטן מאָל אין 1976

הונדערט יאָר ייִדיש־טעאַטער אין רומעניע

דאָס. דאָס נישט, רעדט נישט, דאָ איז דאָ צו פֿיל רעליגיע. אוריאל אַקאָסטאַ, צום בײַשפּיל, אַ װוּנדערבאַרע פּיעסע, אַ פּיעסע פֿון רעליגיע, האָט מען געשפּילט נישט מער װי צװיי מאָל װײַל נאָך דער גרויסער צענזור איז געקומען איינער װאָס האָט געזאָגט ס'איז צו פֿיל רעליגיע.

שצ: מע האָט זיכער געשפּילט שלום־עליכמס טבֿיה?

מב: אַלצדינג װאָס איז מעגלעך געװען. מע האָט געשפּילט טבֿיה, אַװדאי, דאָס גרויסע געװינס, גאָלדפֿאַדענס די כּישוף־מאַכערין. פֿון די קלאַסישע רעד איך שוין נישט, אַלצדינג װאָס איז מעגלעך געװען, און אַפֿילו קורצע סקיצן געמאַכט אויף טעאַטראַלישער פֿאָרעם. אַנשטאָט צו לייענען האָט מען געשפּילט.

שצ: האָט מען צענזורירט שלום־עליכמען?

מב: ניין, שלום־עליכם האָט מען נישט צענזורירט. די קלאַסיקער האָט מען נישט געקענט צענזורירן.

שצ: און מע האָט געמעגט װײַזן ייִדן אין יאַרמלקעס און באָרד־און־פּאות?

מב: יאָ, יאָ, אַװדאי. מע קען דאָס זען אויף די בילדער, טאַקע אָנגעטאָן מיט פּאות אָבער מאָדערן געמאַכט. מע האָט זיך אַלע מאָל געפּרוּװט באַנײַען.

שצ: האָט ישׂראל בערקאָוויטש זיך געפֿילט באַגרענעצט פֿון דער צענזור?

מב: מיר האָבן זיך אַלע געפֿילט באַגרענעצט, אָבער איך האָב אײַך געזאָגט, אין דער היים איז מען געװען פֿרײַ, כאָטש איך האָב יאָרן לאַנג געהאַט אַ פֿרוי װעלכע איז מיטן קינד געװען. אונדז האָבן מיר געװוּסט אַז זי קען ייִדיש, זי איז געװען אַ גויעטע װאָס האָט געקענט ייִדיש. און זי איז געװען פּשוט אַ שפּיאָן בײַ אונדז אין שטוב. אונדז האָבן מיר געװוּסט אַלצדינג. האָבן מיר גערעדט אין בעט, אָדער מע האָט דעם ראַדיאָ אָדער טעלעװיזיע זייער הויך געמאַכט און זי האָט נישט געקענט פֿאַרשטיין. זי איז נאָר געװען בײַ טאָג און איז אַהיימגעגאַנגען אויף דער נאַכט. אַחוץ דעם האָט מען געװוּסט אַז מע האָט געעפֿנט די בריװ און אַז אין טעאַטער זענען געװען ייִדישע אינטעליגענץ־מענטשן. אויך, אַרטיסטן װעלכע האָבן אינפֿאָרמירט. מע האָט קיינער קיין מאָל נישט געװוּסט װער ס'איז אַ שפּיאָן און װער נישט. דאָס איז געװען געפֿערלעך; עמעצן װאָס מע האָט געקענט איז שוין קיין פּראָבלעם נישט געװען.

אַז מײַן מאַן איז געפֿאָרן אויף אַ קאָנפֿערענץ האָב איך, פֿאַרשטייט זיך, נישט געקענט מיטפֿאָרן. מע לאָזט דען אַ פֿרוי און מאַן אין איינעם? מע האָט געװוּסט אַז מע פֿאָרט און יענעם אינדערפֿרי גיט מען דעם פּאַספּאָרט. ער האָט געשריבן די לעקציעס, די צענזור האָט זיי איבערגעקוקט, אַרײַנגעלייגט אין זײַן טשעמאָדאַן און פֿאַרמאַכט דעם טשעמאָדאַן. װען ער האָט געהאַלטן אַ לעקציע האָט ער נישט געלייענט, נאָר פֿרײַ גערעדט. מיט אַ װיץ, מיט אַ װאָרט האָט ער געקענט מאַכן אַז מע זאָל ניט פֿילן די צענזור. און תּמיד האָט ער געהאַט נאָך זיך איינעם װאָס ער האָט געװוּסט אַז ער פֿאָרט אים נאָך און הערט זיך צו.

שצ: די טעמע ישׂראל איז געװען דערלויבט אויף דער בינע אין רומעניע, איאָ?

מב: רומעניע איז געבליבן דאָס איינציקע לאַנד פֿון דער זײַט [ד"ה, פֿון דעם סאָװעטישן בלאָק] װעלכע האָט געהאַט באַציִונגען מיט ישׂראל.

‹‹‹73‹‹‹

מזל־טובֿ צום *אויפֿן שוועל* און צו דער ייִדיש־ליגע לכּבֿוד אײַערע יובילייען!

מרדכי שעכטער און געלעס מאַן שיקל פֿישמאַן

עס איז אַ פֿרייד און אַ נחת צו זען ווי איר זײַט ממשיך די טראַדיציע פֿון מרדכי שעכטער, דער לאַנגיאָריקער רוח־החיים פֿון דער אָרגאַניזאַציע און פֿונעם זשורנאַל.

שיקל פֿישמאַן איז געווען אַן אָפֿטער מיטאַרבעטער אין *אויפֿן שוועל*, און מרדכיס אַ נאָענטער חבֿר.

ביז הונדערט און צוואַנציק!

געלע שווייד־פֿישמאַן
ריווערדייל, ניו־יאָרק

מאַיאַ אײַזען,
די ראָמאַן און רבֿקה ווײַספֿעלד־פֿונדאַציע
פֿאַר ייִדישער קולטור, און
diariojudio.com

ווינטשן אײַך נאָך אַ סך יאָרן פֿון
דער זעלבער פֿײַנער אַרבעט, אויסגעצייכנטן אינהאַלט
און ליבשאַפֿט צו ייִדיש.

‹‹‹12‹‹‹ **ישׂראל בערקאָוויטש**

שצ: און הרבֿ משה ראָזען, דער הויפּט־רבֿ פֿון רומעניע, האָט ייִדן אָפֿן געמוטיקט זיי זאָלן אַרויספֿאָרן?

מב: מע האָט געקויפֿט יעדן ייִד, איינעם פֿאַר 3,000 דאָלאַר. אַ דאָקטער [ד״ה, אַ מענטש פֿון אַ „העכערן גראַד“, מער געלערנט] האָט געקאָסט 6,000 דאָלאַר. זיי האָבן באַצאָלט, איך ווייס נישט ווער, אָבער מע האָט באַצאָלט רומעניע פֿאַר יעדן ייִד. אויך דײַטשן קיין דײַטשלאַנד האָט מען אַזוי פֿאַרקויפֿט נאָך דער מלחמה.

שצ: און איר אַליין האָט געקלערט עולה צו זײַן?

מב: איך בין שולדיק וואָס מיר זענען נישט געפֿאָרן. איך האָב געהאַט זייער אַ גוטע אַרבעט, אין די 70ער בין איך שוין געווען שעף פֿון אַ סעקציע, קינדער־אָנקאָלאָגיע, אין דעם גרעסטן שפּיטאָל אין בוקאַרעשט. איך האָב נישט געקענט נאָך אַ מאָל אָנהייבן. איר פֿאַרשטייט וואָס דאָס הייסט אָנהייבן? איך האָב מײַן היים פֿאַרלאָזט איין מאָל אין 41׳, און נאָך אַ מאָל פֿון דער היים אַוועקפֿאָרן און אַלצדינג איבערלאָזן... ווען מײַן טאָכטער האָט געקלערט צו פֿאָרן אין די 70ער יאָרן האָבן מיר געטראַכט אַז ווען זי וועט פֿאָרן וועלן מיר דערנאָך פֿאָרן, אָבער צום סוף איז זי נישט געפֿאָרן און מיר זענען געבליבן דאָ. און אַז מע האָט געפֿרעגט ישׂראל בערקאָוויטש פֿאַר וואָס ביסטו נישט עולה האָט ער געזאָגט, איך האָב אַזוי פֿיל ביכער. ביז איך וועל זיי אויסלייענען דערנאָכדעם וועל איך קומען אין ישׂראל.

שצ: ער האָט נאָר געשריבן אויף ייִדיש אָדער האָט ער אויך געשריבן אויף רומעניש?

מב: ער האָט געשריבן אויף ייִדיש אָבער ער האָט איבער־געזעצט. קוקט, צום בײַשפּיל, ווען ס׳האָט גענומען דעם נאָבעל־פּרײַז שמואל־יוסף עגנון, האָט ישׂראל בערקאָוויטש איבערגעזעצט עפּעס פֿון העברעיִש פֿון עגנון, „די מעשׂה פֿון אַנאָנים“, און האָט געשריבן עגנונס

מע האָט **געקויפֿט יעדן ייִד**, איינעם פֿאַר 3,000 דאָלאַר. **אַ דאָקטער** האָט **געקאָסט 6,000** דאָלאַר. זיי האָבן באַצאָלט, איך ווייס נישט ווער, אָבער מע האָט **באַצאָלט רומעניע** פֿאַר יעדן ייִד.

ביאָגראַפֿיע אויף רומעניש פֿאַר אַ ביכל וועגן נאָבעל־לאַורעאַטן וואָס איז אַרויס אין רומעניע אין 1982. אַזוי אַז דאָס איז געווען דער קאָמוניסט ישׂראל בערקאָוויטש, ער האָט איבערגעזעצט אויף העברעיִש.

שצ: מעג איך פֿרעגן צי בערקאָוויטש איז אַליין געבליבן אַ ביסל אַ פֿרומער ייִד אָדער אין גאַנצן נישט? מע פֿילט אַזאַ בענקשאַפֿט נאָך דעם אין זײַנע לידער. ווי אַזוי האָט זיך בערקאָוויטש געפֿירט פּערזענלעך? ער איז אויפֿגעוואָקסן אין אַ פֿרומער שטוב. איז געווען אַ טאָטאַלער ריס מיט דעם אָדער האָט ער געפּרוווט אָפּהיטן געוויסע מינהגים און פֿירונגען?

מב: דאָס ייִדיש־טעאַטער, ייִדיש, איז געווען זײַן רעליגיע. ער איז געווען זייער רעליגיעז, דאָס קענט איר זען פֿון זײַן פּאָעזיע. ער איז גיכער געווען אַן אַגנאָסטיקער, אָבער ער האָט זייער רעספּעקטירט זײַן פֿאַמיליע און זײַנע עלטערן, זייער רעליגיעזע פֿירונג. ער האָט ליב געהאַט ייִדיש און ייִדן און האָט געזאָגט אַז ייִדיש איז דאָס

מרים בערקאָוויטש

וואָס פֿאַרבינדט ייִדן. די רעליגיע איז מער נישט אין שטאַנד צו פֿאַרבינדן, איז ייִדיש איז דאָס וואָס פֿאַרבינדט.

איך דאַנק אײַך וואָס איר מאַכט אײַך די מי צו שרײַבן וועגן ישׂראל בערקאָוויטש. ער אַליין וואָלט נישט מסכּים געווען מיט דעם, אָבער איך פֿרעג אים שוין נישט.

מרים בערקאָוויטש איז געבוירן געוואָרן אין קימפּעלינג, רומעניע, אין 1923. נאָכן געטאָ אין טראַנסניסטריע האָט זי געטראָפֿן איר באַשערטן ישׂראל בער־קאָוויטש אין באָטשאַן. דאָרטן האָט ער איר רעציטירט פֿון אויסנווייניק שלום אַשעס תּהילים־ייִד און האָט זי „אויפֿן גאַנצן לעבן פֿאַרכּישופֿט“. זיי האָבן חתונה געהאַט אין 1947 און האָבן געלעבט אין בוקאַרעשט ווו זי האָט 52 יאָר לאַנג געאַרבעט ווי אַ קינדער־דאָקטער. זי איז געוואָרן דער הויפּט פֿון קינדער־אָנקאָלאָגיע אין דעם גרעסטן שפּיטאָל אין בוקאַרעשט און האָט געשריבן מער ווי הונדערט מעדיצינישע אַרטיקלען. זי שרײַבט אויך ליטעראַטור און איצט שרײַבט זי אויף רומעניש, געוויינטלעך אויף ייִדישע טעמעס, פֿאַר אַן אָנלײַן־זשורנאַל וואָס הייסט Revista Baabel (www.baabel.suprapus.ro). לעצטנס האָט זי געשריבן וועגן זײַן אַ דאָקטער אין דער ייִדישער לאַודער־שול אין בוקאַרעשט, אַ ייִדישער דאָקטער אין דער ייִדישער שול. אַז איר וועט אַ מאָל זײַן אין בוקאַרעשט און וועלן כאַפּן אַ שמועס אויף ייִדיש זאָלט איר אַרײַנגיין צו איר.

ייִדיש און פֿילם –
אַ קליינער רענעסאַנס

אינטערוויו מיט דעם ייִדיש־פֿילם־מבֿין עריק גאָלדמאַן

פֿון שבֿע צוקער

ווען האָט מען אין 1978 אָרגאַניזירט דעם ערשטן ייִדישן פֿילם־פֿעסטיוואַל אין ניו־יאָרק. מיר האָבן אַרײַנגעבראַכט דרײַ גרויסע אָרגאַניזאַציעס: דעם ייִדישן מוזיי, דעם „ווײַ“ אויף דער 92סטער גאַס, און די געזעלשאַפֿט פֿאַר דער אַוואַנסירונג פֿון ייִדישקייט, און מיר האָבן פֿאַרבעטן די אַקטיאָרן און רעזשיסאָרן פֿון די פֿילמען. אַ סך האָבן נאָך דעמאָלט געלעבט. דרײַ יאָר נאָך אַנאַנד[4] האָבן מיר געוויזן נײַן פֿילמען אין דרײַ לאָקאַלן! און ווער, מיינסטו, איז געקומען? ניט דער עיקר די אַכציק־ אָדער נײַנציק־יעריקע זקנים,[5] נאָר דווקא יונגע מענטשן אין די צוואַנציקער יאָרן. ס'איז געווען אומגלייבלעך. אין יענער צײַט ווען איך האָב געוואָלט זען ייִדישע פֿילמען האָב איך געדאַרפֿט אַרויספֿאָרן ערגעץ אין קווינס אָדער ברוקלין אין עפּעס אַ מושבֿ־זקנים[6] און קוקן אויף די פֿילמען מיט אַ גרופּע עלטערע לײַט. און מיט אַ מאָל – יונגע מענטשן!

שצ: ווען און פֿאַר וואָס האָסטו אָנגעהויבן פֿאָרשן ייִדישע פֿילמען?

עג: ס'איז געווען דער זומער פֿון 1976. צופֿעליק[1] האָט מײַנער אַ חבֿר מיך פֿאַרבעטן מיטצוגיין מיט אים זען דעם דיבוק. איך האָב נאָר וואָס געהאַט אָנגעהויבן שטודירן פֿילם ווי אַ קאַריערע און דער פֿילם האָט אויף מיר געמאַכט אַ גרויסן אײַנדרוק. נאָכן פֿילם האָב איך אַראָפּגענומען פֿון דער פּאָליצע[2] דאָס בוך וועגן פֿילם פֿון דעם פֿראַנצויז געאָרגע סאַדול, *Histoire générale du cinéma* (אַן אַלגעמיינע געשיכטע פֿון דעם קינאָ) און ס'האָט זיך דאָרטן געפֿונען אין גאַנצן דרײַ שורות וועגן ייִדישע פֿילמען. די ענגלישע ביכער האָבן גאָרנישט נישט געהאַט. איך בין געווען אַ סטודענט אין קינאָ־שטודיעס אין ניו־יאָרקער אוניווערסיטעט און האָב באַלד אײַנגעזען אַז איך וויל שרײַבן מײַן דאָקטאָר־דיסערטאַציע אויף דער טעמע. קיינער האָט עס נאָך נישט געהאַט געטאָן.

שצ: האָסטו געפֿונען פּראָפֿעסאָרן און בעלי־יועצים[3] וואָס זײַנען געווען אָפֿן צו דער טעמע, אָדער האָבן זיי געזאָגט אַז ס'איז צו זײַטיק און אומבאַקאַנט?

עג: ניין, זיי זײַנען געווען גאָר אָפֿן. איינס פֿון מײַנע אַנדערע פֿעלדער איז געווען דער ישׂראל־קינאָ און דאָס איז זיי אויך געווען פֿרעמד. דערצו זײַנען זיי געווען גרייט צו קוקן אויף פֿילמען און העלפֿן אַראַנזשירן די ווײַזונגען. קיין ייִדיש האָב איך נאָך נישט געקענט, האָב איך זיך פֿאַרשריבן זיך צו לערנען ייִדיש אין דער אוריאל ווײַנרײַך־זומער־פּראָגראַם, דעמאָלט אין קאָלאָמביע־אוניווערסיטעט. איך בין אויך געוואָרן אַ חבֿר אין מאַקס ווײַנרײַך־צענטער בײַם ייִוואָ. ס'איז געווען דאָרטן אַ גרופּע יונגע אַקאַדעמיקערס, און אין שטאָט זײַנען געווען אַנדערע יונגע ייִדיש־ענטוזיאַסטן, און איידער וואָס און איידער

שצ: איך געדענק יענע טעג, מע האָט נישט געקענט פּשוט זיך אַוועקזעצן און קוקן אויף אַ פֿילם.

עג: אמת, מע האָט געדאַרפֿט אַ פּראָיעקטאָר, אַן עקראַן.[7] דערצו האָב איך נישט געקענט גיין אין אַ ביבליאָטעק אָדער אַרכיוו און זאָגן „קען איך באָרגן דעם פֿילם“? ס'רובֿ פֿון די פֿילמען

The Sailor's Sweetheart, אַ פֿילם פֿון דזשאָסעף סײַדען. אין צענטער אין מאַטראָסן־היטל זיצט סידני גאָלדין, אויף זײַן שויס מרים קרעסין. אויף רעכטס אין ווײַסן העמד שטייט סײַדען, 1930ער יאָרן Goldman, *Visions, Images and Dreams: Yiddish Film – Past & Present*

[1] אויף אַן אופֿן וואָס געשעט אָן אַ פּלאַן [2] טייל פֿון אַ ביכערשאַנק ווו מע שטעלט אַוועק ביכער [3] [באַלע־יויעצים] עצה־געבערס, ראָטגעבערס [4] איינס נאָכן אַנדערן, קאָנסעקוטיוו [5] [סקיינים] אַלטע מענטשן [6] [מוישעוו־סקיינים] עלטערהיים, אַנשטאַלט פֿאַר אַלטע לײַט [7] אַ פֿלאַך אויף וועלכן מע ווײַזט אימאַזשן

זײַנען געווען אין פּריוואַטע הענט. ס'איז געווען עפּעס אַ מענטש אין ברוקלין וואָס האָט געהאַט אַ פּריוואַטע זאַמלונג און אויך האַראָלד סײַדען האָט געהאַט אַ זאַמלונג פֿונעם טאַטן, דזשאָו סײַדען, וואָס איז געווען איינער פֿון די פּראָדוצירערס פֿון שונד[8] אין די 30ער יאָרן.

שצ: ווען דו האָסט אָנגעהויבן דײַן פֿאָרשונג האָסטו געמיינט אַז ייִדישע פֿילמען זײַנען שוין אין גאַנצן פֿאַרבײַ און אַז די דיסערטאַציע וועט זײַן אין גאַנצן היסטאָריש אָדער האָסטו געמיינט אַז עפּעס טוט זיך און אַז ייִדישע פֿילמען וועלן האָבן אַ צוקונפֿט?

עג: זײַענדיק אַרײַנגעטאָן אין די קרײַזן פֿון יונגע אַקאַדעמיקערס און אין דער יוגנטרוף־וועלט, אין איינעם מיט אַנדערע וואָס זײַנען געווען אַקטיוו אַרום ייִדיש, האָב איך געטראָפֿן איינעם אַ יונגן־מאַן וואָס האָט געהייסן דזשאַש

לײַלע גלאַגאָווסקי און מאַטיו ספּייער אין וואַלעצקיס דאָס מזל, 1974, דער ערשטער ייִדיש־פֿילם אין כּמעט אַ פֿערטל יאָרהונדערט

Visions, Images and Dreams

וואַלעצקי. ער איז פֿאַקטיש געווען מײַן געזאַנג־לערער אין זומער־פּראָגראַם און ער האָט נאָך וואָס געהאַט פֿאַרענדיקט אַ סטודענטישן פֿילם אויף ייִדיש, דאָס מזל. כאָטש קיין פֿילם האָט מען אויף ייִדיש נישט געמאַכט זינט 1950 איז דאָס פֿאַר מיר געווען אַ סימן אַז עפּעס נײַס קען נאָך אַלץ געשאַפֿן ווערן.

שצ: וואָס איז געווען דער לעצטער פֿילם אין 1950?

עג: מאָריס שוואַרץ האָט פֿאַרמאַכט זײַן טעאַטער אין 1950, דעם זעלבן יאָר ווען ס'איז אַרויס דער לעצטער ייִדישער פֿילם, פֿאַקטיש צוויי פֿילמען פֿון דזשאָסעף סײַדען *Monticello, Here We Come* (מאָנטיסעלאָ, אָט קומען מיר) וואָס הייסט אויך

יוליוס אַדלער און העניריעטאַ דזשייקאָבסאָן אין *Catskill Honeymoon*, 1950

Visions, Images and Dreams

Borscht Belt Follies (שטותערײַען פֿונעם באָרשטבעלט) און *Catskill Honeymoon* (קושוואָך[9] אין די קעטסקיל־בערג). זיי זײַנען ביידע געווען קאָמפּילאַציע־פֿילמען צונויפֿגעשטוקעוועט[10] פֿון פֿאַרשיידענע סקעטשן וואָס מע האָט געשפּילט אין די קעטסקיל־בערג אין שטאַט ניו־יאָרק, אַלץ אויף ייִדיש מיט אַזעלכע באַקאַנטע אַקטיאָרן ווי מאַקס און רייזל באָזשיק, מיכל מיכאַלעסקאָ, העניריעטאַ דזשייקאָבסאָן, דזשוליוס אַדלער און אַנדערע.

שצ: הייסט עס, ס'איז געווען אַ קליינע רעם־דערציילונג[11] פֿון אַ פּאָרפֿאָלק אויף דער קושוואָך, אָבער קיין דראַמאַטישע אַנטוויקלונג איז נישט געווען?

עג: יאָ. דער ציל איז געווען צו ווײַזן די פֿאַרשיידענע קינסטלערס וואָס זײַנען נאָך געווען פּאָפּולער. דאָס פּאָרפֿאָלק איז נאָר געווען אַ תּירוץ.[12]

שצ: אָבער פֿאַר דעם? האָט מען עפּעס געמאַכט אין אַמעריקע פֿון 1939־1950?

עג: אין 1939 האָט מען געהאַט די לעצטע פֿילמען אין פּוילן. עטלעכע זײַנען אַרויס אין 1940 אויב מע האָט זיי פֿריִער אָנגעהויבן פּראָדוצירן. אין אַמעריקע האָט סײַדען אין 1941 געמאַכט אַ פֿילם מיט אַ קליינעם בודזשעט, מזל־טובֿ ייִדן. ס'איז געווען אַ פּרוּוו צו מאַכן אַ ייִדישן פֿילם פֿאַר אַן אַמעריקאַנער עולם. זיי האָבן פֿאַרלאָרן אַ העלפֿט פֿון זייער עולם, אויב נישט מער – אייראָפּע איז שוין געווען אויס.

[8] טעאַטער אָדער ליטעראַטור פֿון אַ נידעריקער קוואַליטעט [9] די וואַקאַציע וואָס חתן־כּלה נעמען נאָך דער חתונה [10] צונויפֿגעשטעלט פֿון שטיקער [11] אַן אַרײַנפֿיר־נאַראַטיוו וואָס ווערט געבראַכט כּדי אַרײַנצופֿירן אַ צווייטע דערציילונג [12] [טעֶרעץ/טײַ־רעץ] פּרעטעקסט

שצ: נאָך דער מלחמה איז פֿון אייראָפּע גאָרנישט אַרויס?

עג: ניין, עס זײַנען יאָ געווען געוויסע זאַכן. ישׂראל בעקער האָט געמאַכט לאַנג איז דער וועג [אַ פֿילם וועגן דיפּיס] מיטן פֿינאַנציעלן שטיץ פֿון דער אַמעריקאַנער אַרמיי וואָס האָט געוואָלט מוטיקן[13] דעם קינסטלערישן אויסדרוק אין די לאַגערן. נתן גראָס האָט אַרויסגעלאָזט אַ פֿילם מיר לעבן געבליבענע (1947). דערמאָן זיך וואָס איז פֿאָרגעקומען אין פּוילן נאָך דער מלחמה. אין 1947-1946 איז געווען אַ געפֿיל מצד די לעבן געבליבענע אַרטיסטן אַז זיי קענען ווידער אויפֿבויען דאָס ייִדישע לעבן אין פּוילן. ס'איז געווען אַן אומגלייבלעכער אויפֿבלי פֿון שאַפֿערישקייט צווישן 1948-1946. אונדזערע קינדער מיט דזשיגאַן און שומאַכער איז אַרויס אין 1951.

שצ: הייסט עס, אַז דאָס וואָס מע האָט געמאַכט איז געווען שטאַרק פֿאַרבונדן מיט דער ייִדישער איבערלעבונג בשעת דער מלחמה.

פֿון רעכטס, שומאַכער און דזשיגאַן אין אונדזערע קינדער, 1951. אין דעם פֿילם פּרוּווט מען אויסניצן הומאָר ווי אַ טעראַפּיע מיט די קינדער אין די דיפּי־לאַגערן.

Visions, Images and Dreams

עג: יאָ, אָבער זיי האָבן געוואָלט ווײַזן אַז מיר האָבן איבערגעלעבט און מיר זײַנען נאָך דאָ און שאַפֿעריש! אין אַמעריקע האָט דזשאָסעף סײַדען פּראָדוצירט ביליקע קעלערפֿילמען, צוגעגרייט אין משך פֿון אַ וואָך, שלעכט געמאַכט און שלעכט געשפּילט, אָבער ער האָט געהאַלטן אַז ס'איז נאָך אַלץ דאָ אַן עולם, און ער האָט נישט אויפֿגעהערט צו פּרוּוון. אין דער צײַט האָט ער געמאַכט דרײַ טעכטער (1949) מיט מיכל ראָזענבערג און גאָט, מענטש און טײַוול מיט מיכאַלעסקאָ און בערטאַ גערסטען אין 1950. כאָטש עס האָבן געשפּילט באַרימטע אַקטיאָרן איז עס געווען אַ קינסטלערישע קאַטאַסטראָפֿע. אין אייראָפּע האָט זיך שוין אַלץ געהאַט אָפּגעשטעלט.[14]

שצ: הייסט עס, זינט אונדזערע קינדער איז גאָרנישט געשאַפֿן געוואָרן, און מיט אַ מאָל קומט דזשאַש וואַלעצקי אין 1974

Bruxelles-transit פֿון סאַמי שלינגערבאַום, 1980. דער אויטאָביאָגראַפֿישער פֿילם דערציילט וועגן היימלאָזיקייט און אויסגעוואָרצלטקייט אין נאָכמלחמהדיקער אייראָפּע.

Visions, Images and Dreams

און מאַכט דאָס מזל. דאָס איז אָבער דעמאָלט געווען נאָר איין איזאָלירט ווערק. דאָס גיט נישט אָנצוהערן[15] אויף אַ גרויסער אויפֿלעבונג. נישט גענוג צו זאָגן אַז דער ייִדישער פֿילם שטייט אויף תּחית־המתים.[16]

עג: אמת, איין איזאָלירטער פֿילם, און נאָך אַ סטודענטישער דערצו, אָבער האָב צײַט! אָט קומט 1980, און דזשאַשעס פֿילמירער סאַלי העקל שאַפֿט אַ קלאַנג־אַנימאַציע באַזירט אויף מאַנגערס ליד „אויפֿן וועג שטייט אַ בוים“ (*The Bent Tree*). שוין אין די שפּעטע 80ער יאָרן הייבט מען אָן שאַפֿן אַ סך אַוואַנגאַרד־פֿילמען. איך בין געווען זייער פֿאַרבונדן מיט דעם ווײַל מײַנע פּראָפֿעסאָרן זײַנען געווען אַ טייל פֿון דער וועלט. און אָט קומט אַ יונגער בעלגישער פֿילם־רעזשיסאָר, סאַמי שלינגערבאַום, מיט זײַנער אַ חבֿרטע, שאַנטאַל אַקערמאַן, וואָס איז געוואָרן אַ וויכטיקע פֿיגור אין אַוואַנגאַרד־פֿילם. און זיי בלײַבן אין שטאָט נײַן חדשים, פֿאָרן צוריק קיין בעלגיע און ער מאַכט דעם פֿילם *Bruxelles-transit*. דאָס וויכטיקע דאָ איז דאָס וואָס שלינגערבאַום דערלאַנגט אַן אַוואַנגאַרדישן צוגאַנג, אַ דאַנק דער ניו־יאָרקער השפּעה,[17] אָבער דער פֿילם איז אין גאַנצן אויף ייִדיש! די וויזועלע עפֿעקטן זײַנען אַוואַנגאַרדיש. דער צוקוקער זיצט אַ לאַנגע צײַט און זעט אימאַזשן אָבער הערט גאָרנישט. שלינגערבאַום האָט אַן אויפֿנעם[18] פֿון 90 סעקונדעס פֿון אַ באַן וואָס קומט אַרײַן אין אַ באַנסטאַנציע. אויב מע פֿאַרשטייט עס, פֿאַרשטייט מען וואָס די באַן שטעלט מיט זיך פֿאָר.[19] עס איז כּלומרשט[20] טראַנספּאָרט צו אַ נײַער

[13] געבן עמעצן שטיץ אָדער הילף כּדי ער/זי זאָל ווײַטער אָנגיין מיט דעם
[14] אויפֿגעהערט
[15] לאָזט וויסן אויף אַ שטילן אופֿן, ווינקט אָן
[16] [טכיִעס־האַמײסים] אויפֿלעבונג פֿון די טויטע
[17] [האַשפּאָע] ווירקונג, עפֿעקט אויף עפּעס
[18] דאָס נעמען אַ בילד מיט דעם פֿאָטאָאַפּאַראַט
[19] רעפּרעזענטירט
[20] [קלוימערשט] אַזוי צו זאָגן, וואָס מאַכט דעם אָנשטעל פֿון

היים אָבער פֿאַר עמעצן פֿון דער שארית־הפּליטה[21] איז עס אַוודאי אויך נאָך עפּעס. די נאַראַציע אין הינטערגרונט איז אַ רעקאָרדירונג פֿון זײַן מאַמען אויף פּויליש ייִדיש. דער פֿילם איז אַבסאָלוט גענ יאַל אָבער אַן אַלגעמיינער עולם וואָלט געזאָגט, „גאָט מײַנער, איך לײַד“.

עס ציט אָבער דעם אויפֿמערק פֿון אַוואַנגאַרד־פֿילמלײַט. מע ווײַזט עס אין מוזיי פֿון דער מאָדערנער קונסט ווי אַ טייל פֿון דער סעריע „נײַע רעזשיסאָרן, נײַע פֿילמען“ און דאָס איז באמת אַ דערגרייכונג.

Visions, Images and Dreams
אַז מע גיט, נעמט מען מיט יעקבֿ באָדאָ, 1983

ווען איך האָב אָנגעשריבן מײַן דיסערטאַציע איז דער ענין ייִדישע פֿילמען געווען מער היסטאָריש אָבער צווישן דער צײַט ווען איך האָב געענדיקט די דיסערטאַציע און ס׳איז אַרויס ווי אַ בוך אין 1983 זײַנען געווען די אַלע קליינע פֿונקען: דער קאַמינסקאַ־טעאַטער אין וואַרשע האָט פֿילמירט אַ פֿאָרשטעלונג פֿון דעם דיבוק אין 1980. דזשאַשעס פֿילם, *Bruxelles-transit*; און נאָך אַ פֿילם, דער ברונעם פֿון דוד גרינוואַלד אין 1983. אין דעם זעלבן יאָר האָט מען געמאַכט אַ ייִדישן פֿילם אין ישׂראל, אַז מע גיט, נעמט מען, וואָס יעקבֿ באָדאָ האָט אין דעם געשפּילט און ס׳האָט דורכגעבראָכן די וואַנט פֿון שווײַגן וועגן ייִדיש אין ישׂראל. מע האָט אים פּראָדוצירט ס׳רובֿ צוליב דעם אָנקום פֿון רוסישע ייִדן אין לאַנד. איך בין געוואָרן אַ סך מער אָפּטימיסטיש אַז סע קען דאָ זײַן אַ צוקונפֿט.

שצ: אין וועלכן מאָמענט האָסטו געזען אַ דראַמאַטישן בײַט אין דער לאַנדשאַפֿט[22] פֿון ייִדישע פֿילמען?

עג: ס׳איז געשען מיט אַרום צוואַנציק יאָר צוריק. געדענקסט ווי מע פֿלעגט אין פֿילמען האָבן דײַטשע סאָלדאַטן וואָס האָבן גערעדט מיט אַ בריטישן אַקצענט? איצט האָט מען אָנגעהויבן זען דײַטשן וואָס רעדן טאַקע דײַטש. הייסט עס, אַז אויב מע האָט אַ מיזרח־אייראָפּעיִשן ייִד וועט ער רעדן ייִדיש און נישט ענגליש.

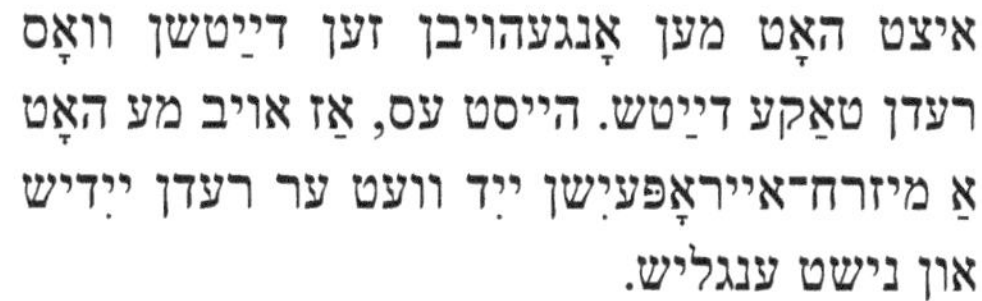
Visions, Images and Dreams
שולמית אַדר ווי רבֿקה אין פֿינקיעלס *Voyages*, 1999. רבֿקה פֿילט זיך איזאָלירט און מוז אַרײַנקוקן פֿון דרויסן.

דערצו האָט אַ נײַער דור ישׂראלישע אָנגעהויבן פֿרעגן אין די 1980ער „וואָס האָבן מיר פֿאַרלאָרן?“. אמת, אַז מע גיט, נעמט מען איז נאָר אַ קליין פּינטל, אָבער חוה אַלבערשטיין האָט אין 1995 אַרויסגעלאָזט אַ פֿילם, *Too Early to Die, Too Late to Sing* (צו פֿרי צו שטאַרבן, צו שפּעט צו זינגען), וועגן די ייִדישע פּאָעטן אין ישׂראל. אין 1999 קומט אַ קינד פֿון דער שארית־הפּליטה, עמנואל פֿינקיעל, און מאַכט *Voyages* (נסיעות), וואָס איז אַ געמיש פֿון פֿראַנצייזיש און ייִדיש; ס׳איז פֿאַקטיש דרײַ פֿילמען אין איינעם, אָבער די דרײַ קומען זיך צונויף: 1) אַ לעבן געבליבענע פֿאָרט קיין אוישוויץ מיט איר מאַן; 2) אַ מאַן טענהט אַז ער איז דער טאַטע פֿון אַ פֿרוי וואָס האָט איבערגעלעבט די מלחמה און האָט אים שוין צוואַנציק יאָר נישט געזען; 3) אַ רוסישע פֿרוי קומט אָן אין ישׂראל מיט אַן אַנדער משפּחה און פּרוּווט געפֿינען אַן אָרט פֿאַר זיך דאָרטן. ער פֿלעכט זיי ווונדערלעך צונויף,[23] ס׳איז גענ יאַל. פֿינקיעל איז אַ יונגער פֿילם־רעזשיסאָר, דער געהילף־רעזשיסאָר בײַ אַ סך פֿון די גרויסע אייראָפּעיִשע רעזשיסאָרן. אין 1997 מאַכט ער אַ קורצן 40־מינוטיקן פֿילם *Madame Jacques sur la Croisette* (פֿרוי זשאַק אויף דעם קרואַסעט (אין שטאָט קאַן, פֿראַנקרײַך) וואָס בײַט זיך אַהין און צוריק צווישן פֿראַנצייזיש און ייִדיש. וואָס איך בין אויסן דאָ צו זאָגן איז אַז אָט האָבן מיר אַ פֿילם־רעזשיסאָר וואָס איז אַ קינד פֿון דער שארית־הפּליטה אָבער ער רעדט נישט קיין וואָרט ייִדיש. פֿון דעסט וועגן האָט ער געפֿילט אַ באַדערפֿעניש צו מאַכן די דרײַ פֿילמען אויף ייִדיש, אָדער ס׳רובֿ[24] אויף ייִדיש.

ער האָט אויך געמאַכט אַ פֿילם *La Douleur* (דער טרויער), אין וועלכן ער אַדאַפּטירט דאָס ווערק פֿון אַ פֿראַנצייזישער שרײַבערין, מאַרגעריט דוראַס. ער בײַט דעם נאָמען פֿון איינעם פֿון די פּאַרשוינען קאַץ (Kats מיט אַן s), אַ נישט־ייִדישער פֿראַנצייזישער נאָמען אויף Katz (כּץ), און ער מאַכט פֿון איר אַ ייִדישע פֿרוי וואָס זינגט אַ וויגליד אויף ייִדיש.

האָט מען, הייסט עס, די קליינע ווינקעלעך. צי ס׳איז אַ דזשאַש וואַלעצקי אָדער אַ מײַקל שייבאָן, וואָס האָט געוואָלט מע זאָל מאַכן אַ פֿילם אויף ייִדיש פֿון זײַן ראָמאַן *The Yiddish Policeman's Union* (דער ייִדישער

---

[21] [שיירעס־האַפּלייטע] די לעבן געבליבענע נאָך דעם חורבן [22] טאָפּאָגראַפֿיע, די כאַראַקטעריסטיקעס פֿון אַ שטיק לאַנד [23] וועבט צוזאַמען די פֿעדעם [24] [ס׳ראָוו] מערסטנס, צום גרעסטן טייל

פּאָליציאַנטן־פּאַראיין). מע זאָגט אַז מע האָט קיין מאָל נישט געמאַכט קיין פֿילם פֿון *Le Dernier des Justes* (דער לעצטער

די העלדן פֿון דער הײַנט זייער פּאָפּולערער סעריע שטיסל וועגן חרדישע ייִדן אין ישׂראל. פֿון רעכטס: שׂשון גבאַי, הדס ירון, דובֿעלע גליקמאַן, מיכאל אַלוני, נטע ריסקין.

פֿון די צדיקים) ווײַל דער מחבר אַנדריי שוואַרץ־באַרט האָט געזאָגט אַז ער וועט דאָס נישט דערלאָזן סײַדן מע מאַכט דעם פֿילם אויף ייִדיש. ס'איז דאָ מעשׂיות, קלאַנגען, אָבער דאָס וואָס איז געשען, גלייב איך, צוליב דער נײַער אַנטוויקלונג אין קינאָ, דעם מער רעאַליסטישן צוגאַנג, איז אַז מע האָט מער נישט קיין מורא. אַמעריקאַנער זײַנען פֿויל און היסטעריש. ביז לעצטנס האָבן מיר נישט געהאַט קיין אינטערעס אין פֿילמען מיט אונטערקעפּלעך,[25] אָבער עס ווערט אַלץ מער און מער אָנגענומען, איבער הויפּט איצט אַז מע ווײַזט מער פֿרעמדשפּראַכיקע פֿילמען אויף „אַמאַזאָן פּריים" און „נעטפֿליקס". פֿילמען נעמען אַרײַן אַ סך מער פֿרעמדע שפּראַכן ווי פֿאַסיק אין זייערע ווערק, און ייִדיש איז געוואָרן נייטיק ווײַל ס'איז דאָס לשון פֿון אַ געוויסער באַפֿעלקערונג.[26] די העלדן קענען מער נישט רעדן ענגליש מיט אַ בריטישן אַקצענט, זיי מוזן רעדן אויף ייִדיש און מע גיט צו די

אושפּיזין, דער ערשטער פֿילם וועגן חרדים געמאַכט פֿון חרדים אין ישׂראל, מיט שולי ראַנד און זײַן פֿרוי מיכל בת־שבֿע ראַנד. ס'איז דאָ דערין אַ קליין ביסל ייִדיש.

אונטערקעפּלעך. איז אויב דו פֿרעגסט מיך ווי אַזוי איך זע די צוקונפֿט – איך בין, פֿאַרשטייט זיך, נישט קיין נבֿיא, אָבער

פֿילמען נעמען אַרײַן אַ סך מער פֿרעמדע שפּראַכן ווי פֿאַסיק אין זייערע ווערק, און ייִדיש איז געוואָרן נייטיק ווײַל ס'איז דאָס לשון פֿון אַ געוויסער באַפֿעלקערונג.

אין די לעצטע פֿינף יאָר זע איך שוין אַ סך מער ייִדיש און איך וועל יאָ עפּעס פּאָרויסזאָגן. דער נײַער זשאַנער, דער זייער פּאָפּולערער ישׂראלישער זשאַנער, איז דער פֿילם וועגן חרדים. ס'האָט זיך אָנגעהויבן מיט אַ 12־15 יאָר צוריק מיט דעם פֿילם אושפּיזין (2004). מע זעט איצט פֿילמען וואָס קומען אַרויס פֿון דער חרדישער קהילה וואָס ווערן געמאַכט אויף עבֿרית פֿון חרדישע פֿילם־רעזשיסאָרן און ־פּראָדוצירערס. דאָס וועט פֿירן צו פֿילמען וואָס וועלן געמאַכט ווערן אויף ייִדיש, ווײַל מיט דער הצלחה פֿון פּראָגראַמען ווי שטיסל וועט מען מער אָננעמען ייִדיש און סע וועט אַלץ מער אַרײַן אין הויפּטשטראָם. ס'איז אַן אינטערעסאַנטע און שפּאַנענדיקע[27] צײַט און איך מיין אַז סע וועט ממש אויפֿברויזן![28]

שצ: דעם בײַט שרײַבסטו צו, הייסט עס, צו דעם פֿאַקט וואָס פֿילמען ווערן וואָס אַ מאָל מער רעאַליסטיש און מע האָט קיין מורא נישט צו מאַכן פֿילמען ווו מע דאַרף לייענען די אונטערקעפּלעך?

עג: איך מיין אַז עס זײַנען דאָ צוויי תּקופֿות,[29] קיין ספּעציפֿישע דאַטעס קען איך דיר נישט געבן. אָבער איך מיין אַז ס'איז דאָ איין תּקופֿה אין די שפּעטע 90ער יאָרן און אָנהייב 21סטן יאָרהונדערט ווען עס קומט אויף אַ נײַער דור פֿילם־רעזשיסאָרן און ־פּראָדוצירערס וואָס זוכן און פֿאָרשן און פֿאַרשטייען וואָס ייִדיש האָט צו געבן. מע זעט דאָס אין ישׂראל און אויך אין דער גאָר פֿרומער קהילה, אַ קהילה וואָס האָט לכתּחילה[30] אָפּגעוואָרפֿן ייִדיש ווי אַ מיטל[31] פֿאַר שאַפֿערישן אויסדרוק. ווו וואָלט מען מיט יאָרן צוריק געזען ווי אַ חרדישער ייִד גייט אין ייִדישן טעאַטער? הײַנט איז דאָס נישט נאָר אָנגענומען נאָר עס ווערט דערמוטיקט.

---

[25] ווערטער פֿון אונטן אויפֿן עקראַן וואָס זעצן איבער דעם דיאַלאָג פֿונעם פֿילם [26] די מענטשן וואָס וווינען אין אַ געוויס אָרט [27] באַגײַסטערנדיקע און אינספּירירנדיקע, מע ווייסט נישט וואָס סע וועט געשען [28] אָנהייבן זיך צו קאָכן [29] [טקוֹפֿעס] פּעריאָדן, עפּאָכעס [30] [לעכאַטכילע] פֿון אָנהייב [31] אַן אופֿן דורך וועלכן מע קריגט אַ געוויסן רעזולטאַט

שצ: הייסט עס, פֿילמען און טעאַטער וועגן זייער וועלט?

עג: יאָ, וועגן זייער וועלט, אָבער ס'איז נאָך אַלץ אַן אויסדרוק אויף ייִדיש.

שצ: אָבער עס זײַנען דאָ געוויסע פֿילמען וואָס זײַנען אַ קריטיק פֿון זייער וועלט וואָס נעמען אפֿשר אַרײַן ייִדיש, אויף וועלכע זיי קוקן נישט אָדער טאָרן אַפֿילו נישט קוקן.

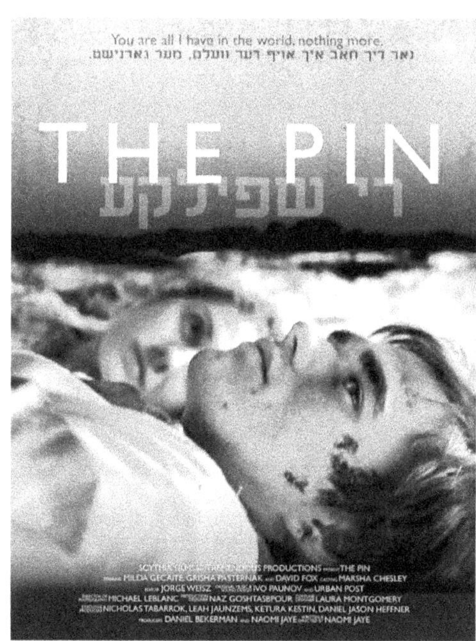

די שפּילקע (2013), אַ פֿילם געמאַכט געוואָרן פֿון אַ קאַנאַדער רעזשיסאָרשע, ווײַזט אָן אויף דעם פֿענאָמען פֿון מענטשן וואָס ווערן צוגעצויגן צו דער שפּראַך כאָטש זיי קענען זי ניט און ווילן עפּעס טאָן דערמיט.

עג: די פֿרײַקע פֿילמען, די פֿילמען פֿון די 1930ער יאָרן, באַזירט אויף דער ליטעראַטור פֿון דעם 19טן יאָרהונדערט, זײַנען געווען אַ בפֿירושע[32] קריטיק פֿון דער וועלט. איצט ווערן אָבער די פֿרומע אַליין די שאַפֿערס און זיי רעדן ייִדיש. ס'איז געווען אַ פֿילם אַ געשעפֿט אין 2005, דער עיקר געמאַכט פֿאַר דער וועלט, און אין גאַנצן אויף ייִדיש. די טעמע איז געווען דאָס פֿירן זיך ווי אַ מענטש. איצט זעט מען די חרדישע קהילה אין ישׂראלדיקע פֿילמען געמאַכט פֿון חרדישע פּראָיען. און ס'איז דאָ ייִדיש אין זיי ווײַל דאָס איז זייער שפּראַך.

שצ: הייסט עס, דאָס זײַנען מענטשן מתּוך[33] דער קהילה וואָס מאַכן פֿילמען **פֿאַר** דער קהילה.

עג: אָבער ס'איז גרעסער ווי דאָס. אייניקע פֿון די מענטשן מאַכן פֿילמען פֿאַר אַ ברייטערן עולם. דאָס געשעט איצט אין ישׂראל, נאָר עס געשעט אויף עבֿרית. אַ סך פֿון זיי זײַנען בעלי־תּשובֿה.[34] ייִדיש איז נישט אַזוי טיף אײַנגעוואָרצלט אין זיי ווי עס איז אין אַנדערע טיילן פֿון דער חרדישער וועלט.

שצ: ס'איז איצט אָנגענומען אַז אַ כּשרער חסיד מעג מאַכן אַ כּשרן ייִדישן פֿילם?

עג: יאָ, ביז אַ געוויסער מאָס. איין משל: דער ערשטער וויכטיקער טראַט איז געווען דער פֿילם אושפּיזין. שולי ראַנד, דער שרײַבער און הויפּטאַקטיאָר, איז אַ בעל־תּשובֿה. ער האָט געוואָלט מאַכן אַ פֿילם און האָט געהאַט ווייניק קאָנטאַקטן אין דער פֿילמוועלט. האָט ער אָנגעשטעלט ווי דעם רעזשיסאָר זײַנעם אַ חבֿר, אַ געוועזענעם נאַרקאָטיקער. ווען ער בעט רשות[35] בײַ זײַן רבין צו מאַכן דעם פֿילם, זאָגט דער רבי ניין, דו קענסט נישט זײַן צוזאַמען אין איין צימער מיט אַ פֿרעמדער פֿרוי. האָט ער צום סוף גענומען זײַן ווײַב צו שפּילן זײַן ווײַב אין דעם פֿילם. זי האָט פֿריִער קיין מאָל נישט געהאַט געשפּילט, און זי איז די סאַמע ראָזשינקע[36] אינעם פֿילם!

שצ: הייסט עס, אַז צוויי פֿאַקטאָרן האָבן צוגעטראָגן צום קליינעם אויפֿבלי: מער רעאַליטעט – ייִדיש־רעדנדיקע ייִדן ווילן רעדן ייִדיש – און דער צווייטער איז דאָס וואָס סע קומט פֿאָר אין דער חסידישער וועלט.

עג: און דער דריטער איז אַ נײַער דור פֿון לאַוו־דווקא ייִדיש־רעדנדיקע מענטשן וואָס אַנטדעקן[37] ייִדיש ווי אַן אוצר. למשל, ס'איז געווען אַ קאַנאַדישער פֿילם *The Pin* (די שפּילקע) אין 2013. צי ס'איז אײַנעם יאָ געפֿעלן צי נישט, קען מען דאָ זען צוויי פֿאַקטאָרן אין גאַנג. די רעזשיסאָרשע נעמי דזשיי איז געווען צוגעצויגן[38] צו ייִדיש (כאָטש זי קען נישט די שפּראַך) און ס'איז אַ פֿילם וועגן אַ מיזרח־אייראָפּעיִש פּאָרל, און וואָסער שפּראַך איז זייער מאַמע־לשון? מאַכט זי דאָס אויף ייִדיש. אַ צווייטער משל:[39] אײנער פֿון ישׂראלס גרויסע רעזשיסאָרן, זייער אַ גרויסער נאָמען אין דער אַוואַנגאַרד־וועלט, עמוס גיתּאַי, האָט געמאַכט אַ פֿילם אין גאַנצן אויף ייִדיש באַזירט אויף אַפּעלפֿעלדס צילי. כאָטש דער פֿילם האָט נישט מצליח געווען, איז פֿון דעסט וועגן אומגלייבלעך אַז עמעצער ווי גיתּאַי זאָל באַשליסן אַז דער פֿילם זאָל זײַן אויף ייִדיש!

---

[32] [בעפֿײַרעשע] קלאָרע, דײַטלעכע [33] [מעטאָך] אין, צווישן [34] [באַלײַ־טשוווע] ייִדן וואָס זײַנען ניט געווען פֿרום און ווערן פֿרום [35] [רעשוס] דערלויבעניש, דאָס זאָגן יאָ [36] בעסטע זאַך, זאַך מיט אַ סך חן [37] געפֿינען, אָפֿט מאָל אומגעריכט [38] געפֿילט אַן אַטראַקציע צו [39] [מאָשל] בײַשפּיל, דוגמא

שצ: גיתאי קען ייִדיש?

עג: איך ווייס נישט. ער קען דײַטש. דער וועג איז נישט געווען גלאַטיק, אָבער אַ רענעסאַנס איז פֿאַרט דאָ. פֿילמסטודענטן פֿאָרשן אויס די מעגלעכקייטן פֿון ייִדיש. נעמט, למשל, די צוויי יאַטן[40] אין מאָנטרעאָל וואָס מאַכן *Yidlife Crisis* (ייִדיש־לעבן־קריזיס). דערצו האַלט איך אַז מיט דרײַסיק יאָר צוריק וואָלט די סעריע שטיסל געווען אין גאַנצן אויף עבֿרית.

שצ: אַפֿילו אין שטיסל קען מען זען אַז ייִדיש שטאַרבט אָפּ אין דער קהילה. מיט דער באָבען רעדט מען ייִדיש, אָבער דער ייִנגערער דור (די אייניקלעך) וואָס קען נאָך אַלץ ייִדיש רעדט ייִדיש נאָר מיט דער באָבען און ווען זיי ווילן נישט אַז די קינדער זאָלן פֿאַרשטיין וואָס זיי זאָגן.

איך ווייס אַז איך קען נישט בעטן בײַ דיר זאָלסט זײַן אַ נבֿיא[41] און זאָגן וואָס עס וועט געשען אין ישׂראל ווען אַ נײַער דור וועט שוין נישט קענען קיין ייִדיש, אָבער וואָס מיינסטו וועט געשען דאָ אין אַמעריקע אין דער נאָענטער צוקונפֿט?

עג: איך מיין אַז מע וועט זען פֿילמען אין וועלכע ס'איז דאָ אַ ייִדיש־רעדנדיקער ציבור[42] און זיי וועלן רעדן אויף ייִדיש. איז דאָס אַ גרויסער רענעסאַנס? ניין, אָבער ס'איז אויפֿן עקראַן און דאָס איז שוין עפּעס. עס טרעפֿט זיך אַז מענטשן הערן אַ שפּראַך און זיי ווערן צו דעם צוגעצויגן.

אַזוי ווי די מאַסן קענען איצט מאַכן פֿילמען ווײַל עס ווערט גרינגער און ביליקער, און פֿילם ווערט אַלץ פּאָפּולערער אויפֿן אוניווערסיטעט־קאַמפּוס, מיין איך אַז מע וועט זען נאָך מער ייִדישע פֿילמען. ווען דזשאָש וואַלעצקי האָט געמאַכט אַ ייִדיש־פֿילם העט אין 1974 האָט מען געדאַרפֿט ממש ניצן פֿילם, ס'האָט געפֿאָדערט אַ בודזשעט. הײַנט נעמט מען אַרויס די צעלקע און מע רעקאָרדירט אַ פֿילם. מע וועט נאָך זען פֿאַרשיידענע עקספּערימענטן מצד[43] ייִנגערע לײַט וואָס ווערן צוגעצויגן צו ייִדיש, צי פֿון אַ קורס וואָס זיי האָבן גענומען אין אוניווערסיטעט צי פֿון טרעפֿן עמעצן צי פֿון אַ נסיעה[44] וואָס זיי האָבן געמאַכט. ווער ווייסט פֿון וואָס?

שצ: מיינסטו אַז סע וועט אַ מאָל זײַן אַ ייִדיש־פֿילם פֿאַר אַ מאַסנמאַרק?

עג: ניין.

שצ: פֿאַר וואָס נישט?

עג: מע זעט עס מיט *The Pin* און מיט צילי. צילי האָט מען פֿאַרקוקט[45] כאָטש גיתאי איז אַ באַרימטער רעזשיסאָר.

שצ: איך האָב דעם פֿילם נישט געזען נאָר איך האָב געהערט אַז ער איז נישט געווען איבעריק גוט, אַ קינסטלערישער דורכפֿאַל.[46] *The Pin* איז געווען גוט אָבער נישט געוואַלדיק. לאָמיר זאָגן, ווען דער פֿילם אַליין וואָלט געווען עפּעס אויסערגעוויינטלעכס?

עג: קען זײַן. ווען שייבאָן וואָלט געמאַכט *The Yiddish Policeman's Union* אויף ייִדיש וואָלט דאָס אפֿשר געפּועלט. עס מוז זײַן אַזאַ מין פֿילם וואָס איז גענוג אַרומנעמיק צוצוציִען אַן עולם מחוץ[47] דער ייִדישער וועלט. ווייסט, ס'איז שווער אַפֿילו צו ענטפֿערן אויף אַזאַ פֿראַגע. דו אַליין ווייסט אַז דו וועסט גיין זען אַ פֿילם אין אַ פֿרעמדער שפּראַך אויב ס'איז אַן אויסערגעוויינטלעכער פֿילם.

שצ: אויב אַזוי, פֿאַר וואָס נישט אַ פֿילם אויף ייִדיש? איך מיין אַז מיר זעען דאָס מיט דעם ייִדישן פֿידלער אויפֿן דאַך וואָס שפּילט איצט אין טעאַטער אין ניו־יאָרק. מע גייט מאַסנווײַז. פֿידלער אויף ייִדיש לייגט זיך אויפֿן שׂכל (נישט אַלצדינג לייגט זיך אויפֿן שׂכל אויף ייִדיש), אָבער איך מיין אַז אויב מע וואָלט געהאַט אַ וווּנדערלעכן פֿילם אויף ייִדיש וואָלט מען אים געלאָפֿן זען.

עג: גאַנץ מעגלעך!

• איבערגעזעצט פֿון ש. צ. •

עריק גאָלדמאַן

עריק גאָלדמאַן איז אַ באַקאַנטער פֿילם־היסטאָריקער און דערציִער. אין 1987 האָט ער פֿאַרלייגט „ערגאָ מעדיע“, ווײַל ס'איז נישט געווען קיין פּלאַטפֿאָרמע צו פֿאַרשפּרייטן ייִדישע פֿילמען. די פֿירמע פֿאַרשפּרייט ישׂראלדיקע, ייִדישע און ייִדיש־פֿילמען. ער איז דער מחבר פֿון דעם רעווידירטן און אויסגעברייטערטן *Visions, Images and Dreams: Yiddish Film Past and Present* (וויזיעס, אימאַזשן און חלומות: דער ייִדיש־פֿילם אַ מאָל און הײַנט, 2010) און *The American Jewish Story through Cinema* (די אַמעריקאַנער ייִדישער געשיכטע דורך פֿילם, 2013). ער לערנט קינאָ אין ישיבֿה־אוניווערסיטעט, ווי אויך אין פֿערלי דיקינסאָן־אוניווערסיטעט (טינעק, נ"דזש) און סטרײַקער צענטער/סקירבאָל־אַקאַדעמיע פֿאַר ייִדישע לימודים בײַם טעמפּל עמנו־אל אין ניו־יאָרק. ער אַרבעט איצט אויף אַ בוך וועגן דעם ישׂראל־קינאָ.

[40] יונגע־לײַט, בחורים (אומפֿאָרמעל) [41] [נאָווי] מענטש וואָס זעט די צוקונפֿט [42] [ציבער] געזעלשאַפֿט, גרופּע [43] [מיצאַד] פֿון דער זײַט פֿון [44] [נעסיִע] דאָס אַרומפֿאָרן, רײַזע [45] כמעט נישט געזען, איגנאָרירט [46] דאָס פֿאַרקערטע פֿון סוקצעס [47] [מעכויץ/מיכויץ] אויסער, אין דרויסן פֿון

California, summarizes Ben-Adir's biography and outlines his ideas for a Yiddish-language homeland, a haven from persecution and assimilation, for Jews in the Diaspora, in opposition to the Zionist quest for a Hebrew-language homeland in the Land of Israel. Although Ben-Adir's partially language-driven political dream did not come to pass, his work on behalf of Yiddish was carried on by Mordkhe Schaechter, who transformed the territorialist *Frayland-lige* into the League for Yiddish, an organization that would promote the modernization of the language and advocate for it. Zucker narrates this development in her above-mentioned eulogy to Mordkhe Schaechter. In the long essay, "*Afn Shvel: Gilgul fun a Yidish-zhurnal*" (*Afn Shvel*: Metamorphosis of a Yiddish Magazine), written in 2011 on the occasion of the 70th anniversary of the publication of *Afn Shvel*, Zucker presents the ideological history of the journal she edited, bringing to light the writers, editors, and thinkers who published and were published in it.

Part IV, "From My Cultural World," contains literary studies of Yiddish writers. The first, "*Beyle Shekhter-Gotesmans* Sharey" (Beyle Schaechter-Gottesman's *Dawn*) (1981), a review essay of Schaechter-Gottesman's fourth book of poems, *Sharey* (Dawn), suggests that the volume is the poet's internal dialogue between a loss of dreams and the hope that Yiddish poetry itself brings. In "*Yekhiel Shraybman — an umfargeslekh bagenenish*," (Yechiel Shraibman – An Unforgettable Meeting, 1998), Zucker discusses the autobiographical fiction of this Soviet and post-Soviet writer who resided in Kishinev, Moldova and had known and idolized the legendary Soviet Yiddish poet Peretz Markish. She frames her readings of his short stories with her own account of her close friendship with him and his wife Marina, which began when she taught in Kishinev in 1996 and continued through their correspondence for many years until his death. A natural storyteller, Shraibman's narratives illuminate the poverty of his youth. As Zucker writes, he made art from the most pedestrian and humble lives, imbuing those lives with dignity and emotional depth.

Two other substantial essays in this section focus from different angles on Birobidzhan, the Jewish Autonomous Region, established by the Soviet government in 1934. Located near the China-Russia border, Yiddish was designated as and still is an official language there. One essay, "*Tsvey mol fun fayer aroys*" (Twice Out of the Fire), describes a library and a *genizah* in Birobidzhan, and the other, "*Birobidzhan: A farkerte velt*" (The Upside-Down World of Birobidzhan), recounts Zucker's impressions from her journey there in the summer of 2007 when she was invited to teach Yiddish. In this fascinating, detailed essay, Zucker recounts the history and culture of this extraordinary and unlikely place, and describes her experiences there — the people she met, the Jewish institutions, such as the two synagogues: the Old *Shul* and the New *Shul*, Valdheym, the first collective farm, local food, and schools where Yiddish would be taught as a requirement, not as an elective, but as the second *foreign* language, despite its vaunted status as an official language there.

In Part V, "Personalities," Zucker profiles some major advocates for Yiddish language and culture, such as left-wing educator and literary critic Itche Goldberg and Dr. Yitskhok-Nakhman Shteynberg, the second editor of *Afn Shvel*.

Part VI, "Interviews," includes conversations between Zucker and contemporary translators from Yiddish as well as other cultural figures. In "*Dray naye iberzetsungen fun* Tevye der Milkhiker" (Three New Translations of *Tevye the Dairyman*), published in the Winter-Spring 2011 issue of *Afn Shvel*, dedicated to the 150th anniversary of Sholem Aleichem's birth, Zucker interviews Dan Miron, Aliza Shevrin and Jan Schwarz, translators of this beloved classic into Hebrew, English and Danish respectively. In "*Dos iberzetsn di eygene mame*" (Translating One's Own Mother), Zucker presents a beautiful and probing interview with Goldie Morgentaler, translator of her mother, the renowned novelist Chava Rosenfarb, into English.

In her essay about Birobidzhan, Zucker writes memorably, "*Di geshikhte fun Birobidzhan iz a geshikhte fun fargesn, vilndik tsi nisht-vilndik*" (The history of Birobidzhan is a history of forgetting, willingly or unwillingly). In *Afn Shvel*, and now in this volume, Sheva Zucker's writings in Yiddish ensure that forgetting is not an option.

Kathryn Hellerstein,
Professor of Yiddish and Director of the Jewish Studies Program, University of Pennsylvania

for Yiddish and editor-in-chief of the magazine. As editor, Zucker brought the journal into its own. Giving most issues a thematic focus, she highlighted Yiddish culture and history alongside current developments in the world of Yiddish and Jewish culture, all in a beautiful modern format. As editor, she wrote topical opinion pieces, as well as full-length articles and studies of prominent cultural figures.

The essays in this book are arranged into six sections: I. *Perzenlekhs* (Personal Essays); II. *Fun dem redaktor* (From the Editor); III. *Tsum amol un haynt fun undzer organizatsye* (Regarding the Past and Present of Our Organization); IV. *Fun mayn kulturvelt* (From my Cultural World); V. *Geshtaltn* (Personalities); and VI. *Intervyuen* (Interviews). I will briefly discuss some of the highlights in each of these sections.

Part I, "Personal Essays," begins with the interview with Zucker published in the *Birobizhaner shtern* in which she outlines her life in the Yiddish world and is followed by an essay written in 1997 to mark the tenth *yortsayt* of her father, Meyer Zucker. Here, she tells of the remarkable trajectory of his life. Born into a Hasidic family in Poland, he became a lifelong socialist, survived the war as a young man in Shanghai, and later, in Canada bestowed upon his two daughters the highest ethical and cultural standards and a devotion to Yiddish and *yidishkayt*. His memory lives on for the reader through the author's vivid portrayal of his ironic humor, his wisdom, and his love for his daughters.

In the second section, "From the Editor," the editorials range from pieces about various literary and cultural figures and events to "*Yidishe shleymes*" (Jewish Completeness) a thought piece written on the occasion of her younger daughter's bat mitzvah in 2007. Here, Zucker explores how Judaism and Jewishness changed within her family, from her paternal great-grandfather's piety, to her father's devout secularism, to her own combination of traditional and secular *yidishkayt*, to her daughter's embracing of an egalitarian form of religious practice.

Part II also contains Zucker's moving tribute to her teacher and mentor, Dr. Mordkhe Schaechter upon his passing in 2007. In this editorial which appears in the Fall 2007 issue of *Afn Shvel*, dedicated to his memory, Zucker presents the many aspects of Schaechter's contributions to the continuity of Yiddish language and culture: as a master teacher, a scholar of linguistics, the creator of an important textbook, and the founder of the League for Yiddish. She further develops these ideas in her eulogy published in that same issue of *Afn Shvel*, which appears here in Part III, "*Mordkhe Shekhter: Der klal-tuer, der lerer, der mentsh*" (Mordkhe Schaechter: The Community Leader, the Teacher, the Man). Here she also emphasizes his remarkable achievement as a father who managed, together with his wife Charne, to impart a love of and commitment to Yiddish in all his four children.

Another notable piece in Part II is "*Mentshn zaynen vi tseyn: Yoni Fayn un Beyle Shekhter-Gotesman z"l*," (People Are Like Teeth: Yonia Fain and Beyle Schaechter-Gottesman), a posthumous tribute to two extraordinary Yiddish artists both of whom passed away at the end of 2013. Here she offers an appreciation of the life and work of author and painter Yonia Fain and poet, songwriter, and singer Beyle Schaechter-Gottesman, who both settled in New York after surviving the Holocaust and made a unique, precious contribution to Yiddish and *yidishkayt* through their artistic creativity. In this and the other editorials, Zucker writes with a warmth that comes from having known not only their works, but her subjects as well, as both friends and mentors. Through her personal relationships with these creators of Yiddish culture and art, Zucker conveys to her readers her own engagement with Yiddish today and her commitment to its continuity.

Part III features articles about the history of the *Frayland-lige* (Freeland League), the League for Yiddish, and the journal, *Afn Shvel*. The first essay, "*Ben-Adir: A fenster in undzer geshikhte arayn*" (Ben-Adir, A Window into Our History) (2005), profiles Abraham Rosin, the first editor of *Afn Shvel*, known by his pseudonym Ben-Adir, whose writings articulated the intellectual and philosophical ideology of the *Frayland-lige*, aYiddish territorialist organization that was later transformed under Mordkhe Schaechter's leadership into the League for Yiddish. Zucker's essay, framed by a chance meeting with Ben-Adir's granddaughter in

Introduction

It gives me great pleasure to introduce this collection of essays by Sheva Zucker, *Fun yener zayt shvel* (On the Other Side of the Threshold), spanning some four decades of her writing for *Afn Shvel*, the magazine of the League for Yiddish, from the 1980s through 2020. This retrospective volume shows the range and depth of Zucker's interests as an activist and scholar in the world of Yiddish. The earliest of these essays appeared in the years when she was a doctoral student in Comparative and Yiddish Literature and extend until the present. During this time, she composed her now-classic two-volume textbook, *Yiddish: An Introduction to the Language, Literature, and Culture*, and published numerous articles on and translations of Yiddish literature. She prepared pedagogical materials, most notably a student edition of Sholem Aleichem's, *Motl Peyse dem khazns* (Motl the Cantor's Son), produced *Di goldene pave: Dos kol fun dem yidishn shrayber* (The Golden Peacock: The Voice of the Yiddish Writer), the landmark CD of recordings of Yiddish authors reading from their works, initiated and produced a series of documentary films, *Worlds within a World: Conversations with Yiddish Writers*, for the League for Yiddish, and traveled the globe to teach and lecture on Yiddish and train teachers of Yiddish, from Birobidzhan, to Israel, to Australia, to South Africa. Most importantly, from 2005 to 2020, she served as editor-in-chief of *Afn Shvel*.

The essays gathered in this volume convey their author's extraordinary energy and passionate commitment to the continuity of Yiddish language and culture. Written in a Yiddish that is lucid and witty, they highlight the importance of her lifelong work in the field of Yiddish and beat with the heart of a contemporary, living language.

As an interview published in the *Birobidzhaner shtern* in 2018 and reprinted here reveals, Sheva Zucker's passion for the Yiddish language began in her Yiddish-speaking home in Winnipeg, "the Jerusalem of Canada." Her grandparents immigrated to Winnipeg from White Russia in 1910, and sent their Canadian-born daughter Miriam, Zucker's mother, to Winnipeg's I. L. Peretz Folk School, one of the first Jewish day schools on the North American continent. Her father, born in the shtetl Izhbitse, near Lublin, in Poland, was a Yiddish printer and member of the Jewish Socialist Bund. For seven years during and immediately after World War II, he took refuge in Shanghai and was brought to Winnipeg by his aunt in 1948. Zucker and her sister were educated in the Peretz School, the same Yiddish day school in Winnipeg their mother had attended, where all Jewish subjects were taught in Yiddish and Hebrew. After high school she left Winnipeg to attend the Jewish Teachers' Seminary/Herzliah in New York City, where all subjects were also taught in Yiddish and Hebrew. Upon graduation, she taught briefly in the New York Workmen's Circle schools, and then in the Winnipeg Yiddish day school that she had attended as a child. She then entered Columbia University, where she earned her M.A. in Yiddish Language, Literature and Folklore followed by her PhD at the Graduate Center of the City University of New York. For over 20 summers, while she and her husband and two daughters were living in Durham, North Carolina, Zucker taught in the Uriel Weinreich Summer Program in Yiddish Language, Literature and Culture at the YIVO Institute for Jewish Research in New York City. In Durham she taught Yiddish and Jewish Literature for a number of years at Duke University. It was, however, her connection to the League for Yiddish that brought a major shift in her career and gave rise to most of the essays in this book.

The League for Yiddish was, since its founding in 1979 by Dr. Mordkhe Schaechter, preeminent professor of Yiddish at Columbia University, headed by him, as was its organ *Afn Shvel*.When Schaechter became ill Zucker was appointed to take over his role both as executive director of the League

Bercovici about her late husband Yisroel Berkovitsh, playwright and literary director of the Rumanian Yiddish theater from 1955 to 1982, reveals the way in which Jews coped with living double lives, as party members on the outside and somewhat observant Jews in the privacy of their own homes.

This volume represents much, but not all, that I have published in the magazine during my tenure as editor-in-chief, and also incorporates several articles that I wrote for *Afn Shvel* before that time. I have also included two articles that were not published in the magazine, but elsewhere. One is the interview by Kolya Borodulin, the second is my introduction to Gitl Schaechter-Viswanath's volume *Plutsemdiker regn: Lider* (Sudden Rain: Yiddish Poems, 2003), which appears in "From My Cultural World." Since Gitl and I have worked together on *Afn Shvel* so closely over the last fifteen years, she as the Yiddish-language editor and I as the editor-in-chief, I felt it permissible to extend the boundaries to include this piece. Who knows, that collaboration may have paved the way for our subsequent work together on the magazine.

A word about the format: since *Afn Shvel* is the body and soul of this volume, this book looks like a (very thick) issue of the magazine — the pieces are, in large part, reproduced directly from there without changes. In a few places, in addition to the chosen article, the reader will see interesting tidbits such as greetings, announcements, letters to the editor or the beginning of other articles, that are not actually part of the piece itself. They were left in so that the reader might see the article in its native habitat and get a taste for the magazine itself.

I would like to thank our designer Yankl Salant, both for his wonderful graphic work during the last fifteen years which has made *Afn Shvel* a beautiful, modern magazine, and also for the preparation of this volume. Without him this book would never have been published.

I would also like to thank, from the bottom of my heart, Gitl Schaechter-Viswanath for her work as Yiddish-language editor of *Afn Shvel*. She was meticulous regarding both the language of the other contributors as well as my own, holding us to the highest standards. I will miss our constant collaboration.

Why the title "*Fun yener zayt shvel*"? In her poem, "*Fun yener zayt lid*" (On the Other Side of the Poem), Rokhl Korn imagines a world on the other side of the ocean and on the other side of time, that of her childhood, rife with natural beauty. Here her mother is still alive and wonders can still happen. To imagine these wonders Korn had to summon forth a living Jewish world in Eastern Europe where it no longer existed.

For me, and for our generation — born on this side of Jewish time, that is to say, after the Holocaust, and in other places — this is our "other side of the poem." It is here that the wonders that we dream up must happen. It is here that Yiddish must blossom. During the last few years I have witnessed many positive and encouraging developments on the Yiddish front, things that I could not have imagined when the writer from the PEN Club suggested that I publish a book. Here, we can be and *are* creative, we can write and publish books in Yiddish! It *can* happen, to use my personal metaphor, here — *af yener zayt shvel* (on the other side of the threshold).

Sheva (Charlotte) Zucker

(scribblings) (as our designer Yankl Salant and I would joke before I had decided on the title), published in *Afn Shvel*, and a few, elsewhere.

Fun yener zayt shvel (On the Other Side of the Threshold) is divided into six sections. In *Perzenlekhs* (Personal Essays) the reader will learn about who I am, how I came to Yiddish and how I understand my work in this field through an interview that Nikolai (Kolya) Borodulin, the director of Yiddish Programming at the Workers Circle, conducted with me in around 2016, that was later published in the online version of the *Birobidzhaner shtern*. This personal portrait is augmented by an article in memory of my father that I published in *Afn Shvel* in 1997, then under the editorship of my teacher Dr. Mordkhe Schaechter.

Fun dem redaktor (From the Editor) includes brief editorials written from time to time on various cultural or literary issues.

As the editor of *Afn Shvel* I took the historical mission of our organization, the League for Yiddish, and its predecessor, the *Frayland-lige*, (Freeland League for Jewish Territorial Colonization) very seriously. The magazine was created as the organ of the Freeland League, a small but fascinating organization whose members dreamed of finding a "free land" for Jews, a territory where they might live their lives in their own language, without antisemitism and fortified against the dangers of assimilation. *Afn Shvel* had among it's contributors many of the greatest minds in the Yiddish world, the writers Meylekh Ravitsh and Aaron Glanz-Leyeles, the educator and thinker Avrom Golomb, and its second editor Yitskhok-Nakhmen Shteynberg, to name but a few. Later when Dr. Mordkhe Schaechter, the third editor of *Afn Shvel*, transformed the Freeland League into the League for Yiddish, members turned their dreams and efforts away from territorialism to strengthening the position of Yiddish through standardizing, modernizing and raising the prestige of the language. Schaechter proudly dubbed *Afn Shvel*, the organ of militant Yiddishism.

In the section *Tsu dem amol un haynt fun undzer organizatsye* (Regarding the Past and Present of Our Organization) I discuss some of this history and reflect on what is necessary to sustain Yiddish language and culture and to be a modern Jew in an ever-changing world: one that is constantly undermining tradition and cultural distinctiveness. This section culminates in my article about the new *Comprehensive English-Yiddish Dictionary*, prepared by the League for Yiddish and published in 2016. This project, begun by Dr. Mordkhe Schaechter and brought to fruition by his daughter, Gitl Schaechter-Viswanath, was the realization of Schaechter's dream to develop Yiddish into a contemporary language so that its speakers would be able to express themselves on all current topics.

In the fourth section *Fun mayn kulturvelt* (From My Cultural World) the reader will find a mixture of literary criticism, travel writing and cultural commentary, in part drawn from *Afn Shvel* previous to 2005. In the summer of 2007 I had the extraordinary opportunity to travel to Birobidzhan to teach in the first Yiddish Summer Program ever held there. I hope that my description of the upside-down world of the Jewish Autonomous Region in the former Soviet Union bears witness to the truth of the proverb "A guest for a while sees for a mile." The article *Di Yidish-veltlekhe shuln: geshikhte un yerushe* (The Secular Yiddish Schools: History and Heritage) deals with the history of these schools through the prism of my own experience as a student and daughter of one of their earliest students. As a child I intuited many of the issues such as assimilation and cultural and linguistic preservation, with which modern Jews, in general, and our organization, in particular, have struggled, and continue to struggle and which are often articulated in *Afn Shvel*.

The fifth section, *Geshtaltn* (Personalities), features essays on several prominent Yiddish writers and thinkers such as Itche Goldberg and Yitskhok-Nakhmen Shteynberg. Many of the issues discussed in Section III, "Regarding the Past and Present of Our Organization" reverberate in these portrayals.

I hope that the intimate style of the interview in the last section, *Intervyuen* (Interviews), featuring interviews on a number of literary and cultural topics, will add to and illuminate what we can learn from book research and rummaging in archives. For example, the interview with Dr. Miriam

Preface

On the other side of the poem wonders may happen...
Rokhl Korn

Many years ago when I was still a member of Yugntruf — Youth for Yiddish, at its annual convention, the Yiddish writer and literary historian Dr. Elias Shulman criticized the younger generation in general and those who wrote for the magazine *Yugntruf* in particular because we didn't attend the events of the Yiddish PEN Club. I joined the discussion and said that, yes, I did in fact read the notices of the PEN Club programs in the *Forverts* but I assumed that these literary afternoons were intended only for Yiddish writers, and that even though I wrote more than occasionally for the *Yugntruf* magazine as well as for other publications it had never occurred to me that the invitations were aimed at people like me.

Considering myself "a Yiddish writer" seemed more than a little presumptuous. And yes, even though I had the greatest respect and reverence for Yiddish writers, I have to confess that, in my eyes, a "Yiddish writer" had to be old and have been born in Eastern Europe.

Not long after that incident, an official in the PEN Club encouraged me to become a member. When I asked what one had to do to be worthy of being accepted into that venerated pantheon he replied that it was quite simple, you just had to publish a book. At that time I considered this notion quixotic — the world had enough unread books of truly great Yiddish writers. Why add a book of mine to the pile?

Although the Yiddish PEN Club no longer exists I recently felt the desire to publish my own book. Why now, you might ask. After fifteen years as the editor of the magazine *Afn Shvel* (On the Threshold) I decided to retire. That decision, I realized, marked a transition in my life and at such times one often feels the need to take stock and see what one has accomplished. I realized that over the course of the last fifteen years I had spilled more than a little ink on the pages of the magazine. This emboldened me to cross over the threshold and proclaim, "Yes, I too, a woman, born after the Holocaust, on this side of the ocean, in Canada, have written and published a book." Whether I actually deserve the name "writer" or am just somebody who writes in Yiddish, is for the reader to determine. It seems to me that the two – writing and editing – are closely linked and that there is merit and honor in both. Editing other people's manuscripts has given me a keen sense of what works and what doesn't, and of the need to express oneself simply, clearly and in a manner that engages the reader and that anticipates his or her questions.

Editing a contemporary Yiddish periodical has also changed my perspective on the importance of creating in Yiddish today. As a scholar and teacher of Yiddish literature prior to assuming the editorship, I dealt mainly with major writers who were no longer alive and little read, despite their stature. I often felt it would have been *dayeynu* (enough), in fact a major accomplishment, to get people to read at least something of their work. Reading contemporary writers seemed of secondary importance. But if one edits people writing in Yiddish on a daily basis one soon realizes that as long as there is life the creative urge never disappears. There are still, wonder of wonders, real Yiddish writers, worthy of the name, born after the Holocaust, and *Afn Shvel* is an important outlet for their work.

As the editor of *Afn Shvel*, a magazine that is almost eighty years old and has always been on the highest linguistic and intellectual level, I had rare creative and intellectual opportunities. I had, for example, the privilege of working with the last writers of the pre-Holocaust generation such as Alexander Spiegelblatt, Yonia Fain, Yechiel Shraibman and Beyle Schaechter-Gottesman. I could choose the topics that interested me for each issue and could write when and how much I wanted. This book is the compilation of my "*shraybekhtser*"

FUN YENER ZAYT SHVEL…
(On the Other Side of the Threshold…)

Selected Articles
From the Magazine *Afn Shvel*,
2005-2020

Plus Other Articles

Sheva Zucker

League for Yiddish
New York, 2020